JN409566

제3판

원가관리회계

엄 윤 · 임장환 · 문창진

Cost & Management Accounting

▶▶▶ 머리말

본서의 기본적인 목적은 저자의 원가관리회계에 대한 이론적인 틀과 원가관련 실무에서의 경험을 기초로 원가관리회계 전체를 일관된 흐름으로 이해할 수 있도록 하여 회계사 및 세무사 시험을 대비하는 독자들로 하여금 효율적으로 학습할 수 있도록 방향을 제시하는 것과 원가관리전체의 일관된 논리를 형성하는 데에 있습니다.

본서의 특징은 다음과 같습니다.

첫째, 본서의 구성은 전체흐름을 이해할 수 있도록 논리적으로 연결되어 있습니다.

본서는 원가관리회계 전체내용을 총 17장으로 나누어 전체적인 흐름과 논리적인 일관성을 유지하도록 하여 독자들로 하여금 원가관리회계의 전체적인 연결고리를 쉽게 이해하도록 하였습니다.

둘째, 각종 그림과 도형 그리고 모형을 활용하여 쉽게 이해할 수 있도록 하였습니다.

각종 그림과 도형을 통해서 각 원가계산방법의 전체흐름을 한눈에 파악할 수 있으며, 여러가지 경영의사결정을 일관된 모형에 따라 쉽게 숙지하도록 하였습니다.

최근에는 단순 문제풀이보다는 논리적인 이론형성을 기초로 한 응용력을 테스트하는 문제들이 주로 출제되므로 수험생들로 하여금 정확한 개념이해를 높이면서 가급적 본 서를 통해서 실전에 대비할 수 있도록 최근 출제경향에 맞는 다양한 문제들을 수록하였습니다.

원가관리회계에서 가장 중요한 점은 반복적인 문제풀이보다는 논리적인 이론형성이라는 것을 수년간 강의경험을 통하여 느낄 수 있었습니다. 이에 조금이나마 수험생들로 하여금 쉽고 이해하기 편리할 수 있도록 본서를 집필하였으며 회계사 및 세무사 시험대비 목적으로는 최적서가 되길 진심으로 바랍니다. 공부에 왕도는 없습니다. 단지, 기본에 충실하고 성실하게 준비한다면 누구나 다 원하는 목표를 달성할 수 있으리라 생각합니다.

또한, 이 자리를 빌어 원고의 교정과 책의 완성을 위해 노력해주신 도서출판 탐진 여러분들과 한결같이 믿고 아낌없는 성원을 보내주는 가족과 지인들에게도 감사의 마음을 전합니다.

2022년 5월
저자 씀

차 례

Chapter 01 원가회계의 기초개념

Chapter 02 제조원가의 흐름

Chapter 03 개별원가계산

Chapter 04 활동기준원가계산

Chapter 05 종합원가계산

Chapter 06 원가계산의 확장

Chapter 07 정상원가계산과 표준원가계산

Chapter 08 변동원가계산과 초변동원가계산

Chapter 09 원가함수의 추정

Chapter 10 CVP분석

Chapter 11 관련원가분석

Chapter 12 대체가격결정

Chapter 13 자본예산

Chapter 14 종합예산

Chapter 15 책임회계제도

Chapter 16 불확실성하의 의사결정

Chapter 17 전략적원가관리

제 1 장
원가회계의 기초개념

전문가 칼럼

■ IFRS도입이 원가회계에 미치는 영향은?

최근 기업경영의 세계화에 따라 회계정보의 국제 간 비교가능성이 매우 중요시되고 있다. 이러한 회계환경변화는 2009년부터 유럽연합중심의 국제회계기준위원회(IASB)에서 발표한 국제회계기준(IFRS)의 적용에 이르렀다. IFRS의 채택으로 기존의 회계처리에 많은 변화가 발생하였으며, 원가회계에도 상당한 부분에 영향을 미치고 있다. IFRS가 원가회계에 미치는 영향 중 하나는 재무제표양식의 변화로 인한 매출원가 표시방법이다. 즉, 한국채택국제회계기준(기업회계기준서)에 따르면 기존 손익계산서를 성격별 포괄손익계산서와 기능별 포괄손익계산서로 구분함으로써 매출원가 표시방식이 기존 손익계산서양식과는 다르다. 기능별 포괄손익계산서는 기존의 손익계산서와 별반 차이가 없으나, 성격별 포괄손익계산서는 발생비용을 기능별로 구분하지 않기 때문에 매출원가가 포괄손익계산서 본문에 별도로 표시되지 않는다. 이에 원가회계와 관련된 기업회계기준서 내용과 사례연구를 통하여 IFRS도입에 따른 포괄손익계산서상에서의 매출원가 표시방식의 변화를 살펴보도록 한다.

▶ 기업회계기준서 제1001호 재무제표 표시와 제1002호 재고자산

- 비용은 성격별 분류법 또는 기능별 분류법(매출원가법)에 의해 공시함
- 당기에 비용으로 인식한 재고자산의 금액*1은 재무제표에 공시*2하여야 함

*1 판매된 재고자산의 원가, 배분되지 않은 제조간접원가 및 제조원가 중 비정상적인 부분의 금액
*2 보고서(재무상태표, 포괄손익계산서) 본문 공시 또는 주석 공시

1. 성격별 표시방법

① 당기손익에 포함된 비용은 그 성격별로 통합하여 기능별로 재배분하지 않는다.

② 재고자산과 관련하여 재고자산의 순변동액*1과 함께 비용으로 인식한 원재료 및 소모품, 노무원가와 기타원가*2를 공시한다

*1 제품과 재공품의 변동, 원재료와소모품 사용액 : 포괄손익계산서 본문 공시
*2 판매된 재고자산의 원가, 재고자산평가손실, 재고자산감모손실, 배분되지 않은 제조간접원가, 제조원가 중 비정상적인 부분의 금액 : 재무상태표(재고자산) 주석 공시

2. 기능별 표시방법

① 당기손익에 포함된 비용 중 적어도 매출원가를 다른 비용과 분리하여 공시함(매출원가법). 이 경우 비용에 성격별 분류*1를 추가 공시함. (왜냐하면 비용의 성격에 대한 정보가 미래현금흐름을 예측하는 데 유용하기 때문)

② 배분되지 않은 제조간접원가 및 제조원가 중 비정상적인 부분의 금액*2을 공시함.

*1 감가상각비, 기타 상각비와 종업원 급여를 포함한 비용의 성격에 대한 추가 정보 : 포괄손익계산서 주석 공시
*2 포괄손익계산서(기타비용) 또는 재무상태표(재고자산) 주석 공시

사 례

(주)조세의 20×1년 원가계산 자료는 다음과 같다

(1) 기초 및 기말재고현황

	기 초	기 말
원재료	₩100,000	₩150,000
재공품	300,000	250,000
제품	450,000	600,000

(2) 당기 발생원가

① 당기 원재료 매입액 : ₩500,000
② 종업원 급여 : ₩1,000,000
③ 기타비용 : ₩1,500,000
④ 감가상각비 : ₩500,000

(3) 비용의 기능별 분류

	제조활동	비제조활동			합계
		물류활동	판매관리활동	기타활동	
종업원급여	₩500,000	₩300,000	₩150,000	₩50,000	₩1,000,000
기타비용	750,000	230,000	320,000	200,000	1,500,000
감가삼각비	150,000	180,000	70,000	100,000	500,000
계	₩1,400,000	₩710,000	₩540,000	₩350,000	₩3,000,000

요구사항 1

제조원가명세서를 작성하시오

해답

제조원가명세서

Ⅰ.	직접재료비		₩450,000
	기초원재료재고액	₩100,000	
	당기원재료매입액	500,000	
	기말원재료재고액	(150,000)	
Ⅱ.	직접노무비		500,000
	기본급	500,000	
Ⅲ.	제조간접비		900,000
	기타비용	750,000	
	감가상각비	150,000	
Ⅳ.	당기총제조원가		1,850,000
Ⅴ.	기초재공품재고액		300,000
	합계		₩2,150,000
Ⅵ.	기말재공품재고액		(250,000)
Ⅶ.	당기제품제조원가		₩1,900,000

요구사항 2

당해연도 매출액이 ₩4,000,000일 때, 포괄손익계산서를 작성하시오.

해답

(1) 기능별 포괄손익계산서

포괄손익계산서

수익(매출액)	₩4,000,000
매출원가[*1]	(1,750,000)
매출총이익	₩2,250,000
물류비	(710,000)
판매관리비	(540,000)
기타비용	(350,000)
당기순이익	₩650,000

[*1] 기초제품(₩450,000) + 당기제품제조원가(₩1,900,000) − 기말제품(₩600,000)

(2) 성격별 포괄손익계산서

포괄손익계산서	
수익(매출액)	₩4,000,000
제품과 재공품의 변동[*1]	100,000
원재료사용액	(450,000)
종업원급여	(1,000,000)
판매관리비	(1,500,000)
기타비용	(500,000)
당기순이익	₩650,000

[*1] 기말재공품 및 제품(₩250,000) + ₩600,000) - 기초재공품 및 제품(₩300,000 + ₩450,000)

1. 서론

1 서론

현대사회를 살고 있는 우리는 성공적인 경영을 위하여 끊임없이 변화하고 있는 새로운 환경에 적응하기 위하여 미래에 대한 계획을 수립하고 여러 가지 중요한 의사결정을 위한 정보를 필요로 한다.

회계는 위와 같은 필요에 대응하여 정보이용자들이 보다 합리적인 의사결정을 할 수 있도록 충분한 정보를 제공하는 데에 목적이 있다.

2 재무회계와 관리회계

회계는 그 목적에 따라 여러 가지로 구분되어 질 수 있으나, 일반적으로 정보를 제공하는 기업과 그 정보를 이용하는 이용자집단과의 관계를 기준으로 하여 재무회계(Financial Accounting)와 관리회계(Managerial Accounting)의 영역으로 구분된다.

1. 재무회계

재무회계는 기업의 외부이해관계자인 투자자 및 채권자 등 정보이용자들의 경제적 의사결정에 유용한 정보를 제공하는 것을 대상으로 하는 회계로서 일반적으로 인정된 회계원칙하에서의 재무제표작성을 그 목적으로 하고 있다. 이러한 의미에서 재무회계에 의해서 작성되는 재무제표를 일반목적 재무제표라고 한다. 일반목적을 위한 재무제표는 서로 다른 목적을 가진 다양한 이해관계자들이 이용하기 때문에 개인적인 편익이나 주관적 해석에 의해 영향을 받아서는 안 되며, 서로 다른 이용자들이 해석하여도 동일한 결과를 얻을 수 있도록 정보의 속성은 객관적이며 신뢰성을 지녀야 한다.

2. 관리회계

관리회계는 경영자나 기업내부의 정보이용자들을 위한 회계로서 경영자가 관리목적을 효율적으로 달성하기 위하여 필요한 정보를 제공하는 회계를 말한다. 이러한 관리회계는 재무제표작성을 목적으로 하는 재무회계와는 달리 경영계획의 수립, 경영통제 및 기타 경영의사결정을 위하여 회계정보를 수집·정리·해석하여 해당 경영자에게 유용한 정보를 제공하는 것으로 어떠한 특정 규제에 의해서 강제되는 것이 아니므로 정보의 속성으로는 목적적합하고 미래지향적이다.

[표 1-1] 재무회계와 관리회계의 차이

	재무회계	관리회계
목적	외부정보이용자에게 유용한 정보제공	내부정보이용자에게 유용한 정보제공
정보의 범위	범위가 넓고 전체적	범위가 좁고 특수
정보유형	과거정보	미래정보
준거기준	일반적으로 인정된 회계원칙	준거기준이 없음
보고서	재무제표(일반목적보고서)	특수목적보고서
정보의 질적특성	신뢰성	목적적합성

3 원가 · 관리회계

1. 회계학에서의 원가 · 관리회계의 위치

원가회계란 제조업에서의 제품원가를 계산하는 것을 말하며 원가계산의 결과는 손익계산서에서의 매출원가결정에 대한 자료와 재무상태표에서의 재고자산을 평가하는 재무회계적 측면의 영역이 있고, 경영자의 효율적인 경영관리를 위하여 예산편성, 성과평가 및 경영의사결정을 위한 원가정보를 제공하는 관리회계적 측면을 모두 가지고 있다. 따라서, 원가회계는 다음의 그림에서처럼 내용적인 측면으로는 재무회계와 활용적인 측면으로는 관리회계와 밀접한 관계를 가지고 있다.

[그림 1-1] 회계학의 학문적 체계

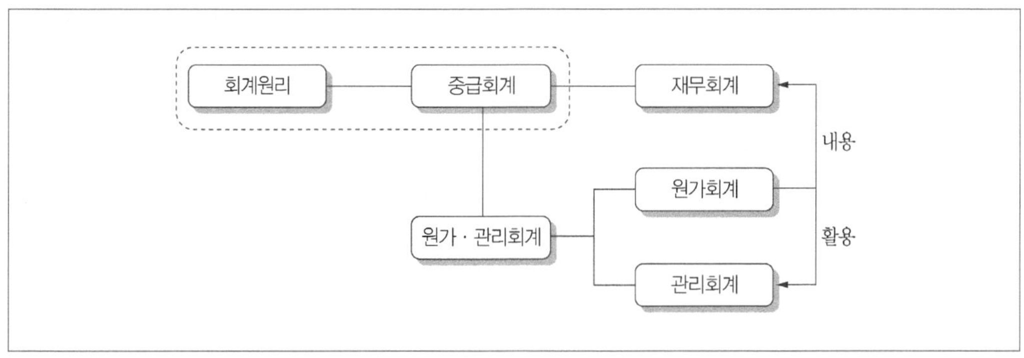

2. 원가 · 관리회계의 목적

회계는 주주 및 채권자 등 외부정보이용자에 대한 정보제공과 내부정보이용자인 경영자에 대한 정보제공이라는 본질적인 성격 때문에 원가·관리회계는 다음과 같이 재무회계와 관리회계 두가지 목적을 동시에 가지고 있다.

① 재무제표 작성을 위한 제조원가의 집계·산출
② 경영성과평가와 의사결정에 필요한 원가정보제공

3. 원가 · 관리회계의 체계

위에서 언급한바와 같이 원가회계는 외부공표용 재무제표 작성을 위한 원가계산과 경영자의 경영관리에 필요한 정보를 제공하는 기능을 동시에 지니고 있어 재무회계와 관리회계 두가지 범주에 모두에 속한다고 할 수 있다. 또한, 원가회계는 원가자료의 집계 및 측정(원가회계)을 강조하고 관리회계는 기업의 계획, 성과평가 및 의사결정에 필요한 정보의 산출하기 위하여 원가자료의 이용(관리회계)을 강조하여 서로 역할이 구분되기도 하지만 오늘날에 있어서는 관리회계를 위해서는 원가자료가 필요하고, 원가계산에 있어서도 관리적 측면이 반영되기 때문에 원가회계와 관리회계의 구분은 의미가 없어졌다고 볼 수 있다.

[그림 1-2] 원가 · 관리회계의 체계

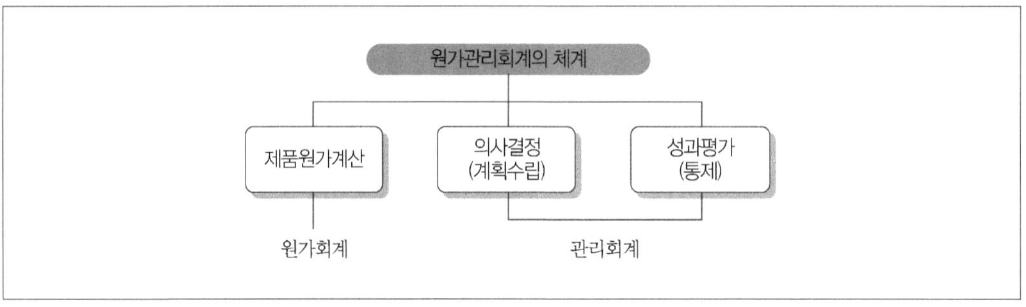

2. 원가의 개념과 분류

1 원가의 개념

기업의 경영활동과정에서 특정 재화나 용역을 얻기 위해서 희생된 경제적가치를 화폐단위로 표시한 것을 원가(costs)라 한다. 또한, 원가는 미소멸원가와 소멸원가로 구분되는데 미소멸원가는 미래에 현금창출능력이 기대되는 것으로 재무상태표에 자산으로 표시하며 소멸원가는 해당기간의 수익창출에 기여하고 더 이상 미래 경제적 효익을 창출할 수 없으므로 해당기간의 손익계산서에 비용(expenses)으로 처리한다. 또한, 수익창출에 기여하지 못한 체 소멸되는 원가를 손실(loss)이라 한다.

[그림 1-3] 원가(costs)와 비용(expenses)

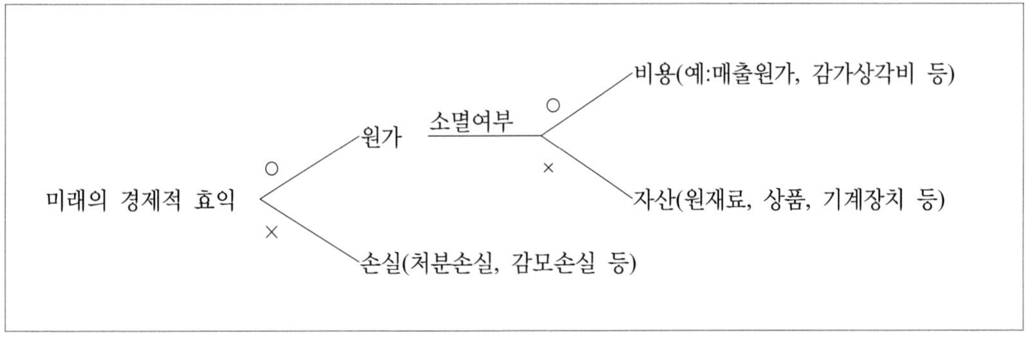

2 원가의 분류

원가는 원가담당자의 활용목적에 따라 여러 가지 유형으로 분류할 수 있으며 이를 "상이한 목적에 따른 상이한 원가(different costs for different purposes)"라 한다. 따라서, 특정 의사결정목적에 따라 각각 가장 적합한 원가정보를 제공하기 위해서는 해당 목적에 필요한 원가자료를 결정하여야 하며, 원가를 측정하는 방법도 제품원가계산과 의사결정 및 성과평가의 내용에 따라 달라지므로 그에 적합한 원가자료를 사용하여야 한다.

[표 1-2] 원가의 분류

원가의 분류기준	원가의 분류	관련분야
기능상의 분류	제조원가(Manufacturing cost), 비제조원가(Non-manufacturing cost)	제조원가의 흐름
추적가능성에 따른 분류	직접비(Direct Cost), 간접비(Indirect Cost)	개별원가계산
원가행태별 분류	변동비(Variable Cost), 고정비(Fixed Cost), 준변동비(Semi-variable Cost), 준고정비(Semi-fixed Cost)	표준원가계산 변동원가계산 원가함수의 추정 CVP분석
의사결정관련성에 따른 분류	관련원가(Relevant Cost), 비관련원가(Irrelevant Cost)	관련원가분석
통제가능성에 따른 분류	통제가능원가(Controllable Cost), 통제불능원가(Uncontrollable Cost)	책임회계제도
경영활동상의 분류	연구개발원가, 디자인원가, 생산원가, 마케팅원가, 유통원가, 고객서비스원가	제품수명주기원가계산 목표원가계산 카이젠원가계산 가치사슬 활동기준경영 등

1. 기능상의 분류

회사는 크게 제조활동과 비제조활동인 기타 판매 및 일반관리활동으로 구분할 수 있으며, 이에 따라 총원가를 제조원가와 비제조원가로 구분할 수 있다.

1) 제조원가(manufacturing Cost)

제품을 생산하는 과정에서 소요되는 모든 원가를 말하며 일반적으로 재료비(material Cost), 노무비(labor Cost), 제조경비(manufacturing expenses)로 구분된다.

① 재료비(material cost) : 제품을 생산하는 데 필요한 원재료의 사용액을 말한다. 재료 구입량 중 해당기간에 소비된 부분이 재료비가 되며 소비되지 않고 남는 부분은 재고자산으로서 차기에 이월된다.

② 노무비(labor cost) : 제품을 생산하는 데 필요한 생산에 필요한 노동력에 지출된 금액을 말한다. 노무비에는 급여·상여금·기타 수당 및 퇴직급여가 포함된다.

③ 제조경비(manufacturing expenses) : 제품을 생산하는 데 소요되는 총원가요소 중에서 재료비와 노무비를 제외한 나머지 원가요소를 말한다.

2) 비제조원가(non-manufacturing cost)

기업의 제조활동과 직접적인 관련없이 판매활동 및 기타 일반관리활동과정에서 발생하는 원가로서 판매비(marketing cost)과 일반관리비(administrative cost)로 구성되어 있다. 또한, 이러한 비제조원가는 발생한 시점에서 전액 비용처리 되기 때문에 기간원가(period cost)라고도 한다.

① 판매비(marketing cost) : 고객으로부터 주문을 받아 고객에게 제품을 제공하는 데 소요되는 비용을 말한다.

② 일반관리비(administrative cost) : 기업조직을 운영하고 유지하기 위해서 소요되는 비용을 말한다.

2. 추적가능성에 따른 분류

어떤 원가가 실질적 또는 경제적으로 특정대상과 직접적인 관련이 있을 때 이를 특정대상에 "직접추적가능하다"라고 한다. 따라서, 어떠한 원가요소가 특정대상에 대하여 직접적으로 추적할 수 있는지의 여부에 따라 직접비와 간접비로 분류할 수 있다.

1) 직접비(direct cost)

특정대상에 대하여 실질적 또는 경제적으로 직접적으로 관련시킬 수 있는 원가로서, 직접재료비, 직접노무비, 직접경비 등이 있다.

2) 간접비(indirect cost)

특정대상에 대하여 실질적 또는 경제적으로 직접적으로 관련시킬 수 없는 원가로서, 간접재료비, 간접노무비, 기타 간접경비 등이 있으며 이를 총칭하여 제조간접비(manufacturing overhead cost)라고 한다.

3. 원가행태별 분류

조업도수준의 변화에 따른 총원가의 변동양상을 원가행태라 하며, 일반적으로 변동비, 고정비, 준변동비, 준고정비 등이 있다. 조업도란 기업의 생산활동의 이용정도를 말하는 것으로 투입량 기준 조업도로서는 직접노동시간, 기계시간 등이 있으며, 산출량 기준 조업도로서는 생산량, 판매량 등이 있다.

1) 변동비(variable cost)

조업도수준이 변화함에 따라 원가총액이 직접적으로 변동하는 원가로서 조업이 중단되었을 경우 발생하지 않는 원가를 말한다. 일반적으로 직접재료비, 직접노무비 및 제조간접비 중 변동제조간접비와 변동판매및일반관리비가 이에 해당된다.

[그림 1-4] 조업도의 수준에 따른 변동비의 양상

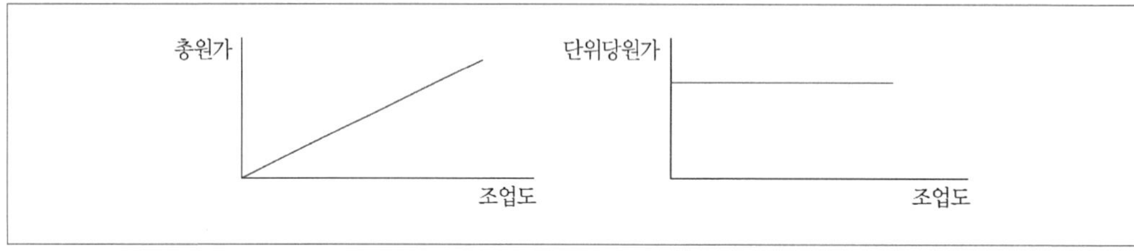

2) 고정비(fixed cost)

조업도수준에 관계없이 원가총액이 항상 일정하게 발생하는 원가를 말한다. 따라서 조업도수준이 증가하면 원가총액은 변함이 없지만 단위당 고정비는 점차 감소한다. 일반적으로 제조간접비 중 고정제조간접비와 고정판매및일반관리비가 이에 해당된다. 또한, 고정비는 관리자의 통제가능여부에 따라 기초고정비(committed fixed cost)와 임의고정비(discretionary fixed cost)로 구분할 수 있다.

① 기초고정비 : 주로 기업이 현재의 조업도수준을 유지하기 위하여 필요한 고정비로서 감가상각비 · 재산세 · 보험료 · 임차료 등이 있다.
② 임의고정비 : 기업이 조업도수준과는 달리 최고경영자의 의사결정에 따라 탄력적으로 운용될 수 있는 고정비로서 연구개발비 및 광고비 등이 있다.

[그림 1-5] 조업도의 수준에 따른 고정비의 양상

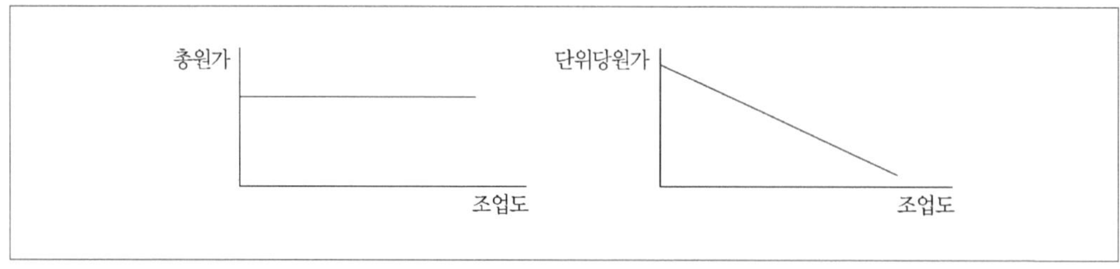

3) 준변동비(semi-variable cost, mixed cost : 혼합원가)

변동비와 고정비가 혼합된 원가로서 조업도수준이 제로(0)일 때에도 일정금액이 지출되며 조업도 수준이 증가함에 따라 추가적인 지출이 발생하는 행태를 말한다. 일반적으로 기본요금 등이 있는 제조경비, 수선유지비 등과 같은 제조간접비와 판매비 및 일반관리비가 이에 해당한다.

[그림 1-6] 조업도의 수준에 따른 준변동비의 양상

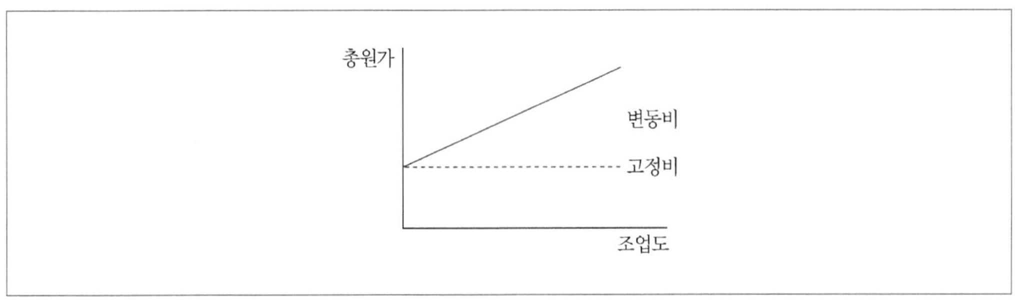

4) 준고정비(semi-fixed cost, step cost : 계단원가)

특정 조업도 수준에서는 원가발생액이 일정한 금액으로 고정되어 있으나, 조업도 수준이 일정단계를 벗어나면 일정액만큼 증가 또는 감소하는 원가를 말한다. 일반적으로 설비투자비용 및 공장감독자 급여 등이 이에 해당된다. 준고정비의 발생이유는 설비의 감가상각비, 창고임차료, 직원 급여 등 특정 원가요소는 일정 범위내에서 해당 금액을 나눌 수 없기 때문이며, 이를 생산투입요소의 불가분성(indivisibility)이라 한다.

[그림 1-7] 조업도의 수준에 따른 준고정비의 양상

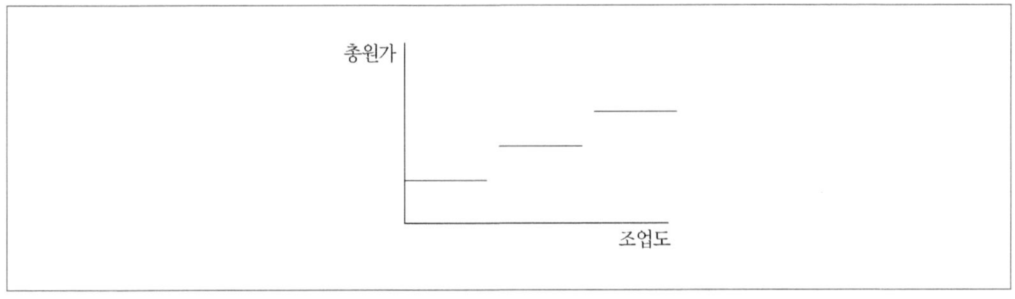

4. 의사결정관련성에 따른 분류

경영자가 의사결정에 있어 고려대상여부를 관련성이라 하며, 관련성에 따라 원가를 분류하면 관련원가와 비관련원가로 구분할 수 있다.

1) 관련원가(relevant cost)

여러 가지 대체안 사이에 차이가 있는 미래지출원가를 말하며, 특정의사결정시 고려대상이 되는 원가를 말한다.

① 차액원가(differential cost) : 서로 다른 대체안간의 총원가 차액을 말한다.

② 증분원가(incremental cost) : 특정대체안이 다른 대체안과 비교할때 증감되는 원가를 말한다.

③ 회피가능원가(avoidable cost) : 조업도수준이 감소하거나 경영자의 의사결정에 의해서 그 원가의 발생을 회피할 수 있는 원가를 말한다.

④ 기회원가(opportunity cost) : 보유하고 있는 자원을 현재의 용도가 아닌 대체적인 차선의 용도로 사용하였더라면 얻을 수 있었던 최대금액을 말한다.

2) 비관련원가(irrelevant cost)

여러 가지 대체안 사이에 차이가 발생하지 않는 원가로서 특정의사결정시 고려대상이 되지 않는 원가를 말한다.

① 매몰원가(sunk cost) : 과거의 의사결정의 결과로 인하여 이미 지출된 원가로서 이는 경영자로서 더 이상 통제할 수 없고 대체안간에 차이를 발생하지 않으므로 특정의사결정과정에서 고려할 필요가 없다.

② 회피불능원가(unavoidable cost) : 조업도수준이 감소하거나 경영자의 의사결정에 의해서도 그 원가의 발생을 회피할 수 없는 원가를 말한다.

5. 통제가능성에 따른 분류

원가는 특정경영자의 통제가능성에 따라 통제가능원가와 통제불능원가로 구분할 수 있으며, 특정부문의 관리자의 성과를 평가하기 위해서는 해당 관리자가 통제할 수 있는 원가와 통제할 수 없는 원가를 명확히 구분하여야 한다.

1) 통제가능원가(controllable cost)

특정경영자가 직접적으로 영향을 미칠 수 있는 원가로서 해당경영자가 관리하는 부문에서 직접 발생하는 변동비이다. 예를 들어, 제조부문 책임자 입장에서 제조부서의 직접재료비 등 변동제조원가와 판매부문 책임자 입장에서 판매부서의 변동판매비가 있다.

2) 통제불능원가(uncontrollable cost)

특정경영자가 직접적으로 영향을 미칠 수 없는 원가로서 해당 경영자가 관리하는 부문에서 이미 지출된 고정비와 다른 부문에서 발생하는 원가이다. 예를 들어, 제조부문 책임자 입장에서 제조부서의 감가상각비 등 고정제조원가와 제조부문과 관련없는 판매부서에서 발생하는 원가이다.

6. 경영활동상의 분류

원가는 경영활동에 따라 연구개발원가, 디자인원가, 생산원가, 마케팅원가, 유통원가, 고객서비스원가로 구분할 수 있다. 이와 같이 구분된 원가는 원가정보의 이용목적에 따라 다양하게 활용될 수 있다. 이를 제품수명주기원가라하며, 관리자는 제품수명주기의 단계별 발생원가를 여러 가지 목적에 따라 각각 구분 · 집계한다.

[그림 1-8] 제품수명주기 원가

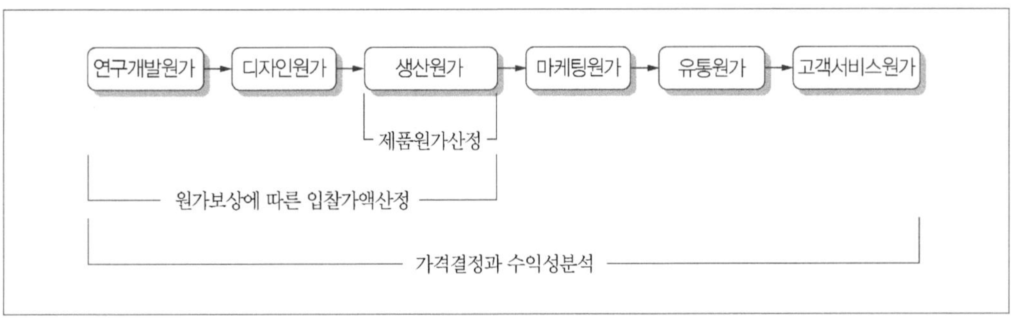

제 2 장

제조원가의 흐름

전문가 칼럼

회사내에 각 사업부별로 독자적인 사업활동과 성과평가가 이루어 지는 경우 회사전체적으로 발생하는 공통경비의 배분은 각 사업부의 책임자들 입장에서는 상당히 민감한 사안이다. 왜냐하면, 대부분의 사업부별 성과평가 방식은 창출된 이익을 기준으로 이루어지는데 이익이란 수익에서 관련된 비용을 차감하기 때문에 비용이 많이 배분되면 그 만큼 이익이 줄어들기 때문이다. 따라서, 공통경비가 비합리적으로 배분될 경우 각 사업부간의 갈등을 유발시킬 수 있어 공통경비 배분에 있어서는 합리적인 배분기준의 설정이 매우중요하다. 이는 제품원가계산에서도 동일하게 살펴볼 수 있다. 제품원가계산이라함은 제조공정에서 발생한 총제조원가를 해당제품에 배분하는 과정인데, 해당 제품에 직접관련성이 있는 원가는 직접추적하여 계산하지만 여러제품에 공통으로 발생된 원가는 공통으로 발생한 원가를 집계하여 해당제품에 배분하여야 하며, 이 과정에서 합리적인 배분기준의 설정이 중요한 과제이다. 따라서, 제품원가계산에서도 가장 중요한 핵심과제는 공통비의 배분이며 또 그에 맞는 적절한 배분기준의 선택이라 할 수 있다.

▸ 원가배분(cost allocation)

1. 기본개념

원가배분이라 함은 공통적으로 발생한 원가를 원가집합에 집계하여 합리적인 배분기준에 따라 원가대상에 할당하는 과정을 말한다.

(1) 원가집합

제조간접비는 원가집적대상에 직접 추적할 수 없는 간접원가들이 집계된 것으로 이는 둘 이상의 원가대상에 배분되어야 한다.

(2) 원가집적대상

제품, 부문, 각 사업부, 프로젝트, 고객 등과 같이 원가가 집계되는 단위로 의사결정자의 목적에 따라 원가대상은 달리 구분될 수 있다.

2. 원가배분기준

(1) 인과관계기준 : 배분하고자 하는 원가의 발생과 원가대상 사이에 인과관계가 존재하는 경우 그러한 인과관계를 기준으로 배분하는 방법이다.

(2) 수혜기준 : 배분하고자 하는 원가로부터 원가대상에 제공된 경제적 효익을 측정할 수 있는 경우 그 제공된 효익의 크기를 기준으로 배분하는 방법이다.

(3) 부담능력기준 : 원가대상이 부담할 수 있는 능력에 따라 원가를 배분하고자 하는 방법이다.
(4) 증분원가기준 : 특정 원가대상에 지출하는 원가는 배부하지 않고 해당 대상에 직접 부과하는 방법이다.
(5) 공정성과 공평성기준 : ~

사 례

(주)한국은 독립된 사업부 A, B, C가 있다. 각 사업부별 임직원 및 기타 재무현황은 다음과 같다.

	A	B	C	합계
임직원수	200명	200명	100명	500명
매출액	100억	100억	200억	400억
자산총액	50억	100억	100억	250억

요구사항 1

회사전체의 체육대회 행사비가 ₩6,000,000발생하였다. 각 사업부에 배분하시오.

해답

체육대회 행사비는 인원수와 인과관계가 있으므로 각 사업부의 임직원수에 비례하여 배분한다. (인과관계기준)

	A	B	C	합계
임직원수	200명	200명	100명	500명
배분비율	40%	40%	20%	100%
행사비배분	₩2,400,000	₩2,400,000	₩1,200,000	₩6,000,000

요구사항 2

회사전체의 광고비가 ₩10,000,000발생하였다. 각 사업부에 배분하시오.

해답

광고의 목적은 매출액 증대이므로 각 사업부의 매출액을 기준으로 배분한다. (수혜기준)

	A	B	C	합계
매출액	100억	100억	200억	400억
배분비율	25%	25%	50%	100%
광고비배분	₩2,500,000	₩2,500,000	₩5,000,000	₩10,000,000

요구사항 3

회사전체의 명의로 사회단체에 ₩5,000,000을 기부하였다. 각 사업부에 배분하시오.

해답

기부의 목적은 기업의 사회적책임이며, 수익창출과는 직접적으로 무관하다. 따라서, 기업이 부담할 수 있는 능력에 비례하여 배분한다. (부담능력기준)

	A	B	C	합계
자산총액	50억	100억	100억	250억
배분비율	20%	40%	40%	100%
광고비배분	₩1,000,000	₩2,000,000	₩2,000,000	₩5,000,000

1. 제조업과 제조원가의 흐름

1 제조업의 경영활동

회사는 제조활동여부에 따라 상기업과 제조업으로 구분할 수 있다. 상기업의 주요 경영활동은 판매 가능한 상품을 구입하여 외부에 판매하는 것이며, 제조업은 상기업과는 달리 외부에서 구입한 원재료를 가공하여 생산된 제품을 외부에 판매하여 이윤을 창출하므로 상기업의 경영활동에서 생산이라는 과정이 추가된다. 즉, 제조업은 원재료를 매입하고 종업원을 고용하여 판매할 수 있는 제품을 생산한 후에 그 제품을 판매함으로써 이익을 획득하고자 하며 일반적으로 다음과 같은 3가지 과정으로 이루어진다.

- 구매활동 : 기업외부로부터 제품의 제조에 필요한 각종 생산요소(원재료, 노동력, 설비 등)를 구입하는 과정을 말한다.
- 생산활동 : 구입한 원재료에 노동력 및 기타 생산설비 등을 투입하여 제품을 제조하는 과정을 말한다.
- 판매활동 : 기업에서 생산한 제품을 외부에 판매하는 과정을 말한다.

[그림 2-1] 제조업의 경영활동

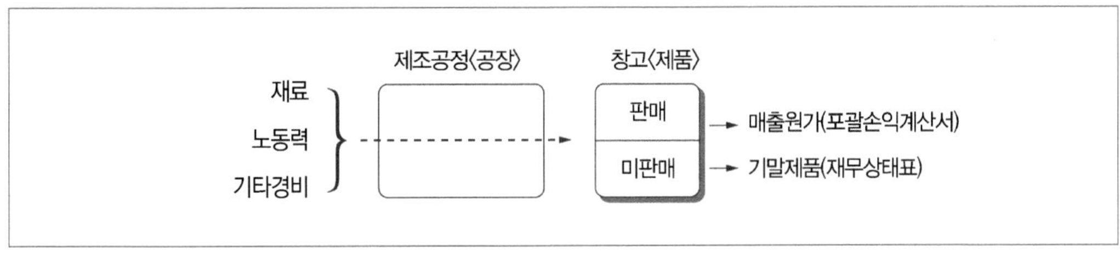

cf. 상기업

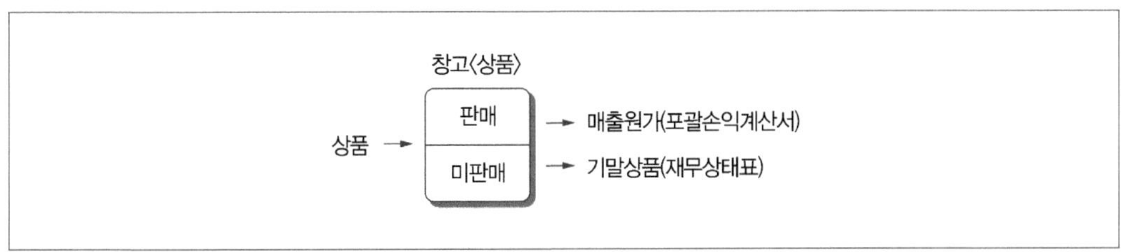

2 제조원가의 흐름과 제조원가명세서

제조업은 상기업과는 달리 생산이라는 추가과정이 필요하므로 상기업을 기본으로 생산과정을 설명할 수 있는 몇 가지 추가절차가 필요하다. 즉, 제조업에서의 원가계산은 최종제품을 생산하기 위하여 소비된 경제적 자원(제조원가)들을 몇 가지의 원가요소로 분류하여 집계한 다음 해당제품별로 원가들을 나누어주는 절차를 필요로 한다.

1. 제조원가(manufacturing costs) 의 정의

제품을 제조하기 위하여 희생한 경제적 자원을 화폐가치로 나타낸 것으로 정의할 수 있다. 또한, 제품원가는 그 제품이 팔리기 전까지는 재고자산의 형태로 존재하므로 재고가능원가(inventoriable cost)라고도 한다. 제조원가는 다음과 같이 재료비, 노무비 및 제조경비로 구분할 수 있으나, 원가계산의 정확도를 높이기 위하여 이를 다시 직접재료비, 직접노무비 및 제조간접비로 재분류하기도 한다.

cf. 원가(cost)와 비용(expense)
원가란 어떤 재화나 용역을 얻기 위하여 포기한 자원을 화폐가치로 나타낸 것이고 비용은 매출 등의 수익을 발생시키면서 사용된 자원의 가치를 말한다. 즉, 원가는 자원을 취득하면서 발생하지만 비용은 자원의 소멸시점에서 발생한다.

1) 제조원가의 종류

① 재료비 : 기업이 제품생산에 소비할 목적으로 외부로부터 구입한 원재료 중에서 당해 제조과정에서 소비된 원재료를 의미한다. 주요재료비, 보조재료비, 연료비 등이 있다. 이 중 특정제품과 직접 관련되어 소비된 부분을 직접재료비라 하며, 특정제품과 직접 관련이 없고 여러 제품에 공통으로 소비된 원재료를 간접재료비라 한다.

② 노무비 : 제품의 제조를 위하여 소비된 노동력의 가치를 의미한다. 임금, 급여, 잡급, 수당, 퇴직급여 및 복리후생비 등이 있다. 이 중 특정제품과 직접 관련되어 소비된 부분을 직접노무비라 하며, 특정제품과 직접 관련이 없고 여러 제품에 공통으로 소비된 노무비를 간접노무비라 한다.

③ 제조경비 : 제품의 제조를 위해 소비된 원가 중 재료비와 노무비를 제외한 모든 원가요소를 말한다. 전력비, 기술사용료, 운반비, 감가상각비, 수선비, 보험료 및 임차료 등이 있다.

2) 제조원가의 분류

① 직접재료비(DM: direct material cost)

제품을 생산하기 위하여 희생된 원재료로서 특정 제품에 직접적으로 추적할 수 있는 원재료 사용분을 말한다. 즉, 가구점에서의 목재 등 원재료 중 그 금액이 크거나 제품별로 구분할 수 있는 주요 재료를 말하며 공통으로 사용되는 못이나 접착제처럼 금액이 적고 제품별로 분리하는 것이 어려운 재료는 간접재료비로 분류된다.

② 직접노무비(DL: direct labor cost)

제품을 생산하기 위하여 투입된 생산직 종업원의 임금으로서 특정 제품에 직접적으로 추적할 수 있는 노무비를 말한다. 즉, 자동차 생산라인에서의 일하는 생산직 종업원의 급여 등을 말하며 여러 제품의 생산을 지원하는 구매부, 설계부 및 생산관리부 등에서 일하는 종업원이나 감독자급여는 간접노무비로 분류된다.

③ 제조간접비(OH: manufacturing overhead cost)

제품을 생산하기 위해 투입된 직접재료비와 직접노무비 이외의 모든 제조원가를 말하며, 그 예로서 간접재료비, 간접노무비, 기계감가상각비, 소모품비, 전기료, 수도료, 복리후생비, 포장비 및 공장관리비 등을 들 수 있다.

cf. 기초원가(prime cost)와 전환원가(conversion cost)
직접재료비와 직접노무비가 제품을 제조하는데 있어서 가장 중요한 요소이므로 기초원가 또는 기본원가라고 부르며, 직접노무비와 제조간접비는 직접재료를 가공하여 최종제품으로 전환하는데 소비되므로 가공원가 또는 전환원가라고 부른다.

[표 2-1] 제조원가의 분류

종 류	내 용
직접재료비(DM) (direct material cost)	특정 제품에 직접적으로 추적할 수 있는 원재료 사용분*1 cf. 만약, 여러 제품에 공통으로 사용되거나 추적하기 어려운 경우 간접재료비로써 제조간접비로 분류된다.
직접노무비(DL) (direct labor cost)	특정 제품에 직접적으로 추적할 수 있는 생산직 종업원 임금*2 cf. 만약, 여러 제품에 공통으로 소비되거나 추적하기 어려운 경우 간접노무비로써 제조간접비로 분류된다.
제조간접비(OH) (factory overhead cost)	간접재료비, 간접노무비, 공장관련 감가상각비, 소모품비, 수도광열비 등 직접재료비, 직접노무비 이외의 모든 제조원가

*1 원재료 사용분=기초 원재료+당기 원재료구입액-기말 원재료

*2 판매 및 본사부문 종업원 급여는 제외함

[그림 2-2] 원가의 구성

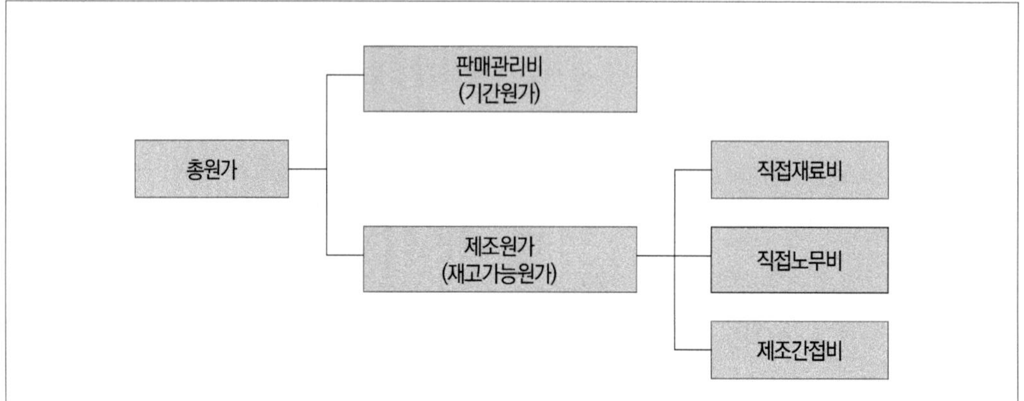

① 기간원가(period costs) : 특정기간의 수익에 직접 대응하여 소멸하는 원가를 말하며, 판매비와 일반관리비가 대표적인 기간원가이다.

② 재고가능원가(inventoriable costs) : 제조활동에서 발생한 원가를 말하며, 원재료, 재공품 및 제품 등 재고자산의 형태로 존재하다가 판매시 매출원가로 소멸한다.

[그림 2-3] 제조원가의 분류(3분류법과 2분류법)

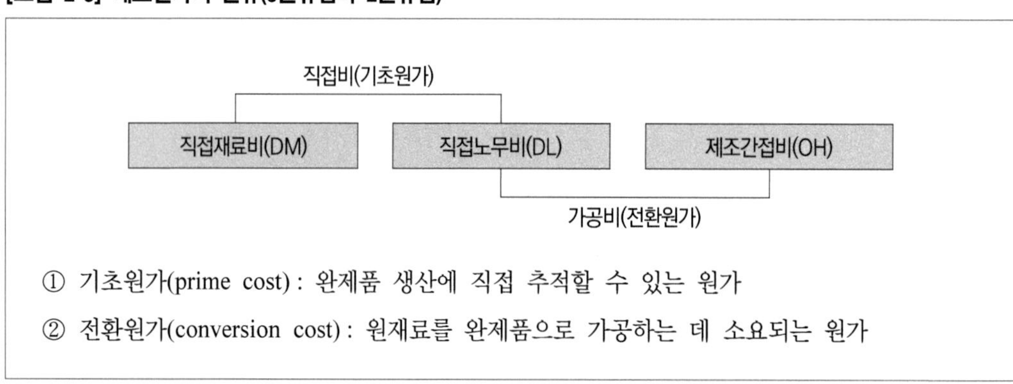

① 기초원가(prime cost) : 완제품 생산에 직접 추적할 수 있는 원가

② 전환원가(conversion cost) : 원재료를 완제품으로 가공하는 데 소요되는 원가

예제 1 제조원가의 구분

(주)한국의 원가발생액은 다음과 같다.

	개별제품에 대한 추적가능성	
	추적가능	추적불가능
재 료 비	₩50,000	₩40,000
노 무 비	15,000	50,000
제조경비	–	90,000

요구사항 1

위의 자료를 이용하여 기초원가와 가공원가를 구하시오.

해답

(1) 기초원가 : 직접재료비(₩50,000) + 직접노무비(₩15,000) = ₩65,000

(2) 가공원가 : 직접노무비(₩15,000) + 제조간접비(₩40,000 + ₩50,000 + ₩90,000)
= ₩195,000

---

2. 제조업의 원가흐름

제조업은 상기업과는 달리 생산과정이 추가되므로 생산과정의 이해가 선행되어야 한다. 제조업의 제조과정을 살펴보면 원재료를 구입한 후 사용분은 제조공정에 투입되고 일부 미사용분은 원재료 창고에 남아있게 되며, 이는 기말원재료로서 재무상태표에 기록된다. 또한, 제조공정과정에서 원재료 사용분 이외에 노동력과 기타 제조경비가 투입되어 최종제품이 완성이 되면 판매를 위해 제품창고로 입고되며, 판매된 부분은 손익계산서의 매출원가로 기록되며 미판매된 부분은 재무상태표의 기말제품으로 기록된다. 또한, 제조과정에서 미완성된 물량은 재공품이라 하며, 이는 재무상태표에 기말재공품으로 기록된다. 따라서, 제조업은 상기업과는 달리 원재료계정, 재공품계정, 제품계정이 추가로 필요하다. 결과적으로 제조업의 제조과정을 살펴보면 제조과정에서 발생하는 재료비, 노무비 및 제조경비는 일단 재공품계정에 기록하며, 제품이 완성되면 재공품계정에서 제품계정으로 대체한다. 그리고 판매한 제품의 원가를 제품원가에서 매출원가로 대체한다.

① 원재료계정 : 회사가 보유하고 있는 원재료를 기록하는 자산계정
② 재공품계정 : 제조공정과정에 투입된 제조원가를 기록하는 자산계정
③ 제품계정 : 제조과정이 완성되어 판매할 수 있는 제품을 기록하는 자산계정

[그림 2-4] 제조업의 원가흐름도

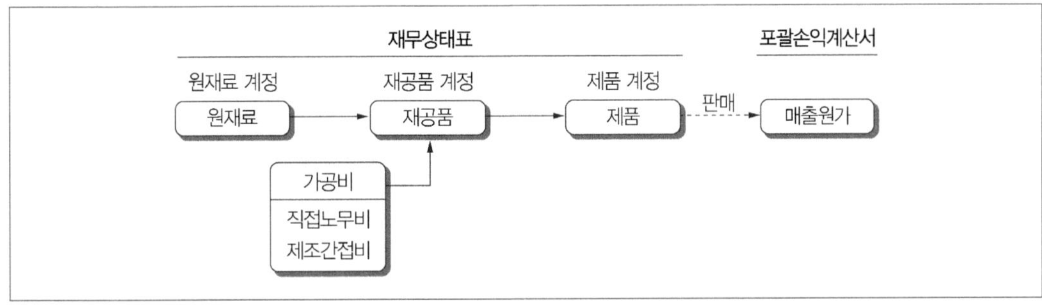

[그림 2-5] 제조과정의 원가흐름

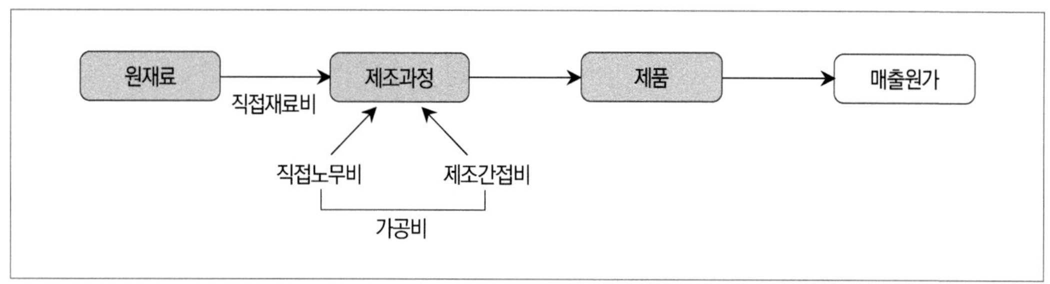

[그림 2-6] 제조과정의 계정과목흐름

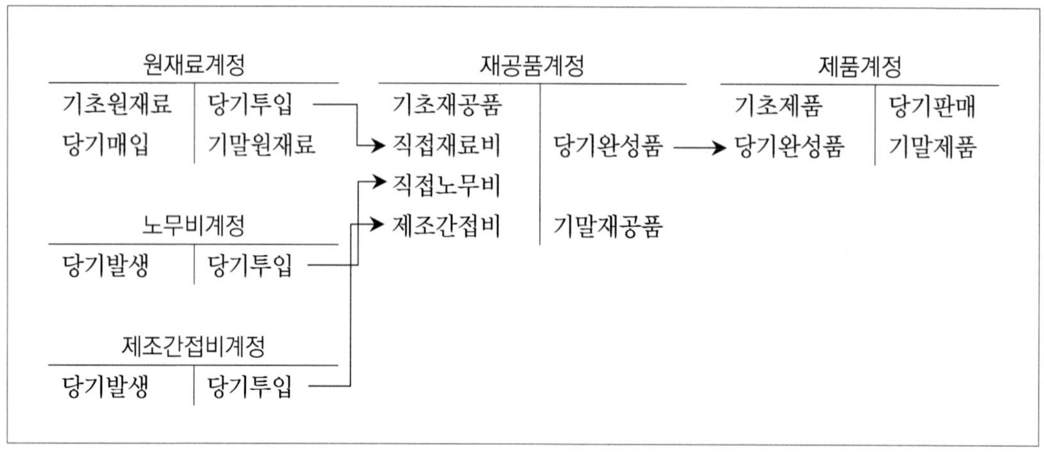

1) 당기총제조원가(total manufacturing cost)

당기의 제조과정에 투입된 모든 제조원가를 의미하는 것으로서 직접재료비 사용분, 직접노무비 및 제조간접비의 합계액을 말한다. 단, 기초재공품은 포함하지 아니한다.

당기총제조원가 = 직접재료비 + 직접노무비 + 제조간접비

① 직접재료비 : 총원재료 소비액 중에서 간접재료비를 차감한 금액을 말한다. 간접재료비사용분은 제조간접비에 해당된다.

[원재료 구입시]

(차)	원재료	×××	(대)	현금 (매입채무)	×××

[원재료 대체시(기말수정분개-원가계산분개)]

(차)	재공품 (직접재료비 사용분)	×××	(대)	원재료	×××
	제조간접비 (간접재료비 사용분)	×××			

예제 2 재료비의 회계처리

(주)한국의 기초원재료재고액은 ₩30,000이며, 당기에 외상으로 구입한 원재료매입액은 ₩150,000이다. 기말원재료재고액은 ₩20,000이었으며 당기에 사용한 원재료 중 간접재료비는 ₩40,000이었다.

기말수정전시산표

원재료	₩180,000*1	

*1 수정전시산표상의 원재료 잔액은 기초원재료재고액에 당기원재료매입액을 가산한 금액이다.

요구사항

원재료와 관련된 일련의 회계처리와 각 계정별원장에 해당금액을 나타내시오.

해답

1. 원재료 구입시

(차) 원재료	₩150,000	(대) 매입채무	₩150,000

2. 기말수정분개(원가계산분개)

(차) 재공품	₩120,000 *2	(대) 원재료	₩160,000 *1
제조간접비	40,000 *3		

*1 ₩30,000 + ₩150,000 − ₩20,000
*2 직접재료비
*3 간접재료비

3. 계정별원장

원재료

차변		대변	
기 초	₩30,000	재공품(직접재료비)	₩120,000
		제조간접비(간접재료비)	40,000
매입채무	150,000	기 말	20,000
	₩180,000		₩180,000

재공품

차변	대변
직접재료비 ₩120,000	

제조간접비

차변	대변
간접재료비 ₩40,000	

---

② 직접노무비 : 당기 발생한 생산직근로자의 임금 총액에서 간접노무비를 차감한 금액을 말하며, 간접노무비는 제조간접비에 해당된다. 또한, 이는 실제 지급한 금액뿐만 아니라 기말현재 미지급임금 및 소득세 공제분까지 포함한 금액을 의미한다.

[노무비 지급시]

(차) 노무비	×××	(대) 현 금	×××

[기말 노무비 미지급시]

(차) 노무비	×××	(대) 미지급임금	×××

[노무비 대체시(기말 수정분개-원가계산분개)]

(차) 재공품 (직접노무비 사용분)	×××	(대) 노무비	×××
제조간접비 (간접노무비 사용분)	×××		

예제 3 노무비의 회계처리

(주) 한국은 당기에 ₩120,000의 노무비를 지급하였으며, 기말현재 미지급노무비는 ₩30,000이다. 또한, 노무비 지출액 중 ₩20,000은 간접노무비이다.

기말수정전시산표

노무비	₩120,000	

요구사항

노무비와 관련된 일련의 회계처리와 각 계정별원장에 해당금액을 나타내시오.

해답

1. 노무비 지급시

(차) 노무비	₩120,000	(대) 현 금	₩120,000

2. 기말수정분개

(1) 미지급노무비

(차) 노무비	₩30,000	(대) 미지급노무비	₩30,000

(2) 원가계산분개

(차) 재공품	₩130,000*2	(대) 노무비	₩150,000*1
제조간접비	20,000*3		

*1 ₩130,000 + ₩20,000
*2 직접노무비
*3 간접노무비

3. 계정별원장

노무비

현 금	₩120,000	재공품(직접노무비)	₩130,000
미지급노무비	30,000	제조간접비(간접노무비)	20,000
	₩150,000		₩150,000

재공품

직접노무비	₩130,000	

제조간접비

간접노무비	₩20,000	

③ 제조간접비 : 당기 발생한 총제조원가 중 직접재료비와 직접노무비를 제외한 나머지 추적불가능한 모든 제조원가로서 간접재료비, 간접노무비, 공장건물 및 설비자산에 대한 감가상각비, 수선유지비, 재산세, 보험료 및 수도광열비를 말한다. 만약, 일부 제조경비가 특정 제품에 직접 추적가능하다면 직접경비로써 별도로 구분해야 한다. 또한, 주의해야할 점은 제조간접비를 판단할 때 비제조활동에서 발생하는 판매관리비는 제외하여야 한다. 제조간접비 발생분을 재공품계정에 대체하기 위해서는 먼저 당기 발생한 개별 제조간접비를 제조간접비통제계정에 각각 집계한 후, 집계된 전체 제조간접비를 재공품 계정에 대체한다.

[표 2-2] 제조간접비와 판매관리비의 비교

제조간접비	판매관리비
• 생산직관리자 급여	• 판매원 급여
• 공장사무실 운영비	• 판매부서 및 본사 운영비
• 공장 소모품비	• 판매부서 및 본사 소모품비
• 공장 수도광열비	• 판매부서 및 본사 수도광열비
• 기계장치 및 공장 건물 감가상각비	• 판매부서 및 본사 건물 감가상각비
• 간접재료비, 간접노무비	

[제조간접비 발생시]

(차) 감가상각비	×××	(대) 감가상각누계액	×××
동력비	×××	현 금	×××
수선유지비 등	×××	미지급비용	×××

[제조간접비 집계]

(차) 제조간접비	×××	(대) 감가상각비	×××
		동력비	×××
		수선유지비 등	×××

[재공품 대체시(기말 수정분개-원가계산분개)]

(차) 재공품	×××	(대) 제조간접비	×××

예제 4 제조간접비의 회계처리

다음은 (주)한국의 기말수정전시산표와 기말수정사항의 일부이다.

기말수정전시산표

기계장치	₩2,000,000	기계장치 – 감가상각누계액	₩600,000
건 물	1,500,000	건물 – 감가상각누계액	500,000
동력비	35,000		
복리후생비	50,000		

[기말수정사항]

1. 당기 감가상각비 산출내역은 다음과 같다.

   기계장치 ₩30,000
   건 물 150,000(이 중 1/3은 공장분임)

2. 동력비는 기계장치 관련하여 발생하였다.
3. 복리후생비 중 1/2은 공장분이다.
4. 간접재료비와 간접노무비는 각각 ₩40,000, ₩20,000이다.

요구사항

제조간접비와 관련된 일련의 회계처리와 각 계정별원장에 해당금액을 나타내시오.

해답

1. 동력비와 복리후생비 발생시

(차) 동력비	₩35,000	(대) 현 금	₩85,000
복리후생비	50,000	(미지급비용)	

2. 기말수정분개

(1) 감가상각비

(차) 기계장치 – 감가상각비	₩30,000	(대) 기계장치 – 감가상각누계액	₩30,000
건물 – 감가상각비	150,000	건물 – 감가상각누계액	150,000

(2) 원가계산분개

① 제조간접비집계

(차) 제조간접비	₩200,000	(대)	간접재료비	₩40,000
			간접노무비	20,000
			동력비	35,000
			복리후생비	25,000
			기계장치 - 감가상각비	30,000
			건물 - 감가상각비	50,000

② 재공품대체

(차) 재공품	₩200,000	(대)	제조간접비	₩200,000

3. 계정별원장

제조간접비

간접재료비	₩40,000	재공품	₩200,000
간접노무비	20,000		
동력비	35,000		
복리후생비	25,000		
기계장치 - 감가상각비	30,000		
건물 - 감가상각비	50,000		
	₩200,000		₩200,000

재공품

제조간접비	₩200,000	

2) 당기제품제조원가(cost of goods manufactured)

당기에 완성한 제품의 제조원가를 의미하는 것으로서 기초 재공품재고액에 당기 총제조원가를 더하고 기말 재공품재고액을 차감하여 계산한다. 상기업에서의 당기상품매입액과 동일한 의미를 가진다.

당기제품제조원가 = 기초재공품 + 당기총제조원가 - 기말재공품

[제조원가 집계]

(차) 재공품	×××	(대) 직접재료비	×××
(당기총제조원가)		직접노무비	×××
		제조간접비	×××

[제품 대체시]

(차) 제품	×××	(대) 재공품	×××
(당기제품제조원가)			

[표 2-3] 상기업과 제조기업의 포괄손익계산서 요약 비교

상기업			제조업		
매출		×××	매출		×××
매출원가		(×××)	매출원가		(×××)
기초상품	×××		기초제품	×××	
당기매입	×××		당기제품제조원가	×××	
기말상품	(×××)		기말제품	(×××)	
매출총이익		×××	매출총이익		×××

예제 5 당기제품제조원가

(주) 한국은 20×1년초에 영업을 시작하였으며, 20×1년과 20×2년에 발생한 제조원가는 다음과 같다.

	20×1년	20×2년
기초재공품	–	₩150,000
직접재료비	₩100,000	120,000
직접노무비	150,000	130,000
제조간접비	250,000	200,000
기말재공품	150,000	180,000

요구사항

20×1년과 20×2년의 당기제품제조원가를 구하시오.

해답

1. 20×1년

① 당기총제조원가
= 직접재료비(₩100,000) + 직접노무비(₩150,000) + 제조간접비(₩250,000)
= ₩500,000

② 당기제품제조원가
= 기초재공품(₩0) + 당기총제조원가(₩500,000) − 기말재공품(₩150,000)
= ₩350,000

2. 20×2년

① 당기총제조원가
= 직접재료비(₩120,000) + 직접노무비(₩130,000) + 제조간접비(₩200,000)
= ₩450,000

② 당기제품제조원가
= 기초재공품(₩150,000) + 당기총제조원가(₩450,000) − 기말재공품(₩180,000)
= ₩420,000

---

3) 매출원가(cost of sales)

당기에 판매한 제품의 원가를 의미하는 것으로서 기초제품재고액에 당기제품제조원가를 합한 금액에서 기말제품재고액을 차감하여 계산한다.

매출원가 = 기초제품 + 당기제품제조원가 − 기말제품

[제품 대체시]

(차) 제 품 (당기제품제조원가)	×××	(대) 재공품	×××

[제품 판매시]

(차) 매출원가	×××	(대) 제 품	×××

cf. 기말재고실사법의 경우

[제품 판매시]

(차) 매출원가	×××	(대) 기초제품	×××
매출원가	×××	당기제품제조원가	×××
기말제품	×××	매출원가	×××

[그림 2-7] 원가계산절차

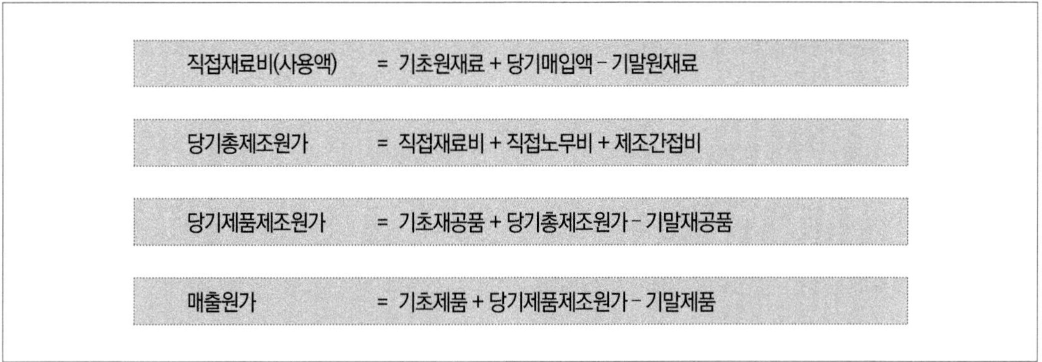

[그림 2-8] 제조원가의 흐름(T-계정)

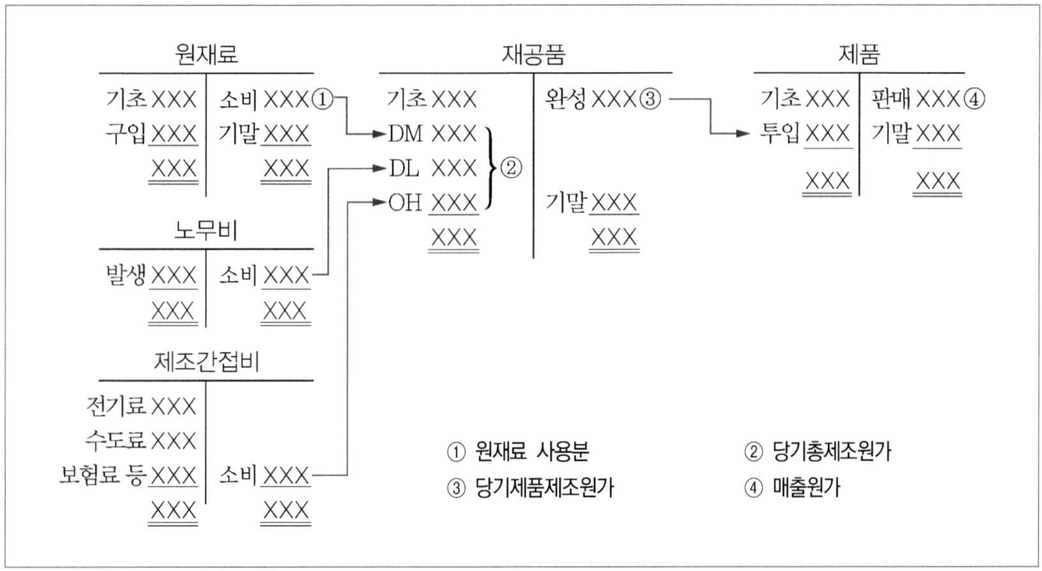

예제 6 매출원가

(주)한국의 당해연도에 발생한 제조원가와 기초 및 기말재고자산은 다음과 같다.

	기초		기말
재공품	₩150,000		₩180,000
제 품	150,000		170,000
직접재료비		₩120,000	
직접노무비		130,000	
제조간접비		200,000	

요구사항

당해연도 매출원가를 구하시오.

해답

① 당기총제조원가

= 직접재료비(₩120,000) + 직접노무비(₩130,000) + 제조간접비(₩200,000)

= ₩450,000

② 당기제품제조원가

=기초재공품(₩150,000) + 당기총제조원가(₩450,000) − 기말재공품(₩180,000)

= ₩420,000

③ 매출원가

= 기초제품(₩150,000) + 당기제품제조원가(₩420,000) − 기말제품(₩170,000)

= ₩400,000

3. 회계순환(accounting cycle)

기업실체에 영향을 미치는 모든 거래는 정보이용자가 합리적인 의사결정을 할 수 있도록 일정한 절차에 의한 회계처리과정을 통하여 재무제표의 형태로 정기적으로 보고된다. 이러한 일정한 회계처리과정을 회계순환이라고 한다.

[그림 2-9] 회계순환과정

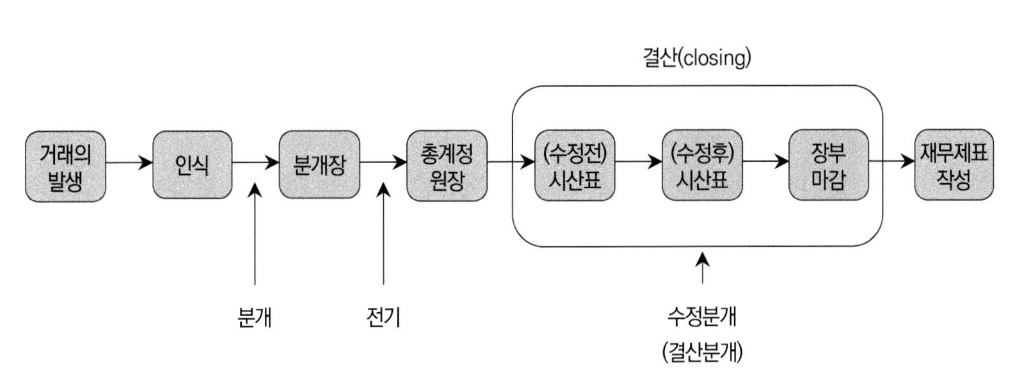

① 거래의 발생 : 발생한 거래로 인하여 영향을 받는 계정과목을 인식하고 그 금액을 측정하는 단계
② 분개 : 거래의 분석으로 파악된 계정과목과 금액을 분개장에 복식부기원리에 따라 기록하는 단계
③ 전기 : 분개장에 기록을 각 계정별원장에 옮겨적는 단계
④ (수정전)시산표작성 : 장부의 차변계정과 대변계정의 잔액을 집계하여 서로 일치하는지 검증하는 단계
⑤ 수정분개 : 기중거래에서 측정하지 못한 수익과 비용을 발생기준에 따라 수정하는 단계
⑥ (수정후)시산표작성 : 수정분개를 해당 계정별원장에 전기한 후 다시 장부의 차변계정과 대변계정의 잔액을 집계하여 서로 일치하는지 검증하는 단계
⑦ 장부마감 : 손익계산서에 포함되는 계정들의 잔액을 '0'로 마감하고 이와 더불어 당기순손익을 대차대조표의 이익잉여금 계정으로 이체하는 단계

4. 제조원가의 회계처리

기중에는 각 제조원가 발생에 대한 거래를 분개장에 기입하고 계정별 총계정원장에 전기한다. 제조활동에 사용된 각 제조원가는 기말수정분개(원가계산분개)를 통하여 재공품계정으로 전기하므로 결산시 재공품계정 차변과 각 제조원가의 대변에 기입한다.

(1) 각 제조원가의 발생시점

각 계정의 차변에 집계한다.

(2) 제조활동에 사용(투입)시점

제조활동에 사용(투입)된 제조원가를 각 계정의 대변에 기입하고 동시에 재공품계정의 차변에 기입한다. 단, 제조간접비의 경우 제조간접비통제계정을 사용하는데, 당해 기간의 제조간접비 발생액을 제조간접비의 차변에 기입하고 집계된 제조간접비는 제조원가의 흐름에 따라 재공품계정에 대체한다.

(3) 제품의 완성 및 판매

당기에 완성된 제품의 원가(당기제품제조원가)는 재공품계정에서 제품계정으로 대체되며, 당기에 판매된 제품은 제품계정에서 매출원가계정으로 대체된다.

[제품의 완성]

(차) 제 품	×××	(대) 재공품	×××

[제품 판매]

(차) 매출원가	×××	(대) 제 품	×××

[표 2-4] 제조원가의 흐름의 회계처리

	분 개			
직접재료비	[원재료 구입]			
	(차) 원재료	×××	(대) 현 금	×××
			매입채무	×××
	[원재료 투입(원가계산분개)]			
	(차) 재공품	×××	(대) 직접재료비	×××
			간접재료비[*1]	×××
	*1 간접재료비는 제조간접비통제계정에 대체된다			
직접노무비	[노무비 발생]			
	(차) 노무비	×××	(대) 현 금	×××
			미지급노무비	×××
	[노무비 투입(원가계산분개)]			
	(차) 재공품	×××	(대) 직접노무비	×××
			간접노무비[*2]	×××
	*2 간접노무비는 제조간접비통제계정에 대체된다			
제조간접비[*3]	[제조간접비 발생]			
	(차) 전기료	×××	(대) 현 금	×××
	동력비	×××	미지급비용	×××
	보험료	×××		
	감가상각비	×××		
	[제조간접비 집계(원가계산분개)]			
	(차) 제조간접비	×××	(대) 간접재료비	×××
			간접노무비	×××
			전기료	×××
			동력비	×××
			보험료	×××
			감가상각비	×××
	[제조간접비 대체(원가계산분개)]			
	(차) 재공품	×××	(대) 제조간접비	×××

*3 제조간접비 및 판매비와 일반관리비는 유사한 면이 있지만 제조간접비는 제조활동과 관련되어 발생하는 제조원가이므로 판매 및 관리활동과 관련된 판매비와 일반관리비와는 구분하여야 한다. 즉, 공장발생분은 제조간접비이지만 영업부서 및 본사관리부서에서 발생한 비용은 판매비와 일반관리비이다.

5. 제조원가명세서(Statement Costs of Goods Manufactured)

제조업은 상기업과는 달리 생산과정이 필요하며 생산활동에서 소비된 자원을 기록하여야 할 필요가 있다. 일정 기간동안에 발생한 재료비, 노무비 및 제조경비 등 그 내역을 기록함으로서 최종적으로 당해 기간동안에 완성된 제품의 원가인 당기제품제조원가를 나타내기 위해서 작성된 명세서를 제조원가명세서라 하며, 이는 재공품계정에서 발생한 원가요소들의 변동사항을 요약한 표이다.

[표 2-5] 제조원가명세서

제조원가명세서		
Ⅰ. 재료비		×××
기초원재료재고액	×××	
당기원재료매입액	×××	
기말원재료재고액	(×××)	
Ⅱ. 노무비		×××
기본급	×××	
제수당 등	×××	
Ⅲ. 제조경비		×××
감가상각비	×××	
동력비	×××	
보험료	×××	
수선유지비 등	×××	
Ⅳ. 당기총제조원가		×××
Ⅴ. 기초재공품재고액		×××
합계		×××
Ⅵ. 기말재공품재고액		(×××)
Ⅶ. 당기제품제조원가		×××

예제 7 제조원가명세서

(주)한국의 당해연도에 발생한 제조원가와 기초 및 기말재고자산은 다음과 같다.

	기초		기말
원재료	₩20,000		₩30,000
재공품	50,000		60,000
제품	150,000		170,000
당기재료매입액		₩100,000	
직접노무비		80,000	
제조간접비		120,000	

요구사항

당해연도 제조원가명세서를 작성하시오.

해답

제조원가명세서

Ⅰ. 직접재료비		₩90,000
기초재료재고액	20,000	
당기재료매입액	100,000	
계	120,000	
기말재료재고액	(30,000)	
Ⅱ.직접노무비		80,000
Ⅲ.제조간접비		120,000
Ⅳ.당기총제조원가		290,000
Ⅴ.기초재공품재고액		50,000
합 계		340,000
Ⅵ.기말재공품재고액		(60,000)
Ⅶ.당기제품제조원가		₩280,000

2. 원가계산제도

의의

제조업은 재무제표 작성 및 기타관리목적에 유용한 정보를 도출하기 위해서 원재료의 투입에서 제품이 완성되기까지 재공품 및 제품에 원가를 배부하는 절차가 필요하며, 이러한 일련의 절차를 제품원가계산이라 한다. 일반적으로 제품원가계산은 다음과 같은 절차로 이루어진다.

- 제1단계 : 일정기간동안 발생된 총제조원가를 집계
- 제2단계 : 집계된 총제조원가를 완성품(당기제품제조원가)과 미완성품(기말재공품)에 배분

즉, 제품원가계산의 본질은 기초재공품과 당기총제조원가의 합계를 당기완성품(당기제품제조원가)과 기말재공품에 배분하는 과정이다.

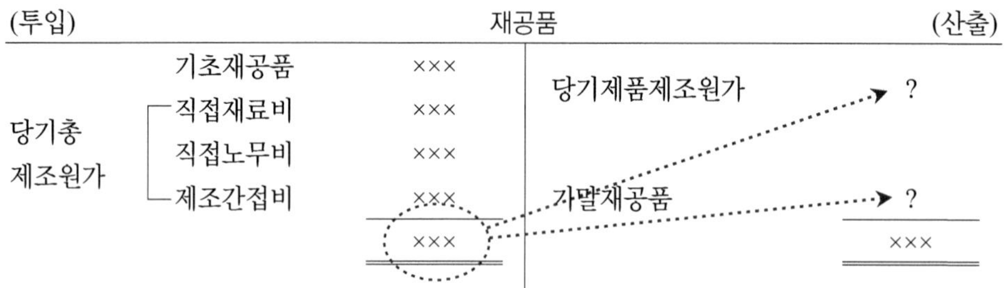

2 종류

원가계산제도는 다음과 같은 관점에 따라서 여러 가지로 분류될 수 있다.

- 제품의 생산방식
- 원가요소의 실제성
- 제품원가의 구성요소

1. 제품의 생산방식

기업이 수행하는 생산활동의 성격에 따라 개별원가계산(Job Order Cost System)과 종합원

가계산(Process Cost System)으로 구분할 수 있다. 개별원가계산은 제조원가를 개별제품별로 집계하여 완성된 제품의 원가와 미완성된 재공품의 원가로 구분하지만, 종합원가계산은 일반적으로 단일제품을 생산하는 것을 가정하기 때문에 제조원가를 생산수량으로 나누어 완성품원가와 재공품원가로 구분한다.

[표 2-6] 제품의 생산방식에 따른 분류

구 분	생산형태	관련산업의 예	비 고
개별원가계산 (job – order cost system)	다품종 소량 주문생산	조선업, 건설업 및 기계제조업 등	3장
종합원가계산 (process cost system)	소품종(단일) 대량 연속생산	화학공업, 식품가공업 및 제지업 등	5장

2. 원가요소의 실제성

원가요소의 실제성은 원가계산에 필요한 자료가 실제 발생한 원가인지 아니면 사전에 결정한 예상 원가인지에 따라서 사후원가계산과 사전원가계산으로 구분할 수 있다. 사후원가계산은 제품을 생산하고 난 후 실제발생원가를 근거로 계산하는 방법이다. 이는 일반적인 의미의 원가계산방법이지만 실제 발생한 원가를 실제 생산량으로 기준으로 배분하는 경우 실제원가를 집계할 때까지 원가계산이 지연되고 고정비로 인하여 생산량에 따라 제품원가는 달라질 수 있으며, 실제 발생한 원가에는 통제할 수 없는 외부환경요인이 반영되어 있기 때문에 관리목적으로는 적합하지 않다. 따라서, 신속한 원가계산과 관리적 목적을 위해서 사전원가계산인 정상원가계산과 표준원가계산이 널리 활용된다.

[표 2-7] 원가요소의 실제성에 따른 분류

<table>
<tr><th>구 분</th><th>직접재료비</th><th>직접노무비</th><th>제조간접비</th><th>비 고</th></tr>
<tr><td>실제원가계산
(actual cost system)</td><td>실제원가</td><td>실제원가</td><td>실제원가</td><td>3장, 4장,
5장, 6장</td></tr>
<tr><td>정상원가계산
(normal cost system) 또는
예정원가계산
(pre – determined cost system)</td><td>실제원가</td><td>실제원가</td><td>정상(예정)
원가</td><td rowspan="2">7장</td></tr>
<tr><td>표준원가계산
(standard cost system)</td><td>표준원가</td><td>표준원가</td><td>표준원가</td></tr>
</table>

3. 제품원가의 구성요소

제품원가를 구성하는 범위에 따라 전부원가계산, 변동원가계산 및 초변동원가계산으로 구분할 수 있다. 전부원가계산은 모든 제조원가를 제품원가에 포함시키는 방법으로 외부공표용 재무제표작성시 필요한 일반적인 의미의 원가계산방법이다. 그러나, 전부원가계산은 고정비로 인하여 생산량에 따라 제품원가는 달라지며 이익이 판매량뿐만 아니라 생산량에 의해서도 영향을 받기 때문에 원가통제나 성과평가를 위해서는 부적합하다. 따라서 관리목적으로 제조원가의 일부를 제품원가에서 배제하는 변동원가계산이나 초변동원가계산이 많이 활용된다.

[표 2-8] 제품원가의 구성요소에 따른 분류

구 분	제조원가				비제조원가 (판매관리비)
	직접 재료비	직접 노무비	변동 제조간접비	고정 제조간접비	
전부원가계산 (full cost system) 또는 흡수원가계산(absorption cost system)	제품원가	제품원가	제품원가	제품원가	기간비용
변동원가계산 (variable cost system) 또는 직접원가계산(direct cost system)	제품원가	제품원가	제품원가	기간비용	기간비용
초변동원가계산 (super – variable cost system)	제품원가	기간비용	기간비용	기간비용	기간비용

[그림 2-10] 제품원가계산제도의 구분

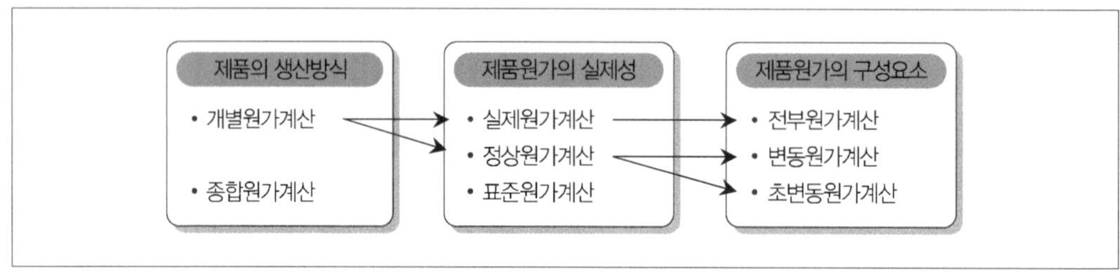

원가계산방법은 위 세가지 구분에 따라 상호 조합이 가능하다. 이후, 각 장에서의 원가계산은 각각 실제원가계산과 전부원가계산으로 가정하여 학습하고(ex, 개별실제전부원가계산, 종합실제전부원가계산) 정상원가계산, 표준원가계산, 변동원가계산 및 초변동원가계산은 별도로 7장 및 8장에서 다루어진다.

3. 원가배분(cost allocation)

1 의의

원가배분(Cost Allocation)이란 일정한 배부기준에 따라 공통으로 발생한 원가를 각 원가집적대상에 합리적으로 대응시키는 과정을 말하며, 원가집적대상(Cost Object)이란 원가를 개별적으로 집적하는 활동이나 조직의 하부단위 등으로 원가를 부담할 수 있는 대상을 의미한다. 따라서, 원가를 부과할 수 있는 단위이면 그것이 제품이든 부문이든 모두 원가집적대상이 될 수 있다.

[그림 2-11] 원가배분

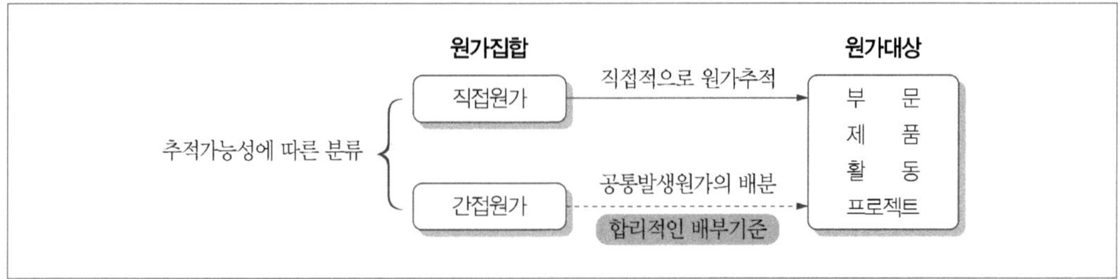

2 원가배분과정

원가대상에 대한 추적가능성여부에 따라 직접비는 원가대상에 직접부과하고 간접비(공통비)는 합리적인 배부기준에 따라 배분한다. 간접비(공통비)의 원가배분이 이루어 지는 과정을 다음과 같이 요약할 수 있다.

- 제1단계 : 원가를 배분할 원가집적대상을 선정한다.
- 제2단계 : 원가집적대상에 배분할 원가를 집계한다.
- 제3단계 : 원가배분방법을 선택하여 집계된 원가를 각 원가집적대상에 배분한다.

예를 들어, 3명의 친구(A, B, C)들과 같이 호프집에서 마신 술값 ₩30,000을 배분한다면 다음과 같이 이루어 질 것이다.

배분금액 : ₩30,000
배분대상 : A, B, C
배분기준 : ?

위 3명이 모두 만족할 만한 배부기준은 무엇일까? 배부기준은 원가의 발생요인에 따라 달라지며 다음과 같은 일반적인 지침이 있다.

▸ **배부기준의 지침**

① 인과관계기준 : 배분하고자 하는 원가의 발생과 원가대상 사이의 인과관계에 따른 원가배분으로 가장 이상적인 원가배분기준이다.
㉮ 술을 많이 마신 친구가 더 많은 술값을 지불

② 수혜기준 : 배분하고자 하는 원가를 원가대상에 제공된 경제적 효익에 따라 원가를 배분하는 기준이다.
㉮ 술에 대한 선호도가 높은 친구가 더 많은 술값을 지불

③ 부담능력기준 : 원가를 부담할 수 있는 능력에 따라 원가를 배분하는 기준
㉮ 경제적 능력이 높은 친구가 더 많은 술값을 지불

④ 증분원가기준 : 특정 원가대상에 지출하는 원가는 배부하지 않고 해당 대상에 직접 부과하는 기준
㉮ 본인 혼자 마시기 위해 추가 주문한 술값에 대해서는 추가 주문한 사람이 지불

⑤ 공정성과 공평성기준 : 원가배분은 공정하고 공평해야 한다는 기준

3 원가배분의 목적

기업은 여러 가지 목적을 위하여 원가배분이 이루어지는데, 일반적으로 기업이 원가를 배분하는 목적을 살펴보면 다음과 같다.

① 외부보고목적 : 외부보고를 위한 재고자산가액의 결정이나 당기경영성과를 측정하기 위한 이익을 산출하기 위하여 원가를 배분한다.
② 의사결정목적 : 합리적인 의사결정을 수행할 수 있는 정보를 획득하기 위하여 원가를 배분한다.
③ 동기부여목적 : 회사의 종업원이나 부문책임자에게 바람직한 동기를 부여하고 합리적으로 성과평가를 위하여 원가를 배분한다.
④ 계약금액결정 : 입찰가격이나 원가보상계약을 수행하기 위하여 원가를 배분한다.

객관식 문제

1. 원가배부와 관련된 다음의 설명 중에서 올바른 것은? 2001 세무사

① 원가배부기준은 인과관계기준에 의해서만 설정해야 한다.

② 제조간접원가가 전체 제조원가에서 차지하는 비중이 증가할수록 단순한 원가배분기준을 설정해야 보다 정확한 원가계산을 할 수 있다.

③ 활동기준원가계산제도에서는 제품의 생산수량과 직접 관련이 없는 비단위기준원가동인(ununit-based cost drivers)을 사용하지 않는다.

④ 제조간접원가의 배부가 정확하게 이루어질 수 없기 때문에 원가배부는 어떠한 경우에도 경제적 의사결정을 위한 정보를 제공하지 않는다.

⑤ 활동기준원가계산제도에서 원가배부기준으로 선택된 원가동인이 원가발생의 인과관계를 잘 반영하지 못하는 경우 제품원가계산이 왜곡될 가능성이 있다.

2. 원가배부에 관한 설명 중 옳지 않은 것은?

① 원가배부의 기준은 가능한 한 인과관계를 충분히 반영하여야 한다.

② 분리점에서의 판매가치기준에 의한 결합원가 배부는 부담능력기준에 근거한 배부방법이다.

③ 제조간접비의 비중이 커질수록 좀 더 다양한 배부기준과 배부방법을 설정하여야 한다.

④ 보조부문의 배부에 있어서 단계배부법이 직접배부법보다 항상 더 합리적인 배부결과를 가져오는것은 아니다.

⑤ 제품의 다양화는 더욱 더 단순화된 배부기준을 요구하고 있다.

3. 다음은 대한상사의 20×1년 3월 중 원가자료이다.

	20×1년 3월 1일	20×1년 3월 31일
원재료	₩20,000	₩25,000
재공품	35,000	30,000
제　품	100,000	110,000

대한상사의 20×1년 3월 중의 원재료 매입액은 ₩125,000이고, 제조간접원가는 직접노무원가의 50%이었으며, 매출원가는 ₩340,000이었다. 대한상사의 20×1년 3월의 기본원가(prime costs)는 얼마인가? 2007 세무사

① ₩255,000 ② ₩260,000 ③ ₩265,000
④ ₩270,000 ⑤ ₩275,000

4. (주)서울의 1월 중 발생한 비용과 월초 및 월말 재고자산 자료는 다음과 같다.

1월 중 발생비용		재고자산	1월초	1월말
직접노무원가	₩300	재공품재고	₩1,000	₩800
감가상각비－공장	50	직접재료재고	300	100
감가상각비－영업점포	50			
감가상각비－본부사옥	100			
공장감독자급여	100			
그 밖의 제조간접원가	200			

1월 중 직접재료의 매입은 발생하지 않았다. (주)서울의 1월달 당기제품제조원가는?

2001 회계사

① ₩850 ② ₩900 ③ ₩1,050
④ ₩1,100 ⑤ ₩1,200

5. 20×1년초 대규모의 자본을 투입하여 제조를 시작한 (주)제조는 20×1년말 현재 판매실적이 부진하여 창고에는 완성품과 미완성품이 가득하다. 20×2년 6월에 (주)제조의 경영자는 모든 재고를 싼 값에 처분하고 공장을 폐쇄하였다. (주)제조의 20×2년 원가를 큰 순서대로 나타내라.

① 매출원가, 당기제품제조원가, 당기총제조원가
② 매출원가만 높고, 당기제품제조원가와 당기총제조원가는 같다.
③ 매출원가, 당기총제조원가, 당기제품제조원가
④ 모든금액이 같다.
⑤ 당기총제조원가, 당기제품제조원가, 매출원가

6. (주)경기는 원재료를 항상 외상으로 매입하고 있으며, 당기의 원재료에 관한 자료는 다음과 같다.

외상매입금 지급액	₩2,000
외상매입금계정의 감소	300
원재료계정의 감소	500

(주)경기의 당기 원재료사용액은 얼마인가?

① ₩1,800 ② ₩2,100 ③ ₩2,300
④ ₩2,200 ⑤ ₩2,700

7. 아래의 자료를 이용하여 당기의 제조간접비 발생액을 구하시오.

당기지급액	₩3,000
전기의 선급액	1,500
차기분 선급액	700
당기분 미지급액	500

① ₩2,700 ② ₩4,100 ③ ₩4,300
④ ₩3,500 ⑤ ₩2,900

8. 수원회사는 제품A, B, C를 생산하고 있다. 제품A의 제조와 관련한 다음의 자료를 토대로 당기에 발생한 제품A의 직접재료원가를 구하시오. 2005 세무사

당기총제조원가	₩6,000,000
당기제품제조원가	4,900,000

제조간접원가는 직접노무원가의 60%가 배부되었는데, 이는 당기총제조원가의 25%에 해당한다.

① ₩4,125,000 ② ₩2,000,000 ③ ₩4,500,000
④ ₩3,600,000 ⑤ ₩900,000

9. 다음은 (주)한국의 20×1년 12월 31일 현재의 회계자료이다.

원재료매입액	₩75,000
노무비발생액	32,000
제조간접비발생액	18,000
원재료재고증가액	10,000
재공품재고감소액	15,000
제품재고증가액	8,000

매출총이익률이 매출액의 20%라 할 때, 20×1년의 매출액을 구하시오.

① ₩152,500 ② ₩160,500 ③ ₩145,750
④ ₩170,000 ⑤ ₩138,500

10. 본사와 생산공장이 동일 건물에 소재하는 (주)대한의 3월 중 발생한 비용과 재고자산 자료는 다음과 같다. 3월 중 직접재료 매입액은 ₩1,200,000이며, 매출액은 ₩7,400,000이다.

〈3월 중 발생비용〉

직접노무원가	₩3,000,000
공장감독자급여	100,000
기타 제조간접원가	200,000
전기료(본사에 40%, 공장에 60% 배부)	200,000
감가상각비(본사에 20%, 공장에 80% 배부)	500,000
본사의 기타 판매관리비	400,000
합 계	₩4,400,000

〈재고자산〉

	3월초	3월말
재공품재고	₩1,000,000	₩800,000
직접재료재고	300,000	100,000
제품재고	700,000	400,000

위의 자료를 토대로 (주)대한의 3월 1일부터 3월 31일까지의 영업이익을 구하면 얼마인가?

2009 세무사

① ₩1,000,000 ② ₩1,100,000 ③ ₩1,280,000
④ ₩1,600,000 ⑤ ₩1,680,000

정답 및 해설

1. 정답 ⑤

기본 | 원가 · 관리회계의 기본개념

① 원가배부기준은 인과관계기준뿐만 아니라 수혜기준, 부담능력기준, 공정성과 공평성기준, 증분원가기준 등이 있다.

② 제조간접원가가 전체 제조원가에서 차지하는 비중이 증가할수록 다양한 원가배분기준을 설정해야 보다 정확한 원가계산을 할 수 있다.

③ 활동기준원가계산제도에서는 제품의 생산수량과 직접 관련이 없는 비단위기준원가동인을 사용한다. 처리횟수, 소요시간, 등이 이러한 예이다.

④ 제조간접원가의 배부가 정확하게 이루어진다면 경제적 의사결정을 위한 정보를 제공할 수 있다.

2. 정답 ⑤

기본 | 원가 · 관리회계의 기본개념

• 제품의 다양화로 인하여 더욱 더 복잡하고 세밀한 배부기준이 요구되고 있다. 활동기준원가계산은 이러한 문제점을 해결할 수 있는 원가계산방법 중 하나이다.

3. 정답 ④

기본 | 제조원가의 흐름★

(1) 직접재료비 : 기초원재료(₩20,000) + 당기매입액(₩125,000) − 기말원재료(₩25,000)
= ₩120,000

(2) 직접노무비

① 당기제품제조원가 : 매출원가(₩340,000) + 기말제품(₩110,000) − 기초제품(₩100,000)
= 350,000

② 당기총제조원가
당기제품제조원가(₩350,000) + 말재공품(₩30,000) − 기초재공품(₩35,000)
= 345,000

③ 직접노무원가를 x라 하면,
당기총제조원가(₩345,000) − 직접재료비(₩120,000) = x + 0.5x
그러므로, x는 ₩150,000이다.

(3) 기본원가 : 직접재료비(₩120,000) + 직접노무비(₩150,000) = ₩270,000

4. 정답 ③

Ⅰ. 직접재료비		
기초재고	₩300	
당기매입	0	
기말재고	(100)	₩200
Ⅱ. 직접노무비		300
Ⅲ. 제조간접비		
감가상각비 - 공장	₩50	
공장감독자급여	100	
기타제조간접비	200	350
Ⅳ. 당기총제조원가		₩850
Ⅴ. 기초재공품재고액		1,000
Ⅵ. 기말재공품재고액		(800)
Ⅶ. 당기제품제조원가		₩1,050

5. 정답 ①

중급 제조원가의 흐름★

(1) "당기제품제조원가 = 당기총제조원가 + 기초재공품 - 기말재공품"이므로,
"당기제품제조원가 > 당기총제조원가"이다.

(2) "매출원가 = 당기제품제조원가 + 기초제품 - 기말제품"이므로,
"매출원가 > 당기제품제조원가"이다.

따라서, "매출원가 > 당기제품제조원가 > 당기총제조원가"이다.

6. 정답 ④

기본 원재료 사용량 추정★

• ₩2,000 - 300 + 500 = ₩2,200

7. 정답 ③

기본 제조간접비 추정★

• ₩3,000 + ₩1,500 - ₩700 + ₩500 = ₩4,300

8. 정답 ②

중급 제조원가 추정★

(1) 제조간접원가 : ₩6,000,000 × 25% = ₩1,500,000

(2) 직접노무원가 : ₩1,500,000 ÷ 0.6 = ₩2,500,000

(3) 직접재료원가 : ₩6,000,000 - (₩2,500,000 + ₩1,500,000) = ₩2,000,000

9. 정답 ①

중급 매출액 추정★

(1) 직접재료비 : 당기매입액(₩75,000) - 재고증가액(₩10,000) = ₩65,000

(2) 당기총제조원가 : 직접재료비(₩65,000) + 직접노무비(₩32,000) + 제조간접비(₩18,000)
= ₩115,000

(3) 당기제품제조원가 : 당기총제조원가(₩115,000) + 재고감소액(₩15,000) = ₩130,000

(4) 매출원가 : 당기제품제조원가(₩130,000) − 재고증가액(₩8,000) = ₩122,000

(5) 매출액 : 매출원가(₩122,000) ÷ (1 − 20%) = ₩152,500

10. 정답 ②

중급 포괄손익계산서 작성★

(1) 제조원가의 흐름

① 직접재료원가 투입액 : ₩300,000 + ₩1,200,000 − ₩100,000 = ₩1,400,000

② 직접노무원가 투입액 : ₩3,000,000

③ 제조간접원가 투입액

구 분	제조간접원가	판매관리비	합 계
공장감독자급여	₩100,000	−	₩100,000
기타제조간접원가	200,000	−	200,000
전기료	120,000	80,000	200,000
감가상각비	400,000	100,000	500,000
본사의 기타 판매관리비	−	400,000	400,000
합계	₩820,000	₩580,000	₩1,400,000

그러므로, 제조간접원가 투입액은 ₩820,000이다.

④ 당기총제조원가
₩1,400,000 + ₩3,000,000 + ₩820,000 = ₩5,220,000

⑤ 당기제품제조원가
기초재공품(₩1,000,000) + 당기제품제조원가(₩5,220,000) − 기말재공품(₩800,000)
= ₩5,420,000

(2) 포괄손익계산서

매출액		₩7,400,000
매출원가		(5,720,000)
기초제품	₩700,000	
(+) 당기제품제조원가	5,420,000	
(−) 기말제품	(400,000)	
매출총이익		₩1,680,000
판매관리비		(580,000)
영업이익		₩1,100,000

주관식 문제

문제 1 재고자산 추정

㈜한국은 지난 6월 30일 화재로 인하여 모든 재고자산이 소실되었다. 회사책임자는 화재로 인한 손실을 추정하기 위하여 다음과 같은 자료를 수집하였다.

〈자료 1〉 재고자산

구 분	1월 1일	6월 30일
원재료	₩15,000	?
재공품	18,000	?
제 품	23,000	?

〈자료 2〉 당기발생원가

- 기초원가 : ₩400,000
- 가공원가 : ₩450,000

〈자료 3〉 기타자료

원재료 구입액	₩150,000	매출액	₩500,000
공장 보험료	20,000	본사 사무용품비	15,000
공장 수선비	15,000	영업부 임차료	115,000
공장 전력비	17,000	영업부 복리후생비	56,000
공장 감가상각비	70,000	영업부 차량유지비	42,000

화재 직전 6월 30일 현재 당기 총판매가능제품은 ₩450,000이며 매출총이익률은 30%이다.

물음 1

화재로 인하여 소실된 기말제품가액을 구하시오.

물음 2

화재로 인하여 소실된 기말재공품가액을 구하시오.

물음 3

화재로 인하여 소실된 기말원재료가액을 구하시오.

해 답

※ 자료정리

(1) 제조간접원가
공장 보험료 + 공장 수선비 + 공장 전력비 + 공장 감가상각비
= ₩20,000 + ₩15,000 + ₩17,000 + ₩70,000
= ₩122,000

(2) 직접노무원가
가공원가 – 제조간접원가
= ₩450,000 – ₩122,000
= ₩328,000

(3) 직접재료원가
기초원가 – 직접노무원가
= ₩400,000 – ₩328,000
= ₩72,000

물음 1 기말제품가액

제 품

기 초	₩23,000	판 매	₩350,000	(= ₩500,000 × (1 – 0.3))
입 고	427,000	기 말	?	
	₩450,000		₩450,000	

그러므로, ₩450,000 – ₩350,000 = ₩100,000이다.

물음 2 기말재공품가액

재공품

기 초	₩18,000	완 성	₩427,000
직접재료원가	72,000		
직접노무원가	328,000		
제조간접원가	122,000	기 말	?
	₩540,000		₩540,000

그러므로, ₩540,000 – ₩427,000 = ₩113,000이다.

물음 3 기말원재료가액

원재료

기 초	₩15,000	사 용	₩72,000
매 입	150,000	기 말	?
	₩165,000		₩165,000

그러므로, ₩165,000 - ₩72,000 = ₩93,000이다.

문제 2 제조원가흐름(Ⅰ)

㈜한국의 20×1년 회계자료는 다음과 같다. 아래의 자료를 이용하여 물음에 답하시오.

〈자료 1〉 재고현황

구 분	기 초	기 말
원재료	₩9,000	₩9,500
재공품	7,000	8,000
제 품	11,000	9,500

〈자료 2〉 추가자료

당기 원재료 사용액	₩19,300
당기 제조간접원가 발생원가	16,700
당기 총제조원가	58,400
당기 총판매가능 제품원가	68,400

물음 1

당기에 구입한 총원재료금액을 구하시오.

물음 2

당기 발생한 직접노무원가를 구하시오.

해 답

물음 1 총원재료금액

원재료

기 초	₩9,000	사 용	₩19,300
매 입	?	기 말	9,500
	₩28,800		₩28,800

그러므로, ₩28,800 – ₩9,000 = ₩19,800이다.

물음 2 직접노무원가

(1) 당기제품제조원가

제 품

기 초	₩11,000	판 매	₩59,800	(= ₩68,400 – ₩9,500)
입 고	?	기 말	9,500	
	₩68,400		₩68,400	

그러므로, ₩68,400 – ₩11,000 = ₩57,400이다.

(2) 직접노무원가

재공품

기 초	₩7,000	완 성	₩57,400
직접재료원가	19,300		
직접노무원가	?		
제조간접원가	16,700	기 말	8,000
	₩65,400		₩65,400

직접노무원가

= ₩65,400 – ₩7,000 – ₩19,300 – 16,700

= ₩22,400

문제 3 제조원가의 흐름(II)

다음을 읽고 물음에 답하시오.

(주)한국은 부품 B를 주문받아 생산 · 판매하고 있다. 다음은 (주)한국의 20×1년 1월 중 부품 B의 생산 · 판매와 관련한 재공품계정의 자료이다.

기초재공품	₩120,000
당기투입원가 :	
직접재료원가	840,000
직접노무원가	500,000
당기제품제조원가	1,760,000

20×1년 1월 말 현재 유일한 미완성품으로 남아 있는 제조지시서 #117의 제조간접원가는 ₩24,000이다. 또한, (주)한국은 직접노무원가의 80%를 제조간접원가로 배부하고 있다.

물음 1

20×1년 1월 말 (주)한국의 기말재공품의 직접재료원가는 얼마인가?

물음 2

20×1년 1월 (주)한국의 제품계정에 기초 및 기말재고가 없다고 가정한다. 매출총이익률이 20%일 때 20×1년 1월 중 (주)한국의 매출액을 구하시오.

해 답

물음 1 기말재공품의 직접재료원가

(1) 당기총제조원가

₩840,000 + ₩500,000 + ₩500,000 × 80% = ₩1,740,000

(2) 기말재공품

₩120,000 + ₩1,740,000 − ₩1,760,000 = ₩100,000

따라서, 기말재공품의 직접재료원가(DM)는 다음과 같다.

DM + ₩30,000 + ₩30,000 × 80% = ₩100,000이므로,

DM은 ₩46,000이다.

물음 2 매출액

매출총이익률이 20%이므로 매출원가율은 80%이다.

따라서, 매출액을 S라 하면,

S × 80% = ₩1,760,000이므로, S = ₩2,200,000이다.

 현금주의와 발생주의 전환 및 재고자산 추정

(주)한국은 당해연도에 영업을 개시하였으며, 당해 연도의 원가자료는 다음과 같다. 다음을 읽고 물음에 답하시오.

(1) 재고자산

구 분	기 초	기 말
원재료	–	₩150,000
재공품	–	?
제 품	–	?

(2) 당기발생 원가

당기 원재료 구입액	₩800,000		
당기 노무비 지급액	100,000	기말 미지급 노무비 잔액	₩30,000
		기말 선급 노무비 잔액	10,000
공장 리스료 지급액	120,000	기말 미지급 리스료 잔액	10,000
공장 전력비 지급액	130,000	기말 미지급 전력비 잔액	20,000
공장 보험료 지급액	125,000	기말 선급보험료 잔액	75,000
공장 건물감가상각비	250,000		
본사 건물감가상각비	80,000		
본사 관리부 급여	50,000	기말 미지급 급여 잔액	70,000
		기말 선급 급여 잔액	30,000
본사 판매부 급여	100,000	기말 미지급 급여 잔액	50,000

(3) 기타자료

당기 총매출액은 ₩1,200,000이며 총판매가능제품은 ₩1,000,000이다. 회사는 매출총이익률은 30%로 추정하고 있다.

물음 1

기말재공품금액과 기말제품금액을 구하시오.

물음 2

제조원가명세서를 작성하시오.

물음 3

당해연도 영업이익을 구하시오.

해 답

물음 1 기말재공품금액 및 기말제품금액

(1) 기말제품

제 품

기 초	-	판 매	₩840,000*1
대 체	₩1,000,000	기 말	?
	₩1,000,000		₩1,000,000

*1 ₩1,200,000 × (1 - 0.3) = ₩840,000

그러므로, 기말 제품은 ₩160,000이다.

(2) 기말재공품

재공품

기 초	-	대 체	₩1,000,000
직접재료원가	650,000*1		
직접노무원가	120,000*2		
제조간접원가	580,000*3	기 말	?
	₩1,350,000		₩1,350,000

*1 ₩800,000 - ₩150,000 = ₩650,000
*2 현금지급액(₩100,000) + 미지급액(₩30,000) - 선급액(₩10,000) = ₩120,000
*3 리스료(₩120,000 + ₩10,000) + 전력비(₩130,000 + ₩20,000) + 보험료(₩125,000 - ₩75,000) + 감가상각비(₩250,000) = ₩580,000

그러므로, 기말재공품은 ₩350,000이다.

물음 2 제조원가명세서

제조원가명세서	
Ⅰ. 재료원가	₩650,000
Ⅱ. 노무원가	120,000
Ⅲ. 제조경비	580,000
Ⅳ. 당기총제조원가	₩1,350,000
Ⅴ. 기초재공품	-
합 계	₩1,350,000
Ⅵ. 기말재공품	(350,000)
Ⅶ. 당기제품제조원가	₩1,000,000

물음 3 당해 연도 영업이익

포괄손익계산서	
매출액	₩1,200,000
매출원가	(840,000)
매출총이익	₩360,000
판매관리비용	(320,000)[*1]
영업이익	₩40,000

*1 감가상각비(₩80,000) + 관리부 급여(₩50,000 + ₩70,000 - ₩30,000) + 판매부 급여(₩100,000 + ₩50,000) = ₩320,000

제 3 장

개별원가계산

전문가 칼럼

■ **부가가치세가 면제될 때 원가의 변화**

부가가치세란 개별소비세로서 소비되는 재화나 용역에 대해서 일정비율의 세금을 부과하는 것을 말하여, 우리나라의 부가가치세율은 재화나 용역의 공급가액의 10%의 단일세율을 적용하고 있다. 또한, 재화의 특성에 따라 부가가치세를 면제하는 면세제도와 부가가치세율을 0(zero)으로 하는 영세율 제도를 병행하고 있다. 따라서, 어떠한 재화가 과세재화에서 면세재화로 변할 때 산술적으로 보면 최종소비자가격은 10% 하락하여야 한다. 하지만, 항상 그렇게 되는 것은 아니다. 그 이유는 우리나라의 부가가치세 산출구조는 전 단계세액공제법에 따라서 매출세액에서 매입한 재화에 대해서 기납부한 매입세액을 공제받는 구조이다. 따라서, 과세재화가 면세재화로 바뀌는 경우 이전단계에서 지불한 매입세액을 공제받지 못하기 때문에 관련 매입세액은 원가에 가산되어야 하며 원가의 상승 때문에 기존이 이익률을 달성하기 위해서는 가격하락폭은 10%보다는 적게 이루어질 수 있다. 즉, 과세유형이 변경될 때 원가의 변화가 있는지 여부를 추가로 파악하여야 정확한 수익성 분석이 가능하다.

부가가치세법에서는 조세정책적 목적과 국민후생적 목적을 위해서 일정 재화의 부가가치세를 면제하는데, 최근 저출산 현상 때문에 인구의 평균연령이 높아지면서 실질노동력의 감소가 우려되고 있는 상황에서 자녀양육비의 부담을 줄이기 위한 분유와 기저귀에 대한 부가가치세의 면제도 같은 맥락이다. 그렇다면, 과세재화가 면세재화로 변경됨에 따라서 달라지는 원가와 수익에 대해서 살펴보도록 하자.

■ **부가가치세**

1. 의의

부가가치(value added)란 기업이 일정기간의 생산 및 유통과정의 각 단계에서 창출한 가치를 말하며, 부가가치세(value added tax)란 부가가치에 대해서 부과되는 조세를 말한다.

2. 종류

(1) 과세

특정 재화나 용역의 공급가액에 대해서 10%의 부가가치세를 부과한다.

(2) 면세(exemption)

특정 재화나 용역의 공급가액에 대해서 부가가치세의 납세의무를 면제한다.

(3) 영세율(zero rate)

특정 재화나 용역의 공급가액에 대해서 0%의 세율을 적용하여 부가가치세의 부담을 완전히 면제한다.

3. 영세율과 면세의 차이

구 분		면 세	영세율
목 적		역진성 완화	소비지국과세원칙의 구현
대 상		생활필수품 등	수출 등 외화획득거래
면세정도		부분면세제도	완전면세제도
매출세액과 매입세액	매출세액	매출세액 없음	매출세액 없음
	매입세액	환급되지 않음	환급됨

사 례

(주)한국은 재화를 생산하여 (주)대한에게 ₩1,000에 판매하였으며, (주)대한은 구입한 재화를 최종소비자에게 ₩2,000에 판매하였다. 모든 재화의 가격에는 부가가치세가 제외된 가액이다.

1. (주)한국과 (주)대한이 모두 과세사업자인 경우

	(주)한국	(주)대한	합 계
매출액	₩1,000	₩2,000	
매출원가	–	(1,000)	
이 익	₩1,000	₩1,000	
매출세액	₩100	₩200	₩300
매입세액	–	(100)	(100)
납부세액	₩100	₩100	₩200
최종소비자가격	₩1,100	₩2,200	

(주)대한은 최종소비자로부터 ₩2,200을 받아 ₩200은 매출세액으로 납부하고 ㈜한국으로부터 매입한 재화에 대한 부가가치세 매입세액 ₩100은 환급받기 때문에 최종 이익은 ₩1,000이다.

2. (주)한국은 과세사업자이고 (주)대한이 면세사업자로 변경되는 경우

	(주)한국	(주)조세	합계
매출액	₩1,000	₩2,000	
매출원가	–	(1,100)	
이익	₩1,000	₩900	
매출세액	₩100	–	₩100
매입세액	–	–	–
납부세액	₩100	–	₩100
최종소비자가격	₩1,100	₩2,000	

만약, 최종소비자가격이 부가가치세를 완전히 제거한 ₩2,000일 경우, (주)대한은 최종소비자로부터 부가가치세가 면제된 ₩2,000을 받으며, (주)한국으로부터 매입한 재화에 대한 부가가치세 납부액 ₩100은 환급받지 못하므로 매출원가는 ₩1,100이다. 따라서, 이때 이익은 ₩900이다.

1. 서론

1 의의

제품의 종류나 규격이 다양한 개별적인 생산형태의 기업에 적용되는 원가시스템으로서 제조원가를 개별작업별로 구분집계하는 방식으로 특별주문이나 수요에 따라 특정 제품을 개별적으로 생산하는 기업의 원가계산에 적합하다.

※ 작업(job) : 투입되는 재료나 노동력을 명백히 구분하여 인식할 수 있는 단위로서 하나의 제품(ex, 화물선 1척)이 될 수도 있고 동종제품의 묶음단위(ex, 유람선 3척 주문)도 될 수 있다.

2 개별원가계산의 절차

개별원가계산은 제조활동에 투입된 총제조원가를 개별작업별로 설정된 작업원가표에 구분·집계하는 방법으로 작업별 원가계산방법이라고도 한다. 개별원가계산은 개별작업별로 원가계산이 이루어지기 때문에 개별작업에 직접적으로 추적할 수 있는 원가(제조직접비)와 여러작업에 공통적으로 사용된 원가(제조간접비)를 구분하는 것이 매우 중요하다. 왜냐하면 직접 추적할 수 있는 원가는 개별작업에 직접할당하면 되지만 직접 추적할 수 없는 원가는 해당원가대상에 적절한 배부기준에 따라 배분하여야 하기 때문이다.

[그림 3-1] 개별원가계산의 절차

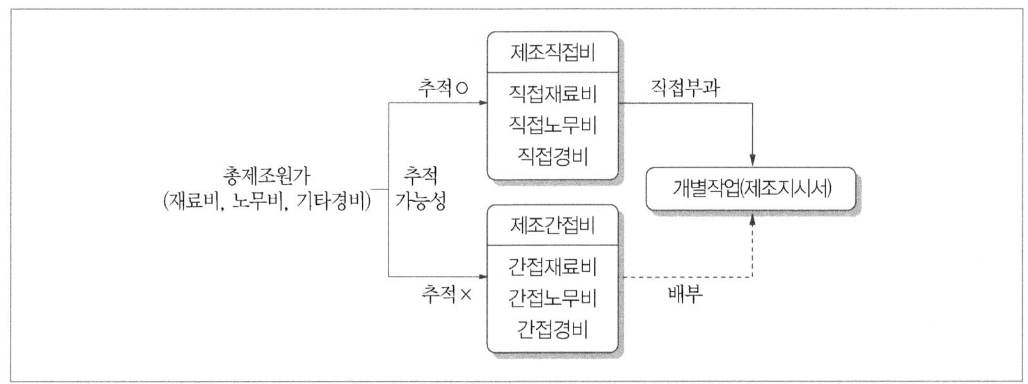

(1) 작업(job)

투입되는 원재료나 노동력을 명백히 구분[1)]하여 인식할 수 있는 단위로, 이는 하나의 제품으로 정의될 수 있고 수개의 제품군으로 정의될 수 있다.

(2) 추적가능성에 따른 원가분류

① 제조직접비 : 개별작업과 직접적인 관련이 있는 원가를 말한다. 예를 들어 직접재료비, 직접노무비가 이에 해당된다.

② 제조간접비 : 개별작업과 직접적인 관련이 없는 원가로 여러 작업에 공통적으로 사용된 원가를 말한다. 예를 들어 제조간접비가 이에 해당된다.

(3) 작업원가표(job cost sheet)

개별원가계산에서 개별작업에 소요되는 직접재료비, 직접노무비 및 제조간접비를 기록·집계하는 양식으로 개별작업별로 작성된다.

① 열린 작업원가표(open job cost sheet)[2)] : 개별작업이 완료되기까지의 작업원가표를 의미하며 개별작업이 완료되면 집계된 원가는 제품계정으로 대체된다. 따라서 모든 작업원가표에 집계된 원가는 재공품계정의 차변잔액이 되며 기말에 미완성된 개별작업들의 작업원가표의 합계는 기말재공품원가가 된다.

② 닫힌 작업원가표(closed job cost sheet) : 개별작업이 완료되어 그 금액이 제품계정으로 대체된 작업원가표를 의미하며 당기제품제조원가가 된다.

---

1) 제조직접비를 구분할 수 있는 단위를 말한다.
2) 기말재공품계정의 잔액은 모두 열린작업원가표의 잔액들의 합계와 같다.

3 제조지시서(Production Order), 작업원가표(Job-Cost Sheet)

제조지시서란 고객으로부터 특정제품을 주문받은 후 제조부서에 작업을 지시하기 위한 서류이다. 작업이 수행되면 개별작업별 제품원가를 집계하기 위하여 작업원가표가 부착되는데 통상 직접재료비, 직접노무비 및 제조간접비로 구분하여 기재하며 직접비는 각 작업별로 발생하는 원가이므로 직접 파악된 금액을 집계 및 기재하고, 여러 작업에 공통적으로 발생한 제조간접비는 적절한 배부기준에 따라 개별작업에 배부된다. 또한, 직접재료비와 직접노무비는 발생과 더불어 작업원가표에 기재되지만, 제조간접비는 기말(일정시점)에 적정한 기준에 의해 배부된 금액을 기록한다.

[표 3-1] 작업원가표의 예

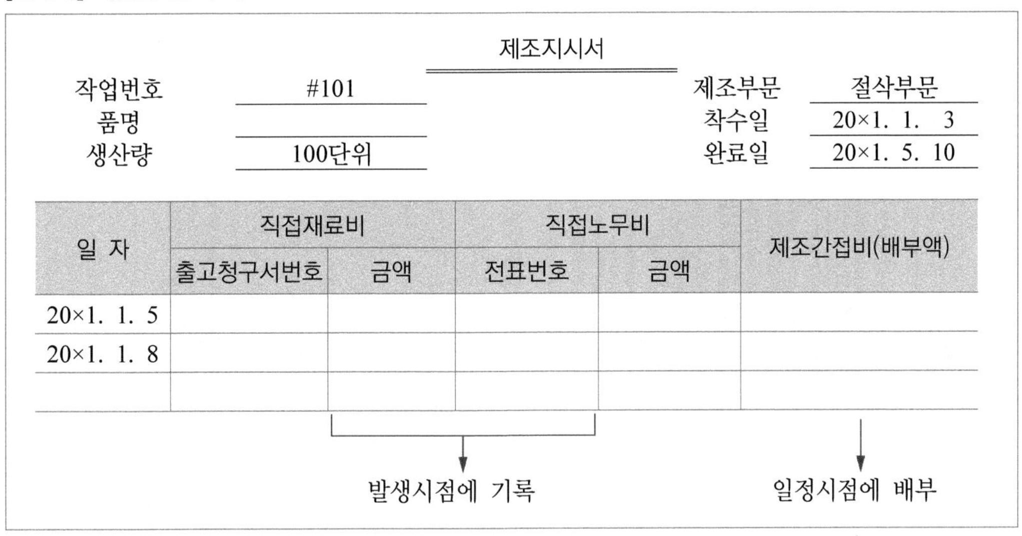

제조지시서

작업번호	#101	제조부문	절삭부문
품명		착수일	20×1. 1. 3
생산량	100단위	완료일	20×1. 5. 10

일 자	직접재료비		직접노무비		제조간접비(배부액)
	출고청구서번호	금액	전표번호	금액	
20×1. 1. 5					
20×1. 1. 8					

2. 제조간접비 배부

1 의의

개별원가계산은 개별작업별로 원가계산이 이루어지므로 작업별원가계산이라고도 한다. 먼저 총제조원가를 추적가능성에 따라 제조직접비(직접재료비와 직접노무비)와 제조간접비로 구분한 후 제조직접비는 각 개별작업에 직접부과하고 제조간접비는 여러 작업에 공통으로 사용되었기 때문에 발생과 동시에 각 개별작업에 부과할 수 없고 일정시점(기말)에 적절한 배부기준을 정하여 각 개별작업에 배부하게 된다.

1. 제조간접비 배부기준 선정

제조간접비를 모든 제품에 적절하게 배부하기 위해서는 배부기준의 선정이 중요한 과제이다. 배부기준을 선정함에 있어 가장 유의할 사항은 다음과 같다.

- 제조간접비 배부기준은 제조간접비의 발생과 높은 인과관계를 가져야 한다.
- 제조간접비 배부기준은 쉽게 적용할수 있어야 한다.

일반적으로 제조간접비 배부기준에는 직접노무비, 직접노동시간, 기계시간 등이 많이 사용된다.

2. 제조간접비 배부율 결정

배부기준이 선정이 되면 제조간접비배부율(Factory Overhead Cost Rate)을 다음과 같이 계산할 수 있다.

- $\text{제조간접비배부율} = \dfrac{\text{제조간접비총액}}{\text{배분기준(조업도)*}}$

* 일반적으로 제조간접비 발생과 인과관계를 가지는 조업도로써 노동시간이나 기계시간 등이 사용된다.

3. 제품별 제조간접비 배부

제조간접비배부율이 결정되면 제품별로 실제배부기준(조업도)에 제조간접비배부율을 곱하여 각 제품별로 배부한다.

• 제품(작업)별 제조간접비 배부액 = 제품(작업)별 실제조업도×제조간접비배부율

예제 1 제조간접비의 배부(I)

(주)한국은 20×1년초에 영업을 시작하였으며, 1월 중 제조지시서 #301, #302, #303을 착수하였으며 1월말 현재 #301, #302은 완성하였으나 #303은 작업중에 있다. 세 가지 작업에 대한 제조원가 및 관련자료는 다음과 같다.

	#301	#302	#303	합계
직접재료비	₩20,000	₩30,000	₩50,000	₩100,000
직접노무비	25,000	25,000	50,000	100,000
직접노동시간	120시간	80시간	200시간	
기계시간	150	250	100	

1월 중 발생한 제조간접비는 ₩120,000이었다.

요구사항 1

다음의 배부기준에 따라 제조간접비를 배부하여 작업별 제조원가를 구하시오.

(1) 직접노무비기준

(2) 직접노동시간기준

(3) 기계시간기준

해답

(1) 직접노무비기준

	#301	#302	#303	합계
직접재료비	₩20,000	₩30,000	₩50,000	₩100,000
직접노무비	25,000	25,000	50,000	100,000
제조간접비*1	30,000	30,000	60,000	120,000
합 계	₩75,000	₩85,000	₩160,000	₩320,000

*1 #301 : #302 : #303 = ₩25,000 : ₩25,000 : ₩50,000
배부율 = ₩120,000 ÷ ₩100,000
= ₩1.2 / 직접노무비

(2) 직접노동시간기준

	#301	#302	#303	합계
직접재료비	₩20,000	₩30,000	₩50,000	₩100,000
직접노무비	25,000	25,000	50,000	100,000
제조간접비*1	36,000	24,000	60,000	120,000
합 계	₩81,000	₩79,000	₩160,000	₩320,000

*1 #301 : #302 : #303 = 120시간 : 80시간 : 200시간
배부율 = ₩120,000 ÷ 400시간
= ₩300 / 직접노동시간

(3) 기계시간기준

	#301	#302	#303	합계
직접재료비	₩20,000	₩30,000	₩50,000	₩100,000
직접노무비	25,000	25,000	50,000	100,000
제조간접비*1	36,000	60,000	24,000	120,000
합 계	₩81,000	₩115,000	₩124,000	₩320,000

*1 #301 : #302 : #303 = 150시간 : 250시간 : 100시간
배부율 = ₩120,000 ÷ 500시간
= ₩240 / 기계시간

요구사항 2

제조간접비를 위 요구사항 1의 (2)직접노동시간을 기준으로 배부할 경우 1월의 당기제품제조원가와 기말재공품원가를 구하시오.

해답

당기제품제조원가(당기완성품) : #301(₩81,000) + #302(₩79,000) = ₩160,000
기말재공품원가(당기미완성품) : #303 = ₩160,000

예제 2 제조간접비의 배부(II)

(주)한국은 20×1년초에 영업을 시작하였으며, 1월 중 제조지시서 #301, #302, #303을 착수하였고 1월말 현재 #301, #302은 완성하였으나 #303은 작업중에 있다. 세 가지 작업에 대한 제조원가 및 관련자료는 다음과 같다.

	#301	#302	#303	합계
직접재료비	₩20,000	₩30,000	₩50,000	₩100,000
직접노무비	25,000	25,000	50,000	100,000
직접노동시간	120시간	80시간	200시간	400시간
기계시간	150	250	100	500

1월 중 발생한 제조간접비는 고정제조간접비 ₩80,000, 변동 제조간접비 ₩40,000이다. 회사는 고정제조간접비에 대해서는 연초에 예측한 정상조업도를 기준으로 배부하고, 변동제조간접비는 실제조업도를 기준으로 배부하며, 고정제조간접비 실제발생액과 배부액 차이는 기타손익처리한다.(정상조업도란 과거 3년에서 5년 정도 평균적으로 달성한 조업도를 말한다.) 단, 실제조업도가 정상조업도를 초과할 경우 모든 제조간접비를 실제조업도를 기준으로 배부한다.

요구사항 1

회사는 직접노동시간에 비례하여 제조간접비를 배부하며 연초에 설정한 정상조업도는 300시간이다. 각 제품별 제조원가를 구하시오.

해답

실제조업도(400시간)가 정상조업도(300시간)를 초과하므로 모든 제조간접비를 실제조업도를 기준으로 배부한다.

	#301	#302	#303	합계
직접재료비	₩20,000	₩30,000	₩50,000	₩100,000
직접노무비	25,000	25,000	50,000	100,000
변동제조간접비*1	12,000	8,000	20,000	40,000
고정제조간접비*2	24,000	16,000	40,000	80,000
합 계	₩81,000	₩79,000	₩160,000	₩320,000

*1 #301 : #302 : #303=120시간 : 80시간 : 200시간
배부율 = ₩40,000 ÷ 400시간
= ₩100/직접노동시간

*2 #301 : #302 : #303 = 120시간 : 80시간 : 200시간
배부율 = ₩80,000 ÷ 400시간
= ₩200/직접노동시간

요구사항 2

회사는 기계시간에 비례하여 제조간접비를 배부하며 연초에 설정한 정상조업도는 800시간이다. 각 제품별 제조원가를 구하시오.

해답

실제조업도(500시간)가 정상조업도(800시간)에 미달하므로 고정제조간접비는 정상조업도를 기준으로 배부하고 변동제조간접비는 실제조업도를 기준으로 배부한다.

	#301	#302	#303	합계
직접재료비	₩20,000	₩30,000	₩50,000	₩100,000
직접노무비	25,000	25,000	50,000	100,000
변동제조간접비*1	12,000	20,000	8,000	40,000
고정제조간접비*2	15,000	25,000	10,000	50,000
합 계	₩72,000	₩100,000	₩118,000	₩290,000

*1 #301 : #302 : #303 = 150시간 : 250시간 : 100시간
배부율 = ₩40,000 ÷ 500시간
= ₩80 / 기계시간
*2 정상배부율 = ₩80,000 ÷ 800시간
= ₩100 / 기계시간

또한, 실제고정제조간접비(₩80,000)와 고정제조간접비배부액(₩50,000)과의 차이 ₩30,000은 기타비용으로 처리한다.

---

2 복수부문에서의 제조간접비 배부

일반적인 제조활동은 둘 이상의 제조부문이 존재하며 이들 제조부문은 서로 다른 기능을 상호유기적으로 수행함으로서 제품을 생산하게 된다. 각 부문들은 서로 다른 기능을 수행하며 제조간접비가 발생하는 양상도 서로 다르므로 각 부문에서 발생한 제조간접비를 구분하여 별도의 배부기준으로 개별작업에 배부한다면 제조간접비를 좀 더 정확하게 배부할 수 있을 것이다. 제조활동에서 발생한 제조간접비를 각 작업에 배부하는 방법은 크게 공장전체배부와 부문별배부로 구분할 수 있다. 공장전체배부는 총제조간접비를 하나의 배부기준으로 단일배부율로 개별작업에 배부하는 방법이고, 부문별배부는 각 제조부문별로 제조간접비를 집계하고 부문별 특성에 맞는 배부기준을 별도로 선정하여 복수의 배부율로 개별작업에 배부하는 방법이다.

1. 공장전체배부방식

이 방법은 제조간접비 총액을 부문별로 구분하지 않고 하나의 일정한 기준에 의하여 배부하는 방식이다.

[그림 3-2] 공장전체배부방식

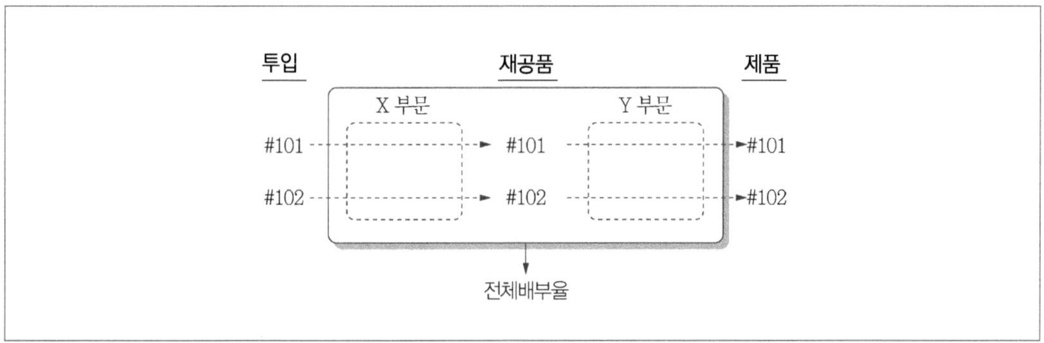

1) 제조간접비배부율(Plant-wide Overhead Cost Rate)

• 제조간접비배부율 $= \dfrac{\text{제조간접비총액}}{\text{배분기준(조업도)}}$

2) 장 · 단점

• 장점 : 계산이 단순하고 간편하다.

• 단점 : 부문별 성격을 고려하지 않기 때문에 합리적인 제조간접비 배부가 어렵다.

3) 회계처리

제조간접비를 부문별로 구분하지 않고 일괄집계한 후 하나의 배부기준으로 각 개별작업에 배부한다.

[제조간접비 집계]

(차) 제조간접비	×××	(대) 감가상각비	×××
		동력비	×××
		수선유지비 등	×××

[개별작업에 배부]

(차) 재공품(#101, #102)	×××	(대) 제조간접비	×××

2. 부문별배부방식

이 방법은 제조간접비를 부문별로 집계하여 각 부문별 성격에 적합한 배부기준을 선정하여 부문별 배부율을 계산하여 배부하는 방식이다.

[그림 3-3] 부문별배부방식

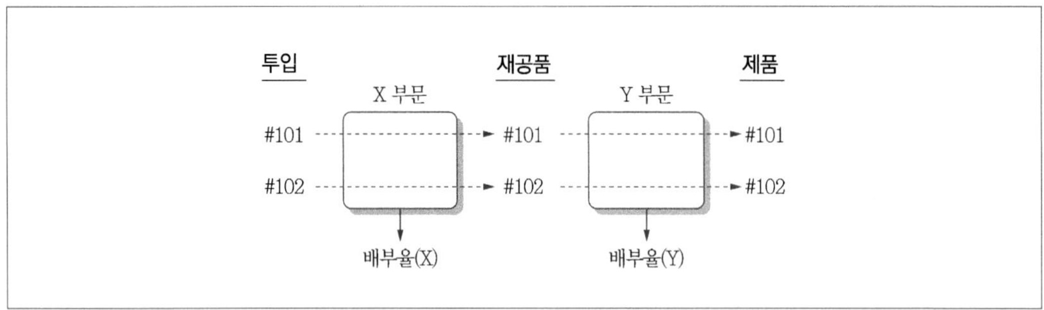

1) 부문별제조간접비배부율(Departmental Overhead Cost Rate)

• 제조간접비배부율(X부문) $= \dfrac{\text{X부문 제조간접비}}{\text{배부기준(X부문)}}$

• 제조간접비배부율(Y부문) $= \dfrac{\text{Y부문 제조간접비}}{\text{배부기준(Y부문)}}$

2) 장 · 단점

• 장점 : 부문별 성격을 고려하기 때문에 합리적인 제조간접비의 배부가 가능하다.
• 단점 : 계산이 복잡하고 많은 시간이 소비된다.

3) 회계처리

제조간접비를 부문별로 구분하여 각각 집계한 후 부문별 별도의 배부기준으로 각 개별작업에 배부한다.

[제조간접비 집계]

(차) 제조간접비(X)	×××	(대) 감가상각비	×××
제조간접비(Y)	×××	동력비	×××
		수선유지비 등	×××

[개별작업에 배부]

(차) 재공품(#101, #102)	×××	(대) 제조간접비(X)	×××
(차) 재공품(#101, #102)	×××	(대) 제조간접비(Y)	×××

예제 3 제조간접비의 부문별배부

(주)한국은 20×1년초에 영업을 시작하였으며, 1월 중 제조지시서 #301, #302, #303을 착수하였으며 1월말 현재 #301, #302은 완성하였으나 #303은 작업중에 있다. 공장에는 두 개의 제조부문인 X(절삭) 부문과 Y(조립) 부문이 있다. 세 가지 작업에 대한 제조원가 및 관련자료는 다음과 같다.

	#301	#302	#303	합계
직접재료비	₩20,000	₩30,000	₩50,000	₩100,000
직접노무비	25,000	25,000	50,000	100,000
직접노동시간				
X부문	60 시간	60 시간	80 시간	200 시간
Y부문	60	70	120	250
기계시간				
X부문	90 시간	100 시간	10 시간	200 시간
Y부문	60	150	90	300 시간

1월 중 발생한 제조간접비는 X부문과 Y부문 각각 ₩30,000과 ₩90,000이었다.

요구사항

제조간접비 배부시 부문별 배부율을 사용하며, X부문은 직접노동시간, Y부문은 기계시간일 때 작업별 제조원가를 구하시오. 또한, 1월의 당기제품제조원가와 기말재공품원가를 구하시오.

해답

(1) 작업별제조원가

	#301	#302	#303	합계
직접재료비	₩20,000	₩30,000	₩50,000	₩100,000
직접노무비	25,000	25,000	50,000	100,000
제조간접비				
X부문*1	9,000	9,000	12,000	30,000
Y부문*2	18,000	45,000	27,000	90,000
합 계	₩72,000	₩109,000	₩139,000	₩320,000

*1 #301 : #302 : #303 = 60시간 : 60시간 : 80시간
배부율 = ₩30,000 ÷ 200시간
= ₩150 / 직접노동시간

*2 #301 : #302 : #303 = 60시간 : 150시간 : 90시간
배부율 = ₩90,000 ÷ 300시간
= ₩300 / 기계시간

(2) 1월의 당기제품제조원가와 기말재공품원가

당기제품제조원가(당기완성품) : #301(₩72,000) + #302(₩109,000) = ₩181,000
기말재공품원가(당기미완성품) : #303 = ₩139,000

3 보조부문의 제조간접비 배부

제조과정을 살펴보면 원재료를 제품으로 가공하는 데에 직접적으로 필요한 제조부문(Production Department)과 직접적인 제조활동을 하지는 않지만 원할한 제조활동을 위해 필요한 기타부문이 있다. 이러한 부문을 보조부문(Auxiliary Department) 또는 서비스부문이라 하며, 동력부, 수선부 및 공장사무부 등이 이에 해당한다. 제조부문이든 보조부문이든 이들 부문에 집계된 원가[3]는 궁극적으로 제품을 생산하기 위해 지출된 원가이므로 체계적인 배분과정을 거쳐 최종원가대상인 제품에 배부되어야 한다. 또한 보조부문에서는 직접적인 제조활동을 하지 않기 때문에 직접재료비와 직접노무비는 발생할 수 없다. 따라서 보조부문에서 발생하는 원가는 제조간접비로 간주할 수 있다.

1. 보조부문원가의 배부절차

보조부문은 제품의 제조활동에 직접적으로 관련된 부문이 아니다. 따라서 개별작업과 직접적인 인과관계가 없기 때문에 보조부문의 원가는 개별작업에 직접 배부할 수 없고 제조부문과 보조부문에 제공하는 용역의 정도에 따라 해당부문에 배부하여야 한다.

[그림 3-4] 보조부문의 제조간접비 배부

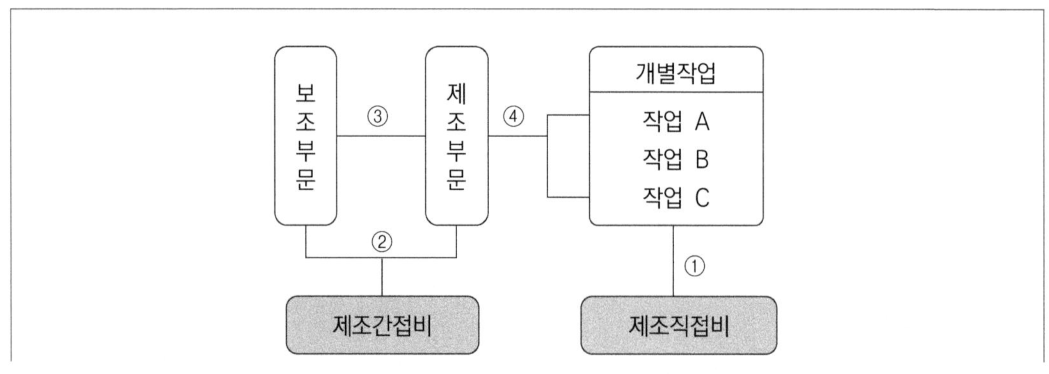

3) 제조부문과 보조부문에서 발생한 원재료, 노무비 및 기타경비는 최종적으로 생산된 개별제품에 대한 직접적인 추적가능성이 없기 때문에 모두 제조간접비 처리되기 때문에 합리적인 기준에 따라 배부되어야 한다.

① 제조직접비(직접재료비, 직접노무비)는 개별작업에 직접추적
② 총제조간접비를 제조부문과 보조부문에 배부*1
③ 보조부문의 원가를 제조부문에 배부
④ 제조부문의 원가를 개별작업에 배부

*1 만약 총제조간접비를 제조부문과 보조부문을 구별하지 않고 개별작업에 배부한다면 공장전체 제조간접비배부가 된다.

2. 보조부문원가의 배부기준 선정

보조부문의 원가를 다른 부문에 배부하는 경우 가장 이상적인 배부기준은 보조부문원가의 발생과 인과관계를 가지며, 쉽게 적용할 수 있어야 한다. 일반적으로 사용되는 배부기준은 다음과 같다.

[표 3-2] 보조부문의 배부기준

보조부문	배부기준
수선유지부문	수선시간
건물관리부문	점유면적(m^2)
동력부문	전력사용량(kwh)
식당부문	종업원수
창고부문	점유면적(m^2)
공장인사관리부문	종업원 수

3. 보조부문 상호용역수수시 배부방법

보조부문이 제조부문에만 용역을 제공한다면 보조부문의 원가를 제조부문에 배분한 후 제조부문에 집계된 제조간접비를 개별제품에 배부하면 제조간접비의 배부절차는 완료되지만, 현실적으로 보조부문은 타 보조부문에 대해서도 용역을 제공하므로 보조부문 상호간에 용역을 주고받는 경우가 발생할 수 있다. 이와 같이 보조부문 상호간에 용역을 주고받는다면 보조부문간의 용역수수관계를 먼저 고려하여야 하며, 다음과 같은 세 가지의 방법이 있다.

[그림 3-5] 보조부문의 상호용역수수시 제조부문에의 배부방법

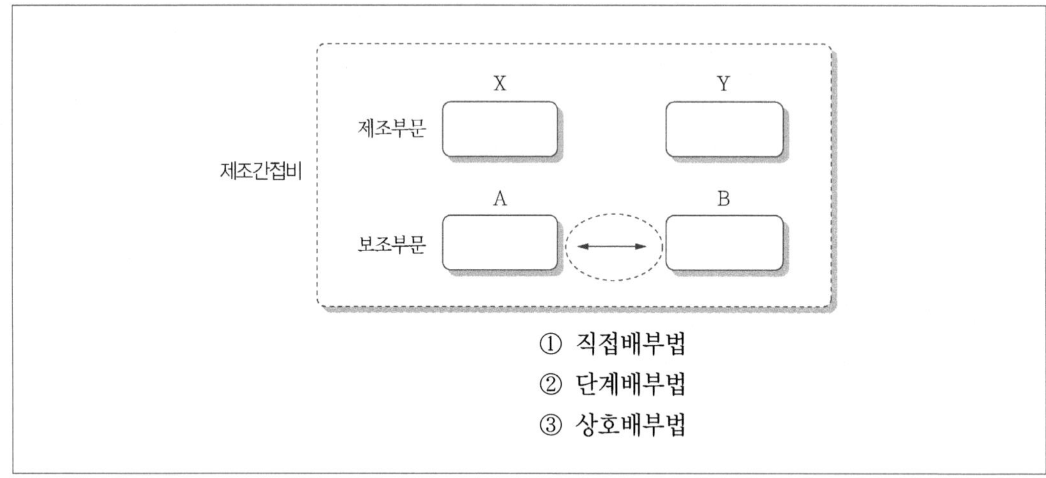

1) **보조부문비 배부방법**

① 직접배분법(Direct Method) : 보조부문 상호간에 주고받는 용역의 수수관계를 무시하고 보조부문의 원가를 제조부문에만 배분하는 방법이다. 이 방법은 간단하다는 장점이 있지만, 보조부문 상호간의 용역수수관계를 고려하지 않아 배분결과의 정확성이 떨어진다는 단점이 있다.

[그림 3-6] 직접배부법

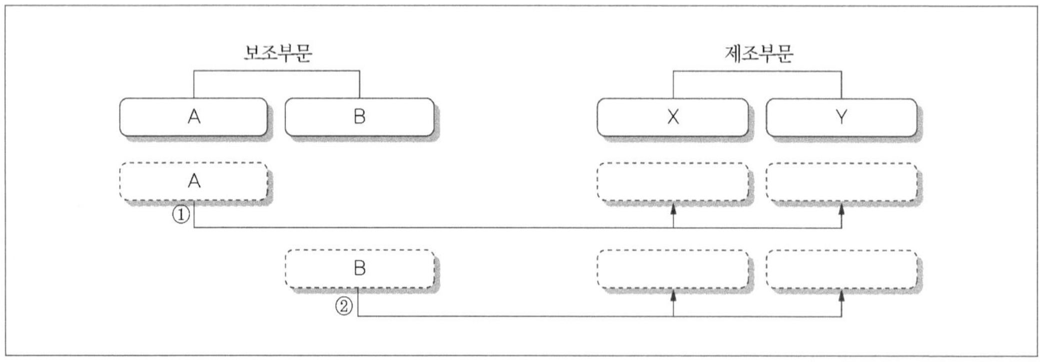

② 단계배분법(Step Method) : 보조부문상호간의 용역수수관계를 부분적으로 인식하는 방법으로서 보조부문원가의 배분순서를 정한 뒤 그 순서에 따라 순차적으로 배분하는 방법이다. 이 방법의 특징은 순서에 따라 배분이 끝난 보조부문에는 원가를 다시 배분하지 않는다는 점이다.

보조부문의 배부순서는 일반적으로 다음의 기준을 적용한다.

a. 다른 보조부문에 대한 용역제공비율이 큰 부문부터 배분

b. 다른 보조부문에 용역을 제공하는 수가 많은 부문부터 배분

c. 보조부문의 발생원가가 큰 부문부터 배분

단계배분법은 보조부문 상호간의 용역수수관계를 일부분 인정한다는 장점은 있지만, 부문 상호간 용역수수관계를 완전히 인식하는 것은 아니므로 원가배분이 왜곡될 우려가 항상 존재하며 원가배분에 많은 시간이 필요하다는 단점이 있다.

[그림 3-7] 단계배부법(A부문을 먼저 배부할 경우)

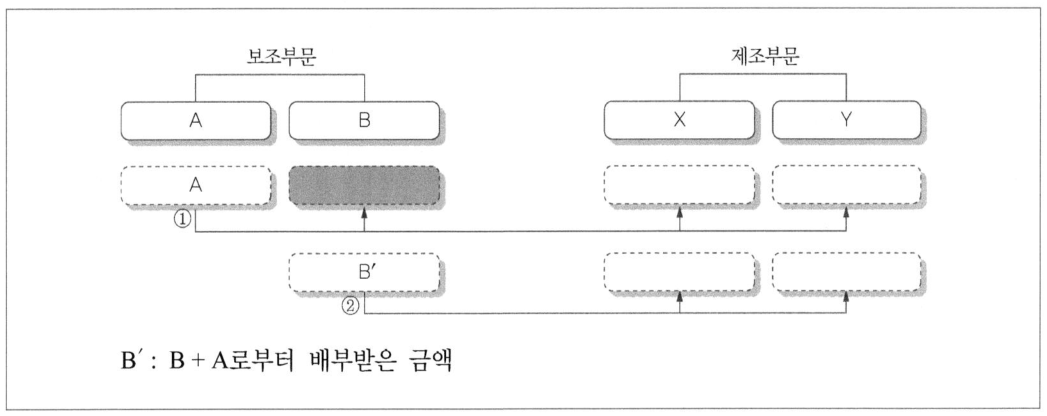

[그림 3-8] 단계배부법(B부문을 먼저 배부할 경우)

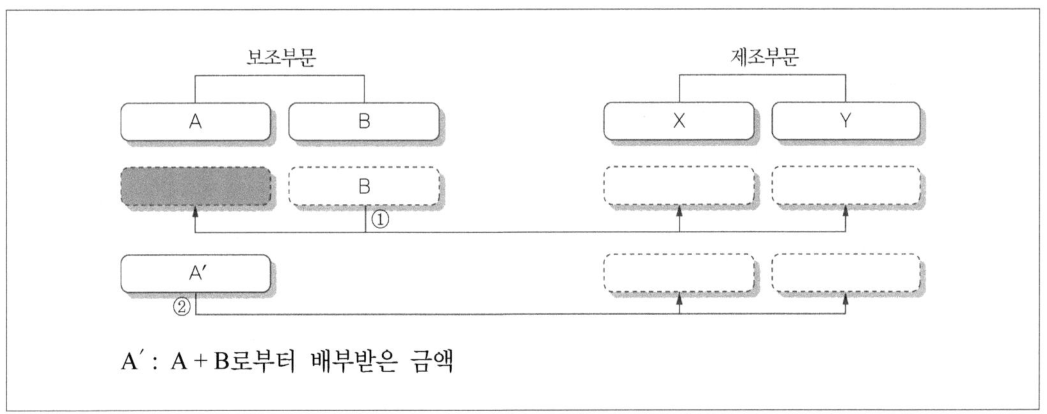

③ 상호배분법(Reciprocal Method) : 보조부문상호간의 용역수수관계를 완전히 고려하여 배부하는 방법으로 먼저, 이 방법은 이론적으로 가장 타당한 방법이지만 계산이 복잡하여 아래와 같이 연립방정식을 이용하여 보조부문별 배부할 총원가를 계산하여야 한다.

• 배부할 총원가 = 자기부문의 발생원가 + 타부문으로부터 배부받은 원가

[그림 3-9] 상호배부법

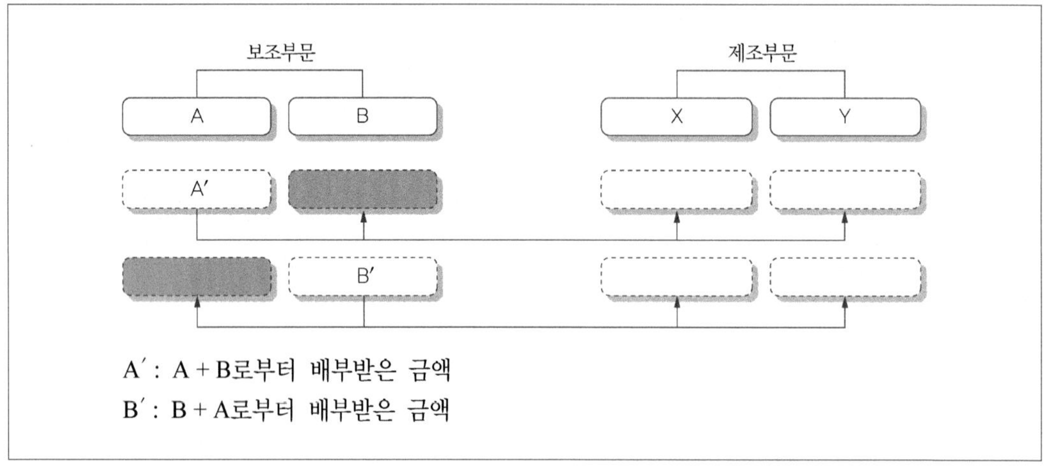

2) 장 · 단점

방 법	장 점	단 점
① 직접배분법	계산이 단순하고 간편하다.	보조부문간 용역수수관계를 전혀 고려하지 않기 때문에 보조부문 상호간 용역수수가 적은 경우에 한하여 적용한다.
② 단계배분법	보조부문간 용역수수관계를 일부 고려하므로 직접배부법보다 이론적으로 우수하다.	배부순서에 주관적인 판단이 개입되며, 계산에 많은 노력이 필요하다.
③ 상호배분법	보조부문간 용역수수관계를 모두 고려하므로 원가배부의 정확성이 높다.	원가계산에 많은 시간과 노력이 소비된다.

예제 4 보조부문원가 배부

(주)한국은 두 개의 보조부문 A(동력부), B(식당부) 와 두 개의 제조부문 X, Y 가 있다. 각 부문의 용역수수관계와 부문별 발생원가는 다음과 같다.

	보조부문		제조부문		합계
	A	B	X	Y	
A(동력부)	–	600kwh	360kwh	240kwh	1,200kwh
B(식당부)	40명	–	20명	40명	100명
배분전원가	₩30,000	₩60,000	₩35,000	₩25,000	₩150,000

요구사항

다음의 방법에 따라 보조부문원가를 제조부문에 배부하시오.

(1) 직접배부법

(2) 단계배부법

① A부문부터 배부

② B부문부터 배부

(3) 상호배부법

해답

※ 자료정리

	보조부문		제조부문		합계
	A	B	X	Y	
A(동력부)	–	0.5	0.3	0.2	100%
B(식당부)	0.4	–	0.2	0.4	100%
배분전원가	₩30,000	₩60,000	₩35,000	₩25,000	₩150,000

(1) 직접배부법

	보조부문		제조부문		합계
	A	B	X	Y	
배분전원가	₩30,000	₩60,000	₩35,000	₩25,000	₩150,000
A*1	(30,000)	–	18,000	12,000	–
B*2	–	(60,000)	20,000	40,000	–
배분후원가	–	–	₩73,000	₩77,000	₩150,000

*1 X : Y = 0.3 : 0.2
배부율 = ₩30,000 ÷ 0.5
= ₩60,000
*2 X : Y = 0.2:0.4
배부율 = ₩60,000 ÷ 0.6
= ₩100,000

(2) 단계배부법

① A부문부터 배부

	보조부문		제조부문		합계
	A	B	X	Y	
배분전원가	₩30,000	₩60,000	₩35,000	₩25,000	₩150,000
A*1	(30,000)	15,000	9,000	6,000	–
B*2	–	(75,000)	25,000	50,000	–
배분후원가	–	–	₩69,000	₩81,000	₩150,000

*1 B : X : Y = 0.5 : 0.3 : 0.2
배부율 = ₩30,000 ÷ 100%
= ₩30,000
*2 X : Y = 0.2 : 0.4
배부율 = ₩75,000 ÷ 0.6
= ₩125,000

② B부문부터 배부

	보조부문		제조부문		합계
	A	B	X	Y	
배분전원가	₩30,000	₩60,000	₩35,000	₩25,000	₩150,000
B*1	(24,000)	(60,000)	12,000	24,000	–
A*2	(54,000)	–	32,400	21,600	–
배분후원가	–	–	₩79,400	₩70,600	₩150,000

*1 A : X : Y = 0.4 : 0.2 : 0.4
배부율 = ₩60,000 ÷ 100%
= ₩60,000
*2 X : Y = 0.3 : 0.2
배부율 = ₩54,000 ÷ 0.5
= ₩108,000

(3) 상호배부법

	보조부문		제조부문		합계
	A	B	X	Y	
배분전원가	₩30,000	₩60,000	₩35,000	₩25,000	₩150,000
A*2	(67,500)*1	33,750	20,250	13,500	–
B*3	(37,500)	(93,750)*1	18,750	37,500	–
배분후원가	–	–	₩74,000	₩76,000	₩150,000

*1 각 보조부문의 배부될 총원가 계산
A = ₩30,000 + 0.4B
B = ₩60,000 + 0.5A
위 연립방정식을 풀면,
A와 B는 각각 ₩67,500, ₩93,750이 된다.

*2 B : X : Y = 0.5 : 0.3 : 0.2
배부율 = ₩67,500 ÷ 100%
= ₩67,500

*3 A : X : Y = 0.4 : 0.2 : 0.4
배부율 = ₩93,750 ÷ 100%
= ₩93,750

4. 보조부문관련 기타사항

1) 보조부문 원가의 원가행태별 분류여부

지금까지는 보조부문의 원가를 변동비와 고정비로 구분하지 않고 총원가를 하나의 배부기준으로 배부하였는데 이를 단일배분율법이라고 한다. 반면에 보조부문의 원가를 변동비와 고정비로 구분하여 변동비는 실제용역사용량에 비례해서 발생하므로 실제사용량을 기준으로 배부하고 고정비는 각 부문의 최대사용량에 대비하여 지출되기 때문에 최대사용량을 기준으로 배부하는 방법을 이중배분율법이라 한다.

① 단일배분율법(single rate method) : 보조부문의 원가를 변동비와 고정비로 구분하지 않고 하나의 배분기준(실제사용량)을 적용하여 배분하는 방법이다.

② 이중배분율법(dual rate method) : 보조부문의 원가를 변동비와 고정비로 구분하여 변동비는 실제사용량을 기준으로 고정비는 최대사용가능량을 기준으로 배분하는 방법이다. 그 근거는 변동비는 제조부문의 실제사용량에 비례하여 발생하는 원가이므로 실제사용량을 기준으로 배분하는 것이 합리적이지만 고정비의 대부분은 감가상각비 등 설비관련원가이므로 이러한 원가는 최대사용가능량를 기준으로 투자하는 것이 일반적이므로 실제사용량이 아닌 최대사용가능량을 기준으로 배분하는 것이 합리적이다.

방 법	내 용
① 단일배분율법	보조부문의 원가를 원가행태별로 구분하지 않고 실제(예상)사용량 기준으로 배부
② 이중배분율법	보조부문의 원가를 원가행태별로 구분하여 고정비는 최대사용량기준으로 배부하고 변동비는 실제(예상)사용량 기준으로 배부

예제 5 보조부문원가 배부

(주) 한국은 하나의 보조부문 A(동력부)과 두 개의 제조부문 X, Y 가 있다. 당월의 각 부문의 발생원가와 각 제조부문의 최대용역사용량 및 실제용역사용량은 다음과 같다.

1. 당월 각 부분의 발생원가

	보조부문	제조부문		합 계
	A	X	Y	
변 동 비	₩10,000	₩17,000	₩5,000	₩32,000
고 정 비	20,000	18,000	20,000	58,000
합 계	₩30,000	₩35,000	₩25,000	₩90,000

2. 당월 각 제조부문의 최대사용량 및 실제용역사용량

	제조부문		합 계
	X	Y	
최대사용량	1,000kwh	1,000kwh	2,000kwh
실제사용량	600	400	1,000
합 계	1,600kwh	1,400kwh	3,000kwh

요구사항 1

단일배부율법을 사용하여 보조부문 원가를 제조부문에 배부하시오.

해답

	보조부문	제조부문		합계
	A	X	Y	
배분전원가	₩30,000	₩35,000	₩25,000	₩90,000
A[*1]	(30,000)	18,000	12,000	–
배분후원가	-	₩53,000	₩37,000	₩90,000

*1 X : Y = 600 : 400
배부율 = ₩30,000 ÷ 1,000kwh
= ₩30/kwh

요구사항 2

이중배부율법을 사용하여 보조부문 원가를 제조부문에 배부하시오.

해답

	보조부문	제조부문		합계
	A	X	Y	
배분전원가	₩30,000	₩35,000	₩25,000	₩90,000
변동비*1	(10,000)	6,000	4,000	–
고정비*2	(20,000)	10,000	10,000	–
배분후원가	–	₩51,000	₩39,000	₩90,000

*1 X : Y = 600 : 400
배부율 = ₩10,000 ÷ 1,000kwh
= ₩10/kwh

*2 X : Y = 1,000 : 1,000
배부율 = ₩20,000 ÷ 2,000kwh
= ₩10/kwh

2) 자가소비용역(Self-Service)

보조부문에서 제공하는 용역을 해당 보조부문이 직접 소비하는 것을 자가소비용역(self service)이라 한다. 보조부문을 운영하는데 발생한 원가는 궁극적으로 다른 부문에 배분되어야 하기 때문에 자가소비용역은 별도로 고려하지 않고 보조부문의 원가를 타 부문에만 배부한다.

예제 6 보조부문원가배분-자가소비용역

(주)한국은 제조부문(성형, 조립)과 보조부문(수선, 동력)을 이용하여 제품을 생산하고 있으며, 제조부문과 보조부문에 관련된 자료는 다음과 같다.

제공부문	제조부문		보조부문		합계
	성형	조립	수선	동력	
수선	400시간	200시간	–	400시간	1,000시간
동력	4,000kw	4,000kw	8,000kw	2,000kw	18,000kw

요구사항

수선부문과 동력부문에 집계된 부문원가는 각각 ₩160,000과 ₩80,000이다. (주)한국은 상호배분법을 사용하여 보조부문원가를 제조부문에 배분한다. 조립부문에 배분될 보조부문원가를 구하시오.

해답

		보 조		제 조	
		수 선	동 력	성 형	조 립
구 분		₩160,000	₩80,000	–	–
용역제공비율	수 선	–	40%	40%	20%
	동 력	50%	–	25%	25%
배분전원가	수 선	(250,000)*1	100,000	100,000	50,000
	동 력	90,000	(180,000)	45,000	45,000
합 계		–	–	₩145,000	₩95,000

*1 수선 = ₩160,000 + 0.5×동력
동력 = ₩80,000 + 0.4×수선
그러므로 수선은 ₩250,000, 동력은 ₩180,000임
따라서 조립부문에 배분된 보조부문의 원가는 ₩95,000이다.

[그림 3-10] 제조간접비 배분요약

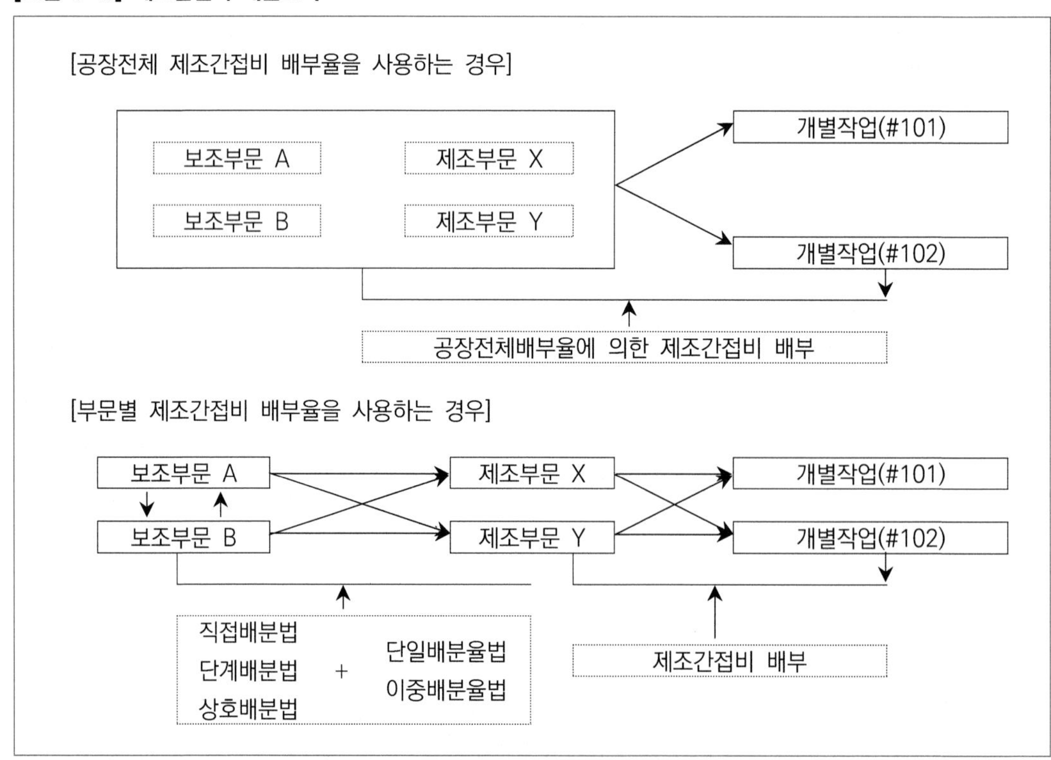

4 서비스업과 개별원가계산

법무법인, 회계법인, 세무법인 등과 같은 서비스업의 경우에도 제조업의 원가계산절차를 응용하여 서비스의 원가를 계산할 수 있다. 단, 제조업에서의 원가계산방법과 상이한 점은 재료비는 거의 없으며 노무비의 비중이 상당히 높은 것이 일반적이다.

예제 7 서비스업의 원가계산

한국회계법인은 계약업체별로 추적이 가능한 원가는 직접비로 파악하고, 간접비에 대해서는 복수의 간접비 집합으로 분류한 다음 각각의 간접비 배부율을 적용하여 회계감사의 원가를 계산하고 있다.

(1) 인건비
한국회계법인은 책임회계사 10명과 업무담당회계사 40명으로 구성되어 있으며 책임회계사의 시간당 임률은 ₩1,000,000, 업무담당회계사의 시간당 임률은 ₩200,000이다.

(2) 간접비
일반관리비와 보험료는 직접노무비의 20%를 감사계약에 할당하며 비서실운영비는 책임회계사 직접노무비의 10%를 할당한다.

(3) 주식회사 서울의 감사를 위해서 책임회계사 1명이 20시간, 업무담당회계사 4명이 각각 50시간을 제공하였다.

(4) 동 회계감사를 위해서 발생한 회계사의 식대와 교통비 등 영수증에 의해 확인된 기타 제반비용이 ₩500,000이다.

요구사항

다음 자료를 토대로 주식회사 서울의 재무제표에 대한 감사계약에 대한 원가를 계산하시오.

해답

주식회사 서울				
1. 직 접 비(인건비)				₩60,500,000
(1) 인건비				
책임회계사	1명×20시간×₩1,000,000 =	₩20,000,000		
업무담당회계사	4명×50시간× ₩200,000 =	₩40,000,000	₩60,000,000	
(2) 기타제반비용			500,000	
2. 간 접 비				14,000,000
(1) 일반관리비 및 보험료	₩60,000,000×20% =	₩12,000,000		
(2) 비서실운영비	₩20,000,000×10% =	₩2,000,000		
계				₩74,500,000

예제 8 제조간접비의 배부(종합)

1. 세 가지 작업에 대한 제조원가 및 기타자료

	#301	#302	#303	합계
직접재료비	₩36,000	₩24,000	₩60,000	₩120,000
직접노무비	40,000	50,000	40,000	130,000
직접노동시간				
X부문	60시간	90시간	50시간	200시간
Y부문	70	100	130	300
기계시간				
X부문	150시간	80시간	70시간	300시간
Y부문	120	190	90	400시간

2. 각 부문별 용역수수관계와 발생원가

	보조부문		제조부문		합계
	A	B	X	Y	
A(동력부)	-	600kwh	360kwh	240kwh	1,200kwh
B(식당부)	20명	50명	10명	20명	100명
발생원가	₩30,000	₩60,000	₩35,000	₩25,000	₩150,000

요구사항 1

공장전체배부율을 사용하여 각 작업별 제조원가를 구하시오. 단, 제조간접비 배부기준으로 직접노동시간을 사용하시오.

해답

	#301	#302	#303	합계
직접재료비	₩36,000	₩24,000	₩60,000	₩120,000
직접노무비	40,000	50,000	40,000	130,000
제조간접비*1	39,000	57,000	54,000	150,000
합 계	₩115,000	₩131,000	₩154,000	₩400,000

*1 #301 : #302 : #303 = 130 : 190 : 180
배부율 = ₩150,000 ÷ 500직접노동시간
= ₩300/직접노동시간

요구사항 2

부문별배부율을 사용하여 각 작업별 제조원가를 구하시오. 단, 보조부문 원가배부시 상호배부법을 사용하고 각 제조부문별 배부기준은 X부문은 직접노동시간, Y부문은 기계시간을 사용한다.

해답

(1) 보조부문원가 배부

※자료정리 : 자가소비용역은 무시한다.

	보조부문		제조부문		합 계
	A	B	X	Y	
A(동력부)	–	0.5	0.3	0.2	100%
B(식당부)	0.4	–	0.2	0.4	100%
발생원가	₩30,000	₩60,000	₩35,000	₩25,000	₩150,000

	보조부문		제조부문		합계
	A	B	X	Y	
배분전원가	₩30,000	₩60,000	₩35,000	₩25,000	₩150,000
A*2	(67,500)*1	33,750	20,250	13,500	–
B*3	37,500	(93,750)*1	18,750	37,500	–
배분후원가	–	–	₩74,000	₩76,000	₩150,000

*1 각 보조부문의 배부될 총원가 계산
A = ₩30,000 + 0.4B
B = ₩60,000 + 0.5A

위 연립방정식을 풀면,
A와 B는 각각 ₩67,500, ₩93,750이 된다.

*2 B : X : Y = 0.5 : 0.3 : 0.2
배부율 = ₩67,500 ÷ 100%
= ₩67,500

*3 A : X : Y = 0.4 : 0.2 : 0.4
배부율 = ₩93,750 ÷ 100%
= ₩93,750

(2) 각 작업별 제조원가계산

	#301	#302	#303	합계
직접재료비	₩36,000	₩24,000	₩60,000	₩120,000
직접노무비	40,000	50,000	40,000	130,000
제조간접비				
X부문*1	22,200	33,300	18,500	74,000
Y부문*2	22,800	36,100	17,100	76,000
합 계	₩121,000	₩143,400	₩135,600	₩400,000

*1 #301 : #302 : #303 = 60 : 90 : 50
배부율 = ₩74,000 ÷ 200직접노동시간
= ₩370/직접노동시간

*2 #301 : #302 : #303 = 120 : 190 : 90
배부율 = ₩76,000 ÷ 400기계시간
= ₩190/기계시간

3. 개별원가계산과 공손

1 의의

공손품(Spoiled Units)은 품질 및 규격이 표준에 미달하는 불합격품을 말하며, 폐품으로 처리되거나 재작업을 통하여 판매되기도 한다. 공손에서의 중요한 문제는 공손이 재작업되거나 폐기처분 되는 경우 해당 공손품의 원가에 대한 처리방법이다.

2 종류

공손은 효율적인 생산과정에서도 발생하는 정상적인 공손과 불규칙적이며 효율적인 생산과정에서는 발생하지 않는 비정상적인 공손으로 나눌 수 있다. 즉, 회피불가능한 정상공손과 회피가능한 비정상공손으로 구분된다.

1. 정상공손(normal spoilage)

양질의 제품(합격품)을 얻기 위하여 생산과정에서 불가피하게 발생하는 공손을 말한다.

2. 비정상공손(abnormal spoilage)

작업자의 부주의, 생산계획의 미비 등의 이유로 발생하는 것으로 제조활동을 효율적으로 수행하면 방지할 수 있는 공손을 말한다.

3. 공손의 회계처리

공손의 처리방법은 일반적으로 공손을 재작업 하는 경우와 폐기처분하는 경우로 나눌 수 있다.

1) 재작업을 통하여 정상품이 되는 경우

재작업에 소요되는 비용은 공손원가로 처리되며, 이를 처리하는 방법에는 공손이 특정작업에서 발생하였다면 특정작업에 직접부과하거나 제조부문에서 공통으로 발생한 경우에는 제조간접비로 하여 개별작업에 배분하는 방식이 있다.

2) 폐기처분하는 경우

공손의 처분가치가 있을 경우 그 처분가치를 차감한 금액을 공손원가로 하여 특정작업에 직접부과하거나 제조부문에 공통으로 발생한 경우에는 제조간접비로 하여 개별작업에 배부한다. 또한, 정상적인 제조활동과 관련 없는 비정상적인 공손의 경우에는 기타손익으로 처리할 수 있다.

예제 9 개별원가계산과 공손

(주)한국은 LCD TV를 주문생산하고 있다. 20×1년 3월 중 제조지시서 #501(작업량 5,000개)의 생산과 관련된 자료는 다음과 같다.

단위당 직접재료비 :	₩1,000
단위당 직접노무비 :	900
단위당 제조간접비 배부액 :	1,500
합계	₩3,400

요구사항

제품의 최종검사과정에서 1,300개의 공손품이 발견되었다. 이 중 500개는 ₩50,000의 추가원가를 투입하여 재작업하였으며, 나머지는 모두 ₩250,000을 받고 처분하였다. 제조지시서 #501과 관련하여 발생한 정상품의 단위당 원가를 구하시오. (단, 재작업원가와 공손원가는 제품원가에 가산한다.)

해답

(1) 총원가 : ₩3,400 × 5,000개 + 재작업원가(₩50,000) − 처분가치(₩250,000) = ₩16,800,000

(2) 단위당 원가 : ₩16,800,000 ÷ (5,000 − 800) = ₩4,000

객관식 문제

1. (주)서울은 개별원가계산제도를 채택하고 있으며 당월말 현재 재공품계정의 기록 내역은 다음과 같다.

월초잔액	₩8,000
기본원가	30,000
제조간접비	12,000
매출원가	15,000

당월말 현재 생산진행 중에 있는 것은 작업 #501뿐이다. 회사는 직접노무비의 50%를 제조간접비로 배부하는데 작업 #501에 ₩7,500의 제조간접비가 배부되어 있다. 기초 및 기말제품재고액이 없다면, 작업 #501의 생산에 투입된 직접재료비는 얼마인가?

① ₩12,500　② ₩18,500　③ ₩12,000
④ ₩17,000　⑤ ₩13,500

2. (주)경기는 개별원가계산을 실시하고 있다. 제조간접원가는 직접노무원가의 120%이다. 작업 #201에서 발생한 직접재료비는 ₩1,764,000이며, 제조간접비는 ₩1,058,400이다. 또한 작업 #301에서 발생한 직접재료비는 ₩294,000이며, 직접노무비는 ₩735,000이다. 작업 #201에서 발생한 직접노무원가 및 작업 #301의 총원가는 얼마인가?

	작업 #201의 직접노무비	작업 #301의 총원가
①	₩1,270,000	₩2,263,800
②	1,058,400	1,234,800
③	2,116,800	2,263,800
④	1,045,800	2,123,400
⑤	882,000	1,911,000

3. (주)서울은 개별원가계산제도를 채택하고 있으며, 직접노무비를 기준으로 제조간접비를 배부한다. 20×1년도의 제조간접비배부율은 A부문에 대해서는 200%, B부문에 대해서는 50%이다. 제조지시서 #04는 20×1년 중에 시작되어 완성되었으며, 원가 발생액은 다음과 같다.

	A	B
직접재료비	₩50,000	₩10,000
직접노무비	?	40,000
제조간접비	60,000	?

제조지시서 #04와 관련된 총제조원가는 얼마인가?

① ₩170,000 ② ₩190,000 ③ ₩210,000
④ ₩270,000 ⑤ ₩290,000

4. 다음은 (주)한국의 20×1년 부문별 제조원가계산자료이다.

	A부문	B부문	합 계
직접재료비	₩700,000	₩800,000	₩1,500,000
직접노무비	200,000	400,000	600,000
제조간접비	400,000	100,000	500,000
합 계	₩1,300,000	₩1,300,000	₩2,600,000

20×1년도 말 공정 중에 있는 주문품 X의 작업원가표에 집계된 원가가 다음과 같을 때, 직접노무비를 기준으로 공장전체 제조간접비배부율과 부문별 제조간접비배부율을 이용할 경우 기말대차대조표에 계상된 주문품 X의 원가차이는 얼마인가?

	A부문	B부문	합 계
직접재료비	₩12,000	₩15,000	₩27,000
직접노무비	20,000	4,000	24,000
합 계	₩32,000	₩19,000	₩51,000

① 공장전체 제조간접비배부율에 의할 경우가 ₩21,000 작다.
② 공장전체 제조간접비배부율에 의할 경우가 ₩18,000 작다.
③ 공장전체 제조간접비배부율에 의할 경우가 ₩15,000 작다.
④ 공장전체 제조간접비배부율에 의할 경우가 ₩3,000 크다.

⑤ 공장전체 제조간접비배부율에 의할 경우가 ₩15,000 크다.

5. 부문별 개별원가계산을 채택하고 있는 대한조선의 다음 원가계산자료를 이용하여 화물선에 배부될 제조간접비를 구하시오. 2003 세무사

(1) 제조간접비에 대한 부문비 내역

	제조부문		보조부문		
구분	제1공장	제2공장	수선부	동력부	생산관리부
금액	₩3,800,000	₩3,200,000	₩1,100,000	₩900,000	₩2,000,000

(2) 보조부문비의 배부는 단계(계단식)배부법을 사용하며, 보조부문상호간의 배부순서는 생산관리, 동력, 수선부문의 순으로 하여 다음의 배부기준에 의한다.

구 분	제1공장	제2공장	수선부	동력부
생산관리부	40%	40%	15%	5%
동력부	50%	40%	10%	–
수선부	60%	40%	–	–

(3) 제품별 제조간접비 배부를 위한 공장별 작업시간집계표

구 분	화물선	유조선	군 함	합 계
제1공장	800시간	500시간	700시간	2,000시간
제2공장	400시간	300시간	300시간	1,000시간

① ₩4,686,000 ② ₩4,595,000 ③ ₩4,400,000
④ ₩4,690,000 ⑤ ₩4,658,000

6. 대한회사는 제조부문(성형, 조립)과 보조부문(수선, 동력)을 이용하여 제품을 생산하고 있으며, 제조부문과 보조부문에 관련된 자료는 다음과 같다.

제공부문	제조부문		보조부문		합계
	성형	조립	수선	동력	
수선	400시간	200시간	100시간	400시간	1,100시간
동력	4,000kw	4,000kw	8,000kw	2,000kw	18,000kw

수선부문과 동력부문에 집계된 부문원가는 각각 ₩160,000, ₩80,000이다. 대한회사는 상호배분법을 사용하여 보조부문원가를 제조부문에 배분한다. 조립부문에 배분될 보조부문원가는 얼마인가? 2008 세무사

① ₩80,000 ② ₩95,000 ③ ₩110,000
④ ₩125,000 ⑤ ₩145,000

7. (주)대한은 두 개의 보조부문 A와 B, 두 개의 생산부문 C와 D를 가지고 있다. 3월의 각 부문에 대한 자료는 다음과 같다.

	보조부문		생산부문	
	A(동력부문)	B(시간관리부문)	C	D
기계시간	–	500시간	400시간	100시간
사용면적	400m^2	–	200m^2	400m^2
각 부문의 제조간접원가	₩30,000	₩50,000	₩10,000	₩20,000
직접노무시간			200시간	300시간

C부문에서만 40시간의 직접노무시간이 발생하여 50단위의 갑제품이 생산되었는데 갑제품에 대한 단위당 기초원가(prime cost)는 ₩500이다. (주)대한은 갑제품의 제품제조원가에 20%를 가산해서 판매가격을 결정한다. 보조부문의 원가는 상호배분법을 사용하여 생산부문에 배분하며, A부문의 원가는 기계시간에 의하여, B부문의 원가는 사용면적에 의하여 배분한다. 갑제품에 대한 월초 및 월말 재공품잔액은 모두 ₩0이다. 갑제품의 단위당 판매가격은 얼마인가? 단, C부문은 직접노무시간을 기준으로 제조간접비를 배분한다. 2000 회계사

① ₩800 ② ₩705 ③ ₩205
④ ₩846 ⑤ ₩246

정답 및 해설

1. 정답 ①

기본 | 투입된 원재료 추정★

(1) 당월말 재공품원가
(₩8,000 + ₩12,000 + ₩30,000) − ₩15,000 = ₩35,000

(2) 작업 #501의 직접재료비
₩35,000 − (₩7,500 ÷ 50% + ₩7,500) = ₩12,500

2. 정답 ⑤

기본 | 제조간접비 배부

(1) 작업 #201의 직접노무비 : ₩1,058,400 ÷ 120% = ₩882,000
(2) 작업 #301 제조간접비 : ₩735,000 × 120% = ₩882,000

따라서, 총원가는 ₩294,000 + ₩735,000 + ₩882,000 = ₩1,911,000

3. 정답 ③

기본 | 제조간접비 배부

	A	B
직접재료비	₩50,000	₩10,000
직접노무비	30,000*1	40,000
제조간접비	60,000	20,000*2
합 계	₩140,000	₩70,000

*1 ₩60,000 ÷ 200% = ₩30,000
*2 ₩40,000 × 50% = ₩20,000

그러므로, ₩210,000이다.

4. 정답 ①

중급 | 제조간접비의 공장전체배부와 부분별 배부의 비교)★

	공장전체 배부	부문별 배부
직접재료비	₩27,000	₩27,000
직접노무비	24,000	24,000
제조간접비	20,000*1	
A		40,000*2
B		1,000*3
합 계	₩71,000	₩92,000

*1 (₩20,000 + ₩4,000) × [(₩400,000 + ₩100,000) ÷ (₩200,000 + ₩400,000)] = ₩20,000
*2 ₩20,000 × (₩400,000 ÷ ₩200,000) = ₩40,000

*3 ₩4,000 × (₩100,000 ÷ ₩400,000) = ₩1,000

5. 정답 ③

중급 보조부문 원가배분, 단계배부법★

(1) 보조부문원가의 배부(단계배부법)

	생산관리	동력	수선	제1공장	제2공장
배분전원가	₩2,000,000	₩900,000	₩1,100,000	₩3,800,000	₩3,200,000
생산관리*1	(2,000,000)	100,000	300,000	800,000	800,000
동 력	–	(1,000,000)	100,000	500,000	400,000
수 선	–	–	(1,500,000)	900,000	600,000
배분후원가	–	–	–	₩6,000,000	₩5,000,000

*1 동력 : 수선 : 제1공장 : 제2공장 = 5% : 15% : 40% : 40%

(2) 제조부문별 제조간접비 배부율

제1공장 : ₩6,000,000 ÷ 2,000시간 = ₩3,000/시간

제2공장 : ₩5,000,000 ÷ 1,000시간 = ₩5,000/시간

(3) 화물선의 제조간접비

₩3,000×800시간 + ₩5,000 × 400시간 = ₩4,400,000

6. 정답 ②

중급 보조부문 원가배분, 상호배분법★

		보조		제조	
		수선	동력	성형	조립
배분전원가		₩160,000	₩80,000	–	–
용역제공비율	수 선	–	40%	40%	20%
	동 력	50%	–	25%	25%
원가배분	수 선	(250,000)*1	100,000	100,000	50,000
	동 력	90,000	(180,000)*1	45,000	45,000
합 계		–	–	₩145,000	₩95,000

*1 수선 = ₩160,000 + 0.5 × 동력
동력 = ₩80,000 + 0.4 × 수선

그러므로, 수선은 ₩250,000, 동력은 ₩180,000임

7. 정답 ④

중급 보조부문 원가 배분, 상호배부법★

(1) 보조부문의 원가배분

① 용역제공비율

	보조부문		생산부문	
	A(동력부문)	B(시간관리부문)	C	D
기계시간	–	50%	40%	10%
사용면적	40%	–	20%	40%
각 부문의 제조간접원가	₩30,000	₩50,000	₩10,000	₩20,000

② 상호배분법

	보조부문		생산부문	
	A(동력부문)	B(시간관리부문)	C	D
배분전 원가	₩30,000	₩50,000	₩10,000	₩20,000
A	(62,500)*1	31,250	25,000	6,250
B	32,500	(81,250)*1	16,250	32,500
배분후 원가	–	–	₩51,250	₩58,750

*1 A = ₩30,000 + 0.4 × B
B = ₩50,000 + 0.5 × A

그러므로, A는 ₩62,500, B는 ₩81,250임

(2) 제조부문 C의 제조간접비배부율

₩51,250÷200시간=₩256.25/시간

(3) 갑 제품의 단위당 판매가격

단위당 기초원가	₩500	
단위당 제조간접비	205	(= 40시간 × ₩256.25 ÷ 50단위)
단위당 제조원가	₩705	
	×120%	
단위당 판매가격	₩846	

주관식 문제

문제 1 직접배부법과 단계배부법

다음을 읽고 물음에 답하시오.

(주)한국은 기판인쇄와 부품조립의 두 개의 제조부문과 공장관리와 전산시스템의 두 개의 보조부문을 운영하고 있다.

〈자료 1〉 보조부문의 20×1년 예산 서비스 제공비율

	보조부문		제조부문	
	공장관리	전산시스템	기판인쇄	부품조립
공장관리	–	15%	35%	50%
전산시스템	20%	–	25%	55%

〈자료 2〉 보조부문의 20×1년 실제 서비스 제공비율

	보조부문		제조부문	
	공장관리	전산시스템	기판인쇄	부품조립
공장관리	–	10%	25%	65%
전산시스템	30%	–	20%	50%

〈자료 3〉 20×1년에 집계된 보조부문의 실제원가

	변동원가	고정원가
공장관리	₩600,000	₩200,000
전산시스템	₩250,000	₩750,000

(주)한국은 보조부분의 원가 중 변동원가는 실제 서비스 제공비율에 따라 배부하고, 고정원가는 예산 서비스 제공비율에 따라 배부한다.

다음 요구사항에 답하시오. 단, 모든 금액은 소수 첫째 자리에서 반올림하시오.

물음 1

직접배부법에 의해 보조부문원가를 배분할 때 각 제조부문에 배부될 보조부문의 변동원가와 고정원가는 각각 얼마인가?

물음 2

단계배부법에 의해 보조부문원가를 배분할 때 각 제조부문에 배부될 보조부문의 변동원가와 고정원가는 각각 얼마인가? 단, 공장관리부문을 먼저 배부한다고 가정한다.

해 답

물음 1 직접배부법

			보조부문		제조부문	
			공장관리	전산시스템	기판인쇄	부품조립
공장관리	변동원가	(600,000)	–	–	₩166,667*1	₩433,333
	고정원가	(200,000)	–	–	82,353*2	117,647
전산시스템	변동원가	(250,000)	–	–	71,429*3	178,571
	고정원가	(750,000)	–	–	234,375*4	515,625
	합 계		–	–	₩554,824	₩1,245,176

*1 600,000×25%/90%
*2 200,000×35%/85%
*3 250,000×20%/70%
*4 750,000×25%/80%

물음 2 단계배부법

			보조부문		제조부문	
			공장관리	전산시스템	기판인쇄	부품조립
공장관리	변동원가	(600,000)	–	₩60,000*1	₩150,000	₩390,000
	고정원가	(200,000)	–	30,000*2	70,000	100,000
전산시스템	변동원가	(250,000)	–	(60,000)	88,571*3	221,429
	고정원가	(750,000)	–	(30,000)	243,750*4	536,250
	합 계		–	–	₩552,321	₩1,247,679

*1 600,000×10%
*2 200,000×15%
*3 310,000×20%/70%
*4 780,000×25%/80%

 서비스업의 원가계산

다음을 읽고 물음에 답하시오.

(주)한국은 최근에 설립된 법무법인으로 단순한 원가계산제도를 사용하여 원가를 산정하여 고객에게 제공한 용역에 대한 대금을 청구하고 있다.

원가는 단일의 직접비 항목(변호사 등의 전문가 : 직접작업시간 기준)과 단일의 간접비 항목(일반관리비)으로 구성되어 있다.

간접비는 각 의뢰사건별 전문가의 직접작업시간을 기준으로 배부되고 있다.

다음은 회사의 고객인 A기업과 B기업에 대하여 회사가 제공한 전문가의 직접작업시간이다.

	A기업	B기업	합 계
전문가 직접작업시간	104시간	96시간	200시간

전문가 작업시간당 평균임률은 ₩70,000이며 간접비는 전문가 직접작업시간당 ₩105,000의 비율로 배부된다.

가장 최근의 회계기간에 발생한 실제간접비는 ₩21,000,000이었다.

한편 두 고객 A기업과 B기업의 사장은 최근 회사의 용역청구대금에 대하여 A기업은 불만을, B기업은 만족을 보였다.

A기업과 B기업 두 고객으로부터의 불만과 만족의 상반된 반응을 접한 후 회사는 간접비 ₩21,000,000을 다음과 같이 재분류 하였다.

이에 의하면 ₩21,000,000의 간접비 중에서 ₩14,000,000은 A기업과 B기업 두 고객에게 부담시킬 수 있는 직접비이다.

구분(기타 직접비)	A기업	B기업
연구보조 인건비	1,600,000원	3,400,000원
컴퓨터 작업시간	500,000	1,300,000
여 비	600,000	4,400,000
통신료	200,000	1,000,000
복사비	250,000	750,000
합 계	3,150,000원	10,850,000원

회사는 기존의 전문가 직접인건비 항목 이외에 추가로 파악된 다섯 가지 항목의 직접비 항목을 포함하여 모두 여섯 항목의 직접비를 사용하여 원가를 집계하기로 결정하였다.

그리고 ₩21,000,000 중에서 직접비로 분류되지 않는 ₩7,000,000의 간접비는 전문가 직접작업 시간을 기준으로 배부하기로 결정하였다.

물음 1

변경 전(₩21,000,000을 간접비로 간주) 원가계산방법을 사용하여 A기업과 B기업에 청구할 금액을 산정하시오.

물음 2

변경 후(₩7,000,000만을 간접비로 간주) 즉 여섯 개의 직접비 항목과 단 하나의 간접비 항목을 사용하여 A기업과 B기업에 청구할 금액을 산정하시오.

물음 3

청구된 용역대금에 대하여 A기업이 불만을 B기업이 만족을 나타내는 이유를 설명하시오.

해 답

물음 1 변경 전 용역별 원가계산

	A기업	B기업
직접비(₩70,000)	₩7,280,000	₩6,720,000
간접비(₩105,000)	10,920,000	10,080,000
합 계	₩18,200,000	₩16,800,000

물음 2 변경 후 용역별 원가계산

	A기업	B기업
직접비		
전문가 인건비(₩70,000원)	₩7,280,000	₩6,720,000
연구보조 인건비	1,600,000	3,400,000
컴퓨터 작업시간	500,000	1,300,000
여 비	600,000	4,400,000
통신료	200,000	1,000,000
복사비	250,000	750,000
간접비(₩35,000원)*1	3,640,000	3,360,000
합 계	₩14,070,000	₩20,930,000

*1 ₩7,000,000 ÷ 200시간 = ₩35,000/시간

물음 3 회사별 불만이유

A기업의 경우 B기업에 비하여 상대적으로 전문가 직접 작업시간을 제외한 직접비의 발생이 적다. 기존의 방법(₩21,000,000을 간접비로 간주)에 의할 경우 전문가 작업 시간이 많은 관계로 간접비가 부당하게 많이 배부되고 있다. B기업의 경우는 A기업과는 정반대의 현상이 발생하고 있어 상대적으로 발생비용보다 적은 비용이 청구되고 있다.

보조부문원가의 이중배분율법

2001 세무사

다음을 읽고 물음에 답하시오.

서울주식회사는 조립과 포장의 두 제조부문과 동력과 수선의 두 보조부문으로 구성되어 있다. 내년도 각 부문의 예상원가와 운영자료는 다음과 같으며 이는 제조부문의 제조간접비 예정배부율을 산정하기 위해 마련된 것이다.

구 분	동력부문	수선부문	조립부문	포장부문
직접노무비	–	–	₩30,000	₩40,000
수선관련노무비	–	₩5,000(변동비)	–	–
직접재료비	–	–	50,000	80,000
수선관련재료비	–	7,536(변동비)	–	–
동력관련재료비	₩3,630(변동비)	–	–	–
기타간접비	7,500(고정비)	6,000(고정비)	104,000	155,000
합 계	₩11,130	₩18,536	₩184,000	₩275,000
직접노동시간	–	–	6,000시간	10,000시간
전력공급량 – kwh				
현재 전력공급량	300	800	3,800	6,400
장기 전력공급량	300	1,000	6,000	8,000
점유 면적 ㎡	800	1,500	8,000	12,000

회사는 제품의 원가를 산정하기 위해 변동비와 고정비를 구분하여 단계배분법(동력부문, 수선부문의 순서로 배분)을 사용하여 보조부문의 원가를 제조부문에 배분하고 있다. 보조부문원가의 배분기준은 다음과 같다.

	비용형태	배부기준
동력부문	변 동 비	현재 전력공급량
	고 정 비	장기 전력공급량
수선부문	변 동 비	직접 노동시간
	고 정 비	점유면적 ㎡

물음 1

보조부문 원가를 제조부문에 배부하시오.

물음 2

각 제조부문(조립, 포장)의 제조간접비 예정배부율을 산정하시오. 제조간접비 예정배부율 산정시 각 부문의 배부기준으로는 직접노동시간을 사용하시오. (단, 소수점 셋째 자리에서 반올림하여 둘째 자리까지 계산하시오).

물음 3

내년도 포장부문에서의 제품의 생산량이 20,000단위일 경우 포장부문에서 생산되는 제품 한 단위의 원가를 산정하시오. 단, 제조간접비는 예정원가를 사용하시오. (단, 소수점 셋째 자리에서 반올림하여 둘째 자리까지 계산하시오).

해 답

물음 1 보조부문원가의 배분(단계배분법+이중배분율법)

구 분	보조부문		제조부문		합 계
	동 력	수 선	조 립	포 장	
배분전원가	₩11,130	₩18,536	₩104,000	₩155,000	₩288,666
동력부문원가(변동비)*1	(3,630)	264	1,254	2,112	0
동력부문원가(고정비)*2	(7,500)	500	3,000	4,000	0
수선부문원가(변동비)*3	–	(12,800)*5	4,800	8,000	0
수선부문원가(고정비)*4	–	(6,500)*6	2,600	3,900	0
배분후원가	₩0	₩0	₩115,654	₩173,012	₩288,666

*1 수선 : 조립 : 포장 = 800kwh : 3,800kwh : 6,400kwh
*2 수선 : 조립 : 포장 = 1,000kwh : 6,000kwh : 8,000kwh
*3 조립 : 포장 = 6,000시간 : 10,000시간
*4 조립 : 포장 = 8,000㎡ : 12,000㎡
*5 ₩5,000+₩7,536+₩264 = ₩12,800
*6 ₩6,000+₩500 = ₩6,500

물음 2 제조간접비 예정배부율

(1) 조립부문 : ₩115,654 ÷ 6,000시간 = ₩19.28/직접노무시간
(2) 포장부문 : ₩173,012 ÷ 10,000시간 = ₩17.30/직접노무시간

물음 3 포장부문에서 생산된 제품의 단위원가

(1) 총제조원가 : ₩80,000 + ₩40,000 + ₩173,012(포장부문 제조간접비) = ₩293,012
(2) 단위당원가 : ₩293,012 ÷ 20,000단위 = ₩14.65

문제 4 배부기준 변경

CMA수정

개별원가계산제도를 채택하고 있는 ㈜한국은 식당용 가구를 제작하고 있다. ㈜한국의 제조간접원가는 주로 감독자급여, 복리후생비, 수선비, 재산세 및 감가상각비로 구성되는데 ㈜한국은 실제직접노동시간을 기준으로 한 실제제조간접비 배부율을 사용하고 있다.

㈜한국은 20×1년 10월초부터 가정용 가구를 생산 · 판매하기 시작하였다. 회사는 11월말 손익계산서를 작성한 결과 식당용 가구의 이익은 양호했으나, 가정용 가구의 수익성은 기대보다 낮았다.

올해 제품별 10월과 11월의 영업결과는 다음과 같다.

(1) 10월 1일 ~ 10월 31일

	가정용	식당용	합 계
총매출액	₩400,000	₩1,000,000	₩1,400,000
직접재료원가	150,000	230,000	380,000
직접노무원가			
금형부문	40,000	80,000	120,000
마무리부문	50,000	90,000	140,000
조립부문	45,000	65,000	110,000
제조간접원가	85,000	275,000	360,000
매출총이익	₩30,000	₩260,000	₩290,000
매출총이익률	7.50%	26.00%	20.71%

(2) 11월 1일 ~ 11월 30일

	가정용	식당용	합 계
총매출액	₩700,000	₩900,000	₩1,600,000
직접재료원가	300,000	350,000	650,000
직접노무원가			
금형부문	65,000	80,000	145,000
마무리부문	100,000	110,000	210,000
조립부문	60,000	50,000	110,000
제조간접원가	95,000	130,000	225,000
매출총이익	₩80,000	₩180,000	₩260,000
매출총이익률	11.42%	20.00%	16.25%

원가담당자는 직접노동시간에 기초한 제조간접원가배부는 적합하지 않다고 판단하여 제조간접원가배부기준을 감독자급여, 복리후생비만 직접노동시간에 의하여 배부하고 나머지 제조간접원가는 기계시간에 의하여 배부하는 것이 타당하다고 판단했다. 그의 판단에 따르면 식당용 가구의 수익성이 증가한 것은 제조간접원가를 잘못 배분하였기 때문이다.

과거 2개월 동안의 실제직접노동시간과 기계시간은 다음과 같다.

			가정용	식당용
기계시간	10월 :	금형부문	500	12,000
		마무리부문	500	8,000
		조립부문	–	–
			1,000	20,000
	11월 :	금형부문	700	8,975
		마무리부문	700	6,500
		조립부문	–	–
			1,400	15,475
직접노동시간	10월 :	금형부문	2,000	8,500
		마무리부문	1,500	10,000
		조립부문	5,000	9,000
			8,500	27,500
	11월 :	금형부문	3,500	8,000
		마무리부문	6,000	12,000
		조립부문	9,500	6,000
			19,000	26,000

과거 2개월 동안의 실제제조간접원가는 다음과 같다.

	10월	11월
감독자급여	₩20,000	₩20,000
복리후생비	88,000	70,000
수선비	72,000	25,000
감가상각비	30,000	35,000
재산세	20,000	8,000
기 타	130,000	67,000
합 계	₩360,000	₩225,000

각 물음은 서로 독립적이다.

물음 1

감독자급여와 복리후생비는 직접노동시간을 기준으로 배부하고, 기타 제조간접원가는 기계시간을 기준으로 배부하는 경우 10월, 11월의 제조간접원가 배부금액을 계산하시오.

물음 2

새로운 배부방식을 적용하여 10월과 11월 가정용 가구 및 식당용 가구의 월별 매출총이익과 매출총이익률을 각각 구하시오.

해 답

물음 1 제조간접원가 배부금액

(1) 감독자급여 및 복리후생비 배부율

① 월별 직접노동시간

	가정용	식당용	합 계
10월	8,500	27,500	36,000
11월	19,000	26,000	45,000

② 월별 배부율

		10월	11월
감독자급여		₩20,000	₩20,000
복리후생비		88,000	70,000
합 계		₩108,000	₩90,000
직접노동시간	(÷)	36,000	45,000
배부율		₩3	₩2

(2) 기타제조간접원가 배부율

① 월별 기계시간

	가정용	식당용	합계
10월	1,000	20,000	21,000
11월	1,400	15,475	16,875

② 월별 배부율

		10월	11월
수선비		₩72,000	₩25,000
감가상각비		30,000	35,000
재산세		20,000	8,000
기 타		130,000	67,000
합 계		₩252,000	₩135,000
기계시간	(÷)	21,000	16,875
배부율		₩12	₩8

(3) 제조간접원가 배부

• 10월

		가정용	식당용
감독자급여 등	₩3 × 8,500 =	₩25,500	₩82,500
기 타	₩12 × 1,000 =	12,000	240,000
배부금액		₩37,500	₩322,500

• 11월

		가정용	식당용
감독자급여 등	₩2 × 19,000 =	₩38,000	₩52,000
기 타	₩8 × 1,400 =	11,200	123,800
배부금액		₩49,200	₩175,800

	10월		11월	
	가정용	식당용	가정용	식당용
제조간접원가	₩37,500	₩322,500	₩49,200	₩175,800

물음 2 월별 매출총이익과 매출총이익률

(1) 새로운 배부기준에 의한 손익계산서

	10월		11월	
	가정용	식당용	가정용	식당용
총매출액	₩400,000	₩1,000,000	₩700,000	₩900,000
직접재료원가	150,000	230,000	300,000	350,000
직접노무원가				
금형부문	40,000	80,000	65,000	80,000
마무리부문	50,000	90,000	100,000	110,000
조립부문	45,000	65,000	60,000	50,000
제조간접원가	37,500	322,500	49,200	175,800
매출총이익	₩77,500	₩212,500	₩125,800	₩134,200
매출총이익률	19.38%	21.25%	17.97%	14.91%

(2) 매출총이익률 비교

	10월		11월	
	가정용	식당용	가정용	식당용
기존방식	7.50%	26.00%	11.42%	20.00%
새로운방식	19.38%	21.25%	17.97%	14.91%

제 4 장

활동기준원가계산

전문가 칼럼

■ 매출이 크다고 우수고객인가?

기업은 명절이나 특별한 기념일에 우수고객을 대상으로 사은품을 지급하거나 일정한 혜택을 제공하는 이벤트를 실시한다. 이는 회사의 수익창출에 기여한 고객에 대한 보상적인 성격과 추가적인 매출을 유도하기 위한 마케팅 목적으로 시행한다. 특히 요즘처럼 경기가 그다지 좋지 않은 상황이라면 우수고객 선정 및 관리가 더욱 더 중요하다. 그렇다면, 우수고객을 선정하기 위한 기준은 무엇일까? 일반적으로 고객별 매출액이나 판매량을 고려하여 선발할 것이다. 즉, 매출실적이 높은 고객을 우수고객으로 간주한다는 것이다. 그렇다면, 과연 매출실적이 높은 고객이 우수고객일까? 일반적으로 맞을 수 있지만, 매출과정에서 발생하는 판매부대비용까지 고려한다면 매출만으로 평가한 결과와 달라질 수도 있다. 왜냐하면, 매출을 발생시키기 위해서는 관련부대비용 즉, 판매비와 일반관리비가 수반되기 때문이다. 따라서 고객에 대한 수익성을 분석할 때 이러한 비용들을 적절하게 반영하지 않으면 정확한 고객별 수익성 분석이 이루어 질 수 없다. 예를 들어, 소량주문고객과 대량주문고객을 비교할 때 단지 매출실적으로만 판단한다면 대량주문고객이 우수고객으로 선정이 되겠지만 소량주문고객의 경우 판매부대활동이 전혀 발생하지 않고 대량주문고객의 경우 판매활동시 많은 부대비용이 발생하였다면 오히려 소량구매고객이 대량구매고객보다 기업의 이윤창출에 더 기여했다고 볼 수 있기 때문이다.

■ 고객수익성 분석

1. 의의

판매로 인하여 발생하는 원가를 판매과정에서 필요한 활동별로 집계한 후 집계된 원가를 고객별로 배분한 후 고객별 매출과 비교하여 정확한 수익성을 파악하는 과정을 말한다.

2. 고객관련활동분류

1) 판매단위수준활동

고객에게 한 단위의 제품을 판매할 때마다 수행되는 활동으로 예로는 단위당 제품취급원가 등이 있다.

2) 묶음수준활동

고객에게 한 묶음의 제품을 판매할 때마다 수행되는 활동으로 예로는 고객주문처리원가, 배달활동원가 등이 있다.

3) 고객유지활동

고객에게 판매한 제품 단위 수나 묶음의 수와 관계없이 개별 고객을 유지하기 위한 활동으로 예로는 고객방문활동원가 등이 있다.

4) 유통경로활동

판매수량, 묶음 수, 고객의 수와 상관없이 특정 유통경로(대리점 등)와 관련하여 발생하는 원가로서 예로는 대리점 관리자의 급여 등이 있다.

5) 기업수준활동

특정 고객이나 유통경로로 추적할 수 없으며, 기업의 일반적인 판매관리활동과 관련하여 발생하는 원가로서 예로는 최고경영자 급여나 일반관리비 등이 있다.

사 례

(주)한국은 전화주문을 통하여 판매하고 있으며 고객의 수익성을 파악하고자 한다. 고객별 자료는 다음과 같다.

	갑	을	병
총매출	₩6,000	₩8,000	₩9,000
반품 – 수량	4개	4개	2개
반품 – 금액	₩2,000	₩3,000	₩2,000
연간 총배달건수	4건	5건	2건
연간 총전화주문시간	0시간	1시간	2시간

매출원가는 판매가의 60%이며, 판매활동 및 활동원가의 원가동인율이 다음과 같을 때 각 고객의 연간 이익을 계산하시오.

활동	활동원가동인율
배달활동	₩50 / 배달건수
전화주문활동	800 / 전화시간
반품처리	100 / 반품수량
고객유지	500 / 고객

해답

	갑	을	병
총매출	₩6,000	₩8,000	₩9,000
반품액	(2,000)	(3,000)	(2,000)
순매출	4,000	5,000	7 ,000
매출원가*1	(2,400)	(3,000)	(4,200)
매출총이익	₩1,600	₩2,000	₩2,800
판매비와관리비			
배달활동*2	(200)	(250)	(100)
전화주문활동*3	–	(800)	(1,600)
반품처리*4	(400)	(400)	(200)
고객유지*5	(500)	(500)	(500)
연간이익	₩500	₩50	₩400

*1 순매출액 × 60%
*2 배달건수 × ₩50
*3 전화시간 × ₩800
*4 반품수량 × ₩100
*5 고객당 ₩500

즉, 순매출의 경우 병, 을, 갑 순이지만, 관련비용까지 고려하면 갑, 병, 을 순으로 갑이 가장 이익창출에 높게 기여한 고객이 된다.

1. 서론

1 활동기준원가계산의 개발배경

생산공정의 공장자동화로 인하여 제조원가에서 노무비가 차지하는 비중이 점차 감소하고 제조간접비가 차지하는 비중은 점차 증가하고 있다. 또한 제조간접비의 발생원인도 다양하여 기존에 조업도(노동시간, 기계시간 등)기준에 의한 배부방식으로는 더 이상 정확한 원가계산을 기대하기 어려워졌다. 이에 보다 정확한 원가계산을 위해서 대두된 원가계산방법이 활동기준원가계산이다.

[표 4-1] 활동기준원가계산의 개발배경

항목	내용
① 정확한 수익성 분석	정확한 원가계산의 필요성
② 제조간접비 비중증가	제조간접비의 정확한 배부의 필요성 증대(원가왜곡 방지)
③ 생산체제의 변화	소품종 대량생산체제에서 다품종 소량체제로의 변화 ㉠ 생산량과 관계없이 발생되는 비용증가 • 구매주문, 작업준비, 재료이동 등 ㉡ 제품 다양화에 따른 공정의 복잡성 • 제품 종류에 따라서 작업량이 다름
④ 원가개념의 확대	최근에는 제조이전 및 이후과정에서 발생하는 원가가 큰 비중을 차지하게 되어 정확한 수익성분석을 위해서 제품의 연구개발단계에서부터 폐기까지의 모든 단계의 원가를 고려하는 제품수명주기원가계산이 등장하게 되었으며 활동기준원가계산은 제품수명주기의 각 단계별로 정확한 원가계산을 가능하게 함
⑤ 정보수집기술의 발달	활동기준원가계산을 위한 방대한 자료를 컴퓨터 도입으로 인하여 과거에 비하여 상대적으로 작은 비용으로 수행할 수 있음

2 활동기준원가계산의 의의

활동기준원가계산(Activitiy-Based Cost System:ABC)은 정확한 원가계산을 위하여 기존의 제조과정을 각 기능(부문)별로 구분한 후 조업도기준하에서 개별제품에 배부하는 조업도 기준 배부방식에서 탈피하여 제조과정을 여러 가지 활동으로 구분한 후, 제조간접비(자원)를 활동별로 집계하여 집계된 활동별 원가를 활동별 원가동인(배부기준)에 따라 제품, 고객, 서비스 등에 배부하는 원가계산방법이다.

[그림 4-1] 전통적원가계산과 활동기준원가계산의 비교

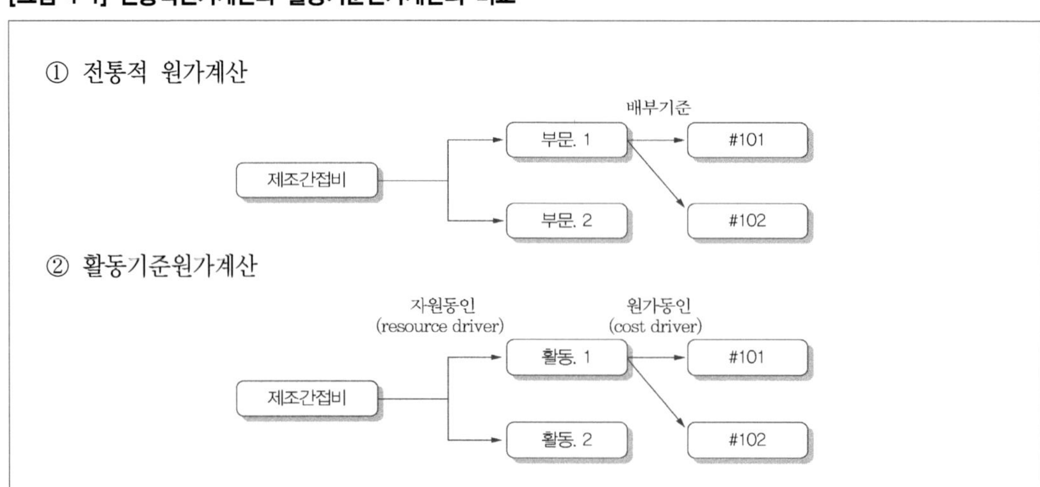

3 활동의 종류(원가계층, Cost Hierarchy)

활동은 자원을 사용하여 가치를 창출하는 기본적인 분석단위로서 기업의 제조과정에서 자원을 소비하는 구체적인 사건이나 작업을 말한다. 이러한 활동은 아래와 같이 4가지 수준으로 분류할 수 있으며 묶음수준활동, 제품수준활동 및 설비수준활동을 합하여 비단위수준활동이라 한다.

종 류	내 용
① 단위수준활동 (unit level activities)	제품 한 단위별로 수행되는 활동 ㉾ 조립활동, 절삭활동, 도장활동, 전수검사활동 등
② 묶음수준활동 (batch level activities)	처리된 묶음별로 수행되는 활동 ㉾ 구매주문활동, 재료수령활동, 표본검사활동 등
③ 제품수준활동 (product level activities)	제품 종류별로 수행되는 활동 ㉾ 설계활동, 제품개량활동, 라인변경활동 등
④ 설비수준활동 (facility level activities)	현재조업도를 유지하고 관리하기 위하여 수행되는 활동 ㉾ 건물관리활동, 조경활동, 공장인사관리활동 등

4 활동기준원가계산의 절차

활동기준원가계산은 먼저 활동분석을 통하여 활동중심점을 설정하고 제조과정에서 소비된 자원을 활동중심점별로 집계한 후, 이를 개별제품과의 인과관계가 있는 적절한 원가동인(배부기준)을 적용하여 제품에 배부하는 원가계산방법이다. 따라서, 일반적으로 다음과 같은 단계를 거치게 된다.

1. 활동분석

공정가치분석이라고도 하며 제품과 서비스를 생산하는 데 필요한 활동들을 구분하는 절차를 말한다. 공정가치분석을 통하여 부가가치활동과 비부가가치활동으로 구분할 수 있다.

- 부가가치활동(value-added activity) : 고객가치를 증가시키는 활동
- 비부가가치활동(non-value-added activity) : 고객가치를 증가시키지 못하는 활동

2. 활동중심점 원가집계

활동분석을 통하여 결정된 활동중심점별로 해당 활동을 수행하는 데 소비된 자원을 집계하는 절차를 말한다. 소비된 자원은 활동중심점별로 소비한 자원동인에 비례하여 배부한다.

3. 활동별 원가동인의 선택

활동중심점별로 집계된 원가를 개별작업이나 제품에 배부하기 위한 원가동인(cost driver)을 선택하는 절차를 말하며, 원가동인(Cost Driver)은 자원의 소비와 인과관계가 높아야 하며, 쉽게 측정이 가능하여야 한다.

- 거래건수동인(transaction driver) : 수행된 활동의 횟수를 원가동인으로 사용하는 것으로 재료주문건수, 작업준비횟수 등이 있다.
- 기간동인(duration driver) : 활동을 수행하기 위한 시간을 원가동인으로 사용하는 것으로 작업준비시간, 검사시간 등이 있다.
- 직접동인(intensity driver) : 활동을 수행하는 데 소요된 자원을 직접 집계하는 것으로 특정 작업을 위한 특수설비비용 등이 있다.

※직접동인, 기간동인, 거래건수동인 순으로 정확도가 높다.

4. 활동별 배부율 계산

집계된 제조간접비를 각 개별제품에 배부하기 위하여 계산되는 배부율과 동일한 의미로서 활동중심점별로 집계된 원가를 개별제품에 배부하기 위해서는 활동중심점별 배부율을 산정하여야 한다.

- 활동중심점별 배부율 = $\dfrac{\text{활동중심점별 원가}}{\Sigma\text{개별제품의 원가동인소비량}}$

5. 활동별 원가배부

활동중심점별 배부율을 이용하여 각 제품에 소비된 원가동인 소비량을 기준으로 배부한다.

- 활동별 원가배부 = 활동중심점별 원가배부율 × 각 제품의 원가동인소비량

[표 4-2] 활동별 원가동인의 예

계층별 분류	활 동	원가동인
단위수준활동	기계작업활동 품질검사활동(전수검사)	기계시간 생산량, 검사시간 등
묶음수준활동	구매주문활동 작업준비활동 재료이동활동 재료처리활동 품질검사활동(표본검사)	구매주문횟수 작업준비횟수 재료이동횟수 재료처리횟수 품질검사횟수
제품수준활동	제품설계활동 제품광고활동 제품시험활동	제품설계시간 제품광고횟수 제품시험횟수
설비수준활동	공장관리활동 조경활동 냉난방활동	기계시간, 노동시간 등

예제 1 활동원가집계

(주)한국은 20×1년초에 영업을 시작하였으며, 1월 중 제조지시서 #301(고급형), #302(일반형)를 착수하였으며 모두 다 완성되었다. 두 가지 작업에 대한 제조원가 및 관련자료는 다음과 같다.

	#301(고급형)	#302(일반형)	합계
직접재료비	₩107,000	₩139,000	₩246,000
직접노무비	105,000	75,000	180,000
직접노동시간	600 시간	900 시간	1,500 시간
기계시간	6,000	4,000	10,000

회사는 활동기준원가계산을 적용하고자 한다. 활동분석의 결과 기계가동활동, 조립활동, 품질검사활동을 활동중심점으로 설정하였으며 관련자료는 다음과 같다.

(1) 제조간접비 내역

	금 액
간접노무비	₩50,000
감가상각비	100,000
임차료	25,000
수선유지비	75,000
합 계	₩250,000

(2) 활동별 자원 소비내역

	간접노무비 (감독시간)	감가상각비 (기계시간)	임차료 (점유면적 m^2)	수선유지비 (직접노동시간)
기계가동활동	200 시간	3,000 시간	300 m^2	700 시간
조립활동	200	2,000	100	300
품질검사활동	100	5,000	100	500
합 계	500 시간	10,000 시간	500 m^2	1,500 시간

요구사항 1

총제조간접비를 활동중심점별로 집계하시오.

해답

	기계가동활동	조립활동	품질검사활동	합계
간접노무비*1	₩20,000	₩20,000	₩10,000	₩50,000
감가상각비*2	30,000	20,000	50,000	100,000
임차료*3	15,000	5,000	5,000	25,000
수선유지비*4	35,000	15,000	25,000	75,000
합계	₩100,000	₩60,000	₩90,000	₩250,000

*1 기계가동활동 : 조립활동 : 품질검사활동 = 200 : 200 : 100
배부율 = ₩50,000 ÷ 500시간
= ₩100/감독시간

*2 기계가동활동 : 조립활동 : 품질검사활동 = 3,000 : 2,000 : 5,000
배부율 = ₩100,000 ÷ 10,000시간
= ₩10/기계시간

*3 기계가동활동 : 조립활동 : 품질검사활동 = 300 : 100 : 100
배부율 = ₩25,000 ÷ 500m^2
= ₩50/m^2

*4 기계가동활동 : 조립활동 : 품질검사활동 = 700 : 300 : 500
배부율 = ₩75,000 ÷ 1, 500시간
= ₩50/직접노동시간

요구사항 2

활동별 원가동인과 제품별 원가동인소비량은 다음과 같다. 각 활동중심점별 원가를 각 작업에 배부하시오.

(1) 활동중심점별 원가동인

	활동원가	원가동인
기계가동활동	₩100,000	기계시간
조립활동	60,000	직접노동시간
품질검사활동	90,000	품질검사횟수
합 계	₩250,000	

(2) 작업별 원가동인소비내역

	#301	#302	합계
기계시간	6,000시간	4,000시간	10,000시간
직접노동시간	600	900	1,500
품질검사횟수	80회	10회	90회

해답

	#301	#302	합계
기계가동활동*1	₩60,000	₩40,000	₩100,000
조립활동*2	24,000	36,000	60,000
품질검사활동*3	80,000	10,000	90,000
합 계	₩164,000	₩86,000	₩250,000

*1 #301 : #302 = 6,000 : 4,000
배부율 = ₩100,000 ÷ 10,000시간
= ₩10/기계시간

*2 #301 : #302 = 600 : 900
배부율 = ₩60,000 ÷ 1,500시간
= ₩40/직접노동시간

*3 #301 : #302 = 80 : 10
배부율 = ₩90,000 ÷ 90회
= ₩1,000/품질검사횟수

요구사항 3

각 작업별 생산량은 다음과 같다. 각 작업별 단위당 제조원가를 구하시오.

	#301	#302
생산량	800단위	1,000단위

해답

	#301	#302	합계
직접재료비	₩107,000	₩139,000	₩246,000
직접노무비	105,000	75,000	180,000
제조간접비	164,000	86,000	250,000
합계	₩376,000	₩300,000	₩676,000
생산량	÷800 단위	÷1,000 단위	
단위당 제조원가	₩470/단위	₩300/단위	

5 활동기준원가계산과 경제성

원가계산의 효익과 비용의 관점에서 보면 정확한 원가계산을 위한 원가측정비용과 원가왜곡에 따른 잘못된 의사결정으로 인한 손실의 합계를 최소화 할 수 있는 활동중심점수와 원가동인의 수준을 결정하여야 한다. 왜냐하면 활동중심점의 수가 많아지거나 원가동인의 수준이 높다면 원가왜곡위험이 줄어들지만, 원가측정과정에서 많은 시간과 비용이 소모되므로 적정 수준을 유지하여야 한다.

[그림 4-2] 활동중심점 수와 원가동인 수준의 결정

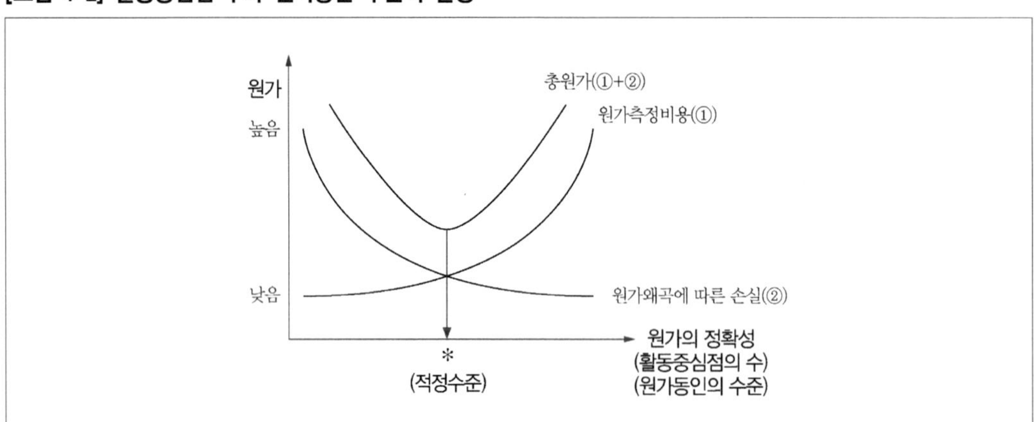

6 활동기준원가계산의 장 · 단점

활동기준원가계산은 제조환경의 변화와 제조간접비의 증가로 인하여 정확한 원가배부와 효과적인 관리를 위하여 기존의 조업도기준 배부방식에서 탈피하여 활동을 기준으로 배부하는 새로운 원가계산시스템이다. 이러한 활동기준원가계산의 장 · 단점은 다음과 같다.

1. 장점

구 분	내 용
① 정확한 원가계산	각 활동별 원가동인에 따른 원가배분
② 신축적 원가계산	제품구성이 변하더라도 신축적 원가계산이 가능
③ 원가통제 가능	활동분석을 통한 비부가가치활동 제거
④ 성과평가 개선	비재무적인 원가동인을 사용하여 담당자가 쉽게 이해할 수 있어 성과평가방법 개선

2. 단점

구 분	내 용
① 활동기준 부재	활동에 대한 명확한 기준이 없음
② 비용증가	원가측정비용이 과다
③ 자의적인 배분	설비수준활동원가는 적정한 원가동인을 찾을수 없어 불가피한 자의적인 배분
④ 생산과잉 문제	원가동인 수 절감을 위하여 묶음수 증가에 따른 생산과잉 문제

7 활동기준원가계산의 효익이 큰 기업의 유형

지금까지 살펴 본 활동기준원가계산의 장 · 단점을 보면 활동기준원가계산을 적용함으로써 보다 정확한 원가계산, 의사결정 및 성과평가가 이루어 질 수 있지만, 계산절차가 복잡하며 시간과 비용이 많이 소비된다. 따라서, 활동기준원가계산을 도입하기 위해서는 관련 비용과 효익을 고려해야 하는데, 다음과 같은 상황이 존재하는 기업의 경우 활동기준원가계산을 적용함으로 인한 효익이 상대적으로 크다고 볼 수 있다.

(1) 제조간접비의 비중이 상대적으로 큰 기업
(2) 제조공정에서 요구되는 활동이 제품별 차이가 큰 기업
(3) 복잡한 생산공정에서 여러 제품을 생산하는 기업
(4) 기존의 생산방식에서 제조공정이 급격히 변하거나 제품의 종류가 다양한 기업

2. 전통적 원가계산과 활동기준원가계산의 비교

1 전통적 원가계산의 원가왜곡현상

전통적 원가계산에 의하면 제조간접비 중에서 비단위수준활동의 원가발생을 무시하고 단위수준활동과 관련된 노동시간, 기계시간을 기준으로 제품에 배부한다. 이로 인하여 대부분의 원가배분이 생산량에 비례하여 배분되기 때문에 동일한 생산량 수준이라면 상대적으로 공정이 까다로운 제품의 원가는 과소평가되는 제품원가의 상호보조(Product Cost Subsidization) 현상이 발생된다. 제품원가의 상호보조현상이란 제품원가발생의 다양성을 무시한 획일적인 원가배분에 따른 원가평준화(Cost Smoothing)현상을 말한다.

2 전통적원가계산과 활동기준원가계산의 비교

전통적 원가계산에서는 각 제품이 자원을 소비한다고 가정한다. 따라서, 제조간접비는 직접노동시간이나 기계시간을 기준으로 제품의 생산량에 비례하여 배부된다. 그러나, 활동기준원가계산에서는 활동이 자원을 소비하고 각 활동의 원가동인을 파악하여 각 활동별 상이한 원가동인을 사용하여 제조간접비를 배부하기 때문에 비교적 정확한 배부가 가능하다.

구 분	전통적 원가계산	활동기준원가계산
① 기본가정	제품이 자원을 소비	활동이 자원을 소비하고 제품은 활동을 소비
② 제조간접비 집계	공장전체 또는 부문별 집계	각 활동별 집계
③ 원가배부기준	조업도 관련 단일배부기준	활동별 다양한 원가동인 사용
④ 배부기준의 성격	노동시간, 기계시간 등의 재무적 수치사용	활동별로 거래건수, 기간 및 직접동인 사용
⑤ 원가배부의 정확성	상대적으로 낮다	상대적으로 높다
⑥ 원가측정 비용	상대적으로 낮다	상대적으로 높다
⑦ 원가대상	제품이나 부문에 한정	의사결정에 따라 제품, 공급자 선정, 고객 등 다양

예제 2 전통적 원가계산과 활동기준원가계산의 비교

예제 1에서 (주)한국이 전통적 배부기준인 직접노동시간을 기준으로 제조간접비를 배부한다고 가정할 경우 각 작업별 단위당 제조원가를 구하시오. 단, 직접노동시간은 예제 1에서 요구사항2의 자료를 이용하시오.

해답

	#301	#302	합계
직접재료비	₩107,000	₩139,000	₩246,000
직접노무비	105,000	75,000	180,000
제조간접비*1	100,000	150,000	250,000
합계	₩312,000	₩364,000	₩676,000
생산량	÷800 단위	÷1,000 단위	
단위당 제조원가	₩390/단위	₩364/단위	

*1 #301 : #302 = 600 : 900
배부율 = ₩250,000 ÷ 1,500시간
= ₩166.67/직접노동시간

3. 활동기준원가계산의 활용

고객수익성 분석

활동기준원가계산은 제품원가를 정확하게 계산하는 데에 이용될 뿐만 아니라 기업의 수익을 보다 정확하게 산정할 수 있다. 따라서 기업의 입장에서 수익성이 높은 고객을 찾게 해주고, 고객수익성분석을 통하여 기업의 성과를 개선할 수 있는 방법을 제시해준다. 또한, 비제조원가인 판매비와 일반관리비도 활동별로 구분할 수 있다. 고객수익성분석을 위한 고객관련 활동 계층구조는 다음과 같다.

[표 4-3] 고객원가계층구조

항 목	내 용
고객판매단위수준원가	고객에게 한 단위의 제품을 판매할 때마다 수행되는 활동 ㉮ 단위당 제품취급원가 등
고객묶음수준원가	고객에게 한 묶음의 제품을 판매할 때마다 수행되는 활동 ㉮ 고객주문처리원가, 배달활동원가 등
고객유지원가	개별 고객을 유지하기 위하여 발생하는 원가 ㉮ 고객방문활동원가 등
유통경로원가	특정 유통경로와 관련하여 발생하는 원가 ㉮ 대리점 관리자 급여 등
기업수준원가	기업의 일반적인 판매관리활동과 관련하여 발생하는 원가 ㉮ 경영자급여, 일반관리비 등

예제 3　고객수익성 분석

다음은 회사가 보고한 20×1년 2월의 판매지원비용이다.

활 동	원가동인	원가동인 소비량	원가동인배부율
주 문	주문횟수	30	주문횟수당 ₩250
목록작성	와인종류	20	종류당 ₩150
배달과 지원	배달의 수	400	배달당 ₩15
대금청구 및 회수	고객의 수	300	고객당 ₩50

와인종류는 A, B, C 세 가지이며 20×1년 2월 판매관련자료는 다음과 같다. 단, 대금청구 및 회수비용은 고정비이다. 따라서, 품목이 추가되도 증가하지 않는다.

	A	B	C
판매수량	300 단위	250 단위	250 단위
단위당 판매가격	₩500	₩600	₩800
단위당 구입비용	200	400	450

요구사항 1

당월 총발생한 판매지원비용을 각 와인의 실제매출액을 기준으로 배분할 경우 와인 A의 영업이익을 구하시오.

해답

	A	B	C
매출액	300×₩500 = ₩150,000	250×₩600 = ₩150,000	250×₩800 = ₩200,000
매입비용	300×₩200 = (60,000)	250×₩400 = (100,000)	250×₩450 = (112,500)
판매지원비용	₩31,500×0.3 = (9,450)[*1]	₩31,500×0.3 = (9,450)	₩31,500×0.4 = (12,600)
	₩80,550	₩40,550	₩74,900

*1 판매지원비용 배분액

① 판매지원비용 총액

주문	30×₩250 =	₩7,500
목록작성	20×₩150 =	3,000
배달과 지원	400×₩15 =	6,000
대금청구 및 회수	300×₩50 =	15,000
합계		₩31,500

② 매출액 비율

	A	B	C	합 계
매출액	₩150,000	₩150,000	₩200,000	₩500,000
비 율	30%	30%	40%	100%

요구사항 2

와인 B의 판매지원활동의 원가동인 소비량이 다음과 같을 경우 와인 B의 영업이익을 구하시오.

	원가동인 소비량
주 문	10
목록작성	8
배달과 지원	60
대금청구 및 회수	100

해답

	B
매출액	₩150,000
매입비용	₩(100,000)
판매지원비용*1	(9,600)
	₩40,400

*1 판매지원비용

	원가동인 소비량	금 액
주문	10×₩250 =	₩2,500
목록작성	8×₩150 =	1,200
배달과 지원	60×₩15 =	900
대금청구 및 회수	100×₩50 =	5,000
합 계		₩9,600

요구사항 3

회사에서 새로운 와인 D를 판매하고자 한다. 예상판매량은 300단위이며 예상 단위당 판매가격과 단위당 매입비용이 각각 ₩700, ₩500이다. 판매지원활동의 원가동인 소비량이 다음과 같을 경우 와인 D로 인한 회사전체의 손익증감액을 구하시오.

	원가동인 소비량
주 문	20
목록작성	3
배달과 지원	30
대금청구 및 회수	50

해답

※ 대금청구 및 회수비용은 고정비이므로 추가로 발생하지 않는다.

	B
매출액	300×₩700 = ₩210,000
매입비용	300×₩500 = ₩(150,000)
판매지원비용*1	(5,900)
	₩54,100

*1 판매지원비용

	원가동인 소비량	금 액
주 문	20×₩250 =	₩5,000
목록작성	3×₩150 =	450
배달과 지원	30×₩15 =	450
합 계		₩5,900

∴ ₩54,100만큼 추가적 영업이익 발생

2 공급자선정분석

활동기준원가계산은 원재료나 부품을 납품하는 사업자를 선정할 때도 활용할 수 있다. 과거에는 주로 납품단가를 기준으로 부품 등 공급업자를 선정하였으나 활동기준원가계산을 활용하여 납품단가 이외에 품질, 납기 및 운송비까지 고려한 총원가를 최소화 할 수 있는 공급업체를 찾아낼 수 있다.

예제 4 공급업자선정

(주)한국은 제품생산에 필요한 부품 100단위를 외부로부터 구입하고자 한다. 회사는 필요한 부품을 서로 다른 세 곳(A, B, C)에서 구입할 수 있으며, 구입단가 및 기타 추가비용에 관한 자료는 다음과 같다.

(1) 구입단가 및 활동수

	A	B	C
단위당 구입단가	₩900	₩800	₩1,000
처리횟수	10회	30회	1회
검수시간	20시간	20시간	10시간
진열건수	1건	1건	1건

(2) 활동별 원가동인배부율

활동	원가동인	원가동인당 배부율
입고처리	처리횟수	횟수당 ₩900
검 수	검수시간	시간당 ₩200
진 열	진열건수	건수당 ₩500

요구사항 1

(주)한국이 원가최소화를 위한 구입처와 구입금액 및 기타 부대비용을 포함한 원가총액을 구하시오.

해답

	A	B	C
구입가격			
총구입가격	₩90,000*1	₩80,000	₩100,000
기타비용			
입고처리	9,000*2	27,000	900
검 수	4,000*3	4,000	2,000
진 열	500*4	500	500
총비용	₩103,500	₩111,500	₩103,400

*1 총구입가격
100단위×₩900

*2 입고
10회×₩900

*3 검수
20시간×₩900

*4 진열
1건×₩900

즉, C사로부터 구입하는 것이 가장 원가를 최소화할 수 있으며, 이 때의 총원가는 ₩103,400이다.

객관식 문제

1. 활동기준원가계산(Activity Based Costing)시스템은 조업도기준 원가계산(Volume Based Costing)시스템에 비하여 보다 정확한 제품원가를 제공할 수 있다. 다음 중에서 활동기준원가계산시스템을 도입함에 따라서 그 효과를 크게 볼 수 있는 기업의 일반적 특성에 해당되지 않은 것은? **2002 회계사**

   ① 생산과정에 거액의 간접원가가 발생하는 경우
   ② 제품, 고객 및 생산공정이 매우 단순한 경우
   ③ 회사가 치열한 가격경쟁에 직면한 경우
   ④ 제품의 제조와 마케팅 원가에 대해서 생산작업자와 회계담당자 사이에 심각한 견해차이가 있는 경우
   ⑤ 제조이전과 이후 단계의 원가 비중이 높아 적절한 수익성 파악이 요구되는 경우

2. 활동기준원가계산 시스템에 대한 설명 중 옳은 것을 모두 묶은 것은? **2009 세무사**

ㄱ. 제품과 고객이 매우 다양하고 생산공정이 복잡한 경우, 일반적으로 활동기준원가계산이 전통적 원가계산보다 정확한 제품원가 정보를 제공한다. ㄴ. (ㄱ)설명의 주된 이유는 활동기준원가계산은 원가 발생행태보다 원가를 소모하는 활동에 초점을 맞추어 원가를 집계하여 배부하기 때문이다. ㄷ. 생산과정에서 거액의 간접원가가 발생하는 경우 활동기준원가계산이 전통적 원가계산보다 원가관리에 효과적이다.

   ① ㄱ　　② ㄱ, ㄴ　　③ ㄱ, ㄷ
   ④ ㄴ, ㄷ　　⑤ ㄱ, ㄴ, ㄷ

3. (주)대한은 휴대전화기를 생산한다. 현재 회사는 제조간접원가를 단일 배부율을 사용하여 공장 전체에 배부하고 있다. 회사의 경영진은 제조간접원가를 좀 더 정교하게 배부할 필요가 있다고 판단하고, 회계담당부서로 하여금 주요 생산활동과 그 활동에 대한 원가동인을 파악하라고 지시하였다. 다음은 활동, 원가동인 그리고 배부율에 대한 자료이다.

활 동	원가동인	배부율
재료취급	부품의 수	부품당 ₩1,000
조 립	직접노무시간	시간당 ₩40,000
검 사	검사부문에서의 검사시간	분당 ₩10,000

현재의 전통적인 원가계산방법은 직접노무시간에 기초하여 1시간당 ₩150,000의 배부율을 사용한다.

휴대전화 제작을 위하여 한 번의 작업(batch)으로 50대의 휴대전화가 제조되었다. 전통적인 원가계산방법과 활동기준원가계산방법을 사용할 경우 휴대전화 한 대당 배부될 제조간접원가는 각각 얼마인가? 한 번의 작업(batch)에는 1,000개의 부품, 직접노무시간 8시간, 그리고 검사시간 15분이 필요하다.

① 전통적방법 : ₩24,000 활동기준방법 : ₩29,400

② 전통적방법 : ₩29,400 활동기준방법 : ₩29,400

③ 전통적방법 : ₩24,000 활동기준방법 : ₩24,000

④ 전통적방법 : ₩24,000 활동기준방법 : ₩24,900

⑤ 전통적방법 : ₩24,000 활동기준방법 : ₩47,000

※ 다음은 문.4 ~ 문.5에 관련된 자료이다. 1997 세무사

(주)한국의 제조책임자가 수립한 활동별 원가집계와 원가동인들은 다음과 같다.

활 동	제조간접비 예산	원가동인	예정원가동인수	활동별 배부율
기계준비작업활동	₩200,000	준비횟수	100회	₩2,000/준비횟수
재료처리활동	100,000	원재료무게	50,000파운드	2/파운드
위험폐기물통제활동	50,000	위험폐기물무게	10,000파운드	5/파운드
품질관리활동	75,000	검사횟수	1,000회	75/검사횟수
기타제조활동	200,000	기계시간	20,000시간	10/기계시간
합 계	₩625,000			

제품 1,000상자 주문에 대하여 다음과 같은 활동으로 생산하였다.

기계준비횟수	4회
원재료	10,000파운드
위험폐기물	2,000파운드
검사횟수	10회
기계시간	500시간
직접재료비	₩120,000
직접노무비	40,000

회사는 주문에 대하여 제조원가의 40%이익을 가산하여 가격을 결정한다.

4. 활동별 제조간접비배부율을 적용하여 제품 1상자당 제조간접비를 구하시오.

① ₩43.75 ② ₩31.25 ③ ₩20.375
④ ₩15.625 ⑤ ₩15.25

5. 기계시간에 근거한 단일의 제조간접비 예정배부율을 사용하여 원가계산한다면 활동기준원가계산에 비하여 제품 1,000상자의 판매가격은 얼마나 달라지는가?

① ₩39,375 증가 ② ₩28,125 증가 ③ ₩28,125 감소
④ ₩39,375 감소 ⑤ ₩61,250 감소

6. (주)한호기계는 활동기준원가계산(Activity Based Costing)을 적용하고 있다. 회사는 제품생산을 위해 세 가지 활동을 수행하고 있다. 당기에 발생된 활동별 실제원가는 기계가동활동 ₩84,000, 엔지니어링활동 ₩60,000, 품질검사활동 ₩41,000이었다. 당기에 두 종류의 제품 A와 B를 생산하였으며, 생산관련 실제자료는 다음과 같다.

항목	제품 A	제품B
생산량	500단위	1,200단위
기계가동(기계시간)	2,000시간	3,000시간
엔지니어링(작업시간)	500시간	700시간
품질검사(품질검사 횟수)	10회	15회

* 괄호 안은 각 활동의 원가동인을 의미함.

활동기준원가계산 및 위의 자료와 관련된 (주)한호기계의 원가계산결과에 대한 설명이다. 다음 중 타당하지 않은 것은? 2008 회계사

① 생산과정에서 직접원가보다는 간접원가의 비중이 높을수록 활동기준원가계산의 도입효과가 큰 것으로 알려져 있다.

② 품질검사를 전수조사에 의할 경우 품질검사활동은 단위수준활동으로 분류된다.

③ 제품 A에 배부되는 총활동원가는 ₩72,000이다.

④ 기계가동활동의 원가배부율은 기계시간당 ₩16.8이다.

⑤ 제품 B에 배부되는 엔지니어링 활동원가는 ₩35,000이다.

정답 및 해설

1. 정답 ②

기본 | 활동기준원가계산의 기본개념

• 제품, 고객 및 생산공정이 복잡한 경우 ABC를 도입할 경우 그 효과가 더 커진다.

2. 정답 ⑤

기본 | 활동기준원가계산의 기본개념

• 모두 옳은 설명이다.

3. 정답 ①

중급 | 전통적방법과 활동기준원가계산방법의 비교★

(1) 전통적 방법 : (₩150,000 × 8시간) ÷ 50 = ₩24,000

(2) 활동기준 방법 : (₩1,000 × 1,000개 + ₩40,000 × 8시간 + ₩10,000 × 15분) ÷ 50 = ₩29,400

4. 정답 ①

중급 | 전통적방법과 활동기준원가계산방법의 비교★

(1) 제조간접비

기계준비작업활동	4회 × ₩2,000 =	₩8,000
재료처리활동	10,000파운드 × ₩2 =	20,000
위험폐기물통제활동	2,000파운드 × ₩5 =	10,000
품질관리활동	10회 × ₩75 =	750
기타제조활동	500시간 × ₩10 =	5,000
합 계		₩43,750

(2) 단위당 제조간접비 : ₩43,750 ÷ 1,000단위 = ₩43.75/단위

5. 정답 ④

중급 | 전통적방법과 활동기준원가계산방법의 비교★

	활동기준원가계산	전통적원가계산
직접재료비	₩120,000	₩120,000
직접노무비	40,000	40,000
제조간접비	43,750	15,625*1
합계	₩203,750	₩175,625
	×140%	×140%
판매가격	₩285,250	₩245,875

*1 500시간 × (₩625,000÷20,000시간)=₩15,625

그러므로, ₩39,375(₩285,250 − ₩245,875)만큼 더 작아진다.

6. 정답 ③

중급 활동기준원가계산의 종합★

(1) 활동별 원가동인배부율

① 기계가동 : ₩84,000 ÷ 5,000시간 = ₩16.8/시간

② 엔지니어링 : ₩60,000 ÷ 1,200시간 = ₩50/시간

③ 품질검사 : ₩41,000 ÷ 25회 = ₩1,640/회

(2) 제품 A에 배부되는 활동원가

기계가동	2,000시간 × ₩16.8 =	₩33,600
엔지니어링	500시간 × ₩50 =	25,000
품질검사	10회 × ₩1,640 =	16,400
합계		₩75,000

(3) 제품 B에 배부되는 엔지니어링 활동원가 : 700시간 × ₩50 = ₩35,000

주관식 문제

문제 1 전통적 원가계산과의 비교

1997. KICPA

다음을 읽고 물음에 답하시오.

(주)한국은 단일 제품을 생산하여 A, B, C 세 고객에게 판매하고 있다. 회사는 제조간접비를 직접노무비에 기초하여 제품에 배부하여 왔다. 20×1년 중에 이 회사의 경영자는 새로운 원가회계시스템을 구축하기 위하여 활동기준원가계산을 도입하기로 하였다. 이에 따라 당기의 제조간접비 중 기계가동, 조립 활동비는 기계작업시간을 기준으로 제품에 배부하며 마무리, 하역 활동비는 직접노무비에 비례하여 제품에 배부하게 된다.

당기 영업활동에 관한 자료는 다음과 같다.

	A고객	B고객	C고객	합 계
매출액	₩3,500	₩2,750	₩2,500	₩8,750
원 가				
직접재료비	800	700	500	2,000
직접노무비	400	300	300	1,000
제조간접비				
기계가동	?	?	?	1,000
조 립	?	?	?	800
마무리	?	?	?	1,200
하 역	?	?	?	1,000
기계작업시간	600시간	200시간	200시간	1,000시간

물음 1

전통적원가계산과 활동기준원가계산을 각각 적용하여 순이익과 매출액이익률을 계산하시오. (단, 매출액이익률 계산시 백분율 기준 소숫점 둘째자리에서 반올림하시오.)

물음 2

전통적 원가계산에서 A고객에게 배부된 제조간접비의 기계가동원가 중 ₩300, 조립원가 중 ₩200이 고정비라고 한다면, 회사가 A고객에게 제품을 판매해야 하는가? 그 이유에 대하여 답하시오.

해 답

물음 1 당기순이익과 매출액이익률

(1) 전통적 원가계산

① 제조간접비배부율

(₩1,000 + ₩800 + ₩1,200 + ₩1,000) / ₩1,000 = 직접노무비의 400%

② 당기순이익과 이익률

	A고객	B고객	C고객	합 계
매 출 액	₩3,500	₩2,750	₩2,500	₩8,750
원 가				
직접재료비	800	700	500	2,000
직접노무비	400	300	300	1,000
제조간접비배부액	1,600*	1,200	1200	4,000
순 이 익	₩700	₩550	₩500	₩1,750
이 익 률	20%	20%	20%	20%

* ₩400 × 400% = ₩1,600

(2) 활동기준 원가계산

① 제조간접비배부율

• 기계가동 및 조립 : (₩1,000 + ₩800)/1,000시간 = ₩1.8/시간

• 마무리 및 하역 : (₩1,200 + ₩1,000)/₩1,000 = 직접노무비의 220%

② 당기순이익과 이익률

	A고객	B고객	C고객	합 계
매 출 액	₩3,500	₩2,750	₩2,500	₩8,750
원 가				
기 초 원 가	1,200	1,000	800	2,000
제조간접비배부액				
기계가동 및 조립	1,080*1	360	360	1,800
마무리 및 하역	880*2	660	660	2,200
순 이 익	₩340	₩730	₩680	₩1,750
이 익 률	9.7%	26.5%	27.2%	20%

*1 ₩1.8 × 600시간 = ₩1,080

*2 ₩400 × 220% = ₩880

물음 2 A고객에의 판매여부

매 출 액	₩3,500
변 동 비	
기초원가	1,200
제조간접비	1,100*
공헌이익	₩1,200

* 제조간접비 : ₩1,600 − (₩300 + ₩200) = ₩1,100

공헌이익이 ₩0보다 크므로 A고객에게 계속하여 제품을 판매하는 것이 유리하다.

 서비스업의 활동기준원가계산

다음을 읽고 물음에 답하시오.

신문사업부, 방송사업부, 교육사업부로 구성된 (주)한국은 20×1년 사업연도 종료 후 사업부별 성과평가 보고서를 작성중이다. 사업부의 성과평가에 있어서 본사공통비의 배부는 매년 논란의 대상이 되어 왔다. 20×1년도 각 사업부별 성과 및 기타자료는 다음과 같다.

	신문사업부	방송사업부	교육사업부	합 계
매출액	₩400,000	₩800,000	₩400,000	₩1,600,000
영업비용	(150,000)	(750,000)	(350,000)	(1,250,000)
영업이익(본사공통비 차감전)	₩250,000	₩50,000	₩50,000	₩350,000
종업원 수(명)	750	1,000	750	2,500

현재 회사는 본사공통비를 하나의 원가집합(cost pool)에 집계하여 각 사업부의 실제 매출액을 기준으로 배부하고 있다. 각 사업부의 부서장은 사업부의 이익에 의해 성과를 평가받는데 각 사업부의 이익은 본사공통비 차감 전 영업이익에서 본사공통비 배부액을 차감하여 결정한다.

회사는 매년 논란의 대상이 되어 왔던 본사공통비 배부에 새로운 방법을 도입하고자 한다. 즉, 본사공통비를 비용항목의 성격에 따라 복수의 원가집합에 집계하여 각 사업부에 배부하려고 한다. 20×1년도 본사공통비와 관련된 비용항목명, 실제발생금액, 새로운 대안에 의한 원가집합, 그리고 각 원가집합의 배부기준은 다음과 같다.

비용항목	실제발생금액	원가집합	배부기준
본사임원급여	₩50,000	#1	사업부매출액
홍보비	70,000	#2	본사공통비차감 전 영업이익
인사부문비	20,000	#3	종업원 수
합 계	₩140,000		

물음 1

사업부의 실제매출액에 기초하여 본사공통비를 배부하는 경우 각 사업부의 본사공통비 배부액 차감 후 이익을 구하시오.

물음 2

회사가 고려하고 있는 새로운 대안에 의해서 본사공통비를 복수의 원가집합을 사용하여 배부하는 경우 각 사업부의 본사공통비 배부액 차감 후 이익을 구하시오.

해 답

물음 1 영업이익계산(실제매출액을 기초로 배부)

	신문사업부	방송사업부	교육사업부	합 계
매출액	₩400,000	₩800,000	₩400,000	₩1,600,000
영업비용	(150,000)	(750,000)	(350,000)	(1,250,000)
영업이익(본사공통비 차감 전)	₩250,000	₩50,000	₩50,000	₩350,000
본사공통비 배부액	(35,000)*1	(70,000)*2	(35,000)*3	(140,000)
배부액 차감 후 이익	₩215,000	₩(20,000)	₩15,000	₩210,000

*1 ₩140,000 × $\frac{400,000}{1,600,000}$ = ₩35,000

*2 ₩140,000 × $\frac{800,000}{1,600,000}$ = ₩70,000

*3 ₩140,000 × $\frac{400,000}{1,600,000}$ = ₩35,000

물음 2 영업이익 계산(새로운 배부기준)

(1) 본사공통비 원가집합별 배부율

	실제발생금액	원가동인수	원가동인당 배부율
본사임원급여	₩50,000	1,600,000	사업부매출액당 ₩0.03125
홍보비	70,000	350,000	본사공통비 차감 전 영업이익당 0.2
인사부문비	20,000	2,500	종업원당 ₩8

(2) 각 사업부별 본사공통비 차감 후 영업이익

	신문사업부	방송사업부	교육사업부	합 계
차감 전 영업이익	₩250,000	₩50,000	₩50,000	₩350,000
본사임원급여	12,500*1	25,000	12,500	(50,000)
홍보비	50,000*2	10,000	10,000	(70,000)
인사부문비	6,000*3	8,000	6,000	(20,000)
배부액 차감 후 이익	₩181,500	₩7,000	₩21,500	₩210,000

*1 본사임원급여 배부
400,000 × ₩0.03125

*2 홍보비 배부
250,000 × ₩0.2

*3 인사부문비 배부
750 × ₩8

문제 3 활동기준원가계산과 의사결정

세무사 2011

다음을 읽고 물음에 답하시오.

(주)한국은 20×1년 1월 초에 창업한 회사로 제품 A와 제품 B를 생산 · 판매한다. 20×1년 12월 말까지 발생된 제조간접원가는 ₩4,000,000이었다. (주)한국은 활동기준원가계산을 적용하기 위하여 제조활동을 4가지로 구분하고 활동별로 제조간접원가를 집계하였다. (주)한국은 무재고 정책을 시행하고 있으며 전수조사를 통해 품질검사를 실시한다. 제품 A는 1회 생산에 1,000단위씩 생산하며, 제품 B는 1회 생산에 500단위씩 생산한다. 또한, 각 제품은 1회 생산을 위하여 1회의 작업준비를 실시한다.

〈자료 1〉 생산량, 판매가격 및 직접원가 내역

구 분	제품A	제품B
생산량	10,000단위	5,000단위
판매가격	₩1,000/단위	₩1,500/단위
직접재료원가	₩3,000,000	₩4,000,000
직접노무원가	₩1,000,000	₩1,000,000

〈자료 2〉 활동원가 및 원가동인 내역

활 동	활동원가	원가동인	원가동인 소비량	
			제품A	제품B
작업준비	₩1,500,000	작업준비시간	15분/작업준비 1회	10분/작업준비 1회
품질검사	1,200,000	검사시간	2분/제품 1단위	4분/제품 1단위
공정수리	700,000	수리횟수	5회	2회
포 장	?	생산량	?	?

〈자료 3〉 제품A 시장의 경쟁이 심화되어, 20×2년도에 (주)한국은 제품A의 대체품인 제품C를 10,000단위 생산하고자 한다. (주)한국은 가격 경쟁력를 확보하기 위하여 제품C의 판매가격을 제품A보다 낮출 것을 고려하고 있다. 제품C는 1회 생산에 1,000단위씩 생산하며, 제품C를 생산할 경우 제품A보다 절감되는 원가 및 원가 동인은 다음과 같다. 각 활동별 원가동인당 활동원가는 20×2년에도 20×1년과 동일할 것으로 예상된다.

항 목	절감되는 원가 및 원가동인
직접재료원가	제품 1단위당 ₩20 감소
직접노무원가	제품 1단위당 ₩10 감소
작업준비시간	작업준비 1회당 5분 감소
품질검사시간	제품 1단위당 1분 감소
공정수리횟수	1회 감소

물음 1

20×1년도에 활동기준원가계산을 적용하여 각 제품의 단위당 제조원가와 매출총이익률을 구하시오.

물음 2

20×2년도에 제품C를 생산하면서 달성할 수 있는 단위당 최대 원가절감액을 구하시오.

물음 3

제품C의 목표매출총이익률을 제품A의 20×1년도 매출총이익률의 1.2배가 되도록 설정한 경우, 제품C의 단위당 제조원가를 구하시오. 단, 제품C의 판매가격은 제품A 판매가격의 80%로 책정된다.

해 답

물음 1 단위당 제조원가와 매출총이익률

(1) 활동별 배부율

활 동	활동원가	원가동인 소비량			활동별 배부율
		제품 A	제품 B	합 계	
작업준비	₩1,500,000	150분[*1]	100분	250분	₩6,000/분
품질검사	1,200,000	20,000분[*2]	20,000분	40,000분	30/분
공정수리	700,000	5회	2회	7회	100,000/회
포 장	600,000	10,000단위	5,000단위	15,000단위	40/단위
계	₩4,000,000				

*1 10,000단위/1,000단위×15분
*2 10,000단위×2분

(2) 제품별 제조간접원가

활 동	제품 A		제품 B	
작업준비	₩6,000 × 150분 =	₩900,000	₩6,000 × 100분 =	₩600,000
품질검사	₩30 × 20,000분 =	600,000	₩30 × 20,000분 =	600,000
공정수리	₩100,000 × 5회 =	500,000	₩100,000 × 2회 =	200,000
포 장	₩40 × 10,000단위 =	400,000	₩40 × 5,000단위 =	200,000
계		₩2,400,000		₩1,600,000

(3) 제품별 단위당 원가

구 분	제품 A	제품 B
직접재료원가	₩3,000,000	₩4,000,000
직접노무원가	1,000,000	1,000,000
제조간접원가	2,400,000	1,600,000
계	₩6,400,000	₩6,600,000
생산량	÷10,000단위	÷5,000단위
단위당 원가	₩640	₩1,320

(4) 제품별 매출총이익률

구 분	제품 A	제품 B
단위당 판매가격	₩1,000	₩1,500
단위당 원가	640	1,320
단위당 매출총이익	₩360	₩180
매출총이익률	36%	12%

물음 2 제품 C의 단위당 원가절감액

구 분	제품 A	
직접재료원가	₩20 × 10,000단위 =	₩200,000
직접노무원가	₩10 × 10,000단위 =	100,000
작업준비활동	₩6,000 × 10배치 × 5분 =	300,000
품질검사활동	₩30 × 10,000단위 × 1분 =	300,000
공정수리활동	₩100,000 × 1회 =	100,000
계		₩1,000,000
생산량		÷10,000단위
단위당 절감액		₩100

물음 3 제품 C의 단위당 제조원가

(1) 제품 C의 단위당 판매가격

₩1,000 × 80% = ₩800

(2) 매출총이익률

36% × 1.2 = 43.2%

(3) 매출총이익

₩800 × 43.2% = ₩345.6

그러므로, 제조원가를 X라 하면,

₩800 − X = ₩345.6이므로 X = ₩454.4

문 제 4 판매관리비의 활동기준원가계산 적용

다음을 읽고 물음에 답하시오.

(주)한국은 A, B, C 세 가지 제품을 생산하여 판매하고 있다. (주)한국의 20×1년 회계연도의 각 제품별 관련 자료는 다음과 같다. 기초 및 기말재고는 없다.

제 품 명	A	B	C
생산 및 판매수량	5,000단위	3,000단위	800단위
단위당 판매가격	₩500	₩400	₩600
단위당 직접재료원가	180	130	200
단위당 직접노무원가	100	100	100

이 회사의 총제조간접원가는 ₩1,320,000이며, 총 판매관리비는 ₩125,400이다.

물음 1

제조간접원가는 직접노무비를 기준으로, 판매관리비는 매출액을 기준으로 배부할 때 각 제품별 영업이익률을 계산하라.

물음 2

제조간접원가와 판매관리비를 분석한 결과 다음과 같은 4개의 활동원가로 구분할 수 있다.

활 동	활동원가
생산준비활동	₩560,000
검사활동	400,000
제품유지활동	360,000
고객관리활동	125,400

또한, 각 제품별로 활동원가를 계산하기 위하여 필요한 활동관련 자료는 다음과 같으며 생산준비 활동원가는 생산준비시간에 연동된다.

제 품 명	A	B	C
생산횟수	10회	2회	8회
1회 생산당 준비시간	2시간	2시간	4시간
고 객 수	6명	4명	10명

검사는 매회 생산된 제품에서 첫 5단위에 대해서만 실시한다. 검사에 소요되는 시간은 제품종류에 관계없이 일정하다. 제품유지활동은 각 제품의 설계, 제품사양, 소요재료 등의 자료를 관리하는 활동으로 각 제

품별로 유사하다. 고객관리활동은 제품종류에 관계없이 한 고객에게 투입되는 자원이 유사하다. 활동기준 원가계산을 사용하여 각 제품별 영업이익률을 계산하시오.

물음 3

[물음 1과 2]에서 영업이익률을 기준으로 한 가지 제품을 폐지한다고 한다면 각각의 경우 어떤 제품을 폐지하여야 하는가?

해 답

물음 1 영업이익률 계산(전통적 기준)

(1) 배부율 계산

① 제조간접원가배부율 : ₩1,320,000 ÷ ₩880,000 = 직접노무원가의 150%

② 판매관리비배부율 : ₩125,400 ÷ ₩4,180,000 = 매출액의 3%

(2) 영업이익률 계산

	A	B	C
매 출 액	₩2,500,000	₩1,200,000	₩480,000
직접재료원가	900,000	390,000	160,000
직접노무원가	500,000	300,000	80,000
제조간접원가	750,000*1	450,000	120,000
매출총이익	₩350,000	₩60,000	₩120,000
판매관리비	75,000*2	36,000	14,400
영업이익	₩275,000	₩24,000	₩105,600
영업이익률	0.11	0.02	0.22

*1 제조간접원가 배부액 : ₩500,000×150%

*2 판매관리비 배부액 : ₩2,500,000×3%

물음 2 영업이익률 계산(활동기준원가계산 기준)

(1) 각 활동별 배부율 계산

활 동	활동별 배부율		
생산준비활동	₩560,000/(10회 × 2시간 + 2회 × 2시간 + 8회 × 4시간)	=	₩10,000/시간
검사활동	₩400,000/(10회 + 2회 + 8회)	=	20,000/회
제품유지활동	₩360,000/3종류	=	120,000/종류
고객관리활동	₩125,400/(6명 + 4명 + 10명)	=	6,270/명

(2) 영업이익률 계산

	A	B	C
매 출	₩2,500,000	₩1,200,000	₩480,000
직접재료원가	900,000	390,000	160,000
직접노무원가	500,000	300,000	80,000
생산준비활동원가	200,000[*1]	40,000	320,000
검사활동원가	200,000[*2]	40,000	160,000
제품유지활동원가	120,000	120,000	120,000
고객관리활동원가	37,620[*3]	25,080	62,700
영업이익	₩542,380	₩284,920	₩(422,700)
영업이익률	0.217	0.237	－0.88

*1 ₩10,000/시간×10회×2시간 = ₩200,000
*2 ₩20,000/회×10회 = ₩200,000
*3 ₩6,270/명×6명 = ₩37,620

물음 3 제품폐지여부 결정

영업이익률에 따라 제품의 폐지여부를 결정한다면, [물음 1]의 경우 제품 B, [물음 2]의 경우 제품 C를 폐지하여야한다.

 활동기준원가계산과 의사결정 2000. KICPA

다음을 읽고 물음에 답하시오.

(주)한국은 두 개의 제품 A, B를 생산하고 있으며, 당해연도 생산된 제품에 대한 재무자료는 다음과 같다.

	A제품	B제품
생산량(= 판매량)	5,000단위	2,500단위
매출액	₩5,000,000	₩3,500,000
직접재료비	1,250,000	1,200,000
직접노무비	1,000,000	675,000
직접기계작동원가	160,000	215,000

과거 전통적 원가계산에서는 제조간접비는 직접노무비를 기준으로 A제품에 직접노무비의 180%, B제품에 직접노무비의 120%로 배부하였다. 당사는 ABC를 도입하여 원가계산을 하는데 각 활동내역과 활동별 배부율은 다음과 같다.

셋업활동	셋업시간당	₩500
시험활동	시험시간당	₩40
엔지니어링활동	별도의 계산절차를 통해 계산	
포장활동	제품단위당	₩120

(1) A는 500개가 1뱃치, B는 250개가 1뱃치이며 A는 뱃치당 16시간, B는 뱃치당 10시간의 셋업시간이 소요된다.

(2) 시험시간은 A는 단위당 3시간, B는 단위당 4시간이다.

(3) 엔지니어링 원가는 A에 ₩180,000, B에 ₩134,000이 소요된다.

또한, 당사는 A제품을 대체할 S제품을 고려하고 있으며 시장경쟁이 심화됨에 따라 제품의 판매가를 ₩80만큼 내리려고 한다. 제품가격을 인하한다고 해서 더 많이 팔리는 것은 아니지만 내리지 않으면 판매량이 감소할 것이다. S제품은 직접재료비가 단위당 ₩35이 감소하고 직접노무비는 단위당 ₩10이 감소한다. 또한 셋업시간이 뱃치당 4시간, 시험시간이 단위당 1시간이 감소되며 뱃치단위에는 변화가 없다. 직접기계작동원가는 고정비이며 직접기계시간이 감소된다. 포장활동은 변화가 없다.

물음 1

활동기준원가계산을 이용하여 제조간접비를 제품별로 배부하시오.

물음 2

활동기준원가계산을 이용하여 제품별 단위당 전부원가를 계산하시오.

물음 3

활동기준원가계산을 이용하여 제품별 매출총이익을 계산하시오.

물음 4

회사는 S부품을 통한 단위당 ₩80의 원가절감을 달성할 수 있겠는가? 계산근거를 나타내시오

해 답

물음 1 제조간접비 배부

	A제품		B제품	
셋업활동	5,000개/500개 × 16시간 × ₩500 =	₩80,000	2,500개/250개 × 10시간 × ₩500 =	₩50,000
시험활동	5,000개 × 3시간 × ₩40 =	600,000	2,500개 × 4시간 × ₩40 =	400,000
엔지니어링활동		180,000		134,000
포장활동	5,000개 × 120 =	600,000	2,500개 × 120 =	300,000
합 계		₩1,460,000		₩884,000

물음 2 제품별 단위당 전부원가

	A제품	B제품
직접재료비	₩1,250,000	₩1,200,000
직접노무비	1,000,000	675,000
직접기계작동원가	160,000	215,000
제조간접비	1,460,000	884,000
합 계	₩3,870,000	₩2,974,000
생 산 량	÷5,000개	÷2,500개
단위당원가	₩774	₩1,189.6

물음 3 제품별 매출총이익

	A제품		B제품	
단위당 매출총이익	₩1,000 − ₩744 =	₩226	₩1,400 − ₩1,189.6 =	₩210.4
총매출총이익	₩226 × 5,000개 =	1,130,000	₩210.4 × 2,500개 =	526,000

따라서, ABC에 의하여 A제품의 매출총이익이 B제품의 매출총이익보다 ₩604,000만큼 크다.

물음 4 원가절감목표 달성여부

(1) 제조간접비 절감액

셋업활동	5,000개/500개 × 4시간 × ₩500 =	₩20,000
시험활동	5,000개 × 1시간 × ₩40 =	200,000
계		₩220,000
생산량		÷5,000단위
단위당 제조간접비 절감액		₩44

(2) 단위당 원가절감액

	단위당 원가절감액
직접재료비	₩35
직접노무비	10
제조간접비	44
합 계	₩89

cf. 전통적 원가계산

		A제품		B제품
직접재료비		₩1,250,000		₩1,200,000
직접노무비		1,000,000		675,000
직접기계작동원가		160,000		215,000
제조간접비	₩1,000,000 × 180% =	1,800,000	₩675,000 × 120% =	810,000
계		₩4,210,000		₩2,900,000
생산량		÷5,000개		÷2,500개
단위당 원가		₩842		₩1,160

문제 6 활동기준원가계산 종합

Atkinson 수정

다음을 읽고 물음에 답하시오.

(주)한국은 구두와 운동화를 생산하여 판매하고 있다. 회사의 마케팅 담당 김부장은 최근 구두의 시장점유율이 꾸준히 높아지고 있지만 운동화의 시장점유율은 반대로 계속 낮아지고 있다는 사실을 발견하였다. 김부장은 그 원인을 분석한 결과 구두의 판매가격은 경쟁사보다 낮으나 운동화의 판매가격은 경쟁사에 비하여 오히려 높은 것을 파악하고 이상하다는 생각이 들었다. 동종 업계의 모든 회사가 동일한 제조기술과 생산효율 그리고 가격정책을 가지고 있기 때문에 판매가격의 차이가 발생하는 이유를 도무지 이해할 수 없었기 때문이다. 김부장은 판매가격을 변경해야 하는지를 알아보기 위하여 회계 담당자인 이부장에게 원가분석을 요구하였다. 이부장이 파악한 분석자료는 다음과 같다. 회사의 제조부문은 절단부문과 조립부문으로 이루어졌으며, 구두는 작은 뱃치(batch) 규모(각 뱃치당 1,000켤레)로 생산되고 운동화는 큰 뱃치 규모(각 뱃치당 3,000켤레)로 생산된다. 회사는 현재 직접노동시간을 배부기준으로 하는 공장전체 제조간접비배부율을 사용하고 있다. 연간예산자료는 다음과 같다.

총제조간접비	₩1,200,000
총직접노동시간	40,000시간
총기계시간	50,000시간
총작업준비시간	500시간

각 제품별 예산자료는 다음과 같다.

	구두의 각 뱃치(1,000켤레)			운동화의 각 뱃치(3,000켤레)		
	절단부문	조립부문	합 계	절단부문	조립부문	합 계
직접노동시간	80시간	100시간	180시간	150시간	200시간	350시간
기계시간	200	120	320	150	120	270
작업준비시간	3	1	4	1	1	2
기본원가	₩7,500	₩6,000	₩13,500	₩9,000	₩7,200	₩16,200

두 개의 보조부문(수선유지부문과 작업준비부문)과 두 개의 제조부문(절단부문과 조립부문)의 예산자료는 다음과 같다.

	수선유지부문	작업준비부문	절단부문	조립부문	합 계
제조간접비	₩160,000	₩400,000	₩440,000	₩200,000	₩1,200,000
직접노동시간	–	–	15,000시간	25,000시간	40,000시간
기계시간	–	–	40,000	10,000	50,000
작업준비시간	–	–	320	180	500

또한, 활동별 원가 및 원가동인에 관한 예산자료는 다음과 같다.

활동분야	예산원가	활동유형	원가동인
수선유지	₩160,000	제품수준	기계시간
작업준비	400,000	뱃치수준	작업준비시간
절단부문 감독	280,000	뱃치수준	작업준비시간
절단부문 감가상각	160,000	설비수준	기계시간
조립부문 감독	160,000	단위수준	직접노동시간
조립부문 감가상각	40,000	설비수준	기계시간
	₩1,200,000		

물음 1

직접노동시간을 배부기준으로 하는 공장전체 제조간접비배부율을 이용하여 구두와 운동화의 켤레당 예산원가를 구하시오.

물음 2

절단부문에서는 기계시간을, 조립부문에서는 직접노동시간을 배부기준으로 하는 부문별 제조간접비배부율을 이용하여 구두와 운동화의 켤레당 예산원가를 구하시오.
(단, 보조부문원가의 배분은 직접배분법을 사용하되, 수선유지부문을 기계시간, 작업준비 부문은 작업준비시간을 기준으로 배분하시오.)

물음 3

활동기준원가계산을 이용하여 구두와 운동화의 켤레당 예산원가를 구하시오.

물음 4

부문별 제조간접비배부율을 사용할 경우가 공장전체 제조간접비배부율을 사용할 경우보다 구두의 켤레당 원가가 더 높은 이유를 설명하시오.

물음 5

활동기준원가계산을 사용할 경우가 공장전체 제조간접비배부율을 사용할 경우보다 운동화의 켤레당 원가가 더 낮은 이유를 설명하시오.

해 답

물음 1 공장전체 제조간접비배부율을 이용할 경우

(1) 공장전체 제조간접비배부율

$$\frac{₩1,200,000}{40,000시간} = 직접노동시간당\ ₩30$$

(2) 켤레당 예산원가

	구 두		운동화	
기본원가		₩13,500		₩16,200
제조간접비	180시간 × @30 =	5,400	350시간 × @30 =	10,500
총원가		₩18,900		₩26,700
생산량		÷1,000켤레		÷3,000켤레
단위당 원가		₩18.9		₩8.9

물음 2 부문별 제조간접비배부율 이용할 경우

(1) 부문별 제조간접비배부율

① 보조부문원가의 배분

	보조부문		제조부문		합 계
	수선유지부문	작업준비부문	절단부문	조립부문	
배분전원가	₩160,000	₩400,000	₩440,000	₩220,000	₩1,200,000
수선유지부문*1	(160,000)		128,000	32,000	0
작업준비부문*2		(400,000)	256,000	144,000	0
배분후원가	₩0	₩0	₩824,000	₩376,000	₩1,200,000

*1 기계시간 기준으로 배분(40,000시간 : : 10,000시간)
*2 작업준비시간 기준으로 배분(320시간 : 180시간)

② 부문별 제조간접비배부율

$$절단부문 : \frac{₩824,000}{40,000시간} = 절단부문\ 기계시간당\ ₩20.6$$

$$조립부문 : \frac{₩376,000}{25,000시간} = 조립부문\ 직접\ 노동시간당\ ₩15.04$$

(2) 켤레당 예산원가

	구 두		운동화	
기본원가		₩13,500		₩16,200
제조간접비				
절단부문	200시간 × @20.6 =	4,120	150시간 × @20.6 =	3,090
조립부문	100시간 × @15.04 =	1,504	200시간 × @15.04 =	3,008
총원가		₩19,124		₩22,298
생산량		÷1,000켤레		÷3,000켤레
단위당 원가		₩19.124		₩7.433

물음 3 활동기준원가계산을 이용할 경우

(1) 활동별 제조간접비배부율

수 선 유 지	:	₩160,000/50,000시간 =	₩3.2/기계시간당
작 업 준 비	:	₩400,000/500시간 =	800/작업준비시간당
절 단 부 문 감 독	:	₩280,000/320시간 =	875/절단부문 작업준비시간당
절단부문 감가상각	:	₩160,000/40,000시간 =	4/절단부문 기계시간당
조 립 부 문 감 독	:	₩160,000/25,000시간 =	6.4/조립부문 작업준비시간당
조립부문 감가상각	:	₩40,000/10,000시간 =	4/조립부문 기계시간당

(2) 켤레당 예산원가

	구 두		운동화	
기본원가		₩13,500		₩16,200
제조간접비				
수선유지	320시간 × @3.2 =	1,024	270시간 × @3.2 =	864
작업준비	4시간 × @800 =	3,200	2시간 × @800 =	1,600
절단부문 감독	3시간 × @875 =	2,625	1시간 × @875 =	875
절단부문 감가상각	200시간 × @4 =	800	150시간 × @4 =	600
조립부문 감독	100시간 × @6.4 =	640	200시간 × @6.4 =	1,280
조립부문 감가상각	120시간 × @4 =	480	120시간 × @4 =	480
총원가		₩22,269		₩21,899
생산량		÷1,000켤레		÷3,000켤레
단위당 원가		₩22.269		₩7.300

물음 4 제조간접비 배부방식의 비교

공장전체 제조간접비배부율을 이용할 경우에는 총제조간접비가 운동화에 더 많이 배부되나(구두 : 운동화 = 180 : 350), 부문별 제조간접비배부율을 이용할 경우에는 비중이 큰 절단부문 제조간접비가 구두에 더 많이 배부되기 때문이다. (구두 : 운동화 = 200 : 150) 이는 궁극적으로 구두의 절단부문 기계시간이 운동화에 비하여 상대적으로 더 많이 소요되는 데에 기인한 것이다.

물음 5 활동기준원가시스템하에서의 배부방식

공장전체 제조간접비배부율을 이용할 경우에는 총제조간접비가 운동화에 더 많이 배부되나, 활동기준원가계산을 이용할 경우에는 비중이 큰 작업준비 및 절단부문 감독원가가 구두에 더 많이 배부되기 때문이다. 이는 궁극적으로 운동화가 구두보다 큰 뱃치 규모로 생산되므로 상대적으로 작업준비시간이 더 적게 소요되는 데에 기인한 것이다.

제 5 장

종합원가계산

전문가 칼럼

■ 종합원가계산에 의한 과일쥬스의 가격 결정

요즘처럼 무더운 날씨에 가장 손쉽게 구할 수 있으며, 갈증을 해결할 수 있는 음료 중 하나가 과일쥬스다. 과일쥬스도 일종의 제품으로써 특정 과일을 믹서기에 넣고 일정시간 동안 분쇄하는 과정을 거쳐 생산된다. 물론, 분쇄과정에서 기호에 따라 물과 일정 당분을 위해 시럽 등이 첨가된다. 과일쥬스의 가격을 결정하기 위해서는 원가를 알아야 한다. 일반적으로 기업은 이윤창출이 고유의 목적이며, 제품 판매로 인하여 적정한 이익이 보장되어야 하기 때문에 가격을 결정하기 위해서는 관련제품에 대한 원가를 정확히 산정하여야 한다. 그렇다면 쥬스의 원가를 알기 위해서는 투입된 제조원가를 집계가 선행되어야 하며, 집계된 제조원가는 해당 제품에 적절하게 배부되어야 한다. 제품원가계산은 여러 가지의 방법이 있지만 과일쥬스처럼 단일품종을 연속적으로 생산하는 형태에 적합한 원가계산방법이 종합원가계산(process costing)이다. 종합원가계산이라 함은 동일한 원재료, 노무비 및 제조간접비를 투입하여 단일제품(소품종)을 대량 생산하는 생산형태에 적합한 원가계산 방법으로 식품가공업, 제지업, 자동차업에서 주로 활용된다. 따라서, 우리가 흔히 볼 수 있는 과일쥬스의 원가계산을 통해서 종합원가계산에 대해 살펴보기로 하자.

■ 종합원가계산(process costing)

1. 의 의

다품종 소량 주문생산에 적합한 개별원가계산과는 달리, 단일종류의 제품을 연속적으로 대량생산하는 업종에서 사용되는 원가계산제도로서 공정별 원가계산이라고도 한다. 관련 산업의 예로는 화학공업, 식품가공업, 제지업, 금속제조업과 같은 산업을 들 수 있다.

1) 공정(operation)

표준화된 제조방법과 기술을 반복적으로 수행하는 제품생산라인을 말한다.

2) 개별원가계산과 종합원가계산의 비교

개별원가계산	종합원가계산
• 주문생산에 적합 • 제조원가는 각 작업별 집계 • 제조간접비 배부가 핵심사항 • 개별작업에 대한 작업원가표가 기초	• 시장생산형태에 적합 • 제조원가는 각 공정별 집계 • 완성품환산량이 핵심사항 • 각 공정별 제조원가보고서가 기초

2. 종합원가계산의 절차

개별원가계산은 개별작업별로 제조원가를 집계하고 각 작업의 완성여부에 따라 완성된 작업은 당기제품제조원가로, 미완성된 작업은 기말재공품원가로 결정되지만, 종합원가계산은 각 제조공정별로 제조원가를 집계하고, 집계된 총제조원가를 일정기간 동안 그 공정에서 생산된 완성품과 미완성된 기말재공품에 배분하는 방법이다. 또한 종합원가계산은 공정별로 원가계산이 이루어지므로 제조원가를 원가투입형태에 따라 재료비와 가공비로 구분이 선행되어야 한다.

1) 제조원가 구분

① 재료비 : 일반적으로 공정 일정시점에 모두 투입

② 가공비(직접노무비, 제조간접비) : 일반적으로 전공정 전반에 걸쳐 균등 투입

2) 완성품환산량(equivalent unit)

산출물의 완성정도를 반영하여 측정한 산출량으로 공정에서의 모든 노력이 완성품으로 나타났을 경우 생산되었을 완성품의 개수를 말한다. 완성품환산량은 제조원가의 투입행태에 따라 각각 계산되며, 일반적으로 재료비와 가공비(노무비와 제조경비)로 구분한다. 왜냐하면 재료비는 공정의 착수시점이나 일정시점에서 전량이 투입되며 가공비는 전공정을 거쳐 균등하게 발생하기 때문이다.

사 례

(주)한국은 사과쥬스를 생산 · 판매하고 있으며, 당월 생산과 판매관련자료는 다음과 같다.

	수 량	제조원가		
		재료비	노무비	기타경비
당기착수량	2단위	₩200	₩150	₩150
당기완성품	1단위			
기말재공품	1단위(50%가공)			

요구사항

당기완성품과 기말재공품의 원가를 구하시오.

해답

	완성품	재공품(50%진행)
재료비(₩200)*1	₩100	₩100
노무비(₩150)*2	100	50
기타경비(₩150)*2	100	50
	₩300	₩200

*1 재료비는 공정초기에 투입되기 때문에 완성품과 재공품 동등하게 투입된다.

*2 노무비와 제조경비는 공정과정상 균등하게 투입되기 때문에 진행률에 따라 환산된 수량을 기준으로 배분된다.
① 재료비 환산량 : 1×100% = 1
② 가공비(노무비, 기타경비) 환산량 : 1×50% = 0.5

1. 서론

의의

종합원가계산이란 단일종류의 제품을 연속적으로 대량생산하는 업종에서 사용되는 원가계산제도이다. 또한, 개별원가계산은 개별 작업별로 원가계산이 이루어지므로 작업별원가계산이라 하고, 종합원가계산은 특정 공정의 총원가를 집계한 후 공정을 통과한 완성품과 공정에 남아있는 재공품에 원가를 배분하므로 공정별원가계산이라 한다.

종합원가계산은 단일제품을 생산하는 것을 가정하므로 특정공정의 총원가를 수량으로 평균화하여 배분하며, 화학공업, 식품가공업, 제지업, 금속제조업와 같은 라인생산에 많이 활용된다. 여기에서 공정(operation)이라 함은 표준화된 제조방법과 기술을 반복적으로 수행하는 제품생산라인을 말한다.

[표 5-1] 개별원가계산과 종합원가계산의 비교

구 분	개별원가계산	종합원가계산
생산방식	다품종 소량 주문생산	단일품종 대량 연속생산
원가집계	개별작업별 집계	공정별 집계
원가집계양식	작업원가표(개별작업별)	제조원가보고서(공정별)
제조원가구분	개별제품에 대한 추적가능성여부 • 제조직접비(직접재료비, 직접노무비) • 제조간접비	공정에서의 원가투입행태 • 재료비(특정시점에 모두투입) • 가공비(공정전반에 균등투입)
핵심사항	제조간접비 배부	완성품환산량 계산

2 개별원가계산과 종합원가계산의 비교

1. 제조원가의 구분

개별원가계산은 다품종 소량 주문생산방식에 적합한 원가계산제도이므로, 총제조원가를 개별제품에 직접 관련성이 있는지의 여부에 따라 제조직접비와 제조간접비로 구분한 후 제조직접비는 해당제품에 직접부과하고 제조간접비는 합리적인 배부기준(노동시간, 기계시간, 또는 원가동인)으로 배부한다. 그러나, 종합원가계산은 일반적으로 단일품목을 대량연속으로 생산하는 공정에 적용되는 원가계산제도이므로, 직접비와 간접비의 구분이 중요하지 않으며 일정기간단위로 제조원가를 집계하여 제품단위당 평균원가를 계산한다. 단, 기말재공품의 정확한 원가계산을 위해서 제조원가를 원가투입행태에 따라 일정시점에 전량 투입되는 재료비와 공정전반에 걸쳐 균등발생하는 가공비로 구분한다.

[그림 5-1] 제조원가의 구분

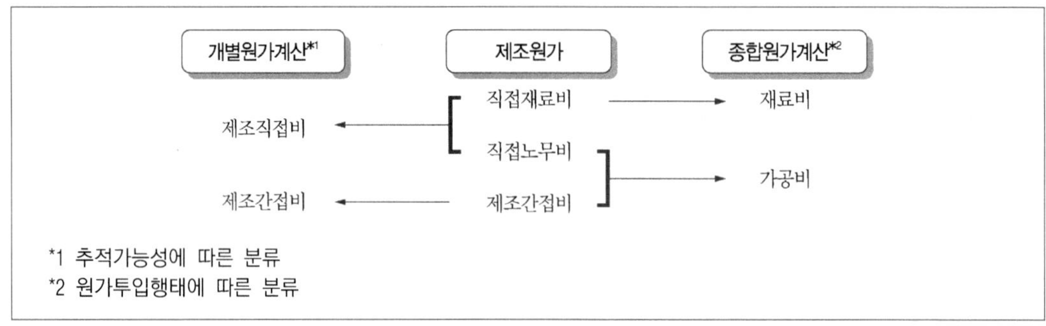

2. 원가계산 대상

개별원가계산은 서로 다른 여러 가지 제품을 생산하므로 제조원가를 제품별(작업별)로 집계하여 완성된 작업의 원가는 당기제품제조원가이며 미완성된 작업의 원가는 기말재공품이다. 반면에, 종합원가계산은 단일품목을 대량생산하기 때문에 제조원가를 공정별(부문별)로 집계한 후 완성품(당기제품제조원가)과 미완성품(기말재공품)으로 배분한다.

[그림 5-2] 개별원가계산과 종합원가계산의 물량흐름 비교

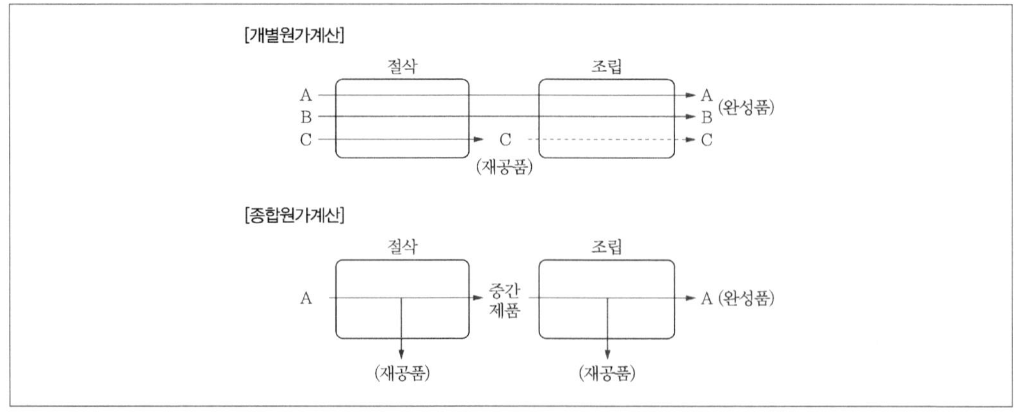

3. 원가집계표

개별원가계산은 작업별로 작성된 작업원가표에서 원가계산이 이루어지며, 종합원가계산은 공정별로 작성된 제조원가보고서에서 원가계산이 이루어진다.

[표 5-2] 제조원가보고서의 일반형식

Ⅰ. 물량의 흐름				Ⅱ. 원가요소별 완성품환산량	
				재료비	가공비
기초		완성			
착수	___	기말	___	___	___
	═══		═══	═══	═══
Ⅲ. 총원가의 집계					
기초재공품원가					
당기투입원가				___	___
계				═══	═══
Ⅳ. 완성품환산량 단위당 원가(III ÷ II)					
(÷)완성품환산량				___	___
완성품환산량 단위당 원가				═══	═══
Ⅴ. 총원가의 배분					
완성품원가					
기말재공품원가					___
					═══

3 종합원가계산의 절차

개별원가계산은 개별작업별로 제조원가를 집계하고 각 작업의 완성여부에 따라 완성된 작업은 당기제품제조원가로, 미완성된 작업은 기말재공품원가로 결정되지만, 종합원가계산은 각 제조공정별로 제조원가를 집계하고, 집계된 총제조원가를 일정기간 동안 그 공정에서 생산된 완성품과 미완성된 기말재공품에 배분하는 방법이다. 또한, 종합원가계산은 일반적으로 단일품목을 생산하는 것을 가정하므로 원가의 추적가능성은 중요하지 않으며, 제조원가를 원가투입행태에 따라 재료비와 가공비로 구분한다.

1. 제조원가의 구분

재료비와 가공비는 원가투입행태가 상이하므로 서로 구분한다. 일반적으로 재료비는 공정의 일정시점에 모두 투입되고 가공비는 공정전반에 걸쳐 균등발생한다.

2. 완성품환산량(equivalent unit)

특정 공정에서 산출된 완성품은 모두 동일한 시간과 비용이 소요되었으므로 원가투입정도가 모두 동일하지만 미완성품인 경우에는 완성품과 동일한 원가가 투입되었다고 볼 수가 없다. 따라서 원가의 투입 정도를 파악할 수 있는 수치가 필요한 데 이를 완성품환산량(equivalent unit)이라고 한다. 완성품환산량은 산출물의 완성정도를 반영하여 측정한 산출량으로 공정에서의 모든 노력이 완성품으로 나타났을 경우 생산되었을 완성품의 개수를 말한다. 완성품환산량은 원가요소별로 달리 계산되는데, 그 이유는 일반적으로 재료비는 공정의 착수시점에 투입되지만 가공비는 공정 전반에 걸쳐 균등하게 발생하는 경우가 많기 때문이다. 예를 들어, 원재료가 공정의 착수시점에 투입된다면 완성품 1개와 기말재공품 1개의 재료비는 동일하지만 가공비는 공정전반에 걸쳐 균등하게 발생하므로 완성품 1개와 기말재공품 1개의 가공비는 동일하다고 볼 수 없다. 만약 기말재공품의 완성도가 50%라면 완성품을 1로 하였을 때 기말재공품의 환산량은 0.5가 되는 것이다.

예제 1 완성품 환산량(기초재공품이 없는 경우)

(주)한국은 20×1년 초에 영업을 개시하였으며 단일(절삭)공정을 통하여 제품을 생산하고 있다. 다음은 20×1년 1월 공정에서 진행된 물량에 관련된 자료이다. 월말의 재공품에 대한 완성도는 80%라고 가정한다. 재료비는 공정초기에 모두 투입되고 가공비는 공정전반에 걸쳐 균등발생한다.

	물량(개)
기초재공품	– 개
당기투입	1,000
합 계	1,000
당기완성	800
기말재공품(80%완성)	200
합 계	1,000

요구사항

재료비와 가공비의 완성품환산량을 구하시오.

해답

※ 물량흐름도

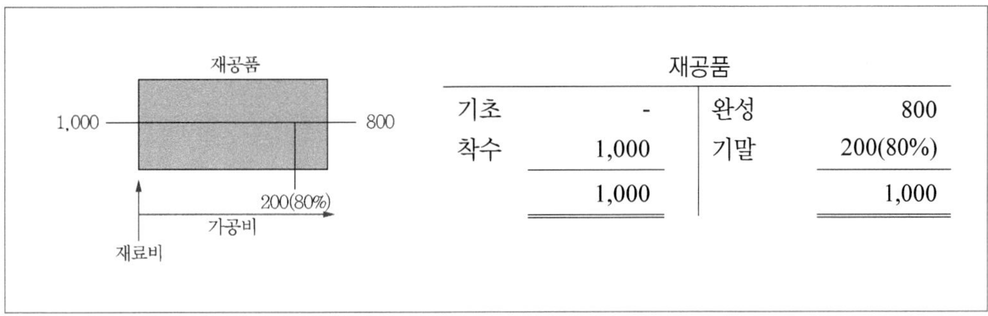

재공품			
기초	-	완성	800
착수	1,000	기말	200(80%)
	1,000		1,000

Ⅰ. 물량흐름 파악

"기초재공품물량 + 당기착수물량 = 완성품물량 + 기말재공품물량"의 성립여부를 파악한다.

즉, 기초재공품의 물량은 없으므로 당기착수물량 1,000단위는 완성품물량 800단위와 기말재공품물량 200단위의 합과 같다.

Ⅱ. 원가요소별 완성품환산량

(1) 재료비

공정초기에 모두 투입되므로 완성품환산량은 "완성품물량 + 기말재공품물량"이다.

즉, 800 + 200 = 1,000개

(2) 가공비

공정전반에 균등발생하므로 기말재공품은 완성도를 기준으로 환산한다. 즉, 완성품환산량은 "완성품물량 + 기말재공품물량 × 완성도"이다.

즉, 800 + 200 × 0.8 = 960개0

cf. 5단계법

I. 물량의 흐름				II. 원가요소별 완성품환산량		
				재료비	가공비	
기초	–	완성	800	800	800	
착수	1,000	기말	200(0.8)	200	160	(= 200 × 0.8)
	1,000		1,000	1,000	960	

예제 2 완성품 환산량(기초재공품이 있는 경우)

(주)한국은 단일(절삭)공정을 통하여 제품을 생산하고 있다. 다음은 20×1년 2월 공정에서 진행된 물량에 관련된 자료이다. 월초 및 월말의 재공품에 대한 완성도는 각각 80%와 30%라고 가정한다. 재료비는 공정초기에 모두 투입되고 가공비는 공정전반에 걸쳐 균등발생한다.(단, 물량 흐름은 선입선출법으로 가정한다)

	물량(개)
기초재공품(80%완성)	200 개
당기투입	1,000
합 계	1,200
당기완성	900
기말재공품(30%완성)	300
합 계	1,200

요구사항

재료비와 가공비의 완성품환산량을 구하시오.

해답

※ 물량흐름도

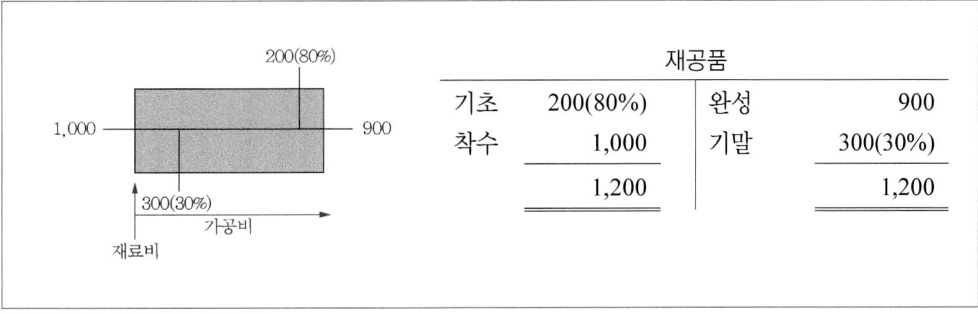

재공품			
기초	200(80%)	완성	900
착수	1,000	기말	300(30%)
	1,200		1,200

Ⅰ. 물량흐름 파악

"기초재공품물량 + 당기착수물량 = 완성품물량 + 기말재공품물량"의 성립여부를 파악한다.

즉, 기초재공품 물량 200단위와 당기착수물량 1,000단위의 합은 완성품물량 900단위와 기말재공품물량 300단위의 합과 같다. 단, 완성품 900단위는 기초재공품물량 200단위가 먼저 완성되었으며 나머지 700단위는 당기착수완성품이다.

Ⅱ. 원가요소별 완성품환산량

(1) 재료비

공정초기에 모두 투입되므로 완성품환산량은 당기착수물량인 "당기착수완성품물량 + 기말재공품물량"이다. 즉, 기초재공품물량은 제외한다.

즉, 700 + 300 = 1,000개

(2) 가공비

공정전반에 균등발생하므로 기초재공품과 기말재공품은 당기 완성도를 기준으로 환산한다. 즉, 완성품환산량은 "완성품물량(기초재공품물량 × 당기진행완성도 + 당기착수완성물량) + 기말재공품물량 × 완성도"이다.

즉, (200 × 0.2 + 700) + 300 × 0.3 = 830개

cf. 5단계법

I. 물량의 흐름					II. 원가요소별 완성품환산량	
					재료비	가공비
기초	200(0.8)	완성	기초분	200(0.2)	–	40
착수	1,000		당기분	700	700	700
		기말		300(0.3)	300	90
	1,200			1,200	1,000	830

3. 종합원가계산의 흐름(공정별 원가계산)

종합원가계산에서의 원가는 개별원가계산에서와 같이 작업별로 집계되는 것이 아니라 공정별로 집계된 후 공정별로 완성품과 기말재공품으로 배분된다. 또한, 각 공정별 원가계산은 다음과 같은 절차를 통해서 이루어진다.

첫째, 보조부문이 존재하는 경우 보조부문의 원가는 보조부문간 상호용역수수관계를 고려하여 제조공정에 배부한다.

둘째, 각 공정별로 재료비, 노무비 및 제조경비를 집계한다.

셋째, 복수공정인 경우 전공정에서의 중간제품은 다음공정으로 대체되어 추가가공한다.

넷째, 최종공정에서의 완성품(당기제품제조원가)은 제품계정으로 대체된다.

[그림 5-3] 종합원가계산의 흐름

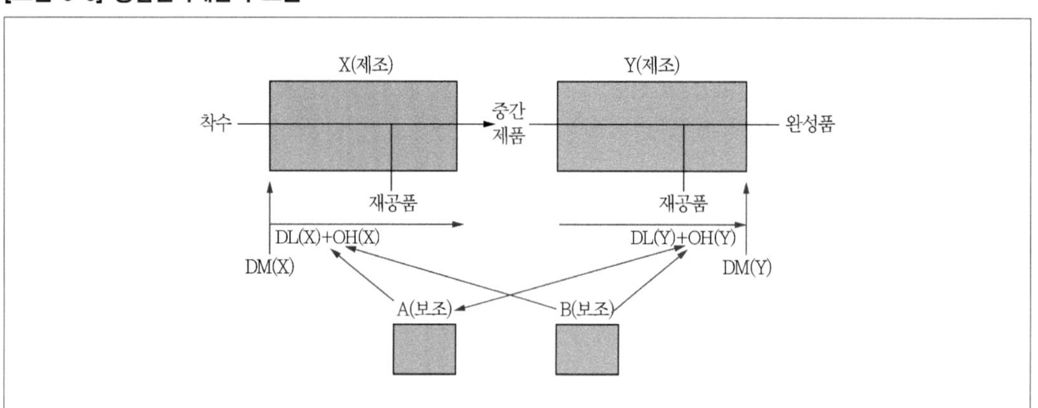

4. 종합원가계산절차

종합원가계산은 공정별로 해당기간동안의 총원가를 집계하여 기말에 완성품과 기말재공품으로 배분하는 과정으로서 각 공정별 제조원가보고서(Cost of Production Report)를 기초로 하여 원가계산이 이루어진다. 종합원가계산은 일반적으로 다음의 다섯 단계를 거쳐 이루어진다.

1) 총물량흐름(physical flow)파악

제조공정에 투입된 물량의 합은 산출된 물량의 합과 동일하여야 한다.

"기초재공품 + 당기착수량 = 완성수량 + 기말재공품"

2) 완성품환산량 계산

재료비와 가공비의 원가투입행태가 각각 상이하므로 완성품환산량은 원가요소별로 계산한다. 일반적으로 재료비는 일정시점에 모두 투입되고, 가공비는 공정전반에 균등발생한다.

3) 기초재공품원가 및 당기발생원가 계산

원가요소별로 기초재공품원가와 당기발생원가를 집계한다.

4) 완성품환산량 단위당원가 계산(3)÷2))

원가요소별 집계된 원가를 원가요소별 완성품환산량으로 나누어 계산한다.

5) 완성품원가와 기말재공품원가 계산

완성품과 기말재공품의 원가요소별 환산량에 원가요소별 환산량 단위당 원가를 곱하여 계산한다.

예제 3 종합원가계산(기초재공품이 없는 경우)

(주)한국은 20×1년 초에 영업을 개시하였으며 단일(절삭)공정을 통하여 제품을 생산하고 있다. 다음은 20×1년 1월 공정에서 진행된 물량에 관련된 자료이다. 월말의 재공품에 대한 완성도는 80%라고 가정한다. 재료비는 공정초기에 모두 투입되고 가공비는 공정전반에 걸쳐 균등발생한다.

	물량(개)	재료비	가공비
기초재공품	– 개	–	–
당기투입	1,000	₩100,000	₩144,000
합 계	1,000	₩100,000	₩144,000
당기완성	800	?	?
기말재공품(80%완성)	200	?	?
합 계	1,000	₩100,000	₩144,000

요구사항

완성품 및 기말재공품의 원가를 구하시오.

해답

※ 물량흐름도

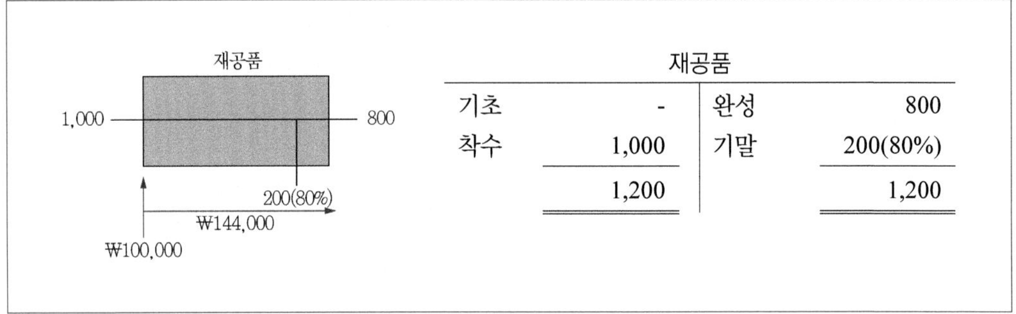

재공품			
기초	-	완성	800
착수	1,000	기말	200(80%)
	1,200		1,200

Ⅰ. 물량흐름 파악

"기초재공품물량 + 당기착수물량 = 완성품물량 + 기말재공품물량"의 성립여부를 파악한다.

즉, 기초재공품의 물량은 없으므로 당기착수물량 1,000단위는 완성품물량 800단위와 기말재공품물량 200단위의 합과 같다.

Ⅱ. 원가요소별 완성품환산량

(1) 재료비

공정초기에 모두 투입되므로 완성품환산량은 "완성품물량 + 기말재공품물량"이다.

즉, 800 + 200 = 1,000개

(2) 가공비

공정전반에 균등발생하므로 기말재공품은 완성도를 기준으로 환산한다. 즉, 완성품환산량은 "완성품물량 + 기말재공품물량 × 완성도"이다.

즉, 800 + 200 × 0.8 = 960개

Ⅲ. 원가요소별 당기발생원가집계

(1) 재료비

₩100,000

(2) 가공비

₩144,000

IV. 원가요소별 완성품환산량 단위당 원가(Ⅲ÷Ⅱ)

(1) 재료비

₩100,000 ÷ 1,000개=₩100/개

(2) 가공비

₩144,000 ÷ 960개 = ₩150/개

V. 완성품 및 기말재공품원가 계산(II×IV)

(1) 완성품

800 × ₩100/개 (재료비) + 800 × ₩150/개 (가공비) = ₩200,000

(2) 기말재공품

200 × ₩100/개 (재료비) + 160 × ₩150/개 (가공비) = ₩44,000

cf. 5단계법

Ⅰ. 물량의 흐름				Ⅱ. 원가요소별 완성품환산량	
				재료비	가공비
기초	–	완성	800	800	800
착수	1,000	기말	200(0.8)	200	160
	1,000		1,000	1,000	960

	재료비	가공비
III. 총원가의 집계		
기초재공품원가	–	–
당기투입원가	₩100,000	₩144,000
	₩100,000	₩144,000
IV.완성품환산량 단위당 원가 (III÷II)		
완성품환산량	÷1,000	÷960
완성품환산량 단위당 원가	₩100	₩150

V.총원가의 배분

완성품원가	800 × ₩100/개 + 800 × ₩150/개 =	₩200,000
기말재공품원가	200 × ₩100/개 + 160 × ₩150/개 =	44,000
		₩244,000

4 원가흐름의 회계처리

종합원가계산에서의 회계처리는 개별원가계산에서의 회계처리와 유사하다. 먼저, 각 공정별로 제조원가를 집계하고 이를 공정별 재공품계정에 대체하며, 전공정에서 완성된 중간제품의 원가는 후속공정의 재공품계정에 대체하고 최종공정에서 완성된 제품은 제품계정에 대체한다.

[각 공정별 제조원가 집계]

차변	금액	대변	금액
(차) 재공품(X)	×××	(대) 원재료(X)	×××
		노무비(X)	×××
		제조경비(X)	×××
(차) 재공품(Y)	×××	(대) 원재료(Y)	×××
		노무비(Y)	×××
		제조경비(Y)	×××

[후속공정에 대체]

차변	금액	대변	금액
(차) 재공품(Y)	×××	(대) 재공품(X)	×××

[제품의 완성]

차변	금액	대변	금액
(차) 제품	×××	(대) 재공품(Y)	×××

[제품의 판매]

차변	금액	대변	금액
(차) 매출원가	×××	(대) 제품	×××

2. 원가흐름의 가정

1 의의

종합원가계산은 각 공정별 집계된 원가를 완성품과 기말재공품에 배분하기 때문에 기초재공품이 있는 경우에는 재공품계정 차변에 집계된 제조원가는 전기에 작업이 일부 진행된 기초재공품의 원가와 당기에 발생한 제조원가로 구성되어 있다. 이를 완성품과 기말재공품에 배분하기 위해서는 원가흐름에 대한 가정이 필요하다. 원가흐름에 대한 가정은 선입선출법, 평균법, 후입선출법 등이 있으나, 후입선출법은 실제물량흐름과는 상반되는 가정이기 때문에 선입선출법과 평균법에 대해서만 살펴보기로 한다. 기초재공품이 존재하지 않은 경우에는 선입선출법과 평균법에 의한 제품원가계산은 동일한 결과를 가져온다.

2 선입선출법(First-In First-Out method : FIFO)

기초재공품을 우선적으로 가공하여 완성시킨 후 당기착수물량이 가공된다고 가정한다. 따라서, 완성품원가는 기초재공품원가와 당기에 추가로 배부받은 원가의 합으로 구성되어 있다. 재료비는 공정초기에 투입되고 가공비는 공정전반에 균등발생한다고 가정할 경우 원가계산절차는 다음과 같다.

단 계	내 용
① 물량흐름파악	산출물량을 다음과 같이 파악한다. • 기초재공품 수량 • 당기착수완성 수량 • 기말재공품 수량
② 완성품환산량 계산	위에서 파악한 세 가지 물량흐름에 대해서 각 원가요소별로 계산한다. • 완성품환산량 = 완성량 − 기초재공품환산량 + 기말재공품환산량
③ 기초재공품원가 및 당기발생원가 계산	원가요소별로 당기발생한 총원가를 계산한다.
④ 완성품환산량 단위당원가 계산(③ ÷ ②)	원가요소별 집계된 원가를 완성품환산량으로 나누어 계산한다. • 완성품환산량 단위당원가 = 당기발생제조원가 ÷ 완성품환산량
⑤ 완성품원가와 기말재공품원가 계산	기초재공품원가는 완성품 원가에 가산한 후, 완성품과 기말재공품 각각 원가요소별 환산량에 원가요소별 환산량 단위당 원가를 곱하여 계산한다.

예제 4 종합원가계산(원가흐름의 가정 – 선입선출법)

(주)한국은 단일(절삭)공정을 통하여 제품을 생산하고 있다. 다음은 20×1년 2월 공정에서 진행된 물량에 관련된 자료이다. 월초 및 월말의 재공품에 대한 완성도는 각각 80%와 30%라고 가정한다. 재료비는 공정초기에 모두 투입되고 가공비는 공정전반에 걸쳐 균등발생한다. 단, 완성품과 기말재공품의 평가는 선입선출법에 의한다.

	물량(개)	재료비	가공비
기초재공품(80%완성)	200 개	₩20,000	₩24,000
당기투입	1,000	130,000	124,500
합 계	1,200	₩150,000	₩148,500
당기완성	900	?	?
기말재공품(30%완성)	300	?	?
합 계	1,200	₩150,000	₩148,500

요구사항

완성품 및 기말재공품의 원가를 구하시오.

해답

※ 물량흐름도

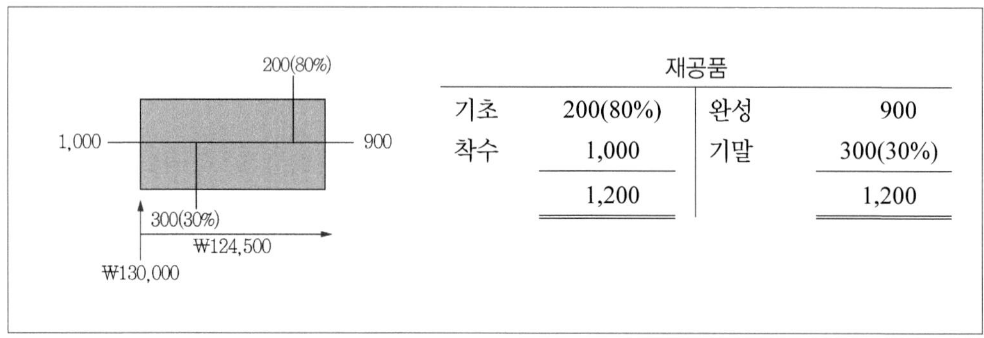

Ⅰ. 물량흐름 파악

"기초재공품물량 + 당기착수물량 = 완성품물량 + 기말재공품물량"의 성립여부를 파악한다.

즉, 기초재공품 물량 200단위와 당기착수물량 1,000단위의 합은 완성품물량 900단위와 기말재공품물량 300단위의 합과 같다. 단, 완성품 900단위에는 기초재공품물량 200단위가 먼저 완성되었으며 나머지 700단위는 당기착수완성품이다.

Ⅱ. 원가요소별 완성품환산량

(1) 재료비

공정초기에 모두 투입되므로 완성품환산량은 당기착수물량인 "당기착수완성품물량+기말재공품물량"이다. 즉, 기초재공품물량은 제외한다.

즉, 700 + 300 = 1,000개

(2) 가공비

공정전반에 균등발생하므로 기초재공품과 기말재공품은 당기 완성도를 기준으로 환산한다. 즉, 완성품환산량은 "완성품물량(기초재공품물량 × 당기진행 완성도 + 당기착수완성물량) + 기말재공품물량×완성도"이다.

즉, (200 × 0.2 + 700) + 300 × 0.3 = 830개

Ⅲ. 원가요소별 당기발생원가집계

(1) 재료비

₩130,000

(2) 가공비

₩124,500

Ⅳ. 원가요소별 완성품환산량 단위당 원가(Ⅲ÷Ⅱ)

(1) 재료비

₩130,000 ÷ 1,000개 = ₩130/개

(2) 가공비

₩124,500 ÷ 830개 = ₩150/개

Ⅴ. 완성품 및 기말재공품원가 계산(Ⅱ×Ⅳ)

(1) 완성품

기초재공품이 먼저 완성이 되므로 기초재공품의 원가는 완성품원가에 가산함에 주의하여야 한다.

₩44,000 + 700 × ₩130/개 + 740 × ₩150/개 = ₩246,000

(₩44,000: 기초재공품원가, ₩130/개: 재료비, ₩150/개: 가공비)

(2) 기말재공품

300 × ₩130/개 + 90 × ₩150/개 = ₩52,500

(₩130/개: 재료비, ₩150/개: 가공비)

cf. 5단계법

I. 물량의 흐름					II. 원가요소별 완성품환산량	
					재료비	가공비
기초	200(0.8)	완성	기초분	200(0.2)	–	40
착수	1,000		당기분	700	700	700
		기말		300(0.3)	300	90
	1,200			1,200	1,000	830

	재료비	가공비
III. 총원가의 집계		
당기투입원가	₩130,000	₩124,500
IV.완성품환산량 단위당 원가 (III÷II)		
완성품환산량	÷1,000	÷830
완성품환산량 단위당 원가	₩130	₩150

V.총원가의 배분

완성품원가	₩44,000 + 700 × ₩130 + 740 × ₩150 =	₩246,000
기말재공품원가	300 × ₩130 + 90 × ₩150 =	52,500
		₩298,500

3 평균법(Weighted Average method : WA)

평균법은 평균단가를 구하기 위해 먼저 기초재공품을 당기에 착수한 것처럼 가정한다. 따라서, 기초재공품의 원가와 당기발생원가를 합한 금액을 완성품과 기말재공품에 배분한다. 재료비는 공정초기에 투입되고 가공비는 공정전반에 균등발생한다고 가정할 경우 원가계산절차는 다음과 같다.

단 계	내 용
① 물량흐름파악	산출물량을 다음과 같이 파악한다 • 완성품 물량(기초재공품물량을 구분하지 않는다) • 당기착수완성 물량
② 완성품환산량 계산	위에서 파악한 두 가지 물량흐름에 대해서 각 원가요소별로 계산한다. • 완성품환산량=완성량+기말재공품환산량

③ 기초재공품원가 및 당기발생원가 계산	원가요소별로 기초재공품원가와 당기발생한 원가를 합하여 총원가를 계산한다.
④ 완성품환산량 단위당원가 계산(③ ÷ ②)	원가요소별 집계된 원가를 완성품환산량으로 나누어 계산한다. • 완성품환산량 단위당원가 = (기초재공품원가 + 당기발생제조원가) ÷ 완성품환산량
⑤ 완성품원가와 기말재공품원가 계산	완성품과 기말재공품 각각 원가요소별 환산량에 원가요소별 환산량 단위당 원가를 곱하여 계산한다.

예제 5 종합원가계산(원가흐름의 가정 – 평균법)

(주)한국은 단일(절삭)공정을 통하여 제품을 생산하고 있다. 다음은 20×1년 2월 공정에서 진행된 물량에 관련된 자료이다. 월초 및 월말의 재공품에 대한 완성도는 각각 80%와 30%라고 가정한다. 재료비는 공정초기에 모두 투입되고 가공비는 공정전반에 걸쳐 균등발생한다. 단, 완성품과 기말재공품의 평가는 평균법에 의한다.

	물량(개)	재료비	가공비
기초재공품(80%완성)	200 개	₩20,000	₩24,000
당기투입	1,000	130,000	124,500
합 계	1,200	₩150,000	₩148,500
당기완성	900	?	?
기말재공품(30%완성)	300	?	?
합 계	1,200	₩150,000	₩148,500

요구사항

완성품 및 기말재공품의 원가를 구하시오.

해답

※ 물량흐름도

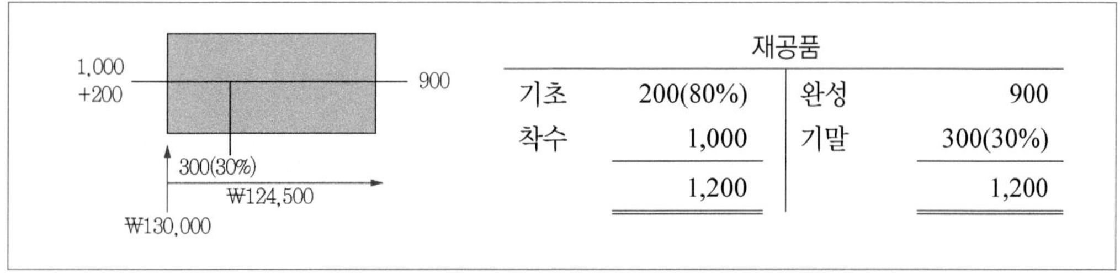

재공품

기초	200(80%)	완성	900
착수	1,000	기말	300(30%)
	1,200		1,200

Ⅰ. 물량흐름 파악

원가흐름의 가정이 평균법이므로 기초재공품이 당기에 착수한 것으로 가정하여, 기초재공품 물량을 당기착수물량에 가산한다.

"기초재공품물량 + 당기착수물량 = 완성품물량 + 기말재공품물량"의 성립여부를 파악한다.

즉, 기초재공품의 물량은 없으므로 당기착수물량 1,200단위와 완성품물량 900단위와 기말재공품물량 300단위의 합은 같다.

Ⅱ. 원가요소별 완성품환산량

(1) 재료비

공정초기에 모두 투입되므로 완성품환산량은 "완성품물량 + 기말재공품물량"이다.

즉, 900 + 300 = 1,200개

(2) 가공비

공정전반에 균등발생하므로 기말재공품은 완성도를 기준으로 환산한다. 즉, 완성품환산량은 "완성품물량 + 기말재공품물량×완성도"이다.

즉, 900 + 300 × 0.3 = 990개

Ⅲ. 원가요소별 당기발생원가집계

원가흐름의 가정이 평균법이므로 기초재공품이 당기에 착수한 것으로 가정하여, 기초재공품 제조원가를 원가요소별로 당기발생한 제조원가에 가산한다.

(1) 재료비

₩20,000 + ₩130,000 = ₩150,000

(2) 가공비

₩24,000 + ₩124,500 = ₩148,500

Ⅳ. 원가요소별 완성품환산량 단위당 원가(Ⅲ÷Ⅱ)

(1) 재료비

₩150,000 ÷ 1,200개 = ₩125/개

(2) 가공비

₩148,500 ÷ 990개 = ₩150/개

Ⅴ. 완성품 및 기말재공품원가 계산(Ⅱ×Ⅳ)

(1) 완성품

900 × ₩125/개 + 900 × ₩150/개 = ₩247,000

재료비 가공비

(2) 기말재공품

300 × ₩125/개 + 90 × ₩150/개 = ₩51,000
(₩125/개: 재료비, ₩150/개: 가공비)

cf. 5단계법

I. 물량의 흐름				II. 원가요소별 완성품환산량	
				재료비	가공비
기초	-	완성	900	900	900
착수	1,200	기말	300(0.3)	300	90
	1,200		1,200	1,200	990

	재료비	가공비
III. 총원가의 집계		
기초재공품원가	₩20,000	₩24,000
당기투입원가	130,000	124,500
	₩150,000	₩148,500
IV.완성품환산량 단위당 원가 (III÷II)		
완성품환산량	÷1,200	÷990
완성품환산량 단위당 원가	₩125	₩150

V.총원가의 배분		
완성품원가	900 × ₩125/개 + 900 × ₩150/개 =	₩247,500
기말재공품원가	300 × ₩125/개 + 90 × ₩150/개 =	51,000
		₩298,500

4 선입선출법과 평균법의 비교

선입선출법의 경우 기초재공품이 먼저 완성된 것으로 가정하여 기초재공품의 원가는 당기 완성품에 직접 부과한다. 반면에 평균법의 경우 기초재공품이 당기에 착수하는 것으로 가정하기 때문에 완성품환산량을 계산할 때 기초재공품의 물량과 원가를 당기 투입한 물량과 원가에 포함시켜 평균화한다.

[그림 5-4] 선입선출법과 평균법의 비교

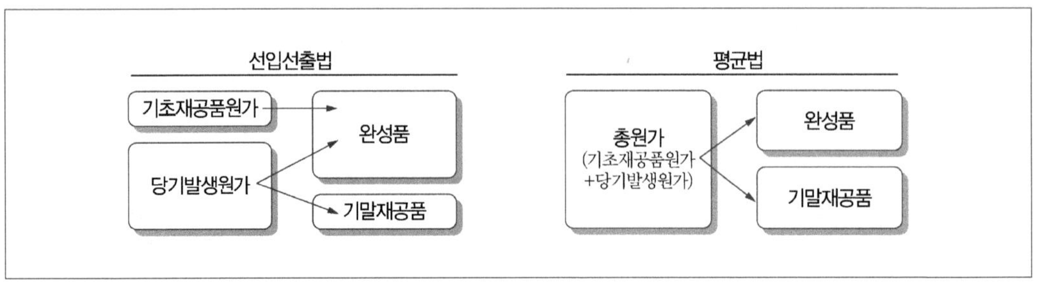

1. 원가흐름가정에 따른 완성품환산량 비교

평균법의 경우 실제물량흐름과는 달리 기초재공품이 당기에 착수한 것으로 보아 원가계산이 이루어지므로 완성품환산량 계산에 있어 선입선출법과 차이가 있다. 선입선출법과 평균법의 원가요소별 완성품환산량의 차이는 다음과 같다. (단, 직접재료원가는 공정초기에 모두 투입되고 가공원가는 공정전반에 균등발생한다.)

	선입선출법	평균법	차이
① 직접재료비	㉠ 완성품 : 당기착수완성수량 ㉡ 기말재공품 : 기말재공품수량	㉠ 완성품 : 기초재공품수량+당기착수완성수량 ㉡ 기말재공품 : 기말재공품수량	기초재공품수량
② 가공비	㉠ 완성품 : 기초재공품수량×당기진행률+당기착수완성수량×100% ㉡ 기말재공품 : 기말재공품수량×당기진행률	㉠ 완성품 : 기초재공품수량×100%+당기착수완성수량×100% ㉡ 기말재공품 : 기말재공품수량×당기진행률	기초재공품수량 수량×(1−당기진행률)

2. 선입선출법과 평균법의 장 · 단점

선입선출법은 기초재공품의 원가와 당기발생원가를 구분하여 계산하므로 계산과정이 복잡하나 전기와 당기의 성과평가에 적절한 방법이다. 반면에 평균법은 계산과정이 선입선출법에 비하여 간편하나 전기와 당기의 원가를 구분하지 않으므로 원가계산의 정확성이 낮아질 수 있다.

	선입선출법	평균법
① 장점	전기작업능률과 당기작업능률이 명확히 구분되기 때문에 원가통제목적상 유용	계산과정이 간편
② 단점	계산과정이 복잡	전기와 당기의 원가가 가중평균되므로 원가계산의 정확성이 낮아진다

예제 6 종합원가계산(선입선출법과 평균법의 완성품환산량)

(주)한국은 종합원가계산제도를 채택하고 있다. 원재료는 공정의 초기에 전량 투입되며, 가공비는 공정 전반에 걸쳐서 균등하게 발생한다. 재료비의 경우 평균법에 의한 완성품환산량은 12,000단위이고, 선입선출법에 의한 완성품환산량은 10,000이다. 또한, 가공비의 경우 평균법에 의한 완성품환산량은 9,000단위이고, 선입선출법에 의한 완성품환산량은 7,200단위이다.

요구사항

기초재공품의 진척도는 몇 %인가?

해답

즉, 평균법이 선입선출법에 비하여 다음의 환산량만큼 항상 크거나 같다.

	선입선출법	평균법	차 이
재료비			
기초추가진행분	–	물량 × 100%	물량 × 100%
당기착수완성분	물량 × 100%	물량 × 100%	
기말재공품	물량 × 100%	물량 × 100%	
가공비			
기초추가진행분	물량 × 당기진행률	물량 × 100%	물량 × 기초진행률
당기착수완성분	물량 × 100%	물량 × 100%	
기말재공품	물량 × 당기진행률	물량 × 당기진행률	

따라서, 기초재공품의 진행율은 다음과 같다.

	선입선출법	가중평균법	차이
재료비	10,000	12,000	2,000(기초재공품 물량)
가공비	7,200	9,000	1,800(기초재공품 물량 × 기초진행률)

기초재공품 수량이 2,000이고 기초재공품의 진행률을 x라 하면,
$2{,}000 \times x = 1{,}800$이므로, $x = 90\%$이다.

3. 복수(연속)공정의 종합원가계산

1 의의

복수(연속)공정의 종합원가계산이란 제품이 서로 다른 기능을 가진 두 가지 이상의 공정을 거쳐 제조되는 경우의 종합원가계산을 말한다.

제품이 둘 이상의 공정을 거쳐 제조되는 경우에 전공정에서 완성된 중간제품은 다음 공정(이하 '차공정'이라 한다)으로 대체된다. 이 때 차공정에서의 제조원가는 전공정에서의 완성된 중간제품원가와 차공정에서 투입된 재료비와 가공비로 구성되어 있다. 전공정에서의 완성된 중간제품원가를 전공정원가(tranferred-in cost)라고 한다.

[표 5-3] 연속공정의 원가흐름

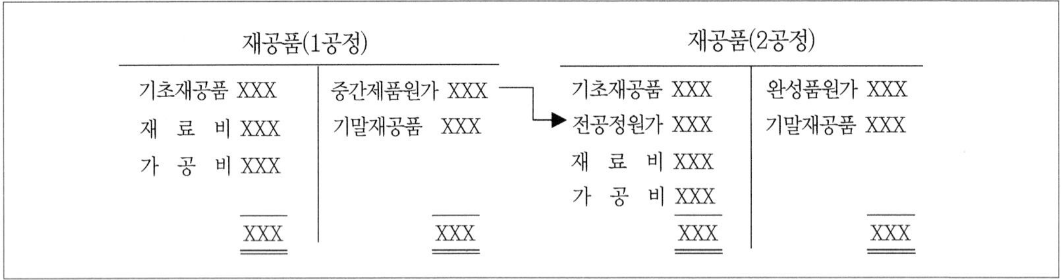

재공품(1공정)		재공품(2공정)	
기초재공품 XXX	중간제품원가 XXX →	기초재공품 XXX	완성품원가 XXX
재 료 비 XXX	기말재공품 XXX	→ 전공정원가 XXX	기말재공품 XXX
가 공 비 XXX		재 료 비 XXX	
		가 공 비 XXX	
XXX	XXX	XXX	XXX

2 전공정대체원가, 전공정원가(transferred-in cost)

전공정원가는 전공정에서 대체된 중간제품의 원가로써 완성품환산량 계산시 후공정에서 투입되는 원가요소(재료비와 가공비)와 구분되어야 한다. 전공정원가는 완성품환산량 계산시 후공정초기에 투입되는 재료비처럼 처리하면 된다.

예제 7 연속공정 종합원가계산(원가흐름의 가정-평균법)

(주)한국은 절삭공정과 조립공정을 통하여 제품을 생산하고 있다. 즉, 예제.4의 절삭공정에서 완성된 중간제품은 조립공정을 거쳐 최종완성된다. 다음은 20×1년 2월 조립에서 진행된 물량에 관련된 자료이다. 월초 및 월말의 재공품에 대한 완성도는 각각 30%와 50%라고 가정한다. 조립공정에서의 재료비는 공정완료시점에 모두 투입되고 가공비는 공정전반에 걸쳐 균등발생한다. 단, 완성품과 기말재공품의 평가는 평균법에 의한다.

	물량(개)	전공정원가	재료비	가공비
기초재공품(30%완성)	100 개	₩25,000	–	₩4,200
당기투입	900	?	₩152,000	174,000
합 계	1,000	?	₩152,000	₩178,200
당기완성	800	?	?	?
기말재공품(50%완성)	200	?	?	?
합 계	1,000	?	₩152,000	₩178,200

요구사항

예제.4(선입선출법)의 자료를 이용하여 완성품 및 기말재공품의 원가를 구하시오

해답

※ 물량흐름도

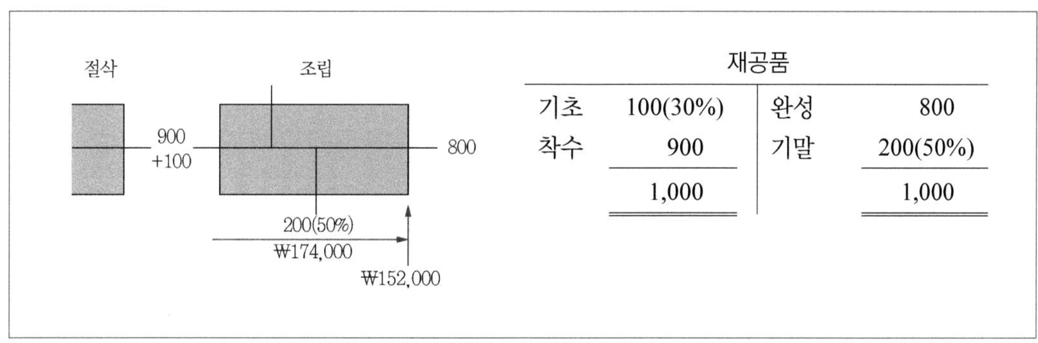

재공품

기초	100(30%)	완성	800
착수	900	기말	200(50%)
	1,000		1,000

Ⅰ. 물량흐름 파악

원가흐름의 가정이 평균법이므로 기초재공품을 당기에 착수한 것으로 가정하여, 기초재공품 물량을 당기착수물량에 가산한다.

"기초재공품물량 + 당기착수물량 = 완성품물량 + 기말재공품물량"의 성립여부를 파악한다.

즉, 기초재공품의 물량은 없으므로 당기착수물량 1,000단위와 완성품물량 800단위와 기말

재공품물량 200단위의 합은 같다.

Ⅱ. 원가요소별 완성품환산량

(1) 전공정원가

공정초기에 모두 투입되므로 완성품환산량은 "완성품물량 + 기말재공품물량"이다.

즉, 800 + 200 = 1,000개

(2) 가공비

공정전반에 균등발생하므로 기말재공품은 완성도를 기준으로 환산한다. 즉, 완성품환산량은 "완성품물량 + 기말재공품물량 × 완성도"이다.

즉, 800 + 200 × 0.5 = 900개

(3) 재료비

공정완료시점에 모두 투입되므로 완성품환산량은 완성품물량이다.

즉, 800개

Ⅲ. 원가요소별 당기발생원가집계

원가흐름의 가정이 평균법이므로 기초재공품이 당기에 착수한 것으로 가정하여, 기초재공품 제조원가를 원가요소별로 당기발생한 제조원가에 가산한다.

(1) 전공정원가

₩25,000 + ₩246,000 = ₩271,000

(2) 가공비

₩4,200 + ₩174,000 = ₩178,200

(3) 재료비

₩152,000

Ⅳ. 원가요소별 완성품환산량 단위당 원가(Ⅲ÷Ⅱ)

(1) 전공정원가

₩271,000 ÷ 1,000개 = ₩271/개

(2) 가공비

₩178,200 ÷ 900개 = ₩198/개

(3) 재료비

₩152,000 ÷ 800개 = ₩190/개

Ⅴ. 완성품 및 기말재공품원가 계산(Ⅱ×Ⅳ)

(1) 완성품

800 × ₩271/개 + 800 × ₩198/개 + 800 × ₩190/개 = ₩527,200
(₩271/개: 전공정원가, ₩198/개: 재료비, ₩190/개: 가공비)

(2) 기말재공품

200 × ₩271/개 + 100 × ₩198/개 + 0 × ₩190/개 = ₩74,000
(₩271/개: 전공정원가, ₩198/개: 재료비, ₩190/개: 가공비)

cf. 5단계법

Ⅰ. 물량의 흐름				Ⅱ. 원가요소별 완성품환산량		
				전공정원가	가공비	재료비
기초	100(0.3)	완성	800	800	800	800
착수	900	기말	200(0.5)	200	100	-
	1,000		1,000	1,000	900	800

	전공정원가	가공비	재료비
Ⅲ. 총원가의 집계			
기초재공품원가	₩25,000	₩4,200	-
당기투입원가	246,000	174,000	₩152,000
	₩271,000	₩178,200	₩152,000
Ⅳ. 완성품환산량 단위당 원가 (Ⅲ÷Ⅱ)			
완성품환산량	÷1,000	÷900	÷800
완성품환산량 단위당 원가	₩271	₩198	₩190

Ⅴ. 총원가의 배분

완성품원가	800 × ₩271/개 + 800 × ₩198/개 + 800 × ₩190/개 =	₩527,200
기말재공품원가	200 × ₩271/개 + 100 × ₩198/개 + 0 × ₩190/개 =	74,000
		₩601,200

4. 공손품

1 의의

제조과정에서 정상품뿐만 아니라 정상품에 비하여 품질 및 규격이 미달하는 불량품이 발생할 수 있으며, 일부 원재료는 제조활동과정에서 소멸 또는 증발하게된다. 일정한 검사를 통하여 발생한 불량품을 공손품(spoiled units)이라고 하며 제조활동과정상 증발되는 원재료를 감손(shrinkage)이라고 한다.

2 인식방법

공손품과 감손을 인식하는 방법에는 인식법과 무인식법 두 가지의 방법이 있다. 인식법은 총제조원가 중 일부를 공손품과 감손에 배부하는 방법이고 무인식법은 총제조원가를 공손품과 감손에 배부하지 않는 방법이다. 일반적으로 공손품은 인식법을 적용하고 감손은 무인식법을 적용하여 처리한다.

3 종류

공손은 효율적인 생산과정에서도 발생하는 정상적인 공손과 생산이 효율적으로 진행된다면 제거할 수 있는 비정상공손으로 나눌 수 있다. 즉, 회피불가능한 정상공손과 회피가능한 비정상공손으로 구분된다.

1. 정상공손(normal spoilage)

생산이 효율적으로 진행된다고 하더라도 현재의 기술수준으로는 개선할 수 없어 어쩔수 없이 발생하는 것으로서 양질의 제품을 얻기 위하여 생산과정에서 불가피하게 발생하는 공손을 말한다. 따라서 정상공손의 원가는 품질검사를 합격한 합격품원가에 가산되어야 한다.

2. 비정상공손(abnormal spoilage)

생산공정이 효율적으로 진행된다면 발생하지 않을 것으로 예상되는 것으로서 작업자의 부주의, 생산계획의 미비 등의 이유로 발생하는 것이므로 제조활동을 효율적으로 수행하면 방지할 수 있는 공손을 말한다. 이러한 비정상공손의 원가는 제품원가로 처리될 수 없고 발생한 기간에 손실(영업외비용)처리 된다.

4 정상공손 수량결정

현실적으로 정상공손과 비정상공손을 구별하는 것이 어렵기 때문에 대부분의 기업에서는 정상공손이라고 인정할 수 있는 허용한도를 사전에 설정한다.

1. 검사시점 통과기준

당기 중 검사를 통과한 합격품의 일정비율을 정상공손으로 간주한다.

정상공손허용량 = 당기중 검사를 통과한 합격품 × 정상공손허용률

2. 검사시점 도달기준

당기 중 검사를 받은 물량의 일정비율을 정상공손으로 간주한다.

정상공손허용량 = 당기중 검사를 받은 물량 × 정상공손허용률
(= 합격품 + 공손수량)

예제 8 공손수량

(주)한국은 컴퓨터칩을 생산하고 있다. 재료는 공정 초기에 투입되며, 가공원가는 공정의 전반에 걸쳐 균등하게 발생한다. 공정과정에서 공손품이 발생하는데 이러한 공손품은 제품을 검사하는 시점에서 발생한다. 정상적인 공손품은 품질검사시점을 통과한 합격품의 10%의 비율로 발생한다. 1월의 생산자료를 보면, 월초재공품(완성도 30%) 5,000개, 당월 생산착수량 25,000개, 당월 생산착수완성품 10,000개, 월말재공품(완성도 80%) 8,000개, 공손품 7,000개이다.

요구사항

품질검사가 생산공정의 20%시점과 50%시점에서 실시되는 경우 각각의 경우 정상공손품 수량을 구하시오

해답

주어진 자료에서 당월 생산착수완성품 10,000개는 당월 착수물량 중 완성품 수량이므로 총 완성품 수량은 기초재공품 물량 5,000개를 합한 15,000개이다.

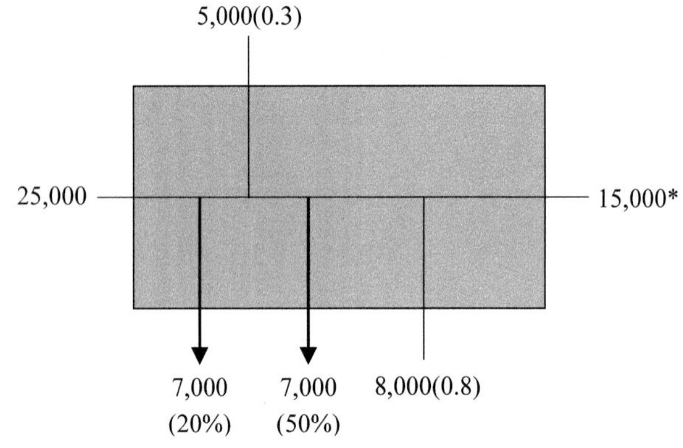

* 기초재공품 물량 + 당기 생산착수완성품 물량
= 5,000 + 10,000
= 15,000

	20% 시점	50% 시점
총공손수량	7,000	7,000
합격수량	25,000 − 7,000 = 18,000	25,000 + 5,000 − 7,000 = 23,000
정상공손수량	18,000 × 10% = 1,800	23,000 × 10% = 2,300

5 정상공손원가의 처리

정상공손원가는 정상품(품질검사를 통과한 완성품 및 기말재공품)을 생산하기 위해서 불가피하게 발생되는 손실이므로 정상품에 물량기준으로 배부한다.

1. 기본가정

기초재공품이 당기에 검사를 받는다면 당기 발생한 공손중에서의 일부는 기초재공품물량에서 발생한 것이다. 그러나, 총공손수량에서 기초재공품에서 발생된 공손수량을 구분하기가 현실적으로 어렵기 때문에 선입선출법의 경우에 한하여 당기 발생 공손품은 당기 착수물량에서 발생한 것으로 간주한다. 이를 수정된 선입선출법이라고도 한다. 또한, 일반적으로 정상공손수량은 검사받은 물량의 일정비율로 결정되는데 이 수량은 실제물량흐름(선입선출법)에 따라 결정되며 원가흐름의 가정에 따라 달라지지 않는다.

2. 정상공손원가의 처리방법

정상공손원가는 정상품(양품)을 생산하기 위한 불가피한 손실이므로 정상품의 원가에 가산한다.

① 선입선출법

- 기초재공품이 없는 경우 : 당기 검사시점을 통과한 완성품과 기말재공품에 배분한다.
- 기초재공품이 있는 경우 : 기초재공품이 전기에 검사를 받았는지 여부에 따라 전기에 검사를 받은 경우 기초재공품의 공손원가는 당기완성품원가에 가산한다.

② 평균법

- 기초재공품이 없는 경우 : 선입선출법과 동일하다
- 기초재공품이 있는 경우 : 기초재공품이 전기에 검사를 받았는지 여부에 따라 전기에 검사를 받은 경우 기초재공품의 공손원가는 당기 발생한 공손원가와 합하여 당기합격품에 배분한다.

3. 공손품의 처분가치가 있는 경우 처리방법

지금까지의 공손품은 모두 폐기처리하는 경우를 살펴보았다. 그러나 공손품이 처분가치를 가질 경우 총공손원가 중에서 처분으로 인하여 얻을 수 있는 가치(순실현가치)만큼 재고자산(공손품계정)으로 계상하고 나머지 순공손원가를 앞에서 살펴본 바와 같이 처리한다.

순공손원가 = 공손원가 - 공손품의 순실현가치

① 순공손원가 : 총공손원가에서 공손품의 순실현가치를 차감하여 계산한다.
② 공손품계정(공손품의 순실현가치) : 처분시점에 현금유입액 등과 상계처리한다.
③ 회계처리
- 공손품계정 설정 : (차) 공손품 ××× (대) 재공품 ×××
- 추가가공원가 발생 : (차) 공손품 ××× (대) 현금 등 ×××
- 공손품 처분 : (차) 현금 등 ××× (대) 공손품 ×××

6 공손과 종합원가계산

종합원가계산에서 공손이 발생할 경우 추가적으로 고려할 사항은 다음과 같다.

1. 물량흐름 파악시 공손수량까지 고려하여야 한다.

즉, "기초재공품 수량 + 당기착수량 = 완성품수량 + 정상공손수량 + 비정상공손수량 + 기말재공품수량"이다.

[표 5-4] 공손를 고려한 물량흐름

재공품			
기초재공품수량	×××	완성품수량	×××
		정상공손수량	×××
		비정상공손수량	×××
당기착수량	×××	기말재공품수량	×××
	×××		×××

2. 공손품의 가공비완성도는 검사시점이다.

검사시점에 불합격품으로 처리된 공손은 더 이상 가공되지 않으므로 공손의 가공비 완성도는 검사시점이다.

3. 선입선출법을 적용할 경우 당기공손은 당기착수물량에서 발생한 것으로 간주한다.

전기에 검사를 받지 않은 기초재공품이 당기에 검사를 받는 경우 당기 공손의 일부는 기초재공품에서 발생하여 이는 기초재공품원가에서 배부받아야 하나, 계산이 복잡하고 구분에 대한 효익이 크지 않으므로 모두 당기착수물량에서 발생한 것으로 간주한다. 이를 수정된 선입선출법(Modified First-In First-Out Method)이라 한다.

4. 정상공손수량을 결정할 경우 선입선출법에 의한다.

만약, 기초재공품이 전기에 검사를 통과한 물량이라면 평균법을 적용할 경우 기초물량이 당기에 검사받는 것으로 간주되므로 실제검사물량과 달라지게 된다. 그러나 정상공손수량 결정시에는 원가흐름의 가정과 무관하게 실제물량흐름(선입선출법)을 기준으로 계산한다.

5. 정상공손의 원가는 효율적인 생산과정에서도 피할 수 없기 때문에 검사시점을 통과한 완성품과 재공품의 물량을 기준으로 배분한다.

재공품에 대해서 완성도에 따라서 환산하지 않고 물량을 기준으로 배분하는 이유는 검사시점을 통과한 합격품이라는 동등한 자격을 가지기 때문이다.

[그림 5-5] 정상공손원가의 처리방법(단, 공손은 모두 정상공손이라고 가정한다)

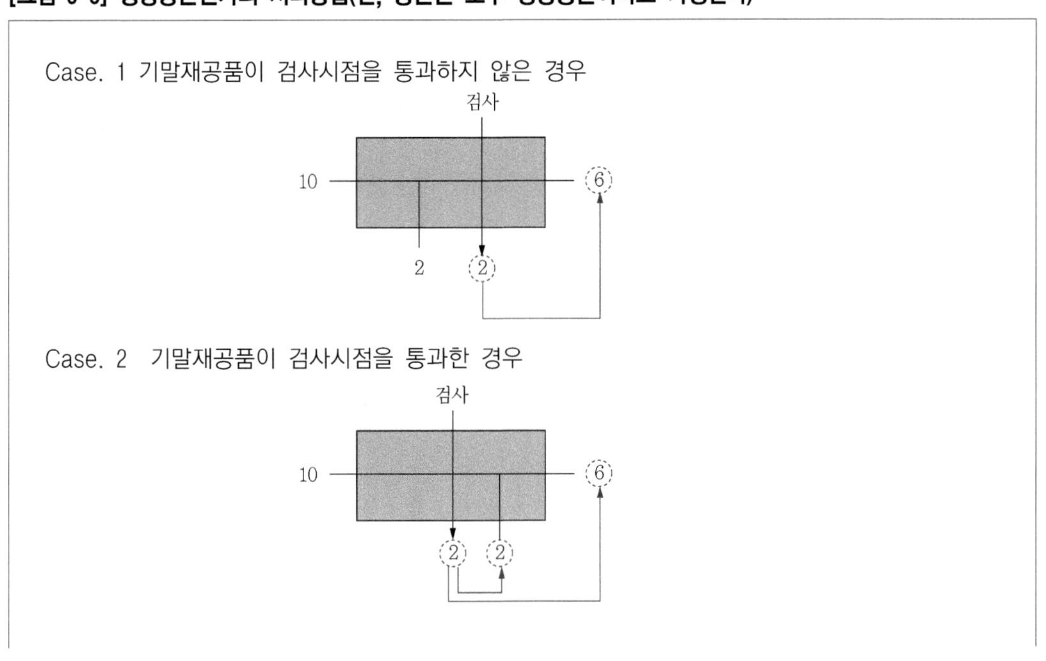

Case. 3 기초재공품이 전기에 검사시점을 통과하지 않은 경우

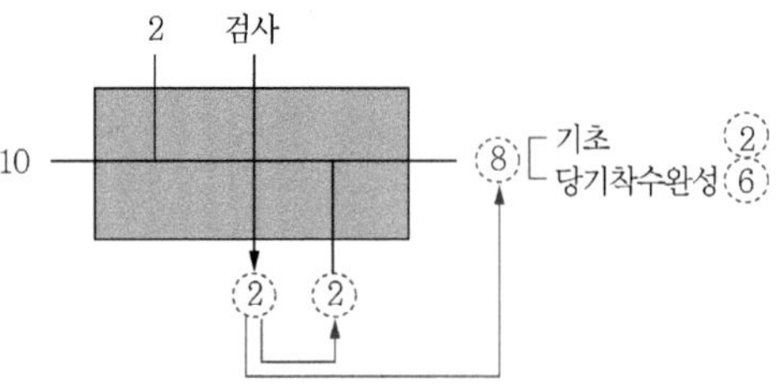

Case. 4 기초재공품이 전기에 검사시점을 통과한 경우

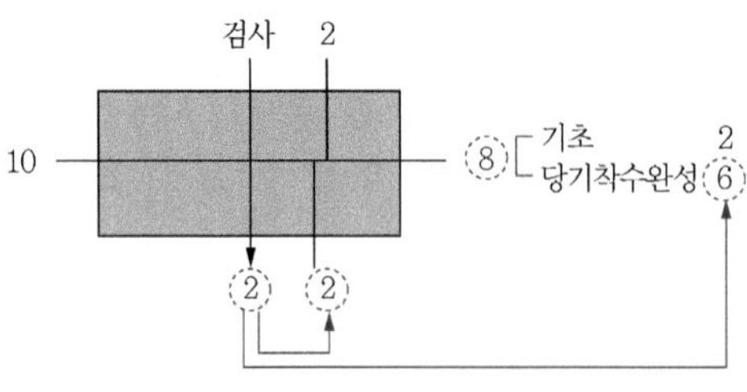

예제 9 공손과 종합원가계산(기말재공품이 검사를 받지 않은 경우)

(주)한국은 20×1년 초에 영업을 개시하였으며 단일(절삭)공정을 통하여 제품을 생산하고 있다. 다음은 20×1년 1월 공정에서 진행된 물량에 관련된 자료이다. 월말의 재공품에 대한 완성도는 80%라고 가정한다. 재료비는 공정초기에 모두 투입되고 가공비는 공정전반에 걸쳐 균등발생한다. 단, 검사는 공정완료시점에 이루어지며 검사시점을 통과한 정상품의 10%를 정상공손으로 가정한다.

	물량(개)	재료비	가공비
기초재공품	- 개	-	-
당기투입	1,000	₩100,000	₩144,000
합 계	1,000	₩100,000	₩144,000
당기완성	700	?	?
공 손	100	?	?
기말재공품(80%완성)	200	?	?
합 계	1,000	₩100,000	₩144,000

요구사항

완성품 및 기말재공품의 원가를 구하시오.

해답

※ 물량흐름도

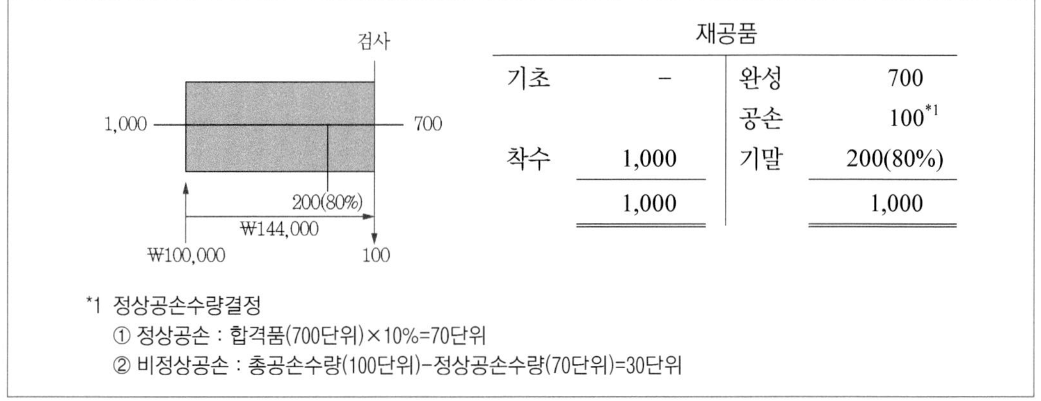

재공품			
기초	–	완성	700
		공손	100*1
착수	1,000	기말	200(80%)
	1,000		1,000

*1 정상공손수량결정
① 정상공손 : 합격품(700단위)×10%=70단위
② 비정상공손 : 총공손수량(100단위)–정상공손수량(70단위)=30단위

Ⅰ. 물량흐름 파악

"기초재공품물량 + 당기착수물량 = 완성품물량 + 정상공손물량 + 비정상공손물량 + 기말재공품물량"의 성립여부를 파악한다.

즉, 기초재공품의 물량은 없으므로 당기착수물량 1,000단위와 완성품물량 700단위, 정상공손물량 70단위, 비정상공손수량 30단위, 기말재공품물량 200단위의 합은 같다.

Ⅱ. 원가요소별 완성품환산량

(1) 재료비

공정초기에 모두 투입되므로 완성품환산량은 "완성품물량 + 정상공손물량 + 비정상공손물량 + 기말재공품물량"이다.

즉, 700 + 70 + 30 + 200 = 1,000개

(2) 가공비

공정전반에 균등발생하므로 기말재공품은 완성도를 기준으로 환산한다. 즉, 완성품환산량은 "완성품물량 + 정상공손물량 × 완성도 + 비정상공손물량 × 완성도 + 기말재공품물량 × 완성도"이다.

즉, 700 + 70 × 1 + 30 × 1 + 200 × 0.8 = 960개

※ 공손은 검사시점이후에는 작업이 진행되지 않으므로 공손의 완성도는 검사시점이다.

Ⅲ. 원가요소별 당기발생원가집계

(1) 재료비

₩100,000

(2) 가공비

₩144,000

Ⅳ. 원가요소별 완성품환산량 단위당 원가(Ⅲ÷Ⅱ)

(1) 재료비

₩100,000 ÷ 1,000개 = ₩100/개

(2) 가공비

₩144,000 ÷ 960개 = ₩150/개

V. 완성품 및 기말재공품원가 계산(Ⅱ×Ⅳ)

▸ 1차배분

(1) 완성품

700 × ₩100/개(재료비) + 700 × ₩150/개(가공비) = ₩175,000

(2) 정상공손

70 × ₩100/개(재료비) + 70 × ₩150/개(가공비) = ₩17,500

(3) 비정상공손

30 × ₩100/개(재료비) + 30 × ₩150/개(가공비) = ₩7,500

(4) 기말재공품

200 × ₩100/개(재료비) + 160 × ₩150/개(가공비) = ₩44,000

▸ 2차배분

정상공손의 원가는 합격품인 완성품원가에 가산한다.

즉, 완성품원가는 ₩175,000+₩17,500=₩192,500이다.

cf. 5단계법

Ⅰ. 물량의 흐름				Ⅱ. 원가요소별 완성품환산량 재료비	가공비
기초	–	완성	700	700	700
		정상공손	70	70	70
		비정상공손	30	30	30
착수	1,000	기말	200(0.8)	200	160
	1,000		1,000	1,000	960

	재료비	가공비
Ⅲ. 총원가의 집계		
기초재공품원가	–	–
당기투입원가	₩100,000	₩144,000
	₩100,000	₩144,000
Ⅳ. 완성품환산량 단위당 원가 (Ⅲ÷Ⅱ)		
완성품환산량	÷1,000	÷960
완성품환산량 단위당 원가	₩100	₩150

Ⅴ. 총원가의 배분

1차배부

완성품원가	700 × ₩100/개 + 700 × ₩150/개 =	₩175,000
정상공손원가	70 × ₩100/개 + 70 × ₩150/개 =	17,500
비정상공손원가	30 × ₩100/개 + 30 × ₩150/개 =	7,500
기말재공품원가	200 × ₩100/개 + 160 × ₩150/개 =	44,000
		₩244,000

2차배부	배부전	배부	배부후
완성품원가	₩175,000	₩17,500	₩192,500
정상공손원가	17,500	(17,500)	–
비정상공손원가	7,500		7,500
기말재공품원가	44,000		44,000
	₩244,000	-	₩244,000

예제 10 공손과 종합원가계산(수정된 선입선출법)

(주)한국은 단일(절삭)공정을 통하여 제품을 생산하고 있다. 다음은 20×1년 2월 공정에서 진행된 물량에 관련된 자료이다. 월말의 재공품에 대한 완성도는 30%라고 가정한다. 재료비는 공정초기에 모두 투입되고 가공비는 공정전반에 걸쳐 균등발생한다. 단, 검사는 공정 완료시점에 이루어지며 검사시점을 통과한 정상품의 10%를 정상공손으로 가정한다.

	물량(개)	재료비	가공비
기초재공품(80%완성)	200개	₩20,000	₩24,000
당기투입	1,000	130,000	124,500
합 계	1,200	₩150,000	₩148,500
당기완성	800	?	?
공 손	100	?	?
기말재공품(30%완성)	300	?	?
합 계	1,200	₩150,000	₩148,500

요구사항

완성품 및 기말재공품의 원가를 구하시오. 단, 원가흐름의 가정은 선입선출법에 의한다.

해답

※ 물량흐름도

재공품

기초	200(80%)	완성	800
		공손	100*1
착수	1,000	기말	300(30%)
	1,200		1,200

*1 정상공손수량결정
① 정상공손 : 합격품(800단위)×10% = 80단위
② 비정상공손 : 총공손수량(100단위) - 정상공손수량(80단위) = 20단위

Ⅰ. "기초재공품물량 + 당기착수물량 = 완성품물량 + 정상공손물량 + 비정상공손물량 + 기말재공품물량"의 성립여부를 파악한다.
즉, 기초재공품물량 200단위와 당기착수물량 1,000단위의 합은 완성품물량 800단위, 정상공손물량 80단위, 비정상공손물량 20단위 및 기말재공품물량 300단위의 합은 같다.

Ⅱ. 원가요소별 완성품환산량

(1) 재료비

공정초기에 모두 투입되므로 완성품환산량은 "완성품 중 당기착수완성물량 + 정상공손물량 + 비정상공손물량 + 기말재공품물량"이다.

즉, 600(= 800 − 200) + 80 + 20 + 300 = 1,000개

(2) 가공비

공정전반에 균등발생하므로 기초재공품의 추가진행과 기말재공품은 완성도를 기준으로 환산한다. 즉, 완성품환산량은 "기초재공품 × 당기완성도 + 당기착수완성물량 + 정상공손물량 × 완성도+ 비정상공손물량 × 완성도 + 기말재공품물량 × 완성도"이다.

즉, 200 × 0.2 + 600 + 80 + 20 + 300 × 0.3 = 830개

Ⅲ. 원가요소별 당기발생원가집계

(1) 재료비

₩130,000

(2) 가공비

₩124,500

Ⅳ. 원가요소별 완성품환산량 단위당 원가(Ⅲ÷Ⅱ)

(1) 재료비

₩130,000 ÷ 1,000개 = ₩130/개

(2) 가공비

₩124,500 ÷ 830개 = ₩150/개

Ⅴ. 완성품 및 기말재공품원가 계산(Ⅱ×Ⅳ)

▸ 1차배분

(1) 완성품

₩44,000 + 600 × ₩130 + 640 × ₩150 = ₩218,000

(2) 정상공손

80 × ₩130 + 80 × ₩150 = ₩22,400

(3) 비정상공손

20 × ₩130 + 20 × ₩150 = ₩5,600

(4) 기말재공품

300 × ₩130 + 90 × ₩150 = ₩52,500

▶ 2차배분

정상공손의 원가는 합격품인 완성품원가에 가산한다.

즉, 완성품원가는 ₩218,000 + ₩22,400 = ₩240,400이다.

cf. 수정된 선입선출법

기초재공품 200단위(80%완성)는 당기에 검사를 받았으므로 당기 발생한 공손물량 100단위의 일부는 기초재공품에서 발생한 공손이다. 또한, 기초재공품에서 발생한 공손은 기초재공품의 원가인 ₩44,000에서 배부해야 하지만 공손물량 구분의 번거로움과 공손원가의 중요성을 고려하여 당기 공손물량은 모두 당기 투입량에서 발생한다고 가정한다.

예제 11 공손과 종합원가계산(기말재공품이 검사를 받은 경우)

(주)한국은 20×1년 초에 영업을 개시하였으며 단일(절삭)공정을 통하여 제품을 생산하고 있다. 다음은 20×1년 1월 공정에서 진행된 물량에 관련된 자료이다. 월말의 재공품에 대한 완성도는 80%라고 가정한다. 재료비는 공정초기에 모두 투입되고 가공비는 공정전반에 걸쳐 균등발생한다. 단, 검사는 공정의 40%시점에서 이루어지며 검사시점을 통과한 정상품의 10%를 정상공손으로 가정한다.

	물량(개)	재료비	가공비
기초재공품	– 개	–	–
당기투입	1,000	₩100,000	₩144,000
합 계	1,000	₩100,000	₩144,000
당기완성	700	?	?
공손(40%완성)	100	?	?
기말재공품(80%완성)	200	?	?
합 계	1,000	₩100,000	₩144,000

요구사항

완성품 및 기말재공품의 원가를 구하시오.

해답

※ 물량흐름도

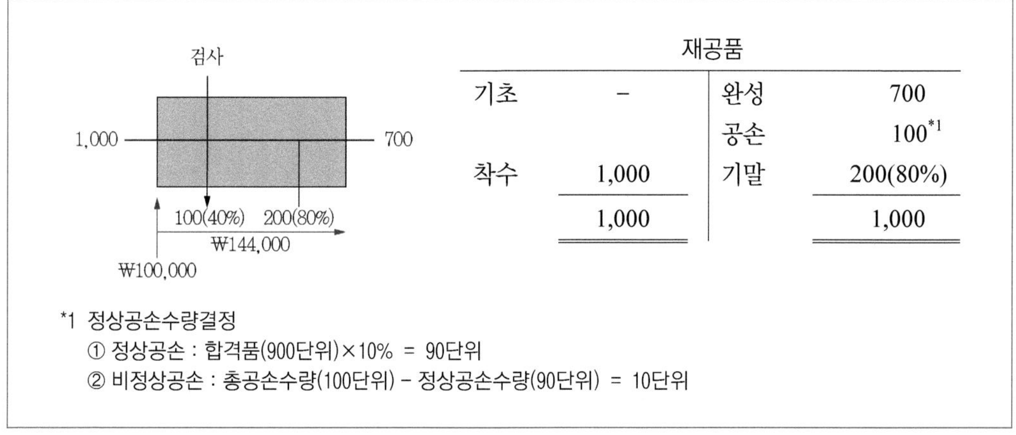

재공품

기초	-	완성	700
		공손	100*1
착수	1,000	기말	200(80%)
	1,000		1,000

*1 정상공손수량결정
① 정상공손 : 합격품(900단위)×10% = 90단위
② 비정상공손 : 총공손수량(100단위) - 정상공손수량(90단위) = 10단위

Ⅰ. 물량흐름 파악

"기초재공품물량 + 당기착수물량 = 완성품물량 + 정상공손물량 + 비정상공손물량 + 기말재공품물량"의 성립여부를 파악한다.

즉, 기초재공품의 물량은 없으므로 당기착수물량 1,000단위와 완성품물량 700단위, 정상공손물량 90단위, 비정상공손수량 10단위와 기말재공품물량 200단위의 합은 같다.

Ⅱ. 원가요소별 완성품환산량

(1) 재료비

공정초기에 모두 투입되므로 완성품환산량은 "완성품물량 + 정상공손물량 + 비정상공손물량 + 기말재공품물량"이다.

즉, 700 + 90 + 10 + 200 = 1,000개

(2) 가공비

공정전반에 균등발생하므로 기말재공품은 완성도를 기준으로 환산한다. 즉, 완성품환산량은 "완성품물량 + 정상공손물량 × 완성도 + 비정상공손물량 × 완성도 + 기말재공품물량 × 완성도"이다.

즉, 700 + 90 × 0.4 + 10 × 0.4 + 200 × 0.8 = 900개

※공손은 검사시점이후에는 작업이 진행되지 않으므로 공손의 완성도는 검사시점이다.

Ⅲ. 원가요소별 당기발생원가집계

(1) 재료비

₩100,000

(2) 가공비

₩144,000

Ⅳ. 원가요소별 완성품환산량 단위당 원가(Ⅲ÷Ⅱ)

(1) 재료비

₩100,000 ÷ 1,000개 = ₩100/개

(2) 가공비

₩144,000 ÷ 900개 = ₩160/개

Ⅴ. 완성품 및 기말재공품원가 계산(Ⅱ×Ⅳ)

▶ 1차배분

(1) 완성품

700 × ₩100/개(재료비) + 700 × ₩160/개(가공비) = ₩182,000

(2) 정상공손

90 × ₩100/개(재료비) + 36 × ₩160/개(가공비) = ₩14,760

(3) 비정상공손

10 × ₩100/개(재료비) + 4 × ₩160/개(가공비) = ₩1,640

(4) 기말재공품

200 × ₩100/개(재료비) + 160 × ₩160/개(가공비) = ₩45,600

▶ 2차배분

정상공손의 원가는 합격품인 완성품과 기말재공품의 원가에 가산한다.

즉, 완성품원가는 ₩182,000 + ₩14,760 × (700 ÷ 900) = ₩193,480이며, 기말재공품원가는 ₩45,600 + ₩14,760 × (200 ÷ 900) = ₩48,880이다.

※ 정상공손원가는 완성품과 기말재공품의 물량을 기준으로 배부한다. 즉, 기말재공품을 환산하지 않는 이유는 완성품과 기말재공품 모두 당기에 검사시점을 통과하였으므로 동등한 자격을 갖기 때문이다.

cf. 5단계법

Ⅰ. 물량의 흐름				Ⅱ. 원가요소별 완성품환산량 재료비	가공비
기초	–	완성	700	700	700
		정상공손	90(0.4)	90	36
		비정상공손	10(0.4)	10	4
착수	1,000	기말	200(0.8)	200	160
	1,000		1,000	1,000	900

Ⅲ. 총원가의 집계	재료비	가공비
기초재공품원가	–	–
당기투입원가	₩100,000	₩144,000
	₩100,000	₩144,000

Ⅳ. 완성품환산량 단위당 원가 (III÷II)	재료비	가공비
완성품환산량	÷1,000	÷900
완성품환산량 단위당 원가	₩100	₩160

Ⅴ. 총원가의 배분

1차배부

완성품원가	700 × ₩100/개 + 700 × ₩160/개 =	₩182,000
정상공손원가	90 × ₩100/개 + 36 × ₩160/개 =	14,760
비정상공손원가	10 × ₩100/개 + 4 × ₩160/개 =	1,640
기말재공품원가	200 × ₩100/개 + 160 × ₩160/개 =	45,600
		₩244,000

2차배부	배부전	배부	배부후
완성품원가	₩182,000	₩11,480	193,480
정상공손원가	14,760	(14,760)	–
비정상공손원가	1,640		1,640
기말재공품원가	45,600	3,280	48,880
	₩244,000	–	₩244,000

7 공손품의 처분가치가 있는 경우 처리방법

공손품이 처분가치를 가지는 경우에는 공손품의 순실현가치를 공손품계정에 계상하고, 그 금액만큼 총공손원가에서 차감하여 순공손원가를 산출하여야 한다.

1. 순공손원가

정상순공손원가는 합격품원가에 가산하고 비정상순공손원가는 손실처리한다.

순공손원가 = 공손원가 - 공손품의 순실현가치

2. 공손품계정(공손품의 순실현가치)

공손품 처분시점에 현금유입액 등과 상계처리한다.

3. 회계처리

- 공손품계정 설정 : 차) 공손품 ××× 대) 재공품 ×××
- 추가가공원가 발생 : 차) 공손품 ××× 대) 현금 등 ×××
- 공손품 처분 : 차) 현금 등 ××× 대) 공손품 ×××

예제 12 공손과 종합원가계산(기초재공품이 검사를 받은 경우)

(주)한국은 단일(절삭)공정을 통하여 제품을 생산하고 있다. 다음은 20×1년 2월 공정에서 진행된 물량에 관련된 자료이다. 월말의 재공품에 대한 완성도는 30%라고 가정한다. 재료비는 공정초기에 모두 투입되고 가공비는 공정전반에 걸쳐 균등발생한다. 단, 검사는 공정의 40%시점에서 이루어지며 검사시점을 통과한 정상품의 10%를 정상공손으로 가정한다.

	물량(개)	재료비	가공비	정상공손원가
기초재공품(80%완성)	200개	₩20,000	₩25,600	₩3,280
당기투입	1,000	130,000	123,200	?
합 계	1,200	₩150,000	₩148,800	?
당기완성	800	?	?	?
공손(40%완성)	100	?	?	?
기말재공품(30%완성)	300	?	?	?
합 계	1,200	₩150,000	₩148,800	?

요구사항 1

완성품 및 기말재공품의 원가를 구하시오. 단, 원가흐름의 가정은 선입선출법에 의한다.

해답

※ 물량흐름도

재공품

기초	200(80%)	완성	800
		공손	100*1
착수	1,000	기말	300(30%)
	1,200		1,200

*1 정상공손수량결정
① 정상공손 : 합격품(600단위)×10% = 60단위
② 비정상공손 : 총공손수량(100단위) − 정상공손수량(60단위) = 40단위

Ⅰ. "기초재공품물량 + 당기착수물량 = 완성품물량 + 정상공손물량 + 비정상공손물량 + 기말재공품물량"의 성립여부를 파악한다.
즉, 기초재공품물량 200단위와 당기착수물량 1,000단위의 합은 완성품물량 800단위, 정상공손물량 60단위, 비정상공손물량 40단위 및 기말재공품물량 300단위의 합은 같다.

Ⅱ. 원가요소별 완성품환산량

(1) 재료비
공정초기에 모두 투입되므로 완성품환산량은 "완성품 중 당기착수완성물량 + 정상공손물량 + 비정상공손물량 + 기말재공품물량"이다.
즉, 600(= 800 − 200) + 60 + 40 + 300 = 1,000개

(2) 가공비
공정전반에 균등발생하므로 기초재공품의 추가진행과 기말재공품은 완성도를 기준으로 환산한다. 즉, 완성품환산량은 "기초재공품 × 당기완성도 + 당기착수완성물량 + 정상공손물량 × 완성도 + 비정상공손물량 × 완성도 + 기말재공품물량 × 완성도"이다.
즉, 200 × 0.2 + 600 + 60 × 0.4 + 40 × 0.4 + 300 × 0.3 = 770개

Ⅲ. 원가요소별 당기발생원가집계

(1) 재료비
₩130,000

(2) 가공비
₩123,200

Ⅳ. 원가요소별 완성품환산량 단위당 원가(Ⅲ÷Ⅱ)

(1) 재료비

₩130,000 ÷ 1,000개 = ₩130/개

(2) 가공비

₩123,200 ÷ 770개 = ₩160/개

Ⅴ. 완성품 및 기말재공품원가 계산(II×IV)

▶ 1차배분

(1) 완성품

₩48,880 + 600 × ₩130 + 640 × ₩160 = ₩229,280

(2) 정상공손

60 × ₩130 + 24 × ₩160 = ₩11,640

(3) 비정상공손

40 × ₩130 + 16 × ₩160 = ₩7,760

(4) 기말재공품

300 × ₩130 + 90 × ₩160 = ₩53,400

▶ 2차배분

정상공손의 원가는 합격품인 완성품원가에 가산한다.

즉, 완성품원가는 ₩229,280 + ₩11,640 = ₩240,920이다.

요구사항 2

공손의 처분가치가 단위당 ₩50인 경우 완성품 및 기말재공품의 원가를 구하시오. 단, 원가흐름의 가정은 선입선출법에 의한다.

해답

위 요구사항 1의 풀이에서의 공손원가는 처분가치를 반영하여 다음과 같이 순공손원가를 구할 수 있다.

(1) 순공손원가

- 정 상 공 손 : ₩11,640 − 60단위 × ₩50 = ₩8,640
- 비정상공손 : ₩7,760 − 40단위 × ₩50 = ₩5,760

(2) 완성품원가

정상공손의 원가는 합격품인 완성품원가에 가산한다.

즉, 완성품원가는 ₩229,280 + ₩8,640 = ₩237,920이다.

요구사항 3

원가흐름의 가정을 평균법을 적용할 경우 완성품 및 기말재공품 원가를 구하시오. 단, 공손의 처분 가치는 없다.

해답

Ⅰ. "기초재공품물량 + 당기착수물량 = 완성품물량 + 정상공손물량 + 비정상공손물량 + 기말재공품물량"의 성립여부를 파악한다.

원가흐름의 가정이 평균법이므로 기초재공품을 당기에 착수한 것으로 가정하여, 기초재공품물량을 당기착수물량에 가산한다.

즉, 기초재공품물량 200단위와 당기착수물량 1,000단위의 합은 완성품물량 800단위, 정상공손물량 60단위, 비정상공손물량 40단위 및 기말재공품물량 300단위의 합은 같다.

Ⅱ. 원가요소별 완성품환산량

(1) 재료비

기초재공품을 당기에 착수한 것으로 가정하므로 완성품환산량은 "완성물량 + 정상공손물량 + 비정상공손물량 + 기말재공품물량"이다.

즉, 800 + 60 + 40 + 300 = 1,200개

(2) 가공비

기초재공품을 당기에 착수한 것으로 가정하므로 완성품환산량은 "완성물량 + 정상공손물량 × 완성도 + 비정상공손물량 × 완성도 + 기말재공품물량 × 완성도"이다.

즉, 800 + 60 × 0.4 + 40 × 0.4 + 300 × 0.3 = 930개

Ⅲ. 원가요소별 당기발생원가집계

(1) 재료비

₩20,000 + ₩130,000 = ₩150,000

(2) 가공비

₩25,600 + ₩123,200 = ₩148,800

Ⅳ. 원가요소별 완성품환산량 단위당 원가(Ⅲ÷Ⅱ)

(1) 재료비

₩150,000 ÷ 1,200개 = ₩125/개

(2) 가공비

₩148,800 ÷ 930개 = ₩160/개

Ⅴ. 완성품 및 기말재공품원가 계산(Ⅱ×Ⅳ)

▶ 1차배분

(1) 완성품
800 × ₩125 + 800 × ₩160 = ₩228,000

(2) 정상공손
60 × ₩125 + 24 × ₩160 = ₩11,340

(3) 비정상공손
40 × ₩125 + 16 × ₩160 = ₩7,560

(4) 기말재공품
300 × ₩125 + 90 × ₩160 = ₩51,900

▶ 2차배분

정상공손의 원가는 기초재공품의 정상공손원가와 합하여 합격품인 완성품원가에 가산한다. 즉, 완성품원가는 ₩228,000 + ₩3,280 + ₩11,340 = ₩242,620이다.

5. 감손회계

1 의의

제품의 제조과정에서 증발 · 분산 · 소멸 등으로 인하여 공정에 투입된 원재료가 감소되는 것을 말하며 물리적 실체가 없으므로 처분가치는 없다. 감손과 관련한 기본개념으로는 감손율과 수율이 있다.

1. 감손율(decrease rate)

감손전수량(투입량)에 대한 감손량의 비율을 말한다.

2. 수율(yield)

감손전수량(투입량)에 대한 감손후수량의 비율(산출량)을 말한다.

$$\text{감손율} = \frac{\text{감손량}}{\text{투입량}}$$

$$\text{수 율} = \frac{\text{산출량}}{\text{투입량}} = \frac{\text{투입량} - \text{감손량}}{\text{투입량}} = 1 - \text{감손율}$$

2 감손의 발생형태

감손의 발생형태는 공정의 일정시점에 발생하는 경우와 공정전반에 걸쳐 평균적으로 발생하는 경우로 구분할 수 있는데 일반적으로 감손은 공정전반에 걸쳐 평균적으로 발생하는 것으로 본다. 공정의 일정시점에 발생하는 감손은 공손과 동일하며 공정전반에 걸쳐 평균적으로 발생하는 경우에는 물량의 완성도에 따라 감손율이 달라진다.

예를 들어, 감손율이 20%인 경우 공정이 100%완료된 물량의 감손량은 착수량의 20%이지만, 공정이 50%완료된 물량의 감손량은 착수량의 10%(=20%×50%)이다.

[그림 5-6] 감손이 공정전반에 평균적으로 발생하는 경우

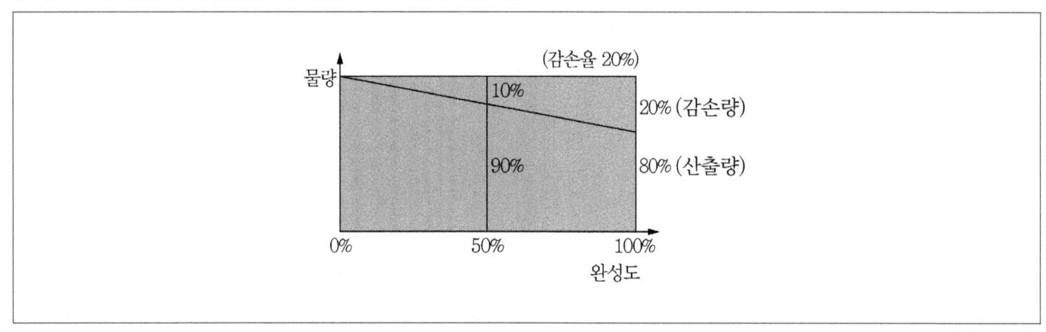

3 감손의 회계처리

감손을 인식하는 방법에는 감손을 별도로 구분하여 감손원가를 집계하는 인식법(분리법)과 감손을 별도로 측정하지 않는 무인식법(비분리법)이 있으나, 일반적으로 감손은 모두 정상감손으로 간주하여 감손원가는 정상품에 가산되어야 하기 때문에 감손원가를 따로 계산하지 않는 무인식법(비분리법)이 많이 사용된다.

1. 인식법

감손원가를 정상감손과 비정상감손으로 분리하여 정상감손의 원가는 정상품에 배분하고 비정상감손은 당기손실처리하는 방법이다.

2. 무인식법

모든 감손은 정상적이라는 가정하에 감손을 따로 분리하지 않고 원가계산시 모든 물량을 감손전 물량으로 환산한 다음 원가계산을 진행하는 방법을 말한다.

4 원가계산절차(무인식법 가정)

감손이 공정전반에 걸쳐 평균적으로 발생한다면 물량의 완성도에 따라 감손율이 다르기 때문에 물량의 투입과 산출량이 일치하지 않는다. 따라서 감손이 존재할 경우 원가계산을 위해서는 감손이 진행된 물량을 모두 감손전 물량으로 환산한 후에 원가계산을 진행하여야 한다.

- 제1단계 : 감손전 물량흐름으로 전환
- 제2단계 : 감손전 물량흐름에 따라 원가계산진행

감손전 물량으로 환산하기 위해서 다음과 같은 등식을 이용할 수 있다.

> 감손후 수량 = 감손전 수량 × (1 − 감손율 × 완성도)

예제 13 감손과 종합원가계산

(주)한국은 하나의 제조공정을 거쳐서 동일 종류의 제품을 생산하고 있다. 제조과정의 전공정을 통하여 20%의 감손이 발생하며, 재료는 공정의 초기에 전량 투입되며 가공비는 공정전반에 걸쳐 균등하게 발생한다. 관련 자료는 다음과 같다.

(1) 물량흐름과 완성도

	수량	완성도
기초재공품	1,840kg	40%
당기착수	6,000	
당기완성	4,000	
기말재공품	2,640	60

(2) 당기 원가발생액

	재료비	가공비	합 계
기초재공품	₩24,000	₩60,000	₩84,000
당기발생액	192,000	429,600	621,600
합 계	₩216,000	₩489,600	₩705,600

요구사항 1

선입선출법에 의한 완성품과 기말재공품원가를 구하시오.

해답

※ 감손전수량으로 환산

재공품 (감손율 20%)

	투 입	산 출		투 입	산 출
기초	2,000kg*1	1,840kg(40%)	완성	5,000kg*2	4,000kg
착수	6,000		기말	3,000*3	2,640(60%)
	8,000kg			8,000kg	

*1 1,840kg ÷ (1 − 0.2 × 40%)
*2 4,000kg ÷ (1 − 0.2 × 100%)
*3 2,640kg ÷ (1 − 0.2 × 60%)

[1단계] / [2단계]

재공품(물량)				완성품환산량 재료비	완성품환산량 가공비
기초	2,000(40%)	완성			
		기초	2,000	0	1,200
		당기	3,000	3,000	3,000
착수	6,000	기말	3,000(60%)	3,000	1,800
	8,000		8,000	6,000kg	6,000kg

[3단계]

			합 계
기초재공품원가			₩84,000
당기발생원가	₩192,000	₩429,600	621,600
			₩705,600

[4단계]

완성품환산량	÷6,000kg	÷6,000kg
환산량단위당원가	@32	@71.6

[5단계]

완성품원가	₩84,000 + 3,000kg × @32 + 4,200kg × @71.6 =	₩480,720
기말재공품원가	3,000kg × @32 + 1,800kg × @71.6 =	224,880
		₩705,600

요구사항 2

평균법에 의한 완성품과 기말재공품원가를 구하시오.

해답

[1단계] / [2단계]

재공품(물량)				완성품환산량 재료비	완성품환산량 가공비
기초	2,000(40%)	완성	5,000	5,000	5,000
착수	6,000	기말	3,000(60%)	3,000	1,800
	8,000		8,000	8,000kg	6,800kg

[3단계]

			합 계
기초재공품원가	₩24,000	₩60,000	₩84,000
당기발생원가	192,000	429,600	621,600
	₩216,000	₩489,600	₩705,600

	완성품환산량		합 계
	재료비	가공비	
[4단계]			
완성품환산량	÷8,000kg	÷6,800kg	
환산량단위당원가	@27	@72	

[5단계]

완성품원가	5,000kg × @27 + 5,000kg × @72 =	₩495,000
기말재공품원가	3,000kg × @27 + 1,800kg × @72 =	210,600
		₩705,600

객관식 문제

1. (주)경기는 한 가지 종류의 플라스틱 장난감을 제조한다. 이번 기의 자료는 다음과 같다.

	단위	재료비	가공비
기초재공품	1,000	₩9,000	₩12,000
당기착수	30,000	240,000	305,000
기말재공품	500	—	

모든 재료는 공정의 초기단계에 100%시점에 투입된다. 기초재공품은 가공비가 40%만큼 투입되었으며, 기말재공품에는 80%가 투입되었다. 이 회사는 공정별원가계산방법(process costing)을 사용하고 있으며, 원가흐름에 대한 가정으로 선입선출법(FIFO)을 사용하고 있다. 이번 기에 발생한 전출원가(transfer-out cost)는 얼마인가? 단, 공손은 발생하지 않았다. 2007 회계사

① ₩531,000　② ₩552,000　③ ₩558,000
④ ₩549,000　⑤ ₩560,000

2. 다음의 자료에 의해 선입선출법을 적용할 경우 기말재공품에 포함된 가공비를 구하시오. 단, 가공비는 공정전반에 균등발생하고 당기에 발생한 공손과 감손은 없다.

	물량(개)	가공비
기초재공품(80% 완성)	300개	₩1,280,000
당기투입	?	10,600,000
합 계	?	₩11,880,000
당기완성	1,200	
기말재공품(50% 완성)	200	
합 계	1,400	

① ₩1,000,000　② ₩879,246　③ ₩716,924
④ ₩533,334　⑤ ₩695,124

3. 서울회사는 평균법에 의한 종합원가계산을 채택하고 있다. 기초재공품이 75,000단위이고 당기착수량이 225,000단위이다. 기말재공품이 50,000단위인데 직접재료는 전량 투입되었고, 가공비완성도는 70%이다. 기초재공품에 포함된 가공비가 ₩14,000이고 당기발생 가공비가 ₩100,000이면 기말재공품에 얼마의 가공비가 배부되어야 하는가? 2008 세무사

① ₩20,000 ② ₩10,000 ③ ₩18,000
④ ₩8,000 ⑤ ₩14,000

4. (주)대한의 3월 제조와 관련된 자료는 다음과 같다. 가중평균법을 사용하는 경우 월말 재공품에 포함되는 가공비는 얼마인가? 2009 세무사

월초 재공품 완성도	60%
월말 재공품 완성도	40%
월초 재공품 수량	9,200개
당월 착수량	20,000개
월말 재공품 수량	2,000개
월초 재공품 가공비	₩30,320
당월 발생 가공비	₩52,000

① ₩1,782 ② ₩2,352 ③ ₩3,422
④ ₩4,432 ⑤ ₩5,880

5. 가중평균법(weighted average method)을 적용한 공정별 원가계산에 대한 설명으로 가장 부적절한 것은? 2001 회계사

① 가중평균법은 기초재공품 모두를 당기에 착수, 완성한 것처럼 가정한다.

② 적시재고관리(just－in－time : JIT)를 적용하고 원가요소의 기간별 가격차이가 크지 않다면 선입선출법과 거의 차이가 없다.

③ 가중평균법은 착수 및 원가발생시점에 관계없이 당기완성량의 평균적 원가를 계산한다.

④ 선입선출법에 비해 가중평균법은 당기의 성과를 이전의 기간과 독립적으로 평가할 수 있는 보다 적절한 기회를 제공한다.

⑤ 흐름생산의 경우 선입선출법이 가중평균법에 비해 실제 물량흐름(physical flow)에 보다 충실한 원가흐름의 가정이라 볼 수 있다.

6. 평균법을 이용하여 종합원가계산을 수행하는 회사에서 기말재공품 완성도를 실제보다 과대평가할 경우 과대평가 오류가 완성품환산량, 완성품환산량 단위당 원가, 당기완성품원가 그리고 기말재공품원가에 각각 어떠한 영향을 미치겠는가? 1998 세무사

	완성품환산량	완성품환산량 단위당 원가	당기완성품원가	기말재공품원가
①	과대평가	과소평가	과소평가	과대평가
②	과소평가	과대평가	과소평가	과소평가
③	과대평가	과소평가	과대평가	과대평가
④	과소평가	과대평가	과대평가	과소평가
⑤	과소평가	과소평가	과대평가	과대평가

7. 대한회사는 선입선출법에 의한 종합원가계산을 채택하고 있다. 제품제조를 위하여 원재료 A와 원재료 B가 사용되는데 원재료 A는 공정초기에 전부 투입되고 원재료 B는 공정의 50% 시점에 전부 투입된다. 그리고 가공원가는 공정 전체를 통하여 균등하게 발생한다. 대한회사의 당기 제품제조활동과 관련한 다음의 자료를 토대로 당기에 완성된 제품의 원가와 기말재공품의 원가를 구하면 각각 얼마인가? 2008 세무사

	물량(개)	재료 A	재료 B(50%)	가공비
기초재공품(60% 완성)	5,000개	₩850,000	₩900,000	₩400,000
당기투입	?	3,400,000	4,500,000	1,600,000
합 계	?	₩4,250,000	₩5,400,000	₩2,000,000
당기완성	80,000			
기말재공품(30% 완성)	10,000			
합 계	90,000			

	완성품원가	기말재공품원가
①	₩11,025,000	₩625,000
②	11,150,000	500,000
③	11,190,000	460,000
④	9,600,000	2,050,000
⑤	10,200,000	1,450,000

8. (주)한국은 컴퓨터칩을 생산하고 있다. 재료는 생산공정의 초기에 투입되며, 가공원가는 공정의 전반에 걸쳐 균등하게 발생한다. 생산공정에서 공손품이 발생하는데 이러한 공손품은 제품을 검사하는 시점에서 발생한다. 정상적인 공손품은 품질검사시점을 통과한 합격품의 10%의 비율로 발생한다. 5월의 생산자료를 보면, 월초재공품(완성도 30%) 10,000개, 당월 생산착수량 75,000개, 당월 생산착수완성품 52,000개, 월말재공품(완성도 80%) 15,000개, 공손품 8,000개이다. 품질검사가 생산공정의 20%시점에서 실시되는 경우 정상공손품 수량은 얼마인가? 만약, 생산공정의 50%시점에서 품질검사가 실시된다면, 정상공손품 수량은 얼마인가? 2006 회계사

	20%시점	50%시점
①	7,500개	8,500개
②	7,500	7,700
③	5,200	7,700
④	6,200	7,700
⑤	6,700	7,700

9. 대한회사는 당기 중 검사를 통과한 정상품(양품)의 10%를 정상공손으로 간주하며, 모든 공손은 완성시점에 발견된다. 재료는 공정초에 모두 투입되고 가공비는 전 공정에 걸쳐 균등하게 발생하며, 기말재공품의 평가는 평균법에 의한다. 20×1년 3월에 대한회사의 생산활동에 대한 자료는 다음과 같다.

	물량(개)	재료비	가공비
기초재공품(80% 완성)	1,000 개	₩540,000	₩880,000
당기투입	9,000	5,000,000	9,460,000
합계	10,000	₩5,540,000	₩10,340,000
당기완성	7,000		
정상공손	?		
비정상공손	?		
기말재공품(60% 완성)	1,500		
합계	10,000		

대한회사의 20×1년 3월의 완성품원가는 얼마인가? 2007 세무사

① ₩11,200,000 ② ₩12,273,200 ③ ₩12,735,800

④ ₩12,805,000 ⑤ ₩13,134,400

정답 및 해설

1. 정답 ③

※ 물량흐름도

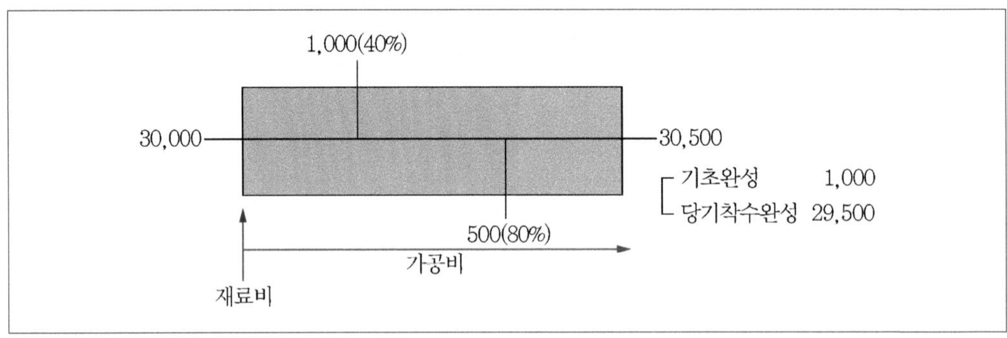

(1) 완성품 환산량

	완성품		기말재공품	합계
	기초완성	당기착수완성		
물 량	1,000(0.4)	29,500	500(0.8)	
재료비	–	29,500	500	30,000
가공비	600	29,500	400	30,500

(2) 원가요소별 환산량 단위당 원가

	당기발생원가	÷	완성품환산량	=	환산량단위당원가
재료비	₩240,000		30,000		₩8
가공비	₩305,000		30,500		10

(3) 제조원가계산(=완성품환산량×환산량단위당원가)

	완성품	재공품
기 초	₩21,000	–
재료비	236,000	₩4,000
가공비	301,000	4,000
	₩558,000	₩8,000

cf. 별해

I. 물량의 흐름					Ⅱ. 원가요소별 완성품환산량 재료비	가공비
기초	1,000(0.4)	완성	기초분	1,000(0.6)	–	600
착수	30,000		당기분	29,500	29,500	29,500
		기말		500(0.8)	500	400
	31,000			31,000	30,000	30,500
Ⅲ. 총원가의 집계						
당기투입원가					₩240,000	₩305,000
Ⅳ. 완성품환산량 단위당 원가 (Ⅲ ÷ Ⅱ)						
완성품환산량					÷30,000	÷30,500
완성품환산량 단위당 원가					₩8	₩10
Ⅴ.총원가의 배분						
완성품원가		₩21,000 + 29,500 × 8 + 30,100 × 10 =				₩558,000
기말재공품원가		500 × 8 + 400 × 10 =				8,000
						₩566,000

2. 정답 ①

(1) 가공비 환산량 단위당 원가

₩10,600,000 ÷ (300 × 0.2 + 900 + 200 × 0.5) = ₩10,000

(2) 기말재공품에 포함된 가공비

₩10,000 × 200 × 0.5 = ₩1,000,000

3. 정답 ⑤

중급 평균법에서의 가공비 추정

※ 물량흐름도

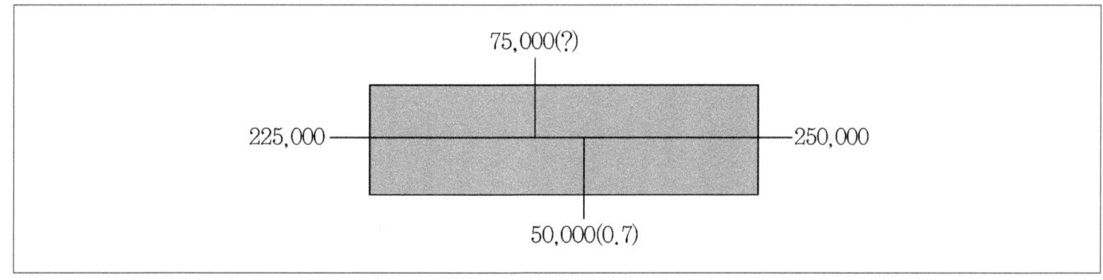

(1) 가공비 환산량 단위당 원가

(₩14,000 + ₩100,000) ÷ (250,000 + 50,000 × 70%) = ₩0.4

(2) 기말재공품에 배분될 가공비

₩0.4 × (50,000 × 70%) = ₩14,000

4. 정답 ②

중급 평균법에서의 기말재공품원가 계산★

※ 물량흐름도

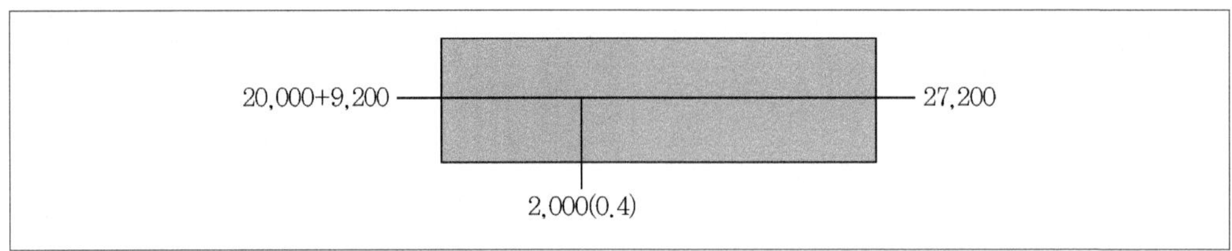

(1) 완성품 환산량

	완성품	재공품	합계
물량	27,200	2,000	29,200
가공비	27,200	800	28,000

(2) 가공비 환산량 단위당 원가

	기초재공품원가+당기발생원가	÷	완성품환산량	=	환산량단위당원가
가공비	₩30,320 + ₩52,000 = ₩82,320		28,000		₩2.94

그러므로, 재공품의 가공비는 800 × ₩2.94 = ₩2,352이다.

cf. 별해

I. 물량의 흐름				Ⅱ. 원가요소별 완성품환산량 재료비	가공비
기초	9,200(0.6)	완성	27,200	27,200	27,200
착수	20,000	기말	2,000(0.4)	2,000	800
	29,200		29,200	29,200	28,000
Ⅲ. 총원가의 집계					
기초재공품원가				?	₩30,320
당기투입원가				?	52,000
					₩82,320
Ⅳ. 완성품환산량 단위당 원가 (Ⅲ ÷ Ⅱ)					
완성품환산량					÷28,000
완성품환산량 단위당 원가				?	₩2.94
Ⅴ. 총원가의 배분					
완성품가공비				27,200 × 2.94 =	₩79,968
기말재공품가공비				800 × 2.94 =	2,352
					₩82,320

5. 정답 ④

중급 선입선출법과 평균법의 비교★

가중평균법보다 선입선출법에 의한 가정이 전기와 당기의 성과를 평가하기 위한 보다 적절한 방법이다.

6. 정답 ①

중급 평균법에서의 오류효과★

- 기말재공품 완성도 과대평가 ⇒ 완성품환산량 과대평가 ⇒ 완성품환산량 단위당 원가 과소평가 ⇒ 당기완성품 과소평가, 기말재공품 과대평가.

7. 정답 ③

중급 원재료 2회 투입

※ 물량흐름도

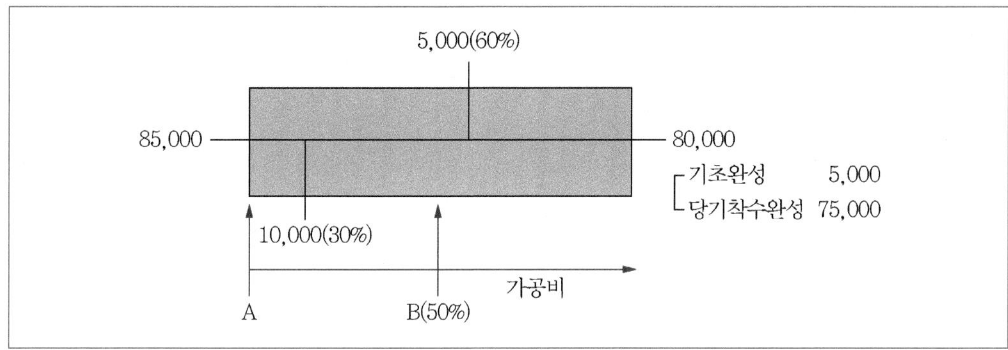

(1) 완성품 환산량

	완성품		기말재공품	합계
	기초완성	당기착수완성		
물량	5,000(0.4)	75,000	10,000(0.3)	
재료비				
A	–	75,000	10,000	85,000
B(0.5)	–	75,000	–	75,000
가공비	2,000	75,000	3,000	80,000

(2) 원가요소별 환산량 단위당 원가

	당기발생원가	÷	완성품환산량	=	환산량단위당원가
재료비					
A	₩3,400,000		85,000		₩40
B(0.5)	4,500,000		75,000		60
가공비	1,600,000		80,000		20

(3) 제조원가계산(= 완성품환산량 × 환산량단위당원가)

	완성품	재공품
기초	₩2,150,000	–
재료비		
A	3,000,000	₩400,000
B	4,500,000	–
가공비	1,540,000	60,000
	₩11,190,000	₩460,000

cf. 별해

I. 물량의 흐름					Ⅱ. 원가요소별 완성품환산량 A	B(0.5)	가공비
기초	5,000(0.6)	완성	기초분	5,000(0.4)	–	–	2,000
착수	85,000		당기분	75,000	75,000	75,000	75,000
		기말		10,000(0.3)	10,000	–	3,000
	90,000			90,000	85,000	75,000	80,000
Ⅲ. 총원가의 집계							
당기투입원가					₩3,400,000	₩4,500,000	₩1,600,000
Ⅳ. 완성품환산량 단위당 원가 (Ⅲ ÷ Ⅱ)							
완성품환산량					÷85,000	÷75,000	÷80,000
완성품환산량 단위당 원가					₩40	₩60	₩20

Ⅴ. 총원가의 배분

완성품원가	₩2,150,000 + 75,000 × 40 + 75,000 × 60 + 77,000 × 20 =	₩11,190,000
기말재공품원가	10,000 × 40 + 3,000×20 =	460,000
		₩11,650,000

8. 정답 ⑤

중급 정상공손수량 결정★

	20% 시점	50% 시점
총공손수량	8,000	8,000
합격수량	52,000 + 15,000 = 67,000	10,000 + 52,000 + 15,000 = 77,000
정상공손수량	67,000 × 10% = 6,700	77,000 × 10% = 7,700

9. 정답 ③

중급 공손과 평균법에서의 종합원가계산★

※ 물량흐름도

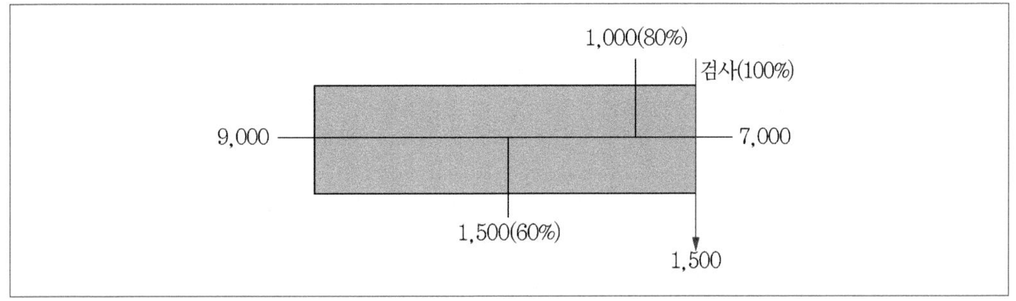

※ 정상공손수량 결정

	표준형
총공손수량	1,500
정상공손	7,000 × 10% = 700
비정상공손	1,500 − 700 = 800

(1) 완성품 환산량

	완성품	재공품	공 손		합 계
			정상공손	비정상공손	
물량	7,000	1,500(0.6)	700	800	
재료비	7,000	1,500	700	800	10,000
가공비	7,000	900	700	800	9,400

(2) 원가요소별 환산량 단위당 원가

	기초재공품 원가+당기발생원가	÷	완성품환산량	=	환산량단위당원가
재료비	₩5,540,000		10,000		₩554
가공비	10,340,000		9,400		1,100

(3) 제조원가계산(= 완성품환산량 × 환산량단위당원가)

	완성품	재공품	공손	
			정상공손	비정상공손
재료비	₩3,878,000	₩831,000	₩387,800	₩443,200
가공비	7,700,000	990,000	770,000	880,000
합계	₩11,578,000	₩1,821,000	₩1,157,800	₩1,323,200

(4) 정상공손원가 배분

	완성품	재공품	공손	
			정상공손	비정상공손
배분전	₩11,578,000	₩1,821,000	₩1,157,800	₩1,323,200
배분	1,157,800	–	(1,157,800)	–
배분후	₩12,735,800	₩1,821,000	–	₩1,323,200

주관식 문제

문제 1 연속공정의 종합원가계산

다음을 읽고 물음에 답하시오.

다음은 (주)한국의 제1공정에 관한 자료이다. 원재료는 공정 초에 모두 투입되며, 가공원가는 전공정에 걸쳐 균등하게 발생한다. 제1공정에서는 선입선출법을 적용하여 제품원가를 계산하고 있다.

(1) 생산자료

	물량단위	가공비 완성도
기초재공품	10,000단위	80%
기말재공품	20,000	40
당기투입	100,000	
완 성 품	90,000	

(2) 원가자료

	재료원가	가공원가	합 계
기초재공품	₩315,000	₩138,800	₩453,800
당기투입	1,500,000	900,000	2,400,000

물음 1

제1공정의 완성품환산량과 환산량 단위당 원가를 계산하시오.

물음 2

제1공정의 완성품원가와 기말재공품원가를 계산하시오.

물음 3

다음은 제2공정에 관한 자료이다.

• 완성품환산량 단위당 원가(전공정원가 ₩20, 재료원가 ₩30, 가공원가 ₩15)

• 기말재공품 수량 30,000단위(가공원가 완성도 60%)

제2공정의 원재료는 공정 말에 모두 투입되며, 가공원가는 전공정에 걸쳐 균등하게 발생한다. 제2공정의 기말재공품 원가는 얼마인가? (단, 제2공정의 기초재공품은 없었으며 제1공정 완성수량이 제2공정으로 전량 대체되었다)

해 답

※ 물량 흐름도

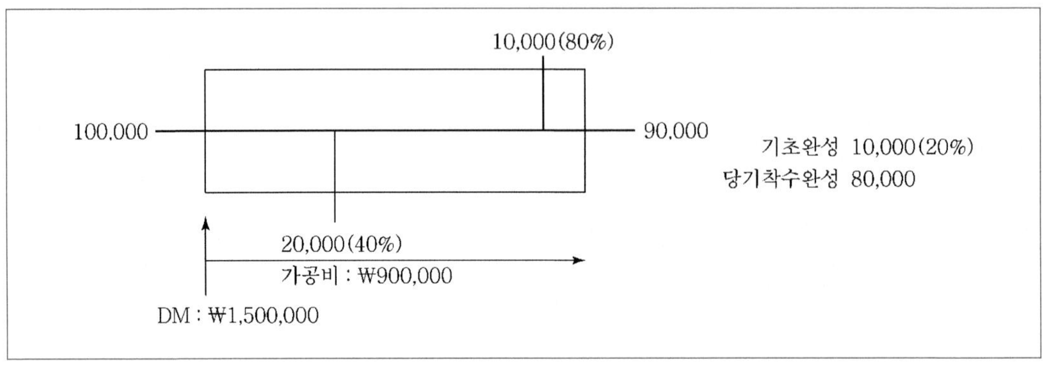

물음 1 제1공정의 완성품환산량과 환산량 단위당 원가(선입선출법)

(1) 물량흐름 및 완성품 환산량계산

		완성품환산량	
생산흐름	물량단위	재료원가	가공원가
기초재공품	10,000(0.8)		
당기착수량	100,000		
	110,000		
당기완성품	10,000(0.2)	–	2,000
	80,000	80,000	80,000
기말재공품	20,000(0.4)	20,000	8,000
	110,000	100,000	90,000

(2) 총원가요약 및 환산량 단위당 원가

	재료원가	가공원가	합 계
당기발생원가	₩1,500,000	₩900,000	₩2,400,000
완성품환산량	÷100,000	÷90,000	
환산량 단위당 원가	₩15	₩10	

물음 2 제1공정의 완성품원가와 기말재공품원가

완성품	₩453,800 + 80,000 × ₩15 + 82,000 × ₩10 =	₩2,473,800
기말재공품	20,000 × ₩15 + 8,000 × ₩10 =	380,000
		₩2,853,800

물음 3 제2공정의 기말재공품원가

전공정원가	(30,000단위 × @20) =	₩600,000
재료원가*		–
가공원가	(30,000단위 × 0.6 × @15) =	270,000
		₩870,000

* 제2공정의 원재료는 공정말에 투입되므로 기말재공품에 재료원가는 배부되지 않는다.

문제 2 재공품 완성도 추정

다음을 읽고 물음에 답하시오.

다음은 6월과 7월에 걸친 공정자료이다. 재료 X는 공정초기에 투입되고 재료 Y는 공정 50% 시점에 투입되며, 가공원가는 공정전반에 걸쳐서 투입된다. 선입선출법을 가정한다.

(1) 6월의 완성품 환산량 단위당 원가는 다음과 같다.

재료 X : ₩130	재료 Y : ₩80	가공비 : ₩250

(2) 7월의 완성품 환산량 단위당 원가는 다음과 같다.

재료 X : ₩135	재료 Y : ₩85	가공비 : ₩260

(3) 6월초 재공품원가는 ₩620,000이다.

(4) 6월과 7월의 생산자료는 다음과 같다.

	6월	7월
당기착수	4,500개	5,000개
당기완성	5,000	6,000

(5) 6월말 재공품 2,000개의 완성도는 다음과 같다.

1,000개 : 90%	500개 : 40%	500개 : 20%

물음 1

6월의 가공원가 완성품 환산량이 5,200개이다. 기초재공품의 완성도를 구하시오.

물음 2

6월의 기말재공품과 완성품원가를 구하시오.

물음 3

7월의 가공원가 완성품 환산량은 5,600개이다. 기말재공품의 완성도를 구하시오.

물음 4

7월의 기말재공품과 완성품원가를 구하시오.

해 답

물음 1 6월 기초재공품 완성도

(1) 월초재공품 수량

재공품

월 초	?	완 성	5,000
착 수	4,500	월 말	2,000

따라서, 월초재공품수량은 5,000개 + 2,000개 − 4,500개 = 2,500개이다.

(2) 월초재공품완성도

월초재공품 당기진행		2,500개 × (1 − x)
당기착수 완성	5,000개 − 2,500개 =	2,500
월말재공품 당기투입	1,000개 × 0.9 + 500개 × 0.4 + 500개 × 0.2 =	1,200
가공원가 완성품환산량		5,200개

따라서, 월초재공품완성도는 40%이다.

물음 2 6월 기말재공품원가와 완성품원가

(1) 6월 말 재공품원가 계산

재료 X	2,000개 × @130 =	₩260,000
재료 Y	1,000개 × @80 =	80,000
가공원가	1,200개 × @250 =	300,000
합 계		₩640,000

(2) 6월 완성품원가 계산

6월 초 재공품원가		₩620,000
재료 X	2,000개 × @130 =	260,000
재료 Y	5,000개 × @80 =	400,000
가공원가	4,000개 × @250 =	1,000,000
합 계		₩2,345,000

물음 3 7월 기말재공품의 완성도

(1) 월말재공품수량

재공품			
월 초	2,000	완 성	6,000
착 수	5,000	월 말	?

따라서, 월말재공품수량은 2,000개 + 5,000개 − 6,000개 = 1,000개이다.

(2) 월말재공품완성도

월초재공품 당기진행	2,000개 − 1,200개 =	800개
당기착수 완성	6,000개 − 2,000개 =	4,000
월말재공품 당기투입		1,000 × x
가공비 완성품환산량		5,600개

1000개 × x = 800개이므로, 월말재공품완성도는 80%이다.

물음 4 7월 기말재공품원가와 완성품원가

(1) 7월 말 재공품원가 계산

재료 X	1,000개 × ₩135 =	₩135,000
재료 Y	1,000개 × ₩85 =	85,000
가공원가	800개 × ₩260 =	208,000
합 계		₩428,000

(2) 7월 완성품원가 계산

7월 초 재공품원가		₩640,000
재료 X	5,000개 × ₩135 =	675,000
재료 Y	6,000개 × ₩85 =	510,000
가공원가	5,600개 × ₩260 =	1,456,000
소계		₩3,281,000
7월 말 재공품원가		(428,000)
합 계		₩2,853,000

 복수의 기말재공품과 공손

다음을 읽고 물음에 답하시오.

(주)한국은 단일제품을 대량으로 생산하고 있다. 이 제품의 제조과정에서 두 가지의 재료가 투입되는데 재료 A는 공정의 25%시점에 투입되고 재료 B는 75%시점에서 투입된다. 품질검사는 재료 B를 투입하기 직전에 실시하며 검사를 통과한 합격품에만 재료 B를 투입한다. 가공원가는 공정전반에 걸쳐 균등하게 발생한다. 이 기업의 정상공손허용한도는 검사를 통과한 수량의 2%이다. 기초재공품의 완성도는 40%이고 기말재공품 중 1,000개의 완성도는 80%, 900개의 완성도는 10%일 때, 다음의 원가계산자료를 보고 [물음]에 답하시오.

기초재공품 :	수 량	2,500개	완 성 품 :	수 량	4,000개
	원 가	₩677,000			
당기발생원가 :	수 량	3,520개	기말재공품 :	수 량	1,900개
	재료(A)	₩524,000			
	재료(B)	415,000			
	가공원가	1,194,000			

물음 1

정상공손수량, 비정상공손수량을 계산하시오.

물음 2

선입선출법을 가정하고 완성품, 기말재공품, 비정상공손원가를 계산하시오.

해 답

물음 1 정상공손수량과 비정상공손수량

(1) 합격품수량

3,520개 − 900개 + 2,500개 − 120개 = 5,000개

(2) 정상공손수량

5,000개 × 2% = 100개

(3) 비정상공손수량

120개 − 100개 = 20개

물음 2 완성품, 기말재공품 및 비정상공손원가

(1) 물량흐름 및 완성품 환산량계산

생산흐름	물량단위	완성품환산량		
		재료 A	재료 B	가공비
기초재공품	2,500(0.4)			
당기착수량	3,520			
	6,020			
당기완성품	2,500(0.6)	−	2,500	1,500
	1,500	1,500	1,500	1,500
정상공손	100(0.75)	100	−	75
비정상공손	20(0.75)	20	−	15
기말재공품(10%)	900(0.10)	−	−	90
기말재공품(80%)	1,000(0.80)	1,000	1,000	800
	6,020	2,620	5,000	3,980

(2) 총원가요약 및 환산량 단위당 원가

	재료 X	재료 Y	가공원가	합 계
기초재공품				₩677,000
당기제조원가	₩524,000	₩415,000	₩1,194,000	2,133,000
계				₩2,810,000
완성품환산량	÷2,620	÷5,000	÷3,980	
환산량 단위당 원가	₩200	₩83	₩300	

(3) 원가배분

① 1차배분

완성품	₩677,000 + 1,500 × ₩200 + 4,000 × ₩83 + 3,000 × ₩300 =	₩2,209,000
정상공손	100 × ₩200 + 75 × ₩300 =	42,500
비정상공손	20 × ₩200 + 15 × ₩300 =	8,500
기말재공품	1,000 × ₩200 + 1,000 × ₩83 + 890 × ₩300 =	550,000
		₩2,810,000

② 2차배분

	배분전원가	정상공손원가	배분후원가
완성품	₩2,209,000	₩34,000*1	₩2,243,000
정상공손	42,500	(42,500)	–
비정상공손	8,500	–	8,500
기말재공품	550,000	8,500	558,500
	₩2,810,000		₩2,810,000

*1 완성품에 대한 정상공손원가 배분액 : ₩42,500 × $\frac{4,000}{4,000 + 1,000}$

문제 4 검사시점이 두 개인 경우 종합원가계산

2004. KICPA 수정

다음을 읽고 물음에 답하시오.

서울회사는 X, Y 두 개의 연속된 제조공정을 통하여 단일제품을 생산하고 있다. Y공정의 원재료는 Y공정의 60% 완성시점에서 전량 투입되며, 가공비는 Y공정 전반에 걸쳐 균등하게 발생한다. Y공정에서는 ① 40% 완성시점(1차 검사), ② 80% 완성시점(2차 검사)에서 품질검사가 두 번 이루어지며, 각 검사시점에서 품질검사를 합격한 수량의 5%에 해당하는 공손수량은 정상공손으로 간주한다.

11월 Y공정의 원가계산에 대한 자료는 다음과 같다.

	수 량	완성도
기초재공품	2,000개	50%
당기착수	18,000	
당기완성	14,000	
공손품	1,000	40%
	1,000	80
기말재공품	4,000	90

11월 중 Y공정의 제조원가에 관한 자료는 다음과 같다.

	전공정원가	재료비	가공비	정상공손원가	합 계
기초재공품원가	₩40,000	₩0	₩10,600	₩3,400	₩54,000
당기발생원가	540,000	190,000	356,000		1,086,000

1차 검사시점에서 발견된 공손품의 처분가치는 단위당 ₩8이고, 2차 검사시점에서 발견된 공손품의 처분가치는 단위당 ₩10이다.

물음 1

각각의 검사시점에서 발견된 공손을 정상공손과 비정상공손으로 구분하시오.

물음 2

선입선출법을 이용하여 완성품과 기말재공품원가를 계산하시오.

물음 3

평균법을 이용하여 완성품과 기말재공품원가를 계산하시오.

해 답

※ 물량흐름도

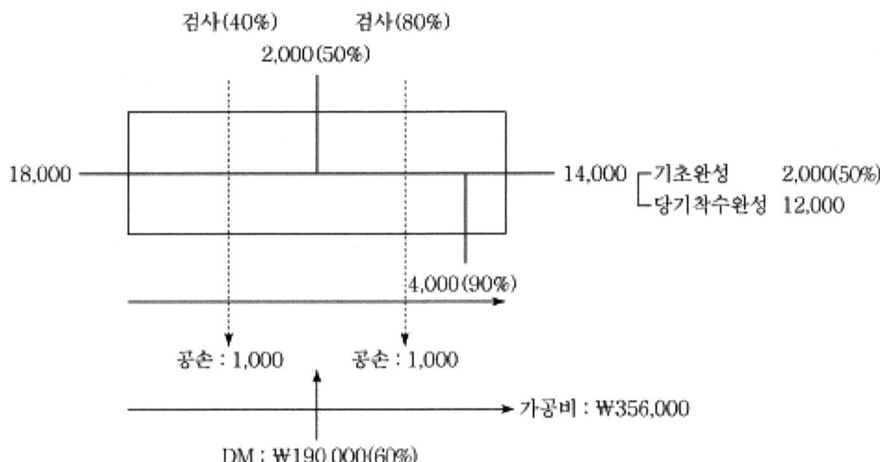

물음 1 정상공손 및 비정상공손수량 결정

(1) 1차검사

① 합격수량 : 18,000개 − 1,000개 = 17,000개

② 정상공손 : 17,000개 × 5% = 850개

③ 비정상공손 : 1,000개 − 850개 = 150개

(2) 2차검사

① 합격수량 : 17,000개 + 2,000개 − 1,000개 = 18,000개

② 정상공손 : 18,000개 × 5% = 900개

③ 비정상공손 : 1,000개 − 900개 = 100개

물음 2 완성품과 기말재공품원가계산(선입선출법)

제조원가보고서(선입선출법)

Y공정

	[1단계] 물량의 흐름	[2단계] 완성품환산량			
		전공정비	재료비	가공비	
기초재공품	2,000(50%)				
당기착수	18,000				
	20,000				
당기완성					
기초재공품	2,000	0	2,000	1,000	
당기착수	12,000	12,000	12,000	12,000	
정상공손(1차)	850*1(40%)	850	0	340	
비정상공손(1차)	150*1(40%)	150	0	60	
정상공손(2차)	900*2(80%)	900	900	720	
비정상공손(2차)	100*2(80%)	100	100	80	
기말재공품	4,000(90%)	4,000	4,000	3,600	
	20,000개	18,000개	19,000개	17,800개	
[3단계] 총원가의 요약					합 계
기초재공품원가					₩54,000
당기발생원가		₩540,000	₩190,000	₩356,000	1,086,000
합 계					₩1,140,000
[4단계] 환산량 단위당 원가					
완성품환산량		÷18,000개	÷19,000개	÷17,800개	
환산량 단위당 원가		@30	@10	@20	

[5단계] 원가의 배분

(1차 배분)

		합 계
완성품원가	₩54,000 + 12,000개 × @30 + 14,000개 × @10 + 13,000개 × @20 =	₩814,000
정상공손원가(1차)	850개 × @30 + 340개 × @20 =	32,300
비정상공손원가(1차)	150개 × @30 + 60개 × @20 =	5,700
정상공손원가(2차)	900개 × @30 + 900개 × @10 + 720개 × @20 =	50,400
비정상공손원가(2차)	100개 × @30 + 100개 × @10 + 80개 × @20 =	5,600
기말재공품원가	4,000개 × @30 + 4,000개 × @10 + 3,600개 × @20 =	232,000
합 계		₩1,140,000

(2차 배분)

	배분전원가	공손품처분가치계상	1차정상공손원가배분	2차정상공손원가배분	배분전원가
완성품원가	₩814,000		₩18,000	₩33,250	₩865,250
정상공손원가(1차)	32,300	₩(6,800)	(25,500)		0
비정상공손원가(1차)	5,700	(1,200)			4,500
정상공손원가(2차)	50,400	(9,000)	1,350	(42,750)	0
비정상공손원가(2차)	5,600	(1,000)	150		4,750
기말재공품원가	232,000		6,000	9,500	247,500
공손품	0	18,000			18,000
합 계	₩1,140,000	₩0	₩0	₩0	₩1,140,000

*1 1차 정상공손수량 = 당기에 1차 검사를 합격한 수량×5%

(12,000개 (당기착수완성량) + 1,000개 (2차 공손량) + 4,000개 (기말재공품))×5% = 850개

1차 비정상공손수량 = 1차 공손수량 − 1차 정상공손수량 = 1,000개 − 850개 = 150개

*2 2차 정상공손수량 = 당기에 2차 검사를 합격한 수량×5%

(2,000개 (기초재공품완성량) + 12,000개 (당기착수완성량) + 4,000개 (기말재공품))×5% = 900개

2차 비정상공손수량 = 2차 공손수량 − 2차 정상공손수량 = 1,000개 − 900개 = 100개

물음 3 완성품과 기말재공품원가계산(평균법)

제조원가보고서(평균법)

Y공정

	[1단계] 물량의 흐름	[2단계] 완성품환산량 전공정비	재료비	가공비	정상공손원가	합계
기초재공품	2,000(50%)					
당기착수	18,000					
	20,000					
당기완성	14,000	14,000	14,000	14,000		
정상공손(1차)	850(40%)	850	0	340		
비정상공손(1차)	150(40%)	150	0	60		
정상공손(2차)	900(80%)	900	900	720		
비정상공손(2차)	100(80%)	100	100	80		
기말재공품	4,000(90%)	4,000	4,000	3,600		
	20,000개	20,000개	19,000개	18,800개		
[3단계] 총원가의 요약					정상공손원가	합계
기초재공품원가		₩40,000	₩0	₩10,600	₩3,400	₩54,000
당기발생원가		540,000	190,000	356,000	–	1,086,000
합계		₩580,000	₩190,000	₩356,000	₩3,400	₩1,140,000
[4단계] 환산량 단위당 원가						
완성품환산량		÷20,000개	÷19,000개	÷18,800개		
환산량 단위당 원가		@29	@10	@19.5		

[5단계] 원가의 배분

(1차 배분)

완성품원가	14,000개 × @29 + 14,000개 × @10 + 14,000개 × @19.5	=	₩819,000
정상공손원가(1차)	₩3,400[*1] + 850개 × @29 + 340개 × @19.5	=	34,680
비정상공손원가(1차)	150개 × @29 + 60개 × @19.5	=	₩5,520
정상공손원가(2차)	900개 × @29 + 900개 × @10 + 720개 × @19.5	=	49,140
비정상공손원가(2차)	100개 × @29 + 100개 × @10 + 80개 × @19.5	=	5,460
기말재공품원가	4,000개 × @29 + 4,000개 × @10 + 3,600개 × @19.5	=	226,200
합계			₩1,140,000

(2차 배분)

	배분전원가	공손품처분가치계상	1차정상공손원가배분*2	2차정상공손원가배분*3	배분전원가
완성품원가	₩819,000		₩20,543	₩32,247	₩871,790
정상공손원가(1차)	34,680	₩(6,800)	(27,880)		0
비정상공손원가(1차)	5,520	(1,200)			4,320
정상공손원가(2차)	49,140	(9,000)	1,321	(41,461)	0
비정상공손원가(2차)	5,460	(1,000)	147		4,607
기말재공품원가	226,200		5,869	9,214	241,283
공 손 품	0	18,000			18,000
합 계	₩1,140,000	₩0	₩0	₩0	₩1,140,000

*1 기초재공품의 완성도가 50%이므로 기초재공품의 정상공손원가 ₩3,400은 전기의 기말재공품에 배분된 1차 정상공손원가이다.

*2 1차 정상공손원가배분

완 성 품	: ₩27,880×14,000개/(14,000개+900개+100개+4,000개)	=	₩20,543
2차 정상공손	: ₩27,880×900개/(14,000개+900개+100개+4,000개)	=	1,321
2차 비정상공손	: ₩27,880×100개/(14,000개+900개+100개+4,000개)	=	147
기말재공품	: ₩27,880×4,000개/(14,000개+900개+100개+4,000개)	=	5,869
합 계			₩27,880

*3 2차 정상공손원가배분

완 성 품	: ₩41,461×14,000개/(14,000개+4,000개)	=	₩32,247
기말재공품	: ₩41,461×4,000개/(14,000개+4,000개)	=	9,214
합 계	:		₩41,461

 보조부문 배부 및 종합원가계산 2005. KICPA

다음을 읽고 물음에 답하시오.

(주)한국은 유일한 보조부문인 전력부문과 연속적인 두 개의 제조부문 A와 제조부문 B로 구성되어 있다. 강원회사는 선입선출법을 사용하여 종합원가계산을 하고 있다.

회사의 제조부문 A에서는 공정 초기에 원재료가 전량 투입되며 가공비는 전 공정에 걸쳐 균등하게 발생한다. 제조부문 A의 20×1년 6월중 생산 자료는 다음과 같다.

	물　　량
기초재공품(완성도 : 60%)	1,000단위
당기착수량	23,580
당기완성량	20,000
기말재공품(완성도 : 25%)	4,000

검사는 공정의 50%시점에서 이루어지며, 검사시점을 통과한 합격품의 2%를 정상공손으로 간주한다. 20×1년 6월중 제조부문 A의 원가 자료는 다음과 같다.

	직접재료비	가 공 비
기초재공품원가	₩3,100	₩4,800
당기발생원가 (보조부문원가 배부전)	70,740	144,830

전력부문의 생산설비용량은 각 제조부문의 예상 전력수요를 감안하여 결정된다. 매 기간마다 예상되는 회사전체의 전력수요는 각 제조부문의 예상 기계가동시간에 의해 추정된다. 전력부문의 예산원가는 각 제조부문에 배부된다.

전력부문의 20×1년 6월 변동예산은 다음과 같다.

고 정 비	₩50,000
변 동 비	0.25/기계시간

회사의 20×1년 6월 정상조업도는 200,000기계시간이며, 이 중 제조부문 A에서는 75,000기계시간을 사용할 것으로 예상하였다. 당월 제조부문 A에서는 단위당 3시간의 기계시간이 사용되었다.

물음 1

20×1년 6월 제조부문 A에 배부된 전력부문 원가의 금액을 구하시오.

물음 2

20×1년 6월 제조부문 A의 당기완성품원가를 구하시오. (단, 가공비의 완성품환산량 단위당 원가는 소수점 셋째 자리에서 반올림하시오.)

해 답

※ 물량흐름도

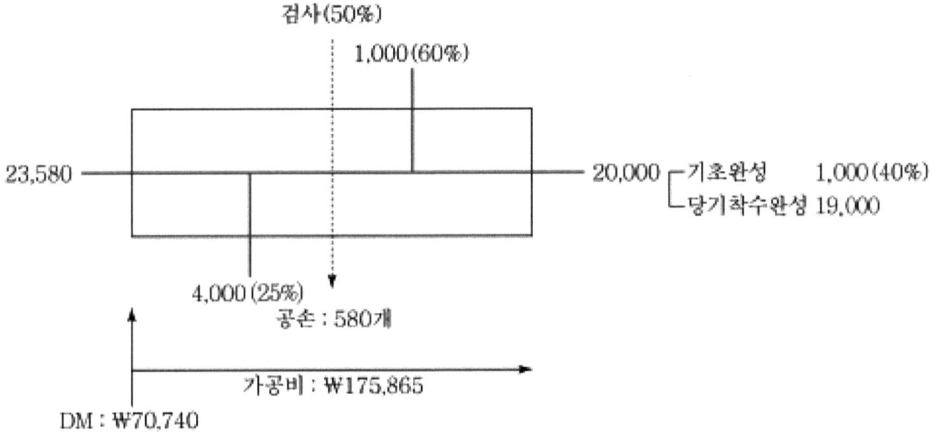

물음 1 제조부문 A에 배분된 전력부문의 원가

(1) 정상공손수량 결정

① 합격수량 : 23,580개 − 4,000개 − 580개 = 19,000개

② 정상공손수량 : 19,000개 × 0.02 = 380개(50%)

③ 비정상공손수량 : 580개 − 380개 = 200개(50%)

(2) 보조부문의 예정배부율 및 실제기계시간을 파악하여 배부액을 구한다.

① 예정배부율

- 전력부문의 예산원가 : ₩50,000 + ₩0.25 × 200,000시간 = ₩100,000
- 전력부문의 예정배부율 : ₩100,000/200,000시간 = 0.5/시간

② 실제기계시간(가공비 완성품환산량을 근거로 계산)

- A부문의 가공비 완성품환산량 :
  1,000개 × 0.4 + 19,000개 × 1 + 4,000개 × 0.25 + 580개 × 0.5 = 20,690개
- A부문의 실제기계시간 : 20,690개 × 3시간 = 62,070시간

③ A부문의 전력비배부액 : ₩0.5/시간 × 62,070시간 = ₩31,035

물음 2 제조부문 A의 당기완성품원가

(1) 환산량 단위당 원가

	물량의 흐름	완성품환산량 재 료 비	 가 공 비	
당기완성				
기초재공품	1,000(60%)	0	400	
당 기 착 수	19,000	19,000	19,000	
정상공손	380(50%)	380	190	
비정상공손	200(50%)	200	100	
기말재공품	4,000(25%)	4,000	1,000	
	24,580개	23,580개	20,690개	
총원가의 요약				합 계
기초재공품원가				₩7,900
당기발생원가		₩70,740	₩175,865	215,570
합 계				₩223,470
환산량 단위당 원가				
완성품원가		÷23,580개	÷20,690개	
환산량 단위당 원가		@3	@8.5	

(2) 완성품원가계산

= ₩7,900 + ₩19,000 × @3 + ₩19,400 × @8.5 + ₩380 × @3 + ₩380 × 0.5 × @8.5 (정상공손원가*: ₩380 × @3 + ₩380 × 0.5 × @8.5)

= ₩232,555

* 정상공손원가를 완성품에 배부하여야 한다.

문제 6 부산물과 종합원가계산

CMA 수정

(주)한국은 A, B 두 공정을 통해 화학제품 X를 생산한다. 원재료는 A공정 초기에 투입되는데, 이 중 15%는 A공정 말에 부산물로 남고 나머지만 B공정으로 대체된다. 부산물은 더 이상 가공되지 않고 즉시 kg당 ₩2에 판매되는데, 이 때 지출되는 판매 및 운반비용은 kg당 ₩0.5이다. ㈜한국은 부산물의 순실현가치를 A공정의 원재료원가에서 차감한 후에 A공정 생산물의 제조원가를 계산하고 있다. B공정으로 대체되는 A공정의 생산물은 즉시 정제수와 혼합되어 완제품으로 완성된다. A공정생산물과 정제수의 혼합비율은 3 : 1이다. 제조과정에서 공손이나 감손을 발생하지 않는다.

당해연도 3월의 생산활동에 관한 자료는 다음과 같다.

	월초재공품		월말재공품
	수량	금액	수량
A공정	없음	–	없음
B공정	1,200kg	₩23,500	2,000kg

또한, 당월투입원가는 다음과 같다.

	원재료원가	가공원가
A공정	₩261,750	₩102,000
B공정	–	86,100

(1) 3월 중 A공정 초에 투입된 원재료 : 30,000kg

(2) B공정의 월초 및 월말재공품에 대한 가공원가 완성도 : 각각 30%, 80%

(3) B공정 초에 투입되는 정제수의 원가는 ₩0으로 처리하며, B공정의 월초재공품 재고액 ₩23,500 중 ₩12,000은 전공정원가이고, ₩11,500은 가공원가이다.

물음

선입선출법에 따라 B공정의 완성품과 기말재공품을 구하시오.

해 답

(1) 물량흐름(A 공정)

부산물의 순실현가치를 원재료에서 차감한 후 원가계산이 진행되므로 완성품환산량에서 부산물은 제외한다.

① 물량흐름 파악(선입선출법) ② 완성품환산량

				재료원가	가공원가
기 초	–	완성품	25,500kg	25,500	25,500
		부산물	4,500(= 30,000 × 15%)	–	–
착 수	30,000kg	기 말	–	–	–
	30,000kg		30,000kg	25,500	25,500

(2) 물량흐름(B 공정)

A 공정과 정제수가 3:1의 비율로 혼합되므로 A 공정의 25,500kg은 정제수 8,500kg(= 25,500kg × 1/3)과 혼합되어 B 공정의 착수량은 34,000kg이 된다.

① 물량흐름 파악(선입선출법) ② 완성품환산량

				전공정원가	가공원가
기 초	1,200kg	완성품	1,200kg(0.7)	–	840
			32,000	32,000	32,000
착 수	34,000kg	기 말	2,000 (0.8)	2,000	1,600
	35,200kg		35,200kg	34,000	34,440

• 제조원가보고서(A 공정)

① 물량흐름 파악(선입선출법) ② 완성품환산량

				재료원가	가공원가
기 초	–	완성품	25,500kg	25,500	25,500
		부산물	4,500(= 36,000 × 20%)	–	–
착 수	30,000kg	기 말	–	–	–
	30,000kg		30,000kg	25,500	25,500

③ 당월투입원가

부산물의 순실현가치를 재료원가에서 차감한다.

• 재료원가 ₩261,750 − 4,500 × (₩2 − ₩0.5) = ₩255,000
• 가공원가 102,000

④ 완성품환산량 단위당 원가

- 재료원가 ₩255,000 ÷ 25,500 = ₩10
- 가공원가 ₩102,000 ÷ 25,500 = 4

⑤ 완성품 및 기말재공품원가

- 완성품 25,500 × ₩10 + 25,500 × ₩4 = ₩357,000
- 기말재공품 −

제 6 장

원가계산의 확장

전문가 칼럼

■ 닭가슴살, 닭다리, 닭날개의 원가는 어떻게 계산될까?

원가계산이란 제조공정에 집계된 재료비, 노무비 및 기타경비를 일정기간 동안에 생산된 제품에 배분하는 과정을 의미한다. 물론, 공정의 복잡성 정도에 따라 완성품과 미완성품에 대한 원가의 투입 정도가 다르므로 실제는 상당히 복잡하고 어려운 과정을 거쳐야 제품원가계산이 도출될 수 있다. 제품 원가를 계산하는 방법은 여러 가지가 있지만, 일반적으로 제품을 생산하는 방식에 따라 개별원가계산과 종합원가계산으로 구분할 수 있다. 개별원가계산은 다품종 소량 주문생산에 적합한 원가계산 방법이며, 종합원가계산은 단일 또는 소품종 대량 생산에 적합한 원가계산방법이라 할 수 있다. 하지만, 실제로 순수한 개별원가계산이나 종합원가계산은 찾아보기 어렵다. 즉, 기업의 생산공정은 현실적으로 상당히 복잡하며 한가지 원가계산방법을 통해서 계산될 수는 없다. 따라서, 일반적으로 여러 가지 원가계산방법이 혼합되어 이루어진다고 볼 수 있으며, 그 중 대표적인 예가 결합원가계산이다. 결합원가계산은 강의를 통해서 질문을 가장 많이 받았던 원가계산방법 중의 하나이다. 결합원가계산은 연산품을 생산하는 공정에서 적용되는 원가계산방법으로서 낙농업, 정유업과 같은 한 종류의 원재료를 통하여 여러 제품을 생산하는 공정에 적용될 수 있다. 위와 같은 공정을 결합공정이라 하며 결합공정에서 생산되는 제품을 연산품이라 한다. 연산품이라 함은 동일한 원재료를 동일한 가공을 거쳐 생산되는 서로 다른 2가지 이상의 제품을 말하며, 상대적으로 가치가 낮은 부산물과 가치가 없거나 판매가치가 판매비용보다 더 적은 작업폐물과 구분된다.

연산품의 원가결정이 다른 제품에 비하여 크게 다른점은 연산품의 원가는 생산과정에서 식별할 수 없다는 데에 있다. 일반적인 제품은 생산과정에서 원가투입의 정도를 구체적으로 식별할 수 있지만, 연산품은 투입된 원가를 구체적으로 식별할 수 없으므로 연산품의 원가는 판매가격이나 소비자들의 선호에 따라서 배부되는 것이 현실적이다.

■ 결합원가계산(Joint Costing : JC)

총제조원가를 공정별로 집계한 후 연산품(= 결합제품)에 배부하는 방법이다.

1. 연산품(Joint Products)

동일한 종류의 원재료를 투입하여 동시에 생산되는 서로 다른 두 가지 이상의 제품을 말한다.

※연산품의 예

산업	원재료	연산품
낙농업	생우유	버터, 치즈, 생크림 등
화학공업	나프타	에틸렌, 메탄, 프로필렌 등
정육업	돼지	베이컨, 햄, 돼지갈비 등
석유산업	원유	휘발유, 등유, 경유 등

2. 결합원가계산의 절차

- 제1단계 : 제조원가를 공정(결합공정)별 집계
- 제2단계 : 결합공정별 완성품 원가를 연산품에 배부

3. 용어정리

구분	내용
① 연산품(=주산물)	결합제품 중 상대적으로 판매가치가 큰 제품
② 부산물(by-product)	다른 제품에 비하여 상대적으로 판매가치가 낮은 제품
③ 작업폐물(scrap)	찌꺼기와 조각을 의미하는 것으로 판매가치가 없거나 판매가치보다 판매비용이 더 작은 제품
④ 분리점(split-off point)	연산품이 개별적으로 식별가능한 시점
⑤ 결합원가(joint costs)	분리점 이전에 발생한 제조원가
⑥ 개별원가(separable costs)또는 추가가공원가(additional processing costs)	분리점 이후에 발생한 제조원가

4. 결합원가의 배분방법

방 법	내 용
① 물량기준법	연산품의 생산량이나 중량, 용량, 면적 등을 기준으로 결합원가를 배분하는 방법 ※개별제품의 수익성에 대한 잘못된 추정을 할 수 있다.
② 분리점에서의 판매가치법	분리점에서의 상대적 판매가치를 기준으로 결합원가를 배분하는 방법 ※분리점에서의 판매가치가 없는 경우 적용할 수 없다.
③ 순실현가치법	연산품의 순실현가치를 기준으로 결합원가를 배분하는 방법 ※연산품 중 분리점에서의 판매가치를 알 수 없는 경우에 사용된다.
④ 균등이익율법	개별제품이 각각의 최종판매가치에 대하여 모두 동일한 매출총이익률을 갖도록 결합원가를 배분하는 방법 ※"기업의 매출총이익률=개별제품의 매출총이익률"

사 례

(주)한국은 닭고기 가공회사로서 닭 1마리를 통해서 닭가슴살, 닭다리, 닭날개를 각각 500g, 300g, 200g 생산하였다. 투입된 원가자료는 다음과 같다.

구 분	금 액
닭	₩100,000
인건비	50,000
기타경비	150,000
총 액	₩300,000

요구사항 1

결합원가를 물량기준법에 의해서 각 제품에 배분하시오.

해답

구 분	물 량	배분비율	배분금액
닭가슴살	500g	50%	₩150,000
닭다리	300g	30%	90,000
닭날개	200g	20%	60,000
	1,000g	100%	₩300,000

요구사항 2

만약, 닭가슴살, 닭다리, 닭날개의 g당 판매가격이 각각 ₩100, ₩200, ₩450일 경우 분리점에서의 판매가치에 따라서 결합원가를 각 제품에 배분하시오.

해답

구 분	물량 및 가격	배분비율	배분금액
닭가슴살	500g(₩100)	25%(= ₩50,000 ÷ ₩200,000)	₩75,000
닭다리	300g(₩200)	30%(= ₩60,000 ÷ ₩200,000)	90,000
닭날개	200g(₩450)	45%(= ₩90,000 ÷ ₩200,000)	135,000
	1,000g	100%	₩300,000

1. 작업공정별원가계산

1 의의

작업공정별원가계산은 특정기업의 생산활동의 성격이 다양한 종류의 제품을 생산하면서도 대량생산이 가능하다면 이러한 기업은 개별원가계산과 종합원가계산이 혼합된 원가계산방법이 요구되는데 이 때 이용되는 원가계산방법이 작업공정별원가계산방법이다. 이는 총제조원가를 공정별로 제조직접비와 제조간접비로 구분한 후 각 제품별 직접비는 직접부과하고 간접비는 각 공정에 투입된 물량(완성품환산량)을 기준으로 배부한다. 즉, 각 제품별로 투입되는 재료는 다르지만 제조과정에서의 투입되는 시간과 비용은 동일한 경우에 사용되는 방법으로 변형원가시스템(hybrid-costing system)이라고도 한다.

2 원가계산절차

작업공정별원가계산에서의 재료비는 각 제품별 직접부과하고 가공비는 종합원가계산처럼 각 공정별로 집계한 후에 완성품환산량을 기준으로 배부한다. 이는 직접재료비는 제품별로 구분되지만 공정내에서의 가공비는 서로 다른 제품이라 하더라도 동일한 시간과 원가가 투입된다고 가정하기 때문이다. 즉, 재료비는 개별원가계산을 적용하고 가공비는 종합원가계산을 적용한다.

- 직접재료비 : 제품 종류별 상이 ➡ 개별원가계산 적용
- 가 공 비 : 동일한 공정과정을 거침 ➡ 종합원가계산 적용

[그림 6-1] 작업별원가계산의 이해

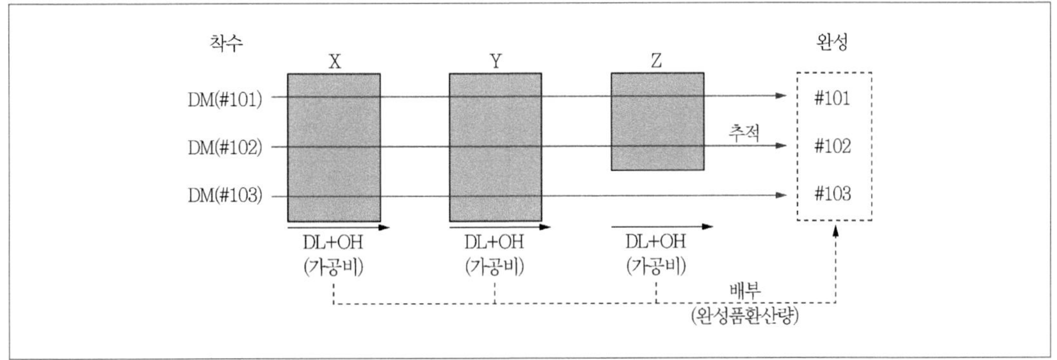

예제 1 작업공정별원가계산

(주)한국은 세 가지 형태의 제품 A, B, C를 생산하고 있다. 이들 제품은 두 가지의 가공작업 X · Y를 거쳐 최종제품으로 완성되는데, 제품 C는 반제품형태로 판매되기 때문에 Y작업이 불필요하다. 가공작업 X · Y의 원가는 각 제품의 수량에 비례하여 균등하게 발생한다.

(1) 당월 중의 생산량 및 재료비

	완성품	재료비
제품 A	9,000 개	₩2,070,000
제품 B	4,000	1,320,000
제품 C	6,000	1,740,000

(2) 당월 중의 가공비 발생액

	작업 X	작업 Y
직접노무비	₩500,000	₩1,000,000
제조간접비	70,000	300,000

요구사항

기초 및 기말의 재공품은 없다고 가정할 때, 제품별 제조원가를 구하시오.

해답

※ 물량흐름도

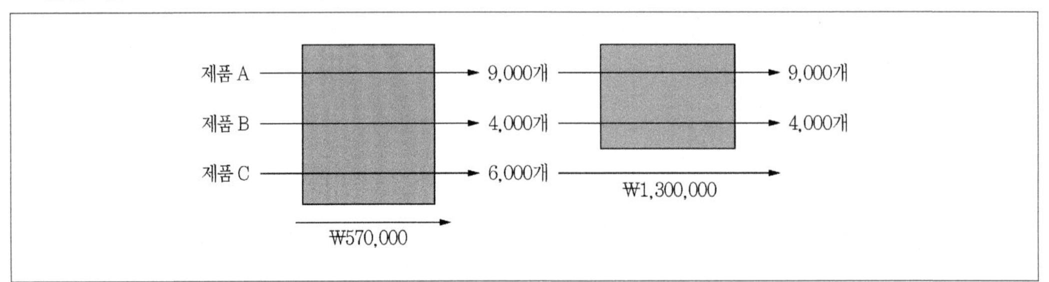

(1) 완성품 환산량

	제품 A	제품 B	제품 C	합계
물량	9,000	4,000	6,000	
재료비				
제품 A	9,000	–	–	9,000
제품 B	–	4,000	–	4,000
제품 C	–	–	6,000	6,000
가공비				
작업 X	9,000	4,000	6,000	19,000
작업 Y	9,000	4,000	–	13,000

(2) 원가요소별 환산량 단위당 원가

	당기발생원가	÷	완성품환산량	=	환산량단위당원가
재료비					
제품 A	₩2,070,000		9,000		₩230
제품 B	1,320,000		4,000		330
제품 C	1,740,000		6,000		290
가공비					
작업 X	570,000		19,000		30
작업 Y	1,300,000		13,000		100

(3) 제조원가계산(= 완성품환산량 × 환산량단위당원가)

	제품 A	제품 B	제품 C	합계
물량	9,000	4,000	6,000	
재료비				
제품 A	₩2,070,000	–	–	₩2,070,000
제품 B	–	₩1,320,000	–	1,320,000
제품 C	–	–	₩1,740,000	1,740,000
가공비				
작업 X	270,000	120,000	180,000	570,000
작업 Y	900,000	400,000	–	1,300,000
	₩3,240,000	₩1,840,000	₩1,920,000	

2. 결합원가계산

1 등급별 원가계산

등급별 원가계산(cass cost system)은 동일재료를 투입하여 동일공정을 거쳐 생산되는 제품들 간에 성격 · 형태 · 품질 등이 상이한 등급품(class products)의 생산에 적용되는 원가계산 방법이다. 예를 들어, 제분업에서의 품질이 서로 다른 소맥분, 양조장에서의 순도가 서로 다른 주류 등이 있다.

2 원가계산의 절차

등급별 원가계산은 등급품의 총원가를 계산한 후 집계된 총원가를 제품별 등가계수(equivalent coefficient)에 따라 각 등급별로 안분하여 계산하는 방법이다.

1. 등가계수

각 등급품의 원가부담에 대한 상대적인 비중을 의미한다. 등가계수는 원가발생과 높은 상관관계가 있어야 정확한 원가배분이 가능해진다. 등가계수를 결정하는 기준은 다음과 같다.

① 물량기준 : 등급품의 중량 · 면적 · 길이 · 주요원가 소비량 등을 기준으로 결정한다.
② 원가기준 : 등급품에 대한 정상적인 생산활동을 전제로 하여 발생가능한 원가를 기준으로 결정하는 방법으로 직접재료비기준, 직접노무비기준, 제조간접비기준이 있다.
③ 시가기준 : 등급품의 시가를 기준으로 결정하는 방법이다.

2. 절차

- 제1단계 : 총제조원가집계
- 제2단계 : 등급품별 등가계수결정
- 제3단계 : 등급품별 제조원가계산

예제 2 등급별 원가계산

(주)한국은 A, B, C의 등급품을 생산하고 있다. 다음 자료를 이용하여 등급품별 제조원가를 구하시오.

등급품	생산수량	단위당 원재료투입수량	단위당 판매가격
A	100 단위	10 kg	₩50
B	150	20	100
C	250	24	120
합계	500 단위		

총제조원가는 ₩40,000이다.

요구사항 1

등급품별 등가계수를 물량(생산량)을 기준으로 하여 총 제조원가를 배분하시오.

해답

	A	B	C	합계
생산수량	100단위	150단위	250단위	500단위
제조원가배분[*1]	₩8,000	₩12,000	₩20,000	₩40,000

*1 A : B : C = 100단위 : 150단위 : 250단위
배부율 = ₩40,000 ÷ 500단위
= ₩80/단위

요구사항 2

등급품별 등가계수를 원재료투입량을 기준으로 하여 총 제조원가를 배분하시오.

해답

	A	B	C	합계
원재료투입수량[*1]	1,000kg	3,000kg	6,000kg	10,000kg
제조원가배분[*2]	₩4,000	₩12,000	₩24,000	₩40,000

*1 생산량×단위당 원재료 투입수량
*2 A : B : C = 1,000kg : 3,000kg : 6,000kg
배부율 = ₩40,000÷10,000kg
= ₩4/kg

요구사항 3

등급품별 등가계수를 시가를 기준으로 하여 총 제조원가를 배분하시오.

해답

	A	B	C	합계
시가[*1]	₩5,000	₩15,000	₩30,000	₩50,000
제조원가배분[*2]	4,000	12,000	24,000	40,000

[*1] 생산량×단위당 판매가격
[*2] A : B : C = ₩5,000 : ₩15,000 : ₩30,000
배부율 = ₩40,000 ÷ ₩50,000
= ₩0.8/시가

3 연산품원가계산

1. 의 의

동일한 종류의 원재료를 투입하여 동일공정(결합공정)에서 동시에 생산되는 종류가 서로 다른 연산품(joint products, 결합제품)을 생산하는 경우에 적용되는 원가계산방법이다. 연산품의 예로서 정유업의 휘발유, 경유, 등유 등이 있으며, 낙농업의 우유, 버터, 치즈 등이 있다.

[표 6-1] 연산품의 예

산 업	원재료	연산품
낙농업	생우유	버터, 치즈, 생크림 등
화학공업	나프타	에틸렌, 메탄, 프로필렌 등
정육업	돼지	베이컨, 햄, 돼지갈비 등
석유산업	원유	휘발유, 등유, 경유 등

cf. 등급별 원가계산(class cost system)

동일한 종류의 원재료를 사용하여 동일한 제조공정을 거쳐 생산되는 서로 다른 등급의 제품을 생산하는 경우에 적용된다. 등급품(class products)은 동일한 종류의 제품이 품질이나 규격에 있어 차이가 나는 것을 말한다.

2. 용어정리

결합원가계산은 결합공정을 거쳐 생산되는 연산품 등의 원가를 결정하는 방법으로서 연산품 등 개별제품을 식별가능한 시점을 분리점이라하며, 분리점 이전에 발생한 원가를 결합원가(joint cost), 분리점 이후에 개별 제품의 추가가공을 위해 발생한 원가를 개별원가(separable cost), 추가가공원가(additional processing cost)라고 한다. 또한 결합제품 중에서 연산품에 비하여 상대적으로 판매가치가 낮은 제품을 부산물(by-products)이라 하고 생산과정에서의 조각과 찌꺼기를 작업폐물(scrap)이라고 한다.

구 분	내 용
① 연산품(= 주산물)	결합제품 중 상대적으로 판매가치가 큰 제품
② 부산물(by-product)	다른 제품에 비하여 상대적으로 판매가치가 낮은 제품
③ 작업폐물(scrap)	찌꺼기와 조각을 의미하는 것으로 판매가치가 없거나 판매가치보다 판매비용이 더 큰 제품
④ 분리점(split-off point)	연산품이 개별적으로 식별가능한 시점
⑤ 결합원가(joint costs)	분리점 이전 결합공정에서 발생한 제조원가
⑥ 개별원가(separable costs) 또는 추가가공원가(additional rocessing costs)	분리점 이후 개별공정에서 발생한 제조원가

3. 결합원가계산의 절차

결합원가계산은 결합공정에서의 투입된 총제조원가를 집계하여 완성품과 재공품으로 배분한다. 완성품은 서로 다른 연산품으로 구성되어 있으므로 완성품의 원가는 합리적인 배부기준에 따라 개별 연산품에 배부한다.

• 제1단계 : 제조원가를 공정(결합공정)별 집계
• 제2단계 : 결합공정별로 완성품 원가를 연산품에 배부

[그림 6-2] 물량흐름도

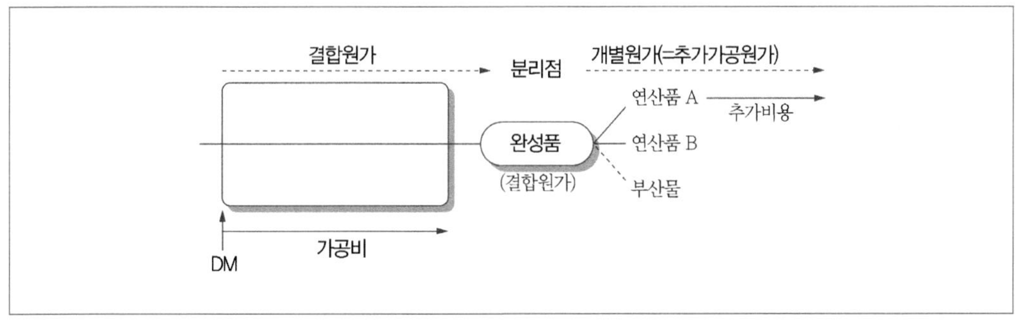

4. 결합원가의 배분방법

결합원가는 연산품들의 원가의 합으로 구성되어 있기 때문에 합리적인 기준에 따라서 배분하여야 한다. 개별원가계산은 서로 다른 제품을 생산하므로 원가투입정도가 명확히 달라 직접노무비, 직접노동시간, 기계시간 등을 사용하여 배부하였으나 결합공정에서의 연산품은 원가투입정도를 명확하게 파악하기 어렵기 때문에 기존의 배부방식과는 다른 접근방법이 필요하다. 일반적으로 물량기준법, 분리점에서의 판매가치법, 순실현가치법 및 균등매출총이익률법 등이 사용된다.

방 법	내 용
① 물량기준법	연산품의 생산량이나 중량, 용량, 면적 등을 기준으로 결합원가를 배분하는 방법 cf. 물량과 판매가치사이에 합리적인 상관관계가 없는 경우 개별제품의 수익성에 대한 잘못된 추정을 할수있다.
② 분리점에서의 판매가치법	분리점에서의 상대적 판매가치를 기준으로 결합원가를 배분하는 방법 cf. 분리점에서의 판매가치가 없는 경우 적용할 수 없으며 개별제품 모두 추가가공절차가 없을 경우 제품별 매출총이익률은 동일하다.
③ 순실현가치법	연산품의 순실현가치*를 기준으로 결합원가를 배분하는 방법 cf. 연산품 중 분리점에서의 판매가치를 알 수 없는 경우에 사용되며 순실현가치를 계산하기 위한 수량은 판매량이 아닌 생산량이다. 만약, 순실현가치가 (−)인 연산품의 경우에는 순실현가치를 0으로 보아 결합원가를 배부하지 않는 것이 타당하다. * 순실현가치(Net Realizable Value) : 최종판매가치 − 추가가공원가 − 판매비용
④ 균등매출총이익율법	개별제품이 각각의 최종판매가치에 대하여 모두 동일한 매출총이익률을 갖도록 결합원가를 배분하는 방법 ※ "기업의 매출총이익률 = 개별제품의 매출총이익률"이 되도록 결합원가를 배분하는 방법이다.

예제 3 결합원가배분

(주)한국은 연산품 A, B, C를 생산 · 판매하고 있다. 당월 원재료 1,000kg을 투입하여 제품 A, B, C를 각각 500kg, 300kg, 200kg을 가공하는 데 다음과 같은 원가가 발생하였다.

재료비	₩100,000
노무비	40,000
제조경비	60,000
	₩200,000

또한, 제품 kg당 최종판매가치는 다음과 같다.

A	₩280
B	250
C	175

요구사항 1

물량기준법에 의하여 결합원가를 배부하고 제품별 포괄손익계산서를 작성하시오.

해답

※물량흐름도 작성

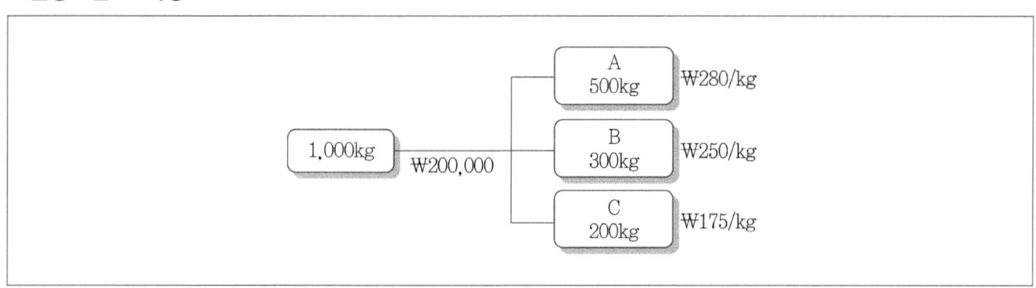

(1) 결합원가배부

	A	B	C
₩200,000[*1]	₩100,000[*2]	₩60,000	₩40,000

[*1] 결합공정에 재공품이 없으므로 결합원가는 총제조원가이다.

[*2] A : B : C=500kg : 300kg : 200kg
배부율 = ₩200,000÷1,000kg
= ₩200/kg

(2) 제품별 포괄손익계산서

	A	B	C
매출액	₩140,000[*1]	₩75,000	₩35,000
결합원가	(100,000)	(60,000)	(40,000)
이익	₩40,000	₩15,000	₩(5,000)

*1 판매량×판매가격 = 500kg×₩280/kg
= ₩140,000

요구사항 2

분리점에서의 판매가치법에 의하여 결합원가를 배부하고 제품별 포괄손익계산서를 작성하시오.

해답

※물량흐름도 작성

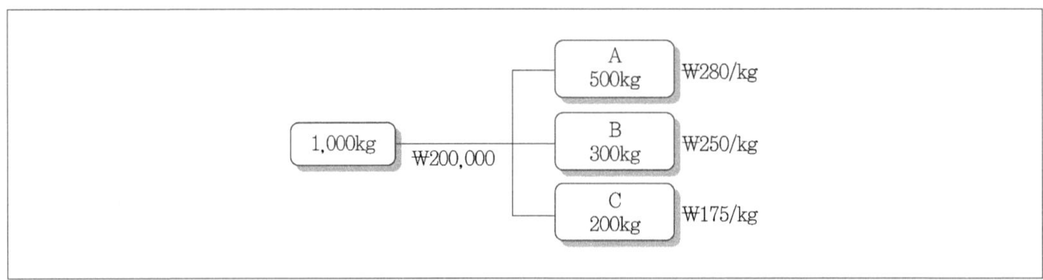

(1) 결합원가배부

	A	B	C
₩200,000[*1]	₩112,000[*2]	₩60,000	₩28,000

*1 결합공정에 재공품이 없으므로 결합원가는 총제조원가이다.
*2 A : B : C = ₩140,000 : ₩75,000 : ₩35,000
배부율 = ₩200,000÷₩250,000
= 0.8/분리점에서 판매가치 ₩1

(2) 제품별 포괄손익계산서

	A	B	C
매출액	₩140,000[*1]	₩75,000	₩35,000
결합원가	(112,000)	(60,000)	(28,000)
이익	₩28,000	₩15,000	₩7,000

*1 판매량×판매가격 = 500kg×₩280/kg
= ₩140,000

요구사항 3

제품 A는 분리점에서 kg당 280에 판매될 수 있지만, 제품 B와 C는 분리점에서의 판매시장이 형성되어 있지 않아 추가가공후에 판매되고 있다. 제품 B와 C에 대한 추가자료는 다음과 같다.

	kg당 최종판매가치	추가가공원가	kg당 판매비
제품 B	₩350	₩7,000	–
제품 C	250	5,400	₩13

순실현가치법에 의하여 결합원가를 배부하고 제품별 포괄손익계산서를 작성하시오.

해답

※물량흐름도 작성

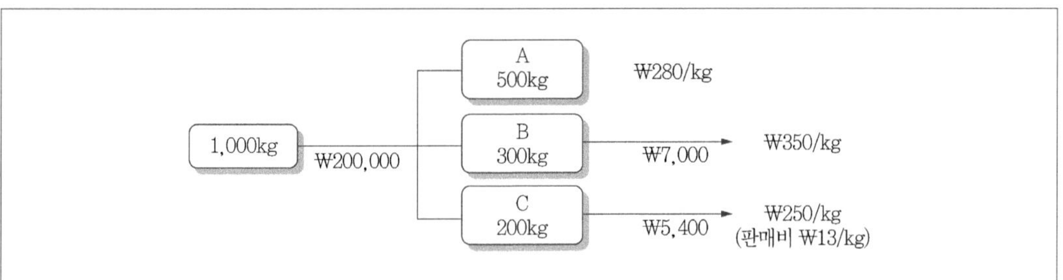

(1) 결합원가배부

	A	B	C
₩200,000*1	₩100,000*2	₩70,000	₩30,000

*1 결합공정에 재공품이 없으므로 결합원가는 총제조원가이다.
*2 A : B : C = ₩140,000 : ₩98,000 : ₩42,000
배부율 = ₩200,000÷₩280,000
= 0.714/순실현가치 ₩1

(2) 제품별 포괄손익계산서

	A	B	C
매출액	₩140,000*1	₩105,000	₩50,000
결합원가	(100,000)	(70,000)	(30,000)
추가가공원가	–	(7,000)	(5,400)
판매비	–	–	(2,600)*2
이익	₩40,000	₩28,000	₩12,000
영업이익률	(0.286)	(0.267)	(0.240)

*1 판매량×판매가격 = 500kg×₩280/kg
= ₩140,000
*2 200kg×₩13/kg = ₩2,600

요구사항 4

[요구사항 3]의 상황에서 균등매출총이익률법에 의하여 결합원가를 배부하고 제품별 포괄손익계산서를 작성하시오.

해답

※물량흐름도 작성

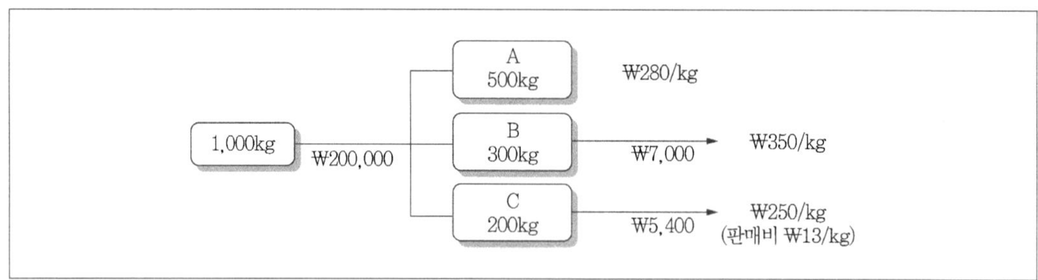

(1) 결합원가배부

	A	B	C	합계
매출액	₩140,000	₩105,000	₩50,000	₩295,000
결합원가	(100,800)*2	(68,600)	(30,600)	(200,000)
추가가공원가	-	(7,000)	(5,400)	(12,400)
매출총이익	₩39,200*1	₩29,400	₩14,000	₩82,600
매출총이익률	(0.28)	(0.28)	(0.28)	(0.28)

*1 ₩140,000×0.28 = ₩39,200
*2 ₩140,000-₩39,200 = ₩100,800

(2) 제품별 포괄손익계산서

	A	B	C	합계
매출액	₩140,000	₩105,000	₩50,000	₩295,000
결합원가	(100,800)	(68,600)	(30,600)	(200,000)
추가가공원가	-	(7,000)	(5,400)	(12,400)
매출총이익	₩39,200	₩29,400	₩14,000	₩82,600
판매비	-	-	(2,600)	(2,600)
이익	₩39,200	₩29,400	₩11,400	₩80,000
영업이익률	(0.280)	(0.280)	(0.228)	(0.271)

5. 복수의 분리점이 있는 경우의 결합원가배분

특정 연산품은 추가 가공후 다시 수 개의 연산품으로 분리될수 있어 복수의 분리점이 존재할 수 있다. 이러한 경우 순실현가치법을 이용하여 다음의 단계를 거쳐 결합원가를 배분한다.

- 제1단계 : 물량흐름도를 작성한다.
- 제2단계 : 각 분리점에서의 연산품의 순실현가치를 계산한다. 분리점에서의 연산품이 추가가공이 필요하다면 순실현가치를 계산할 경우 최종적으로 생산되는 제품의 순실현가치에서 추가비용을 차감하여야 한다.
- 제3단계 : 최초분리점에서부터 차례대로 순실현가치기준으로 결합원가를 배분한다.

[그림 6-3] 복수의 분리점에서의 순실현가치

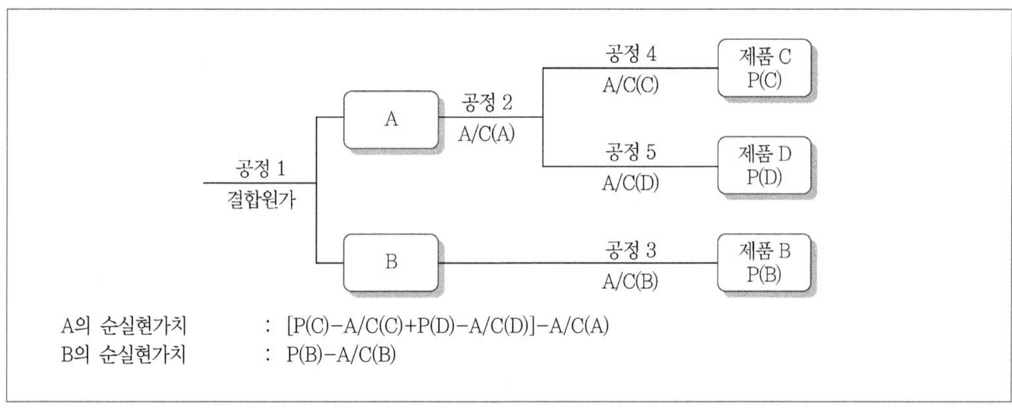

예제 4 복수의 분리점

(주)한국은 세 개의 제조공정을 통하여 연산품 A, B, D, E를 생산 · 판매하고 있다. 1공정에서 원재료 1,000kg을 투입하여 중간제품 A, B, C를 각각 5 : 3 : 2의 비율로 생산하며, 생산된 중간제품 B는 2공정에서 추가가공되며, 중간제품 C는 3공정에서 추가가공하여 제품 D, E를 1 : 1의 비율로 생산한다. 공정별 발생원가는 다음과 같다.

	1공정	2공정	3공정
재료비	₩100,000	-	-
노무비	40,000	₩3,000	₩1,500
제조경비	60,000	4,000	6,500
	₩200,000	₩7,000	₩8,000

또한, 제품 kg당 최종판매가치는 다음과 같다.

A	₩280
B	350
D	300
E	200

요구사항

순실현가치법에 의하여 결합원가를 각 제품에 배부하고 각 제품별 포괄손익계산서를 작성하시오.

해답

※ 물량흐름도

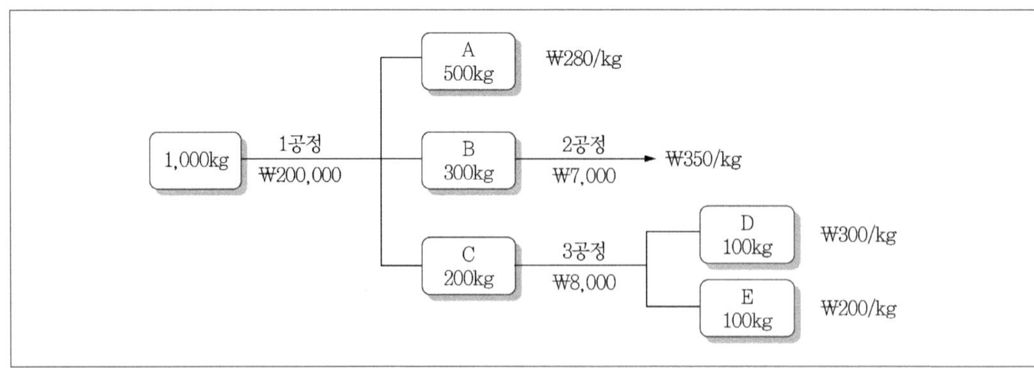

(1) 1공정 결합원가배부

	A	B	C
₩200,000*1	₩100,000*2	₩70,000	₩30,000

*1 결합공정에 재공품이 없으므로 결합원가는 총제조원가이다.
*2 A : B : C = ₩140,000 : ₩98,000*3 : ₩42,000*4
배부율 = ₩200,000÷₩280,000
= 0.714/순실현가치 ₩1
*3 300kg×₩350 − ₩7,000 = ₩98,000
*4 100kg×₩300 + 100kg×₩200 − ₩8,000 = ₩42,000

(2) 3공정 결합원가배부

	D	E
₩38,000*1	₩22,800*2	₩15,200

*1 1공정에서 배부받은 ₩30,000과 추가원가₩8,000의 합이다
*2 D : E = ₩30,000*3 : ₩20,000
배부율 = ₩38,000÷₩50,000
= 0.76/순실현가치 ₩1
*3 100kg×₩300 = ₩30,000

(3) 각 제품별 포괄손익계산서

	A	B	D	E	합계
매출액	₩140,000	₩105,000	₩30,000	₩20,000	₩295,000
결합원가					
1공정	(100,000)	(70,000)	−	−	(170,000)
3공정	−	−	(22,800)	(15,200)	(38,000)
추가가공원가	−	(7,000)	−	−	(7,000)
이익	₩40,000	₩28,000	₩7,200	₩4,800	₩80,000
매출액이익률	(0.286)	(0.267)	(0.240)	(0.240)	(0.271)

6. 재공품이 존재할 경우 결합원가계산

지금까지는 당기에 투입된 물량이 모두 가공되어 전량 완성된 것으로 가정하여 결합원가를 배분하였다. 하지만 현실적으로 결합공정 또는 추가가공공정에 재공품이 존재할 수 있다. 이러한 경우에는 종합원가계산에서 원리를 그대로 이용하여 공정별로 총제조원가를 집계하여 완성품과 기말재공품에 배부한 후, 완성품의 원가를 결합원가로 하여 생산된 연산품에 배분하면 된다.

1) 결합공정에 재공품이 존재하는 경우

결합공정의 총제조원가를 집계하여 완성품(=결합원가)과 기말재공품에 배분한 후 집계된 완성품의 원가를 연산품에 배분한다. 즉, 결합공정에서의 완성품의 원가가 결합원가이다.

[그림 6-4] 재공품이 존재하는 경우의 결합원가

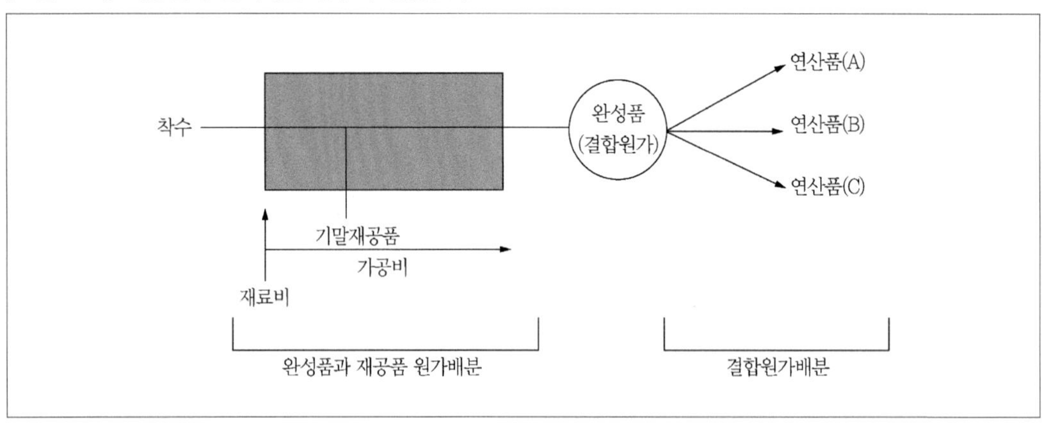

예제 5 결합공정에서의 재공품

(주)한국은 세 개의 제조공정을 통하여 연산품 A, B, C를 생산·판매하고 있다. 1공정에서 원재료를 투입하여 중간제품 A, B, C를 생산하며, 생산된 중간제품 C는 분리점에서 판매되지만 중간제품 A는 2공정에서 추가가공되며, 중간제품 B는 3공정에서 추가가공된다. 공정별 재고와 발생원가는 다음과 같다.

	1공정	2공정	3공정
직접재료비	₩100,000	-	-
직접노무비	30,000	₩2,000	₩1,500
제조간접비	70,000	5,000	4,000
	₩200,000	₩7,000	₩5,500
기초재고	0 단위	0 단위	0 단위
당기착수	1,000	350	150
계	1,000 단위	350 단위	150 단위

당기완성	600	350	150
기말재고	400 (0.5)	0	0
계	1,000 단위	350 단위	150 단위

또한, 제품 단위당 최종판매가치는 다음과 같다.

A	₩300
B	250
C	200

요구사항

재료비는 공정초기에 모두 투입되고 가공비(노무비와 제조경비)는 공정전반에 균등발생한다. 순실현가치법에 의하여 결합원가를 배부하시오. 단, 기말재공품의 완성도는 50%이다.

해답

※ 물량흐름도

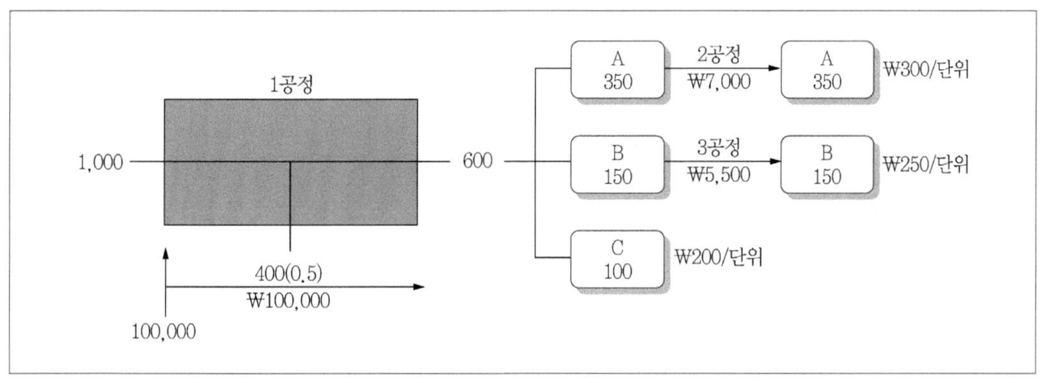

(1) 1공정 완성품과 기말재공품 계산

Ⅰ. 물량흐름 파악

"기초재공품물량 + 당기착수물량 = 완성품물량 + 기말재공품물량"의 성립여부를 파악한다. 즉, 기초재공품의 물량은 없으므로 당기착수물량 1,000단위와 완성품물량 600단위, 기말재공품물량 400단위의 합은 같다.

Ⅱ. 원가요소별 완성품환산량

① 재료비

공정초기에 모두 투입되므로 완성품환산량은 "완성품물량+기말재공품물량"이다.

즉, 600 + 400 = 1,000개

② 가공비

공정전반에 균등발생하므로 기말재공품은 완성도를 기준으로 환산한다. 즉, 완성품 환산량은 "완성품물량 + 기말재공품물량×완성도"이다.

즉, 600 + 400 × 0.5 = 800개

Ⅲ. 원가요소별 당기발생원가집계

① 재료비

₩100,000

② 가공비

₩100,000

Ⅳ. 원가요소별 완성품환산량 단위당 원가(Ⅲ÷Ⅱ)

① 재료비

₩100,000 ÷ 1,000개 = ₩100/개

② 가공비

₩100,000 ÷ 800개 = ₩125/개

Ⅴ. 완성품 및 기말재공품원가 계산(Ⅱ×Ⅳ)

① 완성품

600 × ₩100/개 (재료비) + 600 × ₩125/개 (가공비) = ₩135,000

② 기말재공품

400 × ₩100/개 (재료비) + 200 × ₩125/개 (가공비) = ₩65,000

cf. 5단계법

Ⅰ. 물량의 흐름				Ⅱ. 원가요소별 완성품환산량	
				재료비	가공비
기초	-	완성	600	600	600
착수	1,000	기말	400(0.5)	400	200
	1,000		1,000	1,000	800
Ⅲ. 총원가의 집계					
기초재공품원가				-	-
당기투입원가				₩100,000	₩100,000
				₩100,000	₩100,000

Ⅳ. 완성품환산량 단위당 원가 (Ⅲ ÷ Ⅱ)

완성품환산량	÷1,000	÷800
완성품환산량 단위당 원가	₩100	₩125

Ⅴ. 총원가의 배분

완성품	600 × ₩100/개 + 600 × ₩125/개 =	₩135,000
기말재공품	400 × ₩100/개 + 200 × ₩125/개 =	65,000
		₩200,000

(2) 결합원가(완성품원가)배부

	A	B	C
₩135,000*1	₩88,200*2	₩28,800	₩18,000

*1 결합공정에서의 완성품원가가 결합원가이다.
*2 A : B : C = ₩98,000*3 : ₩32,000*4 : ₩20,000*5
배부율 = ₩135,000÷₩150,000
= 0.9/순실현가치 ₩1
*3 350단위×₩300 − ₩7,000 = ₩98,000
*4 150단위×₩250 − ₩5,500 = ₩32,000
*5 100단위×₩200 = ₩20,000

---

2) 추가가공공정에 재공품이 존재하는 경우

추가가공공정에서 재공품이 존재하는 경우에는 추가가공공정의 착수량 중 일부만이 완성 · 판매되며 일부는 기말에 추가가공공정의 재공품으로 존재한다. 이 경우 순실현가치를 계산할 때 물량은 완성량이 아니고 투입량을 기준으로 계산되어야 한다.

[그림 6-5] 추가공정에서의 재공품

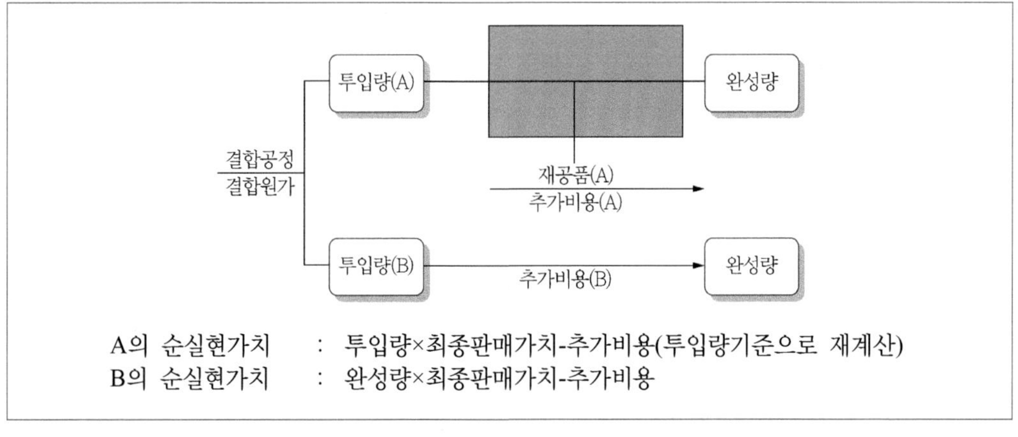

예제 6 추가공정에서의 재공품

(주)한국은 두 개의 제조공정을 통하여 연산품 A, B를 생산 · 판매하고 있다. 1공정에서 원재료를 투입하여 중간제품 A, X를 각각 6 : 4의 비율로 생산하며, 생산된 중간제품 X는 2공정에서 추가가공되어 제품 B가 된다. 공정별 재고와 발생원가는 다음과 같다.

	1공정	2공정
재료비	₩100,000	-
노무비	30,000	₩6,000
제조경비	70,000	12,500
	₩200,000	₩18,500
기초재고	0 단위	0 단위
당기착수	1,000	400
계	1,000 단위	400 단위
당기완성	1,000	250
기말재고	0	150 (0.8)
계	1,000 단위	400 단위

또한, 제품 단위당 최종판매가치는 다음과 같다.

A	₩250
B	300

요구사항

재료비는 공정초기에 모두 투입되고 가공비(노무비와 제조경비)는 공정전반에 균등발생한다. 순실현가치법에 의하여 결합원가를 완성품과 기말재공품에 배부하시오. 단, 기말재공품의 완성도는 80%이다.

해답

※ 물량흐름도

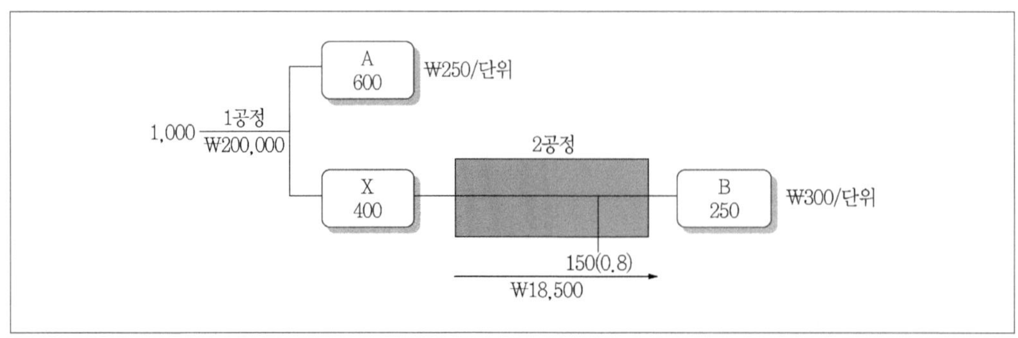

(1) 1공정 결합원가 배부

	A	X
₩200,000*1	₩120,000*2	₩80,000

*1 결합공정에 재공품이 없으므로 결합원가는 총제조원가이다.

*2 A : X = ₩150,000*3 : ₩100,000*4
배부율 = ₩200,000÷₩250,000
= 0.8/순실현가치 ₩1

*3 600단위×₩250 = ₩150,000

*4 400단위×₩300 - 400단위×(₩18,500÷370*5) = ₩100,000

*5 가공비 환산량 단위당 원가
250단위 + 150단위×0.8 = 370

(2) 2공정 완성품 및 기말재공품 원가계산

Ⅰ. 물량흐름 파악

"기초재공품물량 + 당기착수물량 = 완성품물량 + 기말재공품물량"의 성립여부를 파악한다. 즉, 기초재공품의 물량은 없으므로 당기착수물량 400단위와 완성품물량 250단위, 기말재공품물량 150단위의 합은 같다.

Ⅱ. 원가요소별 완성품환산량

① 전공정원가

공정초기에 모두 투입되므로 완성품환산량은 "완성품물량 + 기말재공품물량"이다.
즉, 250 + 150 = 400개

② 가공비

공정전반에 균등발생하므로 기말재공품은 완성도를 기준으로 환산한다. 즉, 완성품환산량은 "완성품물량 + 기말재공품물량 × 완성도"이다.
즉, 250 + 150 × 0.8 = 370개

Ⅲ. 원가요소별 당기발생원가집계

① 전공정원가

₩80,000

② 가공비

₩18,500

Ⅳ. 원가요소별 완성품환산량 단위당 원가(Ⅲ÷Ⅱ)

① 전공정원가

₩80,000 ÷ 400개 = ₩200/개

② 가공비

₩18,500 ÷ 370개 = ₩50/개

Ⅴ. 완성품 및 기말재공품원가 계산(Ⅱ×Ⅳ)

① 완성품

250 × ₩200/개 + 250 × ₩50/개 = ₩62,000

(₩200/개: 전공정원가, ₩50/개: 가공비)

② 기말재공품

150 × ₩200/개 + 120 × ₩50/개 = ₩36,000

(₩200/개: 전공정원가, ₩50/개: 가공비)

cf. 5단계법

Ⅰ. 물량의 흐름				Ⅱ. 원가요소별 완성품환산량	
				전공정원가	가공비
기초	-	완성	250	250	250
착수	400	기말	150(0.8)	150	120
	400		400	400	370
Ⅲ. 총원가의 집계					
기초재공품원가				–	–
당기투입원가				₩80,000	₩18,500
				₩80,000	₩18,500
Ⅳ.완성품환산량 단위당 원가 (Ⅲ÷Ⅱ)					
완성품환산량				÷400	÷370
완성품환산량 단위당 원가				₩200	₩50

V.총원가의 배분

완성품	250 × ₩200/개 + 250 × ₩50/개 =	₩62,500
기말재공품	150 × ₩200/개 + 120 × ₩50/개 =	36,000
		₩98,500

7. 연산품의 추가가공의사결정

결합공정을 통하여 생산된 연산품이 분리점에서 판매되거나 추가가공후에도 판매시장이 형성되어 있다면 분리점에서의 즉시 판매와 추가가공 후 판매에 대해서 판단하여야 한다. 이러한 의사결정시 고려하여야 할 사항은 분리점에서의 판매가치, 추가가공원가 및 최종판매가치이며, 이미 발생한 결합원가(매몰원가)와 결합원가배분방법은 의사결정에서의 고려대상이 아니다.

[그림 6-6] 연산품(B)의 추가가공 의사결정

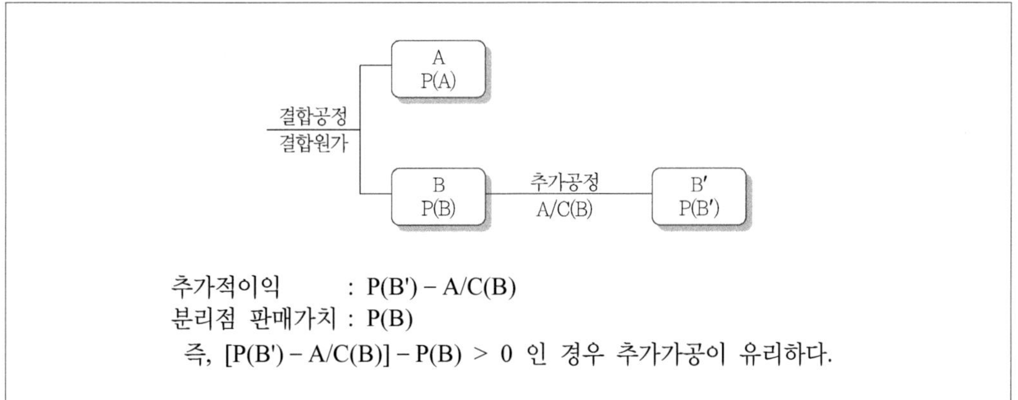

추가적이익 : P(B') − A/C(B)
분리점 판매가치 : P(B)
즉, [P(B') − A/C(B)] − P(B) > 0 인 경우 추가가공이 유리하다.

예제 7 분리점에서의 추가가공여부

(주)한국은 연산품 A, B, C를 생산 · 판매하고 있다. 당월 원재료 1,000kg을 투입하여 제품 A, B, C를 각각 500kg, 300kg, 200kg을 가공하는 데 다음과 같은 원가가 발생하였다.

재료비	₩100,000
노무비	40,000
제조경비	60,000
	₩200,000

또한, 제품 kg당 분리점에서의 판매가치는 다음과 같다.

A	₩200
B	250
C	175

요구사항

제품 C는 ₩5,400의 추가가공원가를 투입하면 kg당 ₩250에 판매할 수 있다. 단, 최종제품 판매시 kg당 판매비는 ₩130이 발생한다. 제품 C의 추가가공여부를 결정하시오.

해답

※ 물량흐름도 작성

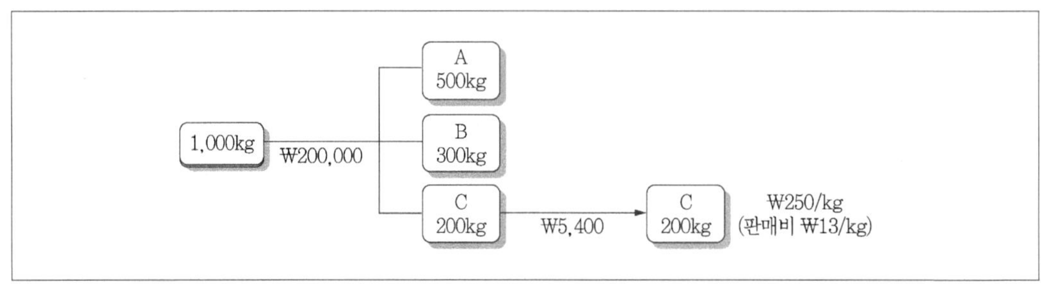

증분수익			
최종판매가치	200kg × ₩250 =	₩50,000	
분리점에서의 판매가치	200kg × ₩175 =	(35,000)	₩15,000
증분비용			
추가가공원가		₩5,400	
판매비	200kg × ₩13 =	2,600	(8,000)
증분이익			₩7,000 ≥ 0

즉, 추가가공시 ₩7,000의 증분이익이 발생하므로 추가가공이 더 유리하다.

8. 부산물의 회계처리

부산물(by-products)이란 연산품에 비하여 판매가치가 상대적으로 낮은 제품을 말하며, 작업폐물(scrap)은 제조과정에서 발생한 찌꺼기 등을 의미한다. 부산물은 결합원가배분에 있어서 연산품과는 구분하여 처리한다. 부산물에 대한 결합원가배분은 다음과 같은 방법이 널리 사용된다.

1) 생산기준법

부산물에 대해서 부산물의 순실현가치만큼 결합원가를 일부 먼저 배부(선배부)하고 나머지 결합원가를 연산품에 배부하는 방법이다. 또한, 부산물에 배부된 원가는 판매시 현금유입액과 상계처리한다. 단, 부산물 처분시점에 부산물의 순실현가치와 판매가치가 다른 경우 차이금액은 원가성 여부에 따라 매출원가에서 조정하거나 기타손익으로 처리한다.

① 결합원가배부시

(차) 연산품(A)	×××	(대) 재공품	×××
연산품(B)	×××		
부산물	×××		

② 부산물 추가가공시

(차) 부산물	×××	(대) 현금 등	×××

③ 부산물 판매시

(차) 현금	×××	(대) 부산물	×××

2) 판매기준법

부산물에는 결합원가를 배부하지 않고 결합원가총액을 연산품에만 배부하는 방법으로 처분시 처분가액은 매출원가에서 조정하거나 잡이익처리한다. 이 방법은 부산물의 가치가 불확실하거나 너무 작아 당기손익과 재고자산가액에 미치는 영향이 크지 않을 때 이용하는 방법이다. 또한, 부산물을 추가가공 하는 경우 발생하는 원가는 부산물(자산)로 계상하고 최종판매가치와의 차이금액은 원가성 여부에 따라 매출원가에서 조정하거나 기타손익으로 처리한다.

① 결합원가배부시

(차) 연산품(A)	×××	(대) 재공품	×××
연산품(B)	×××		

② 부산물 추가가공시

(차) 부산물	×××	(대) 현금 등	×××

③ 부산물 판매시

(차) 현금	×××	(대) 부산물	×××
		잡이익	×××
		또는 매출원가	×××

[표6-2] 생산기준법과 판매기준법의 비교

	생산시점	판매시점
① 생산기준법	부산물의 순실현가치만큼 결합원가를 배분하여 부산물 인식	판매가치와 부산물 상계처리
② 판매기준법	N/A	• 판매가치만큼 잡이익 인식 • 판매가치를 주산품 매출원가에서 차감

3) 부산물의 순실현가치가 부(-)인 경우

부산물의 순실현가치가 부(-)인 경우 부산물이 연산물의 생산과정에서 필연적으로 발생한다면 정상공손의 원가를 합격품에 배부하는 것과 마찬가지로 결합원가에 가산하여 연산품에 배부되어야 한다.

예제 8 부산물 처리

(주)한국은 결합공정을 통하여 주산물 A, B와 부산물 X를 생산하였으며, 당기 결합공정에서의 결합원가는 ₩10,000이었다. 주산물 A는 추가가공 없이 판매하지만, 주산물 B와 부산물 X는 추가가공 후 판매된다. 20×1년의 생산 및 판매 자료는 다음과 같다.

	주산물 A	주산물 B	부산물 X
추가가공원가	없음	₩2,000	₩100
생산량	100단위	100단위	30단위
단위당 (최종)판매가격	₩120	₩100	₩10

요구사항

생산기준법과 판매기준법을 각각 적용하여 부산물과 연산품의 원가를 구하시오. (단, 연산품에 대한 결합원가는 순실현가치금액을 기준으로 배분하시오.)

해답

1. 생산기준법

(1) 연산품에 배부될 결합원가

총결합원가 - 부산물의 순실현가치

= ₩10,000 - (30 × 10 - 100)

= ₩9,800

(2) 결합원가배분(순실현가치법)

	판매가격	추가원가	순실현가치	배분비율	결합원가배분
연산품 A	₩12,000	-	₩12,000	0.6	₩5,880
연산품 B	10,000	₩2,000	8,000	0.4	3,920
			₩20,000	1	₩9,800

2. 판매기준법

(1) 연산품에 배부될 결합원가

₩10,000

(2) 결합원가배분(순실현가치법)

	판매가격	추가원가	순실현가치	배분비율	결합원가배분
연산품 A	₩12,000	–	₩12,000	0.6	₩6,000
연산품 B	10,000	₩2,000	8,000	0.4	4,000
			₩20,000	1	₩10,000

객관식 문제

1. 결합원가와 관련된 설명으로 옳지 않은 것은 무엇인가? 2008 세무사

   ① 분리점이란 연산품과 부산품 등 결합제품을 개별적인 제품으로 식별할 수 있게되는 제조과정 중의 한 시점을 말한다.

   ② 균등이익률법에서는 조건이 같다면 추가가공비가 높은 제품에 더 많은 결합원가가 배부된다.

   ③ 분리점판매가치법에서 분리점의 판매가치를 계산할 때에는 판매량이 아닌 생산량을 이용한다.

   ④ 물량기준법은 제품의 판매가격을 알 수 없을 때 유용하게 사용될 수 있다.

   ⑤ 기업이익을 극대화하기 위한 추가가공 의사결정을 할 때에는 기 배분된 결합원가를 고려하지 않는다.

2. (주)경기는 석유화학업종으로 연산품원가계산(joint costing)을 적용하고 있다. 회사의 생산흐름은 다음과 같다.

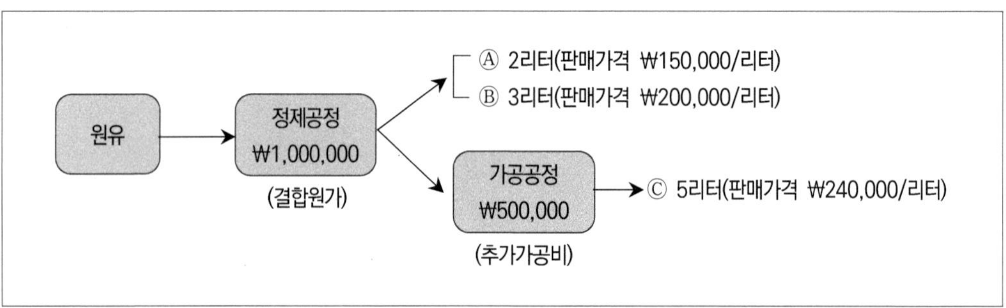

   C제품 생산량 5리터 중 1리터의 기말재고가 있을 경우 재고자산금액을 구하시오. (단, 결합원가의 배분은 순실현가치법으로 하되 C제품 재고를 제외하고는 기초재고, 기말재고는 없는 것으로 한다) 1992 세무사

   ① ₩140,000　② ₩187,500　③ ₩260,000

   ④ ₩300,000　⑤ ₩340,000

3. 아래 그림과 같이 제품A는 공정1, 공정2, 공정4를 거쳐서 생산되고 제품B는 공정1, 공정2, 공정5를 거쳐서 생산된다. 제품C는 공정1과 공정3을 거져서 생산된다. 각 공정의 제조원가는 그림에서 주어진 수치와 같다. 결합원가가 순실현가치를 기준으로 배부되고, 제품A, 제품B, 제품C의 판매가액이 각각 ₩500,000, ₩200,000, ₩300,000일 때, 제품A 의 총제조원가는 얼마인가? 2009 세무사

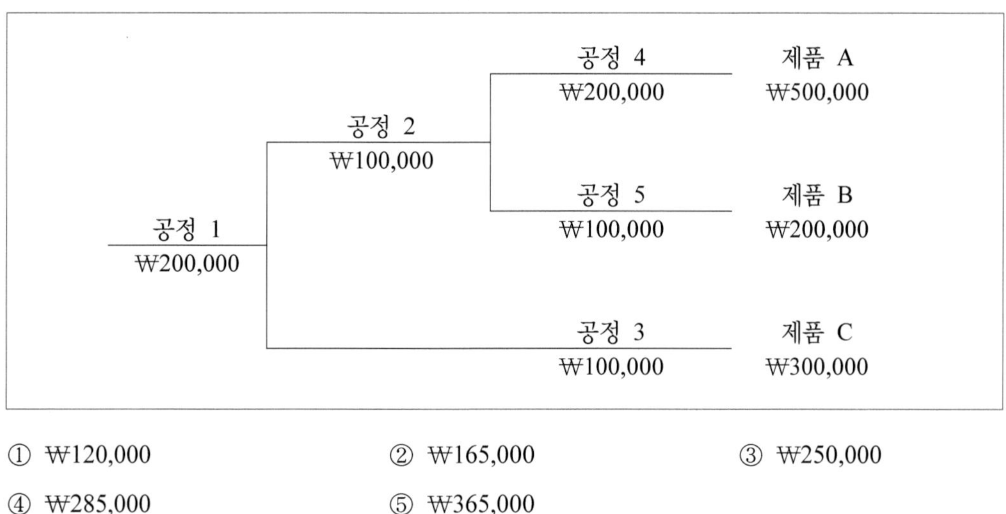

① ₩120,000 ② ₩165,000 ③ ₩250,000
④ ₩285,000 ⑤ ₩365,000

4. 수원기업은 A제품과 B제품으로 구성된 두 개의 연산품을 생산하고 있다. 4월의 결합원가는 ₩40,000이다. 4월에 분리점 이후 제품을 판매가능한 형태로 전환하는 데 필요한 가공비는 A제품은 월생산량 1,500개에 대하여 ₩300,000이고 B제품은 1,375개에 대하여 ₩412,500이다. A제품과 B제품의 단위당 판매가격은 각각 ₩500과 ₩700이다. 수원기업이 순실현가치를 이용하여 결합원가를 배분한다면 4월의 결합원가 중 A제품에 배분될 금액은 얼마인가?

① ₩16,000 ② ₩16,667 ③ ₩17,143
④ ₩18,000 ⑤ ₩22,000

5. (주)서울은 동일 공정에서 3가지 제품 A, B, C를 생산하고 있다. 결합원가는 분리점에서의 상대적 판매가치를 기준으로 배분하고 있다. 이와 관련된 자료는 다음과 같다.

	A	B	C	합 계
생산량	?	?	400개	2,000개
결합원가	₩180,000	?	?	₩360,000
분리점에서 판매가치	?	₩280,000	?	800,000

분리점 이후에 C제품 400개에 대하여 총 ₩14,000을 추가로 투입하여 최종제품으로 완성한 다음 단위당 ₩500에 판매하는 경우 C제품의 매출총이익은? 2002 회계사

① ₩118,000 ② ₩132,000 ③ ₩146,000
④ ₩160,000 ⑤ ₩174,000

6. (주)영남은 동일한 원료를 결합공정에 투입하여 주산품 X, Y와 부산품 B를 생산한다. 결합원가는 순실현가치(net realizable value)를 기준으로 제품에 배부한다. 당기에 결합공정에 투입된 총원가는 ₩150,000이고, 주산품 X, Y 및 부산품 B의 분리점에서 순실현가치의 상대적 비율은 6 : 3 : 1 이었다. 주산품 X에 배부된 결합원가가 ₩80,000이었다면, 부산품 B의 순실현가치는 얼마인가? 단, 부산품은 생산된 시점에서 순실현가치로 평가하여 재고자산으로 계상한다. 2009 회계사

① ₩15,000 ② ₩30,000 ③ ₩35,000
④ ₩43,333 ⑤ ₩45,000

7. 수원회사는 A, B, C의 세 가지 결합제품을 생산하고 있으며, 결합원가는 분리점에서의 상대적 판매가치에 의해 배분된다. 관련자료는 다음과 같다. 2006 세무사

	A	B	C	합 계
결합원가	?	₩10,000	?	₩100,000
분리점에서 판매가치	₩80,000	?	?	200,000
추가가공원가	3,000	2,000	₩5,000	
추가가공 후 판매가치	85,000	42,000	120,000	

만약 A, B, C 중 하나만을 추가가공한다면 어느 제품을 추가가공하는 것이 가장 유리하며, 이 때 추가가공으로 인한 이익은 얼마인가?

① A, ₩2,000　② B, ₩20,000　③ C, ₩3,000
④ B, ₩5,000　⑤ C, ₩15,000

※ 다음은 문.8 ~ 문.9에 관련된 자료이다. 1985 회계사

대한회사는 결합공정에 의하여 연산품(joint product) A, B와 부산물(by－product) C를 생산한다. 결합원가(joint cost)는 순실현가치에 의해 배분되고, 부산물의 분리점에서의 판매가치는 연산품에 배분되는 결합원가에서 차감하도록 하고 있다. 결합공정에서의 기초재공품은 전혀 없었고, 기말재공품 2,000kg의 완성도는 50%이다. 당기중 원재료 10,000kg이 공정에 투입되어 다음과 같이 생산이 이루어졌다. 단, 공손과 감손은 발생하지 않았다.

	기초재고	생산량	기말재고	분리점에서의 판매가치
A	2,000개	10,000개	1,000개	₩20
B	1,000개	10,000개	2,000개	40
C	500개	4,000개	500개	1

당기중 발생한 재료비는 ₩20,000이었고, 가공비는 ₩27,000이었다. 재료는 공정초에 전량 투입된다.

8. 결합공정에서의 기말재공품의 원가를 구하시오.

① ₩5,000　② ₩7,000　③ ₩9,400
④ ₩10,000　⑤ ₩11,570

9. A제품에 배분된 결합원가를 구하시오.

① ₩12,000　② ₩12,166.67　③ ₩13,333.33
④ ₩16,666.67　⑤ ₩18,000

정답 및 해설

1. 정답 ②

기본 결합원가계산의 기본개념★

• 균등이익률법은 회사전체이익률과 개별제품의 이익률이 동일하도록 결합원가를 배부하는 방식이므로, 추가가공비가 높은 제품에는 이익률이 하락하므로 결합원가배분액은 작아질 것이다.

2. 정답 ②

중급 결합원가배분－순실현가치법★

	A	B	C	합 계
순실현가치	2리터×₩150,000 = ₩300,000	3리터×₩200,000 = ₩600,000	5리터 × 240,000 – ₩500,000 = ₩700,000	₩1,600,000
비 율	18.75%	37.5%	43.75%	100%
결합원가배분	₩187,500	₩375,000	₩437,500	₩1,000,000
추가가공원가	–	–	500,000	
총원가	₩187,500	₩375,000	₩937,500	

그러므로, C제품 기말재고는 ₩937,500 × 1/5 = ₩187,500

3. 정답 ⑤

중급 결합원가배분－순실현가치법★

(1) 공정 1의 결합원가 배분

	제품 A, 제품 B	제품 C	합 계
순실현가치	(₩500,000 – ₩200,000) + (₩200,000 – ₩100,000) – ₩100,000 = ₩300,000	₩300,000 – ₩100,000 = ₩200,000	₩500,000
비 율	60%	40%	100%
결합원가배분	₩120,000	₩80,000	₩200,000

(2) 공정 2의 결합원가 배분

공정 2의 결합원가는 ₩120,000 + ₩100,000 = ₩220,000이다.

	제품 A	제품 B	합 계
순실현가치	₩500,000 – ₩200,000 = ₩300,000	₩200,000 – ₩100,000 = ₩100,000	₩400,000
비율	75%	25%	100%
결합원가배분	₩165,000	₩55,000	₩220,000

그러므로, 제품 A의 총제조원가는 결합원가 배분액(₩165,000) + 개별원가(₩200,000)= ₩365,000이다.

4. 정답 ④

중급 결합원가의 추정-순실현가치법★

	A	B	합 계
순실현가치	1,500개 × ₩500 − ₩300,000 = ₩450,000	1,375개 × ₩700 − ₩412,500 = ₩550,000	₩1,000,000
비 율	45%	55%	100%
결합원가배분	₩18,000	₩22,000	₩40,000
추가가공원가	300,000	412,500	
총원가	₩318,000	₩434,500	

5. 정답 ②

중급 결합원가의 추정-분리점에서의 상대적판매가치법

(1) 결합원가 배분

① 결합원가와 분리점에서의 판매가치비율

₩360,000 ÷ ₩800,000 = 0.45

② 결합원가 배분표

	A	B	C	합 계
결합원가	₩180,000	₩126,000 (= ₩280,000 × 0.45)	₩54,000*1	₩360,000
분리점에서 판매가치	₩400,000 (= ₩180,000 ÷ 0.45)	₩280,000	₩120,000*2	800,000

*1 ₩360,000 − ₩180,000 − ₩126,000 = ₩54,000

*2 ₩800,000 − ₩400,000 − ₩280,000 = ₩120,000

(2) 매출총이익 계산

매출액	400개 × ₩500 =	₩200,000
원가		
결합원가	₩54,000	= (₩360,000×120,000/800,000)
추가가공원가	14,000	(68,000)
매출총이익		₩132,000

6. 정답 ②

중급 순실현가치의 추정★

※ 결합원가 배분표

부산물의 순실현가치를 R이라 하면,

	X	Y	B(부산품)	합계
결합원가	₩80,000	−	R	₩150,000
분리점에서 순실현가치	6	3	1	10

부산품은 생산기준법을 적용하므로 부산품의 순실현가치만큼 결합원가에서 차감하여야 한다. 그러므로, 제품 X에 배분되는 결합원가는 다음과 같다.

(₩150,000 − R) × 6/(6 + 3) = ₩80,000

따라서, R은 ₩30,000이다.

7. 정답 ②

기본 추가가공의사결정★

(1) 결합원가 배분

① 결합원가와 분리점에서의 판매가치비율

₩100,000 ÷ ₩200,000 = 0.5

② 결합원가 배분표

	A	B	C	합 계
결합원가	₩40,000 (= ₩80,000 × 0.5)	₩10,000	₩50,000*1	₩100,000
분리점에서 판매가치	₩80,000	₩20,000 (= ₩10,000 ÷ 0.5)	₩100,000*2	200,000

*1 ₩100,000 − ₩40,000 − ₩10,000 = ₩50,000

*2 ₩200,000 − ₩80,000 − ₩20,000 = ₩100,000

(2) 추가가공시 증분이익 계산

	A	B	C
증분수익			
최종판매가격	₩85,000	₩42,000	₩120,000
증분비용			
추가가공원가	3,000	2,000	5,000
분리점에서의 판매가치	80,000	20,000	100,000
증분이익	₩2,000	₩20,000	₩15,000

8. 정답 ②

고급 결합공정에서의 재공품★

※ 물량흐름도

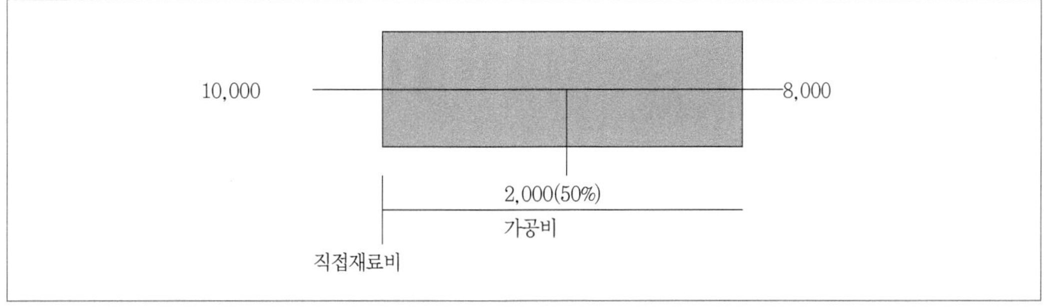

(1) 완성품 환산량

	완성품	재공품	합 계
물 량	8,000	2,000(0.5)	
재료비	8,000	2,000	10,000
가공비	8,000	1,000	9,000

(2) 원가요소별 환산량 단위당 원가

	당기발생원가	÷	완성품환산량	=	환산량단위당원가
재료비	₩20,000		10,000		₩2
가공비	₩27,000		9,000		3

(3) 제조원가계산(=완성품환산량×환산량단위당원가)

	완성품	재공품
재료비	₩16,000	₩4,000
가공비	24,000	3,000
	₩40,000	₩7,000

9. 정답 ①

고급 결합공정에서의 재공품★

	A	B	C	합계
순실현가치	10,000개 × ₩20 = ₩200,000	10,000개 × ₩40 = ₩400,000	4,000개×₩1 =₩4,000	₩604,000
비 율	1/3	2/3	–	100%
결합원가배분	₩12,000	₩24,000	–	₩36,000[*1]

*1 ₩40,000 - ₩4,000(부산물의 순실현가치) = ₩36,000

주관식 문제

문제 1 부산물의 추가가공의사결정

다음을 읽고 물음에 답하시오.

(주)한국은 결합공정을 통해서 제품 A, 제품 B, 제품 C(부산물)의 3가지 제품을 생산하고 있다. 결합공정의 발생원가는 직접재료원가 ₩395,000와 가공원가 ₩510,000이다. 제품 B는 분리점에서 즉시 판매가능하나, 제품 A는 추가가공하여 제품 AA로 판매하고 있다. 관련정보는 다음과 같다.

제품명	생산량	단위당 판매가격	추가가공원가
AA	600개	₩1,200	₩90,000
B	400	2,925	−
C*	100	50	−

* 부산물의 순실현가치는 주산품에 배분될 결합원가에서 차감한다.

물음 1

결합원가를 제품별 순실현가치에 비례하여 배분한다고 할 때, 제품 AA와 B의 단위당 원가를 구하시오.

물음 2

기초재고는 없으며, 생산된 제품은 당기에 전부 판매된다고 할 때 최종판매시점에서 주산품의 제품별 매출총이익률을 구하시오.

물음 3

부산물 C를 추가가공하면 판매가격이 단위당 ₩300인 제품 CC를 100개 생산할 수 있다. 이때 소요되는 추가가공원가는 ₩26,000이다. 부산물 C를 가공해야 하는지를 결정하시오.

해 답

물음 1 주산품 단위당 원가결정

(1) 결합원가배분

제 품	최종판매가치	추가가공원가	순실현가치	배분율	배분액
AA	₩720,000	₩90,000	₩630,000	35%	₩315,000
B	1,170,000	–	1,170,000	65%	585,000
			₩1,800,000	100%	₩900,000*1

*1 ₩905,000 − ₩5,000 = ₩900,000

(2) 제품단위당 원가

AA : (₩315,000 + ₩90,000) ÷ 600개 = ₩675

B : ₩585,000 ÷ 400개 = ₩1,462.5

물음 2 제품별 매출총이익율

AA : (₩720,000 − 315,000 − 90,000) ÷ ₩720,000 = 43.75%

B : (₩1,170,000 − 585,000) ÷ ₩1,170,000 = 50%

물음 3 부산물의 추가가공여부

(₩300 × 100개 − ₩26,000) − (₩50 × 100개) = ₩(1,000)

그러므로, 추가가공하지 않는다.

 연산품 추가가공의사결정

다음을 읽고 물음에 답하시오.

(주)한국은 제1 생산 공정에서 원재료X를 가공하여 중간제품 A, B, C를 생산하고 있다. 지난해에는 원재료X 100,000kg을 가공하여 제품 A 30,000kg, 제품 B 50,000kg, 그리고 제품 C 20,000kg을 생산하였다. 이들 세 가지 제품의 생산비율은 매년 동일하게 유지된다. 회사에서 작성한 제품별 손익계산서는 아래와 같다.

구 분	제품 A	제품 B	제품 C	합 계
생산량	30,000kg	50,000kg	20,000kg	100,000kg
kg당 판매가격	₩60	₩40	₩50	
매출액	₩1,800,000	₩2,000,000	₩1,000,000	₩4,800,000
결합원가	(600,000)	(1,000,000)	(400,000)	(2,000,000)
추가가공원가	(800,000)	(800,000)	(700,000)	(2,300,000)
순이익	₩400,000	₩200,000	(₩100,000)	₩500,000

물음 1

회사의 현재의 결합원가 배부기준을 나타내시오.

물음 2

회사의 재무담당자는 제품 C가 연간 ₩100,000의 손실을 가져오기 때문에 생산을 중단하여야 한다고 주장하고 있다. 이 주장에 대한 당신의 견해를 나타내시오.

물음 3

순실현가치법을 사용하여 결합원가를 배부하고 제품별 손익계산서를 작성하시오.

물음 4

제품 B를 추가 가공하여 제품 D를 생산할 경우 단위당 판매가격이 ₩60이다. 이때 추가 가공원가는 ₩500,000 발생하며 제품의 수율은 80%로 떨어진다. 이 경우 제품 B의 추가가공 여부를 결정하시오.

해 답

물음 1 결합원가 배부기준

물량기준법

물음 2 제품라인폐지 의사결정

제품을 계속 생산할 경우 다음과 같다.

증분수익	₩1,000,000
증분비용	(700,000)
증분이익	₩300,000

그러므로, 계속 생산을 하여야 한다.

물음 3 제품별 포괄손익계산서

(1) 제품별 결합원가배분

(단위 : 원)

	제품 A	제품 B	제품 C	계
순실현가치(매출액 – 추가가공비)	₩1,000,000	₩1,200,000	₩300,000	₩2,500,000
비율(%)	40%	48%	12%	100%
결합원가 배부액	₩800,000	₩960,000	₩240,000	₩2,000,000

(2) 포괄손익계산서

(단위 : 원)

	제품 A	제품 B	제품 C
매출액	₩1,800,000	₩2,000,000	₩1,000,000
매출원가			
결합원가	(800,000)	(960,000)	(240,000)
추가가공원가	(800,000)	(800,000)	(700,000)
순이익	₩200,000	₩240,000	₩60,000

물음 4 제품 B의 추가가공여부

증분수익	₩400,000
증분비용	(500,000)
증분이익	₩(100,000)

따라서, 추가 가공하지 말아야 한다.

문제 3 작업공정별원가계산

다음을 읽고 물음에 답하시오.

(주)한국은 플라스틱 의자 제품을 생산한다. 한 가지 디자인을 조금씩 변형한 제품인 의자는 표준형, 고급형, 최고급형의 세 가지 제품이 있다. 이 회사는 공정별 원가계산시스템을 사용하고 있다.

회사는 압축, 성형, 다듬기, 마무리공정이 있다. 플라스틱판은 압축공정에서 생산된다. 성형공정에서는 앉는 부분에 플라스틱판을 붙이고 의자 다리를 만든다. 표준형 의자는 이 작업공정이 끝난 직후 판매된다. 다듬기공정에서는 팔걸이를 덧붙여 고급형과 최고급형을 만들며, 의자의 모서리 부분이 다듬어진다. 최고급형만 마무리공정을 거치는데, 이 작업에서 쿠션이 더해진다. 생산된 모든 제품은 각 공정 내에서 동일한 단계를 거친다.

(1) 5월 중 생산량과 발생된 직접재료원가는 다음과 같다.

	생 산 량	압축	성형	다듬기	마무리
표 준 형	6,000개	₩72,000	₩24,000	–	–
고 급 형	3,000	36,000	12,000	9,000	–
최고급형	2,000	24,000	8,000	6,000	12,000
	11,000개	₩132,000	₩44,000	₩15,000	₩12,000

(2) 5월 중 총가공원가는 다음과 같다.

	압축공정	성형공정	다듬기공정	마무리공정
총가공원가	₩269,500	₩132,000	₩69,000	₩42,00

물음 1

5월 중에 회사가 생산한 각 제품에 대하여, 단위당 원가와 총원가를 계산하라.

물음 2

이제 다음의 6월 자료를 고려하자. 6월의 모든 단위당 원가는 [물음 1]에서 계산된 5월 단위당 원가와 동일하다. 6월 말 재공품으로 1,000단위의 고급형 의자가 남아 있다. 이 재공품의 직접재료 완성도는 100%, 다듬기공정 완성도는 60%이다. 6월 말 재공품 1,000단위 고급형 의자의 원가를 구하시오.

해 답

물음 1 제품별 원가

(1) 공정별 가공원가 배부율

압축공정	₩269,500/11,000개 =	₩24.5
성형공정	₩132,000/11,000개 =	12.0
다듬기공정	₩69,000/5,000개 =	13.8
마무리공정	₩42,000/2,000개 =	21.0

(2) 제품별 단위당 원가

	표준형	고급형	최고급형
직접재료원가	₩96,000	₩57,000	₩50,000
가공원가			
압축공정	147,000*1	73,500	49,000
성형공정	72,000*2	36,000	24,000
다듬기공정	–	41,400*3	27,600
마무리공정	–	–	42,000*4
합 계	₩315,000	₩207,900	₩192,000
생산량	÷6,000개	÷3,000개	÷2,000개
단위당원가	₩52.5	₩69.3	₩96.3

*1 6,000단위 × ₩24.5 = ₩147,000
*2 6,000단위 × ₩12 = ₩72,000
*3 3,000단위 × ₩13.8 = ₩41,400
*4 2,000단위 × ₩21 = ₩42,000

물음 2 [물음 2] 재공품원가

(1) 단위당 직접재료원가

고급형 직접재료원가	₩57,000
생 산 량	÷3,000개
단위당 직접재료원가	₩19

(2) 기말재공품원가

	고 급 형	
직접재료원가	1,000개 × ₩19 =	₩19,000
가공원가		
압축공정	1,000개 × ₩24.5 =	24,500
성형공정	1,000개 × ₩12 =	12,000
다듬기공정	1,000개 × 0.6 × ₩13.8 =	8,280
합 계		₩63,780

결합원가계산 종합

CMA 수정

(주)한국은 제1공정에서 결합제품 X, Y와 부산물 A를 생산하며 제품 Y는 더 이상 추가가공하지 않고 분립점에서 즉시 판매한다. 그러나, 회사는 제품 X를 제2공정에서 추가가공하여 제품 Z와 부산물 B를 생산할 수 있다. 제1공정과 제2공정에서 생산되는 생산품의 단위당 판매가격과 판매비용은 다음과 같다.

〈제1공정〉

	판매가격	판매비용
제품 X	₩4/kg	₩90,000
제품 Y	5/kg	75,300
부산물 A	1/kg	0.5/kg

〈제2공정〉

	판매가격	판매비용
제품 Z	₩9/kg	₩2/kg
부산물 B	2/kg	1/kg

다음 자료는 ㈜한국의 20×1년도 종합예산의 일부내용이다.

(1) 생산량 예산

제품 X	제품 Y	제품 Z	부산물 A	부산물 B
225,000kg	180,000kg	200,000kg	50,000kg	25,000kg

(2) 제조원가예산

	제1공정	제2공정
직접재료원가	₩250,000	-
전공정대체원가	-	₩?
직접노무원가	180,000	65,000
변동제조간접원가	270,000	75,600
고정제조간접원가	145,000	96,000
합 계	₩845,000	₩?

회사는 부산물의 순실현가치를 총결합원가에서 차감하여 주산품의 순결합원가를 계산하고 순결합원가는 분리점에서 상대적 판매가치법에 따라 각 주산품에 배분한다.

각 물음은 서로 독립적이다.

물음 1

제2공정의 전공정대체원가를 구하시오.

물음 2

회사는 제품 Z의 가격경쟁력을 높이기 위해서 가격을 현재의 ₩9에서 ₩7로 인하하기로 하였다. 또한, 회사는 제품 X를 추가가공하여 제품 Z를 계속 생산할 것인가 아니면 추가가공을 중단하고 제품 X를 그대로 단위당 ₩4에 판매할 것인가를 결정하고자 한다. 추가가공을 중단한다면 제2공정은 더 이상 필요없기 때문에 해체해도 무방하며, 이에 따라 감가상각비 ₩16,750과 감독자급여 ₩28,250을 제외한 나머지 고정제조간접원가는 더 이상 발생하지 않게 된다.

회사는 제품 X를 계속 추가가공해야 하는지 여부에 대한 의사결정을 하시오.

물음 3

회사는 제품 Z의 가격경쟁력을 높이기 위해서 가격을 현재의 ₩9에서 ₩7로 인하하기로 하였다. 또한, 회사는 제품 X를 추가가공하기로 하였다. 회사는 부산물 B를 외주가공업체에 제품 Z로 재작업을 의뢰할 수 있다. 부산물 B를 재작업하는 과정에서 투입량의 30%의 감손이 발생한다. 회사가 외주가공업체에 지불할 수 있는 최대금액을 계산하시오.

해 답

※ 자료정리

(1) 전공정대체원가

제1공정의 순결합원가 중 제품 X에 배분된 원가이다.

(2) 추가가공의사결정시 비관련원가

제1공정의 결합원가는 비관련원가이다. 또한, 제품 X와 Y의 판매비는 동일하므로 추가가공의사결정시 고려할 필요가 없다.

물음 1 전공정대체원가

(1) 제품 A(부산물)의 순실현가치

50,000kg × (₩1 − ₩0.5) = ₩25,000

(2) 순결합원가

₩845,000 − ₩25,000 = ₩820,000

(3) 결합원가배분

	상대적판매가치		비율	결합원가
제품 X	225,000kg × ₩4 =	₩900,000	0.5	₩410,000
제품 Y	180,000kg × ₩5 =	900,000	0.5	410,000
		₩1,800,000	1	₩820,000

그러므로, 전공정대체원가는 ₩410,000이다.

물음 2 추가가공 의사결정

추가가공시 증분손익은 다음과 같다.

증분수익		
제품 Z 매출증가	200,000kg × ₩7 =	₩1,400,000
부산물 B 매출증가	25,000kg × ₩2 =	50,000
제품 X 매출감소	225,000kg × ₩4 =	(900,000)
증분비용		
제품 X 판매비용 감소		90,000
제품 Z 판매비용 증가	200,000kg × ₩2 =	(400,000)
부산물 B 판매비용 증가	25,000kg × ₩1 =	(25,000)
제2공정 직접노무원가		(65,000)
제2공정 변동제조간접원가		(75,600)
제2공정 고정제조간접원가	₩96,000 − ₩16,750 − ₩28,250 =	(51,000)
증분손익		₩23,400

추가가공하는 경우 ₩23,400만큼 영업이익이 증가하므로 제품 X를 추가가공하는 것이 유리하다.

물음 3 최대지불금액

부산물 B를 제품 Z로 재작업하는 경우 30%의 감손이 발생하므로 최종산출량은 25,000kg × 0.7 = 17,500kg이다.

재작업을 위한 외주가공비를 X라 하면,

증분수익		
제품 Z 매출증가	25,000kg × 0.7 × ₩7 =	₩122,500
부산물 B 매출감소	25,000kg × ₩2 =	(50,000)
증분비용		
제품 Z 판매비용 증가	25,000kg × 0.7 × ₩2 =	(35,000)
부산물 B 판매비용 감소	25,000kg × ₩1 =	25,000
외주가공비		(X)
증분손익		₩62,500 − X ≥ 0

그러므로, 최대지불 외주가공비는 ₩62,500이다.

제 7 장

정상원가계산과 표준원가계산

원가관리회계

전문가 칼럼

■ 표준원가계산... 잘 모르겠는데요?

실제 현장에서 근무하시는 분들은 표준원가계산이라 하면 상당이 어렵게 느끼는 것이 사실이지만 실제 표준원가계산은 그렇지 어려운 것도 복잡한 것도 아니다.

한 가지 예로써, 식당을 운영하시는 분께 삼겹살 1인분의 가격이 ₩5,000이라면 1인분 판매하면 이익이 얼마나 됩니까? 라는 질문을 가정하자. 1인분에 ₩2,000의 이익이 발생한다면, 1인분의 원가는 ₩3,000이다. 그렇다면, 1인분의 원가 ₩3,000은 언제 알 수 있을까? 만약, 실제발생한 원가를 실제판매량으로 나누어 원가를 계산한다면 식당 사장님은 즉각적으로 1인분에 ₩3,000이라는 답변이 불가능할 것이다. 즉, 1인분의 원가계산을 위해서는 오전에 구입한 총 고기 및 기타 채소의 구입가격을 금일 실제(예상)판매량으로 나누어 계산될 것이며 이렇게 계산된 원가는 매일의 음식재료의 가격변동과 실제판매량에 따라 매번 달라질 것이다.

위에서 언급한 바와 같이, 실제 원가를 집계하여 실제조업도(생산량)를 기준으로 원가를 계산한다면 원가계산이 지연되며 조업도에 따라 원가가 달라지는 현상이 발생된다. 이러한 문제점을 극복하기 위한 원가계산방법 중에 하나가 표준원가계산이다.

■ 표준원가계산제도

1. 의 의

원가중심점을 효율적으로 통제하기 위한 하나의 방법으로서 회계기간 개시 전에 현재의 경영조건에서 매우 효율적으로 달성할 수 있는 표준원가를 설정하고 이를 실제 발생한 원가와 비교하며 그 차이를 분석하여 해당 관리자를 성과평가하고 미래의 성과를 향상시키고자 하는 제도를 말한다.

2. 유용성

1) 원가계산 측면

실제원가를 기준으로 원가계산을 하는 경우 실제원가는 제품이 완성되고 나서 상당기간이 경과하여야 확정되므로 원가계산이 지연되지만, 표준원가를 이용하면 제품원가는 표준원가로 계산되기 때문에 원가계산이 적시에 이루어진다. 또한, 생산량와 무관한 고정(설비)원가 때문에 실제원가를 실제생산량(조업도)에 따라 배분하면 생산량에 따라 제품원가는 변동되지만 표준원가를 이용하면 생산량의 변동에 따른 제품원가의 변동은 발생하지 않는다.

2) 계획수립측면

표준원가가 설정되어 있으면 예산수립시 기초자료로 활용할 수 있다.

3) 통제 및 성과평가 측면

달성목표인 표준원가와 실제 발생된 원가와의 차이분석을 통하여 원가통제를 보다 효과적으로 수행할 수 있으며 해당관리자에 대한 성과평가가 적절히 이루어질 수 있다.

3. 절 차

- 제1단계 : 표준원가설정
- 제2단계 : 표준배부(표준원가를 통한 제품원가계산)
- 제3단계 : 원가차이계산(표준원가와 실제원가의 차이계산)
- 제4단계 : 원가차이분석
- 제5단계 : 원가차이조정

사 례

한국식당은 삼겹살을 판매하는 음식점이다. 삼겹살 1인분은 고기와 채소 등으로 구성되어 있다.

(1) 삼겹살 1인분에 200g이 제공되며 g당 ₩10에 구입하는 것이 달성 가능한 최소한의 원가이다.
(2) 채소는 1인분에 100g이 제공되며 g당 ₩10에 구입하는 것이 달성 가능한 최소한의 원가이다.
(3) 삼겹살 1인분의 판매가격은 ₩5,000이다.
(4) 당기에 총 100인분의 삼겹살이 판매되었으며, 실제발생원가는 다음과 같다.
① 삼겹살은 총 21,500g이 사용되었으며 g당 구입가격은 ₩12이었다.
② 채소는 총 12,000g이 사용되었으며 g당 구입가격은 ₩8이었다.

단, 인건비 등 기타 부대비용은 발생하지 않는다.

Ⅰ. 표준원가설정

	표준수량(SQ)	표준가격(SP)	표준원가(SQ×SP)
삼겹살	200g	₩10/g	₩2,000
채소	100g	₩10/g	1,000
			₩3,000

즉, 실제 발생한 원가를 집계하기 전에 삼겹살 1인분의 원가는 ₩3,000임을 알 수 있으며, 당기에 총 100인분이 판매될 것으로 예상된다면 고기와 채소는 각각 20,000g(=100인분×200g)과 10,000g(=100인분×100g)이 필요할 것으로 예상되어 재료에 대한 예산수립이 가능하다.

Ⅱ. 원가차이

① 삼겹살

표준배부액 : 100인분 × 200g × ₩10 = ₩200,000

실제발생액 : 21,500×₩12=₩258,000

즉, 표준배부액보다 ₩58,000의 원가가 더 발생하였다. 이를 불리한 차이라 한다.

② 채소

표준배부액 : 100인분 × 100g × ₩10 = ₩100,000

실제발생액 : 12,000 × ₩8 = ₩96,000

즉, 표준배부액보다 ₩4,000의 원가가 덜 발생하였다. 이를 유리한 차이라 한다.

Ⅲ. 원가차이분석

만약, 실제투입된 수량을 AQ, 실제 단위당 구입가격을 AP라 하면, 총 차이는 가격에 대한 차이와 재료의 수량에 대한 차이로 구분할 수 있다.

① 삼겹살

a. 가격차이는 실제투입량에 대한 실제가격과 표준가격과의 차이로서 아래와 같이 계산된다.

AQ × (AP − SP) = 21,500g × (₩12 − ₩10) = ₩43,000 불리한 차이

b. 수량차이는 실제투입량과 표준투입량과의 차이이므로 아래와 같이 계산된다.

SP × (AQ − SQ) = ₩10 × (21,500g − 100 × 200g) = ₩15,000 불리한 차이

즉, 삼겹살 구매자는 ₩43,000만큼 더 비싸게 구입하였으며, 실제 재료 관리자는 ₩15,000만큼 더 소비하였다.

② 채소

a. 가격차이 : AQ × (AP − SP) = 12,000g × (₩10 − ₩8) = ₩24,000 유리한 차이

b. 수량차이 : SP × (AQ − SQ) = ₩10 × (12,000g − 100 × 100g) = ₩20,000 불리한 차이

즉, 채소 구매자는 ₩24,000만큼 저렴하게 구입하였으나, 실제 채소 관리자는 ₩20,000만큼 더 소비하였다.

1. 서론

1 사후원가계산과 사전원가계산

지금까지의 원가계산은 실제 발생한 원가자료를 근거로 총제조원가를 완성품과 기말재공품에 배분하였다. 이를 실제원가계산(또는, 사후원가계산)이라고 하며, 가장 일반적인 의미의 원가계산방법이다. 또한, 원가계산의 목적 중 재무제표작성에 가장 부합한 원가계산방법이다. 그러나, 이러한 실제원가계산은 다음과 같은 단점이 있다.

- 총제조원가가 집계되기 전까지는 원가배분이 이루어 질 수 없어, 필요한 시점에 원가를 파악하기가 어렵다.
- 제조간접비 중 조업도에 따라 변하지 않는 고정비는 조업도의 변동에 따라 단위당 원가가 달라지므로, 제품원가가 조업도별 또는 계절별로 차이가 날 수 있다.

위와 같은 문제점을 해소하기 위한 원가계산제도가 사전원가계산제도이며 정상원가계산(normal cost system, 예정원가계산 pre-determined cost system)과 표준원가계산(standard cost system)이 있다.

2 정상개별원가계산과 표준종합원가계산

개별원가계산과 종합원가계산 모두 정상원가계산과 표준원가계산을 적용할 수 있으나, 논의의 편의를 위하여 정상원가계산은 개별원가계산방법을 적용하고 표준원가계산은 종합원가계산을 적용하여 살펴보도록 한다.

[그림 7-1] 정상개별원가계산과 표준종합원가계산

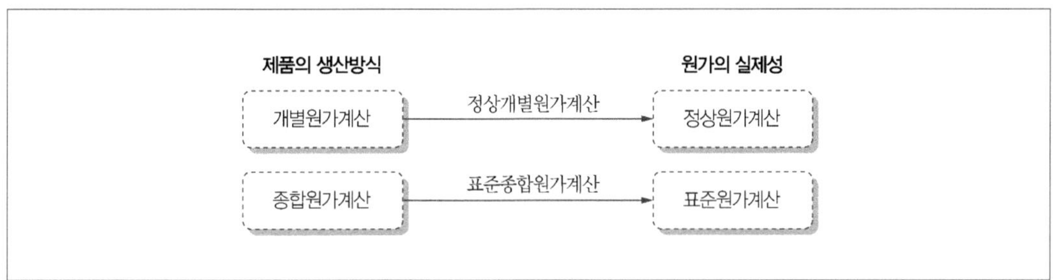

2. 정상개별원가계산

1 의의

지금까지 살펴보았던 개별원가계산의 절차는 직접재료비와 직접노무비는 각 개별작업에 직접추적하고 제조간접비는 실제 발생한 원가를 집계하여 각 작업에 적절한 배부기준에 따라 배부하였다. 이와 같이 실제발생한 원가를 집계하여 각 원가대상에 배부할 경우 제조간접비를 집계하기 위해서 기말까지 원가계산이 지연되고 실제 생산량이 변동할 경우 단위당 제조간접비가 변동되는 문제점이 발생할 수 있다.

정상원가계산은 위와 같은 문제점을 극복하기 위한 원가계산방법으로서 직접재료비와 직접노무비는 개별작업에 직접추적하나 제조간접비는 회계연도가 시작되기 전에 미리 결정한 제조간접비 예정배부율을 이용하여 배부하는 원가계산방법이다.

2 효익

정상원가계산제도를 이용하면 다음과 같은 실제원가계산제도의 문제점을 해결해준다.

1. 원가계산의 지연성 방지(적시성)

실제 제조간접비를 배부하기 위하여 회계기말까지 기다릴 필요가 없이 연초에 설정된 예정배부율을 이용하여 배부한다.

2. 제품원가의 변동성 방지(안정성)

예정배부율은 연초에 제조간접비예산을 예정조업도로 나누어 계산한다. 이를 근거로 제조간접비를 배부하므로 기중에는 제품단위당 제조간접비가 항상 일정하게 유지된다.

3 정상원가계산의 절차

정상원가계산의 진행과정은 제조직접비와 제조간접비를 구분하여 제조직접비인 직접재료비와 직접노무비는 개별작업과의 인과관계에 따라 직접 대응시킬 수 있기 때문에 원가의 발생시점에서 각 작업에 배부하고 제조간접비는 개별작업이 완료된 시점에 사전에 설정한 제조간접비예정배부율을 이용하여 각 작업에 배부한 후 기말에 실제발생된 제조간접비와의 차이를 적절한 방법에 따라 조정한다.

1. 제조간접비 예정배부율(predetermined overhead rate)

정상개별원가계산의 기초로써 매회계연도가 시작되기 전에 다음과 같이 계산한다.

$$\text{제조간접비 예정배부율} = \frac{\text{제조간접비예산}}{\text{예정조업도(배부기준)}}$$

1) 제조간접비예산

제조간접비는 원가행태에 따라 변동비와 고정비로 구분할 수 있다. 변동제조간접비는 조업도에 따라 원가총액이 비례적으로 변동하는 제조간접비를 말하며, 고정제조간접비는 조업도의 변동과는 관계없이 일정하게 발생하는 제조간접비를 말한다.

2) 예정조업도

조업도는 제조간접비 발생과 높은 상관관계를 가지고 측정이 용이하여야 한다. 일반적으로 직접노무비, 직접노동시간 및 기계시간을 많이 사용한다.

구 분	내 용
이론적 최대조업도 (theoretical capacity)	최고의 능률로 생산설비를 최대로 이용할 경우 달성되는 조업도
실제적 최대조업도 (practical capacity)	이론적 최대조업도에서 기계고장, 수선, 휴가 등의 불가피한 작업중단에 따른 감소를 고려한 조업도
정상조업도 (normal capacity)	과거의 3년~5년 정도의 정상적인 조업도를 평균한 조업도(평균조업도, 평준화조업도)
연간기대조업도 (annual expected capacity)	다음 1년간의 예상판매량을 고려하여 결정한 조업도(예산조업도)

제조간접비예산 = 고정제조간접비예산 + 변동제조간접비예산

조업도단위당 변동제조간접비 × 예정조업도

예제 1 제조간접비 예정배부율

(주)한국은 20×1년초에 다음과 같이 제조간접비를 추정하였다.

연간 제조간접비예산 = ₩240,000 + @100×직접노동시간

조업도단위당 변동제조간접비×예정조업도

회사는 20×1년 총직접노동시간을 1,200시간으로 예상하고 있다.

요구사항

위의 자료를 이용하여 제조간접비 예정배부율을 구하시오. 또한, 변동제조간접비와 고정제조간접비를 구분하여 각각의 예정배부율을 구하시오.

해답

(1) 총제조간접비예정배부율

$$\frac{\text{총제조간접비예산}}{\text{예정조업도}}$$

$$= \frac{₩240,000 + @100 \times 1,200\text{시간}}{1,200\text{시간}}$$

$$= ₩300/\text{직접노동시간}$$

(2) 변동제조간접비예정배부율

$$\frac{\text{변동제조간접비예산}}{\text{예정조업도}}$$

$$= \frac{@100 \times 1,200\text{시간}}{1,200\text{시간}}$$

$$= ₩100/\text{직접노동시간}$$

(3) 고정제조간접비예정배부율

$$\frac{\text{고정제조간접비예산}}{\text{예정조업도}}$$

$$= \frac{₩240{,}000}{1{,}200\text{시간}}$$

= ₩200/직접노동시간

2. 예정배부율을 이용한 예정배부

직접재료비와 직접노무비는 개별작업(제품)에 직접대응시킬 수 있기 때문에 원가 발생시점에 각 제품에 부과하고 제조간접비는 개별작업이 완료된 시점에서 사전에 설정한 예정배부율을 이용하여 각 작업에 배부한다.

예정배부액 = 제조간접비 예정배부율 × 실제조업도(실제 발생한 배부기준)

- 직접재료비 및 직접노무비 : 각 제품에 직접부과
- 제조간접비 : 제조간접비 예정배부율 × 당해 작업이 소비한 실제조업도

[회계처리(재공품 대체)]

(차) 재공품	×××	(대) 직접재료비	×××
		직접노무비	×××
		제조간접비배부액	×××

3. 배부차이 결정

예정배부율을 이용할 경우 각 작업에 배부된 총제조간접비(예정배부액)는 실제 발생한 제조간접비와 차이가 발생하며, 이를 배부차이라 한다. 배부차이는 실제발생액에 비하여 예정배부액이 적게 배부된 과소배부(부족배부)와 실제발생액에 비하여 예정배부액이 많이 배부된 과대배부(초과배부)로 구분할 수 있다.

- 예정배부 < 실제발생 : 과소배부(부족배부)
- 예정배부 > 실제발생 : 과대배부(초과배부)

[회계처리]

(1) 과소배부의 경우

제조간접비 예정배부

(차) 재공품(예정배부)	×××	(대) 제조간접비예정배부	×××

제조간접비 과소배부

(차) 제조간접비예정배부	×××	(대) 제조간접비통제	×××
제조간접비과소배부	×××		

(2) 과대배부의 경우

제조간접비 예정배부

(차) 재공품(예정배부)	×××	(대) 제조간접비예정배부	×××

제조간접비 과대배부

(차) 제조간접비예정배부	×××	(대) 제조간접비통제	×××
		제조간접비과대배부	×××

4. 배부차이 조정

외부보고목적의 재무제표에서는 실제원가를 기준으로 제품원가를 계산할 것을 요구하기 때문에 제조간접비 배부차이는 기말에 실제원가로 조정되어야 한다. 이를 조정하는 방법에는 비례배분법, 매출원가조정법 및 기타손익법이 있다.

1) 종류

① 기타손익법 : 제조간접비 배부차이를 기타손익으로 처리하는 방법으로 제조간접비과소배부액은 기타비용으로, 과대배부액은 기타수익으로 처리한다.

② 매출원가조정법 : 제조간접비 배부차이를 매출원가에 가감하는 방법으로 제조간접비 과소배부액은 매출원가에 가산하고, 과대배부액은 매출원가에서 차감한다.

③ 비례배분법 : 제조간접비 배부차이를 기말재공품, 기말제품, 매출원가계정의 상대적인 비율(금액비율)에 따라 비례하여 배분하는 방법으로 총액기준법과 원가요소기준법이 있다.

㉠ 총원가기준법 : 각 계정의 총원가를 기준으로 배분하는 방법

㉡ 원가요소기준법 : 각 계정의 제조간접비를 기준으로 배분하는 방법

[표 7-1 배부차이 조정방법]

방 법	내 용
기타손익법	제조간접비 배부차이가 일상적인 영업활동과 관계 없이 비정상적인 사건에 의하여 발생한 것으로 보고 제조간접비 배부차이를 기타손익으로 처리하는 방법이다. • 과소배부액 : 기타비용 • 과대배부액 : 기타수익
매출원가조정법	제조간접비 배부차이를 매출원가에 가감하는 방법이다. • 과소배부액 : 매출원가에 가산 • 과대배부액 : 매출원가에서 차감
비례배분법	제조간접비의 배부차이가 상대적으로 크고 중요한 경우에 사용되며 제조간접비 배부차이를 기말재공품, 기말제품, 매출원가계정의 상대적인 비율(금액비율)에 따라 비례하여 배분하는 방법이다. ㉠ 총원가기준법 : 각 계정의 총원가를 기준으로 배분하는 방법 ㉡ 원가요소기준법 : 각 계정의 제조간접비 배부액을 기준으로 배분하는 방법 • 과소배부액 : 재공품, 제품, 매출원가에 가산 • 과대배부액 : 재공품, 제품, 매출원가에서 차감

2) 회계처리방법

제조간접비 과소배부액은 예정배부액보다 실제제조간접비가 더 많이 발생하였으므로 원가에 가산하며, 제조간접비 과대배부액은 예정배부액보다 실제제조간접비가 적게 발생하였으므로 원가에서 차감한다.

	과소배부		과대배부	
• 기타손익법	(차) 기타비용	×××	(차) 제조간접비과대배부	×××
	(대) 제조간접비과소배부	×××	(대) 기타수익	×××
• 매출원가조정법	(차) 매출원가	×××	(차) 제조간접비과대배부	×××
	(대) 제조간접비과소배부	×××	(대) 매출원가	×××
• 비례배분법	(차) 재공품,제품,매출원가	×××	(차) 제조간접비과대배부	×××
	(대) 제조간접비과소배부	×××	(대) 재공품,제품,매출원가	×××

예제 2 정상개별원가계산

(주)한국은 20×1년초에 영업을 시작하였으며, 직접노동시간을 기준으로 제조간접비를 예정배부하고 있다. 회사가 연초에 추정한 제조간접비는 ₩3,000,000이며 직접노동시간은 10,000시간이다. 1월 중 제조지시서 #301, #302, #303을 착수하였으며 1월말 현재 #301, #302은 완성하였으나 #303은 작업중에 있다. 세 가지 작업에 대한 제조원가 및 관련자료는 다음과 같다.

	#301	#302	#303	합계
직접재료비	₩120,000	₩150,000	₩230,000	₩500,000
직접노무비	180,000	120,000	100,000	400,000
직접노동시간	400시간	250시간	350시간	1,000시간
기계시간	300	400	600	1,300

1월 중 실제 발생한 제조간접비는 ₩360,000이었다. 당기에 #301은 판매되었다.

요구사항 1

제조간접비 예정배부율을 구하시오.

해답

$$\text{예정배부율} = \frac{\text{총제조간접비예산}}{\text{예정조업도}} = \frac{₩3,000,000}{10,000\text{시간}} = ₩300/\text{직접노동시간}$$

요구사항 2

각 작업별 제조원가를 구하시오.

해답

	#301	#302	#303	합계
직접재료비	₩120,000	₩150,000	₩230,000	₩500,000
직접노무비	180,000	120,000	100,000	400,000
제조간접비 예정배부*1	120,000	75,000	105,000	300,000
합계	₩420,000	₩345,000	₩435,000	₩1,200,000

*1 예정배부율(₩300)×실제조업도(직접노동시간)

요구사항 3

제조간접비 배부차이를 구하시오.

해답

	예정배부	실제발생	배부차이
제조간접비	₩300 × 1,000시간 =₩300,000	₩360,000	₩60,000 과소배부

요구사항 4

제조간접비 배부차이를 다음의 방법에 따라 조정하고 회계처리를 나타내시오.

(1) 매출원가조정법

(2) 기타손익법

(3) 비례배분법(총원가기준법, 원가요소기준법)

해답

(1) 매출원가조정법

(차) 매출원가	₩60,000	(대) 제조간접비 과소배부	₩60,000

(2) 기타손익법

(차) 기타비용	₩60,000	(대) 제조간접비 과소배부	₩60,000

(3) 비례배분법

① 총원가기준법

(차) 매출원가(#301)	₩21,000*1	(대) 제조간접비 과소배부	₩60,000
제품(#302)	17,250		
재공품(#303)	21,750		

*1 #301 : #302 : #303=₩420,000 : ₩345,000 : ₩435,000
배부율 = ₩60,000(과소배부) ÷ 1,200,000
= ₩0.05/총원가

② 원가요소기준법

(차) 매출원가(#301)	₩24,000*1	(대) 제조간접비 과소배부	₩60,000
제품(#302)	15,000		
재공품(#303)	21,000		

*1 #301 : #302 : #303=₩120,000 : ₩75,000 : ₩105,000
배부율 = ₩60,000(과소배부)÷300,000
= ₩0.2/제조간접비예정배부액

예제 3 배부차이조정

서울회사는 고객의 주문에 따라 기계를 제작하는 회사로 개별원가계산을 사용하고 있다. 회사는 직접노무비를 기준으로 제조간접비를 예정배부하고 있으며, 20×1년 초에 연간 제조간접비를 ₩168,000, 직접노무비를 ₩280,000으로 예상하였다.
20×1년말 현재 두 개의 작업 #247과 #248이 미완성이다. 각 작업에 관한 자료는 다음과 같다.

	#247	#248
직접재료비	₩22,000	₩42,000
직접노무비	11,000	39,000
기계시간	287시간	647시간

20×1년에 발생된 실제제조간접비는 ₩186,840이고 모든 작업에 부과된 총직접노무비는 ₩400,000이다. 직접노동시간은 20,000시간이다.
20×1년의 기초재고자산은 없었다. 당기 매출액은 ₩2,700,680, 매출원가는 ₩648,000이며, 판매비와 일반관리비는 ₩1,857,870이다. 기말제품재고액은 ₩72,000이다. 이들 재고자산과 매출원가는 초과 또는 부족배부제조간접비를 조정하기 전의 금액이다. 회사는 기말에 초과 또는 부족배부제조간접비를 재고자산과 매출원가의 기말잔액(조정전 금액)을 기준으로 비례배분하고 있다.

요구사항

1. 20×1년의 영업이익을 구하시오.
2. 회사가 기말에 초과 또는 부족배부제조간접비를 모두 매출원가에 가감할 경우 20×1년의 영업이익을 구하시오.
3. 20×1년에 발생된 실제직접재료비를 구하시오.

해답

1. 영업이익계산(총원가 비례배분법)

(1) 제조간접비 배부차이

실제제조간접비	₩186,840
제조간접비배부액 : ₩400,000×60%[*1] =	240,000
초과배부액	₩(53,160)

*1 제조간접비 예정배부율 = $\frac{₩168,000}{₩280,000}$ = 직접노무비의 60%

(2) 제조간접비 배부차이의 비례배분

	총 원 가	배분비율	배 분 액
재 공 품	₩144,000[*1]	2/12	₩(8,860)
제 품	72,000	1/12	(4,430)
매출원가	648,000	9/12	(39,870)
합 계	₩864,000	1	₩(53,160)

*1 기말재공품원가

	#247	#248	합 계
직접재료비	₩22,000	₩42,000	₩64,000
직접노무비	11,000	39,000	50,000
제조간접비	6,600	23,400	30,000
합 계	₩39,600	₩104,400	₩144,000

(3) 20×8년의 영업이익

매 출 액		₩2,700,680
매출원가		
정상매출원가	₩648,000	
제조간접비 초과배부액	(39,870)	(608,130)
매출총이익		₩2,092,550
판매관리비		(1,857,870)
영업이익		₩234,680

2. 영업이익의 계산(매출원가조정법)

(1) 20×8년의 영업이익

매 출 액		₩2,700,680
매출원가		
정상매출원가	₩648,000	
제조간접비 초과배부액	(53,160)	594,840
매출총이익		₩2,105,840
판매관리비		1,857,870
영업이익		₩247,970

즉, 배부차이금액을 모두 매출원가에 가감하면 된다.

3. 실제발생 재료비 추정

초과 또는 부족배부제조간접비를 조정하기 전의 재공품과 제품계정을 나타내 보면 다음과 같다.

재 공 품

차변	금액	대변	금액
기초재공품	0	당기제품제조원가	720,000
직접재료비	224,000	기말재공품	144,000
직접노무비	400,000		
제조간접비	240,000		
	864,000		864,000

재 공 품

차변	금액	대변	금액
기초제품	0	매출원가	648,000
당기제품제조원가	720,000	기말제품	72,000
	720,000		720,000

따라서, 20×1년에 발생된 실제직접재료비는 ₩224,000이다.

3. 표준원가계산

1 의의

표준원가계산은 사전에 직접재료비, 직접노무비, 변동제조간접비 및 고정제조간접비 등 모든 제조원가에 대해서 표준을 설정한 다음 표준원가를 기초로 제품원가계산을 진행한 후 사후에 실제발생원가와의 차이가 발생하는 경우 해당 차이를 조정하는 원가계산방법을 말한다. 또한, 표준원가(standard cost)라 함은 현재의 경영조건에서 각 원가요소별로 효율적인 작업이 이루어졌을 경우 달성가능한 원가이므로 그 차이를 분석하여 해당 관리자를 평가하고 미래 가격결정에 반영할 수 있다.

cf. 정상원가계산

> 직접재료비와 직접노무비는 발생시점에 각 작업에 배부하고 제조간접비는 사전에 설정한 예정배부율을 이용하여 예정배부하여 제품원가를 계산하는 제도이다.

2 유용성 및 한계점

실제 대부분의 기업에서 표준원가계산제도를 채택하고 있으며, 실제원가계산에 비하여 다음과 같은 유용성과 한계점이 있다.

1. 유용성

1) 제품원가계산 측면

① 원가계산의 신속(적시성) : 실제원가를 기준으로 원가계산을 하는 경우 실제원가는 제품이 완성된 후 상당 기간이 지난 다음에 집계된다. 하지만, 표준원가계산은 연초에 설정된 표준원가를 실제 생산량에 배부하기 때문에 원가계산이 적시에 이루어진다.

② 조업도에 따른 원가변동성 방지(안정성) : 실제고정제조간접원가를 실제생산량에 따라 배부하는 경우 생산량의 변동에 따라 단위당 고정제조간접비는 달라진다. 하지만 표준원가계산은 한 단위 표준원가를 기준으로 제품에 배부하기 때문에 생산량이 변

하더라도 제품원가 배부액은 달라지지 않는다.

③ 제품원가계산의 간편성 : 실제원가를 기준으로 원가계산을 할 경우 기초재고금액과 당기발생금액이 다르다면 기말재고의 확정을 위하여 원가흐름의 가정이 필요하지만 표준원가제도에서는 단위당 표준원가를 기준으로 배부하므로 원가흐름의 가정은 불필요하며 단지 기말재고의 물량만 확인하면 된다.

2) 계획수립측면

표준원가가 설정되어 있으면 예산수립시 기초자료로 활용할 수 있다.

3) 통제 및 성과평가 측면

달성목표인 표준원가와 실제발생한 원가와의 차이분석을 통하여 원가통제를 보다 효과적으로 수행할 수 있으며 해당관리자의 성과평가에 활용할 수 있다.

2. 한계점

1) 소비자의 가치관이 다양

소품종대량생산에서 다품종소량생산으로 전환하게 되어 다양한 품목의 표준원가를 설정하는 데 시간과 비용이 많이 소요된다.

2) 생산방식의 변화

공장자동화로 인하여 직접노무비의 비중이 감소함에 따라 직접노무비의 통제에 주된 목적을 두었던 표준원가계산의 유용성이 줄어든다.

3) 경영환경의 급변

표준원가도 환경에 따라 빈번하게 변경할 필요성이 증가되나 빈번한 변경은 기간별 분석을 어렵게 한다.

4) 원가절감의 필요성

원가절감을 위해서는 가급적 이상적 표준을 설정하여야 하며, 환경에 맞게 수시로 변경을 하여야 하나 표준원가의 변경은 쉬운 일이 아니다.

5) 불필요한 재고증가

유리한 조업도차이를 위해서 기준조업도보다 과도한 생산량으로 인한 불필요한 재고가 발생할 수 있다.

3 표준원가계산의 절차

정상원가계산과 더불어 대표적인 사전원가계산인 표준원가계산의 목적은 원가계산뿐만 아니라 경영관리에 활용하고자 하는 데에 있다. 따라서, 표준원가계산 절차는 정상원가계산 절차와 거의 유사하며 세부적인 내용은 다음과 같다.

1. 표준원가(standard cost)설정

표준원가는 원가요소별로 설정하며 현재의 생산환경에서 매우 효율적으로 생산이 이루어질 때 달성할 수 있는 원가를 의미한다. 또한, 제조원가는 원가행태에 따라 변동제조원가와 고정제조원가로 구분할 수 있으므로 제조간접비는 다시 변동제조간접비와 고정제조간접비로 구분하여 각각 표준을 설정해야 한다. 그 이유는 향후 실제원가와의 차이분석시 실제발생한 변동제조간접비는 변동제조간접비의 표준배부액과 비교해야 하지만 실제발생한 고정제조간접비는 연초에 설정한 고정제조간접비예산과 비교해야 좀 더 의미있는 분석이 가능하기 때문이다.

1) 표준원가설정

표준이라함은 이상적 표준과 달성가능한 표준으로 구분할 수 있으나 통상적으로 달성가능한 표준원가를 많이 사용한다. 그리고, 표준원가는 제품 1단위를 생산하는 데 필요한 제조원가를 직접재료비, 직접노무비, 변동제조간접비 및 고정제조간접비로 각각 설정하는 것이 일반적이다.

제품단위당 표준원가 = 표준수량(SQ) × 표준가격(SP)

- 이상적 표준(ideal standards) : 여유시간, 재고부족, 오류 등이 발생되지 않은 상황을 전제로 설정된 표준으로 이론적 표준(theorectical standards)이라 한다.
- 달성가능한 표준(currently attainable standards) : 이상적 표준에서 정상적인 기계고장이나 종업원의 휴식 등으로 인한 시간손실 등이 발생하는 상황을 전제로 설정된 표준을 의미한다.

[표 7-2] 표준원가설정

제품단위당 표준원가	=	표준수량(SQ)	×	표준가격(SP)
직접재료비		제품단위당 표준직접재료수량		재료단위당 표준가격
직접노무비		제품단위당 표준직접노동시간		시간당 표준임률
변동제조간접비		제품단위당 표준배부기준		배부기준 단위당 표준배부율
고정제조간접비*3		제품단위당 표준배부기준		배부기준 단위당 표준배부율

2) 표준제조간접비의 설정

제조간접비는 원가행태에 따라 변동제조간접비와 고정제조간접비로 각각 설정한다. 또한, 제조간접비는 그 구성항목이 다양하고 항목별 원가를 발생시키는 원인도 다양하므로 표준을 설정하는 데 쉽지 않다. 따라서, 제조간접비의 표준을 설정하기 위해서는 다음과 같은 가정이 필요하다.

- 제조간접비는 조업도에 따라 변동비와 고정비로 구분할 수 있다.
- 제조간접비의 발생에 영향을 주는 요인은 항목별로 다양하지만 단 하나의 요인(조업도)으로 설명할 수 있다.

① 변동제조간접비 : 제품 한 단위를 생산하기 위한 표준조업도(SQ)와 조업도 단위당 배부율(SP)을 곱하여 산정한다.

② 고정제조간접비 : 제품 한 단위를 생산하기 위한 표준조업도(SQ)와 조업도 단위당 배부율(SP)을 곱하여 산정하며, 조업도 단위당 표준배부율은 다음과 같이 계산한다.

- 조업도 단위당 표준배부율 = 고정제조간접비예산 ÷ 기준조업도
- 기준조업도

이론적 최대조업도 (theorctical capacity)	최고의 능률로 생산설비를 최대로 이용할 경우 달성되는 조업도
실제적 최대조업도 (practical capacity)	이론적 최대조업도에서 기계고장, 수선, 휴가 등의 불가피한 작업중단에 따른 감소를 고려한 조업도
정상조업도 (normal capacity)	과거의 3년~5년 정도의 정상적인 조업도를 평균한 조업도
연간기대조업도 (annual expected capacity)	다음 1년간의 예상판매량을 고려하여 결정한 조업도

[표 7-3] 원가요소별 표준설정

	표준수량(SQ)	표준가격(SP)
직접재료비	표준투입량	표준구입가격
직접노무비	표준투입시간	표준임률
변동제조간접비	표준조업도	조업도 단위당 표준배부율
고정제조간접비	표준조업도	조업도 단위당 표준배부율

2. 표준배부

정상원가계산에서 예정배부율을 실제조업도에 곱하여 제조간접비를 배부하는 것과 마찬가지로 표준원가계산에서는 단위당 표준원가를 실제생산량에 곱하여 계산한다.

표준배부 = 단위당 표준원가 × 실제생산량

3. 원가차이 계산

현실적으로 표준원가에 의한 표준배부된 금액과 실제 발생한 금액과는 일치하지 않는다. 이러한 차이를 원가차이라 하며, 표준배부액보다 실제발생원가가 큰 경우를 불리한 차이라 하며, 반대로 표준배부액보다 실제발생원가가 작은 경우를 유리한 차이라 한다. 즉, 이익에 미치는 영향에 따라 이익을 증가시키는 원가차이는 유리한 차이라 하고 반대로 이익을 감소시키는 원가차이는 불리한 차이라 한다. 이는 정상원가계산에서의 과소배부 및 과대배부와 같은 맥락이다.

- 실제발생 > 표준배부 : 불리한 차이(unfavorable variance : U)
- 실제발생 < 표준배부 : 유리한 차이(favorable variance : F)

4. 원가차이 분석

원가차이란 사후에 집계된 실제원가와 표준원가의 차이를 분석하는 것을 말하며, 각 원가요소별로 표준수량과 표준가격을 실제투입수량과 실제가격과의 비교를 통해서 이루어진다.

[그림 7-2] 원가차이 분석의 일반형태

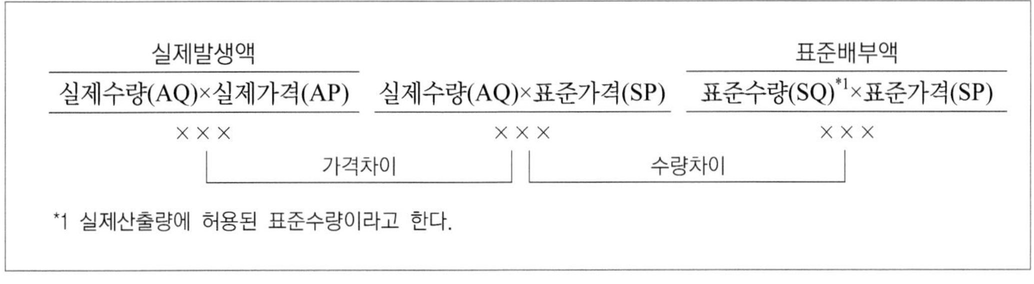

5. 원가차이 조정

최종적으로 외부공표용 재무제표는 실제 발생된 제조원가를 기준으로 집계되어야 하므로 위에서 계산된 원가차이는 기말에 실제원가로 조정되어야 하며 이를 조정하는 방법에는 비례배분법, 매출원가조정법 및 기타손익법이 있다. 이는 정상원가계산에서의 배부차이조정방법과 같은 이치이다.

방 법	내 용
비례배분법	총원가차이를 기말재공품, 기말제품, 매출원가계정의 상대적인 비율(금액기준)에 따라 배분하는 방법 ① 원가요소기준법 : 각 계정의 원가요소별 금액 기준으로 배분하는 방법 ② 총원가기준법 : 각 계정의 총원가 금액 기준으로 배분하는 방법
매출원가조정법	총원가차이를 매출원가에 가감하는 방법
기타손익법	총원가차이를 기타손익으로 처리하는 방법

[표 7-4] 회계처리 방법요약

구분	비례배분법	매출원가조정법	기타손익법
불리한 차이	재공품, 제품, 매출원가계정에 가산*1	매출원가 가산	기타비용
유리한 차이	재공품, 제품, 매출원가계정에서 차감*1	매출원가 차감	기타수익

*1 원재료 구입가격차이의 경우 구입량을 기준으로 가격차이를 계산하므로 기말원재료는 표준단가(SP)로 기록되어 있는 상태이다. 따라서, 원가차이를 비례배분법으로 조정하는 경우 구입가격차이를 기말원재료에도 배부해야 한다.

예제 4

(주)한국은 표준원가계산제도을 도입하고자 한다. 표준원가를 설정하기 위한 자료가 다음과 같다. 원가요소별 표준원가를 설정하시오.

(1) 직접재료비는 제품단위당 2kg을 사용하고 kg당 구입가격은 ₩25이다.

(2) 직접노무비는 제품단위당 3h이 투입되고 노동시간당 표준임률은 ₩5이다.

(3) 변동제조간접비는 직접노동시간에 비례하여 배부하며 노동시간당 표준변동제조간접비배부율은 ₩3이다.

(4) 고정제조간접비의 예산은 ₩9,000이며, 기준조업도는 다음과 같다.

이론적 최대조업도	실제적 최대조업도	정상조업도	연간기대조업도
6,000노동시간	5,400노동시간	4,500노동시간	3,600노동시간

단, 표준고정제조간접비배부율을 산정하기 위한 기준조업도는 정상조업도를 사용한다.

해답

	표준수량(SQ)	표준가격(SP)	표준원가
직접재료비	2kg	₩25/kg	₩50/단위
직접노무비	3h	5/h	15
변동제조간접비	3h	3/h	9
고정제조간접비	3h	2/h	6
제품 단위당 표준원가			₩80/단위

4 원가차이분석

원가요소별 표준배부된 금액과 실제발생한 금액과의 차이를 비교분석하는 것을 말한다. 원가차이 분석은 각 원가요소별로 이루어지며, 불리한 차이와 유리한 차이로 구분된다. 불리한 차이는 실제원가가 표준배부된 금액보다 많이 발생하여 순이익을 감소시키는 차이인 반면에 유리한 차이는 실제원가가 표준배부된 금액보다 적게 발생하여 순이익을 증가시키는 차이이다. 원가차이는 원가요소별로 이루어지며 중요한 차이에 대해서는 그 원인을 분석하고 규명함으로써 원가통제와 미래 가격결정의 기초자료로 활용한다.

1. 직접재료비 차이분석

직접재료비 총차이는 실제직접재료비와 실제산출량에 허용된 표준직접재료비와의 차이를 말한다.

- 직접재료비 총차이 = 실제원가(AQ × AP) − 표준배부(SQ × SP)
  단, AQ : 원재료의 실제투입량(사용량)
  AP : 원재료의 단위당 실제구입가격
  SQ : 실제생산량에 허용된 원재료의 표준투입량
  SP : 원재료의 단위당 표준구입가격
- 직접재료비 가격차이 = (AQ × AP) − (AQ × SP)
  = AQ × (AP − SP)
- 직접재료비 수량차이 = (AQ × SP) − (SQ × SP)
  = (AQ − SQ) × SP

[그림 7-3] 직접재료비 총차이

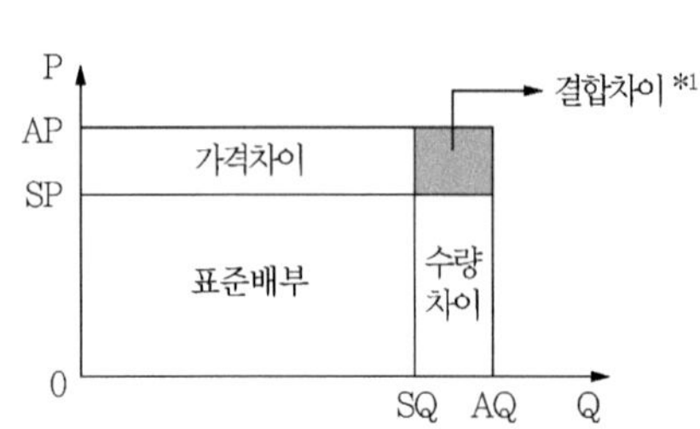

*1 결합차이 : 일반적으로 순수가격차이는 순수수량차이에 비하여 통제가능성이 낮으므로 결합차이는 순수가격차이에 포함시켜 총 차이는 가격차이와 수량차이로 구분한다.

1) 가격차이를 사용시점에서 분리

실제발생		변동예산
AQ×AP	AQ×SP	SQ×SP
XXX	XXX	XXX

가격차이 | 수량차이

2) 가격차이를 구입시점에서 분리(수량차이는 실제사용량을 기준으로 계산함)

AQ′×AP	AQ′×SP
XXX	XXX

구입가격차이

AQ×SP	SQ×SP
XXX	XXX

수량차이

AQ′ : 원재료의 실제구입량

AQ : 원재료의 실제사용량(투입량)

※ 원재료의 가격차이를 구입시점에서 분리할 경우의 다른표현

① 기말원재료는 표준단가(SP)로 기록되어 있다.

② 가격차이를 가급적 조기에 인식한다.

2. 직접노무비 차이분석

직접노무비 총차이는 실제직접노무비와 실제산출량에 허용된 표준직접노무비와의 차이를 말한다.

- 직접노무비 총차이 = 실제원가(AQ × AP) − 표준배부(SQ × SP)
  단, AQ : 실제직접노동시간
  AP : 직접노동시간당 실제임률
  SQ : 실제생산량에 허용된 표준직접노동시간
  SP : 직접노동시간당 표준임률
- 직접노무비 임률차이 = (AQ × AP) − (AQ × SP)
  = AQ × (AP − SP)
- 직접노무비 능률차이 = (AQ × SP) − (SQ × SP)
  = (AQ − SQ) × SP

[그림 7-4] 직접노무비 총차이

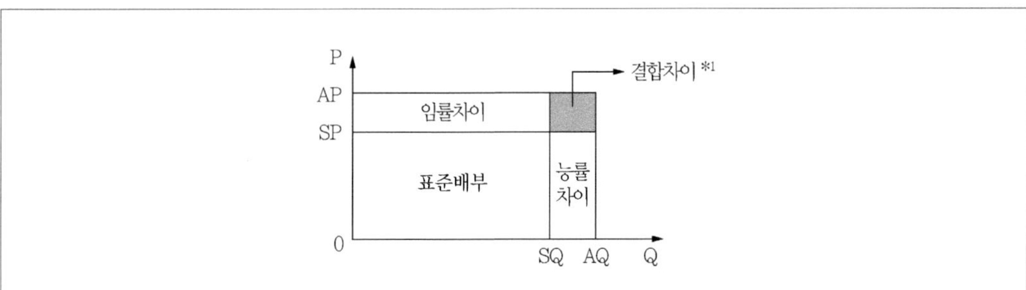

*1 결합차이 : 일반적으로 순수임률차이는 순수능률차이에 비하여 통제가능성이 낮으므로 결합차이는 순수임률차이에 포함시켜 총 차이는 임률차이와 능률차이로 구분한다.

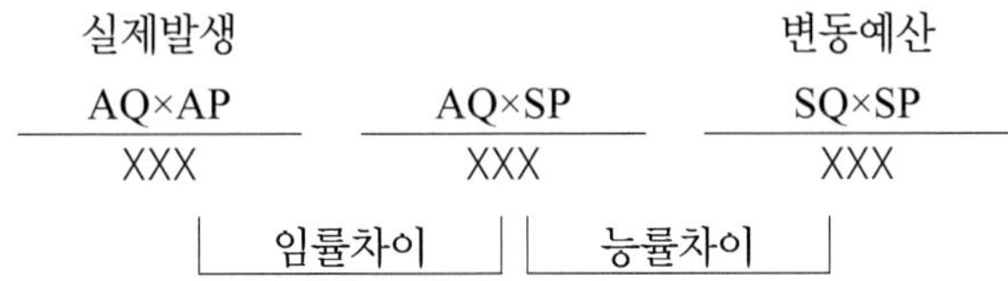

3. 제조간접비 차이분석

1) 변동제조간접비

변동제조간접비 총차이는 실제변동제조간접비와 실제산출량에 허용된 표준변동제조간접비와의 차이를 말한다.

- 변동제조간접비 총차이 = 실제원가(AQ × AP) − 표준배부(SQ × SP)
  단, AQ : 실제조업도
  AP : 조업도 단위당 실제배부율
  SQ : 실제생산량에 허용된 표준조업도
  SP : 조업도 단위당 표준배부율
- 변동제조간접비 소비차이 = (AQ × AP) − (AQ × SP)
  = AQ × (AP − SP)
- 변동제조간접비 능률차이 = (AQ × SP) − (SQ × SP)
  = (AQ − SQ) × SP

실제발생		변동예산
AQ×AP	AQ×SP	SQ×SP
XXX	XXX	XXX

소비차이 | 능률차이

2) 고정제조간접비

고정제조간접비 총차이는 실제고정제조간접비와 실제산출량에 허용된 표준고정제조간접비와의 차이를 말한다. 그러나 고정제조간접비에 대한 원가통제 관점에서는 실제발생한 고정제조간접비와의 비교대상은 실제산출량에 허용된 표준고정제조간접비가 아니라 연초에 설정된 고정제조간접비 예산이다.

- 고정제조간접비 총차이 = 실제발생액 − 표준배부(SQ × SP)
  단, SQ : 실제생산량에 허용된 표준조업도
  SP : 조업도 단위당 표준배부율
- 고정제조간접비 소비차이 = 실제발생액 − (기준조업도 × SP)
- 고정제조간접비 조업도차이 = (기준조업도 × SP) − (SQ × SP)
  = (기준조업도 − SQ) × SP

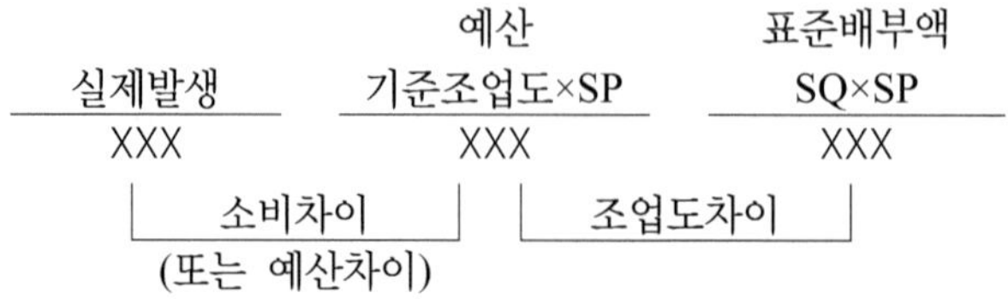

5 제조간접비에 대한 다양한 분석방법

제조간접비의 총차이는 변동제조간접비와 고정제조간접비를 구분하여 위와 같이 총 4가지 차이로 분석하는 방법을 4분법이라고 한다. 그러나, 다음과 같이 3분법, 2분법 및 1분법으로 다양하게 분석하기도 한다.

① 3분법 : 현실적으로 실제발생한 총제조간접비를 변동제조간접비와 고정제조간접비로 구분하기가 매우 어렵기 때문에 각각의 소비차이를 구할 수 없고 총제조간접비의 소비차이만이 분석가능하다.[2)] 따라서 총제조간접비의 소비차이, 변동제조간접비의 능률차이 및 고정제조간접비의 조업도차이로 구분하여 총제조간접비의 원가차이를 세 개의 차이로 분석한다.

② 2분법 : 변동제조간접비의 예산과 고정제조간접비의 예산을 합한 총제조간접비예산과 실제발생한 제조간접비와의 차이인 예산차이와 고정제조간접비의 조업도 차이로 구분하여 총제조간접비의 원가차이를 두 개의 차이로 분석한다.

③ 1분법 : 표준배부된 총제조간접비와 실제발생한 총제조간접비와의 차이를 비교하는 것으로 총제조간접비의 원가차이를 하나의 차이로 분석한다.

[그림 7-5] 제조간접비의 다양한 분석방법

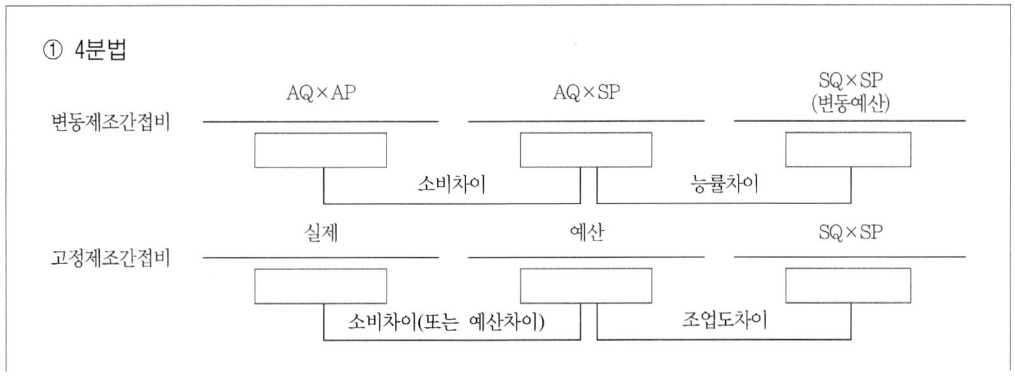

2) 변동제조간접비와 고정제조간접비의 진정한 원가통제대상인 소비차이를 합하여 총제조간접비 소비차이를 구한다.

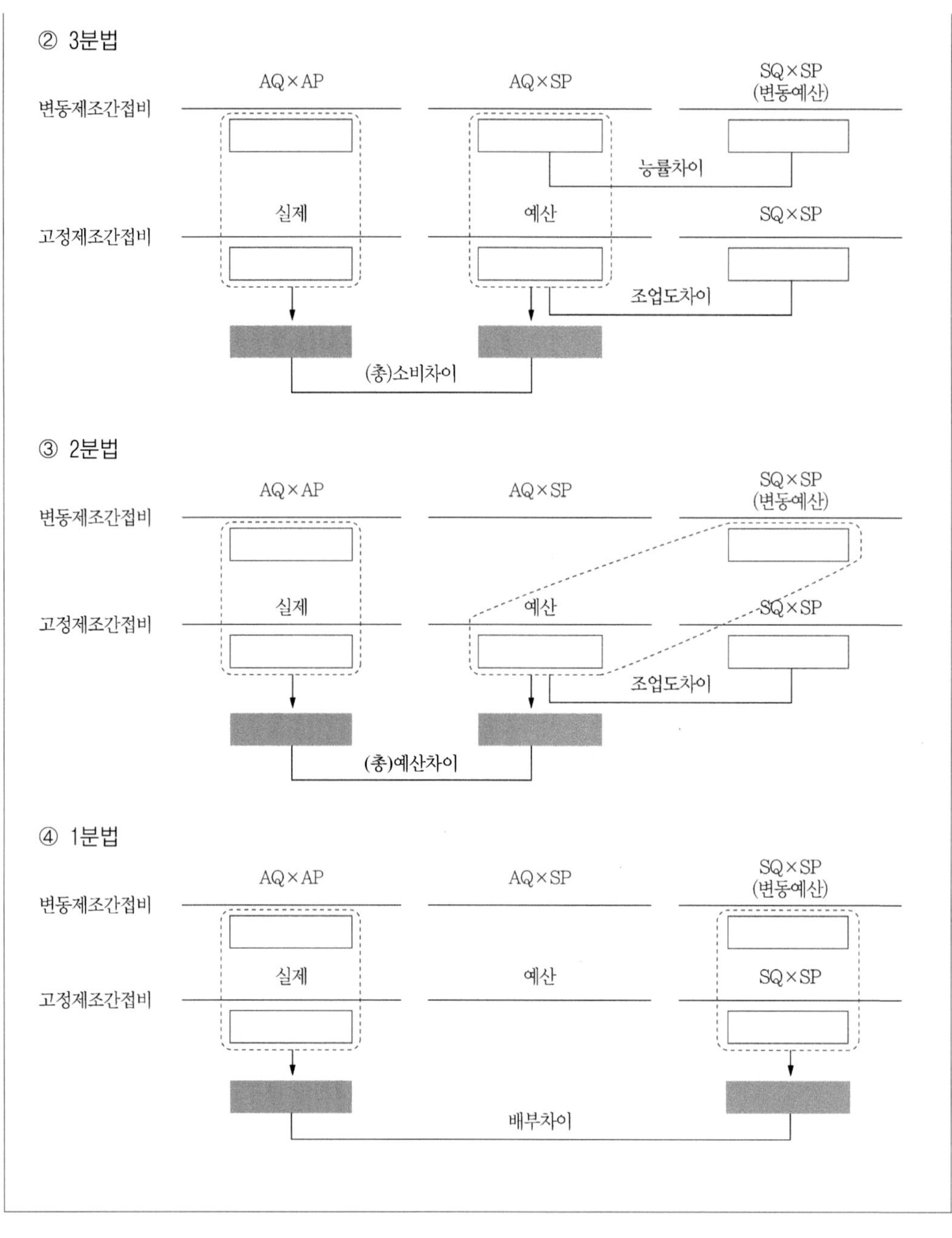
② 3분법
AQ×AP
AQ×SP
SQ×SP
(변동예산)
변동제조간접비
능률차이
실제
예산
SQ×SP
고정제조간접비
조업도차이
(총)소비차이
③ 2분법
AQ×AP
AQ×SP
SQ×SP
(변동예산)
변동제조간접비
실제
예산
SQ×SP
고정제조간접비
조업도차이
(총)예산차이
④ 1분법
AQ×AP
AQ×SP
SQ×SP
(변동예산)
변동제조간접비
실제
예산
SQ×SP
고정제조간접비
배부차이

[그림 7-6] 제조간접비의 다양한 분석방법

4분법	3분법	2분법	1분법
변동제조간접비 소비차이	제조간접비 소비차이	제조간접비 예산차이	제조간접비 배부차이
고정제조간접비 예산차이	제조간접비 능률차이	제조간접비 조업도차이	
변동제조간접비 능률차이	제조간접비 조업도차이		
고정제조간접비 조업도차이			

예제 5 원가차이분석

(주)한국은 단일제품을 대량으로 생산하며 표준원가계산제도를 적용하고 있다. 제조간접비의 배부기준은 직접노동시간을 사용하며 제품 단위당 표준원가는 다음과 같다.

	표준수량(SQ)	표준가격(SP)	표준원가
직접재료비	2kg	₩25/kg	₩50/단위
직접노무비	3h	5/h	15
변동제조간접비	3h	3/h	9
고정제조간접비	3h	2/h	6
제품 단위당 표준원가			₩80/단위

회사의 고정제조간접비의 예산은 ₩9,000이며, 기준조업도는 4,500노동시간이다.
20×1년 실제생산량은 1,000단위 이며, 실제 발생한 제조원가는 다음과 같다.

직접재료비	2,300kg × ₩26 =	₩59,800
직접노무비	2,800h × ₩6 =	16,800
변동제조간접비		8,000
고정제조간접비		7,000
합 계		₩91,600

또한, 당기 원재료구입량은 3,000kg이며 실제구입가격은 kg당 ₩26이다.

요구사항

원가차이를 분석하시오.

해답

(1) 직접재료비

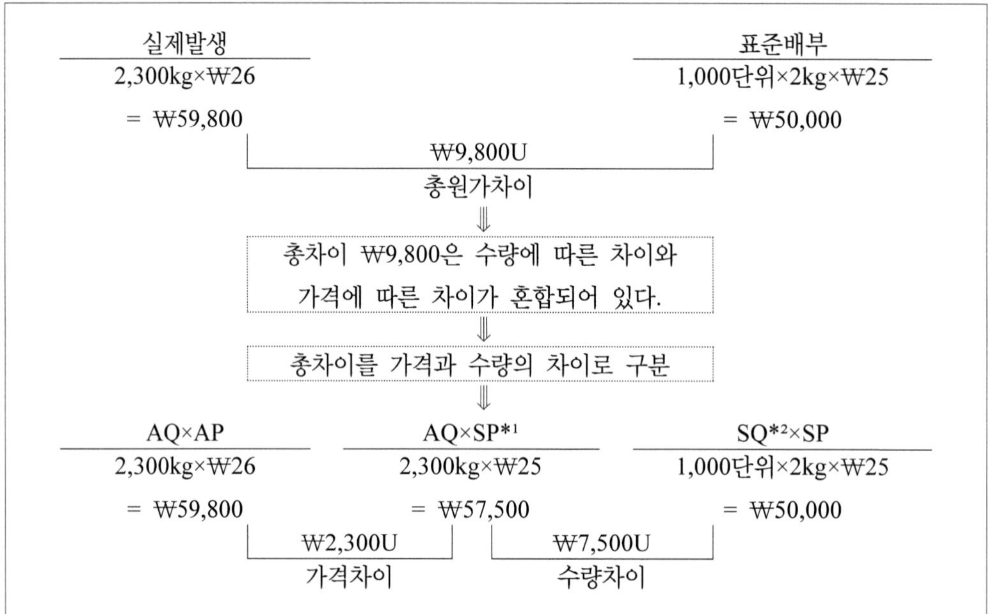

*1 이를 기준으로 가격차이와 수량차이로 구분된다.
*2 이를 실제산출량에 허용된 표준수량이라 한다.

총차이 ₩9,800중에서 순수가격차이는 ₩2,000[= 2,000kg × (₩26 − ₩25)], 순수수량차이는 ₩7,500[= ₩25 × (2,300kg − 2,000kg)]이고 나머지 ₩300[= (2,300kg − 2,000kg) × (₩26 − ₩25)]는 순수가격차이와 순수수량차이가 결합된 차이이다. 따라서 총차이를 세 가지로 구분할 수 있지만 원가통제관점에서 수량차이는 조직내에서 통제가능한 요소이지만 가격차이는 조직외부시장상황에 따라 영향을 받는 요소이기 때문에 일반적으로 결합차이를 순수가격차이에 포함시켜 가격차이와 수량차이 두 가지로 구분한다.

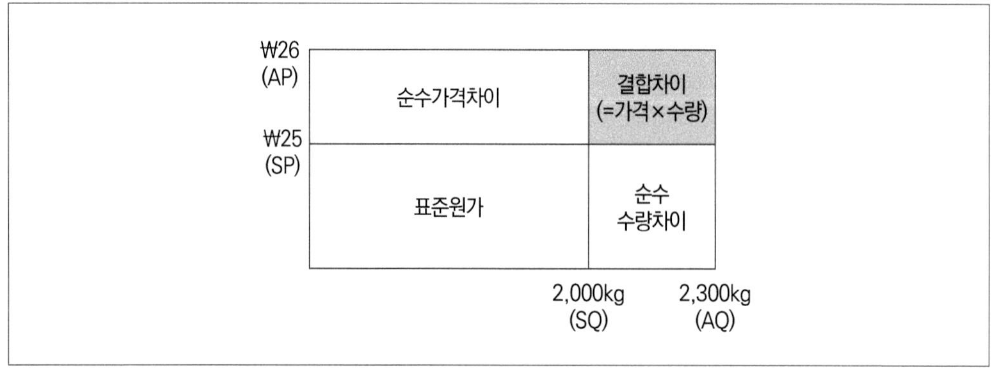

cf. 가격차이를 구입시점에서 분리하는 경우

원재료의 가격차이를 위와 같이 실제사용량 기준으로 인식할 수 있고 실제구입량 기준으로 인식할 수도 있다. 가격에 대한 통제대상인 구매부서는 실제사용량과는 상관없이 원재료 구매 시 표준단가로 구입해야 하므로 성과평가시 가격차이에 대한 수량은 실제사용량이 아니고 실제구입량으로 분석하는 것이 더 타당하다고 볼 수 있으며, 또한 가격차이를 실제구입시점마다 인식한다면 가격차이를 조기 인식하여 가능한 조치를 적시에 취할 수 있기 때문이다.

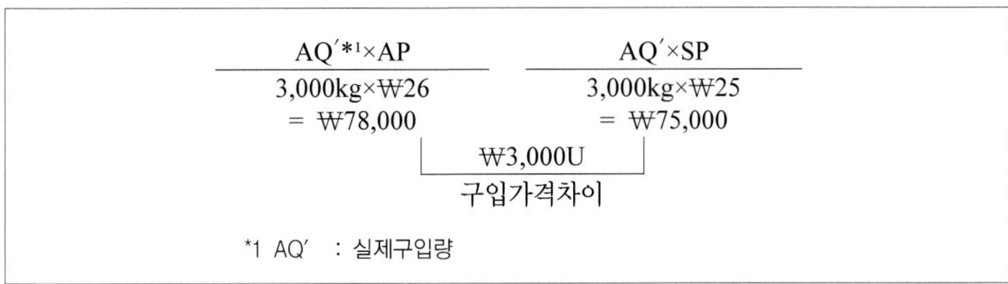

(2) 직접노무비차이

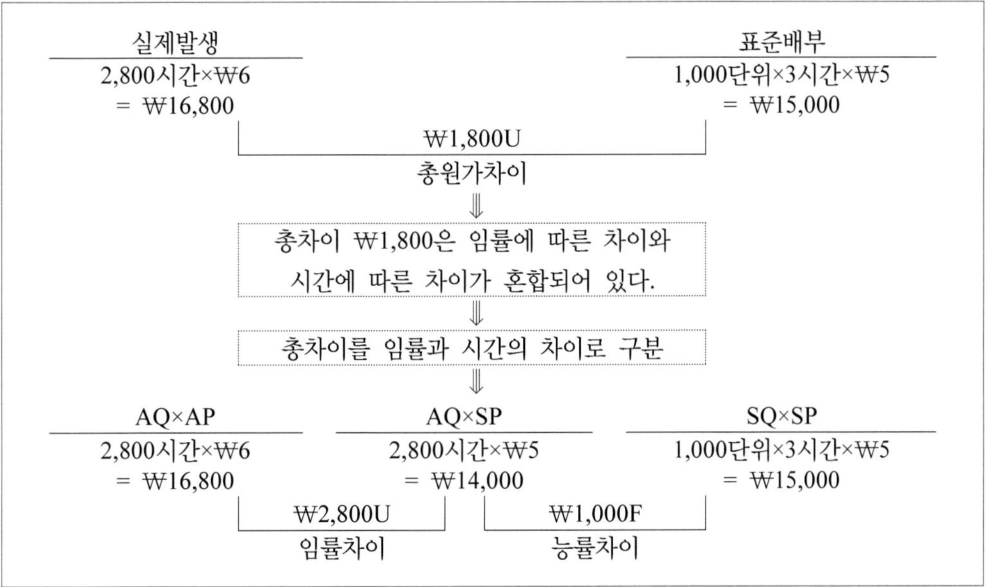

(3) 변동제조간접비차이

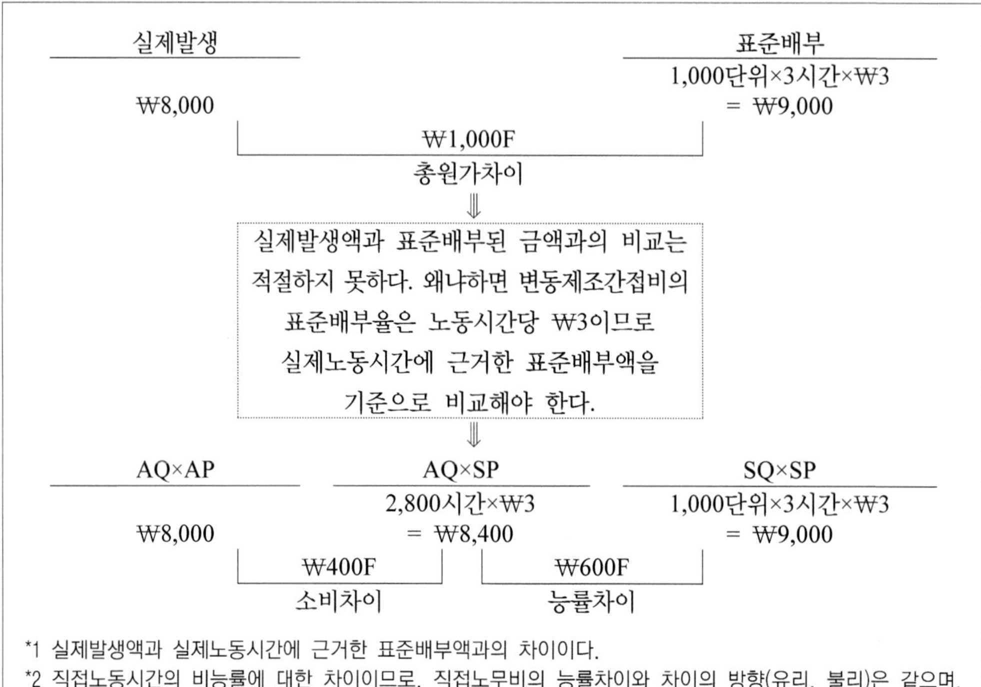

*1 실제발생액과 실제노동시간에 근거한 표준배부액과의 차이이다.

*2 직접노동시간의 비능률에 대한 차이이므로, 직접노무비의 능률차이와 차이의 방향(유리, 불리)은 같으며, 단지 표준임률과 변동제조간접비 표준배부율의 차이에 따라서 총액만 달라질 뿐이다.

(4) 고정제조간접비차이

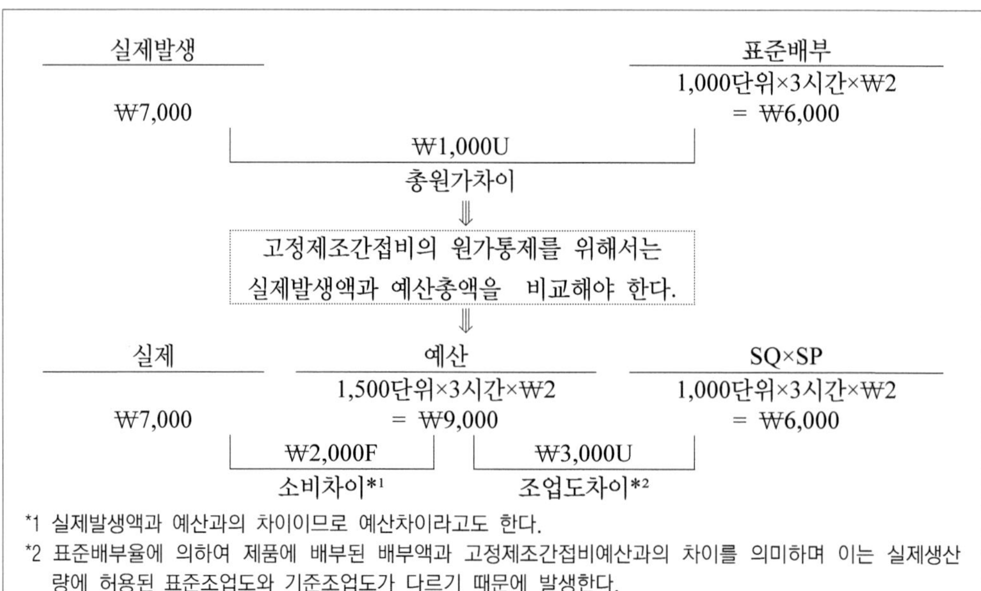

*1 실제발생액과 예산과의 차이이므로 예산차이라고도 한다.

*2 표준배부율에 의하여 제품에 배부된 배부액과 고정제조간접비예산과의 차이를 의미하며 이는 실제생산량에 허용된 표준조업도와 기준조업도가 다르기 때문에 발생한다.

예제 6 원가차이조정

[예제05]의 자료를 이용하여 다음의 물음에 답하시오.
기초 및 기말재공품재고는 없었으며 당기생산량 1,000단위중 800단위가 판매되었다. 원가요소별 원가차이를 조정하시오. 원가차이조정전 금액은 다음과 같다.

	제품(200단위)	매출원가(800단위)
직접재료비	₩10,000	₩40,000
직접노무비	3,000	12,000
변동제조간접비	1,800	7,200
고정제조간접비	1,200	4,800
합 계	₩16,000	₩64,000

해답

※ 원가차이분석 내용정리

	U(불리한차이)	F(유리한차이)
직접재료비		
구입가격차이	₩3,000	
가격차이	2,300	
수량차이	7,500	
직접노무비		
임률차이	2,800	
능률차이		₩1,000
변동제조간접비		
소비차이		400
능률차이		600
고정제조간접비		
소비차이		2,000
조업도차이	3,000	

1. 직접재료비가격차이를 사용시점에서 분리하는 경우

	U(불리한차이)	F(유리한차이)
직접재료비		
가격차이	₩2,300	
수량차이	7,500	
직접노무비		
임률차이	2,800	
능률차이		₩1,000
변동제조간접비		
소비차이		400
능률차이		600
고정제조간접비		
소비차이		2,000
조업도차이	3,000	
합계	₩15,600	₩4,000

그러므로 원가차이순액은 ₩11,600 U이다.

(1) 매출원가조정법

₩11,600 U 전액을 매출원가에 조정하므로 조정후 금액은 다음과 같다.

	제품(200단위)	매출원가(800단위)
차이조정전 금액	₩16,000	₩64,000
차이조정	–	11,600
차이조정후 금액	₩16,000	₩75,600

※ 회계처리

(차)	매출원가	₩11,600	(대)	직접재료비 – 가격차이	₩2,300
	직접노무비 – 임률차이	1,000		직접재료비 – 수량차이	7,500
	변동제조간접비 – 소비차이	400		직접노무비 – 능률차이	2,800
	변동제조간접비 – 능률차이	600		고정제조간접비 – 조업도차이	3,000
	고정제조간접비 – 소비차이	2,000			

(2) 기타손익법

₩11,600 U 전액을 기타비용에 반영하므로 조정후 금액은 다음과 같다.

	제품(200단위)	매출원가(800단위)
차이조정전 금액	₩16,000	₩64,000
차이조정	–	–
차이조정후 금액	₩16,000	₩64,000

※ 회계처리

(차)	기타비용	₩11,600	(대) 직접재료비 – 가격차이	₩2,300
	직접노무비 – 임률차이	1,000	직접재료비 – 수량차이	7,500
	변동제조간접비 – 소비차이	400	직접노무비 – 능률차이	2,800
	변동제조간접비 – 능률차이	600	고정제조간접비 – 조업도차이	3,000
	고정제조간접비 – 소비차이	2,000		

(3) 비례배분법 – 총원가기준법

원가요소별 원가차이를 기말제품과 매출원가의 총금액을 기준으로 배분한다.

	제품(200단위)	매출원가(800단위)
차이조정전 금액	₩16,000	₩64,000
차이조정		
DM-가격차이[*1]	460	1,840
DM-수량차이	1,500	6,000
DL-임률차이	(200)	(800)
DL-능률차이	560	2,240
VOH-소비차이	(80)	(320)
VOH-능률차이	(120)	(480)
FOH-소비차이	(400)	(1,600)
FOH-조업도차이	600	2,400
차이조정후 금액	₩18,320	₩73,280

*1 제품 : 매출원가 = ₩16,000 : ₩64,000

※ 회계처리

(차)	제품	₩2,320	(대) 직접재료비 – 가격차이	₩2,300
	매출원가	9,280	직접재료비 – 수량차이	7,500
	직접노무비 – 임률차이	1,000	직접노무비 – 능률차이	2,800
	변동제조간접비 – 소비차이	400	고정제조간접비 – 조업도차이	3,000
	변동제조간접비 – 능률차이	600		
	고정제조간접비 – 소비차이	2,000		

2. 직접재료비가격차이를 구입시점에서 분리하는 경우

	U(불리한차이)	F(유리한차이)
직접재료비		
구입가격차이	₩3,000	
수량차이	7,500	
직접노무비		
임률차이	2,800	
능률차이		₩1,000
변동제조간접비		
소비차이		400
능률차이		600
고정제조간접비		
소비차이		2,000
조업도차이	3,000	
합계	₩16,300	₩4,000

그러므로, 원가차이순액은 ₩12,300 U이다.

(1) 매출원가조정법

₩12,300 U 전액을 매출원가에 조정하므로 조정후 금액은 다음과 같다.

	제품(200단위)	매출원가(800단위)
차이조정전 금액	₩16,000	₩64,000
차이조정	–	12,300
차이조정후 금액	₩16,000	₩76,300

※ 회계처리

(차)	매출원가	₩12,300	(대)	직접재료비 – 가격차이	₩3,000
	직접노무비 – 임률차이	1,000		직접재료비 – 수량차이	7,500
	변동제조간접비 – 소비차이	400		직접노무비 – 능률차이	2,800
	변동제조간접비 – 능률차이	600		고정제조간접비 – 조업도차이	3,000
	고정제조간접비 – 소비차이	2,000			

(2) 기타손익법

₩12,300 U 전액을 기타비용에 반영하므로 조정후 금액은 다음과 같다.

	제품(200단위)	매출원가(800단위)
차이조정전 금액	₩16,000	₩64,000
차이조정	–	–
차이조정후 금액	₩16,000	₩64,000

※ 회계처리

(차) 기타비용	₩12,300	(대) 직접재료비 – 가격차이	₩3,000
직접노무비 – 임률차이	1,000	직접재료비 – 수량차이	7,500
변동제조간접비 – 소비차이	400	직접노무비 – 능률차이	2,800
변동제조간접비 – 능률차이	600	고정제조간접비 – 조업도차이	3,000
고정제조간접비 – 소비차이	2,000		

(3) 비례배분법-원가요소기준법

원가요소별 원가차이를 기말재고와 원가요소별 금액을 기준으로 배분한다.

	원재료	DM-수량차이	제품(200단위)	매출원가(800단위)
차이조정전 금액	₩17,500	₩7,500 U	₩16,000	₩64,000
차이조정				
DM – 구입가격차이*1	700	300	400	1,600
DM – 수량차이*2	-	(7,800)	1,560	6,240
DL – 임률차이*3			(200)	(800)
DL – 능률차이			560	2,240
VOH – 소비차이*4			(80)	(320)
VOH – 능률차이			(120)	(480)
FOH – 소비차이*5			(400)	(1,600)
FOH – 조업도차이			600	2,400
차이조정후 금액	₩18,200	–	₩18,320	₩73,280

*1 원재료 : DM-수량차이 : 제품 : 매출원가 = ₩17,500 : ₩7,500 : ₩10,000 : ₩40,000
*2 제품 : 매출원가 = ₩10,000 : ₩40,000
*3 제품 : 매출원가 = ₩3,000 : ₩12,000
*4 제품 : 매출원가 = ₩1,800 : ₩7,200
*5 제품 : 매출원가 = ₩1,200 : ₩4,800

※ 회계처리

(차) 원재료	₩700	(대) 직접재료비 – 구입가격차이	₩3,000
제품	2,320	직접재료비 – 수량차이	7,500
매출원가	9,280	직접노무비 – 능률차이	2,800
직접노무비 – 임률차이	1,000	고정제조간접비 – 조업도차이	3,000
변동제조간접비 – 소비차이	400		
변동제조간접비 – 능률차이	600		
고정제조간접비 – 소비차이	2,000		

6 원가차이 발생원인

원가차이의 발생원인은 원가요소별로 아래와 같으며, 경영자는 차이가 중요한 원가요소에 대해서는 원가차이의 원인을 조사한 후 필요한 조치를 취하는 것이 필요하다. 이를 예외에 의한 관리(management by exception)라 한다.

	직접재료비	직접노무비	제조간접비
가격차이(또는 소비차이)	• 가격할인 • 구매자와의 협상능력 • 긴급구매 • 저가의 저품질재료 구입 • 원재료산업의 공급과잉이나 부족	• 미숙련공 고용 • 초과근무수당지급 • 임률의 변경	• 물가변동 • 계절적 요인에 따른 소비량 변화 • 전력, 수도사용 낭비
능률차이(또는 조업도차이)	• 작업자의 업무미숙 • 저품질 원재료 사용 • 비능률적 생산방식	• 작업방법 변경 • 작업자의 불성실 • 저품질 원재료 사용	※조업도차이 • 기계고장 • 제품수요감소 • 생산계획 오류

4. 표준종합원가계산

1 의의

지금까지의 원가차이분석은 당기 착수물량이 당기에 모두 완성되어 재공품이 없는 경우를 가정하여 살펴보았다. 만약, 재공품이 존재한다면 실제산출량에 허용된 표준수량(SQ)은 원가투입행태에 따라서 원가요소별로 달라진다.

2 원가계산절차

원가차이분석은 당기에 발생한 실제원가와 실제산출량에 허용된 표준원가를 비교하는 것으로 당기 작업과 무관한 기초재공품은 배제해야 한다. 따라서 원가요소별 실제산출량에 허용된 표준수량은 선입선출법에 의한 완성품환산량을 기준으로 계산한다.

제1단계 : 원가요소별 표준원가[*1]설정

*1 원가요소별(재료비, 가공비)표준원가는 원가요소별(재료비, 가공비)완성품환산량 단위당원가로 처리한다..

제2단계 : 표준원가와 실제산출량[*2]을 곱하여 표준배부한다.

*2 전기에 작업이 진행된 기초재공품을 당기 원가차이에서 배제하기 위하여 실제산출량에 허용된 표준원가를 계산하려면 원가요소별로 선입선출법에 의한 완성품환산량을 기준으로 계산해야 한다.

제3단계 : 원가차이 계산

제4단계 : 원가차이 분석

제5단계 : 원가차이 조정

※ 표준종합원가계산에서의 고려사항

- 원가요소별 표준원가 = 원가요소별 환산량 단위당 원가
- 실제산출량 = 원가요소별 완성품 환산량

예제 7 표준종합원가계산

(주)한국은 단일제품을 대량으로 생산하며 표준원가계산제도를 적용하고 있다. 제조간접비의 배부기준은 직접노동시간을 사용하며 제품 단위당 표준원가는 다음과 같다.

	표준수량(SQ)	표준가격(SP)	표준원가
직접재료비	2kg	₩25/kg	₩50/단위
직접노무비	3h	5/h	15
변동제조간접비	3h	3/h	9
고정제조간접비	3h	2/h	6
제품 단위당 표준원가			₩80/단위

회사의 고정제조간접비의 예산은 ₩9,000이며, 기준조업도는 4,500노동시간이다.
20×1년 실제 발생한 제조원가는 다음과 같다.

직접재료비	2,300kg × ₩26 =	₩59,800
직접노무비	2,800h × ₩6 =	16,800
변동제조간접비		8,000
고정제조간접비		7,000
합계		₩91,600

또한, 당기 원재료구입량은 3,000kg이며 실제구입가격은 kg당 ₩26이다.
20×1년 1,000단위를 착수하였고 이 중 800단위는 완성품이며 200단위는 기말 현재 작업진행중이다. 기말재공품의 완성도는 80%이다.

요구사항 1

원가차이조정전 완성품과 기말재공품의 원가를 구하시오.

해답

(1) 완성품원가
800단위 × 단위당 표준원가(₩80) = ₩64,000

(2) 기말재공품
200단위 × 단위당 재료비(₩50) + 200단위 × 80% × 단위당 가공비(₩30) = ₩14,800

요구사항 2

원가요소별 원가차이를 구하시오.

해답

(1) 직접재료비

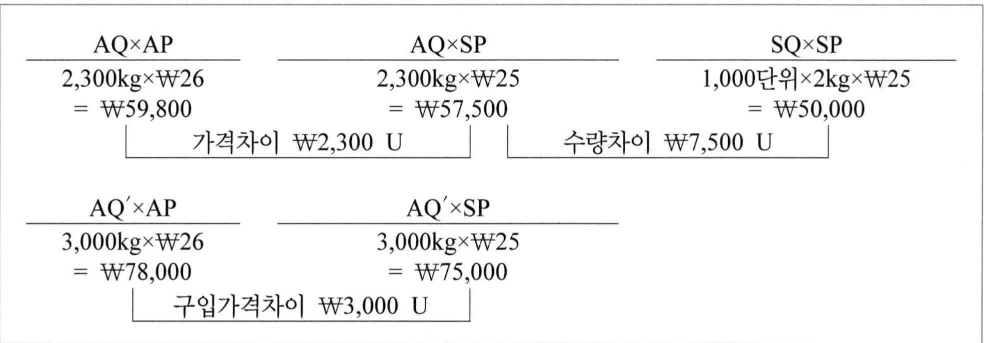

단, AQ′ : 당기 실제구입량

(2) 직접노무비

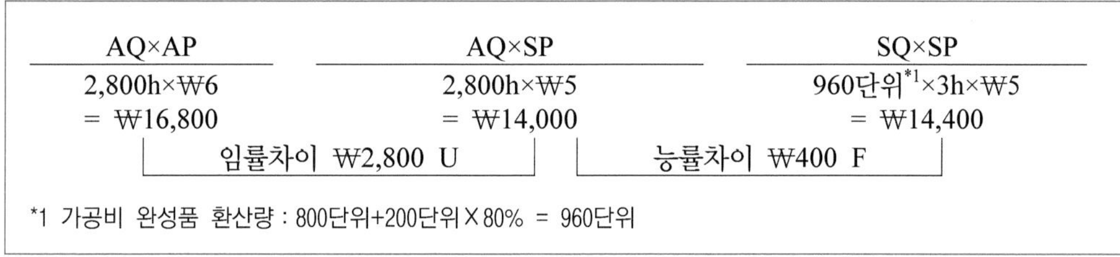

(3) 변동제조간접비

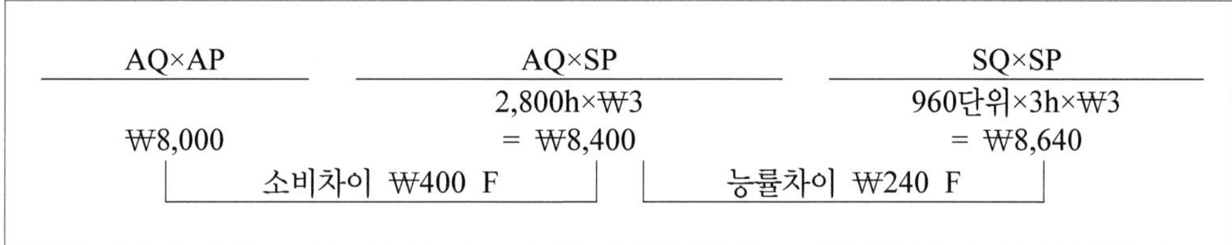

(4) 고정제조간접비

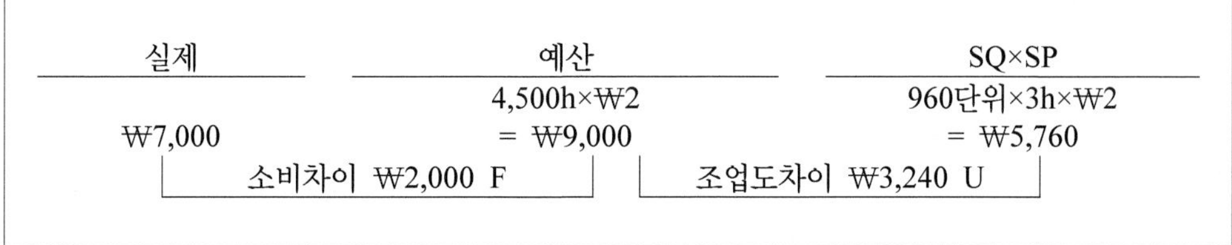

요구사항 3

당기완성품 800개 중 600개는 판매되었으며, 200개는 기말현재 제품재고로 남아있다. 비례배분법(원가요소기준법)에 의하여 원가차이를 조정하시오. 단, 원재료 가격차이는 구입시점에서 분리한다.

해답

(1) 원가차이조정전 매출원가 및 기말재고원가

	기말원재료	재공품	제품	매출원가
DM	₩17,500	₩10,000	₩10,000	₩30,000
DL	–	2,400	3,000	9,000
VOH	–	1,440	1,800	5,400
FOH	–	960	1,200	3,600
합 계	₩17,500	₩14,800	₩16,000	₩48,000

(2) 원가차이조정(비례배분법)

	기말원재료	DM 능률	재공품	제품	매출원가
원가차이조정전금액	₩17,500	₩7,500 U	₩14,800	₩16,000	₩48,000
DM					
구입가격차이*1	700	300	400	400	1,200
수량차이*2		(7,800)	1,560	1,560	4,680
DL					
임률차이*3			467	583	1,750
능률차이			(67)	(83)	(250)
VOH					
소비차이*4			(67)	(83)	(250)
능률차이			(40)	(50)	(150)
FOH					
소비차이*5			(333)	(417)	(1,250)
조업도차이			540	675	2,025
합계	₩18,200	–	₩17,260	₩18,585	₩55,755

*1 원재료 : DM-수량차이 : 재공품 : 제품 : 매출원가 = ₩17,500 : ₩7,500 : ₩10,000 : ₩10,000 : ₩30,000
*2 재공품 : 제품 : 매출원가 = ₩10,000 : ₩10,000 : ₩30,000
*3 재공품 : 제품 : 매출원가 = ₩2,400 : ₩3,000 : ₩9,000
*4 재공품 : 제품 : 매출원가 = ₩1,440 : ₩1,800 : ₩5,400
*5 재공품 : 제품 : 매출원가 = ₩960 : ₩1,200 : ₩3,600

요구사항 4

위 요구사항과 별도로 당기 재공품의 물량흐름이 다음과 같을 경우 직접노무비의 원가차이를 구하시오. 20×1년 기초재공품은 300단위이며 당기 700단위를 착수하였다. 이 중 800단위는 완성품이며 200단위는 기말 현재 작업진행중이다. 기초 및 기말재공품의 가공비 완성도는 각각 20%, 80%이다.

해답

(1) 가공비의 완성품환산량(실제산출량)

차이분석은 당기 실제발생원가와 실제 산출량에 허용된 표준원가를 분석하는 것으로써 당기 실제산출량은 선입선출법에 의한 당기 완성품환산량을 기준으로 계산한다.

① 물량흐름 파악 ② 완성품환산량

	재공품					가공비
기초	300	(0.2)	완성	300	(0.8)	240
				500		500
착수	700		기말	200	(0.8)	160
	1,000			1,000		900

(2) 노무비 원가차이분석

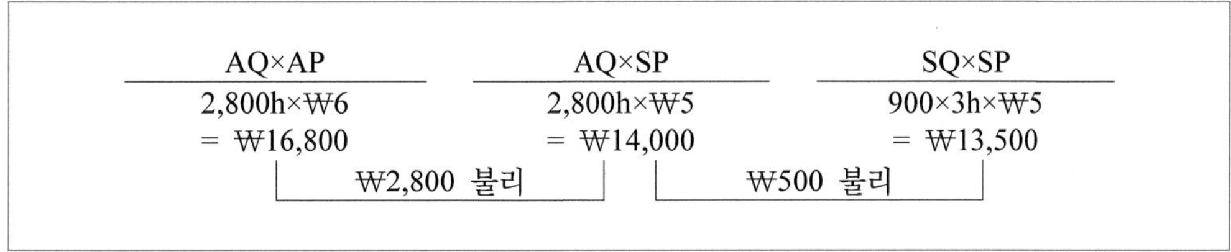

3 공손처리

• 정상공손이 반영된 완성품원가 = 정상공손 반영전 완성품원가 + 정상공손 허용수량 × 정상공손원가

㉮ 공정완료시점에 검사를 실시하고 합격품의 10%가 정상공손이라고 가정하자. 만약, 정상공손 반영전 단위당 완성품원가는 ₩100이며, 합격품의 10%가 정상공손이라면 완성품의 원가는 다음과 같다.
₩100+10%×₩100 = ₩110

표준원가를 기초로 공손원가를 구한 후 정상공손원가는 합격품에 가산하고 비정상공손원가는 당기 손실처리한다. 또한, 정상공손이 반영된 완성품의 표준원가는 사전에 설정된 정상공손허용수량에 대한 표준원가를 정상제품 단위당 표준원가에 가산하여 계산할 수도 있다.

예제 8 공손과 표준원가계산

(주)한국은 표준형과 고급형을 생산하며 표준원가계산제도를 사용하고 있다. 회사가 설정한 정상공손원가 반영 후 제품 단위당 표준원가는 다음과 같다.

	표준형		고급형	
직접재료비	2kg × ₩25 =	₩50	2kg × ₩30 =	₩60
직접노무비	3h × ₩5 =	15	3h × ₩10 =	30

변동제조간접비	3h × ₩3 =	9	3h × ₩3 =	9
고정제조간접비	3h × ₩2 =	6	3h × ₩2 =	6
소계		₩80		₩105
정상공손원가		13		9.6
단위당 표준원가		₩93		₩114.6

원재료는 공정 초에 모두 투입되며, 가공비는 전공정을 통하여 평균적으로 발생한다. 표준형에 대한 공손 검사는 공정이 50% 진행된 시점에서 이루어지며 정상공손허용수준은 당기에 검사를 통과한 합격품의 20%이다. 또한, 고급형에 대한 공손 검사는 공정이 80% 진행된 시점에서 이루어지며 정상공손허용수준은 당기에 검사를 통과한 합격품의 10%이다.

요구사항 1

표준형과 고급형의 표준원가에 가산된 정상공손원가의 근거를 제시하시오.

해답

	표준형		고급형	
직접재료비	₩50 × 100% × 20% =	₩10	₩60 × 100% × 10% =	₩6
가공비	₩30 × 50%*1 × 20%*2 =	3	₩45 × 80% × 10% =	3.6
		₩13		₩9.6

*1 완성도(검사시점)
*2 정상공손허용수준

요구사항 2

표준형의 정상공손원가가 반영된 단위당 표준변동원가를 계산하시오.

해답

	표준형	
직접재료비	2kg × ₩25 =	₩50
직접노무비	3h × ₩5 =	15
변동제조간접비	3h × ₩3 =	9
소계		₩74
정상공손원가		12.4
표준변동원가		₩86.4*

* ₩50×100%×20%+₩24×50%×20%=₩12.4

객관식 문제

1. (주)호남은 두 종류의 제품(X와 Z)을 생산하고 있다. 이 회사의 원가담당자는 간접비 중 엔지니어링변경원가에 관심을 가지고 있다. 1회 엔지니어링 변경에 소요되는 원가는 ₩600이다. 제품별 생산량, 엔지니어링 변경횟수, 기계시간은 다음과 같다.

항 목	X제품	Z제품
생산량	1,000단위	1,000단위
엔지니어링 변경횟수	14회	6회
생산량 단위당 기계시간	1시간	2시간

엔지니어링변경원가를 엔지니어링 변경횟수가 아닌 기계시간을 기준으로 배부한다면, X제품에 과대배부 혹은 과소배부 되는 금액은 얼마인가? 2009 회계사

① ₩15,000 과소배부 ② ₩14,400 과대배부 ③ ₩12,200 과소배부
④ ₩ 7,200 과대배부 ⑤ ₩ 4,400 과소배부

2. (주)한국은 정상원가계산을 채택하고 있으며 20×1년의 원가자료는 다음과 같다.

제조간접비 예산	₩255,000
정상조업도(직접노동시간)	100,000시간
제조간접비 실제발생액	₩270,000
실제직접노동시간	105,000시간

20×1년의 제조간접비 배부차이를 구하시오.

① ₩2,250 과소배부 ② ₩2,250 과대배부 ③ ₩2,550 과소배부
④ ₩2,550 과대배부 ⑤ ₩15,000 과소배부

3. 대한공업은 제조원가 항목을 직접원가항목인 직접재료비, 직접노무비, 직접경비(외주가공비 및 설계비)와 간접원가항목인 제조간접비로 분류한 후 예정배부기준에 의해 원가계산을 한다. 다음 자료를 이용하여 제조간접원가 예정배부액과 실제발생액간의 배부차이를 구하시오. 2003 세무사

(1) 기초와 기말의 제조원가 관련 계정잔액

구 분	원재료	선급외주가공비	미지급설계비	재공품	제품
기초잔액	₩500,000	₩100,000	₩150,000	₩700,000	₩750,000
기말잔액	600,000	80,000	80,000	400,000	550,000

(2) 당기중 원재료 구입액은 ₩1,890,000이다.

(3) 당기중 직접경비로서 외주가공비 관련 현금 지출은 ₩180,000이며, 설계비 관련 현금 지출은 ₩460,000이다.

(4) 제조간접비는 직접노무비의 50%를 예정배부한다.

(5) 제조간접비 실제발생액은 ₩300,000이다.

(6) 당기의 매출원가는 ₩3,660,000이다.

(7) 제조간접비 배부차이는 비정상적인 것으로 간주하여 영업외비용으로 처리한다.

① ₩40,000 과소배부 ② ₩40,000 과대배부 ③ ₩46,000 과소배부

④ ₩46,000 과대배부 ⑤ ₩35,000 과소배부

4. (주)한라는 20×1년초에 설립되었으며 정상원가계산(normal costing)을 적용하고 있다. 제조간접비는 직접노무시간을 기준으로 예정 배부한다. 회사는 제조간접비 배부차이를 기말재고자산 및 매출원가에 포함된 제조간접비 예정배부액에 비례하여 안분한다. 당기에 기말재공품, 기말제품 및 매출원가에는 1 : 3 : 4의 비율로 제조간접비가 각각 예정배부 되었고, 기말재공품에 차감하여 조정된 배부차이는 ₩2,500이었다. 당기의 실제 제조간접비는 ₩180,000이고, 실제 직접노무시간은 총 1,250시간이었다면, 제조간접비 예정배부율은 직접노무시간당 얼마인가? 2007 회계사

① ₩144 ② ₩160 ③ ₩168

④ ₩170 ⑤ ₩178

5. (주)한국은 표준원가계산을 채택하고 있는데, 20×1년 재료비와 관련된 자료는 다음과 같다.

제품단위당 표준투입량	10kg	재료단위당 표준가격	₩20
실제직접재료비	₩21,560	재료단위당 실제구입가격	22
20×1년의 제품생산량	100개		

직접재료비 능률차이는 얼마인가?

① ₩1,960 불리　② ₩400 유리　③ ₩440 유리
④ ₩2,000 불리　⑤ ₩1,560 불리

6. 다음은 (주)한강의 표준원가 및 생산활동 자료이다.

완제품 실제생산량	1,000개
직접재료 표준구매가격	₩64/kg
직접재료 표준사용량	21kg/완성품 1개
직접재료 실제발생원가	₩1,400,000
직접재료 수량차이	₩64,000(유리)

(주)한강의 직접재료가격차이는 얼마인가? 단, 직접재료와 재공품, 제품의 기초 및 기말재고는 없는 것으로 가정한다. 2008 회계사

① ₩0　② ₩120,000 불리　③ ₩120,000 유리
④ ₩130,000 불리　⑤ ₩130,000 유리

7. (주)수원은 직접노무시간을 기준으로 제조간접비 예정배부율을 산정하고 있으며 20×1년 제조간접비예산은 다음과 같다.

기준조업도(직접노무시간)	1,000시간
변동제조간접비	₩14,000
고정제조간접비	35,400

제품단위당 표준노무시간은 2시간이다. 20×1년에 회사는 600단위를 생산하였으며 실제 발생원가는 다음과 같다.

직접노무시간	1,160시간
변동제조간접비	₩17,700
고정제조간접비	36,500

20×1년의 변동제조간접비 능률차이와 고정제조간접비 조업도차이는 각각 얼마인가?

2005 회계사

	능률차이	조업도차이
①	₩560불리	₩1,100불리
②	560유리	7,080유리
③	560유리	7,080불리
④	1,460유리	7,080유리
⑤	1,460불리	1,100유리

8. (주)한국은 인공지능 휴대폰을 생산하고 있다. 휴대폰은 뱃치단위로 생산하고 있으며 관련제조간접비는 변동비와 고정비로 구분되어 있다.

아래의 제조간접비의 자료를 참조하여 물음에 답하시오.

	고정예산	실제
생산량	10,000개	8,000개
뱃치의 크기	250개	200개
뱃치당 작업준비시간	10시간	10시간
작업준비시간당 변동비	₩30	₩25
총고정비	20,000	19,000

변동제조간접비의 능률차이는 얼마인가?

① ₩1,800유리 ② ₩1,800불리 ③ ₩2,400유리
④ ₩2,400불리 ⑤ ₩3,000유리

9. (주)서울은 표준원가계산제도를 채택하고 있으며, 제조간접비의 원가차이를 예산차이, 능률차이 및 조업도차이로 구분하고 있다.

총제조간접비 실제발생액	₩892,500
제조간접비 추정방정식	₩600,000 + 시간당 ₩10
제조간접비 예정배부율	시간당 ₩15
조업도차이	₩100,000 유리

상기 자료를 이용하여 계산된 당기제품생산에 허용된 표준시간은 얼마인가? 단, 고정제조간접비의 경우 예산과 실제발생액은 동일하다. 2000 세무사

① 80,000시간 ② 100,000시간 ③ 120,000시간
④ 140,000시간 ⑤ 160,000시간

10. (주)서울은 20×1년에 영업활동을 개시한 회사로서 표준원가계산제도를 수행하고 있다. 20×1년 12월 31일 차이배분전 각 계정의 잔액과 원가차이는 다음과 같다.

(1) 계정잔액

	원재료	재공품	제품	매출원가	합계
직접재료비	–	₩2,000	₩3,000	₩5,000	₩10,000
직접노무비	–	1,000	1,500	2,500	5,000
변동제조간접비	–	400	600	1,000	2,000
고정제조간접비	–	600	900	1,500	3,000
합계	₩0	₩4,000	₩6,000	₩10,000	₩20,000

(2) 원가차이
- 직접재료비 : 가격차이 ₩0, 능률차이 ₩500(불리)
- 직접노무비 : 임률차이 ₩400(유리), 능률차이 ₩800(유리)
- 변동제조간접비 총차이 : ₩200(유리)
- 고정제조간접비 총차이 : ₩300(불리)

위의 원가차이 배분후 실제 매출원가를 계산하면 얼마인가? 단, 원가차이는 각 계정과목의 원가차이조정전 금액을 기준으로 조정한다. 2002 세무사

① ₩19,400 ② ₩9,600 ③ ₩9,700
④ ₩10,300 ⑤ ₩10,400

정답 및 해설

1. 정답 ⑤

기본 | 배부기준 변경★

변경전	₩600 × 14회 =	₩8,400
변경후	₩4[*1] × 1,000시간 =	4,000
		₩4,400 (과소)

*1 (₩600×20회)÷(1,000단위×1시간+1,000단위×2시간) = ₩4/시간

2. 정답 ①

중급 | 제조간접비 배부차이★

(1) 제조간접비 예정배부율 : ₩255,000 ÷ 100,000시간 = ₩2.55/시간

(2) 제조간접비 예정배부액 : 105,000시간 × ₩2.55 = ₩267,750

(3) 제조간접비 배부차이

실제발생액	₩270,000
예정배부액	267,750
배부차이	₩2,250 (과소배부)

3. 정답 ①

고급 | 제조간접비 배부차이★

(1) 제조원가의 흐름

원재료

기초	₩500,000	사용	₩1,790,000
매입	1,890,000	기말	600,000
	₩2,390,000		₩2,390,000

재공품

기초	₩700,000	완성	₩3,460,000[*2]
DM	1,790,000		
직접경비[*1]	590,000		
DL	x		
OH배부액	0.5x	기말	400,000
	₩3,860,000		₩3,860,000

*1 직접경비

① 외주가공비 : 기초선급액(₩100,000) + 현금지출액(₩180,000) − 기말선급액(₩80,000) = ₩200,000

② 설계비 : 현금지출액(₩460,000) − 기초미지급액(₩150,000) + 기말미지급액(₩80,000) = ₩390,000

*2 당기제품제조원가 : 매출원가(₩3,660,000) + 기말제품(₩550,000) − 기초제품(₩750,000) = ₩3,460,000

(2) 제조간접비 예정배부액

₩3,860,000 = ₩700,000 + ₩1,790,000 + ₩590,000 + x + 0.5x

그러므로,

직접노무비(x)	₩520,000
제조간접비 예정배부액(0.5x)	260,000

(3) 제조간접비 배부차이

실제발생액	₩300,000
예정배부액	260,000
배부차이	₩40,000 (과소배부)

4. 정답 ②

중급 제조간접비 예정배부율 추정★

(1) 총배부차이금액 : ₩20,000(초과배부)
기말재공품 : ₩2,500(= ₩2,500 × 1)
기말제품 : ₩7,500(= ₩2,500 × 3)
매출원가 : ₩10,000(= ₩2,500 × 4)

(2) 예정배부율 : ₩160(= 예정배부액 ÷ 1,250시간)
예정배부액 : ₩180,000 + ₩20,000 = ₩200,000

5. 정답 ②

기본 직접재료비 원가차이분석

AQ×AP	AQ×SP	SQ×SP
–	980kg[*1] × ₩20 = ₩19,600	100개 × 10kg × ₩20 = ₩20,000
	능률차이 ₩400 F	

[*1] 실제사용량 = 실제직접재료비(₩21,560)÷실제구입가격(₩22) = 980kg

6. 정답 ②

기본 직접재료비 원가차이분석

AQ×AP	AQ×SP	SQ×SP
₩1,400,000	₩1,280,000*1	1,000개 × 21kg × ₩64 = ₩1,344,000
가격차이 ₩120,000 U	수량차이 ₩64,000 F	

*1 ₩1,344,000 − ₩64,000 = ₩1,280,000

7. 정답 ②

중급 제조간접비 원가차이분석★

	AQ×AP	AQ×SP	SQ×SP
VOH	₩17,700	1,160시간 × ₩14 = ₩16,240	1,200시간 × ₩14[*1] = ₩16,800
		능률차이 ₩560 F	

	실제	예산	SQ×SP
FOH	₩36,500	₩35,400	1,200시간 × ₩35.4[*1] = ₩42,480
		조업도차이 ₩7,080 F	

*1 제조간접비 표준배부율
① 변동제조간접비 표준배부율
= ₩14,000÷1,000 직접노동시간
= ₩14/직접노동시간
② 고정제조간접비 표준배부율
= ₩35,400÷1,000 직접노동시간
= ₩35.4/직접노동시간

8. 정답 ④

중급 활동기준원가계산에서의 원가차이분석★

(1) 표준배치

10,000개 ÷ 250개 = 40배치

(2) 배치당 고정비표준배부율

₩20,000 ÷ (40배치 × 10시간) = ₩50/시간

(3) 표준원가

	SQ	SP
변동비	10시간/배치	₩30/시간
고정비	10시간/배치	50/시간

(4) 변동제조간접원가차이분석

AQ×AP	AQ×SP	SQ×SP
(8,000/200) × 10시간 × ₩25	(8,000/200) × 10시간 × ₩30	(8,000/250) × 10시간 × ₩30
= ₩10,000	= ₩12,000	= ₩9,600

소비차이 ₩2,000 F
능률차이 ₩2,400 U

9. 정답 ④

고급 실제생산량에 허용된 표준조업도 추정★

실제	예산	SQ×SP
	₩600,000	SQ × ₩5*1 = ₩700,000

조업도차이 ₩100,000 F

*1 고정제조간접비 표준배부율
총제조간접비배부율(₩15) − 변동제조간접비배부율(₩10) = ₩5/시간
그러므로, SQ = 140,000시간이다.

10. 정답 ③

중급 원가차이조정 – 비례배분법

※ 비례배분법을 적용할 경우 원가요소기준과 총원가기준에 따른 최종배분금액은 다르지만, 위 문제의 경우 원가요소별 비율과 총원가의 비율이 동일하므로 최종배분금액은 동일하다.

	재공품	제품	매출원가	합계
배분전원가	₩4,000	₩6,000	₩10,000	₩20,000
비 율	0.2	0.3	0.5	100%
원가차이(순액)	(120)	(180)	(300)	600F
배분후원가	₩3,880	₩5,820	₩9,700	₩19,400

주관식 문제

문제 1 배부차이 조정

20×1년 초에 설립된 ㈜한국은 고객의 주문에 의해 기계를 제작하는 회사로 원가는 개별작업별로 집계하되 제조간접원가는 직접노무원가에 비례하여 예정배부한다.

20×1년 말 현재 두 개의 작업(#103, #104)이 미완성으로 남아 있으며 #103의 직접재료원가, 직접노무원가는 각각 ₩25,000, ₩12,000이고, #104의 직접재료원가, 직접노무원가는 각각 ₩40,000, ₩24,000이다. ㈜한국의 20×1년 실제 발생한 직접노무원가는 ₩200,000이다.

〈자료 1〉 연초에 예측한 제조간접원가 및 직접노무원가

제조간접원가	₩144,000
직접노무원가	₩240,000

〈자료 2〉 20×1년 말 제조간접원가 배부차이 조정 전 각 계정의 잔액

제조간접원가 대변잔액	₩6,400
매출원가	₩308,400
기말제품	₩96,000(직접노무원가 ₩40,000이 포함되어 있다.)

물음 1

다음의 값을 구하시오.

(1) 기말재공품, 기말제품, 매출원가에 포함된 직접재료원가, 직접노무원가 및 제조간접원가(배부차이 조정 전 금액)

(2) 실제발생제조간접원가

물음 2

제조간접원가 배부차이를 원가요소별 비례배분법에 의해 조정하여 외부공표용 재무제표에 공시될 기말재공품, 기말제품 및 매출원가를 구하시오.

물음 3

제조간접원가 배부차이를 전액 매출원가에 조정한다면 위 [물음 2]의 원가요소별 비례배분법에 비해 당기 영업이익은 얼마나 증가하는지 구하시오.

해 답

※ 자료정리

(1) 제조간접원가 예정배부율

₩144,000 ÷ ₩240,000

= 직접노무원가의 60%

(2) 배부차이

제조간접원가 배부차이 대변잔액은 과대(초과)배부를 의미한다.

물음 1

(1) 기말재공품, 기말제품, 매출원가에 포함된 직접재료원가, 직접노무원가 및 제조간접원가(배부차이 조정 전 금액)

• 기말재공품

	#103	#104	합 계
직접재료원가	₩25,000	₩40,000	₩65,000
직접노무원가	12,000	24,000	36,000
제조간접원가	7,200*	14,400*	21,600
합 계	₩44,200	₩78,400	₩122,600

* 직접노무원가×60%

• 기말제품 및 매출원가

	#103	#104
직접재료원가	₩32,000	₩110,000
직접노무원가	40,000	124,000*
제조간접원가	24,000	74,400
합 계	₩96,000	₩308,400

* ₩200,000 - ₩36,000 - ₩40,000

(2) 실제발생제조간접원가

	예정배부액	₩120,000
(-)	과대배부액	(6,400)
	실제발생액	₩113,600

물음 2 원가요소기준 비례배분법

(1) 차이배분

	제조간접원가 배부	배분비율	배분금액
재공품	₩21,600	18%	₩(1,152)
제 품	24,000	20	(1,280)
매출원가	74,400	62	(3,968)
합 계	₩120,000	100%	₩(6,400)

(2) 조정 후 계정잔액

	차이배분전 금액	배분금액	차이배분후 금액
재공품	₩122,600	₩(1,152)	₩121,448
제 품	96,000	(1,280)	94,720
매출원가	308,400	(3,968)	304,432
합 계	₩527,000	₩(6,400)	₩520,600

물음 3 매출원가조정법

(1) 원가요소기준 비례배분법

차변)	제조간접원가	₩6,400	대변)	재공품	₩1,152
				제 품	1,280
				매출원가	3,968

(2) 매출원가조정법

차변)	제조간접원가	₩6,400	대변)	재공품	₩6,400

즉, 매출원가조정법이 ₩2,432만큼 더 크다.

 배부차이조정 및 판매가격결정

개별원가계산제도를 채택하고 있는 ㈜한국은 직접노무원가를 기준으로 제조간접원가를 배부하고 있다. 회사는 20×1년 제조간접원가와 직접노무원가를 각각 ₩126,000과 ₩84,000으로 추정하고 있다.

〈자료 1〉 20×1년 기초 및 기말 재고자산

	기 초	기 말
원재료	₩21,000	₩16,000
재공품	44,000	40,000
제품	68,000	60,000

〈자료 2〉 20×1년 실제발생원가

원재료 구입액	₩133,000
직접노무원가 발생액	80,000
제조간접원가 발생액	
공장 보험료	7,000
공장 설비감가상각비	18,000
공장 건물재산세	9,000
공장 설비보수유지비	11,000
공장 건물임차료	36,000
간접노무원가	42,000

물음 1

제조간접원가 예정배부율을 구하고 제조간접원가 차이금액을 계산하시오.

물음 2

당기제품제조원가와 제조간접원가 배부차이 조정 전 매출원가를 계산하시오.

물음 3

회사가 당기에 작업 #123을 착수하여 완성하였으며 직접재료원가와 직접노무원가는 각각 ₩3,200, ₩4,200 발생하였다. 작업 #123에 대하여 제조원가의 140%를 판매가격으로 결정하는 경우 판매가격을 계산하시오. (단, 회사는 제조간접원가 배부차이를 기타손익으로 처리한다.)

해 답

물음 1 제조간접원가 예정배부율 및 제조간접원가 배부차이

(1) 제조간접원가 예정배부율

₩126,000 ÷ ₩84,000

= 직접노무원가의 150%

(2) 배부차이

예정배부액	₩120,000	(= 150% × ₩80,000)
실제발생액	123,000	
배부차이	₩3,000	과소배부

물음 2 당기제품제조원가 및 매출원가

(1) 원재료 사용금액

원재료

기 초	₩21,000	사 용	?
매 입	133,000	기 말	16,000
	₩154,000		₩154,000

그러므로, ₩154,000 − ₩16,000 = ₩138,000이다.

(2) 당기제품제조원가

재공품

기 초	₩44,000	완 성	?
직접재료원가	138,000		
직접노무원가	80,000		
제조간접원가	120,000	기 말	40,000
	₩382,000		₩382,000

그러므로, ₩382,000 − ₩40,000 = ₩342,000이다.

(3) 매출원가

제품

기 초	₩68,000	판 매	?
입 고	342,000	기 말	60,000
	₩410,000		₩410,000

그러므로, ₩410,000 − ₩60,000 = ₩350,000이다.

물음 3 판매가격

(1) 제조원가

직접재료원가	₩3,200	
직접노무원가	4,200	
제조간접원가	6,300	(= 150% × 4,200)
	₩13,700	

(2) 판매가격

₩13,700 × 140% = ₩19,180

원가차이분석의 개념

다음을 읽고 물음에 답하시오.

(주)한국은 표준원가계산제도를 사용하고 있으며 회사가 설정한 표준은 다음과 같다.

	SQ	SP
직접재료원가	5㎡/단위	₩10/㎡
직접노무원가	3시간/단위	20/h

회사는 직접재료 13,000㎡를 ₩120,000에 구입하여 11,000㎡를 사용하였다. 또한 직접노무원가 발생액은 ₩160,000이며 실제직접노동시간은 7,000시간이다.

당해 제조간접원가발생액은 ₩1,200,000으로 이 중 60%는 변동제조간접원가이며 변동제조간접원가는 기계시간당 표준배부율이 ₩24이고 실제기계시간은 26,000시간이며 제품 단위당 표준기계시간은 10시간이다.

고정제조간접원가의 기준조업도는 30,000기계시간이며 당월생산량은 2,500개이다.

제조간접원가 표준배부율은 기계시간당 ₩45이며 당해 회사는 직접재료원가 가격차이를 구입시점에서 분리한다.

물음 1

직접재료원가 구입가격차이와 능률(수량)차이를 구하시오.

물음 2

직접노무원가 임률차이와 능률차이를 구하시오.

물음 3

변동제조간접원가 소비차이와 능률차이를 구하시오.

물음 4

고정제조간접원가 소비차이와 조업도차이를 구하시오.

물음 5

표준원가계산제도의 유용성에 대하여 설명하시오.

해 답

물음 1 직접재료원가 원가차이분석

※ 표준원가표

	SQ	SP
직접재료비	5㎡	₩10
직접노무비	3h	20
변동제조간접비	10기계시간	24
고정제조간접비	10기계시간	21*1

*1 ₩45 - ₩24

(1) 구입가격차이

AQ′ × AP	AQ′ × SP
	13,000㎡ × ₩10
₩120,000	= ₩130,000

가격차이 ₩10,000(유리)

(2) 능률(수량)차이

AQ × SP	SQ × SP
11,000㎡ × ₩10	12,500㎡* × ₩10
= ₩110,000	= ₩125,000

능률차이 ₩15,000(유리)

* 2,500개×5㎡ = 12,500㎡

물음 2 직접노무원가 원가차이분석

AQ × AP	AQ × SP	SQ × SP
	7,000시간 × ₩20	7,500시간*1 × ₩20
₩160,000	= ₩140,000	= ₩150,000

임률차이 ₩20,000(불리) | 능률차이 ₩10,000(유리)

*1 2,500개×3시간 = 7,500시간

물음 3 변동제조간접원가 원가차이분석

AQ × AP	AQ × SP	SQ × SP
	26,000기계시간 × ₩24	25,000기계시간[*2] × ₩24
₩720,000[*1]	= ₩624,000	= ₩600,000
	소비차이 ₩96,000(불리)	능률차이 ₩24,000(불리)

*1 변동제조간접원가 실제발생액 : ₩1,200,000×60% = ₩720,000

*2 2,500개×10기계시간 = 25,000기계시간

물음 4 고정제조간접원가 원가차이분석

실제발생액	예산[*3]	SQ × SP
	30,000기계시간 × ₩21	25,000기계시간[*4] × ₩21[*2]
₩480,000[*1]	= ₩630,000	= ₩525,000
	소비차이 ₩150,000(유리)	조업도차이 ₩105,000(불리)

*1 ₩1,200,000×40% = ₩480,000

*2 ₩45－₩24 = ₩21

*3 고정제조간접원가 표준배부율 = $\frac{\text{고정제조간접원가예산}}{\text{기준조업도}}$

고정제조간접원가예산 = 기준조업도×고정제조간접원가 표준배부율

*4 2,500개×10기계시간 = 25,000기계시간

물음 5 표준원가계산의 유용성

① 예산을 설정하는데 있어서 기초자료로 활용할 수 있다.

② 실제원가와 비교하여 실제원가가 표준원가의 일정한 범위 내에서 발생하고 있는지를 파악함으로써 원가통제를 수행할 수 있다.

③ 표준원가를 기준으로 제품원가계산을 하게 되면 원가계산이 신속하고 간편해진다.

 변동예산과 원가차이분석

다음을 읽고 물음에 답하시오.

(주)한국은 전자제품을 생산,판매하는 기업이다. 이 회사는 제품의 원가계산에 표준원가를 이용한 전부원가계산제도를 적용하고 있다. 다음은 처음으로 생산을 시작한 (주)한국전자의 20×1년 1월 중 생산관련 자료를 수집한 것이다.

〈자료 1〉 표준 및 예상조업도에 관한 자료

- 직접재료원가 : 제품 1단위당 8kg, 재료 1kg당 ₩10
- 직접노무원가 : 제품 1단위당 4시간, 1시간당 ₩15
- 변동제조간접원가 : 직접노무시간을 기준으로 배부하며, 직접노무시간당 ₩5
- 고정제조간접원가 월 예산액 : ₩60,000
- 월예상조업도는 제품기준으로 1,200단위 또는 4,800직접노무시간이다.

〈자료 2〉 실제원가 및 실제조업도에 관한 자료

- 직접재료구입량 : 12,000kg, 1kg당 ₩12
- 직접재료투입량 : 9,000kg, 1kg당 ₩12
- 직접 노무원가 : 4,400시간, 1시간당 ₩14
- 변동제조간접원가 발생액 : ₩19,800
- 고정제조간접원가 발생액 : ₩56,000
- 20×1년 1월 중 1,000단위를 생산에 착수하여 당기에 모두 완성되었으며, 이 중 800단위를 판매하였다.

물음 1

(주)한국전자의 20×1년 1월 중 발생한 직접노무원가의 임률차이(rate variance)와 능률차이(efficiency variance)를 계산하고 그 차이가 유리한 차이인지 불리한 차이인지를 명시하시오.

물음 2

표준원가계산하에서 20×1년 1월 중 (원가차이의 배부 및 분개 이전에) 매출원가로 계상되는 금액을 구하시오.

물음 3

위의 주어진 자료를 이용하여 생산량 1,300단위에 대한 총제조원가의 변동예산 금액을 구하시오.

물음 4

최근 들어 경영관리 목적상 표준원가의 중요성이 과거에 비해 감소하고 있다고 할 수 있는데 그 이유가 무엇인지에 대해 간단히 설명하시오.

해 답

물음 1 직접노무원가의 원가차이분석

AQ × AP	AQ × SP	SQ × SP
4,400 × ₩14 = ₩61,600	4,400 × ₩15 = ₩66,000	1,000 × 4 × ₩15 = ₩60,000

임률차이 4,400(유리) 능률차이 6,000(불리)

물음 2 매출원가(표준)

매출원가(표준) = 800단위 × (8kg × ₩10 + 4시간 × ₩15 + 4시간 × ₩5 + ₩60,000 ÷ 1,200단위)
= ₩168,000

물음 3 변동예산

변동예산금액 = 1,300단위 × (8kg × ₩10 + 4시간 × ₩15 + 4시간 × ₩5) + ₩60,000
= ₩268,000

물음 4 표준원가의 유용성 감소

(1) 원가관리대상으로서의 노무비 비중이 감소 때문이다. 즉, 공장자동화 등으로 인하여 생산공정상 작업자수가 감소하게 됨에 따라 주로 노동력의 통제에 주된 목적을 두었던 표준원가계산시스템의 중요성은 현저히 감소하였다.

(2) JIT 등 새로운 제조방식의 도입, 운영 때문이다. 즉, 이들 방식의 성공적인 수행여부에 대한 평가는 종래와는 상이한 방법으로 이루어져야 한다. 그러나 표준원가계산은 자칫 JIT가 추구하는 방향과는 달리 재고를 늘리도록 잘못된 동기부여를 할 수 있다. 왜냐하면 생산량 감소로 인한 생산성 저하 및 불리한 조업도차이를 우려하는 종업원들은 가급적 생산량을 늘리고자 하기 때문이다.

(3) 원가관리상 원가통제보다는 원가절감에 중점을 두기 때문이다. 표준원가가 제대로 효과를 발휘하기 위해서는 가급적 표준을 달성하기가 어려운 수준으로 설정되는 것이 바람직하고 수시로 바뀐 환경에 맞게끔 수정되어야 한다. 그러나 요즘처럼 기술 및 제조환경변화가 급격히 이루어지는 환경에서는 현실에 맞는 표준의 개정 또한 수시로 이루어져야 하는데 이것이 쉽지 않기 때문이다.

 활동기준원가계산하의 원가차이분석과 원가요소기준 비례배분법

다음을 읽고 물음에 답하시오.

(주)한국은 20×1년 1월 초에 영업을 개시하였으며 표준원가계산제도를 채택하고 있다. 표준은 연초에 수립되며 1년 동안 유지된다. 회사의 직접재료원가와 변동제조간접원가에 관한 자료는 다음과 같다.

〈자료 1〉 직접재료원가 자료

(1) 회사의 20×1년 말 현재 표준원가로 기록된 각 계정의 직접재료원가 기말잔액은 다음과 같다.

	직접재료원가 잔액
직접재료	₩19,500
재공품	13,000
제 품	13,000
매출원가	78,000
합 계	₩123,500

(2) 20×1년의 직접재료 가격차이는 ₩6,000(유리)이고 능률차이는 ₩6,500(불리)이다.

〈자료 2〉 변동제조간접원가 자료

회사의 변동제조간접원가는 전액 기계작업준비로 인해 발생하는 원가로서, 기계작업준비에 투입되는 자원은 간접노무, 소모품, 전력 등이며 기계작업준비시간이 원가동인이다. 기계작업준비와 관련된 20×1년의 예산 및 실제자료는 다음과 같다.

	연초 설정예산	실 제
생 산 량	264,000개	330,000개
뱃치 규모(뱃치당 단위수)	110개/뱃치	100개/뱃치
뱃치당 기계작업준비시간	3시간	4시간
기계작업준비시간당 변동제조간접원가	₩4	₩5

물음 1

회사가 당기에 구입한 직접재료의 표준금액(당기구입량×단위당 표준가격)을 구하시오.

물음 2

회사가 실제원가계산제도를 채택했다면 20×1년말 현재 직접재료, 재공품, 제품, 매출원가 계정의 기말잔액에 포함될 직접재료원가는 각각 얼마이었겠는가? 단, 원가요소별비례배분법을 사용하시오.

물음 3

변동제조간접원가 소비차이와 능률차이를 구하시오.

물음 4

만약 회사가 변동제조간접원가 배부기준으로 기계작업준비시간이 아닌 직접재료 물량(kg)을 사용하고 다음과 관계가 성립할 때 변동제조간접원가 능률차이를 구하시오.

$$\frac{\text{직접재료 1kg당 표준변동제조간접원가}}{\text{직접재료 1kg당 표준직접재료원가}} = 0.5$$

해 답

물음 1 당기에 구입한 직접재료의 표준금액(당기구입량 × 단위당 표준가격)

기말원재료가 표준원가로 기록되어 있으므로 가격차이는 구입시점에서 분리되므로 표준단가를 기준으로 한 구입금액은 다음과 같다.

기말원재료 + 능률차이 + 기말재공품 + 기말제품 + 매출원가
= ₩19,500 + 6,500(불리) + 13,000 + 13,000 + 78,000
= ₩130,000

물음 2 원가차이조정(비례배분법)

기초재고자산이 없는 경우 원가차이를 원가요소별 비례배분법에 따라 각 계정에 배분하면 실제원가계산에 의한 계정잔액을 얻을 수 있다.

(1) 배분비율 계산

	직접재료	능률차이	재 공 품	제 품	매출원가	합 계
① 구입가격차이						
재료원가	₩19,500	₩6,500	₩13,000	₩13,000	₩78,000	₩13,000
배분비율	15%	5%	10%	10%	60%	100%
② 능률차이						
재료원가			₩13,000	₩13,000	₩78,000	₩104,000
배분비율			12.5%	12.5%	75%	100%

(2) 원가차이 배분

	직접재료	능률차이	재 공 품	제 품	매출원가	합 계
구입가격차이	₩(900)	₩(300)	₩(600)	₩(600)	₩(3,600)	₩(6,000)
능률차이		300	775	775	4,650	6,500
	₩(900)	₩0	₩175	₩175	₩1,050	₩500

(3) 실제원가계산에 의한 각 계정잔액

직접재료	₩19,500 − ₩900 =	₩18,600
재공품	₩13,000 + ₩175 =	13,175
제 품	₩13,000 + ₩175 =	13,175
매출원가	₩78,000 + ₩1,050 =	79,050

물음 3 변동제조간접원가의 원가차이분석

	AQ × AP	AQ × SP	SQ × SP
변동제조간접비	13,200시간[*1] × @5 = ₩66,000	13,200시간 × @4 = ₩52,800	9,000시간[*2] × @4 = ₩36,000
	소비차이 ₩13,200U	능률차이 ₩16,800U	

*1 실제뱃치수가 330,000개÷100개 = 3,300뱃치이므로 실제기계작업준비시간은 3,300뱃치×4시간 = 13,200시간이다.

*2 실제생산량에 허용된 표준뱃치수가 330,000개÷110개 = 3,000뱃치이므로 실제생산량에 허용된 표준기계작업준비시간은 3,000뱃치×3시간 = 9,000시간이다.

물음 4 변동제조간접비 능률차이

변동제조간접비 배부기준으로 직접재료물량을 사용하고「직접재료 1kg당 표준변동제조간접비 = 직접재료 1kg당 표준직접재료비 × 50%」이면,「변동제조간접비 능률차이 = 직접재료비 능률차이 × 50%」이다. 따라서, 변동제조간접비 능률차이는 ₩6,500 × 50% = ₩3,250(불리)이다.

배부차이조정 및 실제원가추정

다음을 읽고 물음에 답하시오.

(주)한국은 고객의 주문에 따라 기계를 제작하는 회사로 개별원가계산을 사용하고 있다. 회사는 직접노무원가를 기준으로 제조간접원가를 예정배부하고 있으며, 20×1년 초에 연간 제조간접원가를 ₩168,000, 직접노무원가를 ₩280,000으로 예상하였다.

20×1년 말 현재 두 개의 작업 #247과 #248이 미완성이다. 각 작업에 관한 자료는 다음과 같다.

	#247	#248
직접재료원가	₩22,000	₩42,000
직접노무원가	11,000	39,000
기계시간	287시간	647시간

20×1년에 발생된 실제제조간접원가는 ₩186,840이고 모든 작업에 부과된 총직접노무원가는 ₩400,000이다. 또한, 직접노동시간은 20,000시간이다.

20×1년의 기초재고자산은 없었다. 당기 매출액은 ₩2,700,680, 매출원가는 ₩648,000이며, 판매비와 일반관리비는 ₩1,857,870이다. 기말 제품재고액은 ₩72,000이다. 이들 재고자산과 매출원가는 배부차이를 조정하기 전의 금액이다. 회사는 기말에 배부차이를 재고자산과 매출원가의 기말잔액(조정 전 금액)을 기준으로 비례배분하고 있다.

물음 1

20×1년의 영업이익을 구하시오.

물음 2

배부차이를 모두 매출원가에 가감할 경우 20×1년의 영업이익을 구하시오.

물음 3

20×1년에 발생된 실제 직접재료원가를 구하시오.

해 답

물음 1 영업이익계산(총원가기준 비례배분법)

(1) 제조간접원가 예정배부율

$\frac{168,000}{280,000}$ = 직접노무원가의 60%

(2) 제조간접원가 배부차이

실제 제조간접원가	₩186,840
제조간접원가 예정배부	240,000*1
배부차이	₩(53,160)

*1 예정배부금액 = ₩400,000×60%

(3) 제조간접원가 배부차이 안분

	총 원 가	배분비율	배 분 액
재 공 품	₩144,000*1	2/12	₩(8,860)
제 품	72,000	1/12	(4,430)
매출원가	648,000	9/12	(39,870)
합 계	₩864,000	1	₩(53,160)

*1 기말재공품원가

	#247	#248	합 계
직접재료원가	₩22,000	₩42,000	₩64,000
직접노무원가	11,000	39,000	50,000
제조간접원가	6,600	23,400	30,000
합 계	₩39,600	₩104,400	₩144,000

(4) 20×1년의 영업이익

매 출 액		₩2,700,680
매출원가		
정상매출원가	₩648,000	
제조간접원가 초과배부	(39,870)	(608,130)
매출총이익		₩2,092,550
판매관리비		(1,857,870)
영업이익		₩234,680

물음 2 영업이익의 계산(매출원가조정법)

(1) 20×1년의 영업이익

매 출 액		₩2,700,680
매출원가		
정상매출원가	₩648,000	
제조간접원가 초과배부	(53,160)	594,840
매출총이익		₩2,105,840
판매관리비		1,857,870
영업이익		₩247,970

즉, 배부차이금액을 모두 매출원가에 가감하면 된다.

물음 3 실제 발생한 직접재료비 추정

배부차이를 조정하기 전의 재공품과 제품계정을 나타내 보면 다음과 같다.

(1) 제품

제 품

기초제품	–	매출원가	₩648,000
당기제품 제조원가	₩720,000	기말제품	72,000
	₩720,000		₩720,000

(2) 재공품

재 공 품

기초재공품	–	당기제품 제조원가	₩720,000
직접재료원가	₩224,000		
직접노무원가	400,000	기말재공품	144,000
제조간접원가	240,000		
	₩864,000		₩864,000

따라서, 20×1년에 발생된 실제 직접재료원가는 ₩224,000이다.

 정상활동기준원가계산

다음을 읽고 물음에 답하시오.

(주)한국은 외부보고를 위한 제품원가계산에 있어서 활동기준원가계산(activity-based costing)을 사용한다. 현재 회사의 간접부서는 세 개의 활동중심점(activity center)으로 구성되어 있으며, 회사는 각 활동중심점의 예정배부율(predetermined overhead rates)을 사용하여 간접원가를 배부한다.

〈자료 1〉 당해연도 예상 자료는 다음과 같다.

활동중심점	예상 활동원가	예상 활동사용량
작업준비	₩59,800,000	2,600시간
부품관리	42,000,000	2,000
공장일반관리	16,200,000	1,800

〈자료 2〉 당해연도 실제 자료는 다음과 같다.

활동중심점	실제 활동원가	실제 활동사용량
작업준비	₩59,320,000	2,530시간
부품관리	41,900,000	1,970
공장일반관리	17,310,000	1,720

물음 1

제품에 배부된 간접원가의 총액은 얼마인가?

물음 2

간접원가의 배부차이금액을 계산하시오.

해 답

물음 1 예정배부액

(1) 활동중심별 예정배부율

활동중심점	예상 활동원가	예상 활동사용량	예정배부율
작업준비	₩59,800,000	2,600	₩23,000
부품관리	42,000,000	2,000	21,000
공장일반관리	16,200,000	1,800	9,000

(2) 활동중심점별 제조간접비 배부액

활동중심점	예정배부율	실제 활동사용량	간접원가 배부액
작업준비	₩23,000	2,530	₩58,190,000
부품관리	21,000	1,970	41,370,000
공장일반관리	9,000	1,720	15,480,000
합 계			₩115,040,000

물음 2 배부차이금액

예정 배부액		₩115,040,000
실제 발생원가		
작업준비	₩59,320,000	
부품관리	41,900,000	
공장일반관리	17,310,000	118,530,000
부족배부액		₩(3,490,000)

정상개별원가계산 종합

다음을 읽고 물음에 답하시오.

(주)한국은 직접노무원가를 배부기준으로 제조간접원가를 배부하는 정상개별원가계산을 채택하고 있다. 아래의 모든 거래는 현금거래이다. 기초에 연간 직접노무원가를 ₩370,000, 제조간접원가를 ₩481,000으로 예측하였다.

〈자료 1〉 기초재고는 다음과 같다.

원재료	₩35,000	재공품	₩25,000	제품	₩175,000

〈자료 2〉 기중 거래 및 생산과 관련된 활동은 다음과 같다.

(1) 원재료 구입금액은 ₩400,000이다.
(2) 사용된 원재료는 ₩429,000이며, 이 중 ₩350,000이 생산과 직접 관련되어 투입되었다.
(3) 종업원 급여와 관련한 비용항목은 다음과 같다.

직접노무원가	₩375,000
간접노무원가	173,000
판매수수료	95,000

(4) 임대료는 ₩52,000인데, 이중 ₩35,000이 공장가동과 관련하여 발생한 비용이며, 잔여금액은 판매활동과 관련하여 발생한 항목이다.
(5) 기계장치와 관련하여 발생한 감가상각비는 ₩203,000인데, 이 중 ₩183,000은 공장가동과 관련한 비용항목이며, 잔여금액은 제품판매와 관련하여 발생한 비용이다.
(6) 당해연도 완성된 제품원가는 ₩1,230,000이다.
(7) 당해연도 매출액은 ₩1,768,000이며, (주)한국은 원가에 30%의 이익을 가산하여 제품가격을 결정한다.

물음 1

제조간접원가 예정배부율을 계산하시오.

물음 2

원재료, 재공품, 제품 관련 T계정을 통하여 기말원재료, 기말재공품, 기말제품의 금액을 구하시오.

물음 3

제조간접원가의 초과 또는 부족 배부된 금액을 구하시오.

물음 4

당기 영업이익을 구하시오. (단, 초과 또는 부족배부액은 매출원가에서 조정하기로 한다).

해 답

물음 1 예정배부율계산

$$\frac{\text{예정제조간접원가}}{\text{예정직접노무원가}} = \frac{481,000}{370,000}$$

= 직접노무원가의 1.3(130%)

물음 2 기말원재료, 기말재공품, 기말제품가액

(1) 원재료계정

원재료

기 초	₩35,000	사 용	₩429,000
매 입	400,000	기 말	6,000

(2) 재공품계정

재공품

기 초	₩25,000	당기제품제조원가	₩1,230,000
직접재료원가	350,000		
직접노무원가	375,000		
제조간접원가배부	487,500	기 말	7,500

(3) 제품계정

제품

기 초	₩175,000	매출원가	₩1,360,000
당기제품제조원가	1,230,000	기 말	45,000

물음 3 제조간접원가 배부차이

(1) 예정배부액

₩375,000(실제 직접노무원가) × 1.3

= ₩487,500

(2) 실제발생액

₩79,000 + ₩173,000 + ₩35,000 + ₩183,000

= ₩470,000

그러므로, 배부차이는 ₩17,500(과대배부)이다.

물음 4 영업이익(매출원가조정법)

손익계산서(I/S)

매출		₩1,768,000
매출원가	1,360,000	
초과배부	(17,500)	(1,342,500)
매출총이익		₩425,500
판매 및 일반관리비		
판매수수료	95,000	
임차료	17,000	
감가상각비	20,000	(132,000)
영업이익		₩293,500

문제 9 표준종합원가계산

㈜한국은 단일제품을 대량생산한다. 이 회사는 재무제표작성과 내부보고용으로 종합원가계산제도를 사용하고 있으며, 선입선출법에 의해 재공품을 평가한다. 그런데 재무제표작성을 위해서는 실제원가를 사용하지만 원가통제를 위해서 표준원가제도를 사용한다.

원가요소별 표준원가는 다음과 같다.

• 재료원가	3kg(kg당 ₩5)
• 노무원가	2시간(시간당 ₩3)
• 제조간접원가	2시간(시간당 ₩1.5)

20×1년 3월의 생산과 관련된 자료는 다음과 같다.

(1) 월초 재공품재고수량은 1,500단위인데, 재료에 대해서는 100%, 노무원가와 제조간접원가에 대해서는 70%가 완성되었다.

(2) 3월초에 8,500단위가 추가로 투입되었다.

(3) 월말 재공품재고수량은 2,000단위인데, 재료에 대해서는 100%, 노무원가와 제조간접원가에 대해서는 40%가 완성되었다.

(4) 3월 발생한 실제원가는 다음과 같다.

• 재료원가(26,000kg)	₩138,000
• 노무원가(16,500노동시간)	51,000
• 제조간접원가	26,300

재료원가는 공정초기에 전량 투입되고 노무원가와 제조간접원가는 공정 전반에 걸쳐 균등발생한다. 또한, 3월 생산에 허용된 표준시간에 대한 제조간접원가 변동예산은 ₩25,000이다.

각 물음은 서로 독립적이다.

물음 1

3월 동안 제조된 제품의 재료원가와 가공원가에 대한 완성품환산량을 계산하시오.

물음 2

재료원가, 노무원가 및 제조간접원가에 대한 원가차이를 분석하시오. (단, 제조간접원가는 2분법으로 분석하시오.)

해 답

물음 1 완성품환산량

(1) 물량흐름

① 물량흐름 파악(선입선출법) / ② 완성품환산량

					재료원가	가공원가
기 초	1,500 (0.7)	완성품	기 초	1,500 (0.3)	–	450
			당기착수	6,500	6,500	6,500
착 수	8,500	기 말		2,000 (0.4)	2,000	800
	10,000			10,000	8,500	7,750

(2) 표준원가표

	SQ	SP	표준원가
재료원가	3kg	₩5	₩15
노무원가	2시간	3	6
제조간접원가	2시간	1.5	3
			₩24

물음 2 원가차이 분석

(1) 재료원가

AQ × AP	AQ × SP	SQ × SP
	26,000kg × ₩5	8,500 × 3kg × ₩5
₩138,000	= ₩130,000	= ₩127,500

가격차이 ₩8,000 U　　수량차이 ₩2,500 U

(2) 노무원가

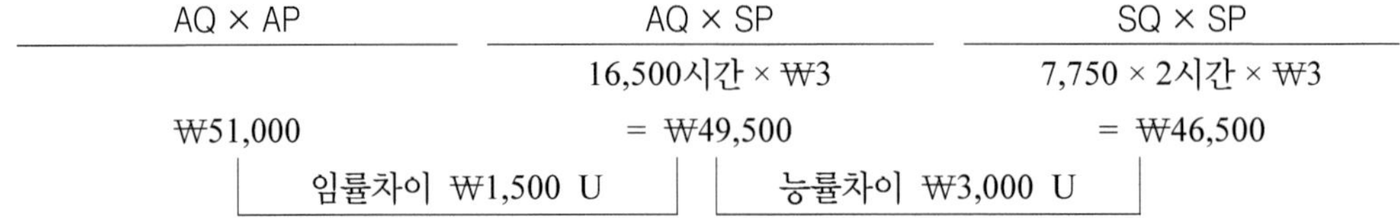

AQ × AP	AQ × SP	SQ × SP
	16,500시간 × ₩3	7,750 × 2시간 × ₩3
₩51,000	= ₩49,500	= ₩46,500

임률차이 ₩1,500 U　　능률차이 ₩3,000 U

(3) 제조간접원가

변동제조간접원가 AQ × AP 고정제조간접원가 AQ × AP (실제발생액)	변동제조간접원가 SQ × SP 고정제조간접원가 예산 (변동예산)	변동제조간접원가 SQ × SP 고정제조간접원가 SQ × SP (표준배부)
₩26,300	₩25,000	7,750 × 2시간 × ₩1.5 = ₩23,250

예산차이 ₩1,300 U　　조업도차이 ₩1,750 U

제 8 장

변동원가계산과 초변동원가계산

전문가 칼럼

■ 판매량이 작은 데 왜 이익은 더 커질까?

판매가격과 원가구조가 동일한 상황에서 판매량이 더 작아졌음에도 불구하고 이익이 더 크게 발생하는 현상이 나타날 수 있는가? 결론적으로 가능하다. 모든 제조원가를 제품원가에 포함시켜 계산하는 현행 전부원가계산제도는 이익이 판매량뿐만 아니라 생산량에 의해서도 영향을 받기 때문에 생산량을 증가시키면 단위당 제품원가가 감소되어 궁극적으로 단위당 매출총이익이 커지게 된다.

전부원가계산(full costing or absorption costing)이란 제조현장에서 발생한 모든 원가를 제품원가에 포함시킨 후 판매량에 대해서 매출원가로 비용처리 되는 원가계산제도로써 일정 조업도를 유지하기 위해서 이미 지출된 고정제조원가를 제품원가에 자산화하여 조업도가 상대적으로 큰 기간의 제품의 단위당 단가가 작아질 수 있다. 따라서, 생산량이 커질수록 제품단가는 작아지기 때문에 동일한 판매수량이라 하더라도 생산량에 따라 이익이 달라지며 이러한 현상을 전부원가의 오류(full cost fallacy)라 한다.

간단한 사례를 통하여 살펴보도록 하자.

사 례

1. 단위당 판매가격 및 원가자료

구 분	금 액	비고
단위당 판매가격	₩3,000	
단위당 변동제조원가	1,000	원료,노무비 등
연간 총고정제조원가	10,000	기계감가상각비, 임차료 등

2. 연간 생산량 및 판매량

연도	생산량	판매량
20×1	10단위	10단위
20×2	20단위	8단위

판매량은 20×1년에 10단위 20×2년에 8단위이다. 연간 포괄손익계산서를 작성하면 다음과 같다.

해답

	20×1		20×2	
매출액	10단위 × ₩3,000 =	₩30,000	8단위×₩3,000 =	₩24,000
매출원가	10단위 × ₩2,000[*1] =	20,000	8단위×₩1,500[*2] =	12,000
매출총이익		₩10,000		₩12,000

*1 단위당 원가 : ₩1,000 + (₩10,000÷10단위) = ₩2,000
*2 단위당 원가 : ₩1,000 + (₩10,000÷20단위) = ₩1,500

2개 연도의 이익을 비교해보면 판매량이 상대적으로 작은 20×2년도의 이익이 더 크게 계상된다. 그 이유는 전부원가계산하에서는 생산량에 따라 변동되지 않은 고정제조원가를 생산량에 기초하여 단가화하여 자산처리하기 때문에 생산량을 증가시키면 제품 단위당 단가가 줄어들어 단위당 매출총이익은 상승하기 때문이다. 위의 사례를 보면 20×1년에 제품원가에 포함되는 단위당 고정제조원가는 ₩1,000(= ₩10,000 ÷ 10단위)이며 20117 × 2년에는 ₩500(= ₩10,000 ÷ 20단위)이므로, 20×2년의 단위당 제조원가가 20×1년보다 낮기 때문에 판매량이 적음에도 불구하고 이익은 크게 계상되는 것이다. 이렇듯 고정제조원가를 제품원가에 포함시키면 이익은 판매량에 의해서만 결정되는 것이 아니고 생산량에 의해서도 영향을 받게 된다.

1. 서론

제품원가의 구성요소에 따른 분류

지금까지의 제품원가계산에 따르면 직접재료비, 직접노무비, 변동제조간접비(이하 '변동제조원가') 및 고정제조간접비 모두 제품원가에 포함시켜 계산하였다. 이와 같은 원가계산방법을 전부원가계산이라고 한다. 그러나, 전부원가계산방법은 경영자 입장에서 내부관리목적(의사결정 및 성과평가)으로는 여러 가지 문제점을 발생시키며 이러한 문제점을 극복하기 위하여 대두된 원가계산방법이 변동원가계산 및 초변동원가계산이다.

제품원가를 구성하는 항목을 무엇으로 보느냐에 따라 다음과 같이 전부원가계산(absorption costing), 변동원가계산(variable costing) 및 초변동원가계산(super-variable costing)으로 구분할 수 있다.

(1) 전부원가계산방법 : 모든 제조원가를 제품원가에 포함시키는 방법
(2) 변동원가계산방법 : 변동제조원가만을 제품원가에 포함시키는 방법
(3) 초변동원가계산방법 : 직접재료비만을 제품원가에 포함시키는 방법

[표 8-1] 제품원가계산방법의 비교

구 분	전부원가계산	변동원가계산	초변동원가계산
제품원가	직접재료비 직접노무비 변동제조간접비 고정제조간접비	직접재료비 직접노무비 변동제조간접비	직접재료비
기간비용[*1]	변동판매관리비 고정판매관리비	고정제조간접비 변동판매관리비 고정판매관리비	직접노무비 변동제조간접비 고정제조간접비 변동판매관리비 고정판매관리비

2 전부원가계산과 변동원가계산

전부원가계산과 변동원가계산의 구분은 고정제조간접비를 제품원가에 포함시킬지 여부에 대한 문제로서, 전부원가계산에서는 고정제조간접비를 제품원가에 포함시키는 반면 변동원가계산에서는 포함시키지 않는다. 또한, 전부원가계산은 총원가를 제조활동과 판매및일반관리활동으로 구분하여 원가의 기능적인 측면을 강조하는 반면, 변동원가계산은 변동비와 고정비로 구분하여 원가의 발생행태 구분을 강조한다.

- 전통적 접근법 : 원가를 경영활동상의 기능적인 측면을 강조하여 제조원가와 판매관리비로 구분한다.
- 공헌이익 접근법 : 원가를 원가행태에 따라서 변동비와 고정비로 구분하여 변동제조원가만 제품원가로 처리하고 고정제조원가는 기간비용처리한다.

[그림 8-1] 제조원가의 구분

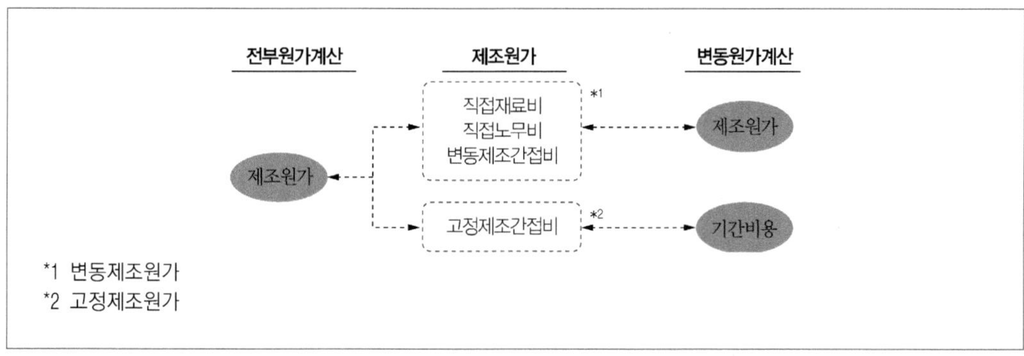

2. 변동원가계산

1 의의

변동원가계산은 공헌이익접근법에 의한 원가계산방법으로서 제조원가 중 변동제조원가(직접재료비, 직접노무비, 변동제조간접비)만을 제조원가에 포함시키고, 고정제조간접비는 기간비용으로 처리한다. 고정제조원가를 기간비용으로 처리하는 이유는 단기의사결정과정에서 고정비는 매몰원가로써 고려대상이 아니기 때문이다. 그러나, 외부보고를 위한 재무제표를 작성하거나 법인세를 결정하기 위해서는 전부원가계산을 사용하여야 하며, 변동원가계산은 기업내부에서 경영관리목적으로만 사용할 수 있는 원가계산방법이다.

예제 1 전부원가계산의 오류

(주)한국은 단일제품을 생산·판매하는 회사로서 20×1년 포괄손익계산서 일부는 다음과 같다. 단, 기초 및 기말재고는 없다.

전부원가계산

매출액	10단위 × ₩3,000 =		₩30,000
매출원가			
직접재료비	10단위 × ₩500 =	₩5,000	
직접노무비	10단위 × ₩200 =	2,000	
변동제조간접비	10단위 × ₩300 =	3,000	
고정제조간접비	10단위 × ₩1,000*1 =	10,000	(20,000)
매출총이익			₩10,000

*1 단위당 고정제조간접비
= 총고정제조간접비(₩10,000) ÷ 당기생산량(10단위)
= ₩1,000/단위

요구사항

20×2년 총 20단위를 생산하여 이 중 8단위를 판매하였을 경우 매출총이익을 구하시오. 단, 원가는 전기와 동일하다.

해답

전부원가계산

매출액	8단위 × ₩3,000 =		₩24,000
매출원가			
직접재료비	8단위 × ₩500 =	₩4,000	
직접노무비	8단위 × ₩200 =	1,600	
변동제조간접비	8단위 × ₩300 =	2,400	
고정제조간접비	8단위 × ₩500[*1] =	4,000	(12,000)
매출총이익			₩12,000

*1 단위당 고정제조간접비
= 총고정제조간접비(₩10,000) ÷ 당기생산량(20단위)
= ₩500/단위

전년에 비하여 판매량이 감소하였음에도 불구하고 매출총이익은 오히려 ₩2,000만큼 증가하였다. 이를 "전부원가계산의 오류"라 하며 고정제조간접비를 제품원가에 포함시키기 때문에 발생하는 문제이다. 즉, 고정제조간접비를 제품원가에 포함시킬 경우 생산량이 증가함에 따라 단위당 원가는 감소하며, 판매되지 않는 재고의 고정제조간접비가 자산화되기 때문에 발생되는 문제이다.

2 변동원가계산에 의한 포괄손익계산서

전부원가계산에 의한 손익계산서는 비용을 매출원가, 판매관리비와 같이 그 기능에 따라 분류하기 때문에 기능적 손익계산서(functional income statement)라고도 한다. 그러나, 비용을 기능적으로 분류하다보면 조업도(생산량, 판매량)의 변동이 원가와 이익에 미치는 영향을 파악하기 어렵기 때문에 이익계획, 의사결정, 성과평가 등 관리적목적으로 이용하기 어렵다. 따라서 원가를 기능적 구분이 아닌 행태에 따라 구분하면 관리적목적으로 유용하게 활용할 수 있다. 이러한 관점에서 작성된 손익계산서가 변동원가계산의 손익계산서이다.

[표 8-2] 전부원가계산과 변동원가계산의 손익계산서 비교

전부원가계산			변동원가계산		
매출액		×××	매출액		×××
매출원가*1			변동비		
변동제조원가	×××		변동제조원가*2	×××	
고정제조원가	×××	×××	변동판매관리비	×××	×××
매출총이익		×××	공헌이익*3		×××
판매관리비*1			고정비		
변동판매관리비	×××		고정제조원가	×××	
고정판매관리비	×××	×××	고정판매관리비	×××	×××
영업이익		×××	영업이익		×××

*1 실제 전부원가계산의 손익계산서상에서는 매출원가나 판매관리비를 원가행태별로 구분하지 않지만, 두 손익계산서의 비교를 위해서 편의상 매출원가와 판매관리비를 각각 원가행태에 따라 분류하였다.

*2 변동제조원가라고도 한다.

*3 공헌이익(contribution margin)
고정비를 보전하고 이익에 공헌할 수 있는 금액을 의미하며 총매출액에서 총변동비를 차감하여 계산한다.

단위당 공헌이익 = 단위당 판매가격-단위당 변동비
➲ 단위당 판매가격 = 단위당 변동비 + 단위당 공헌이익

위 표에서 살펴보면 전부원가계산의 손익계산서와 변동원가계산의 손익계산서의 차이는 변동판매관리비와 고정제조원가의 위치변화이다. 만약 각각의 손익계산서상 영업이익이 다르다면 그 이익차이는 변동판매관리비와 고정제조원가의 위치변화에 의해서 발생한 차이일 것이다. 결론적으로 두 손익계산서상의 이익의 차이는 당기 비용처리되는 고정제조원가의 차이인데, 전부원가계산에서의 고정제조원가는 제품원가에 포함되기 때문에 당기 판매분에 대해서만 비용처리되는 반면에 변동원가계산에서는 당기 발생된 모든 고정제조원가가 비용처리되어 두 손익계산서상의 이익은 차이가 발생한다. 즉, 전부원가계산에서의 고정제조원가 중 일부는 기말에 자산으로 계상되어 있다가 차기 판매시점에 비용처리가 되는 것이다.

결론적으로, 전부원가계산과 변동원가계산과의 이익에 차이가 발생한다면 그 원인은 고정제조원가의 당기비용분 차이이다. 즉, 전부원가계산에서는 당기 판매분에 해당하는 고정제조원가가 비용처리되지만 변동원가계산에서는 당기 발생분 전액이 비용처리된다.

예제 2 변동원가계산

[예제 01]의 자료를 이용하여 공헌이익접근법을 이용하여 20×1년과 20×2년의 매출총이익을 각각 구하시오.

해답

※ 자료정리

단위당 판매가격	₩30,000 ÷ 10단위 =		₩3,000
단위당 변동제조원가			
단위당 직접재료비	₩5,000 ÷ 10단위 =	₩500	
단위당 직접노무비	₩3,000 ÷ 10단위 =	300	
단위당 변동제조간접비	₩2,000 ÷ 10단위 =	200	1,000
총고정제조간접비			10,000

	20×1년		20×2년	
매출액	10단위 × ₩3,000 =	₩30,000	8단위 × ₩3,000 =	₩24,000
변동제조원가	10단위 × ₩1,000 =	(10,000)	8단위 × ₩1,000 =	(8,000)
고정제조원가		(10,000)		(10,000)
매출총이익		₩10,000		₩6,000

즉, 20×2년의 매출총이익은 전년도에 비하여 ₩4,000만큼 감소하였다.

3. 초변동원가계산

1 의의

제조환경이 노동집약적인 생산방식에서 자본집약적인 생산방식으로 변화함에 따라 노무비가 점차 고정비화되어 직접재료비만이 진정한 변동원가로 볼 수 있는 환경으로 변화하고 있다. 초변동원가계산은 직접재료비만을 제조원가에 포함시키고 직접노무비, 변동제조간접비, 고정제조간접비는 기간비용으로 처리하는 원가계산방법이다.

초변동원가계산의 대두배경은 아래와 같다

① 생산환경이 노동집약적 생산방식에서 자본집약적 생산방식으로 변경됨에 따라 직접노무비와 제조간접비는 일정설비를 유지하기 위한 고정비적 성격을 가지게 된다.

② 초단기 기간을 가정한다면 직접재료비 이외의 모든 비용은 고정비로 간주할 수 있다.

2 관련개념

(1) 재료처리량공헌이익(throughput contribution)

매출액에서 직접재료비와 같은 단위수준변동비만을 차감한 것으로써 스루풋공헌이익 또는 현금창출공헌이익이라고도 한다. 즉, 초단기적으로는 직접재료비 이외의 모든 비용은 고정비 성격을 가지므로 판매량에 따른 이익증가분은 재료처리량공헌이익으로 측정될 수 있다.

(2) 운영비용(operating expense)

재료처리량공헌이익을 얻기 위하여 발생한 모든 비용으로서 직접노무비, 제조간접비 및 판매관리비를 말한다. 초변동원가계산에서는 이러한 운영비용은 단기적으로 변화시킬 수 없는 고정비로 간주하므로 발생시점에서 모두 기간비용처리한다.

3 초변동원가계산에 의한 포괄손익계산서

[표 8-3] 변동원가계산과 초변동원가계산의 포괄손익계산서 비교

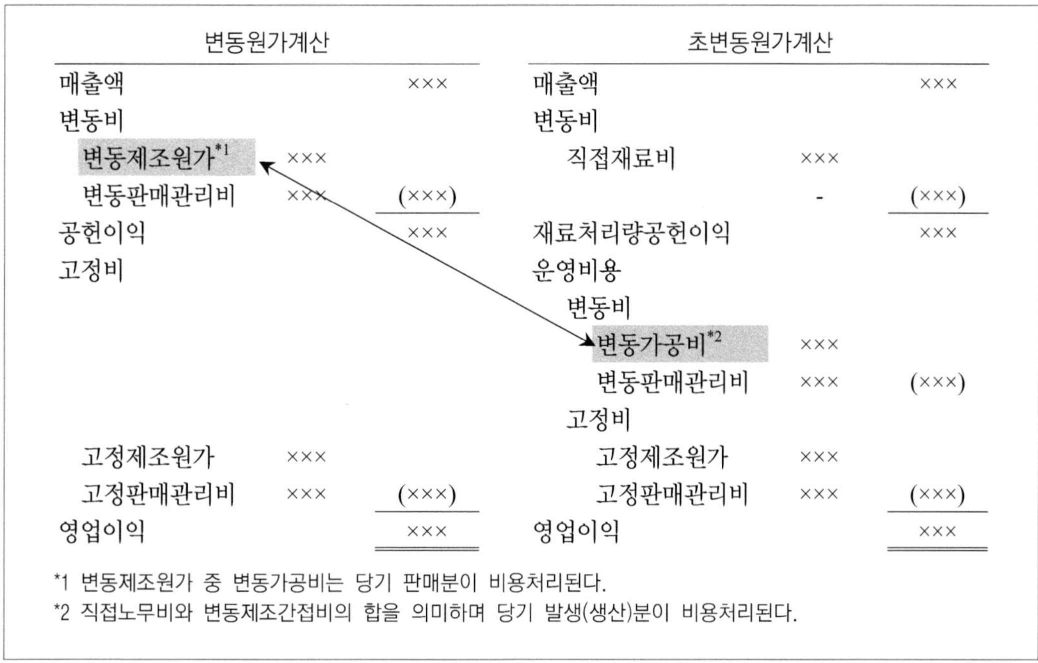

변동원가계산			초변동원가계산		
매출액		×××	매출액		×××
변동비			변동비		
변동제조원가[*1]	×××		직접재료비	×××	
변동판매관리비	×××	(×××)		-	(×××)
공헌이익		×××	재료처리량공헌이익		×××
고정비			운영비용		
			변동비		
			변동가공비[*2]	×××	
			변동판매관리비	×××	(×××)
			고정비		
고정제조원가	×××		고정제조원가	×××	
고정판매관리비	×××	(×××)	고정판매관리비	×××	(×××)
영업이익		×××	영업이익		×××

*1 변동제조원가 중 변동가공비는 당기 판매분이 비용처리된다.
*2 직접노무비와 변동제조간접비의 합을 의미하며 당기 발생(생산)분이 비용처리된다.

위 표에서 살펴보면 변동원가계산의 손익계산서와 초변동원가계산의 손익계산서의 차이는 변동가공비의 위치변화이다. 만약 각각의 손익계산서상 영업이익이 다르다면 그 이익차이는 변동가공비의 위치변화에 의해서 발생한 차이일 것이다. 결론적으로 두 손익계산서상의 이익의 차이는 당기 비용처리되는 변동가공비의 차이인데, 변동원가계산에서의 변동가공비는 제품원가에 포함되기 때문에 당기 판매분에 대해서만 비용처리되는 반면에 초변동원가계산에서는 당기 발생된 모든 변동가공비가 비용처리 된다. 즉, 변동원가계산하에서는 변동가공비 중 일부는 기말에 자산으로 계상되어 있다가 차기 판매시점에 비용처리가 되는 것이다.

4. 제품원가계산방법의 상호비교

영업이익의 비교

재고수준이 달라지거나 판매량이 일정하더라도 생산수량이 다르다면 각 원가계산방법별 영업이익은 차이가 발생한다.

1. 재고수준의 변동에 따른 영업이익의 비교(단, 전기와 당기의 단위당 제조원가는 동일)

원가계산방법에 따른 영업이익의 차이는 기간별 생산량과 판매량의 변화에 따라 다음과 같이 달라진다.

[표 8-4] 재고수준의 변화가 영업이익에 미치는 효과

재고수준의 변동	원가계산방법에 따른 영업이익 비교
생산량 > 판매량(기초재고 < 기말재고)	전부원가계산의 이익 > 변동원가계산의 이익 > 초변동원가계산의 이익
생산량 = 판매량(기초재고 = 기말재고)*	전부원가계산의 이익 = 변동원가계산의 이익 = 초변동원가계산의 이익
생산량 < 판매량(기초재고 > 기말재고)	전부원가계산의 이익 < 변동원가계산의 이익 < 초변동원가계산의 이익

* 만약 기초재고의 단위당 제조원가와 기말재고의 단위당 제조원가가 다르다면 재고의 변화가 없더라도 각 원가계산방법별 이익은 달라질 수 있다.

[그림 8-2] 재고수준에 따른 영업이익의비교

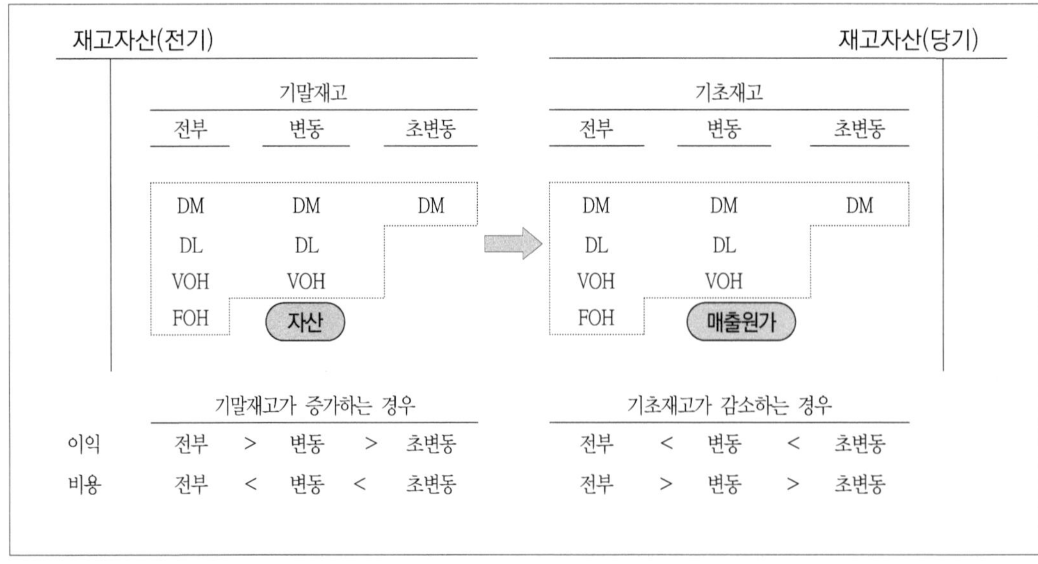

(1) 생산량이 판매량보다 많은 경우

전부원가계산에서의 이익이 가장 크고 초변동원가계산에서의 이익이 가장 작다. 전부원가계산과 변동원가계산에서의 이익차이는 기말재고자산에 포함되어 있는 고정제조간접비의 차이이며 변동원가계산과 초변동원가계산에서의 이익차이는 기말재고자산에 포함되어 있는 변동가공비의 차이이다.

(2) 생산량이 판매량보다 적은 경우

전부원가계산에서의 이익이 가장 작고 초변동원가계산에서의 이익이 가장 크다. 전부원가계산과 변동원가계산에서의 이익차이는 기초재고자산에 포함되어 있는 고정제조간접비의 차이이며 변동원가계산과 초변동원가계산에서의 이익차이는 기초재고자산에 포함되어 있는 변동가공비의 차이이다.

예제 3 영업이익의 비교(생산량과 판매량이 동일)

(주)한국은 20×1년에 영업을 개시하였으며 단일제품을 대량생산하고 있다. 제품에 대한 자료는 다음과 같다.

단위당 판매가격		₩100
단위당 변동비		
직접재료비	₩50	
직접노무비	15	
변동제조간접비	9	
변동판매관리비	3	77
단위당 공헌이익		₩23
고정비		
제조간접비	₩9,000	
판매관리비	1,000	₩10,000

요구사항

20×1년에 1,500단위를 생산하여 모두 판매하였다. 각 원가계산방법에 따른 포괄손익계산서를 작성하시오.

해답

전부원가계산

매출액	1,500단위 × ₩100 =		₩150,000
매출원가			
변동매출원가	1,500단위 × ₩74 =	₩111,000	
고정매출원가	1,500단위 × ₩6*1 =	9,000	(120,000)
매출총이익			₩30,000
판매관리비			
변동판매관리비	1,500단위 × ₩3 =	₩4,500	
고정판매관리비		1,000	(5,500)
영업이익			₩24,500

*1 단위당 고정제조원가 ₩9,000÷1,500단위 = ₩6

변동원가계산

매출액	1,500단위 × ₩100 =		₩150,000
변동비			
변동매출원가	1,500단위 × ₩74 =	₩111,000	
변동판매관리비	1,500단위 × ₩3 =	4,500	(115,500)
공헌이익			₩34,500
고정비			
고정제조원가		₩9,000	
고정판매관리비		1,000	(10,000)
영업이익			₩24,500

초변동원가계산

매출액	1,500단위 × ₩100 =		₩150,000
단위수준변동비	1,500단위*1 × ₩50 =		(75,000)
재료처리량공헌이익			₩75,000
변동비			
직접노무비	1,500단위*2 × ₩15 =	₩22,500	
변동제조간접비	1,500단위 × ₩9 =	13,500	
변동판매관리비	1,500단위 × ₩3 =	4,500	(40,500)
고정비			
고정제조원가		₩9,000	
고정판매관리비		1,000	(10,000)
영업이익			₩24,500

*1 판매량
*2 생산량

예제 4 영업이익의 비교(판매량이 상이한 경우)

(주)한국은 20×1년에 영업을 개시하였으며 단일제품을 대량생산하고 있다. 제품에 대한 자료는 다음과 같다.

단위당 판매가격		₩100
단위당 변동비		
직접재료비	₩50	
직접노무비	15	
변동제조간접비	9	
변동판매관리비	3	77
단위당 공헌이익		₩23
고정비		
제조간접비	₩9,000	
판매관리비	1,000	₩10,000

매년 생산량 및 판매량은 다음과 같다. 회사는 재고자산의 평가는 선입선출법에 의한다.

	20×1년	20×2년	20×3년
기초제품	0 단위	500 단위	500 단위
생산량	1,500	1,500	1,500
판매량	1,000	1,500	2,000
기말제품	500	500	0

요구사항

각 원가계산방법별 포괄손익계산서를 작성하시오.

해답

[20×1년]

전부원가계산

매출액	1,000단위 × ₩100 =		₩100,000
매출원가			
변동매출원가	1,000단위 × ₩74 =	₩74,000	
고정매출원가	1,000단위 × ₩6*1 =	6,000	(80,000)
매출총이익			₩20,000
판매관리비			
변동판매관리비	1,000단위 × ₩3 =	₩3,000	
고정판매관리비		1,000	(4,000)
영업이익			₩16,000

*1 단위당 고정제조원가 ₩9,000÷1,500단위=₩6

변동원가계산

매출액	1,000단위 × ₩100 =		₩100,000
변동비			
변동매출원가	1,000단위 × ₩74 =	₩74,000	
변동판매관리비	1,000단위 × ₩3 =	3,000	(77,000)
공헌이익			₩23,000
고정비			
고정제조원가		₩9,000	
고정판매관리비		1,000	(10,000)
영업이익			₩13,000

초변동원가계산

매출액	1,000단위 × ₩100 =		₩100,000
단위수준변동비	1,000단위[*1] × ₩50 =		(50,000)
재료처리량공헌이익			₩50,000
변동비			
직접노무비	1,500단위[*2] × ₩15 =	₩22,500	
변동제조간접비	1,500단위 × ₩9 =	13,500	
변동판매관리비	1,000단위 × ₩3 =	3,000	(39,000)
고정비			
고정제조원가		₩9,000	
고정판매관리비		1,000	(10,000)
영업이익			₩1,000

*1 판매량
*2 생산량

[20×2년]

전부원가계산

매출액	1,500단위 × ₩100 =		₩150,000
매출원가			
변동매출원가		₩111,000[*1]	
고정매출원가		9,000[*2]	(120,000)
매출총이익			₩30,000
판매관리비			
변동판매관리비	1,500단위 × ₩3 =	₩4,500	
고정판매관리비		1,000	(5,500)
영업이익			₩24,500

*1	기초제품재고액	500단위×₩74=	₩37,000	
	당기제품제조원가	1,500단위×₩74=	111,000	
	계		₩148,000	
	기말제품재고액	500단위×₩74=	37,000	₩111,000
*2	기초제품재고액	500단위×₩6=	₩3,000	
	당기제품제조원가	1,500단위×₩6=	9,000	
	계		₩12,000	
	기말제품재고액	500단위×₩6=	3,000	₩9,000

변동원가계산

매출액	1,500단위 × ₩100 =		₩150,000
변동비			
변동매출원가		₩111,000[*1]	
변동판매관리비	1,500단위 × ₩3 =	4,500	(115,500)
공헌이익			₩34,500
고정비			
고정제조원가		₩9,000	
고정판매관리비		1,000	(10,000)
영업이익			₩24,500

[*1] 기초제품재고액	500단위×₩74=	₩37,000	
당기제품제조원가	1,500단위×₩74=	111,000	
계		₩148,000	
기말제품재고액	500단위×₩74=	37,000	₩111,000

초변동원가계산

매출액	1,500단위 × ₩100 =		₩150,000
단위수준변동비			(75,000)[*1]
재료처리량공헌이익			₩75,000
변동비			
직접노무비	1,500단위 × ₩15 =	₩22,500	
변동제조간접비	1,500단위 × ₩9 =	13,500	
변동판매관리비	1,500단위 × ₩3 =	4,500	(40,500)
고정비			
고정제조원가		₩9,000	
고정판매관리비		1,000	(10,000)
영업이익			₩24,500

[*1] 기초제품재고액	500단위×₩50=	₩25,000	
당기제품제조원가	1,500단위×₩50=	75,000	
계		₩100,000	
기말제품재고액	500단위×₩50=	25,000	₩75,000

[20×3년]

전부원가계산

매출액	2,000단위 × ₩100 =		₩200,000
매출원가			
변동매출원가		₩148,000[*1]	
고정매출원가		12,000[*2]	(160,000)
매출총이익			₩40,000
판매관리비			
변동판매관리비	2,000단위 × ₩3 =	₩6,000	
고정판매관리비		1,000	(7,000)
영업이익			₩33,000

*1

기초제품재고액	500단위×₩74=	₩37,000	
당기제품제조원가	1,500단위×₩74=	111,000	
계		₩148,000	
기말제품재고액		-	₩148,000

*2

기초제품재고액	500단위×₩6=	₩3,000	
당기제품제조원가	1,500단위×₩6=	9,000	
계		₩12,000	
기말제품재고액		-	₩12,000

변동원가계산

매출액	2,000단위 × ₩100 =		₩200,000
변동비			
변동매출원가		₩148,000[*1]	
변동판매관리비	2,000단위 × ₩3 =	6,000	(154,000)
공헌이익			₩46,000
고정비			
고정제조원가		₩9,000	
고정판매관리비		1,000	(10,000)
영업이익			₩36,000

*1

기초제품재고액	500단위×₩74=	₩37,000	
당기제품제조원가	1,500단위×₩74=	111,000	
계		₩148,000	
기말제품재고액		-	₩148,000

초변동원가계산

매출액	2,000단위 × ₩100 =		₩200,000
단위수준변동비			(100,000)*1
재료처리량공헌이익			₩100,000
변동비			
직접노무비	1,500단위 × ₩15 =	₩22,500	
변동제조간접비	1,500단위 × ₩9 =	13,500	
변동판매관리비	2,000단위 × ₩3 =	6,000	(42,000)
고정비			
고정제조원가		₩9,000	
고정판매관리비		1,000	(10,000)
영업이익			₩48,000

*1 기초제품재고액	500단위×₩50=	₩25,000	
당기제품제조원가	1,500단위×₩50=	75,000	
계		₩100,000	
기말제품재고액		-	₩100,000

2. 당기 생산량의 변동에 따른 영업이익의 비교

생산량이 일정하지 않으면 단위당 고정제조원가는 생산량에 따라 변하므로 고정제조원가를 제품원가에 포함시키는 전부원가계산에서의 이익은 생산량에 따라서 달라진다. 즉, 생산량이 증가한다면 단위당 고정제조간접비의 감소로 인하여 제품의 단가는 낮아져 영업이익은 증가한다. 반면에, 초변동원가계산은 생산량 증가분에 대한 변동가공비는 해당 기간에 기간비용처리되므로 생산량이 증가한다면 기간비용처리되는 변동가공비가 늘어나므로 영업이익은 작아진다.

(1) 전부원가계산

고정제조간접비를 제품원가에 포함시키므로 판매량이 일정하더라도 생산량이 증가할수록 기말재고에 포함되어 이연되는 고정제조간접비가 증가하고 단위당 고정제조간접비가 감소하여 매출원가로 비용처리되는 고정제조간접비가 감소하므로 영업이익은 증가한다.

(2) 변동원가계산

고정제조간접비를 기간비용으로 처리하므로 영업이익은 생산량과 관계없이 판매량에 의해서만 영향을 받는다.

(3) 초변동원가계산

고정제조간접비뿐만 아니라 당기 발생한 변동가공비 모두 기간비용처리하므로 생산량이 증가할수록 영업이익은 감소한다.

[표 8-5] 생산량의 변동에 따른 영업이익의 비교

구분	전부원가계산	변동원가계산	초변동원가계산
생산량 변동에 따른 영업이익의 크기	판매량이 일정하더라도 생산량이 증가할수록 영업이익은 증가한다	판매량이 일정하다면 생산량변동은 영업이익에 영향을 미치지 못한다	판매량이 일정하더라도 생산량이 증가할수록 영업이익은 감소한다
원인	생산량 증가로 인한 단위당 고정제조간접비 감소와 기말재고에 포함되어 이연되는 고정제조간접비 증가	고정제조간접비를 기간비용화	기간비용화되는 가공비 증가
시사점	이익을 늘리기 위한 재고과잉 유인존재	경영자가 생산이 아닌 판매에 집중할 수 있도록 함	재고자산을 최소화하도록 유인제공

[그림 8-3] 판매량이 일정한 경우 생산량 변화에 따른 영업이익의 변화

① 전부원가계산 : 생산량↑ ➲ 이익↑

재고자산

기초		판매	DM DL VOH FOH↓	➲	매출원가
생산↑	DM↑ DL↑ VOH↑ FOH	기말↑	DM↑ DL↑ VOH↑ FOH↑		

② 변동원가계산 : 생산량↑ ➲ 이익

재고자산

기초		판매	DM DL VOH	➲	변동매출원가	+	기간비용(FOH)
생산↑	DM↑ DL↑ VOH↑	기말↑	DM↑ DL↑ VOH↑				

③ 초변동원가계산 : 생산량↑ ➲ 이익↓

재고자산

기초		판매	DM	➲	단위수준변동비	+	기간비용 DL↑ VOH↑ FOH
생산↑	DM↑	기말↑	DM↑				

예제 5 영업이익의 비교(생산량이 상이한 경우)

(주)한국은 20×1년에 영업을 개시하였으며 단일제품을 대량생산하고 있다. 제품에 대한 자료는 다음과 같다.

단위당 판매가격		₩100
단위당 변동비		
직접재료비	₩50	
직접노무비	15	
변동제조간접비	9	
변동판매관리비	3	77
단위당 공헌이익		₩23
고정비		
제조간접비	₩9,000	
판매관리비	1,000	₩10,000

매년 생산량 및 판매량은 다음과 같다. 회사는 재고자산의 평가는 선입선출법에 의한다.

	20×1년	20×2년	20×3년
기초제품	0 단위	500 단위	500 단위
생산량	2,000	1,500	1,000
판매량	1,500	1,500	1,500
기말제품	500	500	0

요구사항

각 원가계산방법별 손익계산서를 작성하시오.

해답

※ 연도별 단위당 고정제조간접비

	20×1년	20×2년	20×3년
총고정제조간접비	₩9,000	₩9,000	₩9,000
생산량	÷2,000	÷1,500	÷1,000
단위당 고정제조간접비	₩4.5	₩6.0	₩9.0

[20×1년]

전부원가계산

매출액	1,500단위 × ₩100 =		₩150,000
매출원가			
변동매출원가	1,500단위 × ₩74 =	₩111,000	
고정매출원가	1,500단위 × ₩4.5 =	6,750	(117,750)
매출총이익			₩32,250
판매관리비			
변동판매관리비	1,500단위 × ₩3 =	₩4,500	
고정판매관리비		1,000	(5,500)
영업이익			₩26,750

변동원가계산

매출액	1,500단위 × ₩100 =		₩150,000
변동비			
변동매출원가	1,500단위 × ₩74 =	₩111,000	
변동판매관리비	1,500단위 × ₩3 =	4,500	(115,500)
공헌이익			₩34,500
고정비			
고정제조원가		₩9,000	
고정판매관리비		1,000	(10,000)
영업이익			₩24,500

초변동원가계산

매출액	1,500단위 × ₩100=		₩150,000
단위수준변동비	1,500단위*1 × ₩50=		(75,000)
재료처리량공헌이익			₩75,000
변동비			
직접노무비	2,000단위*2 × ₩15=	₩30,000	
변동제조간접비	2,000단위 × ₩9=	18,000	
변동판매관리비	1,500단위 × ₩3=	4,500	(52,500)
고정비			
고정제조원가		₩9,000	
고정판매관리비		1,000	(10,000)
영업이익			₩12,500

*1 판매량
*2 생산량

[20×2년]

전부원가계산

매출액	1,500단위 × ₩100 =		₩150,000
매출원가			
변동매출원가		₩111,000[*1]	
고정매출원가		8,250[*2]	(119,250)
매출총이익			₩30,750
판매관리비			
변동판매관리비	1,500단위 × ₩3 =	₩4,500	
고정판매관리비		1,000	(5,500)
영업이익			₩25,250

*1 기초제품재고액	500단위×₩74=	₩37,000	
당기제품제조원가	1,500단위×₩74=	111,000	
계		₩148,000	
기말제품재고액	500단위×₩74=	37,000	₩111,000
*2 기초제품재고액	500단위×₩4.5=	₩2,250	
당기제품제조원가	1,500단위×₩6=	9,000	
계		₩11,250	
기말제품재고액	500단위×₩6=	3,000	₩8,250

변동원가계산

매출액	1,500단위 × ₩100 =		₩150,000
변동비			
변동매출원가		₩111,000[*1]	
변동판매관리비	1,500단위 × ₩3 =	4,500	(115,500)
공헌이익			₩34,500
고정비			
고정제조원가		₩9,000	
고정판매관리비		1,000	(10,000)
영업이익			₩24,500

*1 기초제품재고액	500단위×₩74=	₩37,000	
당기제품제조원가	1,500단위×₩74=	111,000	
계		₩148,000	
기말제품재고액	500단위×₩74=	37,000	₩111,000

초변동원가계산

매출액	1,500단위 × ₩100 =		₩150,000
단위수준변동비			(75,000)[*1]
재료처리량공헌이익			₩75,000
변동비			
직접노무비	1,500단위 × ₩15 =	₩22,500	
변동제조간접비	1,500단위 × ₩9 =	13,500	
변동판매관리비	1,500단위 × ₩3 =	4,500	(40,500)
고정비			
고정제조원가		₩9,000	
고정판매관리비		1,000	(10,000)
영업이익			₩24,500

[*1] 기초제품재고액	500단위×₩50=	₩25,000	
당기제품제조원가	1,500단위×₩50=	75,000	
계		₩100,000	
기말제품재고액	500단위×₩50=	25,000	₩75,000

[20×3년]

전부원가계산

매출액	1,500단위 × ₩100 =		₩150,000
매출원가			
변동매출원가		₩111,000[*1]	
고정매출원가		12,000[*2]	(123,000)
매출총이익			₩27,000
판매관리비			
변동판매관리비	1,500단위 × ₩3 =	₩4,500	
고정판매관리비		1,000	(5,500)
영업이익			₩21,500

[*1] 기초제품재고액	500단위×₩74=	₩37,000	
당기제품제조원가	1,000단위×₩74=	74,000	
계		₩111,000	
기말제품재고액		-	₩111,000
[*2] 기초제품재고액	500단위×₩6=	₩3,000	
당기제품제조원가	1,000단위×₩9=	9,000	
계		₩12,000	
기말제품재고액		-	₩12,000

변동원가계산

매출액	1,500단위 × ₩100 =		₩150,000
변동비			
변동매출원가		₩111,000*1	
변동판매관리비	1,500단위 × ₩3 =	4,500	(115,500)
공헌이익			₩34,500
고정비			
고정제조원가		₩9,000	
고정판매관리비		1,000	(10,000)
영업이익			₩24,500

*1

기초제품재고액	500단위×₩74=	₩37,000	
당기제품제조원가	1,000단위×₩74=	74,000	
계		₩111,000	
기말제품재고액		-	₩111,000

초변동원가계산

매출액	1,500단위×₩100=		₩150,000
단위수준변동비			(75,000)*1
재료처리량공헌이익			₩75,000
변동비			
직접노무비	1,000단위×₩15=	₩15,000	
변동제조간접비	1,000단위×₩9=	9,000	
변동판매관리비	1,500단위×₩3=	4,500	(28,500)
고정비			
고정제조원가		₩9,000	
고정판매관리비		1,000	(10,000)
영업이익			₩36,500

*1

기초제품재고액	500단위×₩50=	₩25,000	
당기제품제조원가	1,000단위×₩50=	50,000	
계		₩75,000	
기말제품재고액		-	₩75,000

2 각 원가계산방법의 영업이익 차이 조정

외부보고용 재무제표는 전부원가계산제도에 의하여 작성되어야 하므로 관리목적으로 작성된 변동원가계산 및 초변동원가계산의 영업이익은 전부원가계산의 영업이익으로 조정되어야 한다. 전부원가계산과 변동원가계산의 영업이익의 차이는 고정제조간접비이며 변동원가계산과 초변동원가계산의 영업이익의 차이는 변동가공비이므로 다음과 같은 공식을 이용하여 원가계산방법 상호간의 영업이익의 차이를 조정할 수 있다.

1. 전부원가계산과 변동원가계산의 이익차이 조정

전부원가계산의 영업이익 = 변동원가계산의 영업이익 − 기초재고자산의 고정제조간접비
+ 기말재고자산의 고정제조간접비

즉, 기말 재고자산이 많아질수록 고정제조간접비 중 일부가 기말재고자산으로 남아있기 때문에 전부원가계산하에서의 영업이익이 더 커진다.

2. 변동원가계산과 초변동원가계산의 이익차이 조정

변동원가계산의 영업이익 = 초변동원가계산의 영업이익 − 기초재고자산의 변동가공비
+ 기말재고자산의 변동가공비

즉, 기말 재고자산이 많아질수록 변동가공비 중 일부가 기말재고자산으로 남아있기 때문에 변동원가계산하에서의 영업이익이 더 커진다.

3. 전부원가계산과 초변동원가계산의 이익차이 조정

전부원가계산의 영업이익 = 초변동원가계산의 영업이익 − 기초재고자산의 가공비
+ 기말재고자산의 가공비

즉, 기말 재고자산이 많아질수록 가공비 중 일부가 기말재고자산으로 남아있기 때문에 전부원가계산하에서의 영업이익이 더 커진다.

예제 6 전부원가계산과 변동원가계산

(주)한국은 20×1년 1월 1일 영업을 시작하였다. 이 회사는 단위당 ₩10에 판매되는 한 종류의 제품만을 생산하고 있으며 한 해 동안 10,000단위가 생산하여 9,000단위를 판매하였다. 20×1년 중에 발생한 제조원가 및 판매비와관리비는 다음과 같다.

구 분	고정비	단위당 변동비
직접재료비	–	₩2.00
직접노무비	–	1.50
제조간접비	₩30,000	0.25
판매비와관리비	5,000	0.75
합 계	₩35,000	₩4.50

요구사항

변동원가계산과 전부원가계산에 의한 20×1년의 영업이익을 각각 구하시오.(단, 20×1년말 기말재공품은 없다.)

해답

1. 변동원가계산하의 영업이익

9,000단위 × (@10 – @4.5[*1]) – ₩35,000 = ₩14,500

*1 단위당 변동비
₩2.00 + 1.50 + 0.25 + 0.75

2. 전부원가계산하의 영업이익

"전부원가이익 = 변동원가이익 + 기말재고자산 고정제조간접비 – 기초재고자산 고정제조간접비"이므로,

₩14,500 + 1,000단위 × @3[*2] = ₩17,500

*2 단위당 고정제조간접비

$$\frac{\text{고정제조간접비}}{\text{총 생산수량}} = \frac{30{,}000}{10{,}000\text{단위}} = @3$$

5. 제품원가계산방법의 장·단점

1 전부원가계산의 장 · 단점

※ 근거 : 원가부착개념(cost attach concept)

1. 장점

① 경영자의 장기적인 의사결정에 적합한 정보를 제공한다.
② 모든 제조원가를 제품원가에 포함시키므로 변동비와 고정비의 구분이 필요없다.
③ 수익 · 비용대응의 원칙에 부합한다.

2. 단점

① 생산량이 변동할 경우 제품단위당 원가가 달라진다.
② 영업이익이 판매량뿐만 아니라 생산량에 의해서도 영향을 받는다.
③ 생산량이 증가할수록 단위당 고정제조간접비는 낮아지며 기말재고에 고정제조간접비가 자산화되므로 이익을 늘리기 위한 재고과잉 위험이 존재한다.

2 변동원가계산의 장 · 단점

※ 근거 : 원가회피개념(cost avoidance concept)

1. 장점

① 경영자의 단기적인 의사결정에 적합한 정보를 제공한다.
② 영업이익이 판매량에 의해서만 결정되므로 재고과잉위험이 존재하지 않는다.
③ 생산량 증감으로 인한 이익조작을 제거할 수 있다.

2. 단점

① 변동비와 고정비의 구분이 어렵다
② 고정제조간접비가 기간비용 처리되므로 수익·비용대응의 원칙에 어긋난다.
③ 일반적으로 인정된 회계원칙에서 인정하지 않는다.

3 초변동원가계산의 장·단점

※ 근거 : 원가회피개념(cost avoidance concept)

1. 장점

① 당기에 발생한 가공비를 기간비용 처리하므로 바람직하지 못한 재고의 증가를 방지한다.

② 직접재료비만 제품원가에 포함시키므로 가공비를 변동비와 고정비로 구분할 필요가 없다.

2. 단점

① 수요의 불확실성이 크거나 규모의 경제가 존재하는 경우 등 재고의 긍정적인 측면을 간과한다.

② 재고를 회피하기 위해 지나치게 낮은 가격으로 판매할 가능성이 있다.

③ 일반적으로 인정된 회계원칙에서 인정하지 않는다.

6. 정상원가계산과 표준원가계산에서의 비교

정상원가계산에서의 변동원가계산

정상원가계산은 직접재료비와 직접노무비는 실제원가로 기록하고 제조간접비(변동제조간접비와 고정제조간접비)는 기초에 설정한 예정배부율을 이용하여 예정배부하고 기말에 집계된 실제발생한 제조간접비와의 차이를 조정하는 원가계산방법이다. 만약 변동원가계산에 정상원가계산을 적용할 경우 고정제조간접비는 제품원가를 구성하지 않으므로 예정배부율을 설정할 필요가 없으며 단지 기말에 실제집계된 고정제조간접비를 기간비용처리하면 된다.

[표 8-6] 정상원가계산하에서의 전부원가계산과 변동원가계산의 비교

	전부원가계산		변동원가계산	
	변동제조간접비	고정제조간접비	변동제조간접비	고정제조간접비
예정배부율설정	○	○	○	×
배부차이조정	○	○	○	×

[표 8-7] 정상원가계산에서의 전부원가계산과 변동원가계산의 비교

구 분	전부원가계산	변동원가계산
변동제조간접비	예정배부율을 이용한 예정배부후 배부차이조정	예정배부율을 이용한 예정배부후 배부차이조정
고정제조간접비	예정배부율을 이용한 예정배부후 배부차이조정	실제발생금액을 기간비용처리

예제 7 정상원가계산하에서의 비교

(주)한국은 20×1년에 영업을 개시하였으며 단일제품을 대량생산하고 있다. 회사는 정상원가계산제도를 채택하고 있으며 연초에 설정한 제조간접비예산은 ₩22,500이다. 예정조업도는 1,500단위이며 고정제조간접비예정배부율은 제품 단위당 ₩6이다. 20×1년에 실제자료는 다음과 같다.

단위당 판매가격		₩100
단위당 변동비		
직접재료비	₩50	
직접노무비	15	
변동제조간접비	9	
변동판매관리비	3	77
단위당 공헌이익		₩23
고정비		
제조간접비	₩9,000	
판매관리비	1,000	₩10,000

요구사항

20×1년 중 생산량 및 판매량은 각각 2,000단위와 1,500단위이다. 제조간접비배부차이를 매출원가에 조정할 경우 전부원가계산과 변동원가계산의 손익계산서를 작성하시오.

해답

전부원가계산

매출액	1,500단위 × ₩100 =		₩150,000
매출원가			
변동매출원가(예정)	1,500단위 × ₩74 =	₩111,000	
고정매출원가(예정)	1,500단위 × ₩6 =	9,000	
배부차이		(3,000)*1	(117,000)
매출총이익			₩33,000
판매관리비			
변동판매관리비	1,500단위 × ₩3 =	₩4,500	
고정판매관리비		1,000	(5,500)
영업이익			₩27,500

*1 배부차이

	예정배부	실제발생	배부차이
변동제조간접비	2,000단위×₩9=₩18,000	2,000단위×₩9=₩18,000	–
고정제조간접비	2,000단위×₩6=₩12,000	₩9,000	₩3,000 (과대)
			₩3,000 (과대)

변동원가계산

매출액	1,500단위 × ₩100 =		₩150,000
변동비			
변동매출원가(예정)	1,500단위 × ₩74 =	₩111,000	
배부차이		–*1	
변동판매관리비	1,500단위 × ₩3 =	4,500	(115,500)
공헌이익			₩34,500
고정비			
고정제조원가(실제)		₩9,000	
고정판매관리비		1,000	(10,000)
영업이익			₩24,500

*1 배부차이

	예정배부	실제발생	배부차이
변동제조간접비	2,000단위×₩9=₩18,000	2,000단위×₩9=₩18,000	–

그러므로, 전부원가계산과 변동원가계산의 이익차이는 기말재고(500단위) × 고정제조간접비 예정배부율(₩6) = ₩3,000이다.

2 표준원가계산에서의 변동원가계산

표준원가계산은 모든 제조원가에 대해서 기초에 설정한 표준원가를 이용하여 표준배부하고 기말에 집계된 실제발생한 제조원가와의 차이를 조정하는 원가계산방법이다. 만약 변동원가계산에 표준원가계산을 적용할 경우 고정제조간접비는 제품원가를 구성하지 않으므로 표준원가를 설정할 필요가 없으며 단지 기말에 실제 집계된 고정제조간접비를 기간비용처리하면 된다.

[표 8-8] 표준원가계산하에서의 전부원가계산과 변동원가계산의 비교

	전부원가계산		변동원가계산	
	재료비 및 변동가공비	고정제조간접비	재료비 및 변동가공비	고정제조간접비
표준원가설정	○	○	○	×
원가차이조정	○	○	○	×

[표 8-9] 표준원가계산에서의 전부원가계산과 변동원가계산의 비교

구 분	전부원가계산	변동원가계산
직접재료비, 직접노무비 및 변동제조간접비	표준원가를 이용한 표준배부후 원가차이조정	표준원가를 이용한 표준배부후 원가차이조정
고정제조간접비	표준원가를 이용한 표준배부후 원가차이조정	실제발생금액을 기간비용처리

예제 8 표준원가계산하에서의 전부원가계산과 변동원가계산 비교

(주)한국은 20×1년에 영업을 개시하였으며 단일제품을 대량생산하고 있다. 회사는 표준원가계산제도를 채택하고 있으며 연초에 설정한 고정제조간접비예산은 ₩9,000이다. 회사가 설정한 표준원가는 다음과 같다.

	표준수량(SQ)	표준가격(SP)	표준원가
직접재료비	2kg	₩25/kg	₩50/단위
직접노무비	3h	5/h	15
변동제조간접비	3h	3/h	9
고정제조간접비	3h	2/h	6
제품 단위당 표준원가			₩80/단위

요구사항

고정제조간접비 표준배부율을 결정하기 위하여 사용된 기준조업도는 1,500단위이다. 변동판매관리비는 단위당 ₩30이며, 고정판매관리비는 ₩1,000이다. 20×1년 중 생산량 및 판매량은 각각 2,000단위와 1,500단위이며, 원가차이를 매출원가에 조정할 경우 전부원가계산과 변동원가계산의 손익계산서를 작성하시오. 단, 조업도차이 이외의 차이는 발생하지 않았으며 단위당 판매가격은 ₩100이다.

해답

전부원가계산

매출액	1,500단위 × ₩100 =		₩150,000
매출원가			
변동매출원가(표준)	1,500단위 × ₩74 =	₩111,000	
고정매출원가(표준)	1,500단위 × ₩6 =	9,000	
원가차이		(3,000)[*1]	(117,000)
매출총이익			₩33,000
판매관리비			
변동판매관리비	1,500단위 × ₩3 =	₩4,500	
고정판매관리비		1,000	(5,500)
영업이익			₩27,500

*1 원가차이
조업도차이 이외의 차이는 발생하지 않으므로 전부원가계산에서의 총원가차이는 조업도차이이다.

실제	예산	SQ×SP
₩9,000	1,500×3h×₩2 =₩9,000	2,000단위×3h×₩2 =₩12,000
소비차이 ₩0	조업도차이 ₩3,000 F	

변동원가계산

매출액	1,500단위 × ₩100 =		₩150,000
변동비			
변동매출원가(표준)	1,500단위 × ₩74 =	₩111,000	
원가차이		–[*1]	
변동판매관리비	1,500단위 × ₩3 =	4,500	(115,500)
공헌이익			₩34,500
고정비			
고정제조원가(실제)		₩9,000	
고정판매관리비		1,000	(10,000)
영업이익			₩24,500

*1 원가차이
조업도차이 이외의 차이는 발생하지 않으므로 변동원가계산에서의 원가차이는 존재하지 않는다.

그러므로, 전부원가계산과 변동원가계산의 이익차이는 기말재고(500단위) × 표준고정제조간접비 배부율(₩6) = ₩3,000이다.

객관식 문제

1. 다음은 변동원가계산과 전부원가계산에 대한 설명이다. 이들에 해당되는 사항들로만 적절히 분류한 것은? **2000 세무사**

> ⓐ 행태별원가분류가 필요하다.
> ⓑ 기간손익이 재고수준의 변동에 영향을 받는다.
> ⓒ 단기적인 계획과 통제에 유용하지 못하다.
> ⓓ 일반적으로 인정된 회계원칙에서 인정하지 않는다.

	변동원가계산	전부원가계산
①	ⓐ, ⓒ	ⓑ, ⓓ
②	ⓑ, ⓒ	ⓐ, ⓓ
③	ⓒ, ⓓ	ⓐ, ⓑ
④	ⓐ, ⓑ	ⓒ, ⓓ
⑤	ⓐ, ⓓ	ⓑ, ⓒ

2. 다음 자료에 의하여 전부원가계산하의 기말재고액을 구하면? **1990 세무사**

재고자산 평가방법 : FIFO		
생산량과 단위당 변동제조원가		
X : 13,000개	₩14	
Y : 20,000	11	
Z : 8,000	25	
고정제조간접비의 배부방법 : 변동제조원가의 비율		
매출액		₩1,300,000
고정제조간접비 총액		210,700
변동판매비와 일반관리비		250,000
고정판매비와 일반관리비		240,000
기말재고자산에 포함되어 있는 변동제조원가 총액		150,000

① ₩200,000 ② ₩150,000 ③ ₩202,500
④ ₩210,700 ⑤ ₩210,000

3. 20×1년 초에 영업을 개시한 한 회사의 1월과 2월 중에 발생한 원가자료는 다음과 같다.

	20×1년 1월	20×1년 2월
생산능력	100개	100개
생산량	90	100
판매량	70	90
고정제조간접원가	₩1,350	₩1,400

2월 중 변동원가계산에 의한 영업이익이 ₩210이었다면, 전부원가계산에 의한 2월 중 영업이익은 얼마인가? 단, 회사는 실제원가계산을 적용하고 있으며, 재고자산의 원가흐름은 선입선출법을 가정한다. 2006 회계사

① ₩300 ② ₩330 ③ ₩360
④ ₩400 ⑤ ₩420

※ 다음은 문.4 ~ 문.5에 관련된 자료이다.

경주사는 20×1년 1월 1일에 영업을 시작하였다. 이 회사는 단일제품을 생산·판매하는데 20×1년 한해동안 총 2,000단위를 생산하였다. 단위당 판매가격은 ₩1,800이다. 그 밖에 20×1년에 발생한 원가정보는 다음과 같다.

	고정비	변동비
직접재료비	–	단위당 ₩300
직접노무비	–	단위당 250
제조간접비	₩300,000	단위당 150
판매 및 일반관리비	200,000	단위당 200

4. 경주사가 20×1년 한해동안의 총판매량이 1,500단위라면 변동원가계산에서의 순이익은 얼마이겠는가?

① ₩825,000 ② ₩850,000 ③ ₩900,000
④ ₩925,000 ⑤ ₩950,000

5. 만약, 당해연도의 전부원가계산하에서의 순이익이 변동원가계산하에서의 순이익보다 ₩300,000이 많다. 당해연도의 판매량을 구하시오.

① 0단위 ② 500단위 ③ 1,000단위
④ 2,000단위 ⑤ 2,500단위

※ 다음은 문.6 ~ 문.7에 관련된 자료이다.

(주)서울은 외부보고 목적으로 전부원가계산제도를 내부관리목적으로 초변동원가계산제도를 사용하고 있다. 다음은 각각의 목적에서 작성된 자료이다.

	외부보고 목적	내부관리 목적
기초제품재고액	₩50,000	₩10,000
기말제품재고액	80,000	20,000

단위당 직접재료비는 ₩100이며 전기와 당기는 동일하다. 당기 매출액이 ₩800,000, 단위당 판매가격은 ₩1,000이다. 선입선출법을 적용한다고 가정한다.

6. 회사의 당기 생산량은 얼마인가?

① 800단위 ② 1,000단위 ③ 900단위
④ 1,200단위 ⑤ 1,500단위

7. 만약 초변동원가계산에서의 순이익이 ₩10,000인 경우, 전부원가계산에서의 순이익은 얼마인가?

① ₩9,000 ② ₩10,000 ③ ₩15,000
④ ₩20,000 ⑤ ₩30,000

8. 다음은 (주)미래의 제조원가와 생산 및 판매량에 관한 자료이다.

제조간접비	
단위당 변동비	₩1,000
고정비	3,000,000
생산 및 판매량	
기초제품재고량	2,000개
생산량	18,000
판매량	19,000

고정제조간접비배부율을 계산하기 위한 기준조업도는 20,000개이며, 과대 또는 과소 배부된 제조간접비는 전액 매출원가에서 조정된다. 변동원가계산에 의한 순이익이 ₩6,000,000일 때 전부원가계산에 의한 순이익은 얼마인가? 단, 고정제조간접비배부율은 기초제품과 당기제품에 동일하게 적용된다. 2005 회계사

① ₩5,850,000 ② ₩5,950,000 ③ ₩6,050,000
④ ₩6,150,000 ⑤ ₩6,250,000

※ 다음은 문.9~문.10에 관련된 자료이다.

수원회사는 20×1년 1월 1일에 영업을 시작하였으며, 단위당 판매가격이 ₩700인 단일제품을 생산하고 있다. 이 회사의 표준생산능력은 100,000단위이다. 수원회사는 20×1년 중에 100,000단위의 제품을 생산하여 그 중 80,000단위를 판매하였다. 그리고 20×1년도의 제조원가 및 판매비와 일반관리비는 다음과 같다.

	고정비	변동비
직접재료비	–	단위당 ₩150
직접노무비	–	단위당 100
제조간접비	₩15,000,000	단위당 ₩50
판매 및 일반관리비	12,000,000	(판매단위당 ₩150)

변동제조원가의 원가차이는 발생하지 않았으며, 원가차이는 매출원가에서 조정한다.

9. 전부원가계산에 의할 경우 20×1년 12월 31일의 대차대조표에 계상될 재고자산의 단위당 제조원가를 계산하시오.

① ₩250 ② ₩300 ③ ₩350
④ ₩400 ⑤ ₩450

10. 변동원가계산하에서의 당해연도 순이익을 구하시오.

① ₩5,000,000 ② ₩6,000,000 ③ ₩7,000,000
④ ₩8,000,000 ⑤ ₩9,000,000

정답 및 해설

1. 정답 ⑤

중급 | 전부원가계산과 변동원가계산의 비교

2. 정답 ③

기본 | 기말재고액 추정★

(1) 총변동제조원가

13,000개 × ₩14 + 20,000개 × ₩11 + 8,000개 × ₩25 = ₩602,000

(2) 고정제조간접비 배부율

₩210,700 ÷ ₩602,000 = 0.35

(3) 기말재고자산금액

변동제조원가		₩150,000
고정제조원가	₩150,000 × 0.35 =	52,500
합 계		₩202,500

3. 정답 ②

중급 | 전부원가계산과 변동원가계산의 이익차이★

※ 재고자산(제품)

1월				2월			
기초	–	판매	70	기초	20	판매	90
생산	90	기말	20	생산	100	기말	30
	90		90		120		120

(1) 기초재고의 단위당 고정제조간접비 : ₩1,350 ÷ 90개 = ₩15

(2) 기말재고의 단위당 고정제조간접비 : ₩1,400 ÷ 100개 = ₩14

전부원가계산의 이익=변동원가계산의 이익(₩210) + 30 × ₩14 – 20 × ₩15 = ₩330

4. 정답 ②

기본 | 전부원가계산과 변동원가계산의 이익차이

(1) 단위당 공헌이익

₩1,800 – (₩300 – ₩250 – ₩150 – ₩200) = ₩900

(2) 변동원가계산에서의 순이익

1,500단위 × ₩900 – (₩300,000 + ₩200,000) = ₩850,000

5. 정답 ①

기본 | 전부원가계산과 변동원가계산의 이익차이

※ 기초재고가 없으므로 전부원가계산하에서의 순이익

= 변동원가계산하에서의 순이익 + 기말재고 × @FOH 이다.

₩300,000(전부원가계산하에서의 순이익 – 변동원가계산하에서의 순이익)

= 기말재고 × ₩150(= ₩300,000 ÷ 2,000단위)

기말재고는 2,000단위이므로 당해연도 판매량은 0단위이다.

6. 정답 ③

고급 전부원가계산과 초변동원가계산의 이익차이★

※ 자료정리

	수량*1	단위당 전부원가*2
기초제품	₩10,000 ÷ ₩100 = 100단위	₩50,000 ÷ 100단위 = ₩500
기말제품	₩20,000 ÷ ₩100 = 200단위	₩80,000 ÷ 200단위 = ₩400

*1 초변동원가÷단위당 직접재료비
*2 전부원가÷재고수량

재고자산

기초	100	판매	800*3
생산	900	기말	200
	1,000		1,000

*3 ₩800,000÷₩1,000 = 800단위

7. 정답 ⑤

고급 전부원가계산과 초변동원가계산의 이익차이★

전부원가계산에서의 이익 = 초변동원가계산에서의 이익 + 기말재고 × 가공비 − 기초재고 × 가공비
= ₩10,000 + 200 × (₩400 − ₩100) − 100 × (₩500 − ₩100)
= ₩30,000

8. 정답 ①

고급 변동원가계산에서의 정상원가계산★

전부원가계산이익
= 변동원가계산이익 + 기말재고 × 단위당 고정제조간접비 − 기초재고 × 단위당고정제조간접비
= 6,000,000 + 1,000×₩150*1 − 2,000 × ₩150 = ₩5,850,000

*1 ₩3,000,000÷20,000단위 = ₩150/단위

9. 정답 ⑤

중급 변동원가계산에서의 표준원가계산

전부원가계산하에서의 단위당 제조원가 : ₩150 + ₩100 + ₩50 + ₩15,000,000 ÷ 100,000단위
= ₩450

10. 정답 ①

중급 변동원가계산에서의 표준원가계산

※ 변동제조원가에서의 원가차이가 없으므로, 매출원가에서 조정되는 원가차이는 없다.

(1) 단위당 공헌이익
₩700 − (₩150 + ₩100 + ₩50) = ₩400

(2) 변동원가계산하에서의 순이익
80,000단위 × ₩400 − (₩15,000,000 + ₩12,000,000) = ₩5,000,000

주관식 문제

문제 1 변동원가계산과 초변동원가계산의 비교

다음을 읽고 물음에 답하시오.

(주)한국은 전기차 반도체를 제조 · 판매하고 있다. 다음은 (주)한국의 전기차 반도체의 20×1년과 20×2년에 제조 및 판매와 관련하여 실제 발생한 자료이다. (주)한국은 재고자산평가에 선입선출법을 사용한다.

	20X1년	20X2년
제품단위당 판매가격	₩200	₩200
제품단위당 직접재료원가	20	20
제품단위당 직접노무원가	10	10
제품단위당 변동제조간접원가	30	30
연간 고정제조간접원가	60,000	60,000
제품단위당 변동판매관리비	20	20
연간 고정판매관리비	50,000	50,000
기초 제품재고량	0개	300개
당기 제품생산량	1,500개	1,200개
당기 제품판매량	1,200개	1,500개

물음 1

전부원가계산에 의해 (주)한국의 20×2년의 영업이익을 구하시오.

물음 2

초변동원가계산에 의해 (주)한국의 20×2년의 영업이익을 구하시오.

물음 3

(주)한국의 20×1년 전부원가계산에 의한 영업이익과 변동원가계산에 의한 20×1년 영업이익의 차이를 계산하시오.

해답

※ 자료정리

P	₩200
VC	80 (= ₩20 + 10 + 30 + 20)
CM	₩120
FC	₩110,000 (= ₩60,000 + 50,000)

물음 1 전부원가계산 영업이익

① 단위당 고정제조간접원가

전기 : ₩60,000 ÷ 1,500 = ₩40

당기 : ₩60,000 ÷ 1,200 = ₩50

② 변동원가계산에 의한 영업이익

₩120 × 1,500 − ₩110,000 = ₩70,000

"전부원가계산 영업이익 = 변동원가계산 영업이익 + 기말재고 × 단위당 고정제조간접원가 − 기초재고 × 단위당 고정제조간접원가"이므로 전부원가계산 영업이익은 다음과 같다.

전부원가계산 영업이익 = ₩70,000 − 300 × ₩40
= ₩58,000

물음 2 초변동원가계산 영업이익

"변동원가계산 영업이익 = 초변동원가계산 영업이익 + 기말재고 × 단위당 변동가공원가 − 기초재고 × 단위당 변동가공원가"이므로 초변동원가계산 영업이익을 X라 하면 다음과 같다.

₩70,000 = X − 300 × (₩10 + 30)
그러므로, X = ₩82,000이다.

물음 3 영업이익의 차이

"전부원가계산 영업이익 = 변동원가계산 영업이익 + 기말재고 × 단위당 고정제조간접원가 − 기초재고 × 단위당 고정제조간접원가"이므로 영업이익의 차이는 다음과 같다.
300 × ₩40 = ₩12,000

생산량 변화에 따른 영업이익 변화

다음을 읽고 물음에 답하시오.

전부원가계산에 의하여 작성한 개업 후 3년간의 포괄손익계산서는 다음과 같다.

(1) 전부원가계산손익계산서

	1차년도	2차년도	3차년도
매 출 액	₩704,000	₩528,000	₩704,000
매출원가	520,000	330,000	680,000
매출총이익	184,000	198,000	24,000
판매관리비	180,000	160,000	180,000
영업이익	₩4,000	₩38,000	₩(156,000)

(2) 원가자료

단위당 변동제조원가	₩3
고정제조간접원가	400,000
고정판매관리비	100,000

(3) 기간별 생산량 및 판매량

	1차년도	2차년도	3차년도
생 산 량	40,000개	50,000개	20,000개
판 매 량	40,000	30,000	40,000

물음 1

변동원가계산에 의하여 각 연도 포괄손익계산서를 작성하시오.

물음 2

전부원가계산 1차년도와 2차년도 포괄손익계산서를 보면 판매량이 작은 2차년도 순이익이 1차년도 순이익보다 오히려 크다. 그 이유를 설명하고 근거수치를 제시하시오.

물음 3

위의 전부원가계산에 의한 1차년도와 3차년도의 포괄손익계산서를 보면 비록 동일한 수량을 판매하였으나 순이익(손실)에 있어서 큰 차이를 보이고 있다. 그 이유를 설명하고 순이익의 관계를 나타내시오.

해 답

물음 1 변동원가계산에 의한 순이익

	1차년도	2차년도	3차년도
매 출 액	₩704,000	₩528,000	₩704,000
변동매출원가	(120,000)*1	(90,000)	(120,000)
변동판매관리비	(80,000)*2	(60,000)	(80,000)
공헌이익	₩504,000	₩378,000	₩504,000
고정제조간접원가	(400,000)	(400,000)	(400,000)
고정판매관리비	(100,000)	(100,000)	(100,000)
영업이익	₩4,000	₩(122,000)	₩4,000

*1 40,000개×₩3
*2 ₩180,000 - 100,000

물음 2 전부원가계산에서의 생산량이 이익에 미치는 영향(Ⅰ)

(1) 2차년도와 1차년도의 순이익차이는 다음과 같다.

2차년도 순이익	₩38,000
1차년도 순이익	4,000
순이익차이	₩34,000

(2) 차이원인

① 공헌이익감소액 : ₩126,000

- 단위당 공헌이익 : @12.6(= @17.6 - @3 - @2)
- 판매량 감소량 : 10,000단위

② 자산화된 고정제조간접원가 : @8 × 20,000 = ₩160,000

물음 3 전부원가계산에서의 생산량이 이익에 미치는 영향(Ⅱ)

판매량이 동일한 경우라도 생산량이 감소하면 비용화되는 고정제조간접원가는 증가하여 순이익은 감소한다.

① 1차년도 비용화된 고정원가 : ₩400,000

② 3차년도 비용화된 고정원가 : ₩160,000(2차년도 발생분) + ₩400,000(3차년도 발생분)

문제 3 정상변동원가계산

다음을 읽고 물음에 답하시오.

당해연도 영업을 개시한 (주)한국은 현재의 회계처리방법을 재검토하여 몇 가지의 대안 중에서 한 가지를 선택하여 적용하고자 한다. 회사는 다음의 20×1년도 회계기록을 기초로 대안들을 평가하고 있다. 또한, 변동제조간접원가 예정배부율과 실제배부율은 동일하며 제조간접원가 배부차이금액을 기간비용으로 처리한다.

〈자료 1〉 수량

항목	수량
판매량	14,000단위
생산량	15,000단위
최대조업도	20,000단위
연간평균조업도	18,000단위

〈자료 2〉 가격 및 원가

단위당 판매가격	₩20
단위당 변동제조원가	₩8
단위당 변동판매비와 관리비	₩2
연간고정제조간접비	₩54,000
연간고정판매비와 관리비	₩30,000

물음 1

변동원가계산에 의한 순이익을 계산하시오.

물음 2

연간평균조업도를 이용하여 제조간접비배부율을 산정하는 경우 전부원가계산에 의한 순이익을 계산하시오.

물음 3

최대조업도를 이용하여 제조간접비배부율을 산정하는 경우 전부원가계산에 의한 순이익을 계산하시오.

해 답

물음 1 변동원가계산에 의한 순이익

매출액		₩280,000	(= ₩20 × 14,000)
변동원가			
제조원가	₩112,000		
판관비	28,000	140,000	
공헌이익		₩140,000	
고정원가		84,000	
순이익		₩56,000	

물음 2 전부원가계산에 의한 순이익(연간평균조업도 이용)

매출액	₩280,000	(= ₩20 × 14,000)
매출원가	154,000	(= ₩11* × 14,000)
매출총이익	₩126,000	
판매비와 관리비	58,000	
제조간접비배부차이	9,000	(= ₩54,000 − ₩3 × 15,000)
순이익	₩59,000	

* ₩11 = ₩8 + ₩3(₩54,000÷18,000단위)

물음 3 전부원가계산에 의한 순이익(최대조업도 이용)

매출액	₩280,000	(= ₩20 × 14,000)
매출원가	149,800	(= ₩10.7* × 14,000)
매출총이익	₩130,200	
판매비와 관리비	58,000	
제조간접비배부차이	13,500	(= ₩54,000 − ₩2.7 × 15,000)
순이익	₩58,700	

* ₩10.7 = ₩8 + ₩2.7(₩54,000÷20,000단위)

 정상원가계산하에서의 전부원가계산과 변동원가계산의 비교

(주)한국은 의약품을 제조하는 회사이며 제조간접원가에 대해서 기초에 설정한 예정배부율을 적용하여 원가계산을 한다. 회사의 생산 및 판매활동과 관련한 전기자료는 다음과 같다.

	전 기
단위당 판매가격	10
단위당 직접재료원가	1.5
단위당 직접노무원가	2.5
변동제조간접원가 예정배부율	1
고정제조간접원가 예정배부율	3
고정제조간접원가 실제발생액	3,000,000
연간 고정판매관리원가	1,500,000
판매량	900,000개
기초제품	300,000개
기말제품	600,000개

회사는 선입선출법을 적용하여 재고자산을 평가하고 있으며, 고정제조간접원가배부를 위한 기준조업도는 연간 1,000,000개이다.

제조간접원가의 배부차이는 매출원가에서 조정하며 변동제조간접원가의 배부차이는 발생하지 않는다.

물음 1

전기의 전부원가계산에 의한 손익계산서를 작성하시오.

물음 2

당기에 변동제조원가 및 고정제조원가예산을 모두 10%씩 인상하고 판매가격을 12%인상하였다. 당기 판매수량은 1,000,000개이며 기말제품수량은 450,000개이다. 전부원가계산에 의한 손익계산서를 작성하시오. (단, 고정제조간접원가 실제발생액은 예산과 동일하며 고정판매관리원가는 전년도 수준을 유지하였다.)

물음 3

[물음 1]과 [물음 2]의 결과를 전부원가의 오류(full cost fallacy)관점에서 설명하시오.

물음 4

변동원가계산에 의한 전기와 당기의 손익계산서를 작성하시오.

해 답

※ 자료정리

(1) 전기

① 단위당 변동제조원가

= 직접재료원가 + 직접노무원가 + 변동제조간접원가

= ₩1.5 + ₩2.5 + ₩1

= ₩5

② 단위당 전부제조원가

= 변동제조원가 + 고정제조간접원가

= ₩5 + ₩3

= ₩8

③ 재고현황

제 품

기 초	300,000	판 매	900,000
생 산	1,200,000	기 말	600,000
	1,500,000		1,500,000

(2) 당기

① 단위당 판매가격

= ₩10 × (1 + 12%)

= ₩11.2

② 단위당 변동제조원가

= ₩5 × (1 + 10%)

= ₩5.5

③ 고정제조간접원가 예정배부율

고정제조간접원가는 10%증가하고 기준조업도는 변함이 없으므로 고정제조간접원가 예정배부율은 ₩3 × (1 + 10%) = ₩3.3이다

④ 단위당 전부제조원가

= 변동제조원가 + 고정제조간접원가

= ₩5.5 + ₩3.3

= ₩8.8

⑤ 재고현황

제품

기 초	600,000	판 매	1,000,000
생 산	850,000	기 말	450,000
	1,450,000		1,450,000

물음 1 전기의 전부원가계산에 의한 손익계산서

(1) 배부차이

실제발생액	:	₩3,000,000	
예정배부액	:	3,600,000	(= ₩3 × 1,200,000)
배부차이	:	₩600,000	(과대배부)

(2) 손익계산서

	전 기	
매출액	₩9,000,000	
매출원가		
정상매출원가	(7,200,000)	(= 900.000 × ₩8)
배부차이(과대)	600,000	
매출총이익	₩2,400,000	
판매관리비	(1,500,000)	
영업이익	₩900,000	

물음 2 당기 전부원가계산에 의한 손익계산서

(1) 배부차이

실제발생액	:	₩3,300,000	(= ₩3,000,000 × 110%)
예정배부액	:	2,805,000	(= ₩3.3 × 850,000)
배부차이	:	₩495,000	(과소배부)

(2) 손익계산서

※ 정상매출원가계산시 전기 이월분 단위당 전부원가는 ₩8이고 당기분 단위당 전부원가는 ₩8.8이다

	당 기	
매출액	₩11,200,000	(= 1,000.000 × ₩11.2)
매출원가		
정상매출원가	(8,320,000)	(= 600.000 × ₩8 + 400.000 × ₩8.8)
배부차이(과소)	(495,000)	
매출총이익	₩2,385,000	
판매관리비	(1,500,000)	
영업이익	₩885,000	

물음 3 전부원가의 오류(full cost fallacy)

전부원가계산은 변동제조원가와 고정제조원가를 제품원가에 포함시키는 방법으로서 영업이익은 판매량과 생산량의 함수이며 판매량이 일정한 상태에서 생산량을 증가시킴으로서 단위당 고정제조간접원가의 하락과 기말재고금액의 증가로 인하여 영업이익이 증가한다. 따라서, 이익중심점의 성과평가측면에서는 적절한 방법이 아니다. 이를 해결하기 위한 방법으로 변동원가계산방법이 있다.

물음 4 변동원가계산에 의한 전기와 당기의 손익계산서

	전기		당기	
매출액	900,000 × ₩10 =	₩9,000,000	1,000,000 × ₩11.2 =	₩11,200,000
변동원가	900,000 × 5 =	(4,500,000)	(600,000 × 5) + (400,000 × 5.5) =	(5,200,000)
공헌이익		₩4,500,000		₩6,000,000
고정원가				
제조		(3,000,000)	3,000,000 × 1.1 =	(3,300,000)
판관비		(1,500,000)		(1,500,000)
영업이익		₩0		₩1,500,000

문제 5 전부원가계산과 변동원가계산 이익차이

㈜한국은 표준전부원가계산제도를 채택하고 있다. 당기 초에 회사는 당해연도 목표순이익을 ₩10,000으로 설정하였다. 회사의 최고경영자는 당해연도 실제매출액이 예산을 10%만큼 초과하고 있었기 때문에 실제순이익도 목표순이익을 초과할 것이라고 생각했으나 12월 31일에 다음과 같은 비교예측보고서를 제출받고 매우 당황하였다. 이에 의하면 실제순이익이 목표순이익보다 오히려 ₩1,000만큼 감소한 것으로 나타났기 때문이다.

비교예측손익보고서(1.1 ~ 12.31)

	연초 예측	12월 31일 결과
매출	₩300,000	₩330,000
매출원가(표준)	(245,000)	?
고정제조간접원가(과소배부)	–	?
매출총이익	₩55,000	₩?
변동판매관리비	(15,000)	?
고정판매관리비	(30,000)	?
영업이익	₩10,000	₩9,000

(1) 매출원가에는 고정제조간접원가 ₩50,000이 포함되어 있으며 단위당 판매가격은 ₩30이었다.

(2) 연중 판매가격과 기타원가는 변동이 없었다.

(3) 원가차이는 위 표에서 보는 바와 같이 과소배부된 고정제조간접원가 조업도차이뿐이다. 이 차이는 원재료공급업체의 생산차질로 인하여 예상작업시간 20,000시간에 미달하여 산출된 것이다. 이를 제외한 다른 원가들에 대해서는 원가통제가 효과적으로 이루어져 원가차이가 발생하지 않을 것으로 예상된다.

(4) 한 단위 생산에 필요한 작업시간은 2시간이다.

(5) 기초재고자산은 2,000단위였으며 기말재고는 연초에 2,000단위로 예상했으나 모두 처분되어 기말재고는 없었다. (단, 전기와 당기의 고정제조간접원가배부율은 동일하다.)

각 물음은 서로 독립적이다.

물음 1

고정제조간접원가 조업도차이를 구하시오.

물음 2

연중 원가변화는 없고 매출액의 10%만큼 증가할 것임에도 불구하고 순이익이 ₩1,000만큼 감소한 것으로 나타난 이유를 설명하시오.(판매량 증가에 따른 공헌이익과 고정원가의 증감으로 설명하시오.)

물음 3

연초 예측과 결과를 공헌이익손익계산서로 작성하시오.

해 답

※ 자료정리

(1) 물량흐름

예상

기 초	2,000	판 매	10,000
생 산	10,000	기 말	2,000
	12,000		12,000

실제

기 초	2,000	판 매	11,000 (= ₩330,000 ÷ ₩30)
생 산	9,000	기 말	–
	11,000		11,000

(2) 고정제조간접원가의 원가차이는 조업도에 미달하는 작업시간으로 인한 차이로 불리한 조업도차이이다.

(3) 예상생산량과 실제생산량

- 예상생산량
  = 매출액 ÷ 단위당 판매가격
  = ₩300,000 ÷ ₩30
  = 10,000단위
- 실제생산량
  = 당기판매량 – 기초재고수량
  = (₩330,000 ÷ ₩30) – 2,000
  = 9,000단위

(4) 조업도차이

예산	SQ × SP
20,000 × ₩2.5	9,000 × 2시간 × ₩2.5
= ₩50,000	= ₩45,000

₩5,000(불리)

(5) 가격과 원가구조

단위당 판매가격	1	
단위당 변동제조원가	0.65	[= (₩245,000 − ₩50,000) ÷ ₩300,000]
단위당 변동판매관리비	0.05	(= ₩15,000 ÷ ₩300,000)
단위당 공헌이익	0.30	
총고정비	₩80,000	(= ₩50,000 + ₩30,000)

(6) 실제손익계산서

	연초 예측	12월 31일 결과
매출	₩300,000	₩330,000
매출원가(표준)	(245,000)	(269,500)
고정제조간접원가(과소배부)	–	(5,000)
매출총이익	₩55,000	₩55,500
변동판매관리비	(15,000)	(16,500)
고정판매관리비	(30,000)	(30,000)
영업이익	₩10,000	₩9,000

물음 1 고정제조간접원가 조업도차이

예산	SQ × SP
20,000 × ₩2.5	9,000 × 2시간 × ₩2.5
= ₩50,000	= ₩45,000

₩5,000(불리)

물음 2 이익차이 원인

	연초 예측		결과		차이
공헌이익	₩300,000 × 0.3 =	₩90,000	₩330,000 × 0.3 =	₩99,000	₩9,000
고정제조간접원가	2,000 × 2시간 × 2.5 =	(10,000)	2,000 × 2시간 × 2.5 =	(10,000)	–
	8,000 × 2시간 × 2.5 =	(40,000)		(50,000)	(10,000)
					₩(1,000)

판매량 증가로 인한 공헌이익은 ₩9,000만큼 증가했으나 기초재고의 고정제조간접원가 ₩10,000와 당기발생분 ₩50,000이 모두 당기 비용처리되어 영업이익은 예상보다 ₩10,000만큼 감소하였다.

물음 3 공헌이익손익계산서

	연초 예측	결과
매출	₩300,000	₩330,000
변동원가(표준)	(195,000)	(214,500)
변동제조원가 원가차이	–	–
변동판매관리비	(15,000)	(16,500)
공헌이익	₩90,000	₩99,000
고정제조간접원가	(50,000)	(50,000)
고정판매관리비	(30,000)	(30,000)
영업이익	₩10,000	₩19,000

제 9 장

원가함수의 추정

전문가 칼럼

■ 1+1, 또는 50% 할인…… 알쏭달쏭

최근 마트나 백화점에서 흔히 볼 수 있는 마케팅전략이다. 1+1 은 하나의 제품을 구입하면 제품 1개를 무료로 주는 전략이고, 50% 할인은 가격을 50% 할인한다는 의미이다. 언뜻 보면 둘 다 비슷한 내용 같아 보이지만 효과는 전혀 다르다. 소비자 입장에서는 1+1 이나, 50% 할인이나 둘 다 반액에 구입하는 효과가 있지만, 기업 입장에서는 상황에 따라서 1+1 전략 또는 가격할인 전략 중 유리한 방법을 선택할 수 있다. 다음의 사례를 통해서 살펴보도록 하자.

사 례

와인 1병의 최종 판매 가격은 병당 ₩100이며 원가는 ₩40이다. 그래서 병당 판매할 때 ₩60의 이익을 얻고 있다. 원가 ₩40에는 변동제조원가가 ₩20이며 설비 감가상각비, 임차료 등 고정제조원가 배부액이 병당 ₩20이다. 즉, 고정비를 제외한 와인 1병에 대한 증분비용은 ₩20인 것이다.
만약, 위 회사가 1+1 전략을 채택한 경우와 50% 할인을 채택한 경우 순이익 효과를 비교해 보도록 하자.

		1+1전략	50%할인전략
매출		₩100	₩100
원가		(40)	(40)
이익		60	60
마케팅전략			
	제품제공	(20)	–
	50%할인	–	(50)
최종이익		40	10

1. 1+1 전략

이 방법은 기존 판매 가격에는 영향이 없고 제품 1단위 판매할 때 추가 1단위를 제공하는 방법이다. 따라서 추가 1단위 제공에 투입되는 1단위당 변동제조원가인 ₩20만 추가로 지출될 뿐이므로 추가 제공 후의 이익은 ₩40이다.

2. 50% 할인 전략

이 방법은 가격의 50%를 직접 할인해주는 방법으로써 할인 후 이익은 ₩10이 된다.

소비자 입장에서는 큰 차이가 없어 보이지만 기업 입장에서는 두 전략에 대한 이익은 ₩30이나 차이가 난다. 즉, 1+1 전략은 소비자에게 ₩20의 제품을 제공하는 것이고 50% 할인 전략은 ₩50을 제공하는 것이므로 1+1 전략이 가격할인 전략에 비하여 ₩30만큼 이익증가 효과를 가져 오는 것이다. 더군다나, 1+1 전략이 가격할인 전략에 비하여 재고를 처분할 수 있다는 장점도 가지고 있다. 그러나, 와인 1병에 대한 증분비용이 ₩50을 초과하는 경우 50% 할인전략이 더 유리할 수 있다.

1. 서론

1 의의

경영자의 궁극적인 목표는 기업가치의 극대화이다. 따라서, 보다 합리적인 의사결정을 위해서는 장래에 발생할 수 있는 개략적인 원가의 추정이 필요하며, 원가추정(cost estimation)이란 조업도와 총원가의 관계를 규명하는 것을 말한다. 경영자는 이러한 원가함수를 통해서 미래 발생할 수 있는 원가를 보다 합리적으로 예측할 수 있으며, 경영활동의 계획과 통제 및 특수의사결정 등 관리목적 의사결정을 보다 효율적으로 수행할 수 있다.

2 원가행태모형

원가행태란 조업도의 변동에 대한 총원가의 변동양상을 말하여 변동비, 고정비, 준변동비(혼합원가) 및 준고정비(계단원가)로 구분할 수 있다. 또한. 다음과 같이 경제학적 관점과 회계학점 관점으로 나누어 살펴볼 수 있다.

1. 경제학적 관점

경제학적 관점에서 보면 생산량 한 단위 추가할 때 발생하는 증분원가는 점차 감소하다가 일정수준을 넘어서면 한계비용체증의 법칙에 따라 점차 증가하는 우상향의 형태를 지니게 된다.

[그림 9-1] 경제학적 관점에서의 비용선

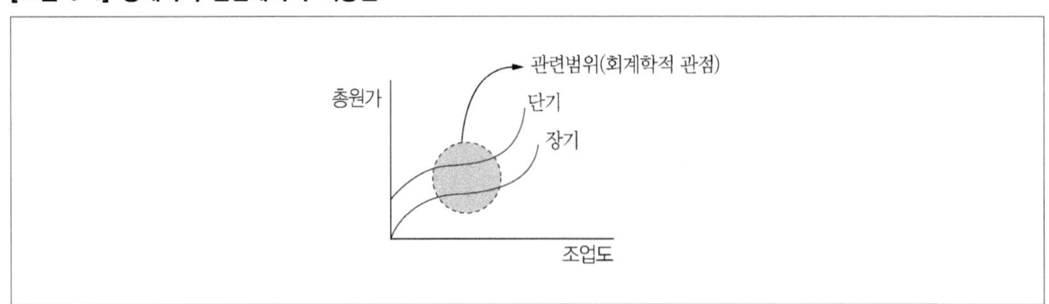

※ 분석기간이 단기일 경우 일정한 고정비가 발생하지만 장기로 가정하면 모든 비용은 변동비 성격을 가진다.

2. 회계학적 관점

회계학적 관점의 분석대상은 기본적으로 단기이며 관련범위(분석대상)내에서 생산량 한 단위 추가할 때 발생하는 증분원가는 일정하다고 가정한다. 따라서, 미래에 발생하는 원가의 행태는 다음과 같이 나타낼 수 있다.

[그림 9-2] 회계학적 관점에서의 비용선

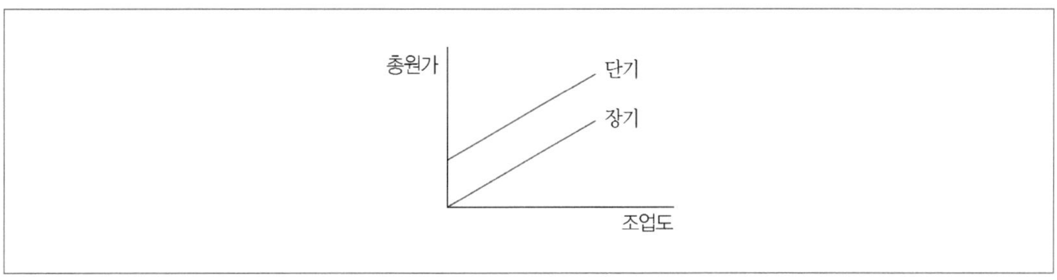

3. 원가함수

원가함수를 추정하기 위하여 일반적으로 다음과 같은 가정을 전제로 한다.

- 종속변수에 영향을 주는 독립변수는 하나이다.
- 원가행태는 관련범위 내에서 선형이다.

위의 기본가정을 전제로 한 원가함수는 다음과 같이 표현할 수 있다. x는 독립변수(조업도)로서 생산량, 직접노동시간, 기계시간 등으로 표현되며, y는 종속변수로서 추정하고자 하는 원가를 의미한다.

[그림 9-3] 분석대상 원가함수

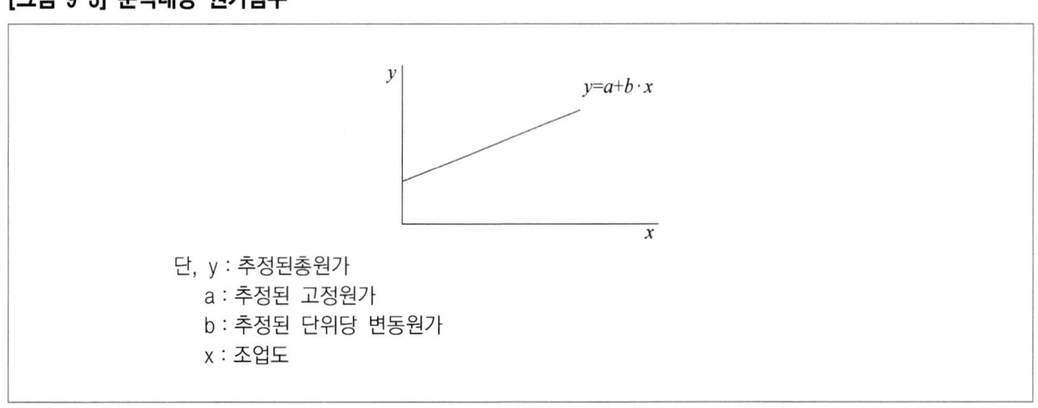

2. 원가추정방법

1 종류

원가추정의 궁극적인 목적은 위에서 살펴 본 원가함수(y = a + b·x)에서 a(총고정비)와 b(단위당 변동비)를 찾아 내는 것으로 그 방법은 여러 가지가 있으나 일반적으로 다음과 같은 방법이 널리 사용된다.

- 산업공학적방법(Engineering Method)
- 계정분석법(Account Analysis Approach)
- 산포도법(Scatter Diagram Method)
- 고저점법(High-Low Method)
- 회귀분석법(Regression Analysis Method)

2 원가추정방법별 비교

1. 산업공학적 방법

투입(독립변수)과 산출(종속변수)의 관계를 공학적방법을 이용하여 분석하는 것으로서 일반적으로 과거자료를 이용할 수 없는 경우에 사용되며, 직접재료비, 직접노무비 및 그와 관련된 원가들로 투입과 산출관계가 보다 명확한 원가함수를 추정하는데 널리 사용된다.

2. 계정분석법

이 방법은 각 계정에 기록된 원가를 전문가의 주관적인 판단에 의하여 고정비와 변동비로 구분하는 방법을 말한다.

예제 1 계정분석법

(주)한국의 원가담당자는 제조간접비의 함수를 추정하기 위하여 20×1년 3월의 각 계정별 원가를 다음과 같이 분석하였다.

계정과목	변동비	고정비	합계
간접재료비	₩1,500	-	
간접노무비	1,000	₩2,000	
수선유지비	1,300	3,000	
수도광열비	₩800	₩1,500	
임차료	-	2,300	
감가상각비	-	5,000	
합계	₩4,600	₩13,800	

회사는 제조간접비를 직접노동시간에 비례하여 배부하고 있으며, 당월 실제 발생한 직접노동시간은 2,000시간이었다.

요구사항 1

제조간접비의 원가함수를 추정하시오.

해답

(1) 직접노동시간당 변동제조간접비
₩4,600 ÷ 2,000시간 = ₩2.3/시간

(2) 제조간접비 원가함수(y)
총고정제조간접비는 ₩13,800이므로,
y = ₩13,800 + ₩2.3x

요구사항 2

20×1년 4월의 예상 직접노동시간이 2,500시간일 경우 4월의 총제조간접비를 추정하시오.

해답

예상총제조간접비(y) = ₩13,800 + ₩2.3 × 2,500시간
= ₩19,550

3. 산포도법

조업도와 원가와의 관계를 X축과 Y축으로 하여 특정 조업도에 대한 실제 발생한 원가를 좌표에 표시한 후, 분석자의 판단에 따라 원가함수추정선을 찾아내는 방법을 말한다.

[그림 9-4] 산포도법

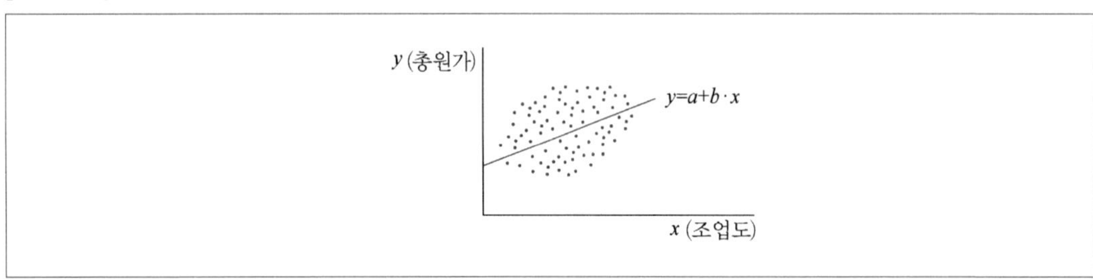

4. 고저점법

과거 특정조업도에 해당하는 원가자료들 중에서 두 개의 자료만을 가지고 원가함수를 추정하는 방법을 말한다. 즉. 가장 높은 조업도에서의 원가와 가장 낮은 조업도에서의 원가만을 이용하여 단위당 변동원가와 고정원가를 산출하는 것으로 고정원가와 단위당 변동원가는 일정하기 때문에 두 조업도간의 원가차이는 총변동원가 차이라는 가정하에서 원가함수를 도출하는 방법이다.

- 단위당 변동원가 = 선택한 두 조업도의 총원가의 차이 ÷ 선택한 두 조업도의 차이
- 고정원가 = 총원가 – 변동원가
- 총원가 = 고정원가 + 단위당 변동원가 × 조업도

[그림 9-5] 고저점법

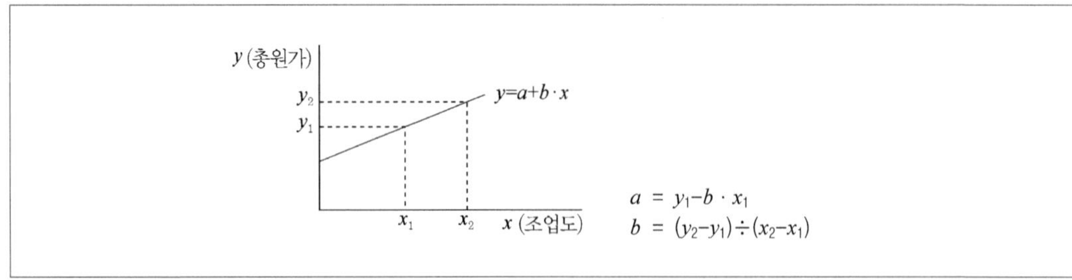

예제 2 고저점법

다음 자료는 지난 몇 달 동안 (주)한국의 제조간접원가 발생액을 조업도 수준에 따라 정리한 것이다.

	기계시간	총제조간접원가
7월	5,000	₩50,620
8월	8,000	90,040
9월	6,000	54,080
10월	9,000	63,100

(주)한국은 제조간접원가를 변동원가와 고정원가로 나누기 위하여 원가분석을 한 결과, 제조간접원가는 전력요금, 감독자 급여, 수선유지비로 구성되어 있다는 것을 알았다. 그러나 수선유지비는 완전히 고정원가와 변동원가로 구분하지는 못했다. 7월의 실제 제조간접원가는 다음과 같다.

전력요금(변동원가)	₩10,500
감독자급여(고정원가)	24,000
수선유지비(혼합원가)	16,120
합계	₩50,620

요구사항

10월의 제조간접원가 중에 포함되어 있는 수선유지비를 추정하시오.

해답

(1) 수선유지비 함수

※ 조업도 선택

최고조업도 : 9,000시간, ₩63,100

최저조업도 : 5,000시간, ₩50,620

① 단위당 변동비

$$b = \frac{₩63,100 - ₩50,620}{9,000\text{시간} - 5,000\text{시간}} = ₩3.12/\text{시간}$$

② 총고정비

₩63,100 = a + ₩3.12 × 9,000시간

a = ₩35,020

그러므로, 총제조간접원가함수는 "y = ₩35,020 + ₩3.12 × 시간"이다. 위 원가함수를 이용하여 7월의 제조간접원가를 분석하면 다음과 같다.

	변동원가	고정원가	합계
전력요금	₩10,500	–	₩10,500
감독자급여	–	₩24,000	24,000
수선유지비	5,100	11,020	16,120
합계	₩15,600*1	₩35,020	₩50,620

*1 ₩3.12×5,000시간

그러므로, 수선유지비의 원가함수는 "y = ₩11,020 + ₩1.02 × 시간"이다.

(2) 10월의 수선유지비

y = ₩11,020 + ₩1.02 × 9,000시간

= ₩20,200

---

5. 회귀분석법

산포도법과 유사한 방법으로 조업도와 원가의 관찰치를 도표에 표시하고 통계적방법(최소자승법 : Least-Squares Criterion)을 이용하여 원가함수를 추정하는 방법을 말한다. 회귀분석법은 크게 단순회귀분석과 다중회귀분석으로 구분할 수 있다. 단순회귀분석(Simple Regression Analysis)은 하나의 독립변수와 하나의 종속변수간의 관계를 분석하는 것이며, 다중회귀분석(Multiple Regression Analysis)은 여러 개의 독립변수와 하나의 종속변수간의 관계를 분석하는 것으로 활동기준원가함수를 추정하는 데에 이용된다. 또한, 표본상관계수의 제곱인 결정계수(R^2)는 0에서 1사이의 수이고 1에 가까울수록 회귀모형에 의한 설명이 잘 되고 있는 것을 의미한다.

[그림 9-6] 회귀분석법

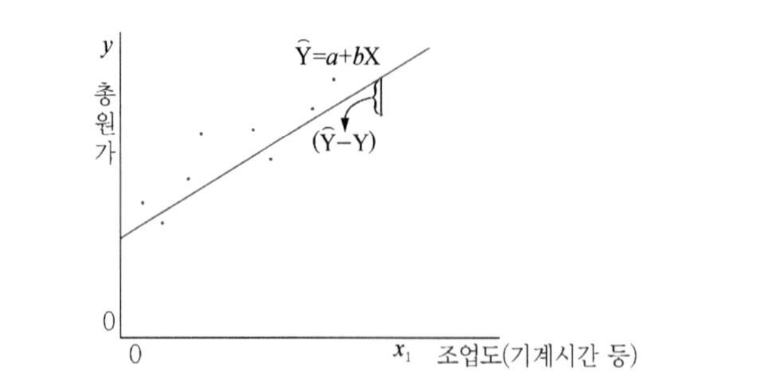

• 점들은 조업도(X)에서의 실제관찰치 이며, 직선은 추정치이다.
• 추정 오차는(Y−$\hat{Y}$)이다.

※ 최소자승법

최소자승법은 주어진 관찰치(n)로부터 다음의 등식을 이용하여 회귀추정선을 도출할 수 있다.

① $\Sigma Y = na + b\Sigma X$

② $\Sigma XY = \Sigma Xa + b\Sigma X2$

Y : 총원가

X : 조업도(기계시간 등)

a : 고정비

b : 단위당 변동비

n : 관찰치

예제 3 회귀분석법

(주)한국은 단위당 ₩1,000에 판매될 신제품을 생산할 것을 계획하고 있다. 다음은 첫해에 생산될 400,000단위에 대한 제조원가 추정치이다.

직접재료비	₩96,000,000
직접노무비	74,000,000

요구사항

신제품에 대한 제조간접비는 단순회귀분석을 이용한 결과 Y=₩18,800,000+₩227X의 원가함수를 도출하였다. (단, Y는 제조간접비, X는 생산량이다). 신제품에 대한 첫해의 단위당 예상공헌이익을 구하시오

해답

(1) 단위당 예상변동비

직접재료비	₩96,000,000 ÷ 400,000단위 =	₩240
직접노무비	₩74,000,000 ÷ 400,000단위 =	185
변동제조간접비		227
		₩652

(2) 단위당 예상공헌이익

₩1,000(예상판매가격) − ₩652 = ₩348

예제 4 최소자승법

(주)한국은 제조간접비의 함수를 추정하고자 한다. 회사는 지난해 기계시간에 대한 제조간접비 발생액을 다음과 같이 분석하였다.

월	기계시간(X)	제조간접비(Y)
1	100	₩10,000
2	120	13,000
3	110	11,000
4	150	13,500

요구사항 1

최소자승법을 이용하여 원가함수를 추정하시오.

해답

ΣX, ΣY, ΣXY, ΣX2를 정리하면 다음과 같다.

월	기계시간(X)	제조간접비(Y)	XY	X^2
1	100	10,000	1,000,000	10,000
2	120	13,000	1,560,000	14,400
3	110	11,000	1,210,000	12,100
4	150	13,500	2,025,000	22,500
합계	480	47,500	5,795,000	59,000

위 내용을 등식에 대입하면,

① $\Sigma Y = na + b\Sigma X$ $\quad 47,500 = 4 \cdot a + b \cdot 480$

② $\Sigma XY = \Sigma Xa + b\Sigma X2$ $\quad 5,795,000 = 480 \cdot a + b \cdot 59,000$

a와 b를 산출하기위하여 연립방정식을 이용하여 풀이하면 다음과 같다.

"② – ① × 120"를 이용하면,

$$\begin{array}{rcl} 5,795,000 & = & 480 \cdot a + b \cdot 59,000 \\ (-)5,700,000 & = & 480 \cdot a + b \cdot 57,600 \\ \hline 95,000 & & b \cdot 1,400 \end{array}$$

그러므로,

a = 3,732

b = 67.85

따라서, 제조간접비(Y) = ₩3,732 + 67.85 × 기계시간(X) 이다.

요구사항 2

5월에 160 기계시간을 가동한다면 예상되는 제조간접비를 구하시오.

해답

제조간접비(Y) = ₩3,732 + 67.85 × 160시간

= ₩14,588

[표 9-1] 각 원가분석 방법별 장·단점

구 분	과거자료이용	장 · 단점
산업공학적방법	×	① 장점 : 공학적방법을 이용하여 추정하므로 비교적 정교하며, 과거자료가 없을 경우 많이 활용되는 방법이다. ② 단점 : 원가추정에 많은 시간과 비용이 소비된다.
계정분석법	1개	① 장점 : 원가추정에 적은 비용과 한 회계기간의 자료만으로도 원가추정이 가능하다. ② 단점 : 원가추정에 주관적인 판단이 개입되며, 과거의 비정상적인 생산활동이 원가추정에 영향을 미친다.
산포도법	다수	① 장점 : 과거 모든 원가자료를 활용할 수 있으며 간편하다. ② 단점 : 분석자에 따라 원가함수가 다를 수 있어 신뢰성이 낮다.
고저점법	2개	① 장점 : 간편하고 계정분석법에 비하여 보다 객관적이다. ② 단점 : 최대조업도와 최저조업도는 비정상적인 상황일 가능성이 높기 때문에 추정된 원가함수는 대표성이 부족하다. ※ 대표고저점법 : 두 번째 높은 조업도와 두 번째 낮은 조업도의 원가를 이용하여 원가함수를 추정하는 방법이다.
회귀분석법	다수	① 장점 : 정상적인 관찰치를 모두 이용하기 때문에 다른 방법에 비하여 가장 체계적이고 이론적으로 우수한 방법이다. ② 단점 : 다른 원가추정방법에 비하여 정교하나 분석에 시간과 비용이 많이 소비된다.

3. 학습곡선

의의

생산기술의 발달과 종업원들의 숙련도가 향상됨으로써 생산량이 증가함에 따라 단위당 원가가 감소하는 현상을 학습효과(Learning Effect)라 하고, 이러한 학습효과를 근거로 누적생산량과 총원가 사이의 관계를 도표에 표시한 것을 학습곡선(Learning Curve)이라 한다.

[그림 9-7] 학습곡선(Learning Curve)

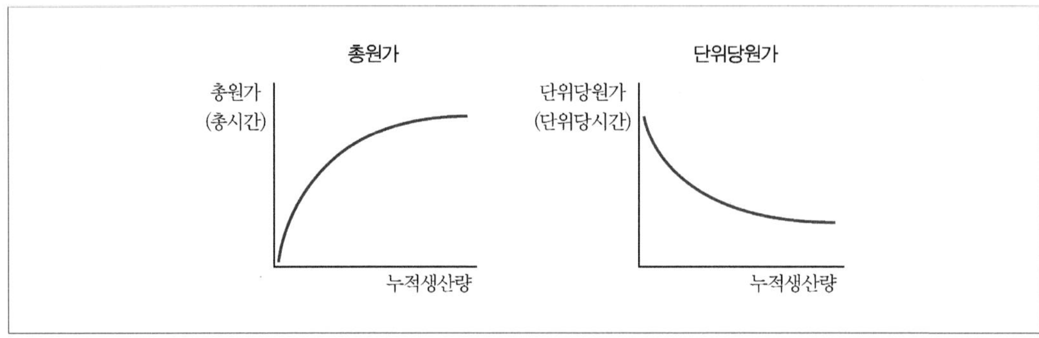

※ 발생원인

① 반복실행에 따른 노동효율성 증대
② 제품표준화에 따른 노동시간 감소
③ 제조기술증진으로 인한 생산효율성 증대

2 학습률과 학습곡선모형

동일 작업을 반복적으로 수행하면 생산량이 증가함에 따라 노동시간이 일정비율(학습율)로 감소하게 된다. 이러한 생산량과 노동시간과의 관계를 학습곡선모형이라 한다.

1. 학습률(Learning Rate)

학습효과가 발생하는 공정에서는 생산량이 증가하면서 노동시간(증분단위시간 또는 누적평균시간)이 일정한 비율로 감소하는 데, 이 때의 감소비율을 학습율이라 한다.

2. 학습곡선모형

일반적으로 사용하는 학습곡선모형은 생산량이 두 배 증가할 때마다 노동시간이 일정한 비율로 감소하는 형태를 말하며, 다음과 같은 두 가지 모형이 있다. 이를 2배수법이라고도 한다.

1) 누적평균시간모형

누적생산량이 두 배 증가할 때마다 단위당 누적평균시간이 일정한 비율(학습률)로 감소하는 형태를 말한다.

$$y = a \cdot x^{-b}$$

단, x : 누적생산량　　　　　　　a : 첫 단위 생산시간(원가)
　　y : 단위당 누적평균시간(원가)　b : 학습지수

2) 증분단위시간모형

누적생산량이 두 배 증가할 때마다 증분단위시간이 일정한 비율(학습률)로 감소하는 형태를 말한다.

$$m = a \cdot x^{-b}$$

단, x : 누적생산량　　　　　　　a : 첫 단위 생산시간(원가)
　　m : 증분단위시간(원가)　　　b : 학습지수

예제 5 학습곡선모형

(주)한국은 단일 제품을 생산·판매하고 있으며, 당해연도 첫 단위 제품을 생산에 100직접노동시간을 투입하였다. 회사는 현재 2단위 생산을 완료하였으며 추가 2단위 제품을 생산하려고 한다. 단, 회사는 노동시간에 학습효과가 있으며 학습율 90%의 학습곡선을 따른다고 가정한다.

요구사항 1

누적평균시간모형을 이용하여 추가 2단위 생산량 증가에 따른 추가적으로 필요한 노동시간을 구하시오.

해답

(1) 학습효과가 90%일 때 학습지수 계산

학습지수는 학습곡선의 기울기를 나타내므로 다음과 같이 계산할 수 있다.

$$\text{학습율} = \frac{\text{생산량이 2배일 때 누적평균시간}}{\text{첫 단위 생산시 누적평균시간}} = \frac{a(2x)^{-b}}{ax^{-b}} = 2^{-b} \text{ 이므로,}$$

$$\text{학습지수}(b) = \frac{-\log(\text{학습율})}{\log 2} \text{이다.}$$

[표 9-2] 학습률과 학습지수의 관계

학습률	학습지수(b)
95%	0.0740
90	0.1520
85	0.2345
80	0.3219
75	0.4150

(2) 학습지수(b)가 0.1520일 경우 누적평균시간 산출

누적생산량(x)	단위당 누적평균시간(y)	누적총시간(xy)	
1	100시간	100시간	
2	$100\cdot2^{-0.152}$ = 90	2 × 90 = 180	144시간 필요
3	$100\cdot3^{-0.152}$ = 85[*1]	3 × 85 = 255	
4	$100\cdot4^{-0.152}$ = 81	4 × 81 = 324	

*1 $3^{-0.152}$를 0.85라고 가정한다.

즉, 추가 2단위 생산에 필요한 시간은 144시간이다.

▶ 별해 · 학습지수를 활용하지 않는 방법(2배수법)

즉, 생산량이 2배 증가할 때 마다 누적평균시간이 학습율만큼 감소하는 관계를 이용하여 문제를 해결한다.

누적생산량(x)	단위당 누적평균시간(y)	누적총시간(xy)	
1	100시간	100시간	
2	$100\cdot2^{-0.152}$ = 90	2 × 90 = 180	144시간 필요
3	–	–	
4	$100\cdot4^{-0.152}$ = 81	4 × 81 = 324	

즉, 추가 2단위 생산에 필요한 시간은 144시간이다.

요구사항 2

증분단위시간모형을 이용하여 추가 2단위 생산량 증가에 따른 추가적으로 필요한 노동시간을 구하시오.

해답

(1) 학습효과가 90%일 때 학습지수 계산

학습지수는 학습곡선의 기울기를 나타내므로 다음과 같이 계산할 수 있다.

$$\begin{aligned}\text{학습율} &= \frac{\text{생산량이 2배일 때 증분단위시간}}{\text{첫 단위 생산시 단위시간}} \\ &= \frac{a(2x)^{-b}}{ax^{-b}} \\ &= 2^{-b} \text{ 이므로,}\end{aligned}$$

$$\text{학습지수(b)} = \frac{-\log(\text{학습율})}{\log 2} \text{이다.}$$

(2) 학습지수(b)가 0.1520일 경우 증분단위시간 산출

누적생산량(x)	단위당 누적평균시간(y)	누적총시간(xy)	
1	100시간	100시간	
2	$100 \cdot 2^{-0.152}$ = 90	100 + 90 = 190	166시간 필요
3	$100 \cdot 3^{-0.152}$ = 85[*1]	100 + 90 + 85 = 275	
4	$100 \cdot 4^{-0.152}$ = 81	100 + 90 + 85 + 81 = 356	

즉, 추가 2단위 생산에 필요한 시간은 166(= 85 + 81)시간이다.

▶ 별해 · 학습지수를 활용하지 않는 방법(2배수법)

즉, 생산량이 2배 증가할 때 마다 증분단위시간이 학습율만큼 감소하는 관계를 이용하여 문제를 해결한다.

누적생산량(x)	증분단위시간(y)	누적총시간(xy)
1	100시간	100 시간
2	100·0.9 = 90	100 + 90 = 190
3	k	100 + 90 + k = 100 + 90 + k
4	90·0.9 = 81	100 + 90 + k + 81 = 100 + 90 + k + 81

즉, 3단위 생산시 증분단위시간을 k라 하면, 추가 2단위 생산에 필요한 시간은 (k + 81)시간이다.

예제 6 학습곡선모형(평균시간)

20×1년도에 설립된 (주)한국은 처음으로 레저용 요트 4대의 주문을 받았다. (주)한국은 레저용 요트를 생산할 때 90%의 학습률을 적용한다.

- 1대당 직접재료원가 ₩10,000
- 첫 번째 요트 생산 직접노동시간 1,000시간
- 직접노무원가 직접노동시간당 ₩10
- 변동제조간접원가 직접노무원가의 50%
- 고정제조간접원가 없음

요구사항 1

누적평균시간모형을 적용하여 레저용 요트 4대에 대한 제품원가를 계산하시오.

해답

항 목	원 가	
직접재료원가	₩10,000 × 4 =	₩40,000
직접노무원가	₩10 × 3,240시간* =	32,400
변동제조간접원가	₩32,400 × 50% =	16,200
합 계		₩88,600

* 총시간

누적생산량	누적평균시간	누적총시간(=누적생산량×누적평균시간)
1대	1,000	1,000
2대	900*1	1,800
4대	810*2	3,240*3

*1 1,000 × 90% = 900
*2 900 × 90% = 810
*3 4 × 810 = 3,240

요구사항 2

증분단위시간모형을 적용하여 레저용 요트 4대에 대한 제품원가를 계산하시오. (단, 90% 학습곡선 모형의 학습지수 b=0.152이며, $3^{-0.152}$를 0.85로 가정한다.)

해답

항 목	원 가	
직접재료원가	₩10,000 × 4 =	₩40,000
직접노무원가	₩10 × 3,560시간* =	35,600
변동제조간접원가	₩35,600 × 50% =	17,800
합 계		₩93,400

* 총시간

누적생산량	증분단위시간	누적총시간(=Σ증분단위시간)
1대	1,000	1,000
2대	900	1,900
3대	850*1	2,750
4대	810	3,560*2

*1 1,000 × $3^{-0.152}$ = 850
*2 1,000 + 900 + 850 + 810 = 3,560

객관식 문제

1. 다음 그래프의 종축은 총원가를 나타내며, 횡축은 1년간의 생산량을 나타낸다. 다음 중 그래프를 적정하게 설명하지 못한 것은? 2004.회계사

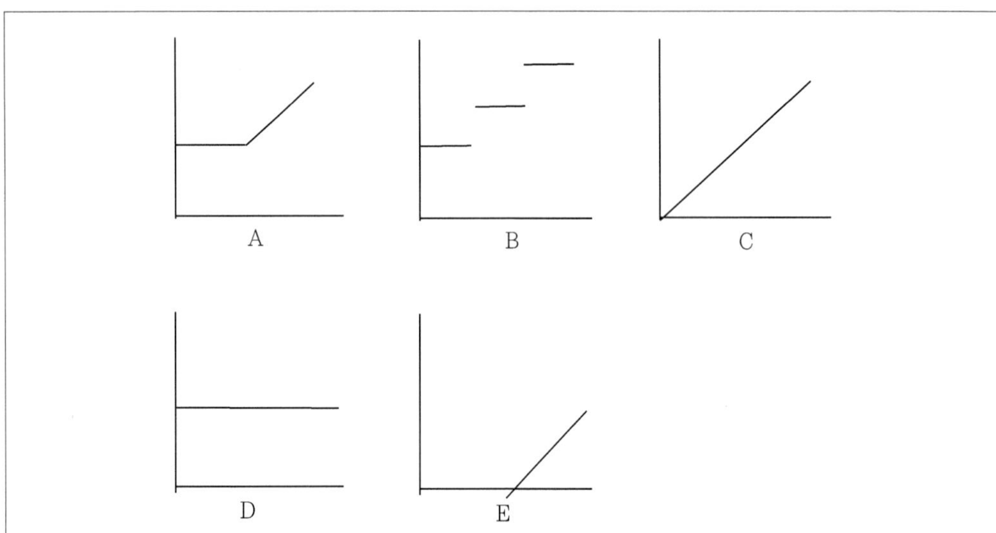

A : 일정량의 kwh까지는 기본요금을 내고 그것을 초과하는 경우에는 변동원가가 추가된다 (kwh는 생산량에 비례하여 증가).

B : 수도요금 청구액은 다음과 같이 계산된다.

100,000갤런 이하	기본요금 ₩100,000
추가 10,000갤런	추가 사용된 갤런당 ₩3
추가 10,000갤런	추가 사용된 갤런당 ₩6

C : 기계사용시간(생산량에 비례)을 기준으로 계산되는 설비의 감가상각비

D : 정액법에 의한 설비의 연간 감가상각비

E : 어떤 조업도 수준 이상으로 생산되는 매 생산단위마다 ₩100을 관리자에게 지급하는 상여금 제도

① A ② B ③ C

④ D ⑤ E

2. 다음 중 원가추정방법에 관한 설명으로 옳지 않은 것은? 2009 세무사

① 회귀분석법은 결정계수(R^2)가 1에 가까울수록 만족스러운 추정을 달성한다.

② 고저점법은 원가자료 중 가장 큰 원가수치와 가장 작은 원가수치 자료를 사용하여 추정하는 방법으로 두 원가수치의 차이는 고정비라고 가정한다.

③ 계정분석법을 사용하면 각 계정을 변동원가와 고정원가로 구분하는 데 자의성이 개입될 수 있다.

④ 산업공학분석법(또는 공학분석법)은 간접비 추정에 어려움이 있다.

⑤ 산업공학분석법(또는 공학분석법)은 과거자료 없이 미래원가를 추정하는 데 사용된다.

3. 대한회사의 지난 6개월간 전력비는 다음과 같다. 기계시간이 전력비에 대한 원가동인이라면 32,375기계시간이 예상되는 7월의 전력비는 고저점법에 의해 얼마로 추정되는가? 2008 세무사

월	기계시간	전력비
1월	34,000시간	₩610,000
2	31,000	586,000
3	33,150	507,000
4	32,000	598,000
5	33,750	650,000
6	31,250	575,000

① ₩259,000 ② ₩338,000 ③ ₩595,000

④ ₩597,000 ⑤ ₩600,000

4. 다음 자료는 지난 몇 달 동안 (주)한국의 제조간접원가 발생액을 조업도 수준에 따라 정리한 것이다.

	기계시간	총제조간접원가
7월	5,000	₩50,620
8월	8,000	90,040
9월	6,000	54,080
10월	9,000	63,100

(주)한국은 제조간접원가를 변동원가와 고정원가로 나누기 위하여 원가분석을 한 결과, 제조간접원가는 전력요금, 감독자 급여, 수선유지비로 구성되어 있다는 것을 알았다. 그러나 이들을 완전히 고정원가와 변동원가로 구분하지는 못했다. 7월의 실제 제조간접원가는 다음과 같다.

전력요금(변동원가)	₩10,500
감독자급여(고정원가)	24,000
수선유지비(혼합원가)	16,120
합 계	₩50,620

10월의 제조간접원가 중에 포함되어 있는 수선유지비를 추정하시오. (단, 원가추정방법으로는 고저점법을 이용한다.) 1999 세무사

① ₩18,900 ② ₩20,200 ③ ₩24,000
④ ₩44,200 ⑤ ₩63,100

5. 학용품을 전문적으로 생산하고 있는 (주)경기는 20×1년초에 자사에서 개발한 신제품 10,000개를 처음으로 생산하였다. 이 신제품을 생산하는 데 다음과 같은 비용이 발생하였다.

직접재료비	₩900,000
직접노무비(시간당 ₩10)	400,000
변동제조간접비(직접노동시간에 비례하여 발생)	80,000
고정제조간접비 배부액	150,000

(주)경기는 이 제품을 생산하는 데는 80%의 학습곡선을 따른다고 믿고 있다. 그런데 (주)한국으로부터 70,000개에 대한 특별주문을 받았다. 이 주문에 대해 (주)경기가 제시하여야 할 70,000단위의 최소판매가격은 얼마인가?

① ₩7,618,400 ② ₩7,786,080 ③ ₩7,936,080
④ ₩9,660,000 ⑤ ₩10,710,000

6. 다음에 주어진 자료를 이용하여 물음에 답하시오. (단, 학습효과가 있는 것으로 가정한다.)

> (주)서울은 지난 5년간 지속적인 연구결과 특수레이더 장치 개발에 성공하였다. 20×1년 3월 중 본격적인 생산에 착수하여 총 8대의 특수레이더 장치를 생산하였으며, 이에 따른 원가자료는 다음과 같이 산출되었다.
>
> (1) 제품 한 단위당 직접재료비는 ₩1,600,000이다.
> (2) 직접노무비는 작업시간당 ₩20,000이다.
> (3) 제품 생산결과 처음 두 단위의 총 직접작업시간(누적작업시간)은 180시간이었으며, 8단위의 생산에 소요된 총 직접작업시간은 583.2시간이다.
> (4) 제조간접원가는 직접 작업시간당 ₩4,000씩 배부한다.

20×1년 4월 중 8대의 제품을 추가로 생산하였다. 3월 중 생산한 8단위의 단위당 평균제조원가와 4월에 추가생산한 8단위의 평균제조원가를 비교하시오. **1998 세무사**

① 4월 제품의 단위당 평균제조원가는 3월 제품보다 ₩669,920만큼 더 많다.

② 4월 제품의 단위당 평균제조원가는 3월 제품보다 ₩669,920만큼 더 적다.

③ 4월 제품의 단위당 평균제조원가는 3월 제품보다 ₩2,269,920만큼 더 적다.

④ 4월 제품의 단위당 평균제조원가는 3월 제품보다 ₩349,920만큼 더 적다.

⑤ 4월 제품의 단위당 평균제조원가는 3월 제품보다 ₩349,920만큼 더 많다.

정답 및 해설

1. 정답 ②

기본 원가의 행태★

• 수도요금의 원가행태는 다음과 같다.

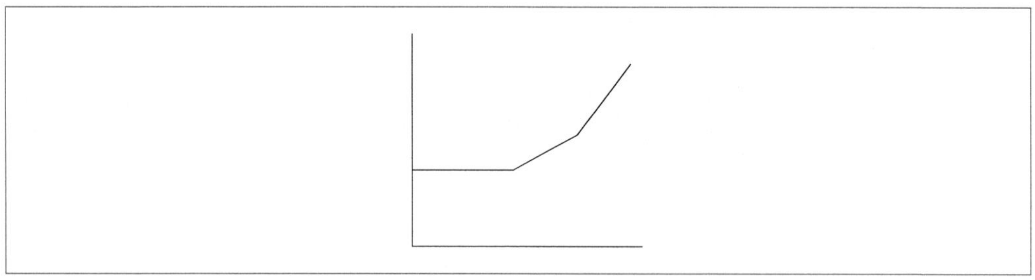

2. 정답 ②

기본 원가함수추정방법의 비교★

② 고저점법은 최고조업도의 원가자료와 최저조업도의 원가자료를 사용하여 원가함수를 추정하는 방법이다.

3. 정답 ④

기본 원가함수의 추정 – 고저점법

※ 조업도 선택

최고조업도 : 34,000시간, ₩610,000

최저조업도 : 31,000시간, ₩586,000

(1) 단위당 변동비

$$b = \frac{₩610,000 - ₩586,000}{34,000시간 - 31,000시간} = ₩8/기계시간$$

(2) 총고정비

₩610,000 = a + ₩8 × 34,000시간

a = ₩338,000

(3) 원가함수

y = ₩338,000 + ₩8 × 기계시간

그러므로, ₩338,000 + ₩8 × 32,375시간 = ₩597,000이다.

4. 정답 ②

기본 원가함수의 추정 – 고저점법★

(1) 수선유지비 함수

※ 조업도 선택

최고조업도 : 9,000시간, ₩63,100

최저조업도 : 5,000시간, ₩50,620

① 단위당 변동비

$$b = \frac{₩63,100 - ₩50,620}{9,000시간 - 5,000시간} = ₩3.12/기계시간$$

② 총고정비

₩63,100 = a + ₩3.12 × 9,000시간

a = ₩35,020

그러므로, 총제조간접원가함수는 "y = ₩35,020 + ₩3.12 × 시간"이다.

	변동원가	고정원가	합계
전력요금	₩10,500	–	₩10,500
감독자급여	–	₩24,000	24,000
수선유지비	5,100	11,020	16,120
합계	₩15,600*1	₩35,020	₩50,620

*1 ₩3.12×5,000시간

그러므로, 수선유지비의 원가함수는 "y = ₩11,020 + ₩1.02 × 시간"이다.

(2) 10월의 수선유지비

y = ₩11,020 + ₩1.02 × 9,000시간

= ₩20,200

5. 정답 ②

중급 학습효과와 특별주문의사결정★

누적생산량	단위당 누적평균노무비	누적총노무비
10,000개	₩40	₩400,000
20,000	₩40 × 0.8 = 32	
40,000	₩32 × 0.8 = 25.6	
80,000	₩25.6 × 0.8 = 20.48	1,638,400

(1) 추가로 발생하는 노무비 : ₩1,638,400 – ₩400,000 = ₩1,238,400

(2) 추가원가(최소판매가격과 변동비만 회수한다)

₩900,000 × 7 + ₩1,238,400 + ₩1,238,400 × 0.2 = ₩7,786,080

6. 정답 ④

중급 학습효과와 특별주문의사결정★

(1) 학습율 계산

누적생산량	누적평균시간	누적총시간
2	90시간	180시간
4		
8	72.9	583.2
16	65.61	1,049.76

① 학습율
학습율을 X%라 하면,
$90X^2 = 72.9$, 즉, X = 90%

② 총16대 생산시 누적총시간
72.9 × 90% × 16대 = 1,049.76

③ 추가 8대에 대한 증분시간
1,049.76시간 − 583.2시간 = 466.56시간

(2) 제조원가 비교

	최초 8대	추가8대	차이
직접재료비	8대 × ₩1,600,000 = ₩12,800,000	8대 × ₩1,600,000 = ₩12,800,000	–
직접노무비	583.2시간 × ₩20,000 = 11,664,000	466.56시간 × ₩20,000 = 9,331,200	₩2,332,800
제조간접비	583.2시간 × ₩4,000 = 2,332,800	466.56시간 × ₩4,000 = 1,866,240	466,560
합 계	₩26,796,800	₩23,997,440	₩2,799,360

그러므로, 추가 8대의 평균제조원가가 ₩2,799,360 ÷ 8대 = ₩349,920만큼 더 적다.

주관식 문제

문제 1 학습효과와 부품의 자가제조 여부결정

(주)한국은 (주)서울로부터 매년 80,000개의 부품을 구입하고 있다. 구입가격은 매년 증가하여 작년에 단위당 ₩68에 달하였다. 구입가격이 계속해서 증가하므로 (주)한국의 경영자는 부품을 사내에서 자체적으로 생산하였을 때 발생원가를 분석하도록 지시하였다.

〈자료 1〉 부품 10,000단위를 생산하기 위한 추정원가

직접재료원가	₩120,000
직접노무원가	300,000
제조간접원가	450,000
합　　계	₩870,000

부품의 자가제조를 위해서는 생산직종업원을 추가고용해야 할 것으로 보이나, 생산설비 및 공간의 확대, 감독의 추가고용 등은 필요없을 것이다. 회계담당자의 보고서에 따르면 10,000단위를 제조하는 데 ₩870,000의 원가가 발생할 것으로 예상된다. 이에 의하면 단위당 생산원가가가 ₩87으로 현재의 구입가격 ₩68보다 더 비싸다. 따라서, 계속 외부에서 구입하는 것이 더 유리하다.

〈자료 2〉 추가내용

(1) 직접노무원가는 작업시간에 따라 결정된다.
(2) 제조간접원가는 직업노무시간을 기준으로 아래와 같이 제품에 배부된다. 이 때, 변동제조간접원가는 직접노무원가에 비례하여 발생한다.

고정제조간접원가	:	직접노무원가의 50%
변동제조간접원가	:	직접노무원가의 100%
제조간접원가 배부율	:	직접노무원가의 150%

물음

부품생산시 직접노무원가에 80%의 학습효과가 있다고 가정하자. 생산은 10,000단위를 한 묶음으로 하여 이루어진다. 이러한 경우에 ㈜한국의 80,000개 부품에 대한 자가제조여부를 결정하시오.

해 답

물음

(1) 직접노무원가

누적생산	누적평균노무원가	총누적노무원가
10,000	₩300,000	₩300,000
20,000	240,000(= 300,000 × 0.8)	480,000
40,000	192,000(= 240,000 × 0.8)	768,000
80,000	153,600(= 192,000 × 0.8)	1,228,800

(2) 자가제조시 증분이익

증분수익			
증분비용	구입비용절감	80,000개 × ₩68 =	₩(5,440,000)
	직접재료원가	80,000개 × ₩12 =	960,000
	직접노무원가		1,228,800
	제조간접원가	₩1,228,800 × 100% =	1,228,800
			₩2,022,400

그러므로, 자가제조가 유리하다.

문제 2 원가함수추정과 정상개별원가계산

(주)한국은 정상원가계산을 채택하고 있다. (주)한국은 제조간접원가 연간예산을 추정하는 데 있어 직접노동시간과 제조간접원가 사이에는 어떤 상관관계가 있을 것이라 생각하여 제조간접원가를 파악하는 데 단순회귀분석 모형을 사용하기로 하였다. 과거 50개월 동안의 직접노동시간과 실제 발생한 제조간접원가에 대해서 최소자승법을 사용하여 구한 회귀식은 다음과 같다.

Y = ₩216,000 + ₩3.25X
Y : 제조간접원가 연간예산
X : 연간 직접노동시간
상관계수 : r = 0.87
결정계수 : 0.7569

당년도 1년간 직접노동시간은 120,000시간으로 추정되었다. 3월 중 두 개의 작업(#101, #102)이 착수되었고, 작업 #100, #101이 완성되었으며, #100은 당월에 판매되었다.

회사는 제조간접비 배부차이를 매출원가에서 조정한다.

3월의 제조활동에 관한 자료는 다음과 같다.

월초재고자산(3월 1일)		
직접재료 및 소모품	₩10,500	
재공품(#100)	54,000	
제품	112,500	
3월 중 직접재료 및 소모품 매입액		
직접재료	₩135,000	
소모품	15,000	
당월 사용된 직접재료 및 소모품		
#100	₩45,000	
#101	37,500	
#102	25,500	
소모품	12,000	₩120,000
당월 중 실제직접노동시간		
#100	3,500시간	
#101	3,000시간	
#102	2,000시간	8,500시간

당월 중 실제발생노무비		
직접노무원가	₩51,000	
간접노무원가	15,000	
감독자급료	6,000	₩72,000
기타 제조간접원가		
건물감가상각비	₩6,500	
전력비	4,000	
수선유지비	3,000	
기타	1,000	₩14,500

물음 1

회귀식 Y = ₩216,000 + ₩3.25X에서 ₩216,000과 ₩3.25의 의미를 설명하시오.

물음 2

올해 직접노동시간이 120,000시간으로 예상된다고 할 때 제조간접원가 예산을 추정하시오.

물음 3

상관계수r은 회귀분석 중 일반적으로 어떤 의미를 갖고 있는지 설명하시오.

물음 4

결정계수r^2의 의미와 본 문제에서의 결정계수는 어떻게 평가되는지 설명하시오.

물음 5

당년도 제조간접원가 예정배부율을 구하시오.

물음 6

당월말 기말재공품 원가를 구하시오.

물음 7

당월 매출원가를 구하시오.

해 답

물음 1 원가함수의 의미

(1) ₩216,000은 고정제조간접비의 추정치로 간주
(2) ₩3.25는 직접노동시간당 변동제조간접비의 추정치로 간주

물음 2 제조간접원가예산 추정

Y = ₩216,000 + ₩3.25 × 120,000 = ₩606,000

물음 3 상관계수의 의미

상관계수(r)는 두 변수간의 선형관계의 강도를 나타내는 척도이다. 상관계수는 －1에서 +1까지의 값을 가질 수 있다. 한편, 상관계수가 0이라면 두 변수간에는 아무런 관계도 없다는 것이다.

물음 4 결정계수의 의미

상관계수의 제곱인 결정계수는 종속변수의 총변동 중 독립변수에 의해 설명되는 변동의 비율을 나타낸다. 결정계수는 0에서 +1까지의 값을 가질 수 있는데, 결정계수의 값이 높다는 것은 종속변수의 총변동 중 독립변수에 의해 설명되는 변동의 비중이 크다는 것을 의미한다. 본 문제의 결정계수 0.7569는 직접노동시간이 제조간접비의 변화를 76%정도 설명하고 있다.

물음 5 제조간접원가 예정배부율

₩606,000 ÷ 120,000노동시간
= ₩5.05/노동시간

물음 6 기말재공품원가 계산

직접재료원가 : ₩25,500
직접노무원가 : ₩12,000(= ₩51,000/8,500시간 × 2,000시간)
제조간접원가 : ₩10,100(= 2,000시간 × ₩5.05)
합 계 : ₩47,600

물음 7 매출원가계산

월초재공품	:	₩54,000
직접재료원가	:	₩45,000
직접노무원가	:	₩21,000(= ₩51,000/8,500시간 × 3,500시간)
제조간접원가	:	₩17,675(= 3,500시간 × ₩5.05)
배부차이(과소)	:	₩4,575*
합 계	:	₩142,250

* 배부차이
실제발생액 : ₩47,500(= ₩12,000 + 15,000 + 6,000 + 6,500 + 8,000)
예정배부액 : ₩42,925(= ₩8,500시간×₩5.05)
배부차이 : ₩4,575(과소)

문제 3 고저점법과 특별주문수락 의사결정

(주)한국은 현재 연간 50,000개의 제품을 생산 · 판매하고 있는데, 이것은 (주)한국의 연간 최대조업도인 100,000개의 50%에 불과한 수준이다. (주)한국은 최근 외국으로부터 30,000개의 제품을 단위당 ₩6씩에 구입하겠다는 특별주문을 받았다.

(주)한국의 50,000개와 80,000개 생산시 제조원가예산은 다음과 같다.

	50,000개	80,000개
직접재료원가	₩75,000	₩120,000
직접노무원가	75,000	120,000
제조간접원가	200,000	260,000
합 계	₩350,000	₩500,000
단위당 제조원가	₩7	₩6.25

물음 1

특별주문 수락에 대한 의사결정을 하시오.

물음 2

위 주문을 수락할 경우 추가로 고려하여야할 사항으로는 어떠한 것들이 있는가?

해 답

물음 1

※ 자료정리

$$
\begin{aligned}
& ₩260,000 = @VOH \times 80,000 + FOH \\
(-)\ & ₩200,000 = @VOH \times 50,000 + FOH \\
& 60,000 = @VOH \times 30,000
\end{aligned}
$$

그러므로, @VOH는 ₩2, FOH는 ₩100,000이다.

물음 1 특별주문수락 의사결정

증분수익	매출	30,000개 × ₩6 =	₩180,000
증분비용	변동제조원가	30,000개 × (₩1.5 + ₩1.5 + ₩2) =	150,000
			₩30,000

그러므로, 특별주문을 수락한다.

물음 2 질적요인

(1) 기존 고객들의 반발

(2) 시장에서의 가격인하 압력

학습곡선 종합

CMA 수정

㈜한국은 20×0년도에 부품 X를 이용하여 신제품을 개발하였다. ㈜한국은 이 부품을 자체적으로 생산할 기술력은 보유하고 있으나, 설비능력에 여유가 없었기 때문에 ㈜대한으로부터 구입하였다. ㈜대한으로부터 50단위에 대한 첫 번째 계약 이후 각각 50단위씩 추가적인 계약이 이루어졌으며 그 내역은 다음과 같다.

주문일자	수량	단위당 가격	총가격
3월 15일	50단위	₩880	₩44,000
7월 20일	50	880	44,000
9월 13일	50	880	44,000
10월 8일	50	880	44,000

㈜한국은 20×1년도 필요량 200단위를 ㈜대한으로부터 구입하기로 결정하였다. ㈜대한은 200단위를 단위당 ₩750에 공급하겠다고 제의해 왔다. ㈜한국은 ㈜대한이 제시한 가격 ₩750이 적절한지 여부에 대해서 평가하려고 한다.

㈜한국이 평가한 자료는 다음과 같다.

(1) ㈜대한이 처음 5단위를 계약할 때는 미래 추가주문 여부를 확인할 수 없었을 것이기 때문에 전부원가에 근거하여 일정비율의 이익을 가산하여 입찰가격을 결정했으리라고 판단된다.

(2) ㈜대한이 부품 X 한 단위를 생산하는 데에는 직접재료원가는 ₩200, 직접노무원가는 시간당 ₩20, 제조간접원가는 직접노무원가의 100%가 발생할 것으로 추정된다. 또한, 변동제조간접원가는 총제조간접원가의 50%일 것으로 판단된다.

(3) ㈜한국에서 이와 유사한 작업을 하는데 90%의 학습효과가 있으므로 ㈜대한에서도 동일한 학습효과가 존재할 것으로 기대된다.

(4) 첫 50단위 계약시 부품 X 한 단위당 평균직접노무시간은 15시간이 소요되었을 것으로 추정된다.

물음 1

3월 15일 첫 50단위 계약시 ㈜대한이 계산한 단위당 전부원가를 계산하시오.

물음 2

㈜대한의 20×1년도 200단위에 대한 적정 판매가격을 계산하시오. (단, 한 번의 작업에 50단위씩 생산하며 90%의 학습효과가 존재한다. 또한, ㈜대한은 고정제조원가를 포함한 전부원가에 20×0년과 동일한 이익률을 가산한다.)

물음 3

추가 200단위에 대하여 단위당 ₩750에 계약이 체결된 경우 ㈜대한의 증분이익을 구하시오.

해 답

※ 자료정리

(1) 변동제조간접원가

총제조간접원가 × 50%

= 직접노무원가 × 100% × 50%

= 직접노무원가 × 50%

(2) 첫 50단위에 대한 원가

직접재료원가		₩200
직접노무원가	15시간 × ₩20 =	300
변동제조간접원가	₩300 × 50% =	150
고정제조간접원가	₩300 − ₩150 =	150
		₩800

(3) 이익률(R)

가격 = 전부원가 × (1 + R)

₩880 = ₩800 × (1 + R)

그러므로 R은 10%

물음 1 첫 50단위 계약시 단위당 전부원가

※ 자료정리 (2)참조

₩800

물음 2 200단위에 대한 단위당 적정 판매가격

(1) 200단위 총직접노무시간

누적생산량	누적평균시간	누적총시간 (= 누적생산량 × 누적평균시간)
1 (50단위)	15시간 × 50단위 = 750시간	750시간
2 (100단위)	750시간 × 0.9 = 675시간	1,350시간
4 (200단위)	675시간 × 0.9 = 607.5시간	2,430시간
8 (400단위)	607.5시간 × 0.9 = 546.75시간	4,374시간

그러므로, 총노무시간은 4,374시간 − 2,430시간 = 1,944시간이다.

(2) 전부원가

단위당 고정제조간접원가는 ₩150이다.

직접재료원가	200단위 × ₩200 =	₩40,000
직접노무원가	1,944시간 × ₩20 =	38,880
변동제조간접원가	₩38,880 × 50% =	19,440
고정제조간접원가	200단위 × ₩150 =	30,000
		₩128,320

(3) 판매가격

전부원가 × (1 + 10%)

= ₩128,320 × (1 + 10%)

= ₩141,152

물음 3 증분이익

증분수익		
매출증가	200단위 × ₩750 =	₩150,000
증분비용		
직접재료원가		(40,000)
직접노무원가		(38,880)
변동제조간접원가		(19,440)
증분손익		₩51,680

제 10 장

CVP분석

전문가 칼럼

■ 지출된 광고비를 회수하려면 최소한 몇 단위를 더 팔아야 하는가?

기업은 판매를 촉진하기 위해서 여러 가지 마케팅전략을 활용한다. 그러한 다양한 전략 중 하나가 광고일 것이다. 광고(advertising)란 기업이나 단체가 상품 및 서비스 등을 세상에 알려 소기의 목적을 얻으려고 투자하는 활동을 말하는 것으로, 이러한 광고는 광고료가 지출되지 않고 불특정 다수를 대상으로 하는 PR(public relations)이나 선전(propaganda)과 구분된다. 광고는 신문, 잡지, 방송 등 여러 가지 매체를 통해서 이루어지나 그 중 가장 효과적인 매체는 바로 방송을 통한 광고일 것이다. 광고를 하기 위해서는 거액의 광고료가 필연적으로 수반되며, 광고의 궁극적인 목표는 매출증대지만 광고료 또한 만만치 않기 때문에 비용과 효익의 관점에서 사전에 충분한 분석이 전제되어야 한다. 따라서, 광고에 대한 의사결정을 내릴 경우 광고로 인한 매출증대효과와 미래에 지출될 광고료를 비교하여 추가적인 이익이 발생할 때만 광고를 진행하여야 한다. 그렇다면, 광고를 진행하기 위해서 추가적으로 증가시켜야 하는 최소한의 매출규모는 어느 정도이어야 하는가? 이러한 질문에 대한 해답은 관리회계기법인 CVP분석(원가 · 조업도 · 이익분석)을 통하여 살펴볼 수가 있다.

☑ CVP분석(원가 · 조업도 · 이익 분석)

1. 의의

조업도와 원가의 변화가 이익에 미치는 영향을 분석하는 기법으로서 CVP분석이라고도 한다.

2. 분석내용

(1) 손실을 보지 않기 위해서 달성하여야 하는 판매량 및 매출액
(2) 목표이익을 얻기 위해서 달성하여야 하는 판매량 및 매출액
(3) 특정판매량을 통해서 얻을 수 있는 이익
(4) 판매량이나 원가가 변동시 이익에 미치는 영향

3. 기본개념

1) 기본등식

이익 = 매출액 – 총비용
= 매출액 – (총변동비 + 총고정비)
= (매출액 – 총변동비) – 총고정비
= 공헌이익 – 총고정비

2) 공헌이익(CM : contribution margin)

고정비를 보상하고 이익에 공헌하는 금액

3) 공헌이익율(CMR : contribution margin ratio)

총매출액 중 총공헌이익이 차지하는 비율

공헌이익율 = (매출액 – 총변동비) ÷ 매출액
= 총공헌이익 ÷ 매출액
= 단위당 공헌이익÷단위당 판매가격

사 례

(주)한국은 과일쥬스를 생산 · 판매하는 회사이다. 당기 예상생산 및 판매수량은 1,000단위이며, 쥬스 1단위당 판매가격은 ₩3,000이다. 기타 원가관련 자료는 다음과 같다.

	단위당 원가	총원가
변동비	₩1,000	₩1,000,000
고정비	1,500	1,500,000
	₩2,500	₩2,500,000

위 자료를 이용하여 다음의 요구사항에 답하시오.

요구사항 1

손실을 보지 않기 위해서 판매하여야 하는 최소판매수량을 구하시오.

해답

손실을 보지 않기 위한 판매수량을 손익분기점 판매량(BEP : break-even-point)이라 하며 이익이 0인 판매량을 의미한다.

판매량을 Q라 하면,

(₩3,000 − ₩1,000)Q − ₩1,500,000 = 0

그러므로, Q = 750단위

요구사항 2

₩500,000의 이익을 달성하기 위한 판매량을 구하시오.

해답

₩500,000의 이익을 달성하기 위한 판매량을 Q라 하면,

(₩3,000 − ₩1,000)Q − ₩1,500,000 = ₩500,000

그러므로, Q = 1,000단위

요구사항 3

연간 1,000단위가 팔릴 것으로 예상하고 있다. 광고를 실시하면 매출이 200단위가 증가한다. 광고 후 ₩500,000의 이익을 달성하기 위해서 지출할 수 있는 최대광고비를 구하시오.

해답

광고비 지출액을 X라 하면,

(₩3,000 − ₩1,000) × 1,200 − (₩1,500,000 + X) = ₩500,000

그러므로, X = ₩400,000

■ 불황기에는 기본급을 낮추고 인센티브율을 높여야 한다

며칠 전 의료기기 제조회사에 영업소장으로 근무하는 친한 선배로부터 한 통의 전화를 받았다. 회사가 급여 체계를 변경하기로 했다고 한다. 그 변경 내용은 기본급을 낮추는 대신 판매량에 따른 인센티브율을 높인다는 것이었다. 그 말을 듣자 선배가 몸 담은 회사 사정이 올해에는 좀 더 나빠질 것이라는 생각이 들었다. 그렇다면 경기불황과 급여변경과는 어떤 관계가 있을까?

이 문제를 레버리지 효과를 통하여 살펴 보기로 한다.

☑ 레버리지 효과(leverage effect)

1. 의의

기계 · 설비 도입으로 인한 감가상각비 등과 같은 영업 고정 비용과 차입금 · 사채 등의 조달에 따른 이자비용 등의 영업외고정비용이 매출의 변화율에 대한 순이익 변화율에서 지렛대와 같은 역할을 하는 것을 말한다. 즉, 감가상각비와 이자 비용으로 인하여 수익의 변화율보다 순이익 변화율이 확대되는 효과를 말한다.

2. 종류

1) 영업레버리지(operation leverage)

감가상각비와 같은 영업고정비용으로 인하여 매출액의 변화율보다 영업이익의 변화율이 확대되는 효과를 말한다.

영업레버리지를 측정하기 위한 척도로 영업레버리지도(DOL : degree of operation)가 있다.

$$\text{영업 레버리지도(DOL)} = \frac{\text{영업이익 변화율}}{\text{매출액 변화율}}$$

2) 재무 레버리지(financial leverage)

이자 비용과 같은 영업외 고정 비용으로 말미암아 영업 이익의 변화율보다 당기 순이익의 변화율이 확대되는 효과를 말한다.

재무레버리지를 측정하기 위한 척도로 재무레버리지도(DFL : degree of financial leverage)가 있다.

$$\text{재무 레버리지도(DFL)} = \frac{\text{주당이익 변화율}}{\text{영업이익 변화율}}$$

3. 사례

회사에서 영업사원에게 제공할 수 있는 급여 조건이 아래와 같은 두 가지 안이 있다고 가정하자.

	기본급	성과급	원가구조
제1안	₩500,000	@40×판매량	고정비율이 상대적으로 크다
제2안	-	@540×판매량	변동비율이 상대적으로 크다

급여라는 것은 회사 입장에서는 비용이지만, 영업사원 입장에서는 수익이 된다. 이러한 점을 고려해 볼 때 회사 입장에서 좀 더 유리한 안은 어떤 것이고, 이와는 반대로 영업사원 입장에서 좀 더 유리한 안은 어떤 것일까?

회사 전체의 목표는 매출의 극대화이다. 그렇지만, 동일한 매출하에서도 급여 조건을 어떤 안으로 결정했느냐에 따라 회사 입장에서의 비용과 영업사원 입장에서의 수익은 달라질 수 있음을 명심해야 한다. 이러한 사실을 아래 그래프를 통해 자세히 살펴보자.

회사입장에서의 매출 수량에 따른 비용(급여) 함수는 다음과 같다.

[그림 10-1] 매출에 따른 급여함수

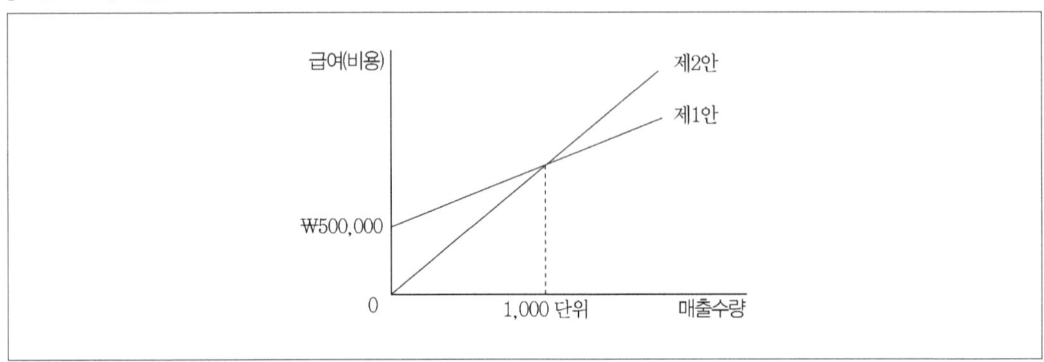

위의 그래프를 통해 회사는 미래 판매수량에 대한 급여(비용) 수준을 파악할 수 있게 된다. 회사 입장에서 보면 미래 판매수량이 1,000단위 이상으로 예측된다면 제1안이 보다 비용이 적게 발생할 것이고, 미래 판매수량이 1,000단위보다 작다면 제2안이 보다 비용이 적게 발생할 것임을 알 수 있다. 즉, 미래 호황이 예측된다면 회사는 가급적 제1안을 채택하고자 할 것이며 미래 불황이 예측된다면 고정비용이 적은 제2안을 채택하고자 할 것이다. 후자의 경우, 회사는 급여 체계 변화를 통하여 미래 불황을 대비하여 고정비 지출을 감소시킬 것이며, 판매량에 따른 인센티브율을 확대시켜 영업사원들로 하여금 판매에 대한 동기를 부여시키려는 등, 두 가지 목적이 있을 것이다.

기업은 상황에 따라 원가구조를 변경할 수 있다. 그렇다면, 기업은 과연 어떤 원가구조를 선택할 것인가? 당연히 기업의 이익을 극대화할 방향으로의 원가구조를 선택하여야 한다.

앞의 그래프에서 살펴보았듯이, 원가구조에 따른 매출액의 변화에 대한 이익 변화 효과는 레버리지효과를 통하여 파악할 수 있다. 즉, 기업 입장에서는 호황이 예상되면 매출액 증가에 비례하는 성과급을 지급하는 대신에 매출액 증가에 대해서 변화가 없는 고정 급여를 지급하려고 할 것이며, 불황이 예상된다면, 고정비용의 부담을 줄이고자 기본 급여를 낮추려고 할 것이다. 그렇다면, 위 상황을 회사의 투자 의사 결정에 접목시켜 고려해보자. 새로운 투자 기회가 존재할 경우, 경영자는 초기 설비 투자 규모에 대해서 고민할 것이다. 만약 미래 시장 상황이 낙관적이라는 기대가 있다면, 즉 미래 상황이 호황이 예상된다면 대규모 투자 설비를 통하여 상대적으로 고정 비율을 높이고, 미래 시장 상황이 불투명하다면 대규모 설비 투자보다는 초기 투자비용을 줄이거나 외부 협력업체 활용을 통하여 초기 투자비용을 줄이고 미래 상황을 좀 더 예측한 다음에 점차 증가시키는 것이 더 합리적일 것이다. 왜냐하면, 고정 비율이 높은 기업, 즉, 레버리지가 큰 기업의 경우, 호황일 때에는 매출액의 증가율에 비하여 영업이익의 증가율이 확대되지만, 불황일 경우에는 오히려 매출액의 감소율보다 영업이익의 감소율이 더 커지기 때문이다. 미래 상황은 누구도 정확하게 예측할 수는 없다. 하지만, 좀 더 치밀하고 정교한 분석이 밑바탕이 된다면 단지 원가구조의 선택만으로도 동일한 매출에서 상대적으로 높은 수익을 달성할 수 있게 된다. 그러므로 미래 상황이 불투명한 최근 경기 상황에서 계속적인 이윤 추구를 위해서는 기업은 원가구조를 적절히 조정할 필요가 있다. 실제로 불황기에 많은 기업이 고정비 부담을 줄이려고 설비 규모를 축소하면서 외부 협력업체 활용 등을 통하여 고정비를 변동비로 전환한다. 이는 고정비 비중이 상대적으로 낮은 기업일수록 도산 위험의 소지가 적기 때문이다. 따라서 미래 상황이 불투명한 최근 경기 상황에서 계속적인 이윤 추구를 원한다면, 상황에 따른 유연한 대처가 필요할 것이다. 적절한 시기에 딱 맞는 원가구조를 선택할 줄 아는 지혜가 필요하다 하겠다. 최근 경기 침체로 말미암아 몸도 마음도 꽁꽁 얼어붙고 있다. 하루빨리 경기가 회복되어 모든 기업 주체들이 미래 경기상황의 낙관적인 예측을 바탕으로 설비 투자 등 레버리지를 높이는 방향으로 의사결정하는 날이 오기를 간절히 바란다.

1. 서론

의의

기업의 목적은 이익창출에 있으며 지속적으로 변화하는 경제환경하에서 합리적인 의사결정과 계획수립을 위해서는 매출 변화에 대한 원가 및 이익이 어떻게 변화하는지를 예측할 수 있어야 한다.

원가 · 조업도 · 이익분석(cost-volume-profit analysis)은 원가와 조업도수준의 변화가 이익에 어떠한 영향을 미치는가를 분석하는 기법이다. 경영자는 CVP분석을 통하여 아래와 같은 정보를 수집할 수 있다.

[표 10-1] CVP분석 기본구조

수익	-	비용			=	이익
		⇓				
매출	−	(변동비	+	고정비)	=	I
↓		↓		↓		
P×Q	−	(@VC[*1]×Q	+	TFC[*2])	=	I
➲		Δ(P − @VC)× ΔQ	−	ΔTFC	=	ΔI

*1 단위당 변동제조원가(@DM, @DL, @VOH)와 단위당 변동판매관리비로 구성되어 있다.
*2 총고정제조간접비와 총고정판매관리비로 구성되어 있다.

① 특정 판매량에서 얻을 수 있는 이익의 크기는 얼마인가?
② 손실을 보지 않기 위하여 달성하여야 할 판매량 또는 매출액의 크기는 얼마인가?
③ 일정한 목표이익을 달성하기 위한 판매량 또는 매출액의 크기는 얼마인가?
④ 판매가격이나 원가가 변화하면 이익은 어떻게 변화하는가?

CVP분석은 단기적인 이익계획 및 의사결정에 유용한 정보를 제공하는 것을 목적으로 하고 있으며, 가격정책의 결정, 판매전략의 수립, 특별주문의 수락, 부품의 자가제조 여부, 그리고 제품라인 폐쇄 등을 포함한 여러 가지의 형태의 의사결정에 유용하게 이용된다.

2 기본가정

현실적으로 원가와 조업도의 변화에 따라서 이익이 변화되는 상황은 매우 다양하다. 따라서 논의의 편의를 위해서 아래와 같은 몇 가지 가정을 전제로 한다.

- 모든 원가는 변동비와 고정비로 분류할 수 있으며, 수익 및 원가는 관련범위내에서 선형이다.
- 수익 및 원가는 조업도(판매량)에 의해서만 결정된다.
- 생산량과 판매량은 동일하다.
- 단일제품을 판매하며, 복수제품일 경우 매출배합은 일정하다.
- 통상 1년이내의 단기의사결정을 가정한다.
- 의사결정기준은 회계적이익이다.

3 기본개념

CVP분석의 기본개념은 이익은 총수익에서 총비용을 차감하여 계산하는 기본등식에서부터 시작된다.

영업이익 = 총수익 − 총비용
= 총수익 − (변동비 + 고정비)
= (총수익 − 변동비) − 고정비
= 공헌이익 − 고정비

1. 총수익(=총매출)

총매출액(S)은 "판매량(Q) × 단위당 판매가격(P)"으로 산출된다.

2. 총변동비

총변동비(VC)은 "변동제조원가 + 변동판매관리비"로 산출된다.

① 변동제조원가 = 판매량(Q) × 단위당 변동제조원가(@DM, @DL, @VOH)
② 변동판매관리비 = 판매량(Q) × 단위당 변동판매관리비

3. 총고정비

총고정비(FC)는 "총고정제조원가 + 총고정판매관리비"이다.

생산량(Q) × 단위당 고정제조원가

4. 공헌이익(CM : contribution margin)

총공헌이익(total contribution margin:TCM)은 총매출액에서 총변동비를 차감한 금액으로 고정원가를 보상하고 영업이익에 공헌할 수 있는 이익을 말하며, 단위당공헌이익(unit contribution margin:UCM)은 단위당 판매가격에서 단위당 변동비를 차감한 금액을 말한다.

$$\text{공헌이익(CM)} = \text{매출액(S)} - \text{변동비(VC)}$$

양변을 판매량(Q)로 나누면 다음과 같다.

$$\text{단위당 공헌이익(@CM)} = \text{단위당 판매가격(P)} - \text{단위당 변동비(@VC)}$$

5. 공헌이익률(CMR : contribution margin ratio)

공헌이익률은 매출액에 대한 공헌이익의 비율로서 매출액에서 공헌이익이 차지하는 비율을 나타내는 개념이다. 또한 매출액에 대한 변동비의 비율을 변동비율(variable cost ratio:VCR)이라고 하며, 공헌이익률과 변동비율을 합하면 1이 된다.

$$\text{공헌이익률} = \frac{\text{총공헌이익(CM)}}{\text{매출액(S)}} = \frac{\text{단위당 공헌이익(@CM)}}{\text{단위당 판매가격(P)}}$$

cf. 변동비율(VCR : variable cost ratio) : 매출액에 대한 변동비의 비율을 말한다. 또한 공헌이익율과 변동비율의 합은 1이 된다.

2. CVP분석(기본모형)

1 원가 · 조업도 · 이익 도표(CVP chart), 이익 · 조업도 도표(PV chart)

원가와 조업도의 변화에 대한 이익의 변화를 도표를 통하여 확인할 수 있는 데 그 중 대표적인 도표가 원가 · 조업도 · 이익 도표(CVP chart)와 이익 · 조업도 도표(PV chart)이다.

1. 원가 · 조업도 · 이익 도표(CVP chart)

조업도(판매량)를 독립변수로 하고 총수익과 총비용을 종속변수로 하여 조업도의 변동에 따른 총수익과 총비용의 변화를 그림으로 나타낸 것을 말한다. 수익선의 기울기는 단위당 판매가격이고 비용선의 기울기는 단위당 변동비이다. 또한, 수익선과 비용선이 만나는 조업도가 손익분기점이다.

[그림 10-2] CVP 도표

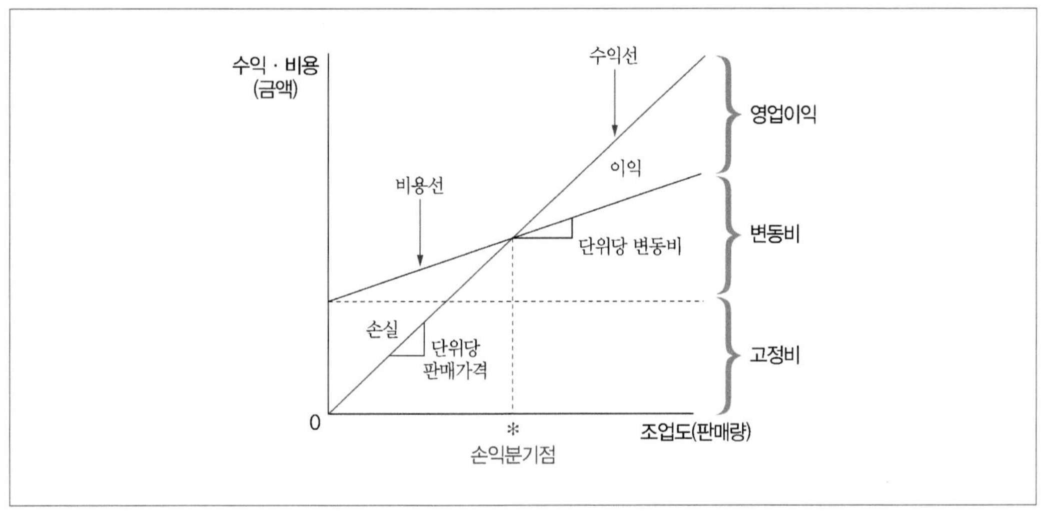

cf. 경제학적 모형

생산요소가 한 단위 추가될 때 어느 시점을 지나면 한계생산량은 점차 감소하는 수확체감과 한계비용 체증의 법칙에 따라 총수익선은 완만하게 증가하며, 총비용선은 가파르게 증가한다.

☑ 특징

- 손익분기점이 둘 이상 나타난다.
- 장기적인 관점에서는 모든 원가가 변동비이므로 손익분기점이 원점을 포함하여 셋이다.
- 이익을 극대화할 수 있는 조업도를 구할 수 있다.

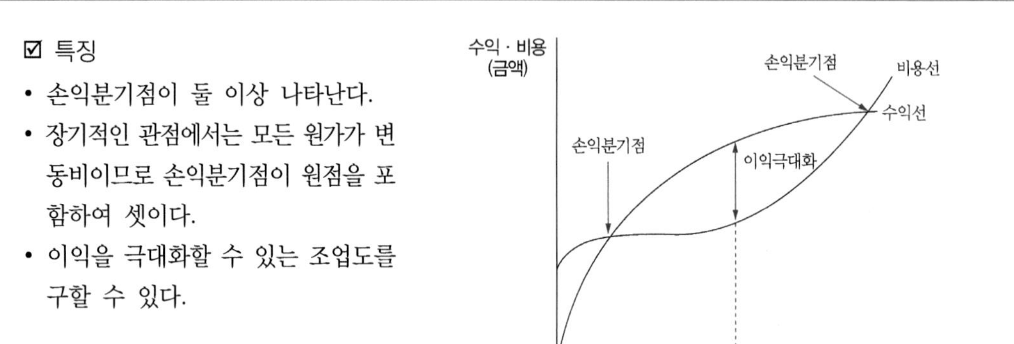

2. 이익 · 조업도 도표(PV chart)

조업도(판매량)를 독립변수로 하고 총이익을 종속변수로 하여 조업도의 변동에 따른 총이익의 변화를 그림으로 나타낸 것을 말한다. 또한 이익선의 기울기는 한 단위 증가할 때 증분이익이므로 단위당 공헌이익으로 산출되며 이익이 "0"인 조업도가 손익분기점이다.

[그림 10-3] PV 도표

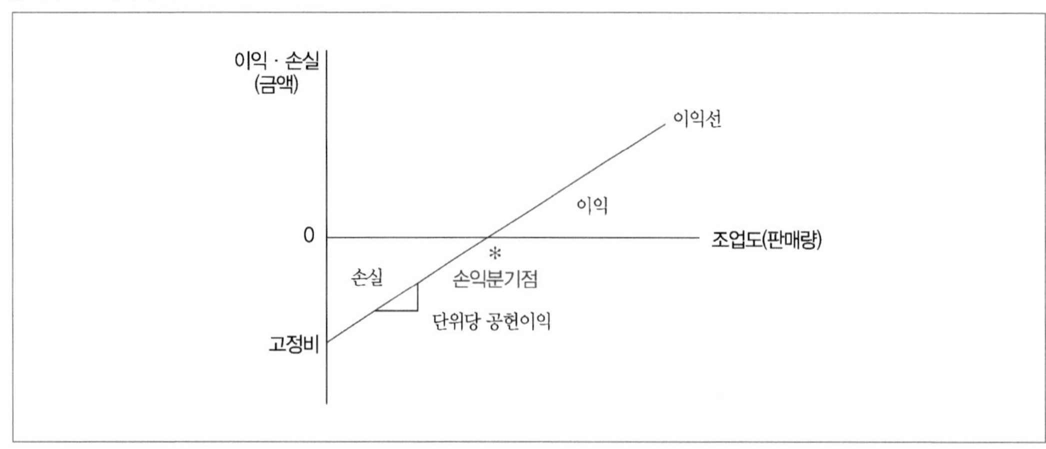

2 손익분기점(BEP : break-even point) 분석

손익분기점은 제품의 판매로 얻은 수익과 지출된 비용이 일치하여 이익도 손실도 발생하지 않은 매출액(손익분기점 매출액)이나 판매량(손익분기점 판매량)을 말한다.

1. 등식법

이익은 매출액에서 총비용을 차감하여 계산하는 기본등식을 이용하여 이익이 "0"인 판매량이나 매출액을 구하는 방법이다.

매출액 (판매량 × 단위당 판매가격)	−	변동비 (판매량 × 단위당 변동비)	− 고정비 = 0

2. 공헌이익법

손익분기점에서 총공헌이익이 고정비와 일치한다는 사실을 기본으로 일정한 공식을 통하여 총공헌이익과 고정비가 일치하는 판매량이나 매출액을 구하는 방법이다.

손익분기점에서는 총공헌이익과 고정비가 일치하므로 고정비를 단위당 공헌이익으로 나누어 손익분기점 판매량(Q)을 찾아낼 수 있다. 또한, 손익분기점 매출액(S)은 손익분기점 판매량(Q)에 판매가격(P)을 곱하여 계산할 수도 있고 다음의 공식을 활용하여 고정비를 공헌이익률로 나누어 계산할 수도 있다.

총공헌이익		고정비		공식
단위당 공헌이익(@CM) × 판매량(Q)	=	FC	➲	$Q = \frac{FC}{@CM}$
공헌이익률(CMR) × 매출액(S)	=	FC	➲	$S = \frac{FC}{CMR}$

[예제.1 ~ 예제.8 공통자료]

(주)한국은 단위당 판매가격이 ₩100인 제품을 생산 · 판매하고 있다. 제품생산과 관련된 자료는 다음과 같다.

	단위당변동비	고정비	
직접재료비	₩35	–	
직접노무비	25	–	
제조간접비	10	₩8,000	(감가상각비 ₩1,500포함)
판매관리비	10	2,000	
합계	₩80	₩10,000	

예제 1 손익분기점 판매량 및 매출액

요구사항

손익분기점 판매량과 손익분기점 매출액을 구하시오.

해답

※ 자료정리

p	₩100
vc	80
cm	₩20(cmr : 0.2)
FC	₩10,000(감가상각비 ₩1,500포함)

(1) 손익분기점 판매량(Q)

₩20 · Q − ₩10,000 = 0,

그러므로, Q=500단위이다.

▸ **별해**

$$Q = \frac{\text{고정비}}{\text{단위당 공헌이익}} = \frac{₩10,000}{₩20} = 500\text{단위}$$

(2) 손익분기점 매출액(S)

0.2 · S − ₩10,000 = 0,

그러므로, S = ₩50,000이다.

▶ **별해**

$$S = \frac{\text{고정비}}{\text{공헌이익률}} = \frac{₩10,000}{0.2} = ₩50,000$$

---

3 목표이익(TI : target income)분석

목표이익분석이란 원하는 이익을 달성하기 위한 판매량이나 매출액을 구하는 방법이다. 또한, 이익 발생시 세금을 납부해야 하므로 세금으로 인한 효과를 추가로 고려해야 한다. 따라서, 법인세를 고려하지 않는 경우와 법인세를 고려하는 경우로 구분하여 살펴볼 수 있다.

1. 등식법

이익은 총수익에서 총비용을 차감하여 계산하므로 기본등식에서 원하는 이익을 만족하는 판매량이나 매출액을 찾아내는 방법이다.

$$\text{매출액} - \text{변동비} - \text{고정비} = \text{목표이익}$$

2. 공헌이익법

고정비와 목표이익의 합을 단위당 공헌이익으로 나누어 목표판매량(Q)을 찾아낼 수 있다. 또한, 목표매출액(S)은 목표판매량(Q)에 판매가격(P)을 곱하여 계산할 수도 있고 다음의 공식을 활용하여 고정비와 목표이익의 합을 공헌이익률로 나누어 계산할 수도 있다.

$$\text{목표판매량(Q)} = \frac{\text{고정비} + \text{목표이익}}{\text{단위당 공헌이익}} = \frac{FC + TI}{@CM}$$

$$\text{목표매출액(S)} = \frac{\text{고정비} + \text{목표이익}}{\text{공헌이익률}} = \frac{FC + TI}{CMR}$$

예제 2 목표이익 판매량 및 매출액

요구사항

목표이익이 ₩1,200인 경우 목표이익판매량과 목표이익매출액을 구하시오.

해답

(1) 목표이익 판매량(Q)

₩20 · Q − ₩10,000 = ₩1,200,

그러므로, Q = 560단위이다.

▸ **별해**

$$Q = \frac{\text{고정비} + \text{목표이익}}{\text{단위당 공헌이익}} = \frac{₩10,000 + ₩1,200}{₩20} = 560\text{단위}$$

(2) 목표이익 매출액(S)

0.2 · S − ₩10,000 = ₩1,200,

그러므로, S = ₩56,000이다.

▸ **별해**

$$S = \frac{\text{고정비} + \text{목표이익}}{\text{공헌이익률}} = \frac{₩10,000 + ₩1,200}{0.2} = ₩56,000$$

예제 3 목표매출액

요구사항

목표이익률이 매출액의 10%인 경우 매출액을 구하시오.

해답

(1) 목표판매량(Q)

₩20 · Q − ₩10,000 = 0.1 × ₩100 · Q

Q = 1,000단위

그러므로 S = 1,000단위 × ₩100 = ₩100,000이다.

(2) 목표매출액(S)

0.2 · S − ₩10,000 = 0.1 · S

그러므로 S = ₩100,000이다.

▸ **별해**

$$S = \frac{\text{고정비}}{\text{공헌이익률} - \text{목표이익률}} = \frac{₩10{,}000}{0.2 - 0.1} = ₩100{,}000$$

4 법인세를 고려한 목표이익분석

이익이 발생하면 세금을 납부해야 하므로 세금효과를 추가로 고려한 세후목표이익을 달성할 수 있는 판매량 또는 매출액을 찾아야 한다. 또한, 세율인 단일세율이 아닌 누진세율이라면 다음의 공식을 적용하기 까다롭기 때문에 주어진 세후이익을 세전이익으로 전환하면 보다 간단하게 목표판매량과 목표매출액을 구할 수 있다.

1. 등식법

이익은 총수익에서 총비용을 차감하여 계산하므로 기본등식에서 원하는 세후목표이익을 만족하는 판매량이나 매출액을 찾아내는 방법이다.

$$(\text{매출액} - \text{변동비} - \text{고정비}) \times (1 - \text{세율}) = \text{세후목표이익(EAT)}$$

2. 공헌이익법

고정비와 세전목표이익(=세후목표이익÷(1-세율))의 합을 단위당 공헌이익으로 나누어 목표판매량(Q)을 찾아낼 수 있다. 또한, 목표매출액(S)은 목표판매량(Q)에 판매가격(P)을 곱하여 계산할 수도 있고 다음의 공식을 활용하여 고정비와 세전목표이익의 합을 공헌이익률로 나누어 계산할 수도 있다.

$$\text{목표판매량(Q)} = \frac{\text{고정비} + \frac{\text{세후목표이익}}{(1 - \text{세율})}}{\text{단위당 공헌이익}} = \frac{FC + \frac{EAT}{(1-t)}}{@CM}$$

$$\text{목표매출액(S)} = \frac{\text{고정비} + \frac{\text{세후목표이익}}{(1 - \text{세율})}}{\text{공헌이익률}} = \frac{FC + \frac{EAT}{(1-t)}}{CMR}$$

예제 4 세후목표이익 판매량 및 매출액

요구사항

법인세율이 40%이고 세후목표이익이 ₩1,200인 경우 판매량과 매출액을 구하시오.

해답

(1) 목표이익 판매량(Q)

$(₩20 \cdot Q - ₩10{,}000) \times (1 - 0.4) = ₩1{,}200$,

그러므로, Q=600단위이다.

▸ 별해

$$Q = \frac{\text{고정비} + \frac{\text{세후목표이익}}{(1 - \text{세율})}}{\text{단위당 공헌이익}}$$

$$= \frac{₩10{,}000 + \frac{₩1{,}200}{(1 - 0.4)}}{₩20}$$

$$= 600\text{단위}$$

(2) 목표이익 매출액(S)

(0.2 · S − ₩10,000) × (1 − 0.4) = ₩1,200,

그러므로, S = ₩60,000이다.

▶ **별해**

$$S = \frac{고정비 + \dfrac{세후목표이익}{(1 - 세율)}}{공헌이익률}$$

$$= \frac{₩10,000 + \dfrac{₩1,200}{(1 - 0.4)}}{0.2}$$

$$= ₩60,000$$

예제 5 누진세율 목표이익분석

요구사항

세후목표이익이 ₩1,700인 판매량과 매출액을 구하시오. 단, 회사의 법인세율은 세전이익 ₩1,000 이하까지는 20%이며, ₩1,000초과분에 대해서는 40%이다.

해답

※ 세전이익 계산

법인세율	세전이익	세후이익
20%	₩1,000	₩800
40%	1,500	900
	₩2,500	₩1,700

(1) 목표이익 판매량(Q)

₩20 · Q − ₩10,000 = ₩2,500

그러므로, Q = 625단위이다.

(2) 목표이익 매출액(S)

0.2 · S − ₩10,000 = ₩2,500

그러므로, S = ₩62,500이다.

3. CVP분석(수정모형)

1 의의

CVP분석의 기본가정을 현실에 맞게 수정한 모형으로서 주요 내용은 다음과 같다..

[표 8-2]

기본가정(기본모형)	기본가정의 완화(확장모형)
① 선형성 원가와 수익은 관련범위내에서 선형 모든원가는 변동비와 고정비로 구분	① 비선형함수 CVP분석
② 단일조업도 원가와 수익은 단일조업도에 따라 결정	② 활동기준원가계산하의 CVP분석
③ 재고수량변화 없음 생산량과 판매량은 일치	③ 전부원가계산하의 CVP분석
④ 단일제품 단일제품을 생산 · 판매	④ 복수제품의 CVP분석
⑤ 회계적이익기준 의사결정은 회계적이익기준	⑤ 현금흐름분기점
⑥ 단기의사결정 분석기간은 단기(통상적으로 1년이내)	⑥ 다기간 CVP분석
⑦ 확실성 모든 변수는 확실하다고 가정	⑦ 불확실성하의 CVP분석

2 현금흐름분기점

지금까지의 손익분기점은 회계적 수익과 비용이 일치하여 회계적 이익이 "0"인 판매량과 매출액을 의미하지만 현금흐름분기점은 현금의 유입액과 유출액이 같아지는 판매량 또는 매출액을 의미한다. 회계적 수익과 현금유입액, 회계적 비용과 현금유출액은 상당한 차이가 있지만 편의상 수익과 현금유입액은 동일하고 비용 중 비현금유출비용으로는 감가상각비만 존재한다고 가정하면 결과적으로 회계적이익과 현금흐름과의 차이는 감가상각비라고 볼 수 있다.

즉, 현금흐름분기점(cash break-even-point)이란 현금의 유입액과 유출액이 같아지는 판매량 또는 매출액을 의미하며, 현금흐름분기점분석에서는 감가상각비와 같이 현금유출을 수반하지 않는 고정비(이하 '비현금고정비'라고 한다)를 제외하고 모든 수익, 비용은 현금의 유입 또는 유출을 수반한다고 가정한다.

만약, 감가상각비만이 비현금유출비용이라고 가정하면 현금흐름분기점은 아래와 같다.

[법인세가 없는 경우]
(단위당 판매가격 − 단위당변동비) × 판매량 − 총고정비 + **비현금유출고정비(감가상각비)**
= 순현금흐름(➲ 0)

cf. 전통적 손익분기점 분석
(단위당 판매가격 − 단위당변동비) × 판매량 − 총고정비 = 이익(➲ 0)

[법인세가 있는 경우]
[(단위당 판매가격 − 단위당변동비) × 판매량 − 총고정비] × (1 − 법인세율) + **비현금유출고정비(감가상각비)**
= 세후순현금흐름(➲ 0)

cf. 전통적 손익분기점 분석
[(단위당 판매가격 − 단위당변동비) × 판매량 − 총고정비] × (1 − 법인세율) = 이익(➲ 0)

예제 6 현금흐름분기점

요구사항

법인세가 없는 경우 현금흐름분기점 판매량을 구하시오.

해답

(₩20 · Q − ₩10,000) + ₩1,500 = 0,
그러므로, Q = 425단위이다.

별 해

$$Q = \frac{\text{고정비} - \text{감가상각비}}{\text{단위당 공헌이익}}$$

$$= \frac{₩10,000 - ₩1,500}{₩20}$$

$$= 425\text{단위}$$

예제 7 세후현금흐름분기점

요구사항

법인세율이 40%인 경우 현금흐름분기점 판매량을 구하시오.

해답

[(₩20 · Q − ₩10,000) × (1 − 0.4)] + ₩1,500 = 0,
그러므로, Q = 375단위이다.

---

3 전부원가계산하의 CVP분석

CVP분석은 생산량과 판매량이 일치하여 재고수준은 변동하지 않는 상황을 가정한다. 그러나, 현실적으로 기업은 일정 재고를 보유하고 재고수준도 생산량과 판매량에 따라 매년 달라질 수 있다.

변동원가계산하에서는 생산량과 판매량이 일치하지 않는 경우에도 당기 발생한 고정제조간접비가 모두 기간비용처리되므로 손익분기점은 변화하지 않는다. 그러나 전부원가계산하에서는 고정제조간접비가 제품원가에 포함되어 판매량에 해당되는 부분만 매출원가로 비용화되기 때문에 생산량과 판매량이 일치하지 않으면 생산량이 변동함에 따라 단위당 고정제조간접비가 달라지므로 손익분기점 판매량은 각 생산량 수준에 따라 달라지게 된다.

전통적 손익분기점 : $(p - @vc) \times Q_{BEP} - (FOH^{*1} + \text{고정판매관리비}) = \text{이익}(\Rightarrow 0)$

전부원가계산 손익분기점 : $(p - @vc - @FOH^{*2}) \times Q_{BEP} - \text{고정판매관리비} = \text{이익}(\Rightarrow 0)$

*1 당기발생 총고정제조간접비
*2 단위당 고정제조간접비=총고정제조간접비÷당기생산량
즉, 당기생산량에 따라 변화한다.

예제 8 전부원가계산 손익분기점

요구사항

제품 생산량이 500단위, 800단위, 1,000단위인 경우 다음의 물음에 답하시오.

(1) 변동원가계산에서의 손익분기점 판매량

(2) 전부원가계산에서의 손익분기점 판매량

해답

[500단위인 경우]

※자료정리

변동원가계산		전부원가계산		
p	₩100	p	₩100	
vc	80	vc	80	
cm	₩20	cm	₩20	
		@FOH	16	(= ₩8,000 ÷ 500단위)
		cm − @FOH	₩4	
고정제조간접비	₩8,000	고정제조간접비	−	
고정판매관리비	2,000	고정판매관리비	₩2,000	

(1) 변동원가계산에서의 손익분기점 판매량

₩20 · Q − ₩10,000 = 0,

그러므로, Q = 500단위이다.

(2) 전부원가계산에서의 손익분기점 판매량

₩4 · Q − ₩2,000 = 0,

그러므로, Q = 500단위이다.

[800단위인 경우]

※자료정리

변동원가계산		전부원가계산		
p	₩100	p	₩100	
vc	80	vc	80	
cm	₩20	cm	₩20	
		@FOH	10	(= ₩8,000 ÷ 800단위)
		cm − @FOH	₩10	
고정제조간접비	₩8,000	고정제조간접비	−	
고정판매관리비	2,000	고정판매관리비	₩2,000	

(1) 변동원가계산에서의 손익분기점 판매량

₩20 · Q − ₩10,000 = 0,

그러므로, Q = 500단위이다.

(2) 전부원가계산에서의 손익분기점 판매량

₩10 · Q − ₩2,000 = 0,

그러므로, Q = 200단위이다.

[1,000단위인 경우]

※자료정리

변동원가계산		전부원가계산		
p	₩100	p	₩100	
vc	80	vc	80	
cm	₩20	cm	₩20	
		@FOH	8	(= ₩8,000 ÷ 1,000단위)
		cm − @FOH	₩12	
고정제조간접비	₩8,000	고정제조간접비	−	
고정판매관리비	2,000	고정판매관리비	₩2,000	

(1) 변동원가계산에서의 손익분기점 판매량

₩20 · Q − ₩10,000 = 0,

그러므로, Q = 500단위이다.

(2) 전부원가계산에서의 손익분기점 판매량

₩12 · Q − ₩2,000 = 0,

그러므로, Q = 167단위이다.

4 복수제품의 CVP분석

지금까지는 한 종류의 제품을 생산 · 판매한다고 가정하였으나 현실적으로 대부분의 기업은 여러 종류의 제품을 생산 · 판매하는 경우가 일반적이다. 이와 같이 여러 종류의 제품을 생산 · 판매하는 경우의 CVP분석을 복수제품의 CVP분석이라고 한다. 이러한 경우에 제품배합(Sales Mix)이 일정하다는 전제하에 진행되는데 매출액구성비(금액배합)과 매출배합(수량배합)으로 구분할 수 있다.

매출배합(수량배합)이란 총매출수량에서 각 제품의 판매량이 차지하는 상대적인 비율을 의미하며, 매출액구성비(금액배합)는 총매출액 중에서 각 제품의 매출액이 차지하는 상대적인 비율을 의미한다. 복수제품의 CVP분석을 진행하는 방법에는 등식법, 묶음법 및 가중평균공헌이익법이 있다.

1. 제품배합

복수제품 CVP분석을 진행하기 위해서는 사전에 제품별 배합비율을 결정해야 한다. 또한, 수량배합에 판매가격을 곱하면 매출액배합이 되고 매출액배합에서 판매가격을 나누면 수량배합이 된다.

① 매출(수량)배합 : 개별제품의 판매수량 배합비율

② 매출(금액)배합 : 개별제품의 매출액 배합비율

[그림 10-4] 수량배합과 금액배합의 비교

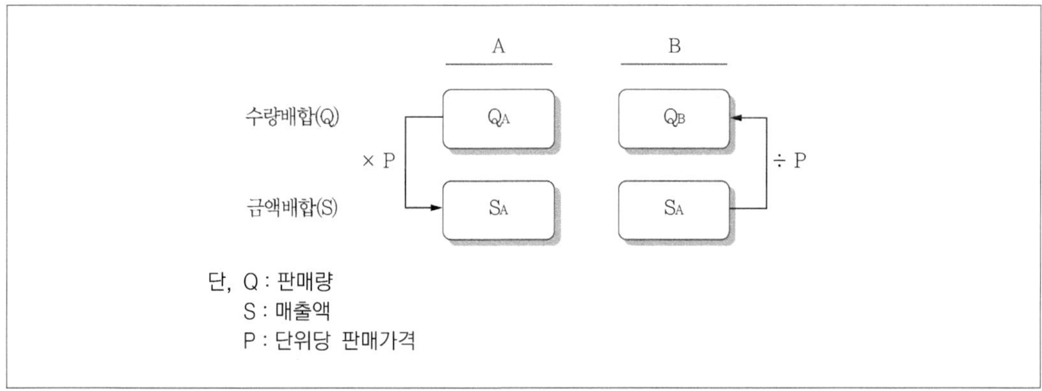

2. 분석방법

분석방법은 등식법, 꾸러미법(묶음법) 및 가중평균공헌이익법(가중평균공헌이익과 가중평균공헌이익률을 이용)이 있지만, 이 중 꾸러미법과 가중평균공헌이익을 적용하는 경우 수량배합을 이용하고 가중평균공헌이익률을 적용하는 경우 금액배합을 이용한다.

1) 등식법

제품별 매출액의 합계와 제품별 변동비의 합계를 기본등식에 대입하여 손익분기점을 계산하는 방법이다.

Σ[손익분기점 제품별 판매량 × 제품별 단위당 판매가격]
= Σ[손익분기점 제품별 판매량 × 제품별 단위당 변동비] + 고정비

2) 꾸러미법(묶음법)

개별적으로 판매되는 제품을 하나의 묶음, 꾸러미 단위로 판매되는 것을 가정하여 분석하는 방법이다.

① 묶음당 공헌이익 : CM_B = Σ(제품별 단위당 공헌이익 × 묶음당 제품별 수량)

② 손익분기점 묶음 수 : Q_B × CM_B − 고정비 = 이익(➲ 0)

③ 각 제품별 손익분기점 판매량 : Q = Q_B × 묶음 단위당 제품별 수량

3) 가중평균공헌이익법

가중평균공헌이익법은 복수제품의 단위당 가중평균공헌이익이나 가중평균공헌이익률을 계산하여 손익분기점을 계산하는 방법이다.

① 단위당 가중평균공헌이익을 적용

① 단위당 가중평균 공헌이익 : CM_w = Σ(제품별 단위당 공헌이익 × 묶음당 제품별 수량)

② 손익분기점 총판매량 : Q_t × CM_w − 고정비 = 이익(➲ 0)

③ 각 제품별 손익분기점 판매량 : Q = Q_t × 판매비율(수량비율)

② 가중평균공헌이익률을 적용

① 가중평균 공헌이익률 : CMR_w = Σ[제품별 공헌이익률 × 판매비율(금액)]

② 손익분기점 총매출액 : S_t × CMR_w − 고정비 = 이익(➲ 0)

③ 각 제품별 손익분기점 매출액 : S = S_t × 판매비율(금액비율)

※ 묶음법과 가중평균공헌이익을 이용하는 방법은 매출(수량)배합을 이용하고 가중평균공헌이익률은 매출(금액)배합을 이용한다. 수량배합을 이용하는 편이 금액배합을 이용하는 것보다 풀이과정이 용이하며 실수를 줄일 수 있기 때문에 가급적 수량배합을 이용하는 묶음법이나 가중평균공헌이익을 이용하는 방법이 더 효과적이다. 단, 목표이익이 매출액의, 일정비율로 주어지는 경우에는 가중평균공헌이익률을 이용하는 것이 더 편리하다.

예제 9 복수제품 CVP분석

(주)한국은 A, B 두 가지의 제품을 생산·판매하고 있다. 제품별 예산손익자료는 다음과 같다.

	A	B	합계
판매량	900단위	300단위	1,200단위
매출액	₩90,000	₩60,000	₩150,000
총변동비	(54,000)	(42,000)	(96,000)
총공헌이익	₩36,000	₩18,000	₩54,000
총고정비			(36,000)
영업이익			₩18,000

요구사항 1

다음의 방법을 이용하여 손익분기점 판매량을 구하시오.

(1) 등식법

(2) 꾸러미법(묶음법)

(3) 가중평균공헌이익(wacm)을 사용

(4) 가중평균공헌이익률(wacmr)을 사용

해답

※자료정리

	A	B
매출배합	3	1
매출액구성비*1	3	2
단위당 판매가격	₩100	₩200
단위당 변동비	(60)	(140)
단위당 공헌이익	₩40 (0.4)	₩60 (0.3)
총고정비	₩36,000	

*1 A : B = 3×₩100 : 1×₩200
= 3 : 2

(1) 등식법

제품 B의 판매량은 Q라 하면, 제품 A의 판매량은 3Q가 된다.

₩40×3Q+₩60×Q-₩36,000=0

Q=200단위

따라서,

제품 A :	3 × 200단위 =	600단위
제품 B :	1 × 200단위 =	200
		800단위

(2) 묶음법

배합비율이 일정한 한 묶음당 공헌이익은 다음과 같다.

A A A B → ₩40 × 3단위 + ₩60 × 1단위 = ₩180

묶음당 공헌이익을 등식법을 이용하면 손익분기점 묶음수량를 구할 수 있다.

손익분기점 묶음수를 Q라 하면,

₩180 × Q − ₩36,000 = 0

Q = 200단위

묶음당 제품 A와 제품 B가 3 : 1의 비율로 구성되어 있으므로,

제품 A :	200단위 × 3 =	600단위
제품 B :	200단위 × 1 =	200
		800단위

(3) 가중평균공헌이익을 이용

배합비율이 일정한 상태에서 한 단위당 평균공헌이익은 다음과 같다.

A A A B → $\frac{₩40 \times 3 + ₩60 \times 1}{4} = ₩45$

가중평균 공헌이익으로 등식법을 이용하면 손익분기점 총제품수량를 구할 수 있다.

손익분기점 총제품수량을 Q라 하면,

₩45 × Q − ₩36,000 = 0

Q = 800단위

총제품수량에는 제품 A와 제품 B가 3 : 1의 비율로 구성되어 있으므로,

제품 A :	800단위 × (3/4) =	600단위
제품 B :	800단위 × (1/4) =	200
		800단위

(4) 가중평균공헌이익률을 이용

배합비율이 일정한 상태에서 가중평균공헌이익률은 다음과 같다. 여기서 주의할 점은 제품별 공헌이익률을 가중평균하기 위해서는 매출액구성비의 비율로 가중평균하여야 한다.

A A A B → 0.4 × 3/5 + 0.3 × 2/5 = 0.36

가중평균 공헌이익률로 등식법을 이용하면 손익분기점 총매출액을 구할 수 있다.

손익분기점 총매출액을 S라 하면,

0.36 × S − ₩36,000 = 0

S = ₩100,000

총매출액에는 제품 A와 제품 B가 3 : 2의 비율로 구성되어 있으므로,

제품 A :	₩100,000 × (3/5) =	₩60,000
제품 B :	₩100,000 × (2/5) =	40,000
		₩100,000

또한, 제품별 손익분기점 판매량을 구하면 다음과 같다.

	매출액		판매가격		판매수량
제품 A	₩60,000	÷	₩100	=	600단위
제품 B	40,000	÷	200	=	200
합계	₩100,000				800단위

요구사항 2

법인세율이 40%일 때 세후목표이익 ₩5,400을 달성하기 위한 제품별 판매량을 구하시오.

해답

묶음당 공헌이익이 ₩180이므로 등식법을 이용하면 다음과 같다.

목표이익을 달성할 수 있는 묶음수를 Q라 하면,

(₩180 × Q − ₩36,000) × (1 − 0.4) = ₩5,400

Q = 250단위

묶음당 제품 A와 제품 B가 3 : 1의 비율로 구성되어 있으므로,

제품 A :	250단위 × 3 =	750단위
제품 B :	250단위 × 1 =	250
		1,000단위

5 비선형함수하의 CVP분석

CVP분석의 선형성 가정은 수익과 원가는 관련범위내에서 선형을 유지하므로 단위당 가격, 단위당 변동원가 및 총고정비는 일정하다고 가정한다. 그러나, 가격과 변동원가는 판매량, 경기변동, 학습효과, 생산성 등에 따라 변동하며 고정비의 경우에도 일정 범위를 벗어나면 준고정비의 형태를 가지게 된다. 이와 같이 수익과 원가의 선형성을 수정한 모형을 비선형함수 CVP분석이라 한다.

1. 비선형의 유형

비선형은 다음과 같이 세 가지 유형으로 구분할 수 있다.

① 수익만 비선형인 경우
② 원가만 비선형인 경우
　㉠변동비가 비선형인 경우
　㉡고정비가 비선형인 경우
③ 수익 및 원가가 모두 비선형인 경우

2. 방법

분석방법은 먼저, 선형이 유지되는 구간별로 CVP분석을 진행 한 후, 도출된 결과값이 해당 구간에 존재하는지 여부를 판단한다. 따라서 이와 같은 방법을 시행착오법이라 한다.

- 제1단계 : 수익 및 원가의 선형관계가 변하는 조업도 구간을 구분한다.
- 제2단계 : 구간별로 CVP분석을 진행한다.
- 제3단계 : 계산된 결과가 관련범위내에 존재하는지 파악한다.

예제 10 비선형함수 CVP분석(수익함수가 비선형)

(주)한국은 제품을 불특정 다수인들에 의한 공동구매방식으로 판매하는 온라인판매회사이다. 판매수량이 증가하면 할수록 단위당 판매가격은 낮아지며 한 품목당 최대판매수량은 3,000단위이다. 다음은 판매수량에 대한 단위당 판매가격자료이다.

판매수량	단위당 판매가격
0 ~ 1,000단위	₩180
1,001 ~ 2,000단위	150
2,001 ~ 3,000단위	120

단위당 변동비는 ₩100이며, 연간 고정비는 ₩100,000이다.

요구사항

손익분기점 판매량을 구하시오.

해답

※ 자료정리

	0 ~ 1,000단위	1,001단위 ~ 2,000단위	2,001단위 ~ 3,000단위
p	₩180	₩150	₩120
vc	100	100	100
cm	₩80	₩50	₩20
FC	₩100,000	₩100,000	₩100,000

손익분기점 판매량을 Q라 하면,

(1) 0 ~ 1,000단위 구간

₩80Q − ₩100,000 = 0

Q = 1,250단위(×)

(2) 1,001단위 ~ 2,000단위 구간

₩50Q − ₩100,000 = 0

Q = 2,000단위(○)

(3) 2,001단위 ~ 3,000단위 구간

₩20Q − ₩100,000 = 0

Q = 5,000단위(×)

그러므로, 손익분기점 판매량은 2,000단위이다.

예제 11 비선형함수 CVP분석(수익함수가 비선형)

(주)한국은 고급한우를 소매상에 판매하는 회사이다. 최고등급부터 선착순으로 판매되며 총판매가능물량은 3,000kg이다. 등급별 kg당 판매가격은 다음과 같다.

등급	판매수량	단위당 판매가격
1등급	0 ~ 1,000kg	₩180
2등급	1,001 ~ 2,000kg	150
3등급	2,001 ~ 3,000kg	120

kg당 변동비는 ₩100이며, 연간 고정비는 ₩100,000이다.

요구사항

손익분기점 판매량을 구하시오.

해답

※ 자료정리

	0 ~ 1,000Kg	1,001Kg ~ 2,000Kg	2,001Kg ~ 3,000Kg
p	₩180	₩150	₩120
vc	100	100	100
cm	₩80	₩50	₩20
FC	₩100,000	₩100,000	₩100,000

손익분기점 판매량을 Q라 하면,

(1) 0 ~ 1,000kg 구간

₩80Q − ₩100,000 = 0

Q = 1,250kg(×)

(2) 1,001kg ~ 2,000kg 구간

1등급 판매가 완료된 후 2등급 판매가 이루어지는 구간이다.

₩80 × 1,000kg + ₩50 × (Q − 1,000kg) − ₩100,000 = 0

Q = 1,400kg(○)

(3) 2,001kg ~ 3,000kg 구간

1등급과 2등급의 판매가 완료된 후 3등급 판매가 이루어지는 구간이다.

₩80 × 1,000kg + ₩50 × 1,000kg + ₩20 × (Q − 2,000kg) − ₩100,000 = 0

Q = 500kg(×)

그러므로, 손익분기점 판매량은 1,400단위이다.

별 해

	0 ~ 1,000kg	1,001kg ~ 2,000kg	2,001kg ~ 3,000kg
p	₩180	₩150	₩120
vc	100	100	100
cm	₩80	₩50	₩20
FC	₩100,000	₩100,000	₩100,000
	–	(30,000)*1	(30,000)
	–	–	(60,000)*2
조정된 FC	₩100,000	₩70,000	₩10,000

*1 (₩80 – ₩50) × 1,000kg
*2 (₩50 – ₩20) × 2,000kg

손익분기점 판매량을 Q라 하면,

(1) 0 ~ 1,000단위 구간

₩80Q – ₩100,000 = 0

Q = 1,250단위(×)

(2) 1,001단위 ~ 2,000단위 구간

₩50Q – ₩70,000 = 0

Q = 1,400단위(○)

(3) 2,001단위 ~ 3,000단위 구간

₩20Q – ₩10,000 = 0

Q = 500단위(×)

그러므로, 손익분기점 판매량은 1,400단위이다.

예제 12 비선형함수 CVP분석(비용함수가 비선형)

(주)한국은 단일제품을 대량으로 생산하는 회사이며, 제품의 단위당 판매가격을 ₩100으로 결정하였다. 제품 단위당 변동비는 단위당 판매가격의 70%이며, 총고정비는 ₩50,000이다. 정상조업도는 1,000단위이며 정상조업도를 초과하여 생산할 경우 단위당 ₩5의 변동비가 추가된다. 또한, 2,000단위를 초과하여 생산할 경우 추가설비를 임차하여야 하므로 단위당 변동비는 ₩5씩 추가된다. 외부시장수요는 최대 3,000단위이다.

요구사항 1

손익분기점 판매량을 구하시오.

해답

※ 자료정리

	0 ~ 1,000단위	1,001단위 ~ 2,000단위	2,001단위 ~ 3,000단위
p	₩100	₩100	₩100
vc	70	70 + 5	70 + 5 + 5
cm	₩30	₩25	₩20
FC	₩50,000	₩50,000	₩50,000

손익분기점 판매량을 Q라 하면,

(1) 0 ~ 1,000단위 구간

₩30Q − ₩50,000 = 0

Q = 1,667단위(×)

(2) 1,001단위 ~ 2,000단위 구간

1,000단위 판매가 완료된 후 추가판매가 이루어지는 구간이다.

₩30 × 1,000단위 + ₩25 × (Q − 1,000단위) − ₩50,000 = 0

Q = 1,800단위(○)

(3) 2,001단위 ~ 3,000단위 구간

2,000단위의 판매가 완료된 후 추가 판매가 이루어지는 구간이다.

₩30 × 1,000단위 + ₩25 × 1,000단위 + ₩20 × (Q − 2,000단위) − ₩50,000 = 0

Q = 1,750단위(×)

그러므로, 손익분기점 판매량은 1,800단위이다.

별 해

	0 ~ 1,000단위	1,001단위 ~ 2,000단위	2,001단위 ~ 3,000단위
p	₩100	₩100	₩100
vc	70	75	80
cm	₩30	₩25	₩20
FC	₩50,000	₩50,000	₩50,000
	–	(5,000)*1	(5,000)
	–	–	(10,000)*2
조정된 FC	₩50,000	₩45,000	₩35,000

*1 (₩30 - ₩25)×1,000단위
*2 (₩25 - ₩20)×2,000단위

(1) 0 ~ 1,000단위 구간
₩30Q - ₩50,000 = 0
Q = 1,667단위(×)

(2) 1,001단위 ~ 2,000단위 구간
₩25Q - ₩45,000 = 0
Q = 1,800단위(○)

(3) 2,001단위 ~ 3,000단위 구간
₩20Q - ₩35,000 = 0
Q = 1,750단위(×)

그러므로, 손익분기점 판매량은 1,800단위이다.

요구사항 2

목표이익 ₩12,000을 달성하기 위한 판매량을 구하시오.

해답

목표이익을 달성하기위한 판매량을 Q라 하면,

(1) 0 ~ 1,000단위 구간
₩30Q - ₩50,000 = ₩12,000
Q = 2,067단위(×)

(2) 1,001단위~2,000단위 구간
1,000단위 판매가 완료된 후 추가판매가 이루어지는 구간이다.
₩30 × 1,000단위 + ₩25 × (Q - 1,000단위) - ₩50,000 = ₩12,000
Q = 2,280단위(×)

(3) 2,001단위 ~ 3,000단위 구간

2,000단위의 판매가 완료된 후 추가 판매가 이루어지는 구간이다.

₩30 × 1,000단위 + ₩25 × 1,000단위 + ₩20 × (Q − 2,000단위) − ₩50,000 = ₩12,000

Q = 2,350단위(○)

그러므로, 목표이익을 달성하기 위한 판매량은 2,350단위이다.

요구사항 3

만약, 고정비가 판매수량이 1,000단위를 초과하여 2,000단위까지는 ₩53,000, 그리고 2,000단위를 초과하여 최대생산가능량인 3,000단위까지는 ₩60,000이라면 ₩12,000의 이익을 달성하기 위한 판매량을 구하시오.

해답

※ 자료정리

	0 ~ 1,000단위	1,001단위 ~ 2,000단위	2,001단위 ~ 3,000단위
p	₩100	₩100	₩100
vc	70	70 + 5	70 + 5 + 5
cm	₩30	₩25	₩20
FC	₩50,000	₩53,000	₩60,000

목표이익을 달성하기 위한 판매량을 Q라 하면,

(1) 0 ~ 1,000단위 구간

₩30Q − ₩50,000 = ₩12,000

Q = 2,067단위(×)

(2) 1,001단위 ~ 2,000단위 구간

1,000단위 판매가 완료된 후 추가판매가 이루어지는 구간이다.

₩30 × 1,000단위 + ₩25 × (Q − 1,000단위) − ₩53,000 = ₩12,000

Q = 2,400단위(×)

(3) 2,001단위 ~ 3,000단위 구간

2,000단위의 판매가 완료된 후 추가 판매가 이루어지는 구간이다.

₩30 × 1,000단위 + ₩25 × 1,000단위 + ₩20 × (Q − 2,000단위) − ₩60,000 = ₩12,000

Q = 2,850단위(○)

그러므로, 목표이익을 달성하기 위한 판매량은 2,850단위이다.

별 해

	0 ~ 1,000단위	1,001단위 ~ 2,000단위	2,001단위 ~ 3,000단위
p	₩100	₩100	₩100
vc	70	75	80
	₩30	₩25	₩20
cm	₩50,000	₩53,000	₩60,000
FC	–	(5,000)*1	(5,000)
	–	–	(10,000)*2
조정된 FC	₩50,000	₩48,000	₩45,000

*1 (₩30 – ₩25)×1,000단위
*2 (₩25 – ₩20)×2,000단위

(1) 0 ~ 1,000단위 구간

₩30Q – ₩50,000 = ₩12,000

Q = 2,067단위(×)

(2) 1,001단위 ~ 2,000단위 구간

₩25Q – ₩48,000 = ₩12,000

Q = 2,400단위(×)

(3) 2,001단위 ~ 3,000단위 구간

₩20Q – ₩45,000 = ₩12,000

Q = 2,850단위(○)

그러므로, 목표이익을 달성하기 위한 판매량은 2,850단위이다.

6 활동기준원가계산의 CVP분석

전통적 원가함수에서 변동비는 조업도에 따라 변하는 원가를 말하며 그 이외 원가는 고정비로 구분한다. 반면에 활동기준원가계산에서 변동비는 조업도(판매량)에 따라 비례하여 발생하는 단위수준활동의 원가뿐만 아니라 조업도 이외의 비단위수준활동에서도 변동비가 존재한다.

따라서, 활동기준원가계산하의 총원가함수는 아래와 같은 식으로 나타낼 수 있다.

$$(\text{매출액} - \underbrace{a_1 \times x_1}_{\text{(단위수준활동 변동비)}}) - (\underbrace{a_2 \times x_2 + a_3 \times x_3 + a_4 \times x_4}_{\text{(비단위수준활동 변동비)}} + \text{활동기준고정비}) = 0$$

CVP분석에서 변동비를 결정하는 요인은 오직 조업도(판매량)뿐이므로 비단위수준활동 변동비는 조업도(판매량)에 따라 변동되지 않으므로 CVP분석에서는 고정비로 간주된다. 따라서, 활동기준원가계산의 총원가는 다음과 같으며 손익분기분석의 경우 비단위수준활동의 변동비는 고정비로 처리한다.

$$\text{총원가} = a_1x_1 + \underbrace{a_2x_2 + a_3x_3 + a_4x_4}_{\text{비단위수준활동의 변동비}} + \text{활동기준원가계산하의 고정비}^{*1}$$

단, a_1 :단위수준활동의 단위당 변동비 　 x_1 :단위수준활동의 원가동인 총수(판매량)

a_2 :묶음수준활동의 단위당 변동비 　 x_2 :묶음수준활동의 원가동인 총수

a_3 :제품수준활동의 단위당 변동비 　 x_3 :제품수준활동의 원가동인 총수

a_4 :설비수준활동의 단위당 변동비 　 x_4 :설비수준활동의 원가동인 총수

*1 전통적 CVP분석에서의 고정비와는 다르다. 왜냐하면 전통적 CVP분석에서 고정비 중 일부는 활동기준원가계산에서 비단위수준활동의 변동비로 분류되기 때문이다.

예제 13 활동기준원가계산하에서의 CVP분석 (I)

(주)한국은 신제품 출시에 앞서 시장조사를 한 결과 총 5,000단위 제품을 판매할 것으로 예측하고 있다. 신제품의 단위당 판매가격은 ₩120이고 5,000단위에 대한 제조원가예산을 다음과 같이 설정하였다.

	단위당변동비	고정비
직접재료비	₩50	–
직접노무비	25	–
제조간접비	15	₩120,000
합계	₩90	₩120,000

요구사항 1

손익분기점 판매수량을 구하시오.

해답

※자료정리

p	₩120
vc	90
cm	₩30
FC	₩120,000

손익분기점 판매량을 Q라 하면,

₩30 · Q − ₩120,000 = 0,

그러므로, Q = 4,000단위이다.

요구사항 2

한편, 제조간접비를 활동기준원가계산에 따라 분석한 결과 다음과 같은 원가함수를 도출하였다.

> Y = ₩64,000 + ₩15X_1 + ₩20X_2 + ₩100X_3 + ₩105X_4
>
> 단, X_1 : 생산량
> X_2 : 기계시간
> X_3 : 재료처리횟수
> X_4 : 검사횟수

총 5,000단위의 제품을 생산 · 판매하기 위해서 200기계시간, 100회의 재료처리횟수, 400회의 검사횟수가 필요하다. 손익분기점 판매량을 구하시오.

해답

손익분기점분석에서 독립변수는 조업도 하나이기 때문에 조업도 이외의 변수는 고정비(계단원가)로 간주한다.

※자료정리

p	₩120
vc	90(= ₩50 + ₩25 + ₩15)
cm	₩30
FC	₩120,000(= 64,000 + ₩20 × 200기계시간 + ₩100 × 100재료처리횟수 + ₩105 × 400검사횟수)

손익분기점 판매량을 Q라 하면,

₩30 · Q − ₩120,000 = 0,
그러므로, Q = 4,000단위이다.

예제 14 활동기준원가계산하에서의 CVP분석 (II)

(주)한국은 한 대의 여객기를 리스하여 서울과 부산 사이를 운항한다. 회사의 재무이사는 다음의 정보를 수집하였다.

• 평균 편도운임	승객당 ₩1,000
• 음료서비스금액	승객당 ₩50
• 여행사수수료	운임당 5%
• 편도당 연료비	₩50,000
• 월 공항사용료	₩100,000
• 월 승무원급여	₩120,000

요구사항 1

회사가 서울과 부산 사이의 운항에서 벌어드리는 승객 당 공헌이익을 구하시오.

해답

평균 편도운임		₩1,000
음료서비스금액		50
여행사수수료	₩1,000 × 5% =	50
승객당 공헌이익		₩900

요구사항 2

여객기가 월 5회 왕복운행하는 경우 편도 1회당 손익분기 승객수를 구하시오.

해답

(1) 승객당 공헌이익
₩900

(2) 월 고정원가
₩50,000 × 10회 + ₩100,000 + ₩120,000 = ₩720,000

(3) 손익분기 승객수(Q)
₩900 × Q − ₩720,000 = 0

월 손익분기 승객수(Q)는 800명이다.

그러므로, 편도운항당 손익분기 승객수는 800명÷10회=80명이다.

요구사항 3

회사는 내년에 승객당 편도 운임을 20%만큼 인상하려고 한다. 편도 1회당 평균승객수가 200명인 경우 ₩452,000의 목표이익을 달성할 수 있는 월 편도 운항수를 구하시오. (단, 기타 재무자료는 올해와 동일하다.)

해답

(1) 편도운항 공헌이익

편도운항 총운임	₩1,000 × 120% × 200명 =	₩240,000
음료서비스금액	₩50 × 200명 =	10,000
여행사수수료	₩1,000 × 120% × 5% × 200명 =	12,000
연료비		50,000
편도운항 공헌이익		₩168,000

(2) 월 고정원가

₩100,000 + ₩120,000 = ₩220,000

(3) 목표 운항수(Q)

₩168,000 × Q − ₩220,000 = ₩452,000

월 목표 운항수(Q)는 4회다.

7 민감도 분석

민감도분석(sensitivity analysis)이란, 하나 또는 둘 이상의 독립변수가 변화할 경우 종속변수가 어떻게 영향을 받는가를 분석하는 기법으로 "what if(만약~이라면 ~이 어떻게 변화하는가?")와 같은 물음에 대한 해답을 도출하는 방법을 말한다. 불확실성하의 의사결정인 통계적분석과 확률수를 이용한 분석과 민감도분석과의 차이점은 민감도분석에서는 미래 불확실한 변수에 대해서 확률값을 사용하지 않는다는 것이 특징이다. 민감도분석을 이용하면 판매량, 판매가격, 단위당 변동비 및 고정비 등의 변화가 손익분기점과 이익 등에 미치는 효과를 용이하게 파악할 수 있다. 즉, 다음과 같은 사항들에 대한 해답을 쉽게 도출할 수 있다.

"What if~"△[Q, @P, @VC, FC] ➲ △이익

예제 15 민감도 분석

(주)한국은 단일제품을 생산 · 판매하고 있으며 당해연도 예상판매수량은 10,000단위이며, 예상포괄손익계산서는 다음과 같다.

	포괄손익계산서
매출액	₩500,000
총변동비	(350,000)
총공헌이익	₩150,000
총고정비	(96,000)
영업이익	₩54,000

요구사항 1

손익분기점 판매수량을 구하시오.

해답

※ 자료정리

p	₩50	(= ₩500,000 ÷ 10,000단위)
vc	35	(= ₩350,000 ÷ 10,000단위)
cm	₩15	
FC	₩96,000	

손익분기점 판매수량을 Q라 하면,

₩15 × Q − ₩96,000 = 0

Q = 6,400단위

그러므로, 손익분기점 판매량은 6,400단위이다.

요구사항 2

회사가 단위당 판매가를 ₩50에서 ₩40으로 인하할 경우, 기존의 연간 손익분기점 판매량을 유지하기 위한 고정비 감소액을 구하시오.

해답

※ 자료정리

변경후 총고정비를 X라 하면,

	변경전	변경후
p	₩50	₩40
vc	35	35
cm	₩15	₩5
FC	₩96,000	X

₩5 × 6,400단위 − X = 0

그러므로, X는 ₩32,000

따라서, 총고정비 감소액은 ₩96,000 − ₩32,000 = ₩64,000이다.

요구사항 3

판매가격 10% 하락하고 단위당 변동비 ₩2씩 하락이 예상된다. 손익분기점 판매량을 구하시오.

해답

※ 자료정리

p	₩45	(= ₩50 − ₩50 × 0.1)
vc	33	(= ₩35 − ₩2)
cm	₩12	
FC	₩96,000	

손익분기점 판매수량을 Q라 하면,

₩12 × Q − ₩96,000 = 0

Q = 8,000단위

그러므로, 손익분기점 판매량은 8,000단위이다.

요구사항 4

판매가격이 10% 상승하면 판매량이 5% 감소한다. 예상영업이익을 구하시오.

해답

	변경전	변경후
p	₩50	₩55
vc	35	35
cm	₩15	₩20
FC	₩96,000	₩96,000
판매량	10,000단위	9,500단위

₩20 × 9,500단위 − ₩96,000 = ₩94,000

즉, 예상영업이익은 ₩94,000이다.

8 다기간 CVP분석

다기간 CVP은 단일기간 CVP분석의 가정을 완화한 모형으로 투자의 효과가 수년동안 지속되는 상황에서의 모형이다. 이는 결과적으로 자본예산과 결합된 모형이다. 따라서, 의사결정의 대상은 회계적이익이 아닌 현금흐름이므로 현금흐름분기점과 유사하며, 결과적으로 다기간 CVP분석은 미래현금흐름의 현재가치와 현금유출의 현재가치를 일치시키는 판매량을 의미한다.

> 복수기간 CVP분석의 손익분기점 : 현금유입액의 현재가치 − 현금유출액의 현재가치
> = 순현재가치(➲ 0)

예제 16 다기간 CVP분석

(주)한국은 올해 초 신기계를 도입하려고 한다. 신제품의 단위당 판매가격과 변동비는 각각 ₩1,000, ₩500이며, 현금유출을 수반하는 고정비는 ₩460,000이다. 회사가 구입하고자 하는 신기계의 취득금액은 ₩2,800,000이며 내용연수는 5년이다. 법인세율은 40%이며 미래현금흐름은 10%의 할인율을 적용하여 할인한다. 또한, 신기계의 잔존가치는 없으며 10%, 5년의 연금현가계수는 3.5로 가정한다.

요구사항

신기계 도입이 유리하기 위해서 달성해야 할 매년 최소 생산·판매량을 구하시오.

해답

(1) 매년 감가상각비

(₩2,800,000 − ₩0) ÷ 5년 = ₩560,000

(2) 세후순현금흐름

매년 판매수량을 Q라 하면,

$$\underbrace{[(₩1,000 - ₩500) \times Q - (₩460,000 + ₩560,000)] \times (1 - 0.4)}_{\text{세후회계적이익}} + \underbrace{₩560,000}_{\text{감가상각비}}$$

= 300Q − ₩52,000

또는,

[(₩1,000 − ₩500) × Q − ₩460,000] × (1 − 0.4) + ₩560,000 × 40%

세후영업현금흐름 감가상각비 감세효과

= 300Q − ₩52,000

(3) 매년 최소판매수량

(300Q − ₩52,000) × 3.5 = ₩2,800,000

Q는 2,840이다.

4. 안전한계율과 영업레버리지도

안전한계(M/S : margin of safety)

안전한계(margin of safety:M/S)는 실제 또는 예산판매량(매출액)이 손익분기점 판매량(매출액)을 초과하는 판매량(매출액)을 의미한다. 이는 손실을 발생시키지 않으면서 허용할 수 있는 매출액의 최대감소액을 말하며 기업의 안전성을 측정하는 지표이다. 또한 안전한계를 비율로 표시한 것을 안전한계율(margin of safety ratio:M/S)이라고 한다.

① 안전한계
- 안전한계 매출액 = 예산(현재)매출액 − 손익분기점 매출액
- 안전한계 판매량 = 예산(현재)판매량 − 손익분기점 판매량

② 안전한계율
= 안전한계매출액 ÷ 예산(현재)매출액
= 영업이익 ÷ 공헌이익

예제 18 안전한계

(주)한국는 다음과 같은 예산포괄손익계산서를 작성하였다.

포괄손익계산서

매출액	10,000단위 × ₩50 =	₩500,000
변동비	10,000단위 × ₩30 =	(300,000)
공헌이익		₩200,000
고정비		(150,000)
영업이익		₩50,000

요구사항 1

안전한계매출액과 안전한계매출수량을 구하시오.

해답

※자료정리

p	₩50	
vc	30	
cm	₩20	(cmr : 0.4)
FC	₩150,000	

손익분기점 판매량(Q) : ₩150,000 ÷ ₩20 = 7,500단위
손익분기점 매출액(S) : ₩150,000 ÷ 0.4 = ₩375,000

(1) 안전한계매출액
현재(예상)매출액 − 손익분기점 매출액
= ₩500,000 − ₩375,000
= ₩125,000

(2) 안전한계매출수량
현재(예상)매출수량 − 손익분기점 매출수량
= 10,000단위 − 7,500단위
= 2,500단위

요구사항 2

안전한계율을 구하시오

해답

$$\text{안전한계율} = \frac{\text{안전한계매출액}}{\text{현재(예상)매출액}} = \frac{\text{안전한계매출수량}}{\text{현재(예상)매출수량}} = \frac{\text{영업이익}}{\text{공헌이익}}$$

$$= \frac{₩125,000}{₩500,000}$$

$$= 25\%$$

2 영업레버리지(operating leverage)

1. 원가구조(cost structure)

원가구조(cost structure)란 고정비와 변동비의 상대적인 비율을 의미한다. 각 기업의 원가구조는 선택한 생산방식에 따라서 조정가능하다. 즉, 어떠한 기업이 노동집약적인 생산방식을 선택한다면 직접노무비의 비중이 높아져서 변동비율이 상대적으로 증가하여 고정비율이 낮아지지만 자본집약적인 생산방식을 선택한다면 설비투자로 인한 고정비의 비중이 높아져 고정비율은 상대적으로 증가하여 변동비율은 낮아지게 된다. 이러한 경우 경영자는 CVP분석을 이용하여 최적원가구조를 선택할 수 있다.

2. 영업레버리지도(DOL)

영업레버리지(operating leverage)란 고정비로 인하여 매출액의 변화율보다 영업이익의 변화율이 확대되는 효과를 말한다. 영업레버리지의 크기를 측정하는 지표를 영업레버리지도(degree of operating leverage : DOL)라고 한다.

$$\text{영업레버리지도(DOL)}^{*1} = \frac{\text{영업이익의 변화율}^{*2}}{\text{매출액의 변화율}} = \frac{\text{공헌이익}}{\text{영업이익}} = \frac{1}{\text{안전한계율}}$$

*1 영업레버리지도의 크기

① 고정비가 없다면 영업레버리지도는 1이다.

② 손익분기점 부근에서 가장 크다. 즉, 영업이익이 0에 가까울수록 무한대이다.

③ 매출액이 증가함에 따라 점점 작아진다.

*2 DOL의 유도과정은 다음과 같다.

$$\text{영업레버리지도} = \frac{\text{영업이익 증가율}}{\text{매출액 증가율}} = \frac{\frac{\Delta I}{I}}{\frac{\Delta PQ}{PQ}} = \frac{\frac{(P-VC)\Delta Q}{(P-VC)Q-FC}}{\frac{\Delta Q}{Q}} = \frac{(P-VC)Q}{(P-VC)Q-FC} = \frac{\text{공헌이익}}{\text{영업이익}}$$

단, P : 단위당 판매가격

VC : 단위당 변동비

Q : 판매량

I : 영업이익

FC : 고정비

예제 19 영업레버리지도

(주)한국은 서울과 부산에 사업부를 운영하고 있다. 다음은 두 사업부의 당해연도 예상포괄손익계산서 이다.

	서울	부산
매출액	₩500,000	₩500,000
변동비	(300,000)	(100,000)
공헌이익	₩200,000	₩400,000
고정비	(150,000)	(350,000)
영업이익	₩50,000	₩50,000

요구사항 1

사업부별 손익분기점 매출액을 구하시오.

해답

※자료정리

	서울		부산	
p	?		?	
vc	?		?	
cm	?	(cmr = 0.4)[*1]	?	(cmr : 0.8)[*2]
FC	₩150,000		₩350,000	

*1 ₩200,000÷₩500,000=0.4
*2 ₩400,000÷₩500,000=0.8

서울사업부 : ₩150,000 ÷ 0.4 = ₩375,000
부산사업부 : ₩350,000 ÷ 0.8 = ₩437,500

요구사항 2

사업부별 영업레버리지도를 구하시오.

해답

서울사업부 : ₩200,000 ÷ ₩50,000 = 4
부산사업부 : ₩400,000 ÷ ₩50,000 = 8

요구사항 3

매출액이 20% 증가할 경우 각 사업부의 영업이익을 구하시오.

해답

"매출액변화율 × 영업레버리지도 = 영업이익변화율" 이므로,

서울사업부 : ₩50,000 × (1 + 0.2 × 4) = ₩90,000

부산사업부 : ₩50,000 × (1 + 0.2 × 8) = ₩130,000

요구사항 4

매출액이 20% 감소할 경우 각 사업부의 영업이익을 구하시오.

해답

"매출액변화율 × 영업레버리지도 = 영업이익변화율" 이므로,

서울사업부 : ₩50,000 × (1 − 0.2 × 4) = ₩10,000

부산사업부 : ₩50,000 × (1 − 0.2 × 8) = ₩(30,000)

객관식 문제

1. 일반적으로 손익분기점 분석에서 가정 중 가장 적절하지 못한 것은? 2000 세무사

   ① 판매가격은 일정범위내에서는 변동하지 않는다.

   ② 모든 원가는 고정비와 변동비로 나누어질 수 있다.

   ③ 수익과 원가형태는 관련범위내에서 곡선이다.

   ④ 원가요소, 능률, 생산성은 일정범위내에서 변동하지 않는다.

   ⑤ 단위당 판매가격은 판매량에 관계없이 일정하다.

2. 레버리지 분석에 관한 설명으로 옳지 않은 것은?

   ① 영업레버리지도가 높아지면 매출액의 변동에 따른 영업이익의 변동폭이 커진다는 것을 의미하기 때문에 영업레버리지도는 매출액의 변동에 대한 영업이익의 불확실성을 나타낸다.

   ② 재무레버리지도가 높아지면 영업이익의 변동에 따른 당기순이익의 변동폭이 커지므로 당기순이익의 불확실성 정도가 커진다.

   ③ 경기가 나빠질 것으로 예상됨에도 불구하고 자기자본의 조달 없이 차입금만으로 자금을 조달하면 재무레버리지도가 높아져 기업위험은 증가할 수 있다.

   ④ 기업의 부채비율이 높아진다고 하더라도 이자보상비율이 100%이상이라면, 재무레버리지도에는 영향을 미치지 않는다.

   ⑤ 고정원가가 높고 단위당 변동원가가 낮은 구조를 갖는 기업은 영업레버리지도가 높게 나타나며, 단위당 판매가격이 일정할 때 영업레버리지도가 높은 기업은 공헌이익률도 높게 나타난다.

3. 다음은 원가 · 조업도 · 이익(CVP)분석에 관한 설명이다. 이 중 적합하지 않은 표현은 어느 것인가? 2004 회계사

   ① 손익분기점에서는 순이익이 0이므로 법인세가 없다.

   ② 공헌이익이 총고정비 보다 클 경우에는 이익이 발생한다.

   ③ 생산량과 판매량이 다른 경우에도 변동원가계산의 손익분기점은 변화가 없다.

   ④ 총원가 중에서 고정비의 비중이 클수록 영업레버리지도는 작아진다.

   ⑤ 안전한계율에 공헌이익률을 곱하면 매출액이익률이 계산된다.

4. (주)봉황은 야구공을 제조하여 개당 ₩10,000에 판매하고 있다. 야구공 제조에 사용되는 변동비는 개당 ₩5,000이고 고정비는 한 달에 ₩2,000,000이다. (주)봉황이 5월에 ₩1,160,000의 세후순이익을 얻기 위해서는 몇 개의 야구공을 생산 · 판매하여야 하는가? 단, 법인세율은 세전이익 ₩1,000,000까지는 18%, ₩1,000,000 초과시에는 32%로 가정한다. 1995 세무사

① 400개 ② 500개 ③ 600개
④ 700개 ⑤ 800개

5. (주)대한은 매출을 촉진하기 위해서 판매사원이 제품 4,000단위를 초과하여 판매하는 경우에, 초과 판매된 1단위당 ₩200씩 특별판매수당을 지급한다. 이러한 조건하에서 5,000단위를 판매하여 세차감후순이익 ₩1,920,000을 달성하였다. 제품의 판매단가는 ₩2,000이며, 월간 고정비는 ₩1,400,000이고 월간 최대판매수량은 8,000단위이다. 위의 조건대로 특별판매수당을 지급하고 세차감후순이익 ₩2,400,000을 달성하려면, 현재의 최대판매수량기준으로 몇 %의 조업도를 달성하여야 하는가? 단, 회사의 월초, 월말 재고자산은 없으며, 세율은 세차감전이익의 20%라고 가정한다. 2009 세무사

① 60% ② 65% ③ 70%
④ 75% ⑤ 80%

※ 다음 자료를 이용하여 문.6~문.7에 답하시오. 2008 회계사

(주)경기는 제품 A와 제품 B를 생산 · 판매한다. (주)경기는 변동원가계산방법을 사용하며 당기 예상판매 및 예상원가 자료는 다음과 같다.

구 분	제품 A	제품 B	합 계
판매수량	300개	700개	1,000개
총매출액	₩30,000	₩42,000	₩72,000
총변동원가	15,000	21,000	36,000
총고정원가			21,600

6. 법인세율이 40%일 경우 세후이익 ₩15,120을 달성하기 위한 판매수량은 얼마인가?

	제품A	제품B
①	360개	840개
②	390개	910개
③	420개	980개
④	450개	1,050개
⑤	480개	1,120개

7. 법인세는 없으며 고정원가 ₩21,600에는 감가상각비 ₩3,600이 포함되어 있다면 현금흐름분기수량은 얼마인가?

	제품A	제품B
①	150개	350개
②	180개	420개
③	210개	490개
④	240개	560개
⑤	270개	630개

8. (주)한국은 A와 B 두 종류의 제품을 생산 · 판매한다. 각 제품별 매출액은 A와 B 각각 60%와 40%를 차지하고 있는데, 단위당 변동원가는 제품 A가 판매가격의 60%, 제품 B가 판매가격의 85%이다. 당기의 총고정원가는 ₩150,000이었는데, (주)한국은 차기에 ₩9,000의 순이익을 달성할 목적으로 총고정원가를 당기보다 30%증가시킬 계획을 가지고 있다. (주)한국의 목표달성에 필요한 매출액은 얼마인가?

① ₩260,000 ② ₩560,000 ③ ₩680,000
④ ₩700,000 ⑤ ₩840,000

9. (주)서울은 20×1년 5월 중 백과사전을 구입하여 50질을 판매하였으며 공헌이익률은 60%였다. 동 기간 중 발생한 총변동원가는 ₩2,000,000이고, 총고정비는 ₩1,500,000이었다. 총고정비 중에는 판매원에 대한 고정급 ₩500,000이 포함되어 있다. 회사는 판매원에게 고정급을 지급하는 대신 백과사전 1질 판매당 ₩12,000을 지급하는 성과급으로 변경할 것을 검토 중이다. 만약 이와 같은 성과급으로 변경한다면 종전과 동일한 이익을 얻기 위해서는 한 달에 백과사전을 몇 질 판매하여야 하는가? 1997 세무사

① 약 40질　　② 약 50질　　③ 약 52질
④ 약 60질　　⑤ 약 55질

10. 서울공업사는 단일제품을 생산 · 판매하고 있다. 제품단위당 판매가격은 ₩500이며, 2008년 5월의 요약 공헌이익 손익계산서는 다음과 같다. **2000 세무사**

공헌이익 손익계산서

매출액(1,000단위)	₩500,000
변동원가	300,000
공헌이익	₩200,000
고정원가	150,000
순이익	₩50,000

상기 자료와 관련된 다음의 분석 중에서 옳지 않은 것은?

① 손익분기점 판매량은 750단위이다.

② 매출액이 1/2로 감소하면 순손실 ₩50,000이 발생한다.

③ 목표이익 ₩80,000을 얻기 위한 판매량은 1,150단위이다.

④ 20%의 목표이익률을 달성하기 위한 매출액은 ₩375,000이다.

⑤ 회사의 법인세율이 30%라고 가정한면, 세후목표이익 ₩70,000을 달성하기 위한 매출액은 ₩625,000이다.

정답 및 해설

1. 정답 ③

기본 | CVP분석의 기본개념

• 수익 및 원가는 관련범위 내에서 선형이다.

2. 정답 ④

기본 | 영업레버리지도의 기본개념★

④ 재무레버리지도란 이자비용으로 인하여 영업이익변화율보다 당기순이익변화율이 확대되는 효과로 재무레버리지도(DFL)로 측정할 수 있다.

$$\text{DFL} = \frac{\text{EBIT 변화율}}{\text{영업이익 변화율}} = \frac{\text{영업이익}}{\text{영업이익} - \text{이자비용}}$$

※ 이자보상비율은 EBIT에 의해 이자가 얼마나 보상하고 있는지를 평가하는 지표로서 "EBIT ÷ 이자비용"을 표시된다.

DFL의 식에서 분자와 분모에 각각 이자비용을 나누어 주면,

$$\text{DFL} = \frac{(\text{영업이익}/\text{이자비용})}{(\text{영업이익} - \text{이자비용})/\text{이자비용}} = \frac{\text{이자보상비율}}{\text{이자보상비율} - 1}$$

그러므로, 이자보상비율이 100%이상일지라도 기업의 부채비율이 상승하면 이자보상비율이 달라지게 되며, 궁극적으로 DFL이 변화하게 된다.

3. 정답 ④

기본 | 영업레버리지도의 기본개념★

• 고정비의 비중이 클수록 영업레버리지도는 커진다.

4. 정답 ④

기본 | 목표이익분석★

※ 자료정리

p	₩10,000
vc	5,000
cm	₩5,000
FC	₩2,000,000

(1) 세전목표이익

세율	누적목표세후이익	누적목표세전이익
18%(₩0 ~ ₩1,000,000)	₩820,000	₩820,000 ÷ (1 − 0.18) = ₩1,000,000
32%(₩1,000,000 초과)	340,000	₩340,000 ÷ (1 − 0.32) = 500,000
	₩1,160,000	₩1,500,000

(2) 목표판매량을 Q라 하면,

₩5,000Q − ₩2,000,000 = ₩1,500,000

Q = 700개

5. 정답 ④

중급 변동비추정과 비선형함수 CVP분석★

※ 자료정리

변동비를 X라 하면,

	0~4,000단위	4,000단위 초과
p	₩2,000	₩2,000
vc	X	X+200
cm	₩2,000 − X	₩1,800 − X
FC	₩1,400,000	₩1,400,000
세율	20%	

5,000단위 판매시 세차감후 이익이 ₩1,920,000이므로,

[4,000단위×(₩2,000 − X) + 1,000 × (₩1,800 − X) − ₩1,400,000] × (1 − 0.2) = ₩1,920,000

따라서, X는 ₩1,200이다.

세차감후이익 ₩2,400,000을 달성하기 위한 판매량을 Q라 하면,

[4,000단위 × (₩2,000 − ₩1,200) + (Q − 4,000) × (₩1,800 − ₩1,200) − ₩1,400,000] × (1 − 0.2) = ₩2,400,000

따라서, Q는 6,000단위이다.

그러므로, 판매량 6,000단위는 기준조업도(8,000단위)의 75%(= 6,000단위 ÷ 8,000단위)이다.

6. 정답 ②

중급 복수제품의 목표이익분석과 현금흐름분기점★

(1) 제품별 단위당 공헌이익

A : ₩15,000 ÷ 300 = @50

B : ₩21,000 ÷ 700 = @30

(2) 꾸러미당 공헌이익

@50 × 3 + @30 × 7 = @360

(3) 목표이익꾸러미수

(@360 × Q − ₩21,600) × 0.6 = ₩15,120

Q = 130개

(4) 제품별 판매수량

A : 130 × 3 = 390개

B : 130 × 7 = 910개

7. 정답 ①

중급 복수제품의 목표이익분석과 현금흐름분기점★

(1) 현금흐름분기꾸러미수

@360 × Q − ₩21,600 + ₩3,600 = ₩0

Q = 50개

(2) 제품별 판매수량

A : 50 × 3 = 150개

B : 50 × 7 = 350개

8. 정답 ③

중급 복수제품의 목표이익분석-가중평균공헌이익률 적용★

제품별 공헌이익률 : A는 40%, B는 15%

가중평균공헌이익률 : 40% × 60% + 15% × 40% = 30%

목표매출액 : (₩150,000 × 1.3 + ₩9,000) ÷ 0.3 = ₩680,000

9. 정답 ③

중급 원가구조의 변경

※ 자료정리

	변경전	변경후
p	₩100,000*2	₩100,000
vc	40,000*1	52,000
cm	₩60,000	₩48,000
FC	₩1,500,000	₩1,000,000

*1 ₩2,000,000 ÷ 50질 = ₩40,000/질

*2 공헌이익률이 60%이므로, 변동비율은 40%이다.

따라서, ₩40,000 ÷ 0.4 = ₩100,000/질

(1) 종전의 이익

50질 × ₩60,000 − ₩1,500,000 = ₩1,500,000

(2) 목표이익달성을 위한 판매량을 Q라 하면,

₩48,000Q − ₩1,000,000 = ₩1,500,000

그러므로, Q는 약 52질

10. 정답 ④

중급 손익분기점분석의 종합★

※ 자료정리

p	₩500(100%)
vc	300(60%)
cm	₩200(40%)
FC	₩150,000

① 손익분기점 판매량은 ₩150,000 ÷ ₩200 = 750단위이다.
② 영업레버리지도(DOL)는 ₩200,000 ÷ ₩50,000 = 4이다.
따라서, ₩50,000 × (1 − 0.5 × 4) = ₩(50,000)
③ 목표판매량을 Q라 하면,
₩200Q − ₩150,000 = ₩80,000
그러므로, Q는 1,150단위이다.
④ 목표이익률 달성을 위한 매출액을 S라 하면,
0.4S − ₩150,000 = 0.2S
그러므로, S=₩750,000
⑤ 세후목표이익을 달성하기 위한 매출액을 S라 하면,
(0.4S − ₩150,000) × (1 − 0.3) = ₩70,000
그러므로, S = ₩625,000

주관식 문제

문 제 1 민감도분석

다음을 읽고 물음에 답하시오.

(주)한국은 현재 단일제품 A를 매월 평균 400단위 생산하여 판매하고 있다. 당사의 제품단위당 판매가격은 ₩250이며, 원가자료는 다음과 같다.

단위당 직접재료원가	:	₩80
단위당 직접노무원가	:	₩40
단위당 변동제조간접원가	:	₩20
단위당 변동판매관리비	:	₩10
월간 고정제조간접원가	:	₩25,000
월간 고정판매관리비	:	₩10,000

위의 자료를 이용하여 다음 각각의 독립적인 물음에 답하시오.

물음 1

회사 경영진은 매월 광고비 ₩10,000을 증가시키면 매출액이 ₩30,000증가할 것으로 기대하고 있다. 매월 광고비 ₩10,000을 증가시킬 때 회사의 영업이익이 매월 얼마만큼 증가 혹은 감소하게 될 것인지 계산하시오.

물음 2

회사 경영진은 제품 A의 단위당 판매가격을 ₩20 인하하고 광고비를 매월 ₩15,000 증가시켜 제품 A의 판매수량을 50% 신장시킬 예정이다. 가격 인하분(₩20)과 광고비 증액분(매월 ₩15,000)에 따른 회사의 영업이익은 매월 얼마만큼 증가 혹은 감소하게 될 것인지 계산하시오.

물음 3

회사 경영진은 매월 ₩6,000의 고정급여를 받는 판매사원 대신 판매단위당 ₩15의 판매수수료를 받는 판매사원을 채용하면 판매량이 15% 증가할 것으로 확신하고 있다. 만약 고정급(월 ₩6,000) 판매사원을 판매 수수료(판매단위당₩15)를 받는 판매사원으로 대체하는 경우, 이 회사의 영업이익은 매월 얼마만큼 증가 혹은 감소하게 될 것인지 계산하시오.

물음 4

회사 경영진은 판매가격이 적정하면 제품 A를 추가로 도매상에게 매월 150단위 납품할 수 있는 기회를 갖게 된다고 하자. 납품을 하더라도 현재 월 예상판매량(400단위)에 미치는 영향은 없을 것으로 예상된다. 이때 추가납품(150단위)으로 매월 영업이익 ₩3,000을 증가시키고자 한다면, 회사가 제시할 수 있는 최소한의 단위당 판매가격은 얼마인가?

해 답

※ 자료정리

P	₩250
VC	150
CM	₩100
FC	₩35,000
CMR	40%

물음 1 영업이익변화

증분공헌이익 – 증분고정비
= ₩30,000 × 0.4 – ₩10,000
= ₩2,000증가

물음 2 영업이익변화

증분수익	매출증가	₩230 × 400 × 1.5 =	₩138,000
증분비용	변동제조원가	₩150 × 200 =	(30,000)
	광고비		(15,000)
	기존판매감소	₩250 × 400 =	(100,000)
증분이익			₩(7,000)

물음 3 영업이익변화

증분수익	매출증가	₩250 × 400 × 0.15 =	₩15,000
	고정급감소		6,000
증분비용	판매수수료	₩15 × 400 × 1.15 =	(6,900)
	변동비	₩150 × 400 × 0.15 =	(9,000)
증분이익			₩5,100

물음 4 최소판매금액

증분수익	매출증가		P × 150
증분비용	변동비	₩150 × 150 =	(22,500)
증분이익			₩3,000

그러므로, P = ₩170

문제 2 비선형함수 CVP분석

다음을 읽고 물음에 답하시오.

(주)한국은 서울시에서 유선방송을 운영하고 있는데, 회사의 각종 자료는 다음과 같다.

(1) 회사가 유선방송의 가입자로부터 받는 월간 시청료는 가입자당 ₩20이다.

(2) 회사가 사용하고 있는 방송설비의 소유권은 시에 있으며, 회사는 시와의 방송설비 사용계약에 따라 10,000명의 가입자로부터 받는 시청료에 대해서는 10%, 10,000명을 초과하는 가입자로부터 받는 시청료에 대해서는 5%를 시에 지불하고 있다. 그 외에도 매월 ₩50,000을 기본사용료로 지급하고 있다.

(3) 회사는 채널공급업자로부터 여러 채널을 공급받아 방송하고 있다. 회사는 채널공급업자와의 계약에 따라 20,000명의 가입자까지는 가입자당 ₩8, 20,000명을 초과하는 가입자에 대하여는 가입자당 ₩6을 지불하고 있다. 그 외에도 매월 일정하게 ₩20,000을 채널공급업자에게 지급하고 있다.

(4) 매월 ₩60,000의 고정비와 가입자당 매월 ₩2의 변동비가 영업비용으로 발생하고 있다.

물음 1

0 ~ 30,000명까지의 범위 내에서 매월 가입자당 공헌이익을 구하시오.

물음 2

매월 손익분기 가입자수를 구하시오.

물음 3

가입자가 10,000명, 20,000명, 30,000명일 때 각각 월 영업이익을 구하시오.

해 답

※ 자료분석

(1) 가입자수에 따른 공헌이익

가입자수	0 ~ 10,000명		10,001명 ~ 20,000명		20,001명 ~ 30,000명	
가입자당 매출액		₩20		₩20		₩20
가입자당 변동비						
시에 지불	₩2		₩1		₩1	
채널공급업자에 지불	8		8		6	
영업비용	2	(12)	2	(11)	2	(9)
가입자당 공헌이익		₩8		₩9		₩11

(2) 고정비

₩50,000 + ₩20,000 + ₩60,000

= ₩130,000

물음 1 매월 가입자당 공헌이익

가입자당 공헌이익은 각각 ₩8(0 ≤ Q ≤ 10,000명), ₩9(10,001명 ≤ Q ≤ 20,000), ₩11(20,001명 ≤ Q ≤ 30,000명)이다.

물음 2 매월 손익분기점 가입자수

(1) 0 ≤ Q ≤ 10,000명

$$\text{BEP Q} = \frac{130,000}{8} = 16,250\text{일(부적합)}$$

(2) 10,001명 ≤ Q ≤ 20,000명

10,000명 × ₩8 + (Q − 10,000) × ₩9 = ₩130,000

BEP Q = 15,556명(적합)

(3) 20,001명 ≤ Q ≤ 30,000명

10,000명 × ₩8 + 10,000 × ₩9 + (Q − 20,000) × ₩111 = ₩130,000

BEP Q = 16,364명(부적합)

따라서, 손익분기점 가입자 수는 15,556명이다.

물음 3 영업이익

가입자수	10,000명	20,000명	30,000명
매 출 액(₩20)	₩200,000	₩400,000	₩600,000
변 동 비	120,000*1	230,000*2	320,000*3
공헌이익	80,000	170,000	280,000
고 정 비	130,000	130,000	130,000
영업이익(손실)	₩(50,000)	₩40,000	₩150,000

*1 10,000명×@12 = ₩120,000
*2 10,000명×@12+10,000명×@11 = ₩230,000
*3 10,000명×@12+10,000명×@11+10,000명×@9 = ₩320,000

문제 3 활동기준원가계산과 CVP분석

다음을 읽고 물음에 답하시오.

김세무사의 고객인 (주)한국은 여러 가지 가구용품을 만드는 회사이다. (주)한국은 한동안 인기를 누리다가 최근 들어 판매가 부진한 탁자를 내년에도 계속 생산하여 판매할 것인지의 여부를 결정하기 위해 김세무사를 방문했다. (주)한국의 연간 생산 가능한 탁자는 1,000단위이다. (주)한국이 제시한 탁자의 단위당 생산원가는 다음과 같다.

직접재료원가	₩25
직접노무원가	10
재료처리활동원가	8
공정가공활동원가	12
제품유지활동원가	20
품질검사활동원가	30

(주)한국은 이들 원가항목 중에서 제품유지활동원가와 품질검사활동원가를 제외한 나머지는 변동원가라고 구분했다. 회사의 세율은 30%이다. 탁자의 단위당 판매가는 ₩155이다. 분석의 편의를 위해 판매비 등은 없는 것으로 가정한다. 단, 재료처리활동원가와 공정가공활동원가는 제품단위별로 이루어진다.

물음 1

탁자의 손익분기점 판매수량을 구하시오. (단, 소수점이하 절사하시오.)

물음 2

(주)한국이 탁자로부터 세후순이익 ₩10,000을 얻기 위한 판매수량을 구하시오. (단, 소수점이하 절사하시오)

물음 3

(주)한국의 시장분석 자료에 의하면 내년의 판매수량은 700단위가 될 것이라고 한다. 한편, (주)한국은 (주)대한에 탁자의 외주제작을 대당 ₩125에 (주)한국이 원하는 수량만큼 맡길 수 있다고 한다. 이 경우, (주)한국의 입장에서 선택 가능한 3가지 방안을 열거하고, 이 중 어느 것이 가장 유리한지 나타내시오. (단, 세율은 고려하지 않는다.)

해 답

※ 자료분석

	간편버너	
단위당 판매가격	₩155	
단위당 변동비	55	(= ₩25 + ₩10 + ₩8 + ₩12)
단위당 공헌이익	₩100	
총고정비	₩50,000	[= 1,000대 × (₩20 + ₩30)]
법인세율	30%	

물음 1 손익분기점 판매수량

세후목표이익이 ₩0인 판매수량을 Q라 하면,

{(₩155 − ₩55) × Q − ₩50,000} × (1 − 0.3) = ₩0

그러므로, Q = ₩50,000 ÷ ₩100 = 500대

물음 2 세후목표이익분석

세후목표이익이 ₩10,000인 판매수량을 Q라 하면,

{(₩155 − ₩55) × Q − ₩50,000} × (1 − 0.3) = ₩10,000

그러므로, Q = {₩10,000 ÷ (1 − 0.3) + ₩50,000} ÷ ₩100 = 642대

물음 3 (주)한국 입장에서 선택 가능한 3가지 방안 및 의사결정

(1) 선택 가능한 3가지 방안

① 제1대안 : 700대 전량을 자체 생산하여 판매한다.

② 제2대안 : 700대 전량을 외주 제작하여 판매한다.

③ 제3대안 : 생산 및 판매를 포기한다.

(2) 각 대안별 이익분석 및 선택

① 제1대안의 영업이익 : 700대 × (₩155 − ₩55) − ₩50,000 = ₩20,000

② 제2대안의 영업이익 : 700대 × (₩155 − ₩125) − ₩50,000 = ₩(29,000)

③ 제3대안의 영업이익 : ₩(50,000)

제1대안의 영업이익이 가장 크므로 700대 전량을 자체 생산하여 판매한다.

CVP종합문제

1996. KICPA 수정

다음을 읽고 물음에 답하시오.

㈜한국은 다음 3가지 제품을 생산 판매하고 있다.

	A	B	C
생산 및 판매수량	5,000개	2,500개	5,000개
단위당 가격	₩30,000	₩50,000	₩70,000
단위당 변동원가	12,000	20,000	35,000
단위당 고정원가	10,000	7,520	8,000
단위당 재료소비량	100g	150g	300g

고정원가 중 각 제품에 대해 추적가능한 직접비는 60%이며 직접비는 생산중단시 절감가능하다. 또한, 시장수요는 무한대이고 독점적 시장에서 생산 · 판매하고 있다.

물음 1

원재료 취득이 제한되는 경우 가장 먼저 생산량을 감소시켜야 하는 제품을 구하시오.

물음 2

제품 B의 판매량이 감소하므로 사장은 회계사에게 제품 B의 생산을 중단할 것인지를 자문하였고 회계사는 계속 생산해야 한다고 주장하면서 현재 상황에서 손익분기점 판매수량을 제시하였다. 현재의 매출수량비율이 유지된다고 가정할 경우 회계사가 제품 B에 대해 제시한 손익분기수량을 구하시오.

물음 3

회사는 손익분기점 이하인 제품의 생산을 중단하고자 한다. 제품 B의 최대판매량이 700단위 미만으로 제한된다고 가정한다면 각 제품의 손익분기점 판매수량을 구하시오. (단, 특정 제품 생산을 중단하는 경우 다른 제품의 매출수량비율은 현재의 매출수량비율이 유지된다.)

해 답

물음 1 제약자원 단위당 공헌이익 계산

	A	B	C
단위당 가격	₩30,000	₩50,000	₩70,000
단위당 변동원가	12,000	20,000	35,000
단위당 공헌이익	₩18,000	₩30,000	₩35,000
단위당 재료소비량	÷100g	÷150g	÷300g
재료g당 공헌이익	₩180	₩200	₩117
우선순위	2순위	1순위	3순위

단일의 자원제약이 있는 경우에 이익극대화를 위해서는 제약자원의 단위당 공헌이익이 큰 것부터 생산하여야 하므로 재료 g당 공헌이익이 가장 작은 제품 C를 먼저 감소시킨다.

물음 2 손익분기점 판매수량

(1) 매출수량배합 (A : B : C) = 2 : 1 : 2

(2) 가중평균 단위당 공헌이익

$$\frac{18,000 \times 2 + 30,000 \times 1 + 35,000 \times 2}{2 + 1 + 2}$$

= ₩27,200

(3) 고정원가

A	₩10,000 × 5,000개	=	₩50,000,000
B	₩7,500 × 2,500개	=	18,800,000
C	₩8,000 × 5,000개	=	40,000,000
			₩108,800,000

(4) 손익분기점 총판매량

$$\frac{108,800,000}{27,200}$$

= 4,000개

(5) 제품별 손익분기점 판매수량

A　4,000개 × $\frac{2}{2+1+2}$ = 1,600개

B　4,000개 × $\frac{1}{2+1+2}$ = 800개

C　4,000개 × $\frac{2}{2+1+2}$ = 1,600개

물음 3 생산중단후 손익분기점 판매수량

(1) 매출수량배합 (A : C) = 2 : 2 = 1 : 1

(2) 가중평균 단위당 공헌이익

$$\frac{18,000 \times 1 + 35,000 \times 1}{1+1}$$

= ₩26,500

(3) 고정원가

제품 B의 추적가능한 직접비 60%는 절감가능하다.

A		₩50,000,000
B	₩18,800,000 × 40% =	7,520,000
C		40,000,000
		₩97,520,000

(4) 손익분기점 총판매량

$$\frac{97,520,000}{26,500}$$

= 3,680개

(5) 제품별 손익분기점 판매수량

A　3,680개 × $\frac{1}{1+1}$ = 1,840개

C　3,680개 × $\frac{1}{1+1}$ = 1,840개

문제 5 비선형함수 CVP분석

다음을 읽고 물음에 답하시오.

김대표는 종합병원에서 산부인과를 임차하여 경영하고 있다. 병원측은 산부인과 이외에도 신경외과, 소아과 등과 같은 전문분야별로 나누어 여러 사람에게 임대해 주고 있다. 매년초, 이 병원은 전년도에 발생한 제반비용을 정산하여 각 과에 청구하는데, 환자의 식비, 세탁비, 약품비 입원료청구 및 회수비용 등은 각 과별 연간 환자입원일수에 따라 부과하며 병실의 임차료 및 관리비는 병원측에서 임대해 준 병상수에 따라 부과한다.

20×2년 1월 초 김대표가 병원측으로부터 받은 청구서는 다음과 같다.

청 구 서

부과대상 : 산부인과 기간 : 20×1. 1. 1 ~ 20×1. 12. 31

	부과기준	
	연간 환자입원일수	병 상 수
식 비	₩60,800	
세 탁 비	50,000	
약 품 비	90,000	
입원료청구 및 회수비용	62,000	
임 차 료		₩300,000
관 리 비		153,000
합 계	₩262,800	₩453,000

산부인과는 최소한 60개의 병상을 임차하기로 병원과 계약을 했기 때문에, 이제까지 병원으로부터 60개의 병상을 임차하여 사용하여 왔다. 산부인과에서 환자에게 청구한 병상 1개당 하루의 입원료는 ₩65이었다. 산부인과의 20×1년 총입원료수익은 ₩1,138,800이었으며 연중 쉬지 않고 진료하였다.

산부인과에서는 수간호사, 간호사 및 보조원에 대하여 직접 급여를 지급하고 있는데, 연간 환자입원일수에 따라 필요한 최소한의 인원수는 다음과 같다.

연간 환자입원일수	수간호사	간 호 사	보 조 원
0 ~ 17,100일	4명	12명	22명
17,101 ~ 18,900	5	14	24
18,901 ~ 21,900	6	17	27
21,901 ~ 29,200	8	24	38

산부인과에서 연간 환자입원일수에 따라 필요한 최소인원만 고용하려고 한다. 따라서 연간 환자입원일수의 일정범위 내에서 수간호사, 간호사 및 보조원의 급여는 고정비이다. 각 직책별 1인당 연간 급여는 수간호사가 ₩18,000, 간호사가 ₩13,000, 보조원이 ₩5,000이다.

물음 1

산부인과의 20×1년 공헌이익 손익계산서를 작성하시오.

물음 2

산부인과의 20×1년 손익분기점 환자입원일수를 구하시오.

물음 3

20×2초, 김대표는 병원측으로부터 병상 20개를 추가로 임대해 줄 수 있다는 제의를 받았다. 추가적인 임차는 병상수에 따라 병원측에서 부과하는 임차료와 관리비를 증가시킬 것이다. 병상 20개를 추가적으로 임차할 경우 산부인과의 20×2년 손익분기점 환자입원일수를 구하시오.

해 답

※ 자료정리

(1) 최대 병상수 : 60개 × 365일 = 21,900개

(2) 환자입원일수 : ₩1,138,800 ÷ ₩65 = 17,520일

(3) 환자입원일수 변동비 : ₩262,800 ÷ 17,520일 = ₩15

(4) 조업도별 재무자료

	0 ~ 17,100	17,101 ~ 18,900	18,901 ~ 21,900
단위당 판매가격	₩65	₩65	₩65
단위당 변동비	15	15	15
단위당 공헌이익	₩50	₩50	₩50
고정비			
임차료 및 관리비	₩453,000	₩453,000	₩453,000
인건비*1	338,000	392,000	464,000

*1 ₩18,000×수간호사 + ₩13,000×간호사 + ₩5,000×보조원

물음 1 공헌이익 손익계산서

매 출 액	17,520일 × ₩65 =	₩1,138,800
변 동 비	17,520일 × ₩15 =	262,800
공헌이익		₩876,000
고 정 비	₩453,000 + ₩392,000* =	845,000
영업이익		₩31,000

* 17,520일에 해당하는 간호담당직원의 급여이다.
5명×@18,000 + 14명×@13,000 + 24명×@5,000 = ₩392,000

물음 2 손익분기점 환자입원일수

환자입원일수를 Q라고 하면,

(1) 0 ≤ Q ≤ 17,100일

① 고정비 = ₩453,000 + 4명 × ₩18,000 + 12명 × ₩13,000 + 22명 × ₩5,000
= ₩791,000

② BEP Q = $\frac{791,000}{50}$ = 15,820일(적합)

(2) 17,101일 ≤ Q ≤ 21,900일

① 고정비 = ₩845,000

② $\text{BEP Q} = \dfrac{845,000}{50} = 16,900$일(부적합)

(3) 18,901일 ≤ Q ≤ 21,900일

① 고정비 = ₩453,000 + 6명 × ₩18,000 + 17명 × ₩13,000 + 27명 × ₩5,000

= ₩917,000

② $\text{BEP Q} = \dfrac{917,000}{50} = 18,340$일(부적합)

따라서, 손익분기점 환자입원일수는 15,820일이다.

물음 3 병상 추가시 손익분기점 환자입원일수

병상 80개일 때, 연간 최대환자입원일수는 80개 × 365일 = 29,200일 이다. 병상수당 임대료와 관리비 = ₩453,000/60개 = ₩7,550/개이므로, 병상일수 80개일 때 고정비는 80개 × ₩7,550 = ₩604,000이다.

환자입원일수를 Q라고 하면,

(1) 0 ≤ Q ≤ 17,100일

① 고정비 = ₩604,000 + ₩338,000

= ₩942,000

② $\text{BEP Q} = \dfrac{942,000}{50} = 18,840$일(부적합)

(2) 17,101일 ≤ Q ≤ 18,900일

① 고정비 = ₩604,000 + ₩392,000

= ₩996,000

② $\text{BEP Q} = \dfrac{996,000}{50} = 19,920$일(부적합)

(3) 18,901일 ≤ Q ≤ 21,900일

① 고정비 = ₩604,000 + ₩464,000

= ₩1,068,000

② $\text{BEP Q} = \dfrac{1,068,000}{50} = 21,360$일(적합)

(4) 21,901일 ≤ Q ≤ 29,200일

① 고정비 = ₩604,000 + ₩646,000

= ₩1,250,000

② BEP Q = $\frac{1,250,000}{50}$ = 25,000일(적합)

따라서, 손익분기점 환자입원일수는 21,360일과 25,000일이다.

 비선형함수하의 CVP분석

CMA 수정

다음을 읽고 물음에 답하시오.

(주)한국은 A, B의 두 공장에서 동일한 제품을 생산하는데, A공장은 공정의 자동화가 많이 이루어져 있으나 B공장은 주로 수작업에 의존하고 있다. 회사는 올해에 192,000개의 제품을 생산 · 판매할 계획이다. 두 공장의 수익과 원가자료는 다음과 같다.

	A공장		B공장	
단위당 판매가격		₩150		₩150
단위당 비용				
변동제조원가	₩72		₩88	
고정제조간접비	30		20	
판매수수료(매출액의 5%)	7.5		7.5	
기타의 변동판매비	6.5		6.5	
고정판매관리비	19	135	25	147
단위당 영업이익		₩15		₩3
1일 생산량		400개		320개

위의 원가자료는 연간 240일의 정상조업도를 기준으로 하여 산정한 것이다. 연간 240일을 초과하여 작업하는 경우에는 휴일근무수당을 지급해야 하므로 A, B 두 공장의 변동제조원가가 각각 단위당 ₩24, ₩63씩 증가한다. 두 공장 모두 연간 최대조업일수는 300일이다. 생산이사는 A공장의 단위당 영업이익이 B공장보다 더 크다는 점을 감안하여 다음과 같이 생산계획을 수립하였다.

A공장	:	300일 × 400개 =	120,000개
B공장	:	225일 × 320개 =	72,000
합 계	:		192,000개

물음 1

A, B 두 공장의 손익분기점 판매량을 각각 구하시오.

물음 2

생산이사가 수립한 생산계획에 의할 경우 회사의 영업이익을 구하시오.

물음 3

회사가 두 공장의 총생산량을 지금처럼 연간 192,000개로 유지하려고 한다면 회사의 영업이익을 극대화하기 위한 최적생산계획은 무엇인가? 이 때 회사가 얻을 수 있는 최대의 영업이익을 구하시오.

해 답

※ 자료정리

	A공장		B공장	
정상조업도	240 × 400개 =	96,000개	240 × 320개 =	76,800개
고정제조간접비	96,000개 × @30 =	₩2,880,000	76,800개 × @20 =	₩1,536,000
고정판관비	96,000개 × @19 =	1,824,000	76,800개 × @25 =	1,920,000
고정비 합계		₩4,704,000		₩3,456,000

물음 1 공장별 손익분기 판매수량

(1) A공장

	0 ≤ Q ≤ 96,000개		96,001개 ≤ Q ≤ 120,000개	
단위당 판매가격		₩150		₩150
단위당 변동비	@72 + @7.5 + @6.5 =	86	@86 + @24 =	110
단위당 공헌이익		₩64		₩40

① 0 ≤ Q ≤ 96,000개일 때, 손익분기점 매출수량은

$$\frac{₩4,704,000}{₩64} = 73,500\text{개(적합)}$$

② 96,001 ≤ Q ≤ 120,000개일 때 손익분기점 매출수량은

96,000개 × ₩64 + (Q − 96,000개) × ₩40 = ₩4,704,000 ∴Q = 60,000개(부적합)

(2) B공장

	0 ≤ Q ≤ 76,800개		76,801개 ≤ Q ≤ 96,000개	
단위당 판매가격		₩150		₩150
단위당 변동비	@88 + @7.5 + @6.5 =	120	@102 + @63 =	165
단위당 공헌이익		₩48		₩(15)

① 0 ≤ Q ≤ 76,800개일 때, 손익분기점 매출수량은

$$\frac{₩3,456,000}{₩48} = 72,000\text{개(적합)}$$

② 76,801 ≤ Q ≤ 96,000개일 때 손익분기점 매출수량은

76,800개 × ₩48 + (Q − 76,800개) × ₩(15) = ₩3,456,000 ∴Q = 92,160개(적합)

물음 2 회사전체 영업이익

	A공장		B공장	
매출액	120,000개 × @150 =	₩18,000,000	72,000개 × @150 =	₩10,800,000
변동비	96,000개 × @86 + 24,000개 × @110 =	10,896,000	72,000개 × @102 =	7,344,000
공헌이익		7,104,000		3,456,000
고정비		4,704,000		3,456,000
영업이익		₩2,400,000		₩0

∴ 총영업이익 = ₩2,400,000 + ₩0 = ₩2,400,000

물음 3 최적생산계획하에서 영업이익

(1) 최적생산계획

단위당 판매가격과 총고정비는 조업도에 관계없이 일정하므로 제품 단위당 변동비가 낮은 공장에서 먼저 생산하도록 생산계획을 수립해야 한다.

	연간 생산량	단위당 변동비	생산우선순위	최적생산계획
A공장	0 ~ 96,000개	₩86	①	96,000개
	96,001 ~ 120,000	110	③	19,200
B공장	0 ~ 76,800	102	②	76,800
	76,801 ~ 96,000	165	–	–
합 계				192,000개

따라서, 최적생산계획은 A공장 115,200개, B공장 76,800개이다.

(2) 최대의 영업이익

A공장 : 115,200개 × ₩150 − (96,000개 × ₩86 + 19,200개 × ₩110) − ₩4,704,000
= ₩2,208,000

B공장 : 76,800개 × ₩150 − 76,800개 × ₩102 − ₩3,456,000 = 230,400

합 계 : ₩2,438,400

문제 7 자금조달과 설비대체분석

다음은 ㈜한국의 당기 경영성과에 관한 예산자료이다.

매출	₩400,000
변동원가	(320,000)
고정원가	(75,000)
영업손익	₩5,000

변동원가 중에는 ₩240,000의 직접노무원가가 포함되어 있고, 고정원가 중에는 ₩30,000의 간접노무원가가 포함되어 있다.

㈜한국은 ₩400,000을 투자하여 구기계를 신기계로 대체할 수 있다. 신기계의 내용연수는 10년이고 잔존가치는 ₩80,000이다. 회사가 신기계로 대체하는 경우 원가는 다음과 같이 변화할 것으로 예측하고 있다.

직접노무원가 발생액	₩160,000
간접노무원가 발생액	-
전력원가 추가발생액	400
	₩160,400

회사는 신기계를 연이자율 4%의 장기차입금으로 구입할 수 있고 감가상각방법은 정액상각법을 적용한다.

각 물음은 서로 독립적이다.

물음 1

현재 상황에서 손익분기점 매출액을 구하시오.

물음 2

신기계를 교체하는 경우 손익분기점 매출액을 구하시오.

물음 3

현재 상황과 신기계 교체 후 영업이익이 같아지는 매출액을 구하시오.

해 답

※ 자료정리

(1) 현재 상황

	현재상황	
단위당 판매가격	1	
단위당 변동원가	0.8	(= ₩320,000 ÷ ₩400,000)
단위당 공헌이익	0.2	
총고정비	₩75,000	

(2) 신기계 교체 후

• 변동원가

현재		₩320,000
직접노무원가감소	(₩240,000 − ₩160,000 =)	(80,000)
교체후		₩240,000

• 고정원가

현재		₩75,000
간접노무원가감소		(30,000)
지급이자	(₩400,000 × 4%)	16,000
감가상각비	(₩400,000 − ₩80,000) ÷ 10년 =	32,000
전력원가		400
교체후		₩93,400

	대체후	
단위당 판매가격	1	
단위당 변동원가	0.6	(= ₩240,000 ÷ ₩400,000)
단위당 공헌이익	0.4	
총고정비	₩93,400	

물음 1 현재 손익분기점 매출액

0.2 × S − ₩75,000 = ₩0

그러므로, S는 ₩375,000

물음 2 신기계 교체 후 손익분기점 매출액

0.4 × S − ₩93,400 = ₩0

그러므로, S는 ₩233,500

물음 3 영업이익이 같아지는 매출액

0.2 × S − ₩75,000 = 0.4 × S − ₩93,400

0.2 × S = ₩18,400

그러므로, S는 ₩92,000

문제 8 CVP도표분석

다음은 ㈜한국의 CVP도표이다.

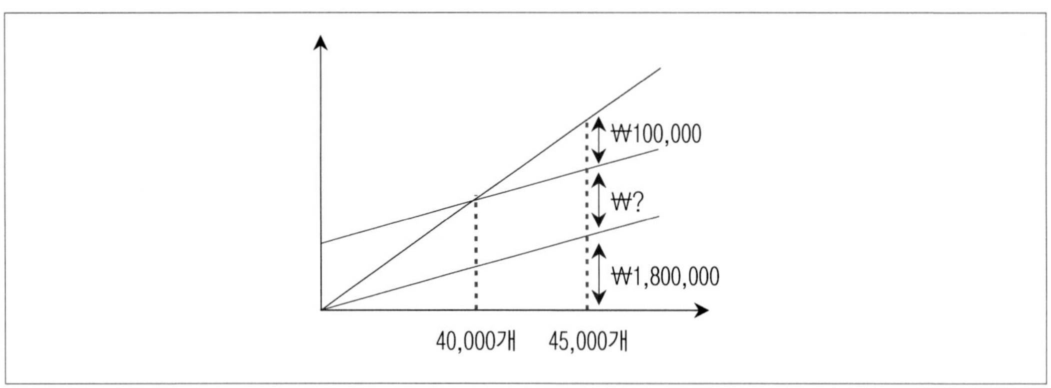

각 물음은 서로 독립적이다.

물음 1

단위당 판매가격을 구하시오.

물음 2

판매량이 50,000개일 때 손익분기점 매출액, 안전한계율 및 영업레버리지도를 구하시오.

해 답

※ 자료정리

(1) 단위당 변동원가

₩1,800,000 ÷ 45,000개 = ₩40

(2) 단위당 공헌이익과 고정원가

판매량 45,000개일 때 영업이익은 ₩100,000이므로 고저점법으로 단위당 공헌이익과 고정원가를 계산할 수 있다.

공헌이익과 고정원가를 각각 a, b라 하면,

45,000개		₩100,000 = 45,000 × a − b
40,000개	(−)	₩0 = 40,000 × a − b
		₩100,000 = 5,000 × a

그러므로, a는 ₩20, b는 ₩800,000

물음 1 단위당 판매가격

단위당 변동원가 + 단위당 공헌이익

= ₩40 + ₩20

= ₩60

물음 2 손익분기점 매출액, 안전한계율 및 영업레버리지도

(1) 손익분기점 매출액

손익분기점 판매량 × 판매가격

= 40,000개 × ₩60

= ₩2,400,000

(2) 안전한계율

$$\frac{\text{안전한계매출액}}{\text{현재매출액}} = \frac{50{,}000 \times 60 - 2{,}400{,}000}{50{,}000 \times 60} = 20\%$$

(3) 영업레버리지도

$$\frac{\text{공헌이익}}{\text{영업이익}} = \frac{50{,}000 \times 20}{50{,}000 \times 20 - 800{,}000} = 5$$

제 11 장

관련원가분석

전문가 칼럼

■ 이익이 발생하지만 계약포기!

최근 사무실을 확장 이전하면서 내부수리업체를 선정하는 과정에서 겪었던 일화를 소개하고자 한다. 사무실 내부수리를 위해서 몇 개의 업체에 견적을 의뢰하였다. 제시된 견적 중에서 적절한 견적을 제시한 업체를 선정하여 공사를 의뢰하였으나, 해당 업체에 문제가 발생하여 공사를 진행할 수 없게 되었다. 공사일정을 늦출 수 없어 지인에게 요청하여 내부수리업체를 소개받게 되었다. 계약과정에서 기존의 견적을 제시하자, 기존의 견적으로는 공사가 불가능하며, 추가비용을 요구하였다. 재료나 인건비 모두 동일한데 왜 공사를 수용하지 못하는 것일까? 그 이유는 이러한 의사결정에서 고려하여야 하는 수익과 비용은 공사로 인하여 발생하는 비용뿐만 아니라 현재의 생산능력도 동시에 고려하여야 하기 때문이다. 즉, 현재설비와 인력이 충분하지 않다면, 추가공사를 위해서 설비를 도입하거나 기존공사를 포기하여야 하기 때문이다. 이와 같은 의사결정의 문제는 기업경영과정에서 흔히 발생할 수 있다. 기업은 간혹 예상치 못한 고객으로부터 특별주문을 요청받는 경우가 있다. 이러한 경우 생산능력에 여유가 있고 만족할 만한 가격이라면 그러한 주문을 수락하여야 하지만 그렇지 않다면 거부 여부를 신중히 고려하여야 한다.

다음의 사례를 통하여 살펴보도록 하자.

사 례

(주)한국의 20×1년 재무자료는 다음과 같다.

단위당 판매가격	단위당 ₩10,000
단위당 변동비	단위당 ₩8,000
단위당 공헌이익	단위당 ₩2,000
고정비	총고정비 ₩100,000

20×1년에 총 100단위를 판매하였다. 20×2년 초에 새로운 거래처로부터 50단위를 단위당 9,000에 구입하겠다는 특별주문을 받았다. 특별주문품에 대해서는 단위당 ₩500씩 포장비가 별도로 소요된다. 다음의 경우 특별주문의 수락 여부를 결정하시오.

case. 1 회사의 연간 최대생산능력이 200단위인 경우

여유조업도가 100단위이므로 기존판매량을 감소하거나 추가설비를 도입하거나 기존판매량을 감소할 필요 없이 특별주문에 수용할 수 있다.

증분수익		₩450,000
특별주문 매출액 증가 : 50단위 × @9,000 =	₩450,000	
증분비용		425,000
특별주문 변동비 증가 : 50단위 × @8,500 =	425,000	
증분이익		₩25,000

따라서, 특별주문을 수락할 경우 ₩25,000의 추가이익이 발생하므로 특별주문을 수락한다.

case. 2 회사의 연간 최대생산능력이 100단위인 경우

여유조업도가 없으므로 추가설비를 도입할 수 없다면 기존판매량을 50단위 감소하여야 한다. 따라서, 특별주문을 수락할 경우 기회비용은 ₩100,000(= 50단위 × @2,000)이다

증분수익		₩450,000
특별주문 매출액 증가 : 50단위 × @9,000 =	₩450,000	
증분비용		525,000
특별주문 변동비 증가 : 50단위 × @8,500 =	425,000	
기 존 판 매 량 감소 : 50단위 × @2,000 =	100,000	
증분이익		₩(75,000)

따라서, 특별주문을 수락할 경우 ₩75,000의 손실이 발생하므로 특별주문을 거절한다.

■ 우리가 만들까.....아니면 구입할까.....

의료기기제조업체 대표이사인 K씨는 최근 여러 가지 고심에 빠져 있다. 외부적으로는 타경쟁사와의 치열한 가격경쟁 때문에 원가절감이 불가피하며 내부적으로는 인건비에 대한 부담이 커지고 있기 때문이다. 이러한 상황에서 K씨는 외부 부품가공업체로부터의 하나의 제안을 받았다. 즉, 현행 제품생산에 투입되는 부품 중 일부를 대신 가공하여 납품하겠다는 제안이다. 이러한 제안을 수락할 때 회사입장에서는 원재료와 일부가공비를 절감할 수 있는 효과를 누리지만 그 대신 외부로부터 부품을 구입하기 위하여 부품구입비용이 발생할 것이다.

원재료를 가공하거나 부품을 조립 · 가공하여 제품을 생산하는 제조업의 입장에서는 안정적인 부품의 수급과 품질관리 측면에서 본다면 부품을 직접 제조하는 것이 기업에 더욱 유

리할 수도 있지만, 필요하다면 일부 부품은 외부로부터 구입할 수도 있다. 따라서 경영자는 제품생산에 필요한 부품을 자가제조할 것인지 아니면 외부로부터 구입할 것인지를 신중히 검토하여 기업에 유리한 방향으로 의사결정하여야 한다.

다음 사례를 통하여 살펴보도록 하자.

사 례

(주)한국은 완제품 생산에 필요한 부품을 자가제조하고 있다. 부품의 연간 소비량 5,000단위의 자가제조에 관한 원가자료는 다음과 같다.

	단위당 원가	총원가
직접재료비	₩60	₩300,000
직접노무비	40	200,000
변동제조간접비	20	100,000
고정제조간접비		
감독자급여	10	50,000
설비감가상각비	30	150,000
기타 고정제조간접비 배부액	20	100,000
합 계	₩180	₩900,000

회사는 올해초 외부공급업자로부터 단위당 ₩160에 필요한 만큼의 부품을 공급하겠다는 제의를 받았다. 부품을 외부에서 구입할 경우 외부용역회사 소속의 공장감독자는 소속회사로 돌아가게 된다.

요구사항 1

부품의 자가제조 또는 외부구입 의사결정을 하시오

해답

증분수익			₩650,000
변동제조원가의 감소 :	₩120 × 5,000단위 =	₩600,000	
감독자급여의 감소		50,000	
증분비용			800,000
외부구입비용 :	₩160 × 5,000단위 =	800,000	
증분이익			₩(150,000)

즉, 외부구입시 ₩150,000의 손실이 발생하므로 자가제조가 유리하다.

요구사항 2

만약, 부품을 외부에서 구입할 경우 기존의 공장설비를 임대하면 연간 ₩200,000의 임대수익을 얻을 수 있다고 할 경우, 부품의 자가제조 또는 외부구입 의사결정을 하시오.

해답

증분수익			₩850,000
변동제조원가의 감소 :	₩120 × 5,000단위 =	₩600,000	
감독자급여의 감소		50,000	
임대료 수익		200,000	
증분비용			800,000
외부구입비용 :	₩160 × 5,000단위 =	800,000	
증분이익			₩50,000

즉, 외부구입시 기존설비의 임대료 수익 ₩200,000을 감안하면 추가적인 이익이 ₩50,000증가하므로 외부구입이 유리하다.

■ 가벼운 주머니 사정이 식단을 바꾼다

최근 경제불황 때문에 주부들의 식단이 이왕이면 좀 더 값이 저렴한 식단으로 변화하고 있다. 그러나 무작정 값이 싼 재료를 선택하는 것이 합리적인 소비라고 할 수 없을 것이다. 왜냐하면, 각 식단에 포함된 영양소 등과 기타 계량화할 수 없는 부분들이 차이가 있기 때문에 가격 이외의 요소도 동시에 고려하여 결정하여야 하기 때문이다. 여러 가지 고려요소 중에서 식단에 포함된 영양소만을 가지고 비교한다 하더라도 무조건 값이 저렴한 식단으로 교체하는 것은 영양소의 부실로 이어질 가능성이 있기 때문에 음식이 포함하고 있는 영양소를 추가로 고려하여야 한다. 즉, 동일한 영양소를 포함하고 있다면 영양소 함유량에 비하여 비교적 값이 싼 음식으로 대체하는 것이지 절대적인 금액을 비교하는 방법은 합리적인 선택방법이 아니다. 예를 들어, 단백질을 섭취할 수 있는 음식으로 닭고기와 생선이 있다고 하자. 닭고기와 생선의 1kg당 구입가격이 각각 ₩2,000과 ₩1,500이라면 생선을 구입하는 것이 비용절감 측면에서 합리적인 선택이라고 할 수 있지만, 포함하고 있는 단백질 함유량이 각각 200mg과 100mg이라면, 단백질 mg당 비용이 작은 닭고기를 선택하는 것이 합리적인 의사결정이 될 것이다. 기업에서 제품을 생산하기 위해서 투입하여야 하는 원재료도 마찬가지로 위와 같은 선택과정이 필요하다. 제품을 생산하는데 여러 가지의 원료가 필요하고 투입비율을 자유롭게 변경할 수 있다면 투입비율에 따라 제품원가는 달라질 것이며 원가를 최소화할 수 있는 투입배합비율을 산출할 수 있을 것이다. 이에 대해서 살펴보고자 한다.

■ 투입배합비율의 결정

1. 제약요소가 하나인 경우

원료의 절대적 금액이 아닌 제약요소당 비용이 저렴한 원료를 선택한다.

사 례

(주)한국은 새우를 이용하여 키토산을 포함하고 있는 웰빙의약품을 제조하고 있다. 이 제품 한 단위에는 최소한 1,000mg의 키토산이 반드시 포함되어야 한다. 회사가 사용할 수 있는 새우는 A, B의 두 종류 있으며, A 새우 1kg에는 600mg의 키토산이 함유되어 있고 B 새우 1kg에는 400mg의 키토산이 포함되어 있다. 그리고 A 새우 1kg의 원가는 ₩1,800이며 B 새우 1kg의 원가는 ₩2,000이다.

요구사항

(1) 회사는 원가최소화를 위해서 어떤 새우를 사용하여 제품을 생산하여야 하는가?

(2) 각 새우에 포함되어 있는 키토산의 성분이 다소 차이가 있어 제품 1단위에 포함되어야 하는 1,000mg의 키토산 중 20%가 반드시 B 새우로부터 추출되어야 한다고 하면, 제품 1단위를 생산하는 데 소요되는 최소한의 원가를 구하시오.

해답

(1) 원가최소화를 위한 원료 결정

원료	키토산 1mg당 원가
A	₩1,800 ÷ 600mg = ₩3/mg
B	₩2,000 ÷ 400mg = ₩5/mg

원가최소화를 위해 키토산 1mg당 원가가 낮은 A를 선택하여야 하며, 이때 제품 1단위를 생산하는 데 소요되는 원가는 1,000mg × ₩3 = ₩3,000이다.

(2) 원가최소화를 위한 원료배합 결정
키토산 1mg당 원가가 A가 더 낮으므로 B는 가능한 최소량만 사용하여야 한다. 따라서 총 1,000mg 중 20%인 200mg은 B를 통하여 추출하고 나머지 800mg은 A로부터 추출하면 된다.

B 새우	: 200mg × ₩5 =	₩1,000
A 새우	: 800mg × ₩3 =	2,400
		₩3,400

2. 제약요소가 복수인 경우

제약요소가 복수인 경우 투입배합 결정은 선형계획법(linear programming : LP)을 이용한다. 선형계획법이란 여러 가지 제약조건하에서 특정한 목적을 달성하기 위해 희소한 자원을 배분하는 수리적 기법을 말한다.

사 례

(주)한국은 두 가지 원료인 인삼과 녹차가루를 통하여 다이어트 식품을 생산하고 있다. 다음은 영양소 A, B의 최소필요량과 인삼과 녹차가루의 각 영양소 함유량을 나타낸 표이다.

영양소	단위당 영양소		최소필요량
	인삼	녹차가루	
A	1g	2g	120g
B	2g	1g	150g
단위당 가격	₩100	₩80	

요구사항

총비용을 최소화 하는 인삼과 녹차가루의 투입량과 총원가를 구하시오.

해답

인삼과 녹차가루의 투입량을 각각 x, y라 하면,

[1단계] 목적함수의 결정

목적함수(총비용) : 최소화 $z = 100x + 80y$

[2단계] 제약조건의 구체화

제약조건 : $1x + 2y \geq 120$

$2x + 1y \geq 150$

$x, \quad y \geq 0$

[3단계] 실행가능영역의 도해

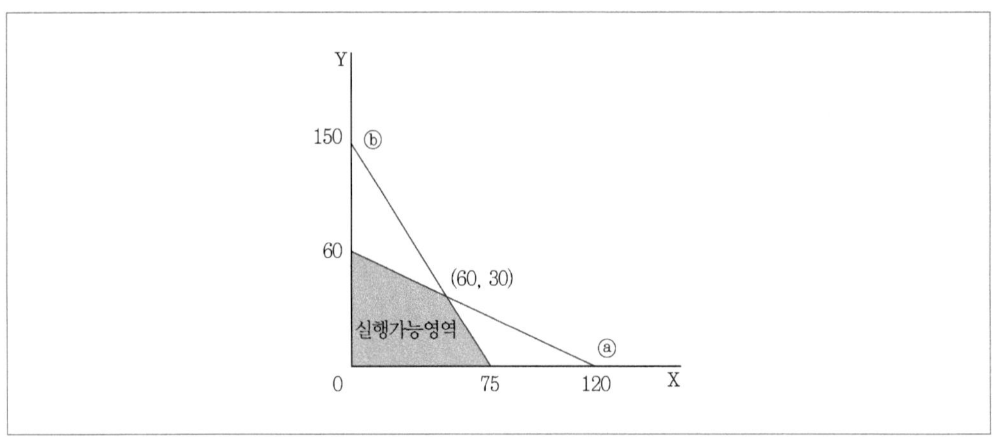

[4단계] 최적해의 계산

좌표	총비용
(120,0)	100 × 120 + 80 × 0 = ₩12,000
(60,30)	100 × 60 + 80 × 30 = 8,400
(0,150)	100 × 0 + 80 × 150 = 12,000

그러므로, 회사의 총비용을 최소화하기 위한 인삼과 녹차가루의 투입량은 각각 60g, 30g이며 이 때 총원가는 ₩8,400이다.

1. 서론

1 의의

의사결정(decision making)이란 부문책임자가 계획, 예산편성, 원가관리 등 여러 경영활동 과정에서 여러 가지 대안 중 최적대안을 선택하는 과정을 말한다.

2 종류

의사결정은 기간에 따라 단기의사결정과 장기의사결정으로 구분할 수 있으며, 일반적으로 1년 또는 정상영업주기를 초과하는 기간을 장기로 본다. 단기의사결정에는 일상적의사결정과 특수의사결정으로 구분할 수 있으며 장기의사결정의 대표적인 예는 자본예산이다. 자본예산에 대해서는 제13장에서 구체적으로 살펴보도록 한다.

	단기의사결정	장기의사결정
내 용	일상적인 의사결정/특수 의사결정	자본예산
종 류	특별주문 수락여부 결정 자가제조 및 외부구입여부 결정 보조부문 폐쇄여부 결정 제품라인 폐쇄여부 결정 제한된 자원하의 최적의사결정	생산설비 취득 공장신축 등
화폐의 시간가치	고려하지 않음	고려함
의사결정 대상	회계적이익기준	현금흐름기준. 단, 회계적이익률법은 회계적이익기준이다.

2. 기본개념

관련수익(relevant revenue)과 관련원가(relevant costs)

1. 관련수익 및 비관련수익

여러 대체안을 선택하는 과정에서 미래 발생하는 수익 중 대체안간에 차이가 발생하는 수익을 관련수익이라 하며, 차이가 없는 수익을 비관련수익이라 한다.

[그림 11-1]

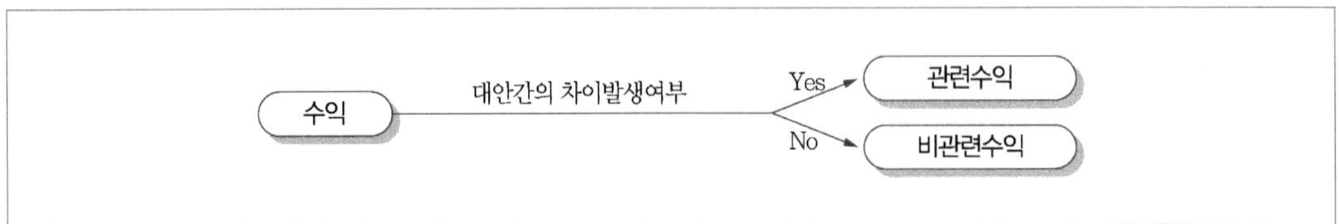

2. 관련원가 및 비관련원가

여러 대체안을 선택하는 과정에서 미래 지출이 예상되는 비용 중 대체안간에 차이가 발생하는 비용을 관련원가라 하며, 차이가 없는 비용을 비관련원가라 한다.

[그림 11-2]

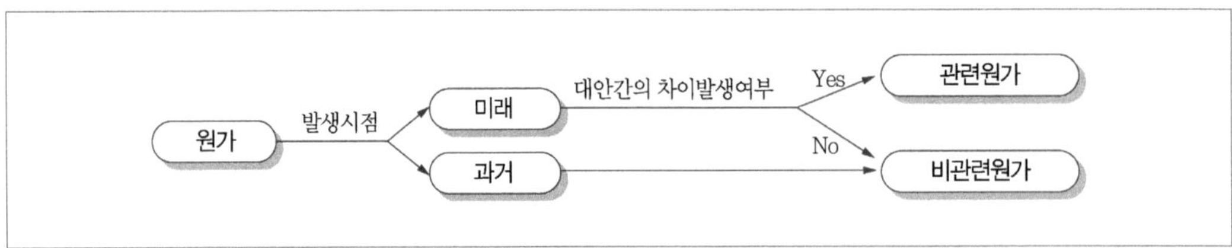

※기회비용(opportunity cost)

특정 대안을 선택함으로서 포기한 가치를 말한다.

※매몰원가(sunk cost)

- 과거의 의사결정으로 발생한 역사적 원가로서 현재 또는 미래의 의사결정과 관련이 없는 원가를 말한다.

3. 기타 의사결정시 고려사항

부문책임자는 어떠한 대안을 선택함에 있어서 지금까지 살펴 본 관련수익과 관련원가 등 수치로 표시할 수 있는 양적정보(quantative information)뿐만 아니라 수치로 표시할 수 없는 기타 질적정보(qualitative information)까지 고려해야 한다.

※질적정보의 예

- 종업원의 사기
- 기업 이미지에 미치는 영향 등

2 의사결정 접근방법

1. 의사결정방법

부문책임자가 특정 대안을 선택하는 과정은 다음과 같은 두 가지 방법이 있으며 두 방법에 의한 최종결과는 동일하다.

	총액접근법	증분접근법
방법	각 대안별로 총수익과 총비용을 구하여 각 대안 중 가장 큰 이익을 나타내는 대안을 선택하는 의사결정 방법이다	두 대안간의 차이가 발생하는 항목만을 가지고 대안을 선택하는 의사결정 방법이다.
장점	• 세 가지 이상의 대안이 있을 경우 의사결정을 하기 편리하다.	• 각 대안간의 차이가 발생하는 수익과 원가만을 분석대상으로 한다. • 절차가 간편하다
단점	• 모든 수익과 원가를 파악하여야 하므로 시간과 비용이 많이 소요된다 • 의사결정과 관련없는 비관련수익 및 비관련원가까지 분석하게 된다.	• 세 가지 이상의 대안이 있을 경우 분석이 어렵다.

예제 1 증분접근법과 총액접근법

(주)한국은 단일제품을 대량생산하는 업체로서 생산된 제품은 모두 유통전문회사인 (주)경기에 납품하고 있다. 20×1년 연간 예상포괄손익계산서는 다음과 같다.

매출액	1,000단위 × ₩100 =	₩100,000
변동비	1,000단위 × ₩80 =	(80,000)
공헌이익		₩20,000
고정비		(10,000)
영업이익		₩10,000

(주)한국은 최근 다른 유통회사인 (주)서울로부터 연간 1,200단위를 구입하겠다는 제안을 받았다. (주)서울에 납품할 경우 생산량 증가로 인한 설비 도입을 위하여 ₩5,000의 추가비용이 소요될 것으로 예상된다.

요구사항

(주)한국의 경영자의 최적대안을 결정하시오.

해답

(1) 총액접근법

	(주)경기에 납품하는 경우		(주)서울에 납품하는 경우	
매출액	1,000단위 × ₩100 =	₩100,000	1,000단위 × ₩100 =	₩100,000
			200단위 × ₩100 =	20,000
변동비	1,000단위 × ₩80 =	(80,000)	1,000단위 × ₩80 =	(80,000)
			200단위 × ₩80 =	(16,000)
공헌이익		₩20,000		₩24,000
고정비		(10,000)		(10,000)
				(5,000)
영업이익		₩10,000		₩9,000
		₩1,000 손실		

즉, (주)서울에 납품할 경우 ₩1,000이 손실이 발생하므로 (주)경기에 납품한다.

(2) 증분접근법

	(주)경기에 납품하는 경우		(주)서울에 납품하는 경우		증분금액
매출액	1,000단위 × ₩100 =	₩100,000	1,000단위 × ₩100 =	₩100,000	
			200단위 × ₩100 =	20,000	₩20,000
변동비	1,000단위 × ₩80 =	(80,000)	1,000단위 × ₩80 =	(80,000)	
			200단위 × ₩80 =	(16,000)	(16,000)
공헌이익		₩20,000		₩24,000	
고정비		(10,000)		(10,000)	
				(5,000)	(5,000)
영업이익		₩10,000		₩9,000	₩(1,000) ≤0

따라서, 다음과 같이 분석할 수 있다.

증분수익			
매출증가	200단위 × ₩100 =		₩20,000
증분비용			
변동비증가	200단위 × ₩80 =	16,000	
판매비증가	100개 × ₩240,000 =	5,000	(21,000)
증분이익			₩(1,000) ≤ 0

즉, (주)서울에 납품할 경우 증분이익이 0보다 작으므로 (주)경기에 납품한다.

2. 증분접근법 기본모형

총액접근법과 증분접근법의 최종결과는 동일하기 때문에 의사결정자는 둘 중 하나를 선택할 수 있다. 증분접근법은 여러 대안간 관련수익과 관련비용만을 고려하기 때문에 분석자료가 간결하여 일반적으로 널리 사용된다.

증분접근법은 아래와 같은 모형을 통해서 특정대안간의 증분수익과 증분비용을 비교하여 증분이익이 양(+)이면 채택하고 음(−)이면 기각한다.

[분석방법]		[의사결정]
증분수익	XXX	증분손익 > 0 ⇒ 계획안 채택
증분비용	(XXX)	증분손익 < 0 ⇒ 계획안 기각
증분손익	XXX	

3. 단기적 특수의사결정

1 특별주문 수락여부 결정

특별주문 수락여부 결정이란 비일상적이고 예기치 못한 주문에 대한 수락여부를 결정하는 것을 말하며, 이는 해당 주문으로 인한 수익증가와 제품생산에 수반하는 비용증가를 비교하여 판단한다.

1. 기본모형

특별주문을 수락할 경우 증분수익은 주문에 대한 매출증가이며, 증분비용은 해당제품을 생산하는 데 발생하는 비용이다. 또한, 주의해야 할 점은 합리적인 경영자라면 현재 일상적인 조업도에 부합하는 효율적인 생산설비만을 갖추고 있으므로 불필요한 여유설비를 보유하지 않는다. 따라서, 예기치 못한 주문이 접수되면 해당 제품을 생산할 수 있는 설비유무를 확인하여야 한다.

1) 증분수익

특별주문으로 인한 매출발생

2) 증분비용

① 생산비용 및 기타 판매관리비 : 변동비와 일부 고정비(단, 고정비는 본래 비관련원가이므로 추가로 발생한다는 언급이 필요하다.)

② 생산설비 : 주문품이 접수되면 여유생산능력 유무를 파악해야 한다.

- 여유생산능력이 있는 경우 : 해당설비를 활용하되, 기존의 유휴설비로 인하여 얻을 수 있었던 수익은 포기하여야 한다. 즉, 기회비용을 고려하여야 한다.(예를 들어 기존의 여유설비를 임대하거나, 해당 설비를 이용하여 타제품의 생산에 활용함으로서 얻었던 수익)
- 여유생산능력이 없는 경우 : 특별주문품을 생산하기 위한 설비를 확보(구입·임차)해야 한다. 설비를 확보하지 못하는 경우에는 기존에 판매하던 제품의 일부를 판매포기하거나, 그렇지 못할 경우 특별주문품을 타업체에서 구입해서 판매하여야 한다.

[그림 11-3] 특별주문수락여부 결정 모형

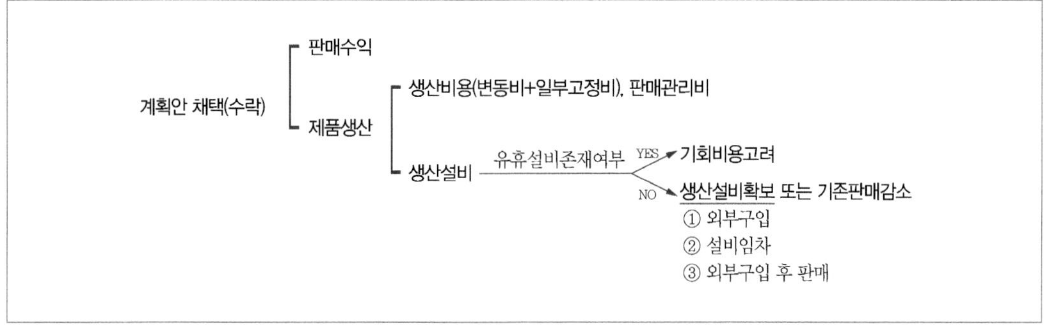

2. 고려하여야 할 질적요소

위와 같은 의사결정 결과 특별주문을 수락하는 것이 최적의사결정이라고 하더라도 다음과 같은 질적요인을 추가로 고려한 후 최종적으로 결정하여야 한다.

- 정규시장에서의 판매가격 인하 압력
- 기존 고객들의 이탈가능성

예제 2 특별주문수락결정

(주)한국은 단일제품을 대량생산하는 업체로서 20×1년 연간 예상포괄손익계산서는 다음과 같다.

포괄손익계산서

매출액	1,000단위 × ₩100 =		₩100,000
변동비			
직접재료비	1,000단위 × ₩50 =	₩50,000	
직접노무비	1,000단위 × ₩15 =	15,000	
제조간접비	1,000단위 × ₩10 =	10,000	
판매관리비	1,000단위 × ₩ 5 =	5,000	(80,000)
공헌이익			₩20,000
고정비			
제조간접비		10,000	
판매관리비		5,000	(15,000)
영업이익			₩5,000

회사는 최근 새로운 구매업자로부터 500단위를 단위당 ₩90에 구입하겠다는 제의를 받았다. 추가주문에 대해서는 일부만 수락할 수 없고 전량을 수락하던지 거절할 수 있다. 다음의 요구사항에 답하시오.

요구사항 1

현재 최대생산능력은 연간 1,500단위이다. 다음의 물음에 대하여 특별주문 수락여부를 결정하시오

(1) 현재 여유생산설비의 활용도가 없는 경우

(2) 현재 여유생산설비를 임대하여 연간 ₩10,000의 임대수익을 얻고 있는 경우

(3) 현재 여유생산설비를 임대하여 연간 ₩10,000의 임대수익을 얻고 있고 특별주문품에 대하여는 단위당 ₩5씩의 추가판매비가 발생하는 경우

해답

(1) 현재 여유생산설비의 활용용도는 없다.

※ 자료정리

	기존판매(1,000단위)	특별주문(500단위)
단위당 판매가격	₩100	₩90
단위당 변동비	80	80
단위당 공헌이익	₩20	₩10
고정비	₩15,000	–

[증분접근법]

증분수익		
매출증가	500단위 × ₩90 =	₩45,000
증분비용		
변동비증가	500단위 × ₩80 =	(40,000)
증분이익		₩5,000 ≥ 0

∴ 특별주문수락시 ₩5,000의 이익이 발생하므로 특별주문을 수락한다.

(2) 현재 여유생산설비를 임대하여 연간 ₩10,000의 임대수익을 얻고 있다.

※ 자료정리

	기존판매(1,000단위)	특별주문(500단위)
단위당 판매가격	₩100	₩90
단위당 변동비	80	80
단위당 공헌이익	₩20	₩10
고정비	₩15,000	–
임대료수익	10,000	–

[증분접근법]

증분수익			
매출증가	500단위 × ₩90 =	₩45,000	
임대료수익포기		(10,000)	₩35,000
증분비용			
변동비증가	500단위 × ₩80 =		(40,000)
증분이익			₩(5,000) ≤ 0

∴ 특별주문수락시 ₩5,000의 손실이 발생하므로 특별주문을 거절한다.

(3) 현재 여유생산설비를 임대하여 연간 ₩10,000의 임대수익을 얻고 있으며, 특별주문품에 대해서는 단위당 ₩5씩의 추가판매비가 발생한다.

※ 자료정리

	기존판매(1,000단위)	특별주문(500단위)
단위당 판매가격	₩100	₩90
단위당 변동비	80	80 + 5
단위당 공헌이익	₩20	₩5
고정비	₩15,000	–
임대료수익	₩10,000	–

[증분접근법]

증분수익			
매출증가	500단위 × ₩90 =	₩45,000	
임대료수익포기		(10,000)	₩35,000
증분비용			
변동비증가	500단위 × ₩80 =	40,000	
판매비증가	500단위 × ₩5 =	2,500	(42,500)
증분이익			₩(7,500)≤0

∴ 특별주문수락시 ₩7,500의 손실이 발생하므로 특별주문을 거절한다.

요구사항 2

현재 최대생산능력은 연간 1,200단위이다. 다음의 물음에 대하여 특별주문수락여부를 결정하시오.

(1) 추가생산설비를 구입하거나 임차할 수 없는 경우

(2) 필요한 추가설비를 ₩3,000에 임차할 수 있는 경우

(3) 부족한 수량을 외부로부터 단위당 ₩95에 구입할 수 있는 경우

해답

(1) 추가생산설비를 구입하거나 임차할 수 없다.

※ 자료정리

	기존판매(1,000단위)	특별주문(500단위)
단위당 판매가격	₩100	₩90
단위당 변동비	80	80
단위당 공헌이익	₩20	₩10
고정비	₩15,000	−

최대생산능력	1,200단위
현재생산수량	1,000
여유생산능력	200단위

따라서, 특별주문을 수락하기 위해서는 300단위의 생산능력이 추가로 필요하다.

[증분접근법]

증분수익			
매출증가	500단위 × ₩90 =	₩45,000	
기존매출감소	300단위 × ₩100 =	(30,000)	₩15,000
증분비용			
변동비증가	500단위 × ₩80 =	40,000	
기존변동비감소	300단위 × ₩80 =	(24,000)	(16,000)
증분이익			₩(1,000) ≤ 0

∴ 특별주문수락시 ₩1,000의 손실이 발생하므로 특별주문을 거절한다.

(2) 필요한 추가생산설비를 ₩3,000에 임차할 수 있다.

※ 자료정리

	기존판매(1,000단위)	특별주문(500단위)
단위당 판매가격	₩100	₩90
단위당 변동비	80	80
단위당 공헌이익	₩20	₩10
고정비	₩15,000	−
추가설비비용	−	₩3,000

[증분접근법]

증분수익			
매출증가	500단위 × ₩90 =		₩45,000
증분비용			
변동비증가	500단위 × ₩80 =	40,000	
추가설비비용		3,000	(43,000)
증분이익			₩2,000 ≥ 0

∴ 특별주문수락시 ₩2,000의 이익이 발생하므로 특별주문을 수락한다.

(3) 부족한 수량은 외부로부터 단위당 ₩95에 구입할 수 있다.

※ 자료정리

	기존판매(1,000단위)	특별주문(500단위)	
		자체생산(200단위)	외부구입(300단위)
단위당 판매가격	₩100	₩90	₩90
단위당 변동비	80	80	95
단위당 공헌이익	₩20	₩10	₩(5)
고정비	₩15,000	–	–

[증분접근법]

증분수익			
매출증가	500단위 × ₩90 =		₩45,000
증분비용			
변동비증가	200단위 × ₩80 =	16,000	
외부구입비용	300단위 × ₩95 =	28,500	(44,500)
증분이익			₩500 ≥ 0

∴ 특별주문수락시 ₩500의 이익이 발생하므로 특별주문을 수락한다.

2 부품의 자가제조여부 결정

회사는 최종제품을 생산하기 위해서 여러 공정과 수 개의 부품이 필요하다. 경우에 따라서 이러한 부품이나 일부공정을 자체적으로 생산 또는 운영하거나 외부협력업체를 활용할 수도 있다. 이러한 경우 자체적으로 생산 또는 운영에 소요되는 원가와 외부협력업체에 지불하는 구입원가를 비교하여 원가를 최소화하는 방향으로 선택해야 한다.

1. 기본모형

외부에서 부품을 공급받다가 자가생산하는 경우 증분수익은 외부에서 구입할 때 지불하던 구입원가의 절감이고 증분비용은 해당 부품을 생산하는 데 소요되는 지출이다. 또한, 해당 부품을 생산하는 데 소요되는 지출은 앞에서 살펴 본 특별주문 수락여부 결정에서의 생산에 수반되는 비용과 동일하다.

1) 증분수익

기존에 외부에서 구입할 때 지불했던 구입비용의 절감

2) 증분비용

특별주문수락여부 결정에서의 효과와 동일

① 생산비용 및 기타 판매관리비
② 생산설비 유무 확인

[그림 11-4] 부품의 자가제조여부 결정모형

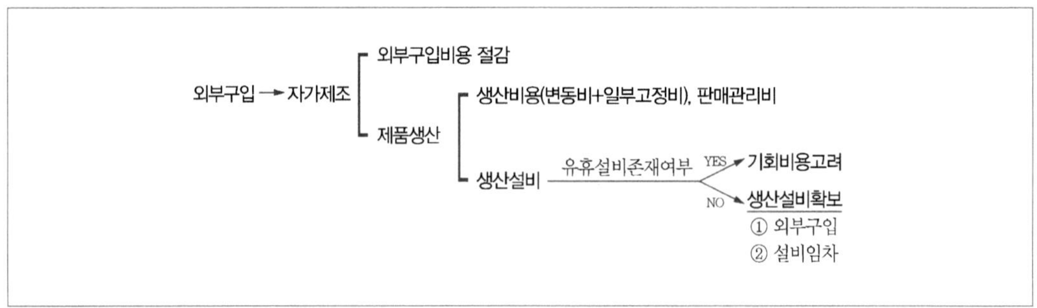

2. 고려하여야 할 질적요소

의사결정 결과 외부에서 구입하는 것 보다 자가생산이 유리하더라도 최종의사결정에는 다음과 같은 질적요인을 추가로 고려하여 결정하여야 한다.

- 공급업자와의 유대관계 상실 및 과대투자위험성
- 종업원 증원에 따른 노사관계

예제 2 부품의 자가제조

(주)한국은 연간 필요한 부품 1,000단위를 현재 외부공급업자로부터 단위당 ₩120에 구입하고 있다. 회사의 경영자는 필요한 부품 전량을 자체생산하고자 부품 생산시 예상원가를 다음과 같이 분석하였다.

직접재료비	1,000단위 × ₩80 =		₩80,000
직접노무비	1,000단위 × ₩20 =		20,000
제조간접비			
변동제조간접비*1		₩30,000	
고정제조간접비		20,000	50,000
합계			₩150,000

*1 변동제조간접비는 직접노무비의 150%를 배부한다

위 자료를 이용하여 다음의 요구사항에 답하시오.(단, 고정제조간접비는 새로 구입한 공장기계의 감가상각비이다.)

요구사항

부품생산에 필요한 노동력은 기존인력을 활용할 수 있다. 회사경영자의 최적대안을 결정하시오.

해답

※ 자료정리

	자가제조시 증분제조원가	
직접재료비		₩80,000
직접노무비		–
변동제조간접비	₩20,000 × 150% =	30,000
고정제조간접비		20,000
합계		₩130,000

[증분접근법] 자가제조시 증분손익

증분수익			
–			–
증분비용			
변동비증가	1,000단위 × ₩110 =	110,000	
고정비증가		20,000	
구입비감소	1,000단위 × ₩120 =	(120,000)	₩(10,000)
증분이익			₩(10,000) ≤ 0

∴ 자가제조시 ₩10,000의 손실이 발생하므로 외부 공급업자로부터 구입한다.

3 부품의 외부구입 의사결정

현재 자가생산하고 있는 부품이나 중간제품을 외부협력업체로부터 구입하는 경우에도 자가생산에 소요되는 원가와 외부협력업체에 지불하는 비용을 비교하여 결정한다.

1. 기본모형

자가생산하던 부품을 외부에서 구입하는 경우 증분수익은 생산을 중단함으로서 절감되는 지출이며, 증분비용은 외부에 지급하는 구입원가이다. 생산을 중단하는 경우 절감되는 원가로는 변동비는 특별한 언급이 없는 한 모두 절감할 수 있으나, 고정비는 본래 비관련원가이므로 추가적인 언급이 있어야 한다. 또한, 생산을 중단하면 기존 설비를 활용하여 추가적인 수익을 창출할 수 있으며 임대료수익과 타제품 생산에 활용으로 인한 수익이 대표적인 예이다.

1) 증분수익

① 생산비 및 기타판매관리비 절감 : 변동비와 일부 고정비(단, 고정비는 본래 비관련원가이므로 추가로 절감된다는 언급이 필요하다.)

② 유휴 생산설비 발생 : 여유생산설비를 임대하거나 타제품생산에 활용하여 추가 수익을 창출할 수 있다.

2) 증분비용

부품을 조달하기 위한 외부구입비용 발생

[그림 11-5] 부품의 외부구입 의사결정

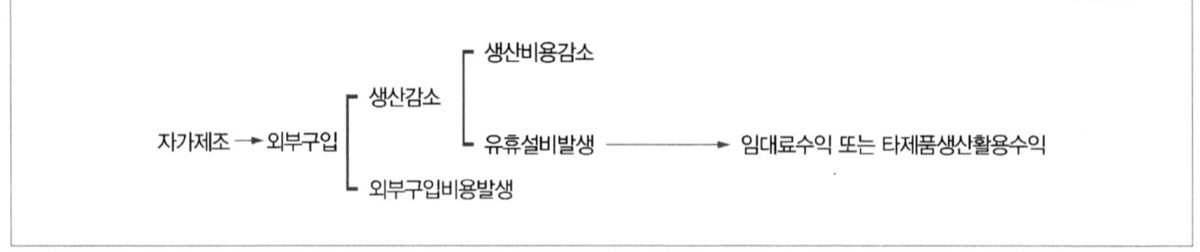

2. 고려하여야 할 질적요소

의사결정 결과 자가생산보다 외부에서 구입하는 것이 보다 유리하더라도 최종의사결정에는 다음과 같은 질적요인을 추가로 고려하여 결정하여야 한다.

- 공급업자의 공급능력이나 품질관리능력
- 종업원 감원에 따른 반발가능성

예제 3 부품의 외부구입

(주)한국은 제품생산에 필요한 부품을 모두 자가제조 하고 있으며, 당해연도 제품 1,000단위를 생산하는 데 투입된 총제조원가는 다음과 같다.

직접재료비	1,000단위 × ₩50 =		₩50,000
직접노무비	1,000단위 × ₩15 =		15,000
제조간접비			
변동제조간접비	1,000단위 × ₩10 =	₩10,000	
고정제조간접비		15,000	25,000
합계			₩90,000

회사는 외부부품공급업자로부터 제품생산에 필요한 부품 중 일부를 단위당 ₩30에 공급하겠다는 제의를 받았다. 제품1단위당 부품은 1단위 필요하며 외부로부터 부품을 공급받을 경우 직접재료비 20%, 직접노무비 60%, 변동제조간접비 10%를 절감할 수 있다. 다음의 요구사항에 답하시오.

요구사항 1

외부로부터 공급받을 경우 고정비 중 설비임차료 ₩5,000을 절감할 수 있다. 회사경영자의 최적대안을 결정하시오.

해답

※ 자료정리

	단위당 변동제조원가	부품 구입시 절감액 (부품의 변동제조원가)
직접재료비	₩50	₩50 × 20% = ₩10
직접노무비	15	15 × 60% = 9
변동제조간접비	10	10 × 10% = 1
합계	₩75	₩20

[증분접근법] 외부구입시 증분손익

증분수익			
–			–
증분비용			
외부구입비용	1,000단위 × ₩30 =	30,000	
변동비감소	1,000단위 × ₩20 =	(20,000)	
임차료감소		(5,000)	₩(5,000)
증분이익			₩(5,000) ≤ 0

∴ 외부구입시 ₩5,000의 손실이 발생하므로 자가제조한다.

요구사항 2

외부로부터 공급받을 경우 고정비 중 설비임차료 ₩5,000은 절감할 수 있으며, 여유설비를 임대하여 ₩7,000의 임대료수익을 얻을 수 있다. 회사경영자의 최적대안을 결정하시오.

해답

[증분접근법] 외부구입시 증분손익

증분수익			
임대료수익			₩7,000
증분비용			
외부구입비용	1,000단위 × ₩30 =	30,000	
변동비감소	1,000단위 × ₩20 =	(20,000)	
임차료감소		(5,000)	(5,000)
증분이익			₩2,000 ≥ 0

∴ 외부구입시 ₩2,000의 이익이 발생하므로 외부로부터 공급받는다.

요구사항 3

외부로부터 공급받을 경우 고정비 중 설비임차료 ₩5,000은 절감할 수 있으며, 여유설비를 활용하여 신제품 500단위를 생산할 수 있다. 신제품의 단위당 판매가격은 ₩50이고 단위당 판매비는 ₩20이다. 회사경영자의 최적대안을 결정하시오. 단, 신제품은 판매비 이외의 어떤 변동원가도 발생하지 않는다.

해답

[증분접근법] 외부구입시 증분손익

증분수익			
신제품매출	500단위 × ₩50 =		₩25,000
증분비용			
외부구입비용	1,000단위 × ₩30 =	30,000	
신제품판매비	500단위 × ₩20 =	10,000	
변동비감소	1,000단위 × ₩20 =	(20,000)	
임차료감소		(5,000)	(15,000)
증분이익			₩10,000 ≥ 0

∴ 외부구입시 ₩10,000원의 이익이 발생하므로 외부로부터 구입한다.

4 보조부문의 유지 또는 폐쇄

일반적인 제조환경은 제조와 직접 관련된 제조부문(production department)과 제조와 직접 관련은 없지만 제조부문의 활동을 지원하기 위하여 식당부, 수선부 및 공장관리부 등의 보조부문(service department)으로 구성되어 었다. 회사는 이러한 보조부문을 자체적으로 운영하기도 하지만, 경우에 따라서 외부로부터 관련용역을 공급받을 수도 있다.

1. 기본모형

스스로 운영하던 특정 보조부문을 폐쇄하고 관련용역을 외부에서 구입하는 경우 증분수익은 용역의 생산중단으로 인한 비용의 절감분이고, 증분비용은 해당 용역을 외부로부터 구입하는 데에 지출되는 원가이다. 이러한 경우 기본적은 틀은 부품을 외부로부터 공급받는 경우의 의사결정효과와 동일하나, "제3장 개별원가계산"에서 살펴본 바와 같이 보조부문상호간의 용역수수관계가 있다면 추가적으로 다음의 사항을 고려하여야 한다.

※ 보조부문간 상호용역수수시 추가고려사항

① 존속하는 보조부문의 비용감소 : 폐쇄부문에 대한 서비스제공비율만큼 감소
② 외부구입용역량 감소 : 보조부문 상호간 용역수수율만큼 감소
• 감소량 = 기존필요량 × 보조부문 상호간 용역수수율

1) 증분수익

① 생산비 및 기타판매관리비 절감

- 변동비와 일부 고정비(단, 고정비는 본래 비관련원가이므로 추가로 절감된다는 언급이 필요하다.)
- 존속하는 보조부문의 일부 운영비 절감

② 유휴 생산설비 발생 : 여유생산설비를 임대하거나 타제품생산에 활용하여 추가 수익을 창출할 수 있다.

2) 증분비용

해당용역의 외부구입비용 발생(단, 보조부문간 상호용역수수관계가 있는 경우 외부에서 구입하여야 할 용역량은 기존필요량에서 일부 감소한다.)

[그림 11-6] 보조부문의 폐쇄 시 의사결정 모형

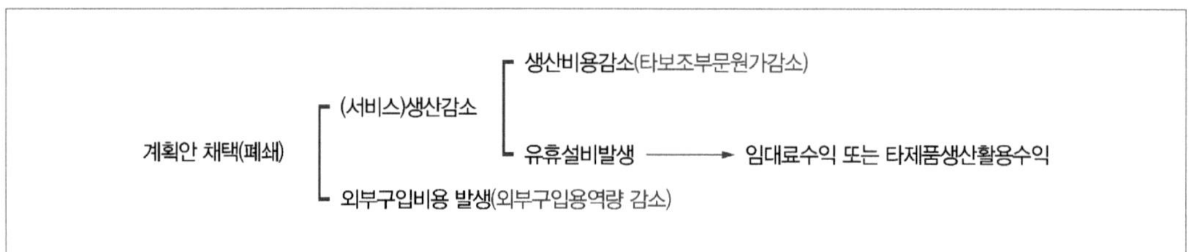

2. 고려하여야 할 질적요소

의사결정 결과 외부구입보다 보조부문의 폐쇄가 유리하더라도 최종의사결정에는 다음과 같은 질적요인을 고려하여 결정하여야 한다.

- 용역공급업자의 공급능력이나 신뢰성
- 종업원 감원에 따른 반발가능성

예제 3 보조부문의 폐지

(주)한국은 두 개의 보조부문 A(동력부), B(수선부)와 두 개의 제조부문 X, Y 가 있다. 각 부문에서 다른 부문에 제공할 연간 예정용역량 및 각 보조부문의 예상원가는 다음과 같다.

		보조부문		제조부문		합계
		A	B	X	Y	
A(동력부)		–	500kwh	200kwh	300kwh	1,000kwh
B(수선부)		40시간	–	40시간	20시간	100시간
발생원가	변동비	₩10,000	₩20,000			
	고정비	13,000	35,000			
합계		₩23,000	₩55,000			

회사의 경영자는 필요한 전력을 외부로부터 구입할 것을 고려하고 있다. 동력부문의 변동비 ₩10,000은 총 1,000kwh를 기준으로 산출된 것이며 고정비 ₩13,000은 전액 설비의 감가상각비이다.

요구사항 1

외부로부터 필요한 전력을 공급하겠다는 제의를 받았다. 회사가 현재의 생산수준을 유지하기 위해서 구입하여야 하는 전력량을 구하시오.

해답

※ 자료정리

	보조부문		제조부문		합계
	A	B	X	Y	
A(동력부)	–	0.5	0.2	0.3	100%
B(수선부)	0.4	–	0.4	0.2	100%
발생원가					
변동비	₩10,000	₩20,000			
고정비	13,000	35,000			
합 계	₩23,000	₩55,000			

전력구입량 = 현재필요량 – 현재필요량 × 상호용역수수율
= 1,000kwh – 1,000kwh × 0.5 × 0.4
= 800kwh

요구사항 2

외부로부터 필요한 전력을 kwh당 ₩18에 공급하겠다는 제의를 받았다. 최적대안을 결정하시오.

해답

[증분접근법] 외부로부터 전력을 구입시 증분손익

증분수익			–
증분비용			
구입비증가	800kwh × ₩18 =	14,400	
A부문 변동비감소		(10,000)	
B부문 변동비감소	₩20,000 × 0.4 =	(8,000)	₩3,600
증분이익			₩3,600 ≥ 0

∴ 외부로부터 전력을 구입시 ₩3,600의 이익이 발생하므로 외부로부터 필요한 전력을 구입한다.

요구사항 3

외부로부터 필요한 전력을 공급받는 경우 여유생산설비를 임대하여 연간 ₩1,000의 임대료수익을 얻을 수 있다고 한다. kwh당 최대지불가능금액을 구하시오.

해답

kwh당 구입가격을 P라 하면,

[증분접근법] 외부로부터 전력 구입시 증분손익

증분수익			
임대료수익			₩1,000
증분비용			
구입비증가	800kwh × P =	800P	
A부문 변동비감소		(10,000)	
B부문 변동비감소	₩20,000 × 0.4 =	(8,000)	(800P – ₩18,000)
증분이익			₩19,000 – 800P ≥ 0

증분이익 ₩19,000-800P이 0보다 커야 하므로, P≤₩23.75이다.

5 제품라인의 유지 또는 폐지

1. 기본모형

기업은 항상 제품의 수익성에 대해서 면밀히 분석하고, 특정제품의 수익성이 악화된다면 그 제품에 대한 생산라인의 중단을 고려할 수 있다. 특정제품의 생산을 중단하는 경우 증분수익은 해당 제품의 생산을 중단함으로서 절감되는 비용이고, 증분비용은 해당 제품을 판매한다면 얻을 수 있었던 매출액의 감소분이다. 생산을 중단할 경우 변동비는 특별한 언급이 없는 한 모두 절감할 수 있으나, 고정비는 본래 비관련원가이기 때문에 고정비 절감에는 특별한 언급이 있어야 한다. 또한, 생산중단으로 인하여 발생하는 여유생산설비를 통하여 추가수익을 창출할 수 있는데, 임대료 수익과 타제품생산에의 활용으로 인한 수익이 대표적인 예이다. 또한, 경우에 따라서 특정제품의 생산중단으로 인하여 타제품의 판매량이 감소할 수 있다. 이러한 경우에는 타제품 판매감소분으로 인한 수익절감분은 관련손익에 반영하여야 한다.

1) 증분수익

① 생산비 및 기타 판매관리비 절감 : 변동비와 일부 고정비(단, 고정비는 본래 비관련원가이므로 추가로 절감된다는 언급이 필요하다.)

※ 고정비(fixed cost)의 관련성여부

	회피가능 고정비 (avoidable fixed cost)	회피불능 고정비 (unavoidable fixed cost)
내용	제품라인을 폐지할 경우 발생되지 않는 고정비로써 특정 제품라인에 종사하는 감독자 급여나 해당 제품라인에서 생산되는 제품의 광고선전비 등을 들 수 있다.	제품라인을 폐지하더라도 계속해서 발생하는 고정비로서 본사 사무비용이나 기업이미지를 높이기 위한 광고선전비 등을 들 수 있다.

② 유휴 생산설비 발생 : 여유생산설비를 임대하거나, 타제품을 생산하는 데 활용함으로써 추가수익을 창출할 수 있다.

2) 증분비용

생산중단으로 인한 매출액감소

[그림 11-7] 제품라인의 폐지모형

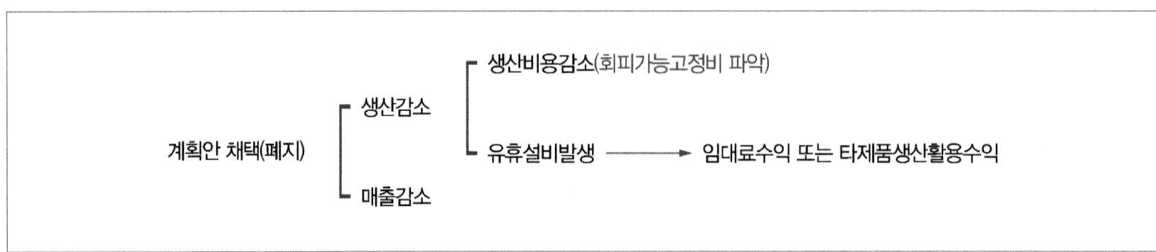

2. 고려하여야 할 질적요소

의사결정 결과 특정 제품의 생산중단이 유리하더라도 최종의사결정에는 다음과 같은 질적요인을 고려하여 결정하여야 한다.

- 타제품의 판매량 감소여부
- 기업이미지에 미치는 영향

예제 3 제품라인의 폐지

(주)한국은 A, B, C, D의 네 가지 제품을 생산 및 판매하고 있다. 당해연도 제품별 예상손익은 다음과 같다.

	A	B	C	D	합계
매출액	₩3,000	₩2,800	₩1,500	₩2,700	₩10,000
변동비	(2,250)	(1,960)	(900)	(2,160)	(7,270)
공헌이익	₩750	₩840	₩600	₩540	₩2,730
고정비	(800)	(630)	(550)	(370)	(2,350)
영업이익	₩(50)	₩210	₩50	₩170	₩380

회사의 경영자는 현재 손실이 발생하는 제품 A에 대하여 생산을 중단할 것을 고려하고 있다. 다음의 요구사항에 답하시오.

요구사항 1

고정비 중 본사에서 배부된 ₩1,000은 각 제품의 매출액에 비례하여 배부되어 있다. 이 금액은 회사전체의 광고비로서 제품생산을 중단하여도 회피할 수 없는 비용이다. 나머지 고정비는 제품생산을 중단할 경우 회피가능하다. 제품 A에 대한 최적대안을 결정하시오.

해답

※ 자료정리

	A	B	C	D	합계
매출액	₩3,000	₩2,800	₩1,500	₩2,700	₩10,000
변동비	(2,250)	(1,960)	(900)	(2,160)	(7,270)
공헌이익	₩750	₩840	₩600	₩540	₩2,730
고정비					
회피가능	(500)	(350)	(400)	(100)	(1,350)
회피불능*1	(300)	(280)	(150)	(270)	(1,000)
영업이익	₩(50)	₩210	₩50	₩170	₩380

*1 본사배부액

A : B : C : D = ₩3,000 : ₩2,800 : ₩1,500 : ₩2,700

배부율 = ₩1,000 ÷ ₩10,000

= ₩0.1/매출액

[증분접근법] 제품 A 생산 중단 시 증분손익

증분수익		
매출감소	₩(3,000)	₩(3,000)
증분비용		
변동비감소	(2,250)	
고정비감소	(500)	₩2,750
증분이익		₩(250) ≤ 0

∴ 제품 A 생산 중단시 ₩250의 손실이 발생하므로 제품 A를 계속 생산한다.

요구사항 2

고정비 중 본사에서 배부된 ₩1,000은 각 제품의 매출액에 비례하여 배부되어 있다. 이 금액은 회사전체의 광고비로서 제품생산을 중단하여도 회피할 수 없는 비용이다. 나머지 고정비는 제품생산을 중단할 경우 회피가능하다. 또한, 제품 A를 폐지할 경우 여유설비를 활용하여 제품 C 생산에 활용하면 제품 C 의 생산량을 50%만큼 증가시킬 수 있다. 최적대안을 결정하시오.

해답

※ 자료정리

[증분접근법] 제품 A 생산중단 시 증분손익

증분수익		
제품 C 공헌 이익증가*1	300	
매출감소	(3,000)	₩(2,700)
증분비용		
변동비감소	(2,250)	
고정비감소	(500)	2,750
증분이익		₩50 ≥ 0

*1 ₩1,500×0.5×0.4(공헌이익률) = ₩300

∴ 제품 A를 생산 중단시 ₩50의 이익이 발생하므로 제품 A를 생산중단한다.

6 제한된 자원하의 최적의사결정

기업은 생산에 필요한 자원을 무한정 보유할 수 없기 때문에 해당 자원을 가급적 효율적으로 활용할 수 있는 방법을 선택해야 한다. 이러한 경우 제한된 자원이 하나인 경우와 복수인 경우를 각각 구분하여 살펴볼 수 있다.

1. 단일제약요인

제한된 자원이 하나인 경우에는 제한된 자원당 공헌이익을 극대화시키는 방향으로 의사결정을 한다.

$$\text{제한된 자원당 공헌이익} = \frac{\text{제품단위당 공헌이익}}{\text{제품 1단위 생산시 소요되는 제한된 자원}}$$

예제 4 제한된 자원의 사용(단일요인)

(주)한국은 두 제품 A, B을 생산 및 판매하고 있다. 두 제품에 대한 수익 및 원가자료는 다음과 같다.

	A	B
단위당 판매가격	₩100	₩200
단위당 변동비	70	160
단위당 공헌이익	₩30	₩40
공헌이익률	30%	20%

회사의 총고정비는 ₩3,000이며, 활용가능한 기계시간은 140시간이다. 각 제품별 생산에 필요한 기계시간은 각각 1시간, 2시간이다.

요구사항 1

총판매량이 200단위로 제한된 경우 회사전체의 이익을 극대화하기 위해서 생산·판매하여야 하는 제품을 선택하시오. 단, 기계시간은 고려하지 마시오.

해답

200단위 제품을 생산 · 판매하였을 경우 각 제품별 총공헌이익은 다음과 같다.

제품 A　200단위 × ₩30 = ₩6,000
제품 B　200단위 × ₩40 = 8,000

그러므로, 제품 B를 생산 · 판매하여야 한다.

요구사항 2

목표매출액이 ₩60,000일 경우 회사전체의 이익을 극대화하기 위해서 생산 · 판매하여야 하는 제품을 선택하시오. 단, 기계시간은 고려하지 마시오.

해답

₩60,000의 매출액을 달성하였을 경우 각 제품별 총공헌이익은 다음과 같다.

제품 A ₩60,000 × 0.3 = ₩18,000

제품 B ₩60,000 × 0.2 = 12,000

그러므로, 제품 A를 생산 · 판매하여야 한다.

요구사항 3

각 제품별로 외부시장수요가 무한하다면 회사전체의 이익을 극대화하기 위해서 생산 · 판매하여야 하는 제품을 선택하시오.

해답

※자료정리

	A	B	
단위당 공헌이익	₩30	₩40	
기계시간	÷1시간	÷2시간	≤ 140시간
기계시간당 공헌이익	₩30	₩20	
생산우선순위	①	②	

즉, 제품 A를 우선적으로 생산하여야 한다.

제품 A의 기계시간당 공헌이익이 크기 때문에 140시간으로 모두 제품 A를 생산한다.

그러므로, 제품 A 생산량은 140시간÷1시간=140단위이다.

요구사항 4

각 제품별 외부시장수요가 각각 100단위일 경우 회사전체의 이익을 극대화하기 위한 최적생산배합을 구하시오.

해답

우선순위	생산량	필요기계시간	누적소요시간
① A	100단위	100단위 × 1h = 100h	100h
② B	20	20단위 × 2h = 40h	40h
			140h

그러므로, 제품 A 와 제품 B의 생산량은 각각 100단위, 20단위이다.

2. 복수제약요인

제한된 자원이 2개 이상인 경우에는 선형계획법 또는 도해법이 사용된다.

1) 선형계획법(Linear programming : LP)

여러 가지 제약조건하에서 특정한 목적(이익극대화나 비용최소화)을 달성하기 위해 희소한 자원을 배분하는 수리적인 기법을 말한다. 최적해를 찾는 방법에는 심플렉스법과 도해법이 있으나, 심플렉스법은 관리회계의 범위를 벗어나므로 도해법을 살펴보도록 한다.

2) 도해법

제약조건을 그래프상에 표시하여 실행가능영역을 도출한 후, 이 영역의 범위 내에서 목적함수를 최대화 또는 최소화되도록 의사결정변수의 값을 도출하는 방법이다.

※ 도해법에 의한 최적해 도출 단계

[1단계] 목적함수의 결정
[2단계] 제약조건의 구체화
[3단계] 실행가능영역의 도해
[4단계] 최적해의 계산

[그림11-8] 도해법

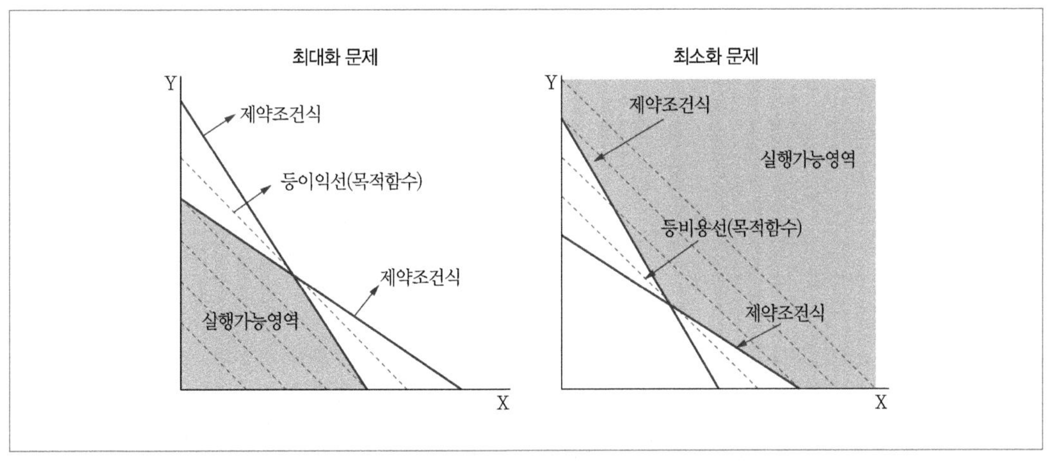

예제 5 제한된 자원의 사용(복수요인)

(주)한국은 두 제품 A, B을 생산 및 판매하고 있다. 두 제품에 대한 수익 및 원가자료는 다음과 같다.

	A	B
단위당 판매가격	₩100	₩200
단위당 변동비	70	160
단위당 공헌이익	₩30	₩40
소요기계시간	1h	2h
소요재료	2kg	1kg

회사의 총고정비는 ₩3,000이며, 활용가능한 기계시간과 재료량은 각각 140시간, 130kg이다. 단, 각 제품별 외부수요는 무한하다.

요구사항

회사 전체의 총공헌이익을 극대화하기 위한 최적생산배합을 구하시오.

해답

(1) 목적함수 설정 및 제약조건의 구체화

목적함수(MAX) ₩30A + ₩40B

제약조건

기계시간 $1A + 2B \leqq 140h \Rightarrow$ ①

재료 $2A + 1B \leqq 130kg \Rightarrow$ ②

비부조건 $A, B \geqq 0$

(2) 실행가능영역 도해

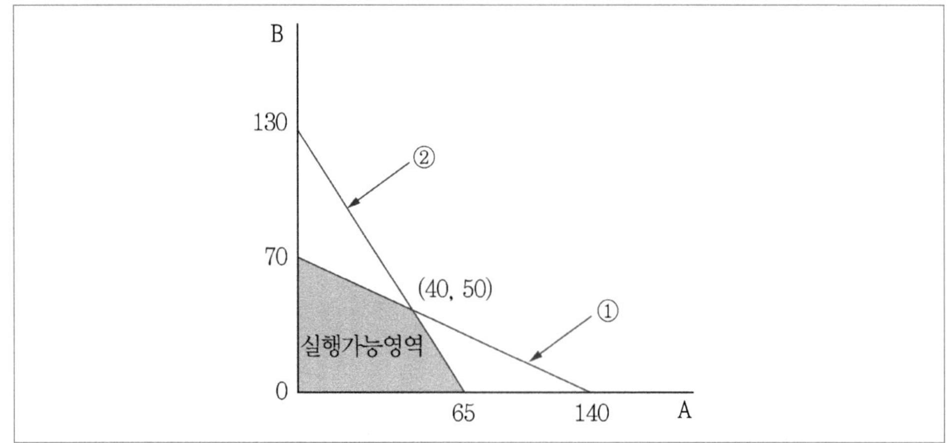

(3) 최적해 도출

(0,70) : Z = ₩30 × 0 + ₩40 × 70 = ₩2,800

(40,50) : Z = ₩30 × 40 + ₩40 × 50 = ₩3,200

(65, 0) : Z = ₩30 × 65 + ₩40 × 0 = ₩1,950

그러므로, 제품생산배합(40,50)일 때, 최대공헌이익이 ₩3,200이다.

cf. 투입배합의 결정

제품생산에 필요한 원재료가 여러 가지일 경우 배합비율에 따른 원가를 분석하여 총원가를 최소화하는 최적투입배합을 결정하여야 한다.

예제 6 투입배합의 결정(단일요인)

(주)한국은 한우를 사용하여 최고급 떡갈비를 생산한다. 떡갈비 1인분에는 최소한 1,000g의 살코기가 포함되어 있어야하며, 사용할 수 있는 부위는 안심과 등심이다. 안심 1kg에는 500g의 살코기가 포함되어 있으며, 등심 1kg에는 750g의 살코기가 포함되어 있다. 안심과 등심의 kg당 가격은 각각 ₩100,000, ₩112,500이다.

요구사항 1

떡갈비의 원가를 최소화하기 위하여 사용할 부위를 선택하시오.

해답

※자료정리

	안심	등심
kg당 가격	₩100,000	₩112,500
kg당 살코기	÷500g	÷750g
살코기 1g당 가격	₩200	₩150

즉, 살코기 1g당 가격이 낮은 등심을 선택하여야 한다.

요구사항 2

떡갈비 1인분에는 최소한 안심이 30%이상이 함유되어야 할 경우 떡갈비 1인분의 최소원가를 산출하시오.

해답

등심의 살코기 1g당 원가가 작으므로 안심은 최소필요량만큼만 사용한다.

투입순서	살코기 투입량	원가
① 안심	1,000g × 0.3 = 300g	300g × ₩200 = ₩60,000
② 등심	1,000g × 0.7 = 700g	700g × ₩150 = 105,000
		₩165,000

예제 7 투입배합의 결정(복수요인)

(주)한국은 두 가지 재료 A(안심)과 B(등심)을 사용하여 떡갈비를 생산·판매하고 있다. 두 원료의 살코기에는 영양소 비타민 X와 Y를 함유하고 있으며 살코기 1g당 영양소는 다음과 같다.

영양소	살코기 1g당 영양소		최소필요량
	A	B	
X	1mg	2mg	120mg
Y	2mg	1mg	150mg

요구사항

영양소의 최소필요량을 충족하면서 총비용 최소화를 달성할 수 있는 X와 Y의 최적투입배합을 구하시오. 단, 살코기 1g당 원가는 A와 B, 각각 ₩200/g, ₩150/g이다.

해답

(1) 목적함수 설정 및 제약조건의 구체화

	A		B			
목적함수(Min)	₩200A	+	₩150B			
제약조건						
X	1A	+	2B	≧ 120mg	⇒ ①	
Y	2A	+	1B	≧ 150mg	⇒ ②	
비부조건	A	,	B	≧ 0		

(2) 실행가능영역 도해

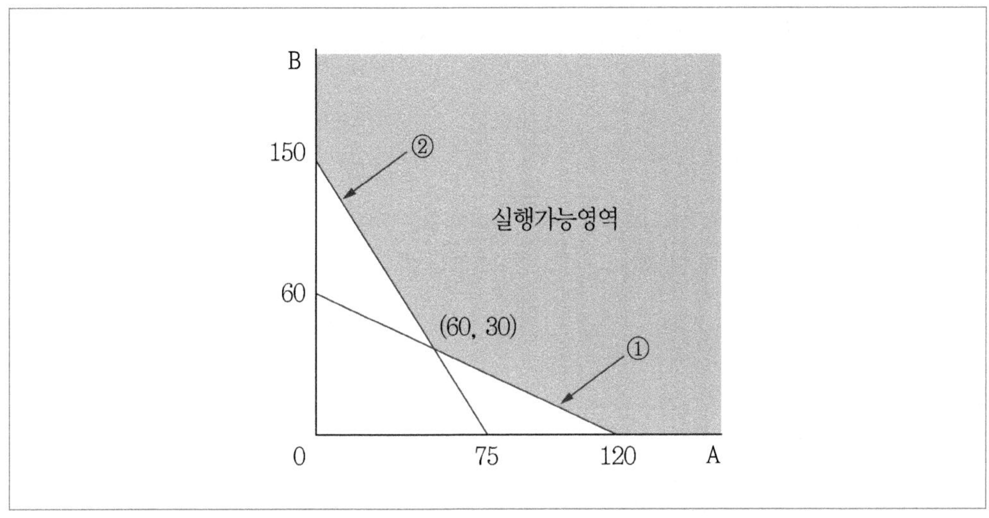

(3) 최적해 도출

(0,150) : Z = ₩200 × 0 + ₩150 ×150 = ₩22,500

(60, 30) : Z = ₩200 × 60 + ₩150 × 30 = ₩16,500

(120, 0) : Z = ₩200 × 120 + ₩150 × 0 = ₩24,000

그러므로, 제품생산배합(60,30)이며 이 때의 총비용은 ₩16,500이다.

---

7 제품가격결정

기업이 존속하기 위해서는 생산된 제품의 판매를 통해서 얻은 수익으로 지출된 원가를 회수하여야 하며 지속적인 재투자가 이루어 져야 한다. 따라서, 적정한 이익이 보장되기 위해서는 정확한 원가계산과 더불어 적절한 가격이 설정되어야 한다.

1. 가격결정요소

가격을 결정하는 요소는 여러 가지 있으나 대표적인 가격결정요소는 다음과 같다.

① 고객

② 경쟁기업

③ 원가

2. 가격결정방법

가격결정방법은 한계개념을 이용한 경제학적 가격결정방법과 선형성을 가정한 회계학적 가격결정방법으로 나누어 살펴볼 수 있다.

1) 경제학적 가격결정방법

경제학에서는 증분개념으로 한계수익(Marginal Revenue)과 한계비용(Marginal Cost)이 일치하는 수준에서 총이익이 극대화되므로, 한계수익과 한계비용이 일치하는 점에서 가격이 결정되는 것이 바람직하다.

2) 회계학적 가격결정방법

회계학적 가격결정방법은 특정원가를 기준으로 일정 할증율(mark up)가산하는 원가가산법이 일반적으로 많이 사용된다. 또한, 장기적인 관점에서 가격을 결정하는 경우에는 제조원가뿐만 아니라 제조이전 단계와 제조이후 단계에서 발생하는 비용까지 포함해서 결정하여야 한다.

① 제조원가접근법(전부원가접근법)

이 방법은 제품 단위당 제조원가에 일정 할증율(mark up)을 가산하여 가격을 결정하는 방법을 말한다.

- 할증율 $= \dfrac{\text{판매관리비} + \text{목표이익}}{\text{제조원가}}$
- 목표가격 = 제조원가 + 제조원가 × 할증율

② 변동원가접근법

이 방법은 제품 단위당 변동원가에 일정 할증율(mark up)을 가산하여 가격을 결정하는 방법을 말한다.

- 할증율 $= \dfrac{\text{고정원가} + \text{목표이익}}{\text{변동원가}}$
- 목표가격 = 변동원가 + 변동원가 × 할증율

③ 총원가접근법

이 방법은 제품 단위당 총원가에 일정 할증율(mark up)을 가산하여 가격을 결정하는 방법을 말한다.

- 할증율 $= \dfrac{\text{목표이익}}{\text{총원가}}$
- 목표가격 = 총원가 + 총원가 × 할증율

예제 8 가격결정방법

다음은 (주)한국의 원가자료이다.

	변동비	고정비
직접재료비	₩500	-
직접노무비	300	-
제조간접비	200	₩100,000
판매관리비	300	200,000
합 계	₩1,300	₩300,000

회사는 당기 생산 · 판매량을 100단위로 예상하고 있으며, 총 ₩50,000의 이익을 달성하고자 한다. 또한, 해당 제품에 대한 가격결정방법은 원가가산방법을 적용하고자 한다.

요구사항 1

제조원가접근법을 적용하여 목표가격을 구하시오.

해답

(1) 제조원가

$$₩500 + 300 + 200 + \frac{100{,}000}{100\text{단위}} = ₩2{,}000$$

(2) 할증율

$$\frac{\text{판매관리비} + \text{목표이익}}{\text{제조원가}} = \frac{300 \times 100\text{단위} + 200{,}000 + 50{,}000}{2{,}000 \times 100\text{단위}}$$

$$= 140\%$$

(3) 목표가격

$₩2{,}000 + ₩2{,}000 \times 140\% = ₩4{,}800$

요구사항 2

변동원가접근법을 적용하여 목표가격을 구하시오.

해답

(1) 변동원가

₩500 + 300 + 200 + 300 = ₩1,300

(2) 할증율

$$\frac{\text{고정원가} + \text{목표이익}}{\text{변동원가}} = \frac{300{,}000 + 50{,}000}{1{,}300 \times 100\text{단위}}$$

$$= 269\%$$

(3) 목표가격

₩1,300 + ₩1,300 × 269% = ₩4,800

요구사항 3

총원가접근법을 적용하여 목표가격을 구하시오.

해답

(1) 총원가

$$₩500 + 300 + 200 + 300 + \frac{300{,}000}{100} = ₩4{,}300$$

(2) 할증율

$$\frac{\text{목표이익}}{\text{총원가}} = \frac{50{,}000}{4{,}300 \times 100\text{단위}}$$

$$= 12\%$$

(3) 목표가격

₩4,300 + ₩4,300 × 12% = ₩4,800

객관식 문제

1. 한국 복사집의 복사능력은 시간당 1,800부이다. 준비시간 및 용지 재공급시간으로 인해 하루 실가동시간은 7시간이다. 대학주변에는 난립되어 있는 복사집들간의 경쟁이 극심한 편이다. 따라서 고객이 원하는 시간 준수는 필수사항이다. 이 복사집의 1일 복사수요량은 10,000부이다. 가격은 1부당 ₩40이고, 총변동원가는 ₩16이다. 그런데 한 고객이 하루의 업무시작시점에 찾아와서 5,000부의 복사물을 업무마감시간까지 1부당 ₩32에 복사해 달라고 요구하였다. 이 특별주문의 수락 또는 기각여부와 관련하여 예상되는 순이익의 효과는? **2001 세무사**

   ① 수락하는 경우과 기각하는 경우에 순이익의 차이는 없다.
   ② 수락하는 경우가 ₩62,400의 순이익이 작다.
   ③ 수락하는 경우가 ₩62,400의 순이익이 크다.
   ④ 수락하는 경우가 ₩22,400의 순이익이 작다.
   ⑤ 수락하는 경우가 ₩22,400의 순이익이 크다.

2. (주)부산은 자체제조공정에 사용되는 부품 A를 20,000단위 제조하고 있다. 부품 A의 단위당 원가는 다음과 같다.

직접재료비	₩6
직접노무비	30
변동제조간접비	12
고정제조간접비	16
	₩64

   신세계회사는 (주)부산에게 이 부품을 단위당 ₩60에 20,000단위를 판매하겠다는 제의를 했다. (주)부산은 ₩25,000의 절약을 가져올 수 있다면 이 부품을 구입하기로 했다. (주)부산이 신세계회사의 제의를 수락하면 단위당 ₩9의 고정제조간접비가 절약될 것이다. 더욱이 (주)부산이 이 제의를 받아들임으로써 생기는 여유설비는 부품 H의 제조에 사용되어 일부원가의 절감이 기대된다. 전체적으로 ₩25,000을 절약하기 위해서는 부품 H의 제조에 여유설비를 사용함에 따라 절약되어야 할 원가는 얼마인가?

   ① ₩90,000　　② ₩250,000　　③ ₩85,000
   ④ ₩78,000　　⑤ ₩145,000

※ 다음 자료를 이용하여 문.3~문.4에 답하시오.

> (주)한국은 완제품 생산에 필요한 부품 A를 자가제조하고 있다. 부품 A의 월간 필요량은 30,000단위이며, 최대 생산능력은 월 84,000단위이다. 부품 A의 단위당 변동제조원가는 ₩11이고, 부품 A의 생산에 현재 사용되고 있는 설비의 월간 고정제조원가는 ₩150,000이다. 부품 A를 외부에서 구입하더라도 월간 고정제조원가의 40%는 회피불가능하다.

3. 계속해서 부품 A를 매월 30,000단위씩 필요로 한다면 부품 단위당 외부구입가격이 얼마 이하가 되어야 자가제조를 포기하겠는가?

① ₩14　② ₩11　③ ₩16
④ ₩13　⑤ ₩15

4. 외부에서 부품 A를 단위당 ₩12.875에 구입할 수 있다고 하자. 이 경우 부품 A의 월간 필요량이 몇 단위이면 외부구입과 자가제조가 무차별하겠는가?

① 30,000단위　② 32,000단위　③ 80,000단위
④ 48,000단위　⑤ 50,000단위

5. (주)서울은 두 개의 제조부문(P1, P2)과 두 개의 보조부문(S1, S2)으로 운영된다. 회사는 직접배부법을 이용하여 보조부문비를 제조부문에 배부하고 있으며, 각 보조부문의 용역제공비율은 다음과 같았다.

보조부문	제조부문		보조부문	
	P1	P2	S1	S2
S1	20%	30%	−	50%
S2	40%	40%	20%	−
부문비	?	?	?	X

두 개의 보조부문(S1, S2)으로부터 P1에 배부된 금액은 ₩70,000이고, P2에 배부된 금액은 ₩80,000이었다. 부문비 배부전 S2에 집계된 원가(X)는 얼마인가?

① ₩100,000　② ₩110,000　③ ₩120,000
④ ₩130,000　⑤ ₩140,000

6. 문제5에서 (주)서울은 보조부문의 원가배부를 단계배부법(S2부문부터 배부)으로 변경하고자 한다. 만약 보조부문의 원가를 단계배부법에 의하여 배부한다면 P2부문에 집계된 보조부문의 원가는 얼마인가?

① ₩74,000 ② ₩76,000 ③ ₩78,000
④ ₩80,000 ⑤ ₩82,000

7. 문제5에서 위 문제와는 별도로 (주)서울은 보조부문 S1을 폐쇄하고 필요한 용역을 외부에서 구입하고자 한다. 만약 보조부문의 원가가 모두 변동비라면 보조부문 S1폐쇄시 절감가능한 총원가는 얼마인가?

① ₩70,000 ② ₩80,000 ③ ₩90,000
④ ₩100,000 ⑤ ₩120,000

※ 다음은 문.8~문.9에 관련된 자료이다. 1987 회계사

서울회사는 부품 A, B, C, D를 사용하여 제품을 생산하고 있다. 이들 부품은 자체에서 생산될 수도 있고 외부에서 구입할 수도 있다. 이들 부품의 자체생산에 활용할 수 있는 총기계시간은 연간 6,000시간이며 변동제조원가만이 회피가능원가이다.
각 부품과 관련한 정보는 다음과 같이 예상된다.

	A	B	C	D
직접재료비	₩2,000	₩4,000	₩6,000	₩8,000
직접노무비	1,000	2,000	2,000	2,000
변동제조간접비	500	1,000	1,000	1,500
단위당 변동제조원가	₩3,500	₩7,000	₩9,000	₩11,500
단위당 기계시간	2시간	3시간	1시간	3시간
연간 소요량	1,500개	1,000개	3,000개	1,000개
단위당 외부구입가격	₩4,000	₩8,500	₩10,000	₩11,000

8. 회사는 각 부품별 소요량을 어떤 방법으로 조달하여야 하겠는가?

	A	B	C	D
①	외부구입	자체생산	외부구입	외부구입
②	외부구입	자체생산	자체생산	외부구입
③	외부구입	외부구입	외부구입	자체생산
④	자체생산	자체생산	외부구입	자체생산
⑤	외부구입	외부구입	외부구입	외부구입

9. 부품 D의 단위당 외부구입가격이 현재의 예상가격 ₩11,000에서 최소한 얼마 이상 올라가야 부품 D를 자체생산하는 것이 유리한가?

① ₩1,000이상 ② ₩1,500이상 ③ ₩2,000이상
④ ₩3,000이상 ⑤ ₩4,000이상

10. (주)한국은 판매가격과 단위당 변동비가 각각 ₩500과 ₩300인 제품 A와 ₩1,000과 ₩600인 제품 B를 생산·판매하고 있다. 월간 고정비는 ₩5,000이 발생하며 제조에 관한 자료는 다음과 같다.

월간사용가능 기계시간	제품단위당 사용기계시간		월간사용가능 원재료	제품단위당 사용원재료	
	제품 A	제품 B		제품 A	제품 B
120시간	2시간	6시간	220단위	6단위	4단위

최적의 제품생산배합에 의해 얻을 수 있는 최대의 월간 영업이익은 얼마인가? **2002 회계사**

① ₩2,333 ② ₩3,000 ③ ₩5,000
④ ₩7,333 ⑤ ₩10,000

정답 및 해설

1. 정답 ⑤

중급 특별주문수락 의사결정★

※ 자료정리

	기존	특별주문(5,000부)
p	₩40	₩32
vc	16	16
cm	₩24	₩16

증분수익		
매출증가	5,000부×₩32 =	₩160,000
증분비용		
변동비증가	5,000부×₩16 =	80,000
기존판매감소	2,400부*1×₩24 =	57,600
증분이익		₩22,400

*1 여유조업도 : 최대조업도(1,800부/시간×7시간)-기존수요량(10,000부) = 2,600부
그러므로, 5,000부-2,600부 = 2,400부만큼 기존판매감소

2. 정답 ③

중급 부품의 외부구입 의사결정★

부품 H제조시 절감되는 원가를 X라 하면,

증분수익		
-		-
증분비용		
변동비 절감	20,000개×(₩6+30+12) =	₩(960,000)
고정비 절감	20,000개×₩9 =	(180,000)
H제조시 원가절감액		(X)
외부구입비용	20,000개×₩60 =	1,200,000
증분이익		X - ₩60,000 = ₩25,000

그러므로, X는 ₩85,000이다.

3. 정답 ①

중급 부품의 외부구입 의사결정★

단위당 외부구입비용을 P라 하면,

증분수익		
–		-
증분비용		
변동비절감	30,000단위×₩11 =	₩(330,000)
고정비절감	₩150,000×0.6 =	(90,000)
외부구입비용	30,000단위×P =	30,000P
증분이익		₩420,000 − 30,000P≧0

그러므로, P≦₩14

4. 정답 ④

중급 부품의 외부구입 의사결정★

외부구입수량을 Q라 하면,

증분수익		
–		-
증분비용		
변동비절감	Q×₩11 =	₩(11Q)
고정비절감	₩150,000×0.6 =	(90,000)
외부구입비용	Q×₩12.87 5=	12.875Q
증분이익		₩90,000 − 1.875Q = 0

그러므로, Q는 48,000개

5. 정답 ①

중급 보조부문 폐지 의사결정★

0.4S1＋0.5S2 = ₩70,000

(−)0.6S1＋0.5S2 = ₩80,000

0.2S1 = ₩10,000

그러므로, S1 = ₩50,000, S2 = ₩100,000

6. 정답 ⑤

중급 보조부문 폐지 의사결정★

S1 = ₩50,000＋0.2×₩100,000

S1 = ₩70,000

그러므로 ₩70,000×0.6＋₩100,000×0.4 = ₩82,000

7. 정답 ①

고급 보조부문 폐지 의사결정★

S1 = ₩50,000

S2 = ₩100,000×0.2 = ₩20,000

그러므로 ₩70,000

8. 정답 ②

중급 제약자원하의 제품라인폐지 의사결정★

(1) 자가제조시 기계시간당 원가절감액

	A	B	C	D
단위당 외부구입가격	₩4,000	₩8,500	₩10,000	₩11,000
단위당 변동제조원가	3,500	7,000	9,000	11,500
단위당 원가절감액	₩500	₩1,500	₩1,000	₩(500)
단위당 기계시간	÷2시간	÷3시간	÷1시간	
기계시간당 원가절감액	₩250	₩500	₩1,000	
우선순위	③	②	①	

(2) 최적생산계획

우선순위	생산량	필요기계시간	누적소요시간
① C	3,000개	3,000개×1h = 3,000h	3,000h
② B	1,000	1,000개×3h = 3,000h	3,000h
			6,000h

그러므로, B와 C는 자가제조하고, A와 D는 외부구입한다.

9. 정답 ③

중급 제약자원하의 제품라인폐지 의사결정★

부품 D의 외부구입가격을 P라 하면,

	A	B	C	D
단위당 외부구입가격	₩4,000	₩8,500	₩10,000	P
단위당 변동제조원가	3,500	7,000	9,000	11,500
단위당 원가절감액	₩500	₩1,500	₩1,000	P－₩11,500
단위당 기계시간	÷2시간	÷3시간	÷1시간	÷3시간
기계시간당 원가절감액	₩250	₩500	₩1,000	(P－₩11,500)÷3시간
우선순위		③	①	②

기계시간당 공헌이익이 B보다 높아야 하므로 (P－₩11,500)÷3시간≥₩500이어야 한다.
따라서, P≥₩13,000이므로, 현재보다 ₩2,000이상 증가하여야 한다.

10. 정답 ③

중급 복수의 제약자원하의 의사결정, 도해법★

(1) 목적함수

Z = ₩200×A＋₩400×B－₩5,000

(2) 제약조건의 구체화

2A＋6B≤120기계시간

6A＋4B≤220단위

(3) 최적해 도출

(A, B)	Z=₩200×A+₩400×B-₩5,000
(36.67, 0)	₩200×36.67 +₩400×0 -₩5,000 = ₩2,334
(30, 10)	₩200×30 +₩400×10 -₩5,000 = ₩5,000
(0, 20)	₩200×0 +₩400×20 -₩5,000 = ₩3,000

따라서, 최대이익은 ₩5,000이다.

주관식 문제

문제 1 특별주문수락의사결정 기본개념

다음을 읽고 물음에 답하시오.

(주)한국은 보통과 고급이라는 두 가지 제품만을 생산하여 판매하고 있다. 두 제품의 개당 원가 및 판매가격 자료는 다음과 같다.

	보통	고급
직접재료원가	₩10	₩20
직접노무원가	30	40
변동제조간접원가	50	100
고정제조간접원가	70	80
합 계	₩160	₩240
가 격	210	360

직접노무원가 임률은 시간당 ₩10이다. 직접노무인력의 용량(최대 사용가능시간)은 월 10,000시간이다. 고객들의 주문을 받아 수립된 이번 달의 생산계획에 의하면 이 중에서, 9,000시간만 사용될 것이다. 다음의 물음에 답하시오.

물음 1

마케팅 부서가 새로운 고객을 발굴하여 고급제품 200개를 개당 ₩240에 판매할 수 있는 주문을 받아 왔다. 이 200개를 생산하기 위해 필요한 직접노무시간을 계산하시오.

물음 2

위 [물음 1]의 새로운 주문을 수락하는 경우에 (주)한국의 이익은 얼마나 증가 또는 감소하는지 보이시오. (단, 이 새로운 주문의 수락은 기존의 수요에 전혀 영향을 미치지 않는다고 가정한다.)

물음 3

위 [물음 1]의 고급제품 주문수량이 200개가 아니라 310개라고 하자. 한편 (주)한국은 새로운 주문을 생산하기 위해 기존의 주문을 필요한 만큼 축소할 수 있다고 한다. 만약 (주)한국이 이 주문을 수락하기로 결정했다면, 이번 달에 계획된 보통과 고급의 생산수량 중에서 어느 제품을 얼마나 축소하여야 하는지 보이시오.

물음 4

위 [물음 3]의 310개 주문을 수락하는 것이 (주)한국에게 얼마나 유리 또는 불리한지 밝히시오.

물음 5

위 [물음 3]의 경우와 동일한 상황에서 잔업을 통하여 직접노무인력의 용량을 증가시키는 대안도 가능하다고 하자. 이 경우 (주)한국이 선택할 수 있는 대안을 열거해 보시오.

물음 6

잔업의 임률은 시간당 ₩15이고 변동간접비는 40% 증가한다. 위 [물음 5]의 대안 중에서 (주)한국에게 가장 유리한 대안이 어느 것인지 밝히시오.

해 답

※자료정리

	보통	고급
P	210	360
VC	90	160
CM	120	200
노동시간	3시간*1	4시간
노동시간당 공헌이익	₩40	₩50
생산우선순위	②	①

*1 ₩30÷₩10 = 3시간

물음 1 필요 노무시간

4시간 × 200개 = 800시간

물음 2 특별주문 수락결정

증분수익	매출증가	₩240 × 200 =	₩48,000
증분비용	변동비증가	₩160 × 200 =	32,000
증분이익			₩16,000

물음 3 기존 판매량감소

① 현재 여유조업도 : 10,000시간 − 9,000시간 = 1,000

② 특별주문에 대한 필요시간 : 4시간 × 310개 = 1,240시간

③ 부족시간 : 240시간

즉, 240시간을 확보하기 위해서는 기존제품을 감소시켜야 한다.
노동시간당 공헌이익이 작은 보통제품 80개(= 240시간 ÷ 3시간)감소

물음 4 특별주문 수락결정

증분이익	매출증가	₩240 × 310 =	₩74,400
증분비용	변동비증가	160 × 310 =	49,600
	보통제품판매감소	120*1 × 80 =	9,600
증분이익			₩15,200

*1 보통제품 단위당 공헌이익

물음 5 선택가능한 대안

대안 1 : 특별주문을 수락한 후 잔업을 하지 않으며 기존 보통제품을 감소하는 방법
대안 2 : 특별주문을 수락한 후 특별주문에 대해서 잔업을 통하여 생산하는 방법
대안 3 : 특별주문을 수락한 후 기존의 보통제품을 잔업을 통하여 생산하는 방법

물음 6 유리한 대안 선택

대안 1의 증분이익 : ₩15,200
대안 2의 증분이익
① 잔업을 통하여 생산하여야할 수량
310개 - 1,000시간 ÷ 4시간 = 60개
② 잔업을 통하여 생산된 고급제품의 단위당 변동비
₩20 + 60 + 140 = ₩220

증분수익	매출증가	310 × 240 =	₩74,400
증분비용	변동비증가	250 × 160 =	40,000
		60 × 220 =	13,200
증분이익			₩21,200

대안 3의 증분이익
① 잔업을 통하여 생산하여야할 기존의 보통제품 수량
240시간 ÷ 3시간 = 80개
② 잔업을 통하여 생산된 기존의 보통제품의 단위당 변동비
₩10 + 45 + 70 = ₩125
즉, 기존보다 ₩35(= ₩125 - ₩90)증가

증분수익	매출증가	310 × 240 =	₩74,400
증분비용	변동비증가	310 × 160 =	49,600
	보통제품변동원가증가	35 × 80 =	2,800
증분이익			₩22,000

즉, 증분이익이 가장 큰 대안 3을 선택한다.

원가함수추정과 특별주문수락 의사결정

다음을 읽고 물음에 답하시오.

생산부서 담당 김이사는 지난 수개월 간의 제조간접비에 대한 회귀추정 결과 다음과 같은 제조간접비 회귀추정식을 도출해 내었다.

〈자료 1〉 제조간접비 추정

제조간접비 = ₩50,000 + ₩12,000 × lot + ₩40 × 직접노동시간

이중 원가동인에 비례하지 않은 원가는 고정비로 간주한다. 1lot는 1,000단위이다. 원가정보는 다음과 같다. 회사의 유휴생산 능력은 충분하다고 가정한다.

〈자료 2〉 기타 원가정보

- 직접재료비 : 단위당 ₩10
- 직접노동시간 : 단위당 0.5시간
- 직접노무비 임률 : 시간당 ₩20
- 제조간접비 : 제조간접비 회귀추정식에 의한 값을 이용

물음 1

당사는 외부로부터 제품 1,000개를 단위당 ₩50 납품에 달라는 특별주문을 받았다. 김이사의 회귀추정식에 의할 경우 특별주문 수락여부를 결정하시오. 만약 수락한다면 회사의 영업이익은 얼마나 증가 또는 감소하는가?

물음 2

한편, 회사의 정상무는 김이사와는 달리 회사의 제조간접비가 직접 노동시간에만 비례한다고 보아 다음과 같은 단순한 회귀추정식을 도출해 내었다.

제조간접비 = ₩80,000 + ₩50×직접노동시간

정상무의 회귀추정식을 이용하여 [물음 1]의 의사결정을 다시 한다고 하자. 영업이익의 변동금액을 계산하시오.

해 답

물음 1 특별주문 수락여부결정(I)

- 단위당 변동비 : ₩52
- 직접재료비 : ₩10
- 직접노무비 : 0.5h × ₩20/h = ₩10
- 제조간접비 : 12,000/1,000단위 + 0.5h × ₩40/h = ₩32

증분수익	특별주문매출	1,000개 × @50 =	₩50,000
증분비용	변 동 비	1,000개 × @52 =	(52,000)
증분이익(손실)			₩(2,000)

그러므로, 영업이익이 ₩2,000만큼 감소한다.

물음 2 특별주문 수락여부결정(II)

- 단위당 변동비 : ₩45
- 직접재료비 : ₩10
- 직접노무비 : 0.5h × ₩20/h = ₩10
- 제조간접비 : 0.5h × ₩50/h = ₩25

증분수익	특별주문매출	1,000개 × @50 =	₩50,000
증분비용	변 동 비	1,000개 × @45 =	(45,000)
증분이익(손실)			₩5,000

그러므로, 영업이익이 ₩5,000만큼 증가한다.

문제 3 사업부폐지 의사결정

다음을 읽고 물음에 답하시오.

(주)한국은 강동과 강서지역에 편의점을 운영하고 있으며 20×1년도 각 편의점의 영업결과는 다음과 같다.

	강동점	강서점
매출액	₩1,070,000	₩860,000
영업비용		
매출원가	750,000	660,000
연간리스료(해지가능리스)	90,000	75,000
인건비(시간급)	42,000	42,000
장비감가상각비	25,000	22,000
난방 및 전기료	43,000	46,000
본사간접비배부액	50,000	40,000
총영업비용	1,000,000	885,000
영업이익(손실)	₩70,000	₩(25,000)

장비의 처분가치는 없으며 최근 임원회의에서 재무담당임원은 강서점을 폐쇄하든지 아니면 강서점과 동일한 점포를 하나 더 개점하면 회사의 수익성을 개선할 수 있다고 발언하였다.

물음 1

강서점을 폐쇄하는 경우 본사간접비배부액 총 ₩90,000 중 ₩44,000을 절감할 수 있다. 강서점을 폐쇄하는 경우 회사의 영업이익증감액을 구하시오.

물음 2

회사가 기존의 강서점을 계속 운영하고 강서점과 매출액 및 모든 비용이 같은 점포 하나를 추가로 개점하는 경우 회사의 영업이익증감액을 구하시오. 단, 기존의 두 개의 점포 이외에 새로이 하나의 점포를 추가 개점하는 경우 추가 개점에 따른 본사의 간접비는 ₩4,000만 발생한다.

물음 3

위의 [물음 1]과 [물음 2]의 답을 기초로 재무담당임원의 말이 옳은지 혹은 잘못된 것인지 평가하시오.

해 답

물음 1 강서점 폐지 의사결정

강서점을 폐쇄하는 경우 회사는 현재의 총비용 중에서 장비감가상각비 ₩22,000과 본사간접비배부액 ₩40,000을 제외한 ₩823,000을 회피할 수 있으며 이에 추가하여 본사간접비 ₩44,000을 절감하기 때문에 총 비용 회피액은 ₩867,000이다. 따라서 비록 매출액 ₩860,000을 잃게 되나 비용을 ₩867,000 감소하므로 회사의 이익은 ₩7,000만큼 증가한다.

물음 2 새로운 점포 추가의사결정

점포를 추가하는 경우 증가하는 매출액은 ₩860,000이고 증가하는 비용은 ₩849,000이다. 기존의 강서점의 모든 비용이 발생하나 단, 본사간접비가 ₩40,000이 아닌 ₩4,000만이 증가하기 때문이다. 따라서 회사의 이익은 ₩11,000만큼 증가한다.

물음 3 재무임원 발언평가

[물음 1]과 [물음 2]의 답을 기초로 볼 때 재무담당임원의 발언은 적절하다.

문제 4 특별주문수락 의사결정

다음을 읽고 물음에 답하시오.

(주)한국은 자동차 밧데리를 생산한다. 회사는 현재 생산시설용량(월 10,000 직접노무시간)의 60%를 가동하고 있다. 최근 회사는 (주)대한으로부터 개당 ₩350에 10,000개의 밧데리를 1개월 안에 납품해 달라는 특별주문을 받았다. 밧데리의 개당 제조원가는 다음과 같다.

직접재료원가	₩100
직접노무원가(개당 0.5 직접노무시간)	150
제조간접원가	100
개당 제조원가	₩350

(주)한국의 직접재료원가와 직접노무원가는 변동원가이다. 제조간접원가 중 변동원가는 직접노무시간당 ₩120이다. (주)한국은 향후 수 개월 동안 월 6,000 직접노무시간(10,000 직접노무시간 ×60%)의 조업도를 유지하기에 충분한 일반주문을 받아 놓고 있으며 판매가격은 개당 ₩500이다.

물음 1

일반주문품 및 특별주문품 개당 변동원가를 구하시오.

물음 2

(주)한국이 10,000개의 특별주문을 수락할 경우, 일반주문을 포기함으로 인한 기회비용(opportunity cost)은 얼마인가?

물음 3

[물음 2]의 기회비용이 발생하지 않기 위한 특별주문수량을 구하시오.

물음 4

(주)한국이 10,000개의 특별주문을 수락할 경우 증분손익을 구하시오.

해 답

물음 1 개당 변동원가

	일반주문품	특별주문품
직접재료원가	₩100	₩100
직접노무원가	0.5시간 × 300 = ₩150	0.5시간 × 300 = ₩150
변동제조간접원가	0.5시간 × 120 = ₩60	0.5시간 × 120 = ₩60
개당변동원가	₩310	₩310

물음 2 기회비용

10,000개의 특별주문 수락시 일반주문품에 투입할 수 있는 직접노무시간이 1,000시간 감소하므로 일반주문품 생산이 2,000개 감소하게 됨.

이 경우의 기회비용은 (500 − 310) × 2,000개 = ₩380,000이다.

물음 3 기회비용이 발생하지 않는 특별주문수량

투입가능한 직접노무시간	4,000시간
특수주문품 단위당 직접노무시간	÷ 0.5시간
특별주문수량	8,000개

물음 4 특별주문 수락여부결정

증분수익			
수익이 증가	10,000개 × 350 =	3,500,000	
수익이 감소	2,000개 × 500 =	(1,000,000)	₩2,500,000
증분비용	(20,000개 − 12,000개) × 310 =		(2,480,000)
증분이익			₩ 20,000

문제 5 뱃치생산 특별주문수락 의사결정

다음을 읽고 물음에 답하시오.

(주)한국은 국내에서 대형램프와 소형램프를 판매하는 기업이다. 다음은 판매 및 생산과 관련된 자료이다.

	대 형	소 형
단위당 판매가격	₩32,000	₩21,000
단위당 변동제조원가		
직접재료원가	₩12,000	₩10,000
직접노무원가	6,000	2,000
변동제조간접원가	2,000	1,000
단위당 고정제조간접원가	3,000	3,000
단위당 총원가	₩23,000	₩16,000
연간 예상 수요량	15,000단위	25,000단위

대형램프는 100단위씩, 소형램프는 200단위씩 뱃치(batch)단위로 생산되며 1뱃치당 소요되는 기계시간은 10시간이다. 회사가 이용가능한 기계시간은 연 3,000시간이다.

물음 1

회사의 이익극대화를 위한 최적생산량을 구하시오.

물음 2

대형램프 5,000단위에 대한 특별주문 제의가 들어왔다. 이를 수락시 기회비용을 구하시오.

물음 3

대형램프 5,000단위를 단위당 ₩37,000에 특별주문을 받은 경우 특별주문 수락시 증가 또는 감소이익을 계산하여 특별주문 수락여부를 결정하시오.

물음 4

[물음 3]에서 추가적으로 고려하여야 할 질적요소에 대해서 설명하시오.

해 답

물음 1 이익극대화 달성을 위한 최적생산량

(1) 단위당 공헌이익

	대 형	소 형
단위당 판매가격	₩32,000	₩21,000
단위당 변동비		
직접재료비	12,000	10,000
직접노무비	6,000	2,000
변동제조간접비	2,000	1,000
단위당 공헌이익	₩12,000	₩8,000

(2) 배치당 공헌이익

	대 형	소 형
단위당 공헌이익	₩12,000	₩8,000
단위당 기계시간	0.1시간*1	0.05시간*2
기계시간당 공헌이익	₩120,000	₩160,000
뱃치당 공헌이익	₩1,200,000*3	₩1,600,000*4

*1 10시간/100개 = 0.1시간
*2 10시간/200개 = 0.05시간
*3 ₩12,000×100개 = ₩1,200,000
*4 ₩8,000×200개 = ₩1,600,000

(3) 최적생산량

소형의 기계시간당 공헌이익이 대형보다 크므로 먼저 소형을 생산하고 남은 기계시간으로 대형을 생산한다. 회사의 총기계시간 3,000시간이 소형 25,000개, 대형 15,000개를 생산하기에 충분하다.

총기계시간	3,000시간	
소 형	1,250시간*1	(= 25,000개 × 0.05시간)
대 형	1,500시간*2	(= 15,000개 × 0.1시간)
유 휴 시 간	250시간	

*1 125뱃치(= 25,000개/200개)×10시간
*2 150뱃치(= 15,000개/100개)×10시간

물음 2 특별주문에 대한 기회비용의 계산

특별주문 대형 5,000개는 50뱃치(= 5,000개/100개)이며 소요시간은 500시간(= 50뱃치 × 10시간)이며 단위당 공헌이익은 ₩17,000(= ₩37,000 − ₩20,000)이다. 기계시간당 공헌이익이 소형보다 크므로 가장 우선적으로 생산되어야 한다. 유휴기계시간 250시간이 특별주문을 수락하기에 250시간만큼 부족하므로 기존제품 중 기계시간당 공헌이익이 적은 대형을 250시간, 수량으로는 2,500개(= 250시간 × 10개/시간), 뱃치수로는 25뱃치를 우선적으로 감소시켜야 한다. 이 때 감소하는 공헌이익 ₩30,000,000이 기회비용이 된다.

	대형(기존)	소형(기존)	대형(특별)
단위당 공헌이익	₩12,000	₩8,000	₩17,000
단위당 기계시간	0.1시간	0.05시간	0.1시간
기계시간당 공헌이익	₩120,000	₩160,000	₩170,000
우선순위	③	②	①

총기계시간	3,000시간
소형(국내생산)	1,250
대형(국내생산)	1,500
유휴시간	250시간
대형(특별주문) : 5,000개 × 0.1시간 =	500
대형(국내생산)기계시간 감소분	250시간

물음 3 특별주문수락 의사결정

특별주문수락시

증분수익	공헌이익증가 (대형 – 특별주문)	또는	5,000개 × @17,000 = 500시간 × @170,000 =	₩85,000,000
증분비용	공헌이익감소 (기존 – 대형)	또는	2,500개 × @12,000 = 250시간 × @120,000 =	30,000,000
증분이익				₩55,000,000

증분이익이 ₩55,000,000이므로 특별주문을 수락한다.

물음 4 추가적으로 고려해야 할 질적요소

특별할인이 기존 고객과의 마찰가능성, 장기적인 가격구조 및 미래 판매량에 미치는 잠재적인 영향을 기회원가로서 고려하여야 한다. 즉, 특별주문의 수락이 정규(기존)시장에서 가격인하를 요구하는 압력으로 작용하거나 특별주문의 수락을 싫어하는 기존고객이 이탈하는 요인으로 작용한다면 특별주문을 거절하는 것이 타당하다.

 CVP분석과 특별주문 의사결정

㈜한국은 갑, 을, 병 세 종류의 제품을 생산 · 판매한다. 다음은 각 제품별 회사가 연초에 예상한 자료이다.

(1) 제품별 자료

	갑	을	병
단위당 판매가격	₩10.0	₩15.0	₩12.0
단위당 변동제조원가	₩ 7.5	₩10.5	₩ 8.4
예상판매량	1,000개	500개	500개

(2) 매출원가

- 당기 원재료 및 제품의 기말재고액은 전기의 기말재고액과 동일하며 재공품 재고는 없다.
- 변동제조간접원가 배부율은 직접노무원가의 40%이며, 당기의 제조간접원가 총액 ₩1,950의 구성내용은 다음과 같다.

간접노무원가	(변동원가)	₩600
감독자급여	(고정원가)	650
기계감가상각비	(고정원가)	700
합계		₩1,950

- 고정제조간접원가는 제품별 기계시간을 기준으로 배부된다.

(3) 광고선전비

광고선전비는 제품별로 매년 초에 작성되는 연간 예산에 따라 지출된다.

(4) 판매수수료

각 제품별 판매사원에게 지급하는 수수료율은 다음과 같다.

	갑	을	병
매출액비율	5%	10%	5%

(5) 로열비

각 제품별로 별도의 로열티를 지급하며 회사는 매년 초에 결정된다.

(6) 판매원급여 및 관리직급여

판매원과 관리직은 세 종류의 제품을 모두 판매 · 관리한다. 따라서, 회사는 이들의 급여를 각 제품의 판매 · 관리에 소요되는 시간을 기준으로 각 제품에 배부한다.

(7) 판매관리비 중 변동원가와 제품별 추적가능한 원가는 제품생산을 포기할 경우 절감할 수 있다.

물음 1

다음 빈칸을 채우시오.

	갑	을	병	합계
매출액		(가)		
매출원가				
직접재료원가	(나)			
직접노무원가	600	400	500	1,500
제조간접원가	800	500	650	1,950
합계				
매출총이익		(다)		
판매관리비				
광고선전비	₩280	₩310	₩260	₩850
판매수수료			(라)	
로열티	300	250	310	860
판매원급여	260	240	250	750
관리직급여	200	210	280	690
합계				
영업이익				

물음 2

[물음 1]의 손익계산서를 공헌이익접근법에 의한 손익계산서로 작성하시오.

물음 3

예상한 매출배합이 유지되는 경우 각 제품별 손익분기점 판매량을 구하시오.

물음 4

회사는 영업손실을 발생하는 제품 병을 포기하고 관리직급여를 절감하려고 한다. 회사의 최고경영자는 제품 병을 포기할 경우 포기한 수량만큼 제품 을의 수량이 증가할 것으로 보고 있다. 예상한 매출배합이 유지되는 상황에서 나머지 제품들의 손익분기점 총 판매량이 1,500개 될 것을 요구하고 있다. 최고경영자가 요구하는 손익분기점을 달성하기 위하여 절감해야 할 관리직급여를 구하시오.

물음 5

위 물음과 별도로 회사는 ㈜대한으로부터 제품 병 300단위를 단위당 ₩10에 구입하겠다는 의뢰를 받았다. 만약, 주문을 수락하면 연초 예상했던 판매량 중 제품 병 200단위가 감소할 것으로 보고 있다. 해당 주문에 대한 수락여부를 결정하시오.

해 답

※ 자료정리

(1) 변동제조간접원가

	갑	을	병
직접노무원가	₩600	₩400	₩500
(×)40%	(×)40%	(×)40%	(×)40%
변동제조간접원가	₩240	₩160	₩200

(2) 변동원가

	갑	을	병
직접재료원가	₩6,660	₩4,690	₩3,500
직접노무원가	600	400	500
변동제조간접원가	240	160	200
판매수수료	500	750	300
합계	₩8,000	₩6,000	₩4,500

(3) 고정원가 분석

		갑	을	병	합계
추적가능	광고선전비	₩280	₩310	₩260	₩850
	로열티	300	250	310	860
	소계	₩580	₩560	₩570	₩1,710
추적불능	고정제조간접원가				₩1,350
	판매원급여				750
	관리직급여				690
	소계				₩2,790

(4) 배합비율

	갑	을	병
총수량	1,000개	500개	500개
(÷)500	(÷)500	(÷)500	(÷)500
배합비율	2	1	1

물음 1 손익계산서

	갑	을	병	합계
판매량	1,000개	500개	500개	2,000개
매출액	₩10,000	(가)	₩6,000	₩23,500
매출원가				
직접재료원가	(나)	₩4,690	₩3,500	₩14,850
직접노무원가	600	400	500	1,500
제조간접원가	800	500	650	1,950
합계	₩8,060	₩5,590	₩4,650	₩18,300
매출총이익	₩1,940	(다)	₩1,350	₩5,200
판매관리비				
광고선전비	₩280	₩310	₩260	₩850
판매수수료	500	750	(라)	1,550
로열티	300	250	310	860
판매원급여	260	240	250	750
관리직급여	200	210	280	690
합계	₩1,540	₩1,760	₩1,400	₩4,700
영업이익	₩400	₩150	₩(50)	₩500

(가)

500단위 × ₩15 = ₩7,500

(나)

1,000단위 × ₩7.5 − 600 − 600 × 40% = ₩6,660

(다)

을의 직접재료원가 : 500단위 × ₩10.5 − 400 − 400 × 40% = ₩4,690

을의 매출총이익 : ₩7,500 − (4,690 + 400 + 500) = ₩1,910

(라)

500단위 × ₩12 × 5% = ₩300

물음 2 공헌이익접근법 손익계산서

	갑	을	병	합계
판매량	1,000개	500개	500개	2,000개
매출액	₩10,000	₩7,500	₩6,000	₩23,500
변동원가				
직접재료원가	₩6,660	₩4,690	₩3,500	₩14,850
직접노무원가	600	400	500	1,500
변동제조간접원가	240	160	200	600
판매수수료	500	750	300	1,550
합계	₩8,000	₩6,000	₩4,500	₩18,500
공헌이익	₩2,000	₩1,500	₩1,500	₩5,000
고정원가				
광고선전비	₩280	₩310	₩260	₩850
로열티	300	250	310	860
고정제조간접원가	560	340	450	1,350
판매원급여	260	240	250	750
관리직급여	200	210	280	690
합계	₩1,600	₩1,350	₩1,550	₩4,500
영업이익	₩400	₩150	₩(50)	₩500

물음 3 손익분기점 판매량

(1) 단위당 공헌이익

	갑	을	병
총공헌이익	₩2,000	₩1,500	₩1,500
(÷)수량	(÷)1,000	(÷)500	(÷)500
단위당 공헌이익	₩2	₩3	₩3

(2) 묶음당 공헌이익

	갑	을	병	합계
단위당 공헌이익	₩2	₩3	₩3	
(×)배합비율	(×)2	(×)1	(×)1	
묶음당 공헌이익	₩4	₩3	₩3	₩10

(3) 손익분기점 묶음수(Q)

₩10 × Q − ₩4,500 = ₩0

그러므로, Q는 450묶음

(4) 제품별 손익분기점 판매량

	갑	을	병	합계
손익분기점 묶음	450	450	450	
(×)배합비율	(×)2	(×)1	(×)1	
손익분기점 판매량	900	450	450	1,800

물음 4 목표 관리직급여 절감액

제품 병 생산을 포기할 경우 제품 병의 추적가능한 고정원가 ₩570(= ₩260 + ₩310)은 절감할 수 있다.

(1) 목표 손익분기점 묶음수(Q)

1 × Q + 1 × Q = 1,500

그러므로, Q는 750묶음

(2) 묶음당 공헌이익

	갑	을	합계
단위당 공헌이익	₩2	₩3	
(×)배합비율	(×)1	(×)1	
묶음당 공헌이익	₩2	₩3	₩5

(3) 목표 관리직급여 절감액(X)

₩5 × 750묶음 − (₩4,500 − ₩260 − ₩310 − X) = ₩0

그러므로, X는 ₩180

물음 5 특별주문수락 의사결정

증분수익		
매출증가	300단위 × ₩10 =	₩3,000
판매포기	200단위 × ₩3 =	(600)
증분비용		
변동제조원가	300단위 × (₩4,200/500단위) =	2,520
판매수수료	300단위 × ₩10 × 5% =	150
증분이익		₩(270)

즉, 주문을 거부한다.

제 12 장

대체가격결정

전문가 칼럼

■ 계열사간 거래시 가격을 얼마로 책정하여야 할까?

다국적기업들로부터 시작된 사업다각화와 분권화는 이제 국내 대기업뿐만 아니라 일부 중소기업에서도 종종 볼 수 있다. 이러한 현상은 경제사회의 거대화와 다양화로 인하여 소수 경영자로부터 집중되어 있던 과거방식에서 탈피하여 권한과 책임이 적절히 이행되지 않으면 더는 기업경영을 효과적으로 수행할 수 없기 때문이다. 분권화라 함은 조직을 자체적인 생산 · 판매 · 관리기능을 가지고 독자적으로 수행할 수 있는 몇 개의 독립된 사업부로 분할하고 이러한 사업부는 일정 기간의 경영성과를 통하여 성과 평가할 수 있도록 하고 있다. 이렇게 분권화된 사업부들은 독자적인 사업영역을 구축하지만, 때론 각 사업부 사이에 재화나 용역의 이전이 이루어지는데 이러한 거래를 이전거래(transfer transaction)라 하며, 이전된 재화나 용역의 가격을 이전가격(transfer price)이라 한다. 만약, 회사전체적인 입장이라면 이전가격은 크게 문제될 것은 아니다. 왜냐하면, 공급사업부의 수익과 구매사업부의 비용은 일치하여 이전거래로 인한 추가적인 손익은 발생하지 않기 때문이다. 하지만, 서로 독자적인 이익을 추구하는 각 사업부 입장에서는 이전가격에 따라서 각 사업부의 이익이 달라지므로 이전가격을 결정하는 문제는 쉬운 일은 아니다. 공급하는 사업부는 이전거래 자체가 판매행위이므로 될 수 있는 대로 높은 가격을 요구할 것이지만, 구매하는 사업부는 이전거래가 매입행위이므로 될 수 있는 대로 낮은 가격으로 구매하려고 할 것이다. 또한, 이전되는 재화나 용역과 같은 재화나 용역이 현재 시장에서 거래되고 있다면 거래되고 있는 재화나 용역의 가격 또한 고려하여야 할 것이다.

사 례

(주)조세는 반도체 사업부와 휴대폰 사업부로 구성되어 있다. 반도체 사업부는 반도체를 생산하여 외부에 판매하거나 휴대폰 사업부에 공급할 수 있다. 휴대폰 사업부는 반도체를 구입한 후 가공하여 휴대폰을 생산하여 외부에 판매하고 있다.
다음은 반도체 사업부와 휴대폰 사업부의 재무자료 일부이다.

(1) 반도체 사업부

단위당 외부시장판매가격	₩500
단위당 변동비	300
단위당 고정비(연간 10,000생산량 기준)	50

(2) 휴대폰 사업부

단위당 외부시장판매가격	₩1,000
단위당 추가변동비	200(반도체 구입가격 제외)
단위당 고정비(연간 10,000생산량 기준)	100

* 휴대폰 사업부는 반도체 사업부에서 생산한 제품과 동일한 반도체를 외부에서 단위당 ₩600에 구입할 수 있다.

각 사업부 입장에서 요구할 수 있는 이전가격을 구하시오.

해답

(1) 반도체 사업부

공급사업부 입장에서는 될 수 있는 대로 이전가격을 높게 제시할 것이며, 이전거래로 인하여 손실이 발생하면 안된다. 따라서, 공급사업부의 최소한의 이전가격은 다음과 같이 결정된다.

최소이전가격 = 이전시 단위당 증분비용 + 이전시 단위당 기회비용

그러므로, 이전시 단위당 증분비용인 ₩300이 최소한 받아야 할 이전가격이다.
만약, 현재 생산된 모든 제품을 모두 다 판매할 수 있다면 이전가격은 좀 더 상승할 것이다. 즉, 이전한다면 기존에 시장에서 판매를 포기하여야 하기 때문에 이전가격은 이전 시 단위당 증분비용 ₩300에 이전시 포기하여야 하는 기회비용 ₩200(= ₩500 − ₩300)을 가산한 ₩500이 될 것이다.

(2) 휴대폰 사업부

구매사업부 입장에서는 될 수 있는 대로 이전가격을 낮게 제시할 것이며, 이전거래로 인하여 손실이 발생하면 안된다. 또한, 외부에서 같은 제품을 구매할 수 있다면 외부구입가능가액보다 낮아야 한다. 따라서, 구매사업부의 최대한의 이전가격은 다음과 같이 결정된다.

최소이전가격 = Min[단위당 지출 가능금액, 단위당 외부구입가격]

그러므로, 이전시 단위당 증분비용인 ₩800(₩1,000 − ₩200)과 외부구입가격인 ₩600중 낮은 ₩600이 지불할 수 있는 최대 이전가격이다.

1. 서론

1 의의

최근에는 사업의 분권화 및 다각화로 인하여 사업부별 서로 다른 영역을 독자적으로 운영하는 경우가 일반적이다. 그러나, 경우에 따라서는 회사전체 입장에서 사업부간의 내부거래가 유리한지 여부를 판단해야 한다. 또한, 사업부간 내부거래가 유리하다고 하더라도 거래되는 재화나 용역의 가격은 사업부 모두 만족할 수 있는 금액으로 결정되어야 한다. 이러한 경우에 사업부간에 이루어지는 거래를 대체거래 또는 이전거래라 하고 이전되는 재화나 용역의 가격을 대체가격 또는 이전가격이라 한다.

1. 대체거래(transfer transaction)

회사내에서 사업부간에 이루어지는 재화나 용역의 내부거래를 말한다.

2. 대체가격(transfer price)

회사내에서 사업부간에 거래되는 재화나 용역의 가격을 말한다.

[그림 12-1] 공급사업부와 구매사업부의 대체거래

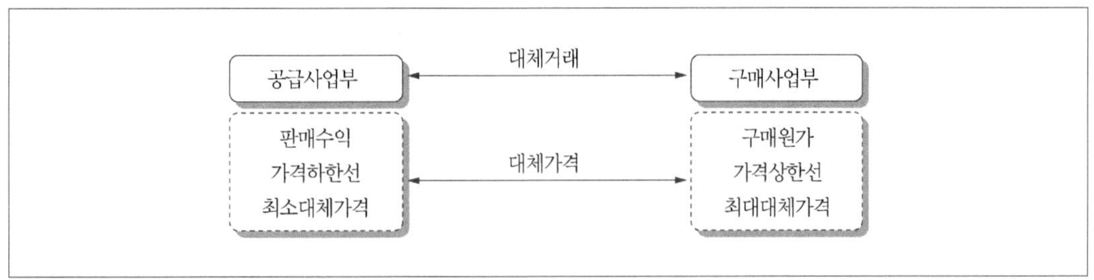

※예 : 현재 공급사업부는 외부에 ₩300,000에 판매하고 있으며, 구매사업부는 외부에서 동일한 제품을 ₩400,000에 구매하고 있다.

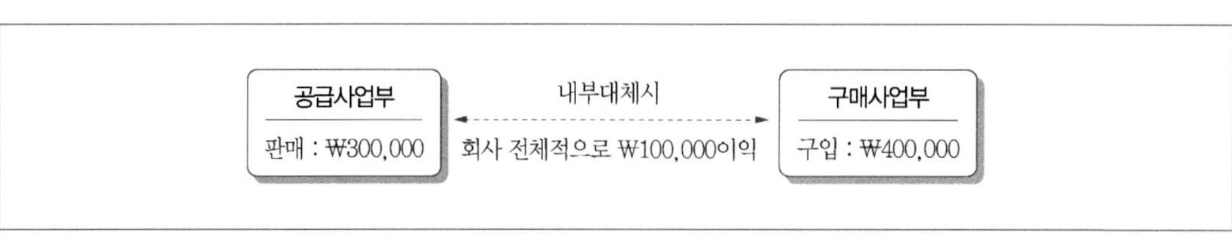

1) 회사전체 입장

사업부간 내부대체시 대체가격을 얼마로 할 것인가는 기업 전체 입장에서는 아무런 문제가 되지 않는다. 왜냐하면 대체거래로 인하여 발생한 한 사업부의 이득은 다른 사업부 입장에서는 손해가 되기 때문에 총금액은 항상 동일하기 때문이다.

2) 각 사업부 입장

위의 예에서 대체가격을 50만원으로 한다면, 공급하는 사업부는 외부에 판매하는 경우보다 20만원의 추가이득을 얻게 되지만, 구매하는 사업부는 10만원의 손실을 부담하게 된다. 공급하는 사업부와 구매하는 사업부를 모두 이익을 기준으로 평가한다면 공급하는 사업부 경영자가 더 유리한 보상을 받게 될 것이다. 따라서, 대체가격 결정에 따라 각 사업부의 성과는 달라질 수 있다.

[표 12-1] 대체가격에 변화에 따른 각 사업부의 이익

대체가격	공급사업부의 이익	구매사업부의 이익
₩300,000	–	₩100,000
350,000	₩50,000	50,000
400,000	100,000	–

2 대체가격 결정시 고려사항

앞에서 살펴 본 바와 같이 대체가격에 따라서 각 사업부의 성과에 영향을 미치므로 여러 사항을 고려하여 신중히 결정하여야 한다. 특히, 회사전체 입장에서는 유리하다고 할지라도 개별 사업부입장에서 대체가 오히려 불리한 경우를 준최적화현상이라고 한다. 대체가격을 결정할 때 고려해야 할 일반적인 지침은 다음과 같다.

구 분	내 용
① 목표일치성 기준	회사전체의 목표와 각 사업부의 목표를 모두 최대화 할 수 있도록 대체가격을 결정한다.(준최적화현상 방지)
② 성과평가기준	각 사업부의 성과를 공정하게 평가할 수 있도록 대체가격을 결정한다.
③ 자율성기준	각 사업부의 경영자들이 자율적으로 대체가격을 결정한다.(준최적화현상 유발)
④ 공기관에 대한 재정관리기준	국세청, 관세청 등 공기관이 기업에 미칠 수 있는 불리한 영향은 최소화하고 유리한 영향은 최대화할 수 있도록 대체가격을 결정한다.

3 대체가격의 결정방법

앞에서 제시한 기준을 모두 충족시키는 대체가격은 현실적으로 찾아보기 어려우며 현실적으로 다음과 같은 방법을 통하여 결정된다.

	시장가격기준	협상가격기준	원가기준
① 내용	재화나 용역의 시장가격을 대체가격으로 결정하는 방법	각 사업부의 합의된 가격을 대체가격으로 결정하는 방법	대체되는 제품의 원가를 대체가격으로 결정하는 방법 • 변동원가기준 • 전부원가기준
② 장점	시장이 완전경쟁일 경우 가장 이상적임. 즉, 목표일치성, 성과평가, 자율성이 보장됨	각 사업부의 자율성이 보장됨	시간과 비용이 적게 소요되며 적용이 용이함
③ 단점	불완전시장에서는 적용이 어려움	시간이 많이 소요되며 대체가격은 각 사업부의 협상능력에 따라 좌우됨	㉠ 공급사업부의 생산의 비능률이 구매사업부에 전가됨(표준원가를 기초로 하여야 함) ㉡ 대체거래로 인한 이익은 모두 구매사업부에 귀속됨(원가가산기준 필요)
④ 목표일치성 달성	경쟁시장에서 가능	가능함	가능하지 않는 경우 발생
⑤ 성과평가의 공정성	경쟁시장에서 공정함	협상력에 의해서 좌우됨	가능하지 않는 경우 발생
⑥ 자율성유지	경쟁시장에서 가능	협상에 의하므로 가능	규정에 따르므로 불가능
⑦ 동기부여	동기부여됨	동기부여됨	예산(표준)원가에 근거하면 가능
⑧ 적용용이성	경쟁시장에서 용이	협상에 많은 시간이 소요됨	적용하기 용이

cf. 이중가격제(dual pricing)

부문관리자들이 각자 이익극대화를 위하여 행동하는 경우 발생하는 문제점을 극복하기 위해서 본사에서 공급사업부로부터 높은 가격으로 매입하여 구매사업부에 낮은 가격으로 제공함으로써 회사 전체입장에서 목표일치성을 달성할 수 있으나 공급부문의 원가통제가 어려운 단점이 있다.

2. 대체가격 결정모형

공급사업부의 (최소)대체가격

공급하는 사업부의 입장에서는 대체거래가 판매행위이기 때문에 가능한 높은 가격으로 판매하려 할 것이고 상대방에게 요구하는 가격은 최소한 받아야 할 금액이므로, 이 때의 대체가격을 최소대체가격이라고 한다.

최소대체가격 = 대체시 증분비용 + 대체시 단위당 기회비용

또한, 공급하는 사업부가 받아야 할 최소금액은 "제11장 관련원가분석"의 모형을 이용할 수도 있다. 즉, 공급사업부 입장에서는 구매사업부로부터 특별주문을 수락한 것과 동일하다. 따라서, 공급사업부 입장에서 해당 주문에 대한 최소판매가격이 바로 최소대체가격이다.

※ 관련원가분석 모형

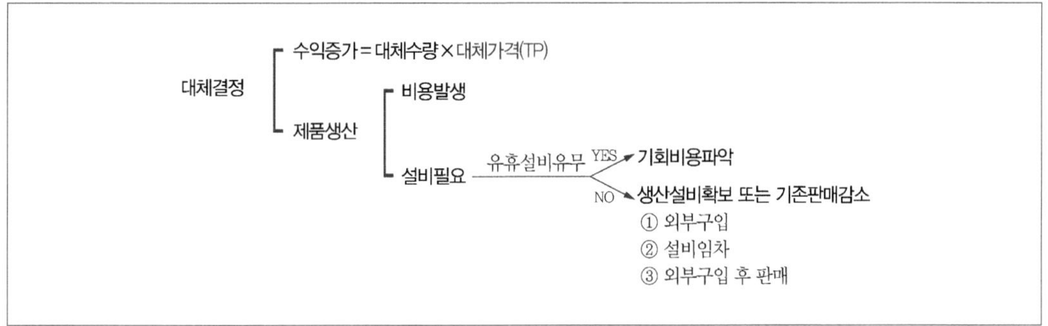

예제 1 공급부서의 최소대체가격

(주)한국의 부품사업부는 현재 1,000단위의 부품을 생산하여 외부시장에 판매하고 있다. 부품사업부의 관련정보는 다음과 같다.

단위당 외부판매가격	₩100
단위당 변동제조원가	50
단위당 변동판매비	10

고정제조원가는 ₩50,000이며, 고정판매관리비는 ₩30,000이다. 최근 사내 조립사업부로부터 500단위의 부품을 구입하겠다는 제의를 받았다. 단, 사내대체물에 대해서는 변동판매비가 발생하지 않는다.

요구사항 1

부품사업부의 최대생산능력은 1,500단위이며, 유휴생산능력활용으로 인한 추가수익이 없을 경우 최소대체가격을 구하시오.

해답

※ 자료정리

	공급사업부		→	구매사업부
	외부	대체		
p	₩100	TP		TP
vc	50 + 10	₩50		
cm	₩40			

최소대체가격을 TP라 하면,

증분수익		
매출증가	500단위 × TP	= 500TP
증분비용		
변동비증가	500단위 × ₩50	= (25,000)
증분이익		500TP − ₩25,000 ≧ 0

그러므로, TP ≧ ₩50이다.

요구사항 2

부품사업부의 최대생산능력은 1,500단위이며, 현재 유휴생산설비를 임대하여 ₩1,500의 임대료수익을 얻고 있다. 최소대체가격을 구하시오.

해답

※ 자료정리

	공급사업부		→	구매사업부
	외부	대체		
p	₩100	TP		TP
vc	50 + 10	₩50		
cm	₩40			

최소대체가격을 TP라 하면,

증분수익			
매출증가	500단위 × TP =	500TP	
임대료수익포기		₩(1,500)	500TP − ₩1,500
증분비용			
변동비증가	500단위 × ₩50 =		(25,000)
증분이익			500TP − ₩26,500 ≧ 0

그러므로, TP≧₩53이다.

요구사항 3

부품사업부의 최대생산능력은 1,000단위이며, 추가로 설비를 구입하거나 임차할 수 없는 경우 최소대체가격을 구하시오.

해답

현재, 여유생산능력이 없으므로 대체를 위해서는 기존판매분 500단위를 감소하여야 한다.
최소대체가격을 TP라 하면,

증분수익			
매출증가	500단위 × TP =	500TP	
기존판매감소	500단위 × ₩100 =	₩(50,000)	500TP − ₩50,000
증분비용			
변동비증가	500단위 × ₩50 =	25,000	
기존변동비감소	500단위 × ₩60 =	(30,000)	5,000
증분이익			500TP − ₩45,000 ≧ 0

그러므로, TP ≧ ₩90이다.

2 구매사업부의 (최대)대체가격

구매하는 사업부의 입장에서는 대체거래가 구입행위이기 때문에 가능한 낮은 가격으로 구입하려고 할 것이며 최대로 지불할 수 있는 가격을 제시할 것이다. 따라서, 이 때의 대체가격을 최대대체가격이라 한다.

[그림 12-2] 구매사업부의 최대 대체가격

최대대체가격 = Min
- ① 최종판매가격–추가가공원가–판매비 (=부품당 지출가능금액, TP)
- ② 외부구입가격

또한, 구매하는 사업부가 지불할 수 있는 최대금액은 "제11장 관련원가분석"의 모형을 이용할 수도 있다. 즉, 구매사업부 입장에서는 대체받은 부품을 추가가공하여 판매하는 경우가 일반적이다. 이 경우 손실을 보지 않으면서 지불할 수 있는 최대한 금액이 바로 최대대체가격이다. 또한, 구매사업부는 공급사업부 이외의 외부로부터 동일한 부품을 구입할 수 있다면 최대지불가능금액과 외부구입가격과 비교하여 낮은 가격으로 대체가격을 결정해야 한다.

※ 대체거래로 인하여 증분손실이 발생되지 않는 대체가격을 결정하는 모형

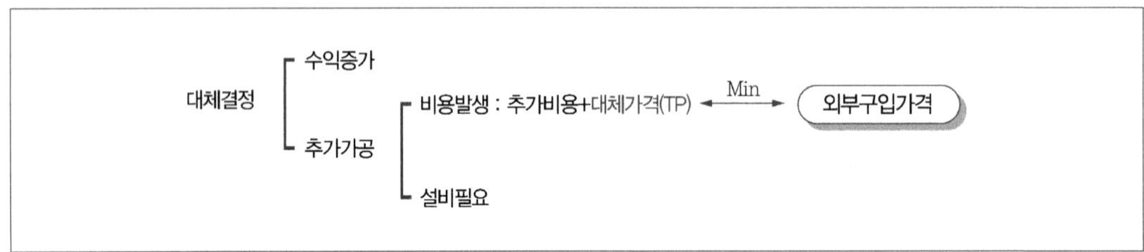

예제 2 구매부서의 최대대체가격

(주)한국의 조립사업부는 500단위의 부품을 사용하여 최종제품을 생산·판매하고 있다. 현재 필요한 부품은 외부시장에서 ₩80에 전량 구매하고 있다. 조립사업부의 관련정보는 다음과 같다.

단위당 외부판매가격	₩200
단위당 변동제조원가	50(추가가공원가)
단위당 변동판매비	20

고정제조원가는 ₩25,000이며, 고정판매관리비는 없다. 조립사업부의 책임자는 부품을 사내 부품사업부로부터 구매하고자 한다. 최종제품 1단위 생산을 위해서는 부품 1단위가 소요된다.

요구사항

조립사업부의 최대대체가격을 구하시오.

해답

※ 자료정리

부품사업부 입장에서 최대지불가능금액을 TP라 하면,

	공급사업부		500단위	구매사업부	
	외부	대체	→		
p		TP		₩200	
vc				TP + 50 + 20	← 외부구입가격 ₩80
cm					

증분수익			
매출증가	500단위 × ₩200 =		₩100,000
증분비용			
지불가능금액	500단위 × TP =	500TP	
추가변동비증가	500단위 × ₩70 =	₩35,000	(500TP + ₩35,000)
증분이익			₩65,000 − 500TP ≧ 0

₩65,000 − 500TP이 0보다 커야 하므로, 최대지불가능금액(TP)는 ₩130이다. 조립사업부는 필요한 부품을 외부에서 구입할 수 있으므로 최대대체가격은 다음과 같다.

최대대체가격 = Min[최대지불가능금액(₩130), 외부구입금액(₩80)]
= ₩80

3 목표일치성 문제

회사는 회사전체 입장에서 사업부간 사내대체하는 것이 유리한지 여부를 먼저 판단해야 하고 대체가 유리한 경우에도 목표일치성에 따라 개별사업부 입장에서 추가로 판단해야 한다. 목표일치성 여부는 다음의 두 가지 상황으로 구분할 수 있다.

1. 최소대체가격 < 최대대체가격

구매사업부의 최대대체가격이 공급사업부의 최소대체가격보다 큰 경우이므로 회사전체 입장에서 대체가 유리하다. 또한, 대체가격이 최소대체가격과 최대대체가격 사이에서 결정된다면 각 사업부 입장에서도 대체가 유리하다.

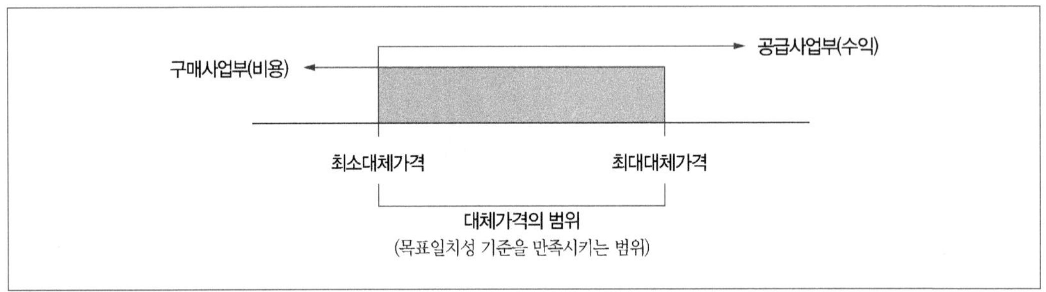

2. 최소대체가격 > 최대대체가격

구매사업부의 최대대체가격이 공급사업부의 최소대체가격보다 작은 경우이므로 회사전체 입장에서 대체가 불리하다.

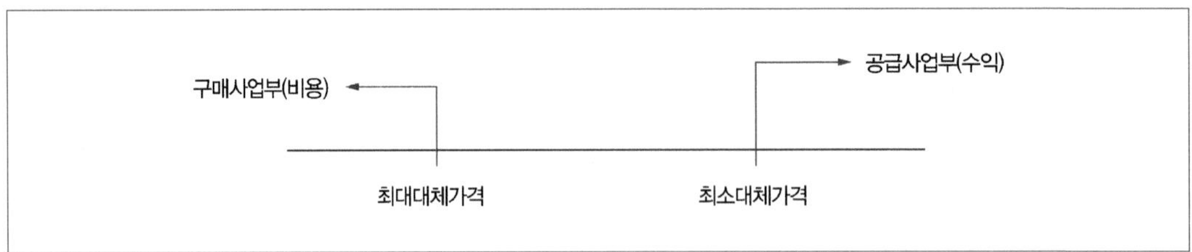

3. 대체거래시 회사전체입장에서의 이익

대체로 인하여 발생하는 회사전체의 이익은 다음과 같다.

(최대대체가격 − 최소대체가격) × 대체수량

예제 3 대체로 인한 회사전체의 이익

(주)한국은 분권화된 사업부 A와 B를 이익중심점으로 설정하고 있다. 사업부 A에서 생산되는 제품 X는 사업부 B에 대체하거나 외부시장에 판매할 수 있으며, 관련원가자료는 다음과 같다.

단위당 외부판매가격	₩50
단위당 변동비	30(변동판매관리비 포함)
연간고정비	10,000
연간최대생산능력	1,000단위

사업부 B는 제품 X를 주요부품으로 사용하여 완제품을 생산하고 있으며, 공급처는 자유로이 선택할 수 있다. 현재 사업부 A는 1,000단위의 제품 X를 생산하여 전부 외부시장에 판매하고 있으며, 사업부 B에서는 연간 200단위의 제품 X를 단위당 ₩45의 가격으로 외부공급업자로부터 구입하고 있다. 만일 사업부 A가 제품 X를 사업부 B에 사내대체한다면 단위당 ₩10의 판매비와관리비를 절감할 수 있다.

요구사항 1

제품 X의 사내대체가격범위를 결정하시오.

해답

※ 자료정리

	공급사업부		200단위	구매사업부	
	외부	대체	→		
p	₩50	TP			
vc	30	₩30 − ₩10		TP	← 외부구입가격 ₩45
cm	₩20				

(1) A사업부의 최소대체가격

여유생산능력이 없으므로 기존 판매분 200단위를 감소하여야 한다.

A사업부의 최소대체가격을 TP라 하면,

증분수익			
매출증가	200단위 × TP =	200TP	
기존매출감소	200단위 × ₩50 =	₩(10,000)	200TP − ₩10,000
증분비용			
변동비 증가	200단위 × 20 =	4,000	
기존변동비 감소	200단위 × 30 =	(6,000)	2,000
증분이익			200TP − ₩8,000 ≧ 0

그러므로, TP ≧ ₩40이다.

(2) B사업부의 최대대체가격

외부구입가격인 ₩45가 최대대체가격이다.

그러므로, 대체가격의 범위는 ₩40 ≦ TP ≦ ₩45이다.

요구사항 2

사내대체로 인한 회사전체의 이익증감분을 구하시오.

해답

대체로 인한 회사전체의 이익 = 대체수량 × (최대대체가격 − 최소대체가격)

= 200단위 × (₩45 − ₩40)

= ₩1,000

3. 국제대체가격

1 다국적기업의 경영환경

최근에는 국내뿐만 아니라 여러 국가에 사업부를 소유하거나 통제하는 다국적기업들을 많이 볼 수 있다. 국내거래가 아닌 다국적기업간의 이전거래가 이루어 지는 경우 대체가격을 결정하는 문제는 목표일치성과 동기부여뿐만 아니라 수입관세, 법인세, 국가간 자금이전 등 여러 가지 사항을 추가적으로 고려해야 한다. 특히, 국가간 세율에 차이가 있는 경우 사업부간 이익의 배분정도에 따라 기업 전체입장에서의 총이익이 달라질 수 있다.

2 다국적기업의 대체가격 결정

국가간 거래에서 발생할 수 있는 여러 가지 사안 중 법인세만을 고려한다면, 기업전체 입장에서 총법인세를 최소화하는 방향으로 대체가격을 결정하여야 한다.

즉, 각 국의 법인세율을 파악한 후 정부의 규제가 없다면 가급적 법인세율이 낮은 국가에 위치한 사업부에 더 많은 이익이 배분되도록 대체가격을 결정함으로서 기업 전체의 법인세를 절감할 수 있다.

예제 4 다국적기업의 대체가격결정

(주)한국은 무선전화기를 생산 · 판매하는 회사로서 세계 각국에 사업부를 두고 있는 다국적 회사이다. 중국사업부는 한국으로부터 A제품을 수입하여 중국현지에서 판매한다. 중국은 한국으로부터 100단위를 수입하여 판매하고자 하며, 이에 관련된 자료는 다음과 같다. 단, 고정판매비는 없다.

	한국		중국
단위당 판매가격		–	₩700
단위당 제조원가			
변동비	₩100		
고정비	200	₩300	
단위당 변동판매비	50		100
법인세율	30%		50%
수입관세율(수입액의 10%)			

중국은 수입가격의 범위를 ₩400 ~ ₩500 사이에서 허용하고 있다. 또한, 수입상품에 대한 관세는 법인세 계산시 소득에서 공제한다.

요구사항 1

대체가격을 ₩400으로 결정하였을 경우 각국의 세후영업이익을 구하시오.

해답

	한국		중국	
매출액	100단위 × ₩400 =	₩40,000	100단위 × ₩700 =	₩70,000
매출원가	100단위 × ₩300 =	(30,000)	100단위 × ₩400 =	(40,000)
수입관세		–	₩40,000 × 0.1 =	(4,000)
매출총이익		₩10,000		₩26,000
판매관리비	100단위 × ₩50 =	(5,000)	100단위 × ₩100 =	(10,000)
세전이익		₩5,000		₩16,000
법인세	₩5,000 × 0.3 =	(1,500)	₩16,000 × 0.5 =	(8,000)
세후이익		₩3,500		₩8,000

즉, 회사전체의 세후이익은 ₩3,500 + ₩8,000 = ₩11,500이다.

요구사항 2

대체가격을 ₩500으로 결정하였을 경우 각국의 세후영업이익을 구하시오.

해답

	한국		중국	
매출액	100단위 × ₩500 =	₩50,000	100단위 × ₩700 =	₩70,000
매출원가	100단위 × ₩300 =	(30,000)	100단위 × ₩500 =	(50,000)
수입관세		–	₩50,000 × 0.1 =	(5,000)
매출총이익		₩20,000		₩15,000
판매관리비	100단위 × ₩50 =	(5,000)	100단위 × ₩100 =	(10,000)
세전이익		₩15,000		₩5,000
법인세	₩15,000 × 0.3 =	(4,500)	₩5,000 × 0.5 =	(2,500)
세후이익		₩10,500		₩2,500

즉, 회사전체의 세후이익은 ₩10,500 + ₩2,500 = ₩13,000이다.

요구사항 3

회사전체의 이익극대화를 위한 대체가격을 구하시오.

해답

대체가격을 ₩500으로 결정하였을 경우 이익이 ₩400으로 결정하였을 경우보다 ₩1,500만큼 더 크기 때문에 ₩500으로 결정한다.

객관식 문제

1. 밸브 생산능력이 100,000개인 (주)부산의 단위당 자료는 다음과 같다.

밸브 시장가격	₩300
변동비	160
고정비(생산능력기준)	90

이 회사는 밸브를 이용한 펌프제작공장을 보유하고 있다. 이 공장은 현재 연간 10,000단위의 밸브를 ₩290에 외부로부터 조달하고 있다. 회사가 생산하는 밸브의 전량을 외부에 판매할 수도 있고 사내대체할 수도 있으며 사내대체시 단위당 ₩30의 변동비를 절감할 수도 있다. (주)부산의 두 부문이 모두 수용 가능한 대체가격은 얼마인가? 1994 회계사

① ₩270　② ₩250　③ ₩300
④ ₩310　⑤ ₩260

2. (주)서울은 분권화된 사업부 甲과 乙을 이익중심점으로 설정하고 있다. 사업부 甲에서 생산되는 제품 A는 사업부 乙에 대체하거나 외부시장에 판매할 수 있으며, 관련원가자료가 다음과 같이 제시되어 있다. 사업부 乙은 제품 A를 주요부품으로 사용하여 완제품을 생산하고 있으며, 공급처는 자유로이 선택할 수 있다. 현재 사업부 甲은 100,000단위의 제품 A를 생산하여 전부 외부시장에 판매하고 있으며, 사업부 乙에서는 연간 50,000단위의 제품 A를 단위당 ₩42의 가격으로 외부공급업자로부터 구입하고 있다. 만일 사업부 甲이 제품 A를 사업부 乙에 사내대체한다면 단위당 ₩8의 판매비와관리비를 절감할 수 있다고 할 때, 제품 A의 사내대체가격범위를 결정하시오.

단위당 외부판매가격	:	₩45
단위당 변동원가	:	30 (변동판매관리비 포함)
연간고정원가	:	1,000,000
연간최대생산능력	:	100,000 단위

① ₩15와 ₩22사이　② ₩22와 ₩30사이　③ ₩30과 ₩37사이
④ ₩37과 ₩42사이　⑤ ₩42와 ₩45사이

3. (주)대한은 무선비행기생산부문과 엔진생산부문으로 구성되어 있다. 엔진생산부문에서는 무선비행기 생산에 사용하는 엔진을 자체생산하며, 엔진 1개당 ₩100의 변동비가 발생한다. 외부업체가 (주)대한의 무선비행기생산부문에 연간 사용할 20,000개의 엔진을 1개당 ₩90에 납품하겠다고 제의했다. 이 외부 납품 엔진을 사용하면 무선비행기생산부문에서는 연간 ₩100,000의 고정비가 추가로 발생한다. 엔진생산부문은 자체 생산 엔진을 외부에 판매하지 못한다. 각 부문이 부문이익을 최대화하기 위하여 자율적으로 의사결정을 한다면 사내대체가격의 범위에 대한 설명으로 옳은 것은? **2009 세무사**

① 사내대체가격이 ₩85에서 ₩100사이에 존재한다.

② 사내대체가격이 ₩90에서 ₩100사이에 존재한다.

③ 사내대체가격이 ₩95에서 ₩100사이에 존재한다.

④ 사내대체가격의 범위는 존재하지 않는다.

⑤ 엔진생산부문 사내대체가격의 하한은 ₩95이다.

4. (주)서울은 A사업부와 B사업부를 운영하고 있다. A사업부는 매년 B사업부가 필요로 하는 부품 1,000개를 단위당 ₩2,000에 공급한다. 동 부품의 단위당 변동원가는 ₩1,900이며 단위당 고정원가는 ₩200이다. 다음연도부터 A사업부가 부품단위당 공급가격을 ₩2,200으로 인상할 계획을 발표함에 따라, B사업부도 동 부품을 외부업체로부터 단위당 ₩2,000에 구매하는 것을 고려하고 있다. B사업부가 외부업체로부터 부품을 단위당 ₩2,000에 공급받는 경우 A사업부가 생산설비를 다른 생산활동에 사용하면 연간 ₩150,000의 현금운영원가가 절감된다. **2006 회계사**

(1) A사업부가 부품을 B사업부에 공급하는 경우, 대체가격(transfer price)은 얼마인가? 단, 대체가격은 대체시점에서 발생한 단위당 증분원가와 공급사업부의 단위당 기회원가의 합계로 결정한다.

(2) B사업부가 부품을 외부업체로부터 공급받는 경우, (주)서울의 연간 영업이익 증가(감소)는 얼마인가?

	(1)	(2)
①	대체가격 ₩2,050	영업이익 감소 ₩50,000
②	대체가격 2,050	영업이익 증가 50,000
③	대체가격 2,100	영업이익 감소 200,000
④	대체가격 2,100	영업이익 증가 50,000
⑤	대체가격 2,200	영업이익 증가 100,000

5. 서울회사는 분권화된 사업부 A와 사업부 B를 이익중심점으로 설정하고 있다. 사업부 A는 중간제품을 생산하고 있는데, 연간 생산량의 20%를 사업부 B에 대체하고 나머지는 외부시장에 판매하고 있다. 사업부 A의 연간 최대생산능력은 10,000단위로서, 전량을 외부시장에 판매할 수 있다. 사업부 A에서 생산되는 중간제품의 변동제조원가는 단위당 ₩450이며, 외부판매시에만 변동판매비와관리비가 단위당 ₩10이 발생한다. 고정원가는 생산량·판매량에 상관없이 항상 일정한 금액으로 유지된다. 사업부 A는 그동안 사업부 B에 대체해 오던 2,000단위의 중간제품을 내년도부터 단위당 ₩750의 가격으로 외부시장에 판매할 수 있게 되었다. 또한 사업부 B는 중간제품을 외부공급업자로부터 단위당 ₩820의 가격으로 구입할 수 있다. 서울회사는 사업부 경영자들에게 판매처 및 공급처를 자유로이 선택할 수 있는 권한을 부여하고 있다. 만일, 사업부 A가 사업부 B에 대체해 오던 중간제품 2,000단위를 외부시장에 판매하고 사업부 B는 외부공급업자로부터 구입한다면, 기존의 정책에 비하여 회사전체의 입장에서는 어떤 변화가 초래되겠는가? **2000 세무사**

① ₩140,000의 이익감소를 초래한다.

② ₩160,000의 이익감소를 초래한다.

③ ₩160,000의 이익증가를 초래한다.

④ ₩140,000의 이익증가를 초래한다.

⑤ 개별 사업부의 이익수치가 달라질 뿐, 회사전체의 이익에는 변동이 초래되지 않는다.

6. (주)한국은 사업부 A와 B를 운영하고 있다. 사업부 A는 부품을 생산하여 외부시장에 판매하거나 또는 이를 사업부 B에 대체하여 완제품을 생산하도록 할 수 있다. (주)한국은 사업부들을 이익중심점별로 분권화하여 사업부 관리자들에게 판매처 및 공급처를 선택할 수 있는 권한을 부여하고 있다. 회사 정책상 사업부간의 모든 거래는 변동원가를 대체가격으로 사용하고 있다. 사업부 A는 현재 100,000단위의 제품을 생산하여 외부에 80,000단위를 판매하고 나머지 20,000단위는 사업부 B에 대체하고 있다. 관련 자료는 아래와 같다.

단위당 판매가격	₩100
단위당 변동비	45
총고정비	2,000,000

사업부 A는 그 동안 사업부 B에 대체해 오던 20,000단위의 부품을 차기에 단위당 ₩75으로 외부시장에 판매할 기회를 가지고 있으며, 사업부 B는 이를 단위당 ₩85에 외부공급업자로부터 구입할 수 있다. 사업부 A가 이익극대화를 위한 의사결정으로 적절한 것은 무엇인가?

① 기업 전체 매출총이익이 ₩200,000만큼 감소하기 때문에 내부대체한다.
② 사업부 A의 매출총이익이 ₩300,000만큼 증가하기 때문에 외부시장에 판매한다.
③ 사업부 A의 매출총이익이 ₩600,000만큼 증가하기 때문에 외부시장에 판매한다.
④ 사업부 B의 매출총이익이 ₩800,000만큼 감소하기 때문에 외부시장에 판매한다.
⑤ 사업부 B의 매출총이익이 ₩800,000만큼 감소하기 때문에 내부대체한다.

7. 서울회사는 X사업부과 Y사업부로 구성되어 있다. X사업부가 생산된 부품을 전량 판매하기 위한 변동제조원가와 변동판매비는 각각 단위당 ₩1,650과 ₩200이다. X사업부가 Y사업부에 부품을 판매할 경우 변동판매비를 단위당 ₩60씩 절감할 수 있다. Y사업부는 부품을 X사업부나 외부로부터 구입할 수 있으며, 외부구입시 단위당 ₩2,100이 소요된다. 내부대체 여부와 상관없이 기업전체의 입장에서 이익이 동일하게 발생한다면 부품의 단위당 외부판매가격은 얼마이겠는가? 1997 회계사

① ₩1,790 ② ₩1,850 ③ ₩2,100
④ ₩2,160 ⑤ ₩2,240

정답 및 해설

1. 정답 ①

기본 | 대체가격결정★

※ 자료정리

	공급사업부		10,000단위	구매사업부	
	외부	대체	→		
p	₩300	TP		–	
vc	160	160 – 30		TP	← 외부구입비용 ₩290
cm	₩140				

(1) 공급사업부

증분수익		
매출증가	10,000단위×TP =	10,000TP
증분비용		
변동비 증가	10,000개×₩130 =	1,300,000
기존판매감소[*1]	10,000개×₩140 =	1,400,000
증분이익		10,000TP – 2,700,000 ≧ 0

*1 여유조업도가 없으므로 기존판매분 10,000단위를 감소하여야 한다.
그러므로, TP≧₩270이다.

(2) 구매사업부

구매사업부의 최대대체가격은 외부구입가격인 ₩290이다.

(3) 대체가격의 범위

그러므로, 대체가격의 범위는 ₩270≦TP≦₩290이다.

2. 정답 ④

중급 | 대체가격결정

※ 자료정리

	공급사업부		50,000단위	구매사업부	
	외부	대체	→		
p	₩45	TP			
vc	30	₩30 – 8		TP	←외부구입가격 ₩42
cm	₩15				

(1) 甲사업부의 최소대체가격

증분수익		
매출증가	50,000단위×TP =	50,000TP
증분비용		
변동비 증가	50,000단위×22 =	1,100,000
기회비용[*1]	50,000단위×15 =	750,000
증분이익		₩50,000TP − ₩1,850,000≧0

*1 여유조업도가 없으므로 대체를 위해서는 기존판매분을 감소시켜야 한다.
그러므로, TP≧₩37이다.

(2) 乙사업부의 최대대체가격

외부구입가격인 ₩42가 최대대체가격이다.

그러므로, 대체가격의 범위는 ₩37≦TP≦₩42이다.

3. 정답 ④

중급 대체가격결정과 기회원가

※ 자료정리

	엔진사업부		20,000단위	무선비행기	
	외부	대체	→	사업부	
p	−	TP		−	
vc	₩100	₩100		TP	←외부구입가격 ₩90/단위 (고정비 ₩100,000발생)

(1) 엔진사업부의 최소대체가격

외부판매의 기회가 없으므로 최소대체가격은 ₩100이다.

(2) 무선비행기사업부의 최대대체가격

- 내부대체가격은 최소한 외부구입가격보다 낮아야 하므로, 최대대체가격은 외부구입가격 ₩95(= ₩90＋₩100,000÷20,000단위)이다.
- 최소대체가격이 최대대체가격을 상회하므로, 대체하여서는 안된다. 그러므로, 사내대체가격의 범위는 존재하지 않는다.

4. 정답 ②

중급 대체가격결정과 기회원가★

(1) A사업부의 최소대체가격

증분수익		
매출증가	1,000단위×TP =	1,000TP
증분비용		
변동비 증가	1,000개×₩1,900 =	1,900,000
기회비용		150,000
증분이익		1,000TP − 2,050,000≧0

그러므로, TP≧₩2,050이다.

(2) 대체로 인한 회사전체 영업이익의 증가분

① 최소대체가격(TP)≧₩2,050

② 최대대체가격(TP)≦₩2,000

대체시 1,000단위 ×(₩2,000 − ₩2,050) = ₩50,000만큼 영업이익이 감소하므로, 대체를 하지 않을 경우 대체하는 경우보다 ₩50,000만큼 영업이익이 증가한다.

5. 정답 ②

중급 대체로 인한 회사전체이익과 대체가격 결정

※ 자료정리

	공급사업부		2,000단위	구매사업부	
	외부	대체	→		
p	₩750	TP			
vc	450 + 10	₩450		TP	← 외부구입비용 ₩820
cm	₩290				

(1) A 사업부의 최소대체가격

증분수익		
매출증가	2,000단위×TP =	2,000TP
증분비용		
변동비 증가	2,000단위×₩450 =	900,000
기회비용[*1]	2,000단위×₩290 =	580,000
증분이익		2,000TP − 1,480,000≧0

*1 여유조업도가 없으므로 대체를 위해서는 기존판매분을 감소시켜야 한다.
그러므로, 최소대체가격은 TP≧₩740이다.

(2) B 사업부의 최대대체가격

외부구입가격인 ₩820이다.

그러므로, 대체로 인한 회사전체이익은 2,000단위×(₩820 − 740) = ₩160,000이므로, 대체하지 않으면 대체하는 경우보다 ₩160,000손실이 발생한다.

6. 정답 ③

중급 대체로 인한 회사전체이익과 대체가격 결정★

내부대체시 공헌이익 : (₩45 − ₩45)×20,000단위 = ₩0

외부판매시 공헌이익 : (₩75 − ₩45)×20,000단위 = ₩600,000

7. 정답 ④

※ 자료정리

X사업부의 외부판매가격을 P라 하면,

	공급사업부		→	구매사업부	
	외부	대체			
p	P	TP		−	
vc	₩1,850	₩1,850 − ₩60		TP	← 외부구입비용 ₩2,100
cm	P − ₩1,850				

내부대체와 상관없이 기업전체 이익이 동일하려면 최소대체가격과 최대대체가격이 동일하여여 하므로 최소대체가격은 구매사업부의 외부구입가격인 ₩2,100이다.

따라서, X사업부의 외부판매가격은 다음과 같다.

증분수익	
매출증가(TP)	₩2,100
증분비용	
변동비 증가	1,790
기회비용[*1]	P − 1,850
증분이익	₩2,100 − (P + 1,790 − 1,850) = 0

*1 여유조업도가 없으므로 대체를 위해서는 기존판매분을 감소시켜야 한다.
그러므로, P=₩2,160이다.

주관식 문제

문제 1 대체가격결정 기초개념

다음을 읽고 물음에 답하시오.

경주용 자동차를 생산하는 (주)한국은 엔진제작 기술이 뛰어난 (주)경기를 인수 · 합병하였다. (주)한국은 분권화된 조직구조를 갖고 있으며, (주)경기는 자율권이 보장되는 엔진사업부의 형태로 운영될 예정이다. 엔진사업부의 월간 최대생산량은 10,000단위이며, 엔진의 단위당 제조원가는 다음과 같다.

구 분	단위당 금액
변동제조원가	₩10
고정제조원가(생산량 10,000단위 기준)	5
합 계	₩15

엔진의 외부판매가격은 단위당 ₩20이다. (주)한국의 완성차사업부는 매월 3,000단위의 엔진이 필요한데 지금까지는 모두 외부로부터 단위당 ₩17에 구입하여 왔다. 한편, 이 회사의 최고경영자는 회사전체의 이익을 극대화하기 위해 완성차사업부가 엔진사업부로부터 엔진을 구입하기를 희망하고 있다.

다음의 물음에 답하시오.

단, [물음 1]과 [물음 2]는 엔진의 수요가 무한하기 때문에 엔진사업부가 생산한 모든 엔진을 현재의 가격으로 외부에 판매할 수 있다고 가정한다. 반면에, [물음 3]은 엔진사업부가 외부에 판매할 수 있는 최대수량이 매월 6,000단위로 제한되어 있다고 가정한다.

물음 1

회사전체의 이익을 극대화하기 위하여 대체여부를 결정하시오.

물음 2

엔진사업부가 외부구입가격과 동일한 가격으로 완성차사업부에 매월 3,000단위의 엔진을 공급한다면, 회사전체의 이익은 얼마나 증가 혹은 감소하겠는가?

물음 3

사업부의 이익과 회사전체의 이익을 극대화하기 위한 대체가격의 범위는 얼마인가?

해 답

물음 1 사내대체가격

(1) 엔진사업부(공급부문)의 최소대체가격 : ₩10 + (₩20 − 10) = ₩20

(2) 완성차사업부(구매부문)의 최대대체가격 : ₩17
따라서, 대체거래를 하지 않는 것이 유리하다.

물음 2 회사전체 이익에 미치는 영향

(₩20 − 17) × 3,000단위 = ₩9,000 감소

그러므로, 회사전체 이익은 ₩9,000만큼 감소한다.

물음 3 대체가격 결정

(1) 엔진사업부(공급부문)의 최소대체가격 : ₩10

(2) 완성차사업부(구매부문)의 최대대체가격 : ₩17
따라서, 회사전체 이익을 극대화하기 위해서는 ₩10과 ₩17사이에서 대체가격을 결정하여야 한다.

문제 2 대체가격결정과 성과보상제도

다음을 읽고 물음에 답하시오.

청과사업부와 주스사업부를 두고 있는 (주)한국의 비용관련 자료는 다음과 같다.

	청과사업부	주스사업부
단위당 변동비	₩100/kg	₩200/ l *
총고정비	₩125,000,000	₩100,000,000

* 투입되는 청과재료비는 제외한 금액임

주스 ℓ당 판매가격은 ₩2,100이고 청과세척후 kg당 시장판매가격은 ₩600이다.

청과사업부는 매년 500,000kg을 매입하여 세척후 그대로 시장에 팔 수도 있고 주스사업부에 공급하여 kg당 0.5ℓ의 주스생산에도 대체할 수 있다. 회사는 사업부간의 대체가격에 대해서 고민하고 있다.

물음 1

청과사업부가 500,000kg 전량을 주스사업부에 대체할 경우 회사전체의 이익을 구하시오.

물음 2

회사가 대체가격을 청과사업부의 전부원가의 200%로 하는 경우와 시장가격으로 하는 경우로 구분하여 각 사업부의 관리자에게 영업이익의 5%를 인센티브로 지급하는 정책을 실시하려고 한다. 각 상황별로 각 사업부의 관리자에게 지급할 인센티브를 계산하시오.

물음 3

[물음 2]에서 각 사업부가 선호하는 대체가격결정방법을 판단하시오.

물음 4

회사가 실시하는 정책과 각 사업부에서 실시하는 정책에 있어서 서로 추구하는 바가 다를 때 나타나는 현상은 무엇이며 이것을 해결할 수 있는 방안에 대하여 논하시오.

해 답

※ 자료분석

	청과사업부		→	쥬스사업부
	외부판매	대체		
단위당 판매가격	₩600	TP		₩2,100
단위당 변동비	100	100		TP × 2 + 200
단위당 공헌이익	₩500			₩1,900 − TP × 2
고정비	₩125,00,000			₩100,000,000

물음 1 전량 대체시 회사전체의 이익

수 익	: (500,000kg ÷ 2) × ₩2,100 =		₩525,000,000
비 용			325,000,000
청과사업부 변동비 :	500,000kg × ₩100 =	₩50,000,000	
청과사업부 고정비		125,000,000	
주스사업부 변동비 :	(500,000kg ÷ 2) × ₩200 =	50,000,000	
주스사업부 고정비		100,000,000	
순 이 익			₩200,000,000

물음 2 각 상황별 인센티브 계산

(1) 대체가격이 전부원가의 200%인 경우

<청과사업부>

수 익	: (₩50,000,000 + ₩125,000,000) × 200% =		₩350,000,000
비 용			175,000,000
변 동 비 :	500,000kg × @100 =	₩50,000,000	
고 정 비		125,000,000	
영업이익			₩175,000,000
인센티브율			× 5%
인센티브			₩8,750,000

<주스사업부>

수　　입 :	250,000 l × @2,100 =		₩525,000,000
비　　용			500,000,000
변 동 비 :	250,000 l × @200 =	₩50,000,000	
고 정 비		100,000,000	
대체원가 :	(₩50,000,000 + ₩125,000,000) × 200% =	350,000,000	
영업이익			₩25,000,000
인센티브율			× 5%
인센티브			₩1,250,000

(2) 대체가격이 시장가격인 경우

<청과사업부>

수　　익 :	500,000kg × ₩600 =		₩300,000,000
비　　용			175,000,000
변 동 비 :	500,000kg × ₩100 =	₩50,000,000	
고 정 비		125,000,000	
영업이익			₩125,000,000
인센티브율			× 5%
인센티브			₩6,250,000

<주스사업부>

수　　입 :	250,000kg × ₩2,100 =		₩525,000,000
비　　용			450,000,000
변 동 비 :	250,000kg × ₩200 =	₩50,000,000	
고 정 비		100,000,000	
대체원가 :	500,000kg × ₩600 =	300,000,000	
영업이익			₩75,000,000
인센티브율			×5%
인센티브			₩3,750,000

물음 3 각 사업부가 선호하는 대체가격결정방법

청과사업부는 전부원가의 200%을 선호하고, 주스사업부는 시장가격을 선호한다.

물음 4 준최적화현상의 해결방안

회사가 실시하는 정책과 각 사업부에서 실시하는 정책에 있어서 서로 추구하는 바가 다를 때 각 사업부의 의사결정이 전사적 관점에서 최적이 아닐 수 있는 준최적화현상(sub-optimization)이 발생한다. 대체가격에서 발생할 수 있는 준최적현상을 해결하는 방안으로 이중대체가격(dual transfer pricing)결정방법이 있다. 즉, 공급부서의 대체가격과 구입부서의 대체가격을 각각 다르게 적용하는 방법이다.

문제 3 특별주문수락의사결정과 대체가격결정

다음을 읽고 물음에 답하시오.

(주)한국은 보드를 제작하는 사업부와 컴퓨터를 조립하는 사업부로 구성되어 있으며, 보드제작사업부와 컴퓨터조립사업부는 각각의 이익중심점으로 의사결정을 하는 성과평가제도를 적용하고 있다. 보드제작사업부의 생산능력은 5,000단위인데, 현재 80% 조업도인 4,000단위를 생산하여 전부 컴퓨터조립사업부로 대체하고 있다. 컴퓨터조립사업부는 보드를 외부시장에서도 구입가능한데 가격은 ₩800이다.

〈보드제작사업부의 제조원가자료〉

단위당 변동원가	직접재료원가	₩175
	직접노무원가	125
	변동제조간접원가	100
고정원가		750,000

최근에 보드제작사업부는 외부 구매업체로부터 최대 생산능력의 50%에 해당하는 2,500단위를 단위당 ₩750에 공급해 달라는 주문을 받았다. 이 주문은 전량을 모두 수락하거나 거부해야 한다. 또한 주문된 엔진은 기존의 엔진과는 조금 달라서 직접재료원가는 단위당 ₩150이고 직접노무원가는 단위당 ₩105이며 변동제조간접원가는 단위당 ₩75이다.

물음 1

외부 구매업체로부터 2,500단위 특별주문의 수락여부를 회사전체 관점에서 결정하시오.

물음 2

컴퓨터조립사업부의 경영자는 대체가격을 보드제작사업부의 제조간접원가를 모두 배분한 후의 총원가로 결정하자고 제안하였다. (단, 보드제작사업부는 제조간접원가를 생산량에 기초하여 배부한다.) 대체가격을 구하시오.

물음 3

대체가격으로 생산부문의 전부원가를 사용하는 방법의 장점과 단점을 각각 두 가지씩 제시하시오.

물음 4

컴퓨터조립사업부는 10%의 법인세가 부과되는 국가에 위치하고 있으며 보드부문은 법인세가 부과되지 않는 국가에 위치하고 있다고 가정한다. 컴퓨터 조립사업부가 회사 전체 관점에서 법인세 지급액을 최소화하기 위한 대체가격을 구하시오.

해 답

물음 1 특별주문 수락여부결정

<특별주문수락시>

총 2,500단위 중 유휴설비를 통하여 1,000단위 생산하고 나머지 1,500단위는 보드조립사업부의 대체수량을 감소한다.

증분수익		
특별주문에 대한 공헌이익 증가분	: @420 × 2,500단위 =	₩1,050,000
증분비용		
보드조립사업부의 외부구입에 대한 기회비용	: @400 × 1,500단위 =	(600,000)
증분이익		₩450,000

물음 2 컴퓨터조립사업부의 대체가격(TP)

TP = ₩400 + ₩750,000 ÷ 4,000단위

= ₩587.5

물음 3 대체가격으로서 전부원가의 장 · 단점

(1) 장 점

① 이해하기 쉽고 적용이 간편하다.

② 사업부간의 내부적인 마찰을 극소화할 수 있다.

(2) 단 점

① 공급사업부의 비능률이 타사업부에 전가되어 성과평가의 왜곡이 발생할 수 있다.

② 조직의 최적자원배분의 어려움이 있다.

물음 4 회사전체입장에서 대체가격결정

(1) 제약조건 : ₩400 ≤ TP ≤ ₩800

(2) 다국적기업은 전세계적인 세금의 최소화(Golbal Tax Minimization)를 위하여 세율이 낮은 국가의 현지법인에 많은 이익을 배분할 것이다. 따라서, 세금이 부과되지 않는 국가의 공급사업부인 보드제작사업부의 이익을 극대화하기 위해서는 상기 제약조건하에서 대체가격(TP)은 ₩800에 결정하여야 한다.

대체가격결정 및 이익극대화

2006. KICPA

다음을 읽고 물음에 답하시오.

(주)한국은 엔진을 생산하는 엔진사업부와 엔진사업부가 생산한 엔진을 다른 부품들과 조립하여 완성품을 만드는 조립사업부로 구성되어 있다. 조립사업부는 엔진을 내부대체 받을 수도 있지만 외부 시장에서 구입할 수도 있다. 엔진사업부가 만드는 엔진에 대한 생산 및 판매 자료는 다음과 같다.

엔진사업부	
연간 엔진 최대생산 가능량	2,000단위
연간 엔진 외부 판매수량	1,700단위
엔진 외부 단위당 판매가격	₩10,000
엔진 단위당 변동제조비	6,000
연간 총 고정제조간접비	1,000,000
엔진 외부판매시 단위당 변동판매비	1,800

조립사업부가 엔진 800단위를 엔진사업부로부터 내부대체 받으려고 한다. 다음의 [물음]에 답하시오.

물음 1

조립사업부가 800단위의 엔진을 단위당 ₩7,200에 전량 내부대체 해줄 것을 엔진사업부에 요구하고 있다. 엔진사업부의 사업부장은 사업부 성과를 높이기 위해서 조립사업부의 내부대체 요구를 받아들일 것인지 의사결정을 내려야 한다. 구체적인 분석으로써 800단위 전량에 대한 내부대체 수락 혹은 거부 여부를 결정하시오. 내부대체할 경우 변동판매비는 발생하지 않는다.

물음 2

[물음 1]에서 처럼 만약 조립사업부가 엔진사업부로부터 800단위의 엔진 전량을 단위당 ₩7,200에 내부대체 받지 못할 경우, 엔진을 외부시장에서 단위당 ₩8,300에 800단위 전량을 구입하려고 한다. 조립사업부가 외부에서 엔진을 구입하게 되면 단위당 구입 부대비용이 ₩200발생한다. 그러나 내부대체가격이 적정 범위 내에 있다면 관련 사업부들이 서로 요구하는 대체가격이 상이하여도 최고경영자가 내부대체를 중재할 수 있다. (주)한국의 사장이 중재하여 엔진사업부와 조립사업부가 받아들일 수 있는 대체가격의 범위(최소 대체가격과 최대 대체가격)는 어떻게 되는지 분석하여 제시하시오. 단, 각 사업부는 자신들의 성과를 최대한 높이려고 노력하는 것으로 가정한다.

물음 3

[물음 1]과 [물음 2]와는 별도로 조립사업부가 1,500단위의 엔진을 필요로 한다. 1,500단위의 엔진을 다른 부품들과 조립하여 완성품 1,500단위를 만든 다음 전량 외부판매 한다. 조립사업부는 1,500단위 모두를 단위당 ₩7,200에 내부대체해 줄 것을 요구하고 있다. 조립사업부는 필요한 경우 1,500단위까지 단위당 ₩8,300에 외부시장에서 구입할 수 있다. 외부구입시에는 단위당 구입부대비용이 ₩200 발생한다. 엔진을 내부대체할 경우 변동판매비는 발생하지 않는다. 다음은 조립사업부의 생산 및 판매 자료이다.

조립사업부	
완성품 단위당 외부판매가격	₩25,000
완성품 단위당 변동제조비	9,500
연간 총 고정제조간접비	8,500,000
완성품 판매시 단위당 변동판매비	2,000

(1) (주)한국이 ① 엔진을 내부대체 하여 완성품을 생산 · 판매하는 경우의 완성품 단위당 공헌 이익, ② 외부시장에서 구입한 엔진으로 완성품을 생산 · 판매하는 경우의 완성품 단위당 공헌이익과 ③ 엔진만을 판매하는 경우의 엔진 단위당 공헌이익이 각각 얼마인지를 계산하여 제시하시오. 각각의 단위당 공헌이익은 회사전체 관점에서 계산하여야 한다.

(2) 엔진판매와 완성품 1,500개 판매에 의해 (주)한국이 획득하는 총공헌이익을 CM으로 두고 엔진의 내부대체 수량을 Q로 둔 다음, CM을 Q의 함수식으로 표현해 제시하고, 총공헌 이익을 극대화시키는 내부대체 수량(Q)을 구하시오.

해 답

※ 자료정리

	엔진사업부		→	조립사업부
	외부판매	대 체		
단위당 판매가격	₩10,000	TP		₩2,500
단위당 변동비	6,000 + 1,800	6,000		TP + 9,500 + 2,000
단위당 공헌이익	₩2,200			₩13,500 − TP

물음 1 엔진사업부의 사내대체여부결정

(1) 유휴생산능력 파악

최대생산능력	2,000개
(−) 현재판매수량	1,700
유휴생산능력	300개

800단위 특별주문을 수락하기 위해서는 기존판매감소수량 500개를 감소하여야 한다.

(2) 대체여부결정

증분수익	매 출 증가	@7,200 × 800개 =	₩5,760,000
증분비용	변동비 증가	@6,000 × 800개 =	(4,800,000)
	기회비용(기존판매 감소)	@2,200 × 500개 =	(1,100,000)
증분이익			₩(140,000) < 0

cf. 사업부A의 최소대체가격

= 대체단위당 변동비 + (대체전 공헌이익 − 대체후 공헌이익) / 대체수량

= 6,000 + (1,700개 × 10,000 − 7,800) − 1,200개(10,000 − 7,800) / 800개 = ₩7,375

따라서, 대체하지 않는다.

물음 2 사내대체가격 범위 결정

(1) 사업부 A의 최소대체가격 = ₩7,375

(2) 사업부 B의 최대대체가격 = ₩8,300 + 200 = ₩8,500

따라서 ₩7,375 ≤ TP ≤ ₩8,500이다.

물음 3 회사전체관점에서의 의사결정

(1) 상황별 단위당 공헌이익

①의 경우 단위당 공헌이익 : ₩25,000 − 6,000 − 9,500 − 2,000 = ₩7,500

②의 경우 단위당 공헌이익 : ₩25,000 − 8,500 − 9,500 − 2,000 = ₩5,000

③의 경우 단위당 공헌이익 : ₩10,000 − 6,000 − 1,800 = 2,200

(2) 공헌이익의 극대화

총공헌이익 = 7,500 × Q + (1,500개 − Q) × 5,000 + (2,000 − Q) × ₩2,200

= 300Q + ₩11,900,000

총공헌이익을 극대화하려면 가능한 대체수량(Q)이 커야 하므로 1,500개를 전량 대체하는 것이 총공헌이익을 극대화하게 한다.

대체가격결정 종합

CMA 수정

㈜한국의 조립사업부에서는 계산기를 생산 · 판매하고 있다. 조립사업부의 경영자는 이 계산기의 가격을 인하하면, 판매량이 증가할 것으로 보고 가격인하를 신중히 검토하고 있다. 시장조사에 의하면 현재 ₩500인 단위당 판매가격을 10% 인하하면 판매량이 15%(3,000단위)만큼 증가할 것으로 예측하고 있다. 조립사업부는 현재의 생산설비로도 이러한 추가분을 생산할 수 있다. 조립사업부의 계산기를 생산하는 데는 부품으로서 반도체를 필요로 하는데, 조립사업부는 지금까지 이를 단위당 ₩80에 외부에서 구입해왔다. 조립사업부의 경영자는 사내의 반도체사업부로부터 이를 대체할 것을 검토하고자 한다. 현재 반도체사업부에서는 조립사업부가 필요로 하는 모형과는 약간 다른 종류의 반도체를 제조하여 외부고객에게만 판매하고 있다. 반도체사업부는 생산시설의 변경 없이도 조립사업부에서 필요로 하는 반도체를 제조할 수 있는데, 이 때의 단위당 변동제조원가는 외부판매용보다 ₩3만큼 적게 소요된다. 왜냐하면 원재료가격이 그만큼 낮기 때문이다. 또한 반도체사업부가 조립사업부에 판매하는 경우 변동판매비가 전혀 발생하지 않는다. 조립사업부의 경영자는 자기 사업부에서 필요로 하는 모든 반도체를 사내의 반도체사업부로부터 단위당 ₩60에 대체받기를 원한다. 판매량 20,000단위에 기초한 조립사업부의 내년도 예산손익계산서는 다음과 같다.

	단위당	총액
매출	₩500	₩10,000,000
제조원가		
반도체	(80)	(1,600,000)
기타재료	(50)	(1,000,000)
직접노무원가	(50)	(1,000,000)
변동제조간접원가	(100)	(2,000,000)
고정제조간접원가	(25)	(500,000)
매출총이익	₩195	₩3,900,000
영업비용		
변동판매비	(50)	(1,000,000)
고정판매관리비	(50)	(1,000,000)
법인세차감전 순이익	₩95	₩1,900,000

반도체사업부는 70,000단위를 생산할 수 있다. 반도체사업부의 내년도 예산손익계산서는 다음과 같은데, 이것은 조립사업부의 제안을 고려하지 않은 60,000단위의 판매량에 기초한 것이다.

	단위당	총액
매출	₩120	₩7,200,000
제조원가		
원재료	(15)	(900,000)
직접노무원가	(10)	(600,000)
변동제조간접원가	(20)	(1,200,000)
고정제조간접원가	(20)	(1,200,000)
매출총이익	₩55	₩3,300,000
영업비용		
변동판매비	(10)	(600,000)
고정판매관리비	(10)	(600,000)
법인세차감전 순이익	₩35	₩2,100,000

물음 1

조립사업부가 내부에서 단위당 ₩60에 반도체를 대체받을 수 없는 경우 조립사업부의 계산기 가격인하여부를 결정하시오.

물음 2

[물음 1]의 답과는 관계 없이 조립사업부는 18,000단위의 반도체를 필요로 한다. 반도체사업부는 단위당 ₩60에 반도체를 공급해야 하는지 결정하시오.

물음 3

[물음 1]의 답과는 관계 없이 조립사업부는 18,000단위의 반도체를 필요로 한다. 조립사업부 입장에서의 최대대체가격을 구하시오.

물음 4

[물음 1]의 답과는 관계 없이 조립사업부는 18,000단위의 반도체를 필요로 한다. 회사 전체의 입장에서 볼 때 반도체사업부가 단위당 ₩60에 조립사업부에 반도체를 공급해야 하는지 결정하시오.

해 답

※ 자료정리

(1) 조립사업부

① 판매량

- 현재판매량 : 3,000단위 ÷ 0.15 = 20,000단위
- 가격인하후 : 20,000단위 + 3,000단위 = 23,000단위

② 변동원가

변동제조원가 + 변동판매비

= (₩80 + 50 + 50 + 100) + ₩50

= ₩330(반도체 외부구입가격 ₩80 포함)

(2) 반도체사업부

① 여유조업도

최대조업도	70,000단위
현재생산량	60,000단위
여유조업도	10,000단위

② 변동원가

변동제조원가 + 변동판매비

- 외부판매 : (₩15 + 10 + 20) + ₩10 = ₩55
- 내부대체 : (₩15 + 10 + 20 − 3) + ₩0 = ₩42

(3) 대체현황

	반도체		18,000단위	조립사업부	
	외부	대체	→		
p	₩120	₩60			₩500
vc	55	42		₩60 + 50 + 50 + 100 + 50 =	310
cm	₩65	₩18			₩190

물음 1 조립사업부의 가격인하 의사결정

고정원가는 비관련원가이므로 할인전과 할인후 공헌이익을 비교하면 다음과 같다.

		할인전		할인후
매출액	20,000단위 × ₩500 =	₩10,000,000	23,000단위 × ₩500 × 0.9 =	₩10,350,000
변동원가	20,000단위 × ₩330 =	(6,600,000)	23,000단위 × ₩330 =	(7,590,000)
공헌이익		₩3,400,000		₩2,760,000

그러므로, 할인하는 경우 ₩3,400,000 − ₩2,760,000 = ₩640,000만큼 영업이익이 감소한다.

물음 2 반도체사업부 공급의사결정

① 여유조업도 확인

여유조업도	10,000단위
대체수량	18,000단위
	8,000단위 (부족)

대체하려면 8,000단위의 기존판매수량을 감소해야 한다.

② 의사결정

증분수익		
사내대체 매출	18,000단위 × ₩60 =	₩1,080,000
기존판매감소	8,000단위 × ₩65 =	(520,000)
증분비용		
변동제조원가 증가	18,000단위 × (₩45 − ₩3) =	(756,000)
증분손익		₩(196,000)

영업이익이 ₩196,000만큼 감소하므로 대체하지 않는다.

물음 3 조립사업부의 최대대체가격

MIN [부품단위당 지불가능금액, 외부구입가격]

(1) 부품단위당 지불가능금액 : ₩500 − ₩250 = ₩250

(2) 외부구입가격 : ₩80

그러므로, 최대대체가격은 ₩80이다.

물음 4 대체시 회사전체입장 의사결정

대체하게 되면 조립사업부 입장에서는 18,000단위의 외부구입비용을 절감할 수 있으나, 반도체사업부 입장에서는 8,000단위의 증분원가 발생과 8,000단위의 외부판매를 포기해야 한다.

증분수익		
기존판매감소	8,000단위 × ₩65 =	(520,000)
증분비용		
구입비용 감소	18,000단위 × ₩80 =	1,440,000
변동제조원가 증가	18,000단위 × (₩45 − ₩3) =	(756,000)
증분손익		₩164,000

그러므로, 영업이익은 ₩164,000만큼 증가한다.

제 13 장

자본예산

전문가 칼럼

■ 이익보다는 투자금 회수가 더 중요하다.

창업을 하려면 어느 정도의 상당한 투자자금 필요하다. 일반적으로 투자자금의 대부분은 인테리어, 설비비품 등 수 년간 이익 창출에 기여하게 될 시설비를 위해 지출된다. 특히, 소비성 서비스업의 경우에는 인테리어 등은 매장의 얼굴로써 매장의 가치를 높이는 중요한 마케팅 수단 중 하나이다. 그러나, 나중에 사업장을 양도하거나 폐업할 경우 시설비에 대한 회수가능성은 확실하지 않으므로 무턱대고 거액의 자금을 투자할 수 없다. 따라서, 사업주는 사업운영을 통한 이익이 얼마인지보다는 초기에 지출된 시설비 등 투자금을 얼마나 빨리 또는 얼마나 많이 회수할 수 있는지의 여부가 더욱 중요하다 할 수 있다. 다음 사례를 통해서 투자자금의 회수여부에 따라 총 수익률이 어떻게 달라질 수 있는지 살펴보도록 한다.

평소에 제테크에 관심이 많았던 박대리는 입사동기인 최대리로부터 동업제안을 받았다. 최근에 유행하고 있는 모 프랜차이즈 커피전문점을 반반씩 부담하여 창업하자는 것이었다. 최대리는 개인별로 실 투자금 ₩35,000,000이면, 매달 ₩1,000,000씩 년간 ₩12,000,000을 가져갈 수 있다고 했다. 또한, 더욱 매력적인 것은 프랜차이즈 성격상 모든 품목에 대한 레시피가 있어 굳이 직접 운영을 안하고 매니저와 아르바이트로도 가능하다는 것이다.

최대리가 제시한 자료는 다음과 같다.

1. 판매가격과 직접비용

총 20종류의 품목을 판매할 예정이며, 평균 판매가격은 ₩3,500이다. 또한, 직접비용은 모든 품목에 직접 투입되는 원·부자재 및 기타 포장용기 등 품목 한 개당 연동해서 발생하는 비용을 말한다.

구 분	금 액
평균판매가격	₩3,500
평균직접비용	1,400

2. 초기투자금액

인테리어, 집기비품 등 설비비용이 ₩45,000,000이며, 프랜차이즈 가맹비는 ₩5,000,000이다.

구 분	금 액
프랜차이즈 가맹비	₩5,000,000
인테리어	25,000,000
집기비품	20,000,000
소 계	**₩50,000,000**

3. 임대차조건

임대차 기간은 2년이며 보증금 ₩20,000,000에 월임차료는 ₩2,000,000이다. 또한, 월관리비는 ₩600,000정도 발생할 것으로 추정하였다.

구 분	금 액
보증금	₩20,000,000
월임차료	2,000,000
월관리비	600,000

4. 기타 월 운영비

추가로 각종 렌탈료, 광고비 등 기타 운영비를 월 ₩2,000,000정도 지출될 것으로 추정하였다.

5. 직원

해당 커피전문점은 매니저 1명과 1~2명의 아르바이트로 운영 가능하여 총 인건비를 대략 월 ₩6,000,000으로 추정하였다.

구 분	금 액
매니저	₩3,000,000
아르바이트	3,000,000
소 계	**₩6,000,000**

6. 월 예상이익

매월 예상판매수량은 6,000개를 기준으로 한 월 순이익은 다음과 같다.

수익		₩29,000,000
매 출 : ₩3,500 × 6,000개 =	₩21,000,000	
지출		19,000,0000
직접경비 : ₩1,400 × 6,000개 =	8,400,000	
임차료	2,000,000	
관리비	600,000	
인건비	6,000,000	
기타운영비	2,000,000	
순손익		₩2,000,000

7. 개인별 투자금 및 이익

총 투자금 ₩70,000,000을 최대리와 박대리가 반반씩 부담하므로 개인별 투자금은 ₩35,000,000이다. 또한, 개인별로 매월 ₩1,000,000의 이익이 얻을 수 있으므로 개인별 연간 이익은 ₩12,000,000이다.

구 분		금 액	개인별	
			박대리	최대리
투자금	프랜차이즈 가맹비	₩5,000,000		
	인테리어	25,000,000		
	집기비품	20,000,000		
	임대보증금*	20,000,000		
	소계	**₩70,000,000**	**₩35,000,000**	**₩35,000,000**
순이익	월기준	₩2,000,000	₩1,000,000	₩1,000,000
	연기준	**₩24,000,000**	**₩12,000,000**	**₩12,000,000**
투자수익률	**연순이익÷투자액**		**34%**	**34%**

* 이 중 임대보증금은 향후 사업 양도 및 폐업시 회수가능금액이다.

위 자료에서 보면 총투자금 ₩35,000,000(이 중 ₩10,000,000은 임대보증금)을 투자하면 월 ₩1,000,000씩 벌수 있는 아주 매력적인 제안이다.

그러나, 최근 통계자료를 보면 자영업자가 3년 이내 폐업할 확률이 상당하며 폐업에 이르기까지 매출도 생각보다는 정상적으로 유지되지 않을 가능성이 크므로 매년 위와 같은 이익을 꾸준히 벌어드릴 수 있다는 것도 상당히 낙관적인 예상일 수 있다.

일단, 임대차 계약기간인 2년간 예상했던 매출이 유지된다는 가정하에 2년 후 양도시와 폐업시를 비교하여 수익률을 다시 살펴보도록 하자. 2년 후 정상적으로 양도 한다면 초기 투자한 투자금액은 양수인에게 받을 가능성이 크며, 양도하지 못하고 폐업을 한다면 임차보증금을 제외한 나머지 투자금액은 회수할 수 없다.

구 분		2년간 수익률 비교	
		정상적인 양도	폐 업
총회수	2년간 이익	₩24,000,000	₩24,000,000
	투자금회수액	35,000,000	10,000,000*
	소계	**₩59,000,000**	**₩34,000,000**
총투자		**(35,000,000)**	**(35,000,000)**
수익		**₩24,000,000**	**₩(1,000,000)**
수익률		**69%**	**−3%**

* 폐업시에는 시설권리금을 따로 보전받지 못하므로 보증금만을 회수할 수 있다.

2년간 예상했던 이익을 벌었다고 하더라도 정상적인 양도의 경우에는 순수한 수익이 ₩24,000,000이지만, 폐업의 경우 오히려 ₩(1,000,000)만큼의 손실이 발생한다. 결론적으로 초기 투자한 투자자금의 회수여부에 따라 수익률은 크게 달라진다. 따라서, 단지 이익만을 가지고 수익성을 판단하기 보다는 투자자금의 회수가능성에 대해서도 충분히 고려해야 하며, 투자자금을 회수하기 위한 전제조건으로는 해당 사업장이 꾸준히 정상적으로 영업이 되어야 가능하다는 것이다. 만약, 해당 업종이 유행에 민감하거나 장기적으로 운영이 어려운 사업일 경우에는 더욱 더 초기 투자자금의 회수가능성에 대한 면밀한 분석이 선행되어야 한다.

1. 서론

1 의의

자본예산은 대표적인 장기의사결정 중 하나로서 유형자산에 대한 투자를 효율적으로 수행하기 위한 의사결정을 말한다. 이를 위해 경영자는 미래에 보다 바람직한 투자안을 탐색하고, 회사가 설정한 기준에 가장 적합한 투자안을 선택해야 한다. 자본예산의 편성과정에서 가장 중요한 절차는 먼저 투자안으로부터 발생하는 미래의 이익과 현금흐름을 추정하고 이를 바탕으로 적절한 평가방법을 선택하여 분석하는 것이다.

2 현금흐름의 추정

지금까지 의사결정대상은 회계적이익이지만 자본예산에서 의사결정대상은 현금흐름이다. 또한, 자본예산은 장기의사결정이므로 투자기간 시점별로 현금흐름을 구분하여 살펴볼 수 있다.

1. 기본가정

경영활동 과정에서 현금유입과 현금유출은 매우 복잡하고 다양하게 발생한다. 그러나, 합리적이고 효율적인 분석을 위해서 다음과 같은 가정을 전제로 한다.

① 현금흐름은 기초 또는 기말에 일괄 발생한다.
② 법인세는 현금유출로 가정한다.
③ 감가상각비 등 비현금지출비용은 현금유출액에 포함시켜서는 안된다.
④ 자본조달비용(이자 및 배당)은 현금유출이 아니다.

2. 시간에 따른 현금흐름

일반적으로 투자시점에 설비투자 등 초기투자금액이 지출이 되고 이 금액의 일부는 투자종료시점에서 일부 잔존가치로 회수된다. 또한, 투자기간 동안 영업활동으로 인한 현금유입액과 현금유출액이 발생하며 법인세가 존재한다면 법인세 유출효과를 추가로 고려해야 한다. 이를 정리하면 다음과 같다.

	투자시점		투자기간		투자종료	
	법인세(X)	법인세(O)	법인세(X)	법인세(O)	법인세(X)	법인세(O)
① 설비투자	(투자액)	(투자액)			잔존가치	세후잔존가치
② 운전자본	(투자액)	(투자액)			회수액	회수액
③ 구자산처분	처분가액	세후처분가액			(기회비용)	(세후기회비용)
④ 영업현금흐름			순현금유입액	세후순현금유입액		

3. 영업활동으로 인한 현금흐름

현금흐름은 현금유입에서 현금유출을 차감하여 계산한다. 따라서, 현금유입과 현금유출을 각각 개별적으로 집계해야 하나 회계적 이익과 현금흐름의 차이는 비현금유출비용인 감가상각비만 존재한다고 가정하면 다음과 같은 관계를 도출할 수 있다.

현금흐름 = 회계적이익 + 감가상각비

① 법인세가 없을 경우
- 회계적이익 + 감가상각비
- 매출액 − 현금영업비용

② 법인세가 있을 경우
- 세후회계적이익 + 감가상각비
- (매출액 − 현금영업비용) × (1 − 세율) + 감가상각비 × 세율

예제 1 회계적이익과 현금흐름과의 관계

다음은 (주)한국은 20×1년 1월의 예산자료이다.

매출액	10단위 × ₩100 =	₩1,000
변동비	10단위 × ₩50 =	(500)
공헌이익		₩500
고정비		(300) (감가상각비 ₩200포함)
영업이익		₩200

요구사항 1

예상순현금흐름액을 구하시오.

해답

	이익기준		현금기준
매출액	₩1,000		₩1,000
변동비	(500)		(500)
공헌이익	₩500		₩500
고정비	(300)	−(200) =	(100)
영업이익	₩200	+ 200 =	₩400

즉, 순현금흐름액 = 회계적이익 + 감가상각비
= ₩200 + ₩200
= ₩400

요구사항 2

법인세가 40%일 때 예상세후순현금흐름액을 구하시오.

해답

	이익기준		현금기준	
매출액	₩1,000		₩1,000	
변동비	(500)		(500)	
공헌이익	₩500		₩500	
고정비	(300)	−(200) =	(100)	
영업이익	₩200		₩400	
법인세(40%)	× 0.4 = (80)		× 0.4 = (160)	
세후영업이익	₩120		₩240	
법인세절감효과		+200	+ 80	(= ₩200 × 0.4)
세후순현금흐름			₩320	

즉, 세후순현금흐름액=세후회계적이익+감가상각비
= ₩120 + ₩200
= ₩320

예제 2 현금흐름의 추정

(주)한국은 하이패스 단말기를 제조하는 회사이다. 최근 신형모델을 생산하기 위한 새로운 기계장치를 도입하고자 한다. 이 기계의 취득원가는 ₩10,000이고, 재고자산이 ₩300, 수취채권이 ₩200 증가할 것으로 예상하고 있다.
또한, 새로운 단말기가 생산·판매된다면 향후 3년간 추가적인 매출액과 관련 비용은 다음과 같다.

매출액	500단위 × ₩100 =	₩50,000
변동비	500단위 × ₩30 =	(15,000)
공헌이익		₩35,000
고정비		(23,000) (감가상각비 ₩3,000포함)
영업이익		₩12,000

기계에 대한 내용연수는 3년이며 감가상각방법은 정액법을 적용한다.

요구사항 1

법인세가 없을 경우 투자안에 대한 현금흐름을 추정하시오.

해답

※자료정리

	투자시점	투자기간	투자종료
1.투자액	₩(10,000)		잔존가치 ₩1,000
2.운전자본	(500)		회수액 500
3.영업현금흐름		₩15,000[*1]	
	₩(10,500)	₩15,000	₩1,500

*1 회계적이익(₩12,000)+감가상각비(₩3,000)

(1) 투자시점의 현금흐름
유형자산에 대한 취득원가와 운전자본소요액의 합이므로, ₩(10,000) + ₩(500) = ₩(10,500)이다.

(2) 투자기간중의 현금흐름
회계적이익에 감가상각비를 가산하면 ₩12,000 + ₩3,000 = ₩15,000이다.

(3) 투자종료시점의 현금흐름
유형자산의 잔존가치와 운전자본회수액의 합이므로, ₩1,000 + ₩500 = ₩1,500이다.

요구사항 2

회사의 법인세율은 40%이며, 기계의 처분가치가 ₩800일 경우 위 투자안에 대한 현금흐름을 추정하시오.

해답

매출액	500단위 × ₩100 =	₩50,000
변동비	500단위 × ₩30 =	(15,000)
공헌이익		₩35,000
고정비		(23,000) (감가상각비 ₩3,000포함)
영업이익		₩12,000
법인세(40%)	₩12,000 × 0.4 =	(4,800)
세후영업이익		₩7,200

※자료정리

	투자시점	투자기간		투자종료
1. 투자액	₩(10,000)		잔존가치	₩880*2
2. 운전자본	(500)		회수액	500
3. 영업현금흐름		₩10,200*1		
	₩(10,500)	₩10,200		₩1,380

*1 세후회계적이익(₩7,200) + 감가상각비(₩3,000)

*2 처분가치(₩800) + 처분손실에 대한 법인세 감세효과(₩200×0.4)

(1) 투자시점의 현금흐름

유형자산에 대한 취득원가와 운전자본소요액의 합이므로, ₩(10,000) + ₩(500) = ₩(10,500)이다.

(2) 투자기간중의 현금흐름

세후회계적이익에 감가상각비를 가산하면 ₩7,200 + ₩3,000 = ₩10,200이다.

세후회계적이익은 다음과 같이 구할 수 있다.

	현금기준	
현금유입		₩50,000
현금유출	₩15,000 + ₩20,000 =	(35,000)
순현금유입		₩15,000
법인세(현금기준)	₩15,000 × 0.4 =	(6,000)
세후영업현금흐름		₩9,000
감가상각비 법인세 감세효과	₩3,000 × 0.4 =	1,200
세후순현금흐름		₩10,200

(3) 투자종료시점의 현금흐름

유형자산처분으로 인한 현금유입액과 운전자본회수액의 합이므로, ₩880 + ₩500 = ₩1,380이다. 만약, 유형자산의 처분가치가 ₩1,200이라면, 유형자산처분이익이 발생하므로 유형자산처분으로 인한 현금유입액은 다음과 같다.

처분가치(₩1,200) − 유형자산처분이익(₩1,200 − ₩1,000) × 법인세율(40%) = ₩1,120

2. 투자안의 평가방법

① 종류

앞에서 살펴본 미래 현금흐름을 기준으로 투자안의 사업타당성을 평가하는 방법은 크게 화폐의 시간가치를 고려하는 할인모형과 화폐의 시간가치를 고려하지 않는 비할인모형이 있다. 할인모형은 미래 현금흐름을 일정한 할인율로 할인한 금액을 기준으로 평가하는 방법으로 순현재가치법과 내부수익률법이 있다. 또한, 비할인모형은 미래 현금흐름을 할인하지 않고 명목금액으로 평가하는 방법으로 회수기간법과 회계적이익률법이 있다. 이론적으로 화폐의 시간가치를 고려하는 할인모형이 보다 우수한 방법이지만 비할인모형에 비하여 복잡하다는 단점이 있다.

구 분	종 류	현재가치 할인	의사결정 대상	수익성 파악
할인모형	순현재가치법	○	현금흐름	○(금액)
	내부수익률법	○	현금흐름	○(수익율)
비할인모형	회수기간법	×(○)	현금흐름	×
	회계적이익률법	×	회계적이익	○(이익율)

② 할인모형

대표적인 할인모형으로 순현재가치법(Net present value method)과 내부수익률법(Internal rate of return method)이 있으며, 일반적으로 어느 하나의 투자안을 평가하는 경우에는 두 방법 모두 동일한 결과를 가져오지만 둘 이상의 상호배타적인 투자안의 평가에 있어서는 서로 상반되는 결과를 가져올 수 있다. 만약, 서로 상반되는 결과가 나타나는 경우에는 순현재가치법이 내부수익률법보다 논리적으로 우월한 방법이라고 평가한다.

	순현재가치법	내부수익률법
내용	투자안의 순현재가치를 기준으로 평가하는 방법	내부수익률에 의하여 투자안을 평가하는 방법
방법	순현재가치=현금유입액의 현재가치 -현금유출액의 현재가치	내부수익률 : 현금유입액의 현재가치와 현금유출액의 현재가치를 일치시키는 수익률 즉, 순현재가치가 0인 할인률
의사결정	순현재가치가 0보다 높은 투자안 선택	내부수익률이 자본비용보다 높은 투자안 선택
장점	·화폐의 시간가치 고려 ·투자위험을 할인율에 반영	• 화폐의 시간가치 고려 • 투자규모를 고려할 수 있음
단점	·자본비용의 산출이 어려움 ·투자규모를 고려하지 못함	• 내부수익률 계산이 복잡 • 투자안들의 투자위험을 반영하지 못함
비고	※순현재가치법의 우월성 ㉠ 재투자수익률의 합리성 : 순현재가치법은 자본비용으로 재투자된다고 가정하는 반면에 내부수익률법은 내부수익률에 의해서 재투자된다고 가정한다. ㉡ 가치합계의 원칙 : 순현재가치법은 가치합계의 원칙이 적용된다. ㉢ 내부수익률법을 적용할 경우 복수의 내부수익률이 존재할 수 있으며 내부수익률 계산이 어렵다.	

예제 2 할인모형-순현재가치법(NPV법)

(주)한국은 하이패스 단말기를 제조하는 회사이다. 최근 신형모델을 생산하기 위한 새로운 기계장치를 도입하고자 한다. 이 기계의 취득원가는 ₩10,000이고, 재고자산이 ₩300, 수취채권이 ₩200 증가할 것으로 예상하고 있다.

또한, 새로운 단말기가 생산·판매된다면 향후 3년간 추가적인 매출액과 관련 비용은 다음과 같다.

매출액	500단위 × ₩100 =	₩50,000
변동비	500단위 × ₩30 =	(15,000)
공헌이익		₩35,000
고정비		(23,000) (감가상각비 ₩3,000포함)
영업이익		₩12,000

기계에 대한 내용연수는 3년이며 감가상각방법은 정액법을 적용한다.

요구사항 1

연 10%의 할인율을 적용할 경우 위 투자안에 대한 순현재가치를 구하시오.
단, 10%의 할인율에 대한 현가계수는 다음과 같다.

현가계수(3년) : 0.7513
연금현가계수 : 2.4869

해답

※자료정리

	투자시점	투자기간		투자종료
1. 투자액	₩(10,000)		잔존가치	₩1,000
2. 운전자본	(500)		회수액	500
3. 영업현금흐름		₩15,000[*1]		
	₩(10,500)	₩15,000		₩1,500

*1 회계적이익(₩12,000)+감가상각비(₩3,000)

순현재가치(NPV) = ₩15,000 × 2.4869 + ₩1,500 × 0.7513 − ₩10,500 = ₩27,930.45

요구사항 2

회사의 법인세율은 40%이며, 기계의 처분가치가 ₩800일 경우 위 투자안에 대한 순현재가치를 구하시오.

해답

매출액	500단위 × ₩100 =	₩50,000
변동비	500단위 × ₩30 =	(15,000)
공헌이익		₩35,000
고정비		(23,000) (감가상각비 ₩3,000포함)
영업이익		₩12,000
법인세(40%)	₩12,000 × 0.4 =	(4,800)
세후영업이익		₩7,200

※자료정리

	투자시점	투자기간		투자종료
1. 투자액	₩(10,000)		잔존가치	₩880*2
2. 운전자본	(500)		회수액	500
3. 영업현금흐름		₩10,200*1		
	₩(10,500)	₩10,200		₩1,380

*1 세후회계적이익(₩7,200) + 감가상각비(₩3,000)
*2 처분가치(₩800) + 처분손실에 대한 법인세 감세효과(₩200×0.4)

순현재가치(NPV) = ₩10,200 × 2.4869 + ₩1,380 × 0.7513 − ₩10,500 = ₩15,903.174

예제 3 순현재가치법-설비대체

(주)한국은 2년전에 취득한 기계를 대신하여 동일한 작업을 수행할 수 있는 새로운 기계를 구입하고자 한다. 새로운 기계는 취득가액이 ₩10,000, 잔존가치가 ₩1,000이며 내용연수는 3년이다. 새로운 기계를 도입할 경우 연간영업운영비를 ₩10,000씩 절감할 수 있다. 현재 사용하고 있는 기계에 관한 자료는 다음과 같다.

취득가액	₩12,000
현재처분가치	8,280
잔존가치	2,700
연간 영업운영비 절감액	7,000
잔존내용연수	3년

회사는 감가상각방법으로 정액상각법을 채택하고 있다.

요구사항 1

법인세가 없을 경우 순현재가치법을 이용하여 설비대체여부를 결정하시오.
단, 10%의 할인율에 대한 현가계수는 다음과 같다.

현가계수(3년) : 0.7513
연금현가계수 : 2.4869

해답

(1) 총액접근법

① 신기계

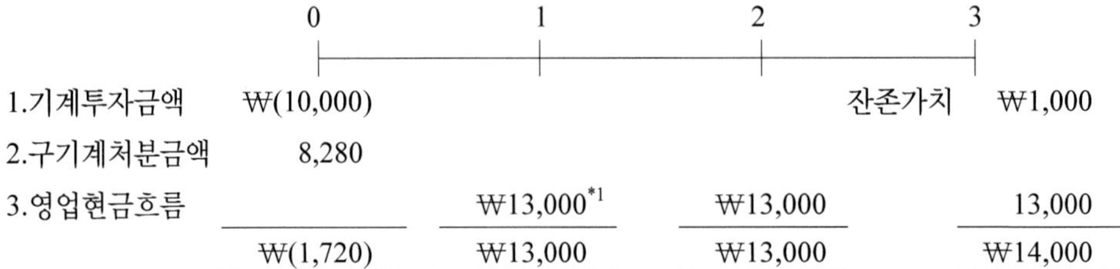

	0	1	2	3
1.기계투자금액	₩(10,000)			잔존가치 ₩1,000
2.구기계처분금액	8,280			
3.영업현금흐름		₩13,000[*1]	₩13,000	13,000
	₩(1,720)	₩13,000	₩13,000	₩14,000

*1 영업비 절감액(₩10,000) + 감가상각비(₩3,000)

순현재가치(NPV) = ₩13,000 × 2.4869 + ₩1,000 × 0.7513 − ₩1,720 = ₩31,361

② 구기계

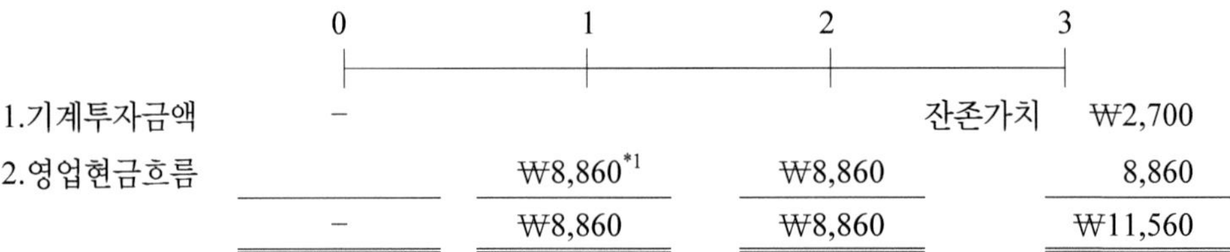

	0	1	2	3
1.기계투자금액	−			잔존가치 ₩2,700
2.영업현금흐름		₩8,860[*1]	₩8,860	8,860
	−	₩8,860	₩8,860	₩11,560

*1 영업비 절감액(₩7,000) + 감가상각비(₩1,860)

순현재가치(NPV) = ₩8,860 × 2.4869 + ₩2,700 × 0.7513 = ₩24,062.444
설비대체에 따른 순가치증가분은 ₩31,361 − ₩24,062.444 = ₩7,298.556이므로, 신기계를 구입하여야 한다.

(2) 순액접근법

신기계로 대체한다면,

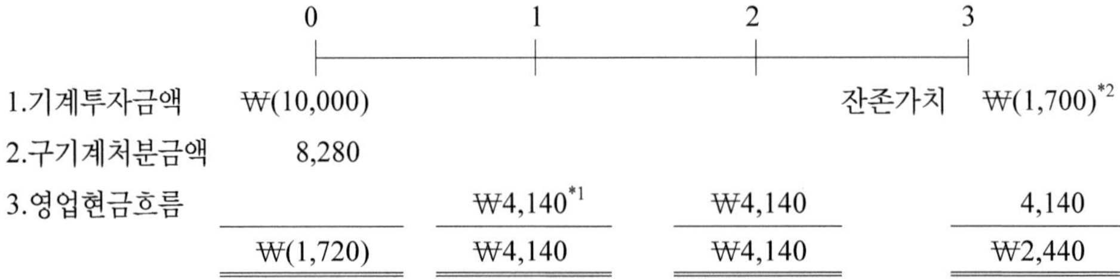

	0	1	2	3
1.기계투자금액	₩(10,000)			잔존가치 ₩(1,700)[*2]
2.구기계처분금액	8,280			
3.영업현금흐름		₩4,140[*1]	₩4,140	4,140
	₩(1,720)	₩4,140	₩4,140	₩2,440

*1 증분 영업비 절감액(₩10,000 − ₩7,000) + 증분 감가상각비(₩3,000 − ₩1,860)
*2 신기계 잔존가치 (₩1,000) − 구기계 잔존가치(₩2,700)

순현재가치(NPV) = ₩4,140 × 2.4869 + ₩(1,700) × 0.7513 − ₩1,720 = ₩7,298.556
그러므로, 신기계를 구입하여야 한다.

요구사항 2

구기계와 신기계의 실제처분가치는 다음과 같고 법인세가 40%일 경우 순현재가치법을 이용하여 설비대체여부를 결정하시오.
단, 10%의 할인율에 대한 현가계수는 다음과 같다.

현가계수(3년) : 0.7513
연금현가계수 : 2.4869

	구기계	신기계
현재처분가치	₩9,000	₩10,000
내용연수 종료후 처분가치	3,000	800

해답

(1) 총액접근법

① 신기계

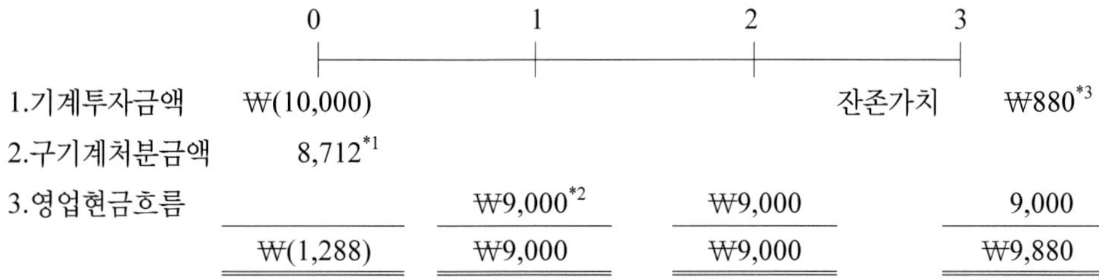

	0	1	2	3	
1.기계투자금액	₩(10,000)			잔존가치	₩880[*3]
2.구기계처분금액	8,712[*1]				
3.영업현금흐름		₩9,000[*2]	₩9,000		9,000
	₩(1,288)	₩9,000	₩9,000		₩9,880

*1 처분가치(₩9,000) − 처분이익에 대한 법인세(₩720×0.4)
*2 세후영업비 절감액(₩10,000×0.6) + 감가상각비(₩3,000)
*3 처분가치(₩800) + 처분손실에 대한 법인세감세효과(₩200×0.4)

순현재가치(NPV) = ₩9,000 × 2.4869 + ₩880 × 0.7513 − ₩1,288 = ₩21,755.244

② 구기계

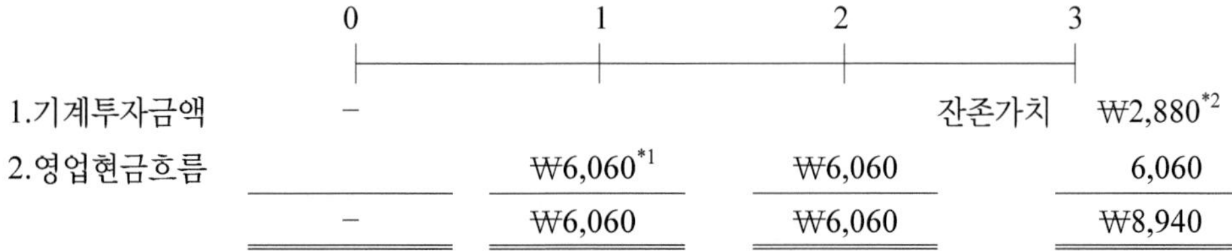

	0	1	2	3	
1.기계투자금액	−			잔존가치	₩2,880[*2]
2.영업현금흐름		₩6,060[*1]	₩6,060		6,060
	−	₩6,060	₩6,060		₩8,940

*1 세후영업비 절감액(₩7,000×0.6) + 감가상각비(₩1,860)
*2 처분가치(₩3,000) − 처분이익에 대한 법인세(₩300×0.4)

순현재가치(NPV) = ₩6,060 × 2.4869 + ₩2,880 × 0.7513 = ₩17,234.358
설비대체에 따른 순가치증가분은 ₩21,755.244 − ₩17,234.358 = ₩4,520.886이므로, 신기계를 구입하여야 한다.

(2) 순액접근법
신기계로 대체한다면,

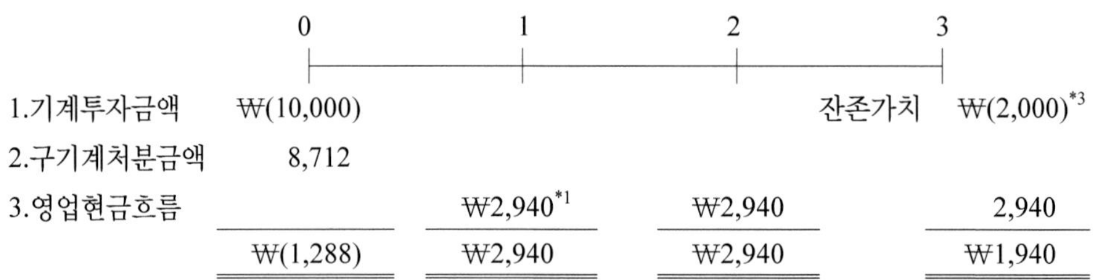

	0	1	2	3
1.기계투자금액	₩(10,000)		잔존가치	₩(2,000)[*3]
2.구기계처분금액	8,712			
3.영업현금흐름		₩2,940[*1]	₩2,940	2,940
	₩(1,288)	₩2,940	₩2,940	₩1,940

*1 증분 현금영업비 절감액(₩9,000 − ₩6,060)
*2 신기계 잔존가치(₩880) − 구기계 잔존가치(₩2,880)

순현재가치(NPV) = ₩2,940 × 2.4869 + ₩(2,000) × 0.7513 − ₩1,288 = ₩4,520.886
그러므로, 신기계를 구입하여야 한다.

예제 4 할인모형-내부수익률법

(주)한국은 새로운 설비를 ₩75,000에 구입하고자 한다. 이 회사의 재무담당자는 설비를 도입함으로서 다음과 같은 현금운영비가 절감할 것으로 예상하고 있다.

연 도	금 액
1차년도	₩30,000
2차년도	30,000
3차년도	30,000

연금의 현가표(n = 3)			
8%	9%	10%	11%
2.60	2.55	2.45	2.40

요구사항

위 투자안에 대한 내부수익률을 구하시오.

해답

(1) 연금현가계수(X)

₩30,000 × X = ₩75,000

그러므로, X는 2.5

(2) 내부수익률(IRR)

연금의 현가표(n = 3)

8%	9%	IRR	10%	11%
2.60	2.55	2.5	2.45	2.40

1% : 0.1 = (IRR − 9%) : 0.05

IRR − 9% = 0.5%

그러므로, IRR은 9.5%

예제 5 다기간 CVP분석

(주)한국은 ₩100,000의 새로운 기계에 구입하려는 투자안을 고려하고 있다. 기계의 내용연수는 5년이며 잔존가치는 없다. 새로운 기계를 이용하여 신제품을 생산·판매할 경우 향후 5년동안 연간 추가적인 매출액과 관련 비용은 다음과 같다.

매출액	1,000단위 × ₩100 =	₩100,000
변동비	1,000단위 × ₩40 =	(40,000)
공헌이익		₩60,000
고정비		(30,000) (감가상각비 ₩20,000포함)
영업이익		₩30,000

감가상각방법은 정액상각방법을 적용한다. 단, 회사의 할인율은 10%이며, 5년 연금현가계수는 5이다.

요구사항 1

법인세가 없는 경우 연간 최소판매량을 구하시오.

해답

※자료정리

연간 판매량을 Q라 하면,

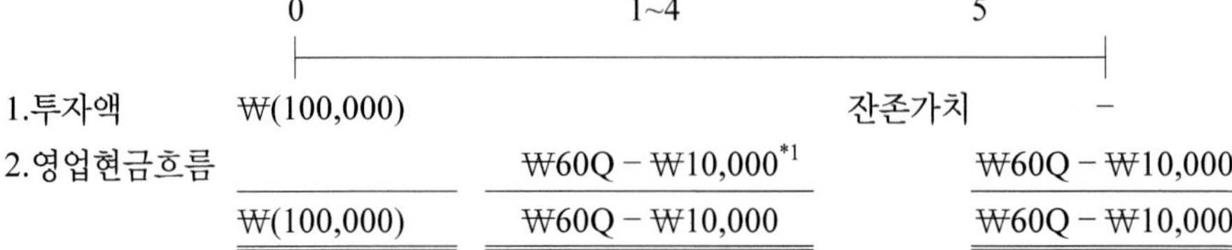

	0	1~4	5
1.투자액	₩(100,000)		잔존가치 −
2.영업현금흐름		₩60Q − ₩10,000[*1]	₩60Q − ₩10,000
	₩(100,000)	₩60Q − ₩10,000	₩60Q − ₩10,000

*1 연간영업현금흐름이므로 감가상각비는 제외한다.

그러므로, (₩60Q − ₩10,000) × 5 − ₩100,000 ≥ 0이므로,

Q ≥ 500이다.

요구사항 2

법인세가 50%인 경우 연간 최소판매량을 구하시오. 단, 할인율과 연금현가계수는 법인세가 없는 경우와 동일하다고 가정한다.

해답

※자료정리

연간 판매량을 Q라 하면,

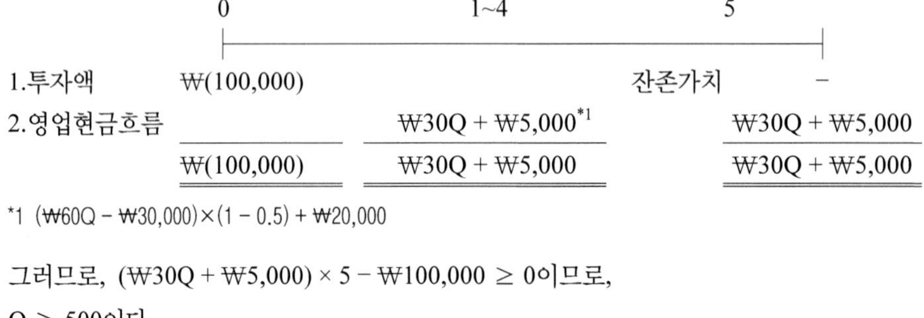

	0	1~4	5
1.투자액	₩(100,000)		잔존가치 −
2.영업현금흐름		₩30Q + ₩5,000[*1]	₩30Q + ₩5,000
	₩(100,000)	₩30Q + ₩5,000	₩30Q + ₩5,000

*1 (₩60Q − ₩30,000) × (1 − 0.5) + ₩20,000

그러므로, (₩30Q + ₩5,000) × 5 − ₩100,000 ≥ 0이므로,

Q ≥ 500이다.

3 비할인모형

화폐의 시간가치를 고려하지 않는 비할인모형으로 회수기간법(Payback period method)과 회계적이익률법(Accounting rate of return method)이 있다. 회수기간법은 투자금액의 회수하는 데에 소요되는 기간을 기준으로 투자안을 평가하는 방법이며, 회계적이익률법은 회계적이익률을 기준으로 투자안을 평가하는 방법이다. 비할인모형은 할인모형에 비하여 화폐의 시간가치를 고려하지 않기 때문에 할인모형에 비하여 정교함은 부족하지만 여러 투자안을 개괄적으로 평가할 경우 많이 사용된다. 또한. 장기의사결정에서 의사결정대상이 현금흐름인 반면에 회계적이익률법의 의사결정대상은 회계적이익이므로 주의를 요한다.

	회수기간법	회계적이익률법
내용	투자액을 회수하는 데 걸리는 기간을 기준으로 평가하는 방법	회계적이익률에 의하여 투자안을 평가하는 방법
방법	"Σ 연간순현금유입액=투자액"인 기간	$\frac{\text{연평균순이익}}{\text{최초(또는 평균)투자액}}$
의사결정	회수기간이 낮은 투자안 선택	회계적이익률이 높은 투자안 선택
장점	• 이해하기 쉬우며 간단 • 투자위험에 대한 안전성 강조	• 이해하기 쉬우며 간단 • 회계자료를 그대로 이용할 수 있음 • 투자수익률과 같은 개념이기 때문에 투자중심점의 평가과 일관성이 있음
단점	• 화폐의 시간가치 미고려 • 회수기간 이후의 현금흐름 무시	• 화폐의 시간가치 미고려 • 회계적이익이 의사결정 대상이므로 발생주의 회계상의 문제점 발생
비고	※확장된 회수기간법 ㉠ 손실회피회수기간법(긴급회수기간법) : 투자대상자산을 중도에 처분할 경우 처분가치를 고려한 회수기간 ㉡ 할인된회수기간법 : 회수기간에 화폐의 시간가치 고려 ㉢ 손익분기기간법 : 경영자의 승인시점을 기준으로 하여 회수기간 계산	-

예제 6 비할인모형

(주)한국은 새로운 기계를 구입하고자 한다. 최초투자액은 ₩50,000이며, 내용연수 5년 후의 잔존가치는 ₩5,000이다. 투자로 인한 매년 영업현금유입액은 다음과 같다.

연도	현금유입액
1	₩15,000
2	18,000
3	20,000
4	10,000
5	17,000
	₩80,000

요구사항 1

위 투자안의 회수기간을 구하시오.

해답

	1차연도	2차연도	3차연도	4차연도	5차연도
연간현금유입액	₩15,000	₩18,000	₩20,000	₩10,000	₩17,000
누적현금유입액	15,000	33,000	53,000	63,000	80,000
최초투자액	(50,000)	(50,000)	(50,000)	(50,000)	(50,000)
미회수액	₩(35,000)	₩(17,000)	₩3,000	₩13,000	₩30,000

그러므로, 회수기간은

$$= 2년 + \frac{미회수액(₩17,000)}{당기\ 현금유입액(₩20,000)}$$

$= 2.85년$

요구사항 2

최초투자액과 평균투자액에 대한 회계적이익률을 구하시오.

해답

(1) 최초투자액기준

① 최초투자액 : ₩50,000

② 연평균회계적이익

"회계적이익 = 순현금흐름 − 감가상각비"이므로, "연평균회계적이익 = 연평균순현금흐름 − 연평균 감가상각비"이다. 따라서, 감가상각방법은 연평균회계적이익에 전혀 영향을 미치지 않는다.

연도	영업현금유입액		감가상각비		회계적이익
1	₩15,000		?		?
2	18,000		?		?
3	20,000		?		?
4	10,000		?		?
5	17,000		?		?
합계	₩80,000	−	₩45,000	=	₩35,000
	÷5년		÷5년		÷5년
	₩16,000	−	₩9,000	=	₩7,000

그러므로, 회계적이익률은 ₩7,000 ÷ ₩50,000 = 14%이다.

(2) 평균투자액기준

① 평균투자액 : (₩50,000 + ₩5,000) ÷ 2 = ₩27,500

② 연평균회계적이익

"회계적이익 = 순현금흐름 − 감가상각비"이므로, "연평균회계적이익 = 연평균순현금흐름 − 연평균 감가상각비"이다. 따라서, 감가상각방법은 연평균회계적이익에 전혀 영향을 미치지 않는다.

연도	영업현금유입액		감가상각비		회계적이익
1	₩15,000		?		?
2	18,000		?		?
3	20,000		?		?
4	10,000		?		?
5	17,000		?		?
합계	₩80,000	−	₩45,000	=	₩35,000
	÷5년		÷5년		÷5년
	₩16,000	−	₩9,000	=	₩7,000

그러므로, 회계적이익률은 ₩7,000 ÷ ₩27,500 = 25.5%이다.

4 수익성지수법

수익성지수법(Profitability index method)은 한정된 자원하에서 투자효율성이 높은 투자안을 선택하는 방법이다. 독립적인 투자안의 수익성지수는 1보다 커야하며 상호배타적인 투자안의 경우 수익성지수가 높은 투자안을 선택한다.

$$\text{수익성지수} = \frac{\text{현금유입액의 현재가치}}{\text{현금유출액의 현재가치}}$$

1. 장점

① 모든 현금흐름을 고려한다.
② 화폐의 시간가치를 고려한다.
③ 자본제약이 있는 경우 합리적인 투자안 선택이 가능하다.

예제 7 순현재가치법과 수익성지수법

다음은 (주)한국의 투자안들이다. 이 투자안의 투자기간은 1년이며 할인율은 6%로 가정한다. 단, 할인율 6%에 대한 1년의 현가계수는 0.9이다.

투자안	투자금액	1년후 현금유입액
A	₩100	₩100
B	150	200
C	200	300

요구사항

각 투자안의 순현재가치와 수익성지수를 구하시오.

해답

(1) 미래현금흐름의 현재가치

A : ₩100 × 0.9 = ₩90
B : ₩200 × 0.9 = ₩180
C : ₩300 × 0.9 = ₩270

(2) 순현재가치

A : ₩90 − ₩100 = ₩(10)

B : ₩180 − ₩150 = ₩30

C : ₩270 − ₩200 = ₩70

(3) 수익성지수

A : ₩90 ÷ ₩100 = 0.9

B : ₩180 ÷ ₩150 = 1.2

C : ₩270 ÷ ₩200 = 1.35

---

2. 단점

① 가치합산원칙이 적용되지 않는다.

② 상대적 수익성으로 평가하기 때문에 기업가치의 순증가분은 보여주지 못한다.

5 인플레이션하의 자본예산

화폐의 시간가치를 고려하기 위한 할인율은 자본조달에 대한 자본비용인 자기자본비용과 타인자본비용이다. 만약, 인플레이션이 예상될 경우 할인율에 인플레이션을 추가로 반영하여야 한다.

1. 기본개념

1) 명목화폐가치와 실질화폐가치

① 명목화폐가치 : 미래 예상현금흐름으로 구매력의 조정이 이루어지지 않은 금액

② 실질화폐가치 : 미래 예상현금흐름으로 구매력의 조정이 이루어진 금액

$$\text{명목화폐가치} = \text{실질화폐가치} \times (1 + \text{물가상승률})^n$$

단, n = 기간

※ 감가상각비는 유형자산에 대한 투자시점에서의 투자액을 기준으로 계산되므로 감가상각비의 감세효과는 해당연도의 명목화폐가치로 측정된다.

2) 명목할인률과 실질할인률

① 명목할인률 : 물가상승률이 고려된 할인률

② 실질할인률 : 물가상승률이 고려되지 않은 할인율

(1 + 명목할인률) = (1 + 실질할인률) × (1 + 물가상승률)

2. 접근방법

인플레이션을 고려하는 경우 명목접근법과 실질접근법이 있으며, 양자의 결과는 항상 동일하여야 한다.

① 명목접근법 : 명목화폐가치로 측정된 현금흐름을 명목할인률로 할인

② 실질접근법 : 실질화폐가치로 측정된 현금흐름을 실질할인률로 할인

예제 8 물가상승을 고려한 순현재가치법

(주)한국은 하이패스 단말기를 제조하는 회사이다. 최근 신형모델을 생산하기 위한 새로운 기계장치를 도입하고자 한다. 이 기계의 취득원가는 ₩9,000이고 잔존가치는 없으며, 재고자산이 ₩300, 수취채권이 ₩200 증가할 것으로 예상하고 있다.

또한, 새로운 단말기가 생산·판매된다면 향후 3년간 추가적인 매출액과 관련 비용은 다음과 같다.

매출액	500단위 × ₩100 =	₩50,000	
변동비	500단위 × ₩30 =	(15,000)	
공헌이익		₩35,000	
고정비		(23,000)	(감가상각비 ₩3,000포함)
영업이익		₩12,000	
법인세(40%)	₩12,000 × 0.4 =	(4,800)	
세후영업이익		₩7,200	

기계에 대한 내용연수는 3년이며 감가상각방법은 정액법을 적용한다. 회사의 최저필수수익률은 10%(실질이자율)이다.

요구사항

연간 물가상승률이 10%이고 기계의 처분가치가 ₩800일 경우 위 투자안에 대한 순현재가치를 구하시오. 단, 10%의 할인율에 대한 현가계수는 다음과 같다.

현가계수(3년) : 0.7513
연금현가계수 : 2.4869

해답

※자료정리

	투자시점	투자기간		투자종료
1. 투자액	₩(9,000)		처분가치	₩480[*2]
2. 운전자본	(500)		회수액	500
3. 영업현금흐름		₩10,200[*1]		
	₩(9,500)	₩10,200		₩980

*1 세후영업이익(₩7,200) + 감가상각비(₩3,000)
*2 처분가치(₩800)-처분이익에 대한 법인세 효과(₩800 x 0.4)

(1) 실질접근법

	0	1	2	3	
투자액	₩(9,000)			₩480	(처분가치)
영업현금흐름					
세후영업현금흐름		₩9,000	₩9,000	9,000	
감가상각비		1,200[*1]	1,200	1,200	
감세효과		$(1+0.1)$	$(1+0.1)^2$	$(1+0.1)^3$	
운전자본투자액	(500)			500	(회수액)
합 계	₩(9,500)	₩10,091	₩9,992	₩10,882	

*1 명목현금흐름인 감가상각비 감세효과를 실질현금으로 바꿔야 한다.

그러므로, NPV는 다음과 같다.

$$\frac{₩10{,}091}{(1+0.1)} + \frac{₩9{,}992}{(1+0.1)^2} + \frac{₩10{,}882}{(1+0.1)^3} - ₩9{,}500 = ₩16{,}107$$

(2) 명목접근법

	0	1	2	3	
투자액	₩(9,000)			₩480 × $(1+0.1)^{3*1}$	처분가치
영업현금흐름					
세후영업현금흐름		₩9,000 × $(1+0.1)^{*1}$	₩9,000 × $(1+0.1)^2$	9,000 × $(1+0.1)^3$	
감가상각비 감세효과		1,200	1,200	1,200	
운전자본투자액	(500)			500 × $(1+0.1)^{3*1}$	회수액
합 계	₩(9,500)	₩11,100	₩12,090	₩14,483	

*1 실질현금흐름을 명목현금흐름으로 바꿔야 한다.

그러므로, NPV는 다음과 같다.

※ 명목이자율 = (1 + 0.1) × (1 + 0.1) − 1 = 0.21

$$\frac{₩11,100}{(1+0.21)} + \frac{₩12,090}{(1+0.21)^2} + \frac{₩14,483}{(1+0.21)^3} - ₩9,500 = ₩16,107$$

객관식 문제

1. 다음은 투자안에 대한 최저필수수익률에 대한 설명이다. 틀린 것은? 1989 세무사

   ① 투자에 대한 기회비용과 같은 개념이다.

   ② 투자에 대한 위험이 높을수록 최저필수수익률도 높아진다.

   ③ 투자자금에 대한 자본비용과 같다.

   ④ 차선의 투자안에 대한 내부수익률과 같다.

   ⑤ 물가상승시에는 최저필수수익률도 높아진다.

2. (주)한국은 현재 자본비용 이상의 투자수익률을 제공해 주는 여러 개의 투자기회를 가지고 있다. 그러나 회사는 한정된 자본을 가지고 있으며, 투자안들은 분할할 수 없다. 만약, 회사가 한정된 자본을 투자하여 최대의 수익을 얻고자 한다면 다음 중 어떤 투자조합을 선택하여야 하는가?

   ① 순현재가치가 높은 순서로 하여 한정된 자본으로 충당할 수 있는 모든 투자조합

   ② 회계적이익율의 합계를 최대화 시키는 투자조합

   ③ 회수기간의 합을 최소화시키는 투자조합

   ④ 내부수익률의 합을 최대화 시키는 투자조합

   ⑤ 정답없음

3. 투자안 평가방법에는 여러 가지 방법이 있다. 회수기간법을 사용할 경우 반드시 알고 있어야 할 요소가 아닌 것은?

   ① 투자액　　② 잔존가치　　③ 이자율

   ④ 연간 현금유입액　　⑤ 정답 없음

4. 다음 자료에 의하여 첫해의 평균장부가액에 의한 회계적이익률(ARR)을 계산하시오.

1990 세무사

(1) 비영리법인이다.
(2) 세후 현금유입액은 ₩650,000이다.
(3) 최초 투자액은 ₩2,000,000이고 잔존가치는 ₩0이며 정액법으로 상각하고 내용연수는 5년이다.

① 13.88% ② 37.5% ③ 12.5%
④ 25% ⑤ 20%

5. 미래대학 학생회에서는 현재 복사비용으로 외부에 장당 ₩40씩 지불하고 있는데, 복사비용 절감을 위해 ₩5,000,000인 복사기의 구입을 고려하고 있다. 이 복사기는 2년간 사용한 후 ₩660,000에 재판매할 수 있다. 종이가격은 장당 ₩10이며 100장 복사에 10장이 낭비된다. 복사기 유지비는 연간 ₩150,000이며 그 이외 복사비관련 비용은 없다. 편의상 올해의 현금흐름은 할인하지 않고 내년도의 현금흐름을 할인율 10%로 할인한다. 매년 복사하여야 할 수량이 100,000장일 경우, 복사기를 구입하여 사용하는 것이 2년간 복사비용을 지불하는 것에 비하여 순현재가치(NPV)의 측면에서 볼 때 얼마나 절감되는가? 1996 회계사

① ₩500,000 ② ₩750,000 ③ ₩850,000
④ ₩1,000,000 ⑤ ₩1,160,000

6. (주)서울은 신기계를 구입하여 구기계와 대체하려고 한다. 다음은 구기계와 신기계관련 자료이다.

	구기계	신기계
취득원가	?	₩90,000
현재 장부가액	₩50,000	₩90,000
잔존내용연수	5년	5년
잔존가치	₩0	₩0
현재 처분가치	₩5,000	₩90,000
5년후 처분가치	₩0	₩0
연간 현금지출비용	₩125,000	₩100,000

화폐의 시간가치와 법인세를 무시할 때, 신기계를 구입하여 구기계를 대체하는 경우에 5년간 증분현금흐름을 구하시오.

① ₩35,000 증가 ② ₩40,000 증가 ③ ₩45,000 감소
④ ₩50,000 증가 ⑤ ₩60,000 감소

7. (주)한국은 신제품 개발을 위한 기계를 구입하고자 한다. 다음의 자료를 참조하여 매년의 순현금유입액을 구하시오.?

- 신기계 구입원가 ₩4,000,000
- 추정 내용연수 8년
- 추정 잔존가액 구입원가의 10%
- 매년 예상되는 증분수익 ₩4,500,000
- 매년 예상되는 증분원가(감가상각비 제외) ₩2,650,000
- 감가상각방법은 정액법을 사용하고 법인세율은 40%이다.
- 감가상각비 이외의 모든 수익과 비용은 현금으로 거래된다.
- 할인율은 10%를 적용한다.

① ₩840,000 ② ₩450,000 ③ ₩1,850,000
④ ₩1,290,000 ⑤ ₩1,110,000

8. 다음 중 자본예산을 위해 사용되는 순현가법(NPV)과 내부수익률(IRR)에 대한 설명으로 옳은 것은? 2004 세무사

① 내부수익률법은 복리계산을 하지 않으므로 순현가법보다 열등하다.
② 특정 투자안의 수락 타당성에 대해 두 방법은 일반적으로 다른 결론을 제공한다.
③ 내부수익률법은 현금이 할인율이 아닌, 내부수익률에 의해 재투자된다고 가정한다.
④ 내부수익률법은 순현가법과 달리, 여러 가지 수준의 요구수익률을 사용하여 분석할 수 있으므로 더 우수하다.
⑤ 순현가법은 분석 시점에 초기 투자액이 없는 경우에는 사용할 수 없다.

정답 및 해설

1. 정답 ④

기본 최저필수수익률의 기본개념

- 내부수익률법은 내부수익률과 투자액의 자본비용과의 비교를 통하여 최적대안을 선택하는 기법으로 옳지 않은 표현이다.

2. 정답 ①

기본 투자의사결정기법의 기본개념

- 순현재가치가 높은 순서로 한정된 자본을 투자하면 가장 큰 현금흐름을 얻을 수 있다.

3. 정답 ③

기본 회수기간법의 기본개념

- 회수기간법은 화폐의 시간가치를 고려하지 않는 기법이므로 이자율은 고려할 필요가 없다.

4. 정답 ①

기본 회계적이익률법★

(1) 연평균 순이익 : ₩650,000 − ₩2,000,000÷5 = ₩250,000

(2) 평균 투자액 : (₩2,000,000 + ₩1,600,000)÷2 = ₩1,800,000

(3) 회계적 이익률 : ₩250,000÷₩1,800,000 = 13.88%

5. 정답 ③

기본 NPV법★

	CF0	CF1	CF2
설비투자	₩(5,000,000)	−	₩660,000
영업현금흐름		₩2,750,000[*1]	2,750,000
할인율			÷(1 + 0.1)
현재가치	₩(5,000,000)	₩2,750,000	₩3,100,000

*1 100장 복사에 10장이 낭비되므로 종이가격은 ₩10 + ₩1=₩11이다.
(₩40−₩11)×100,000장−₩150,000 = ₩2,750,000

그러므로, 순현재가치는 ₩2,750,000 + ₩3,100,000 − ₩5,000,000 = ₩850,000이다.

6. 정답 ②

중급 NPV법★

	CF0	CF1~CF4	CF5
설비투자	₩(85,000)[*1]	−	−
연간현금절감액		₩25,000[*2]×4년 = ₩100,000	₩25,000
현재가치	₩(85,000)	₩100,000	₩25,000

*1 신기계 취득(₩90,000)−구기계 처분(₩5,000)

*2 구기계 현금지출비용(₩125,000)−신기계 현금지출비용(₩100,000)

그러므로, ₩100,000 + ₩25,000 − ₩85,000 = ₩40,000 증가

7. 정답 ④

중급 기본 현금흐름계산★

(1) 세후 영업현금흐름
(₩4,500,000 − 2,650,000) × (1 − 0.4) = ₩1,110,000

(2) 감가상각비 감세효과
[(₩4,000,000 × 90%) ÷ 8년] × 0.4 = ₩180,000

그러므로, ₩1,110,000 + ₩180,000 = ₩1,290,000이다.

8. 정답 ③

기본 NPV법과 IRR법의 비교★

① 내부수익률법은 복리계산한다.

② 특정 투자안의 수락 타당성에 대해 두 방법은 일반적으로 같은 결론을 제공하며, 여러 가지 대안을 비교할 경우 두 방법은 서로 다른 결론을 내릴 수 있다.

④ 내부수익률은 투자안에 대한 연평균순이익을 의미하며 투자액에 대한 자본비용과 비교하여 투자안을 선택한다.

⑤ 순현가법은 분석 시점에 초기 투자액이 없는 경우에도 사용할 수 있다.

주관식 문제

문제 1 설비취득 최대지불가능금액

다음을 읽고 물음에 답하시오.

(주)한국은 단일제품을 생산 · 판매하는 회사이다. 회사는 매년 12,000단위를 생산 · 판매하고 있다. 회사의 최대생산능력은 10,000단위로서 부족한 수량은 외부에서 구입하여 판매하고 있다. 자가제조의 경우 현금비용은 단위당 ₩20이고 외부구입의 경우 단위당 구입가격은 ₩50이다. 회사는 연간 12,000단위의 제품을 생산할 수 있는 신기계를 구입하고자 한다. 이 신기계를 사용하면 현재 자가제조에 비하여 단위당 ₩5의 가공비를 절감할 수 있다. 신기계의 내용연수는 5년으로 추정되며 잔존가치는 없다. 또한, 회사의 세후 최저필수수익률은 15%이며 현가요소는 다음과 같다.

(n = 5)	현가계수	연금의 현가계수
15%	0.4972	3.3522

물음

회사가 신기계 취득에 대하여 지불할 수 있는 최대금액을 구하시오. 단, 법인세율은 40%이며, 감가상각방법은 정액상각법을 사용한다.

해 답

물음

(1) 신기계 대체시 세후 증분영업현금흐름

구기계 사용시 연간 현금지출액		
자가제조(10,000단위 × ₩20)	₩200,000	–
외부구입(2,000단위 × ₩50)	100,000	₩300,000
신기계 사용시 연간 현금지출액		
자가제조(12,000단위 × ₩15)		(180,000)
신기계 사용시 연간 현금절약액		₩120,000
법인세(40%)		(48,000)
세후 영업현금흐름		₩72,000

(2) 신기계의 감가상각비 감세효과

신기계 구입가격을 P라 하고 내용연수 5년가 정액법 상각을 가정하면,

매년 감가상각비 감세효과 = (P ÷ 5) × 0.4

따라서, 신기계의 구입금액는 신기계 취득시 증분현금흐름만큼 지불할 수 있으므로 다음과 같다.

P = ₩72,000 × 3.3522 + (P ÷ 5) × 0.4 × 3.3522

= ₩329,769.6

문제 2 설비대체 의사결정(I)

KICPA 1994

다음을 읽고 물음에 답하시오.

(주)한국은 1년 전 ₩2,500,000에 기계를 취득하였다. 기계의 잔존가치는 ₩100,000이고, 정액법으로 감가상각한다. 현재 기계의 잔존연수는 5년이며, 지금 기계를 처분하면 ₩1,900,000을 받을 수 있다. (주)한국은 구기계를 자동화시설을 갖춘 새로운 기계로 대체할 것을 고려하고 있는데, 기계를 취득하는 데는 ₩2,000,000이 소요되고 신기계의 잔존가치는 ₩200,000이다. 내용연수는 5년이며, 연수합계법에 의해 감가상각한다. 신기계 대체로 인하여 연간 현금영업비용이 ₩300,000에서 ₩100,000으로 감소된다. 회사의 법인세율은 30%이고, 자본비용은 14%이며, 14%에 대한 연도별 현가계수와 연금현가계수는 다음과 같다.

기 간	현가계수	연금의 현가계수
1	0.877	0.877
2	0.769	1.647
3	0.675	2.322
4	0.592	2.914
5	0.519	3.433

물음

신기계 대체로 인한 순현재가치를 구하시오.

해 답

물음

(1) 감가상각비 감세효과

	1	2	3	4	5
신기계 감가상각비	₩600,000*1	₩480,000	₩360,000	₩240,000	₩120,000
구기계 감가상각비	400,000*2	400,000	400,000	400,000	400,000
증감액	₩200,000	₩80,000	₩(40,000)	₩(160,000)	₩(280,000)
세 율	× 0.3	× 0.3	× 0.3	× 0.3	× 0.3
감세효과	₩60,000	₩24,000	₩(12,000)	₩(48,000)	₩(84,000)

*1 (₩2,000,000 - ₩200,000) × (5 ÷ 15)
*2 (₩2,500,000 - ₩100,000) ÷ 6

그러므로, 감세효과의 현재가치는 다음과 같다.
₩60,000 × 0.877 + ₩24,000 × 0.769 − ₩12,000 × 0.675 − ₩48,000 × 0.592 − ₩84,000 × 0.519
= ₩(9,036)

(2) 투자시점별 현금흐름

	0	1	2	3	4	5
영업활동으로 인한 현금흐름						
세후영업현금흐름		140,000*1	140,000	140,000	140,000	140,000
감가상각비 감세효과		60,000	24,000	(12,000)	(48,000)	(84,000)
신기계 취득	(2,000,000)					
구기계 처분	1,960,000*2					
신기계 처분						100,000*3

*1 영업비용 절감액(₩200,000) × 0.7
*2 처분가액(₩1,900,000) + 처분손실(₩2,100,000 - ₩1,900,000) × 0.3
*3 신기계 처분가치(₩200,000) - 구기계 처분가치(₩100,000)

(3) 순현재가치

NPV = ₩140,000 × 3.433 − ₩9,036 + ₩100,000 × 0.519 + ₩1,960,000 − ₩2,000,000
= ₩483,484

NPV가 ₩483,484이므로 설비를 대체한다.

설비대체 의사결정(II)

㈜한국은 현재 사용하는 구기계를 신기계로 대체하고자 한다. ㈜한국이 현재 사용하고 있는 기계는 3년 전에 ₩250,000으로 구입한 것으로서 당기 말 현재의 장부가액은 ₩156,250이다. 이 기계의 잔존내용연수는 5년이며, 5년 후의 잔존가치는 ₩0으로 추정된다. 이 기계를 계속사용하는 경우 현재시점을 기준으로 제3차년도 말에 큰 수리가 필요하며, 수리비용은 ₩50,000으로 예상된다. 그리고 구기계의 현재 처분가치는 ₩60,000이다.

한편, ㈜한국에서 신기계의 구입을 고려하고 있으며 구입대금은 ₩450,000, 설치비용은 ₩50,000으로 예상되며 내용연수는 5년, 5년 후의 잔존가치는 ₩20,000으로 추정된다.

신기계를 사용할 경우 앞으로 5년간 매년 직접노무원가와 전력원가를 예상액의 25%씩 절약할 수 있다.

다음은 ㈜한국이 구기계를 계속 사용할 경우 당기말에 추정한 향후 5년간의 직접노무원가와 전력원가 예상액이다.

	제1년도	제2년도	제3년도	제4년도	제5년도
직접노무원가	₩300,000	₩350,000	₩400,000	₩450,000	₩500,000
전력원가	150,000	170,000	190,000	210,000	230,000

㈜한국은 구기계를 정액법으로 감가상각을 해왔고, 신기계에 대해서는 연수합계법으로 감가상각을 할 예정이다.

㈜한국은 투자의사결정의 법인세차감 후 최저필수수익률을 12%로 설정하고 있으며, 할인율이 12%일 때의 현가요소에 관한 자료는 다음과 같다.

기간	₩1의 현가	₩1의 연금현가
1	0.89	0.89
2	0.80	1.69
3	0.71	2.40
4	0.64	3.04
5	0.57	3.61

㈜한국에 적용되는 법인세율은 40%이다.

물음 1

신기계 사용에 필요한 투자액을 계산하시오.

물음 2

신기계 사용에 따른 법인세차감 후 증분현금흐름의 총현가를 계산하시오.

물음 3

신기계 투자안의 순현가를 계산하시오.

해 답

※ 자료정리

(1) 투자금액

구입대금 + 설치비용

= ₩450,000 + ₩50,000

= ₩500,000

(2) 구기계 처분금액

구기계처분금액 + 처분손실 세금효과

= ₩60,000 + (₩156,250 − ₩60,000) × 0.4

= ₩98,500

(3) 현금운영비용절감

직접노무원가와 전력원가의 25%, 제3년도 말의 수리비용을 절감할 수 있다.

	제1년도	제2년도	제3년도	제4년도	제5년도
노무 및 전력	₩112,500	₩130,000	₩147,500	₩165,000	₩182,500
수리비용	−	−	50,000	−	−
합계	₩112,500	₩130,000	₩197,500	₩165,000	₩182,500
세금	(×)(1 − 0.4)	(×)(1 − 0.4)	(×)(1 − 0.4)	(×)(1 − 0.4)	(×)(1 − 0.4)
세후절감액	₩67,500	₩78,000	₩118,500	₩99,000	₩109,500

(4) 감가상각비 감세효과

- 신기계 취득가액 : ₩450,000 + ₩50,000 = ₩500,000
- 신기계 감가상각대상금액 : ₩500,000 − ₩20,000 = ₩480,000
- 신기계 첫해 감가상각비 : $₩480,000 \times \frac{5}{5+4+3+2+1} = ₩160,000$

		제1년도	제2년도	제3년도	제4년도	제5년도
구기계		₩31,250	₩31,250	₩31,250	₩31,250	₩31,250
신기계		160,000	128,000	96,000	64,000	32,000
증가		₩128,750	₩96,750	₩64,750	₩32,750	₩750
세금	(×)	40%	40%	40%	40%	40%
세금효과		₩51,500	₩38,700	₩25,900	₩13,100	₩300

(5) 잔존가치

	제5년도
구기계	₩0
신기계	20,000
증가	₩20,000

물음 1 투자금액

	투자시점
신기계 취득금액	₩500,000
구기계 처분금액	98,500
투자금액	₩401,500

물음 2 법인세 차감 후 증분현금흐름

		제1년도	제2년도	제3년도	제4년도	제5년도
운영비용절감		₩67,500	₩78,000	₩118,500	₩99,000	₩109,500
감가상각비절세		51,500	38,700	25,900	13,100	300
처분금액		–	–	–	–	20,000
소계		₩119,000	₩116,700	₩144,400	₩112,100	₩129,800
현가요소	(×)	0.89	0.80	0.71	0.64	0.57
현재가치		₩105,910	₩93,360	₩102,524	₩71,744	₩73,986

물음 3 투자안의 순현가

₩105,910 + ₩93,360 + ₩102,524 + ₩71,744 + ₩73,986 − ₩401,500

= ₩46,024

제 14 장

종합예산

원가관리회계

1. 서론

① 의의

예산(Budget)이란 기업의 공식적인 행동계획을 화폐단위로 표시한 것을 말하며, 종합예산(Master Budget)이란 조직 전체를 대상으로 편성하는 예산이다. 종합예산은 단위조직 사이에 존재하는 상호관계를 고려하여 편성하기 때문에 특정한 부문이 독자적으로 진행되어서는 안 되며, 여러 부문의 책임자들의 상호조정에 의하여 편성하여야 한다.

② 종합예산의 목적

1. 계획의 수립

공식적인 예산편성 절차는 조직구성원에게 미래의 계획과 운영절차를 수립하도록 요구할 수 있다.

2. 행동지침의 제공

예산 설정은 서로 다른 기능을 수행하는 중간관리자들에게 자신들이 수행하여야 할 행동지침으로서의 역할을 한다.

3. 의사소통의 조정과 촉진

예산을 편성함으로써 다양한 기능을 가진 관리자 사이에 계획이 상호 공유될 수 있으며 조정할 수도 있게 된다.

4. 성과평가기준의 제공

직원들이 예산편성에 참여하고 그것을 행동지침으로 수용한 이상 직원들은 예산에 대하여 책임을 져야 한다. 예산과 실적과 일치하지 않을 경우에는 관리자는 그 차이의 원인을 분석하여야 하며, 이것은 예외에 의한 관리(Management by Exception)를 가능하게 한다.

2. 종합예산의 편성

❶ 제품원가계산과 예산편성과의 관계

예산편성은 수요예측으로부터 시작되기 때문에 제품원가계산절차와는 반대로 이루어 진다.

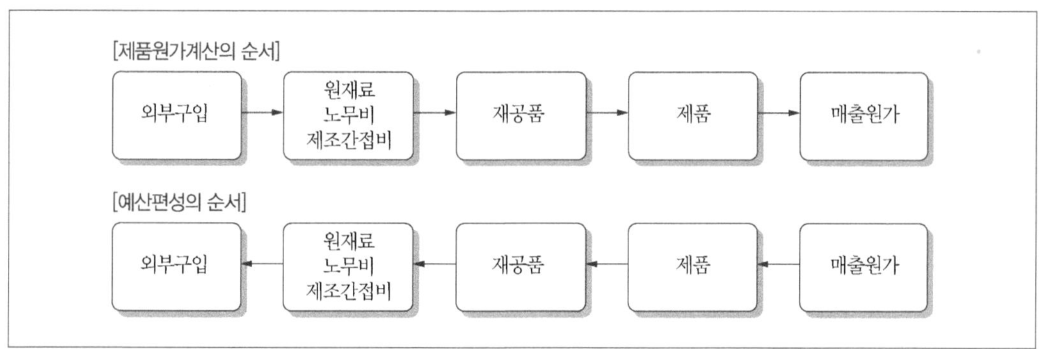

❷ 절차

종합예산은 예산기간의 수요예측을 기초로 하여 다음의 과정을 통해서 예산 재무제표 작성으로 완성된다.

1. 당기의 판매예산수립
2. 판매예산에 근거한 생산량(제조)예산수립
3. 당기 생산량에 근거한 제조원가예산수립
   ① 원재료 구매예산수립
   ② 직접노무비예산수립
   ③ 제조간접비예산수립
4. 매출원가예산수립
5. 판매비와 일반관리비예산수립
6. 예산손익계산서작성
7. 현금예산수립
8. 예산재무상태표작성

[그림 14-1] 예산편성의 기초

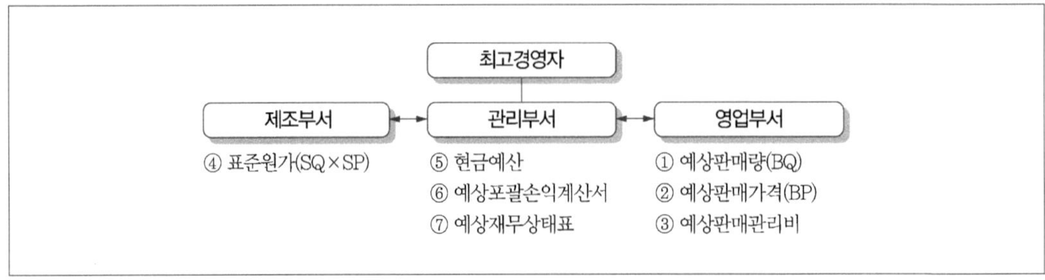

[그림 14-2] 예산편성의 절차

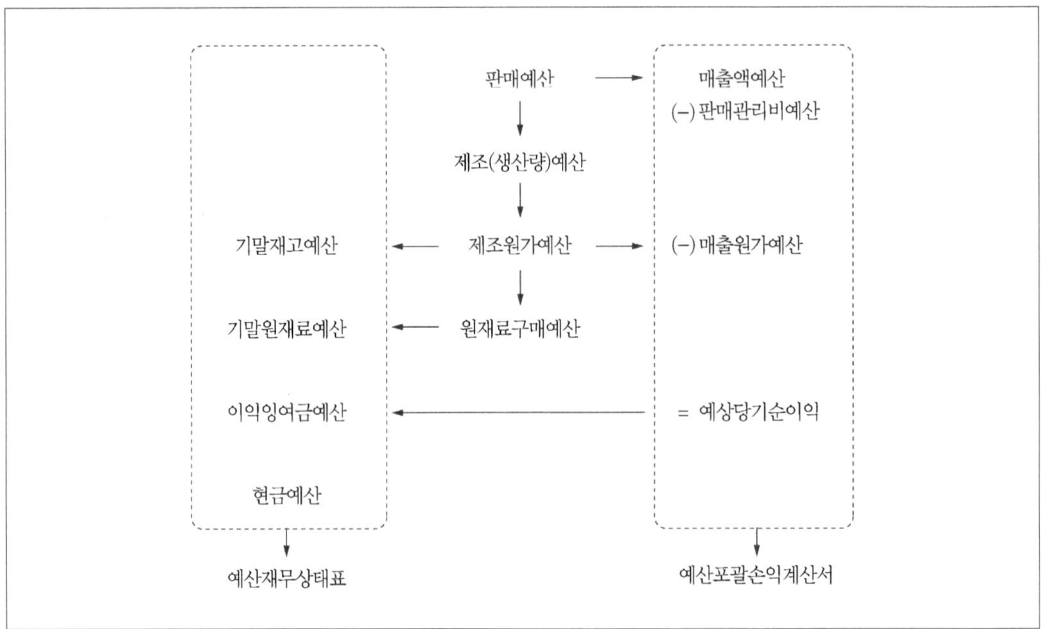

예제 1 종합예산

(주)한국은 단일제품을 대량생산하고 있으며 20×1년 1월의 예산을 설정하고자 한다. 관련자료는 다음과 같다.

(1) 기초재무상태표

재무상태표

(주)한국			20×1년 1월 1일	
자산			부채	
현금		₩3,500	매입채무	₩18,000
매출채권		24,000	차입금	50,000
원재료	: 500kg × ₩25 =	12,500	자본	
제품	: 100단위 × ₩90 =	9,000	자본금	100,000
유형자산		250,000	자본잉여금	50,000
감가상각누계액		(30,000)	미처분이익잉여금	51,000
		₩269,000		₩269,000

(2) 제품에 대한 표준원가 및 예산판매관리비

	표준수량(SQ)	표준가격(SP)	표준원가
직접재료비	2kg	₩25/kg	₩50/단위
직접노무비	3h	5/h	15
변동제조간접비	3h	3/h	9
고정제조간접비	3h	2/h	6
제품 단위당 표준원가			₩80/단위
단위당 예산판매가격	₩100		
단위당 예산변동판매관리비	3		
고정제조간접비	9,000	(감가상각비 2,000포함)	
고정판매관리비	1,000	(감가상각비 500포함)	

(3) 제품의 단위당 판매가격은 ₩100이며, 1/4분기 판매예산은 다음과 같다.

	1월	2월	3월
판매수량	900단위	1,000단위	1,200단위

(4) 매월 말 재고보유수준은 다음과 같다.

제품 재고 : 다음 달 예상판매량의 20%
재공품 재고 : 없음
원재료 재고 : 다음 달 예상사용량의 30%

(5) 모든 매출 · 매입은 외상으로 이루어지며, 매출채권은 판매한 달에 70%, 다음 달에 30%가 회수되고, 매입채무는 매입한 달에 60%, 다음 달에 40%가 지급된다. 기타 비용은 감가상각비를 제외하고 모두 발생한 달에 지급된다.

(6) 회사는 재고자산가액을 결정하기 위한 원가흐름은 선입선출법으로 가정한다.

요구사항 1

1월의 판매예산을 설정하시오.

해답

	1월
예상판매량	900단위
단위당 판매가격	× ₩100
	₩90,000

요구사항 2

1월의 생산량예산(제조예산)을 설정하시오.

해답

	1월	2월	3월
예상판매량	900단위	1,000단위	1,200단위
+ 월말제품재고량	200[*1]	240	
계	1,100단위	1,240단위	
− 월초제품재고량	(100)	(200)	
목표생산량	1,000단위	1,040단위	

*1 2월 예상판매량(1,000단위)×20%

요구사항 3

1월의 제조원가예산을 설정하시오.

해답

	1월		
직접재료비	1,000단위 × ₩50=		₩50,000
직접노무비	1,000단위 × ₩15 =		15,000
제조간접비			
변동제조간접비	1,000단위 × ₩9 =	₩9,000	
고정제조간접비		9,000	18,000
			₩83,000

요구사항 4

1월의 매출원가예산을 설정하시오.

해답

1월		
월초제품재고액	100단위 × ₩90 =	₩9,000
당기제품제조원가		83,000
		92,000
월말제품재고액[*1]	₩83,000 × (200단위 ÷ 1,000단위) =	(16,600)
매출원가		₩75,400

*1 선입선출법이므로 월말재고량은 당월생산량 중 미판매분이다.

요구사항 5

1월의 판매관리비예산을 설정하시오.

해답

1월		
변동판매관리비	900단위 × ₩3 =	₩2,700
고정판매관리비		1,000
		₩3,700

요구사항 6

1월의 예산포괄손익계산서를 설정하시오.

해답

1월	
매출액	₩90,000
매출원가	(75,400)
매출총이익	₩14,600
판매관리비	(3,700)
영업이익	₩10,900

요구사항 7

현금예산을 설정하시오.

해답

(1) 현금유입

매출채권회수액은 당월매출액의 70%와 전월매출액의 30%이다. 또한, 전월미회수액은 당월초 매출채권이므로, 당월회수액은 ₩90,000 × 70% + ₩24,000 = ₩87,000이다.

(2) 현금유출

• 원재료 구입에 대한 매입채무 지급액

매입채무지급액은 당월매입액의 60%와 전월매입액의 40%이다. 또한, 전월미지급액은 당월초 매입채무이므로, 당월지급액은 ₩53,100[*1] × 60% + ₩18,000 = ₩49,860이다.

*1

	원재료(1월)
예상사용량	2,000kg
+ 월말원재료재고량	624[*2]
계	2,624kg
− 월초원재료재고량	(500)
목표생산량	2,124kg

*2 2월 예상사용량(1,040단위×2kg)×30%

그러므로, 당월 매입액은 2,124kg×₩25 = ₩53,100이다.

• 당월 노무비 지급액

1,000단위 × ₩15 = ₩15,000

• 당월 제조간접비 지급액

1,000단위 × ₩9 + (₩9,000 − ₩2,000[*1]) = ₩16,000

*1 감가상각비는 비현금유출비용이므로 차감하여야 한다.

• 당월 판매관리비 지급액

900단위 × ₩3 + (₩1,000 − ₩500[*1]) = ₩3,200

*1 감가상각비는 비현금유출비용이므로 차감하여야 한다.

		1월
월초현금		₩3,500
현금유입		87,000
계		₩90,500
현금유출	₩49,860 + ₩15,000 + ₩16,000 + ₩3,200 =	(84,060)
월말현금		₩6,440

요구사항 8

1월 자본변동표를 설정하시오.

해답

20×1년 1월 1일부터 20×1년 1월 31일까지

구분	납입자본	이익잉여금	합계
20×1년 1월 1일	₩150,000	₩51,000	₩201,000
총포괄손익		10,900	10,900
20×1년 1월 31일	₩150,000	₩61,900	₩211,900

요구사항 9

1월말 예산재무상태표를 설정하시오.

해답

(주)한국 재무상태표 20×1년 1월 31일

자산		부채	
현금*1	₩6,440	매입채무*6	₩21,240
매출채권*2	27,000	차입금	50,000
원재료*3	15,600	자본	
제품*4	16,600	자본금	100,000
유형자산	250,000	자본잉여금	50,000
감가상각누계액*5	(32,500)	미처분이익잉여금*7	61,900
	₩283,140		₩283,140

*1 현금예산참고
*2 당월매출액(₩90,000)×30%
*3 2월 사용량(1,040단위×2kg×₩25/kg)×30%
*4 당기제품제조원가(₩83,000)×(200단위÷1,000단위)
*5 기초(₩30,000) + 당기감가상각비(₩2,000 + ₩500)
*6 당월구입액(₩53,100)×40%
*7 기초미처분이익잉여금(₩51,000) + 당기영업이익(₩10,900)

객관식 문제

1. 서울회사는 제품단위당 4g의 재료를 사용한다. 재료 1g당 가격은 ₩0.8이며, 다음 분기 재료 사용량의 25%를 분기말 재고로 유지한다. 분기별 생산량은 다음과 같다. 1분기의 재료 구입액은 얼마인가? **2005 세무사**

	1분기	2분기
실제생산량(=목표생산량)	24,000단위	35,000단위

① ₩84,500 ② ₩85,600 ③ ₩86,400
④ ₩87,200 ⑤ ₩88,800

2. 경기공업사는 주요 원재료 A를 사용하여 제품 R을 생산 · 판매하고 있다. 제품 R 한 단위를 생산하는 데는 원재료 A가 2kg이 소요되며 kg당 구입가격은 ₩20이다. 20×1년 이 회사의 분기별 예상 판매량과 20×1년 기초재고자산은 다음과 같다.

(1) 분기별 예상판매량

분기	판매량
1사분기	4,000단위
2사분기	5,000
3사분기	3,000
4사분기	4,000

(2) 기초재고자산

구분	재고량
원재료 A	2,000kg
재공품	없음
완제품 R	1,200단위

이 회사의 재고정책에 의하면 각 분기 말 완제품재고량은 다음 분기 예상판매량의 30%를 유지하도록 한다. 또한 각 분기말 원재료재고량은 일정하게 2,000kg씩 유지하며, 재공품 재고는 없도록 하는 것을 원칙으로 하고 있다. 회사가 20×1년 2사분기에 구입하여야 할 원재료 A의 구입금액을 구하시오.

① ₩176,000　② ₩250,000　③ ₩303,000
④ ₩420,000　⑤ ₩356,000

3. 20×1년 1월부터 3월까지의 대한회사의 예상 상품매출액은 다음과 같다.

월	예상매출액
1월	₩3,500,000
2	4,100,000
3	3,800,000

매월 기말재고액은 다음 달 예상매출원가의 25%이며, 상품의 매출총이익률은 30%이다. 2월의 예상 상품매입액은 얼마인가? **2008 세무사**

① ₩2,467,500　② ₩2,817,500　③ ₩2,625,000
④ ₩3,010,000　⑤ ₩4,672,500

4. 금년 초에 설립된 서울상사는 상품구매원가의 120%로 상품가격을 책정하고 있다. 서울상사는 매월 구매상품 40%는 현금구입하고 나머지 60%는 외상구입한다. 외상구입 대금은 구입한 달의 다음 달에 지급한다. 서울상사는 매월 기말재고로 그 다음 달 예상판매량의 30%를 보유하는 정책을 실시하고 있다. 1,2,3월의 예상매출액은 다음과 같다. 단, 3개월 동안의 판매가격 및 구매단가는 불변이다.

	예상매출액
1월	₩9,600
2월	12,000
3월	15,600

구입대금 지급으로 인한 서울상사의 2월 중 예상 현금지출액은 얼마인가? **1995 세무사**

① ₩8,760　② ₩9,160　③ ₩10,960
④ ₩13,152　⑤ ₩10,512

5. 대전주식회사는 상품의 총구매가격에 20%의 이익을 가산하여 판매하고 있다. 이 회사는 매월구입액의 70%는 그 달에 지급하고, 나머지는 그 다음 달 초순에 지급한다. 회사는 다음 달 예상매출원가의 20%를 월말재고로 보유한다. 1월의 구매액이 ₩1,040,000이고, 1월, 2월, 3월의 매출액이 각각 ₩1,200,000, ₩1,440,000, ₩1,800,000일 경우 2월의 대금지급예상액은 얼마인가?

① ₩1,194,000 ② ₩2,700,000 ③ ₩2,500,000
④ ₩3,320,000 ⑤ ₩2,200,000

6. 부산(주)는 한 종류의 상품을 구입하여 판매한다. 20×1년 1월의 매출액은 ₩100,000이고 2월과 3월의 매출액이 각각 ₩150,000, ₩120,000이 될 것으로 예상하고 있다. 이 회사의 매출원가는 매출액의 60%이며 상품은 현금으로 구매한다. 1월 31일의 재고자산은 ₩18,000이고 매월말의 적정재고량은 다음 달 판매량의 20%이다. 이 회사의 매출액 중 30%는 판매한 달에 회수되고 70%는 판매한 다음달에 회수된다. 20×1년 2월에 판매비와관리비로 ₩8,500이 현금으로 지불된다면 2월 중 현금증가예상액은 얼마인가? 1999 회계사

① ₩(97,500) ② ₩(37,500) ③ ₩14,500
④ ₩20,100 ⑤ ₩100,500

7. (주)서울은 현금흐름을 추정하고 이에 따른 현금운용상태를 파악하여 부족한 경우 차입하고 여유가 있는 경우에는 일시적인 투자를 한다. 당월에 관한 자료는 다음과 같다.

(1) 매입은 현금 및 외상이 50 : 50으로 이루어지며, 매입채무는 매입당월에 50%가 지급되고 나머지는 다음 달에 지급된다.

(2) 매출은 전부 신용매출이고 외상매출과 어음매출은 2 : 1의 비율로 이루어지며, 매출채권 중 외상매출분은 매출당월에 50%가 회수되고 나머지는 다음 달에 전액 회수된다. 어음상의 매출채권은 2개월 만기 약속어음이다.

(3) 월초 총계정원장의 관련계정잔액은 다음과 같다.

현금	₩300,000
매입채무	5,500,000
매출채권(외상매출분)	2,500,000
매출채권(어음매출분)	8,400,000

(4) 당월매입액과 당월매출액은 각각 ₩8,800,000, ₩12,000,000이다.

(5) 월초 어음상의 매출채권 중 50%는 당월에 회수되는 것으로 한다.

월말에 회사의 현금관리정책은 어떻게 수립되겠는가? 1984년 회계사

① ₩200,000 투자　② ₩1,100,000 차입　③ ₩1,500,000 차입
④ ₩500,000 투자　⑤ ₩2,200,000 투자

정답 및 해설

1. 정답 ②

중급 원재료예산, 재료구입액 추정★

당기매입량을 X라 하면, 1분기 원재료 재고현황은 다음과 같다.

	원재료수량	
기초재고	24,000단위×4g×0.25 =	24,000g
당기매입		X
합계		24,000g+X
당기사용	24,000단위×4g =	96,000g
기말재고	35,000단위×4g×0.25 =	35,000g
합계		131,000g

X는 107,000g이므로, 당기 매입금액은 107,000g×₩0.8 = ₩85,600이다.

2. 정답 ① 중급 원재료예산, 재료구입액 추정

(1) 당기제품재고현황

당기생산량을 X라 하면,

	2사분기	
기초재고	5,000×0.3 =	1,500
매입		X
합계		1,500+X
당월판매		5,000
기말재고	3,000×0.3 =	900
합계		5,900

그러므로 X는 4,400단위이다.

(2) 당기원재료재고현황

당기매입구량을 Y라 하면,

	2사분기	
기초재고		2,000kg
당월매입		Y
합계		2,000kg+Y
당월사용	4,400×2kg =	8,800kg
기말재고		2,000kg
합계		10,800kg

Y는 8,800kg이므로 매입액은 8,800kg×₩20 = ₩176,000이다.

3. 정답 ②

중급 상품예산, 상품매입액 추정★

당기매입액을 X라 하면,

	2월	
기초재고	₩2,870,000×0.25 =	₩717,500
당월매입		X
합계		₩717,500+X
당월판매	₩4,100,000×(1 − 0.3) =	₩2,870,000
기말재고	₩3,800,000×(1-0.3)×0.25 =	665,000
합계		₩3,535,000

그러므로, X는 ₩2,817,500이다.

4. 정답 ③

기본 현금예산, 현금지출액 추정

2월 구매액 중 현금지출액 :	₩10,900×0.4 =	₩4,360
1월 외상구매액으로 2월의 현금결제액 :	₩11,000×0.6 =	6,600
2월 현금지출액		₩10,960

5. 정답 ①

중급 현금예산, 현금지출액 추정

당기매입액을 X라 하면,

	2월	
기초재고	₩1,440,000×(100÷120)×0.2 =	₩240,000
당월매입		X
합계		₩240,000+X
당월판매	₩1,440,000×(100÷120) =	₩1,200,000
기말재고	₩1,800,000×(100÷120)×0.2 =	300,000
합계		₩1,500,000

X는 ₩1,260,000이므로, 2월의 대금지급예상액은 ₩1,040,000(1월분)×0.3+₩1,260,000(2월분)×0.7 = ₩1,194,000이다.

6. 정답 ④

중급 현금예산, 현금증감액 추정★

(1) 월별 매출 및 매출원가

	1월	2월	3월
매출	₩100,000	₩150,000	₩120,000
매출원가	100,000×0.6 = 60,000	150,000×0.6 = 90,000	120,000×0.6 = 72,000

(2) 상품 매입액

당기매입액을 X라 하면,

	2월	
기초재고		₩18,000
당월매입		X
합계		₩18,000+X
당월판매		₩90,000
기말재고	72,000×0.2 = 14,400	14,400
합계		₩104,400

그러므로, X는 ₩86,400

(3) 현금증가액

현금유입액		
매출채권회수	₩150,000×0.3+₩100,000×0.7 =	₩115,000
현금유출액		
상품매입액		(86,400)
판매관리비		(8,500)
		₩20,100

7. 정답 ②

중급 현금예산, 현금증감액 추정

	현금		
기초			₩300,000
유입			
전기분 외상매출회수		2,500,000	
전기분 어음매출회수	₩8,400,000×0.5 =	4,200,000	
당기분 외상매출회수	₩12,000,000×2/3×0.5 =	4,000,000	₩10,700,000
유출			
전기분 매입채무		5,500,000	
현금매입	₩8,800,000×0.5 =	4,400,000	
당기분 매입채무	₩8,800,000×0.5×0.5 =	2,200,000	(12,100,000)
기말			(₩1,100,000)

그러므로, ₩1,100,000을 차입한다.

주관식 문제

문제 1 예산포괄손익계산서 작성

다음을 읽고 물음에 답하시오.

(주)한국은 와인을 취급하는 도매상이며, 당해연도 예상 재무자료는 다음과 같다.

(1) 모든 매출은 외상으로 이루어지며, 매출채권은 판매한 달에 70%가 회수되고, 판매한 다음달에 28%가 회수된다. 나머지는 회수불가능한 채권으로 간주된다. 예상매출액은 다음과 같다.

1월 : ₩100,000
2월 : 150,000

(2) 예상매출총이익률은 30%이다.

(3) 회사는 예기치 못한 수요에 대비하기 위하여 다음 달 예상매출액의 20%의 재고를 보유하고자 한다. 또한, 상품구입은 외상으로 이루어지며 매입대금의 지급은 구입한 달의 다음 달에 전액지급한다.

(4) 1월 예상 판매관리비는 ₩12,000이며, 감가상각비가 ₩5,000포함되어 있다. 감가상각비를 제외한 모든 비용은 모두 현금지출비용이다.

(5) 기초 재무상태표는 다음과 같다. (단, 매출채권은 순액으로 계상되어 있다.)

재무상태표

현 금	₩10,000	매입채무	₩50,000
매출채권	24,000	자본금	50,000
재고자산	14,000	이익잉여금	20,000
유형자산	72,000		
	₩120,000		₩120,000

물음 1

당해연도 1월의 순영업현금흐름을 계산하시오.

물음 2

당해연도 1월분 포괄손익계산서를 작성하시오.

해 답

※ 자료정리

(1) 현금유·출입 시점

	거래한 달	다음달	그 다음달
매출채권회수			
현금매출	70%	–	–
외상매출	–	28%	–
매입채무지급			
현금매입	–	–	–
외상매입	–	100%	–

(2) 1월 재고자산

상 품

기 초	₩14,000[*2]	판 매	₩70,000[*1]
매 입	77,000	기 말	21,000[*3]
	₩91,000		₩91,000

*1 ₩100,000 × 0.7(매출원가율)
*2 ₩70,000 × 0.2
*3 ₩150,000 × 0.7 × 0.2

물음 1 순영업현금흐름

현금유입		
전월분 매출채권회수		₩24,000
1월분 매출채권회수	₩100,000 × 70% =	70,000
현금유출		
전월분 매입채무지급		(50,000)
판매관리비		(7,000)
		₩37,000

물음 2 포괄손익계산서작성

		1월
매 출		₩100,000
매출원가		70,000
매출총이익		₩30,000
판매관리비		
현금비용	7,000	
감가상각비	5,000	12,000
영업이익		₩18,000

 판매관리비 예산

(주)한국 단일제품을 생산 · 판매하는 회사이다. 내년 판매관리비 예산을 수립하기 위하여 다음과 같은 자료를 수집하였다.

〈자료 1〉 판매관리비 추정액

판매량	판매관리비
30,000단위	₩2,500,000
50,000	3,500,000

〈자료 2〉 기타자료

고정판매관리비에는 감가상각비 ₩300,000이 포함되어 있다.

물음 1

내년 예상 판매량이 40,000단위일 경우 제품 단위당 총 판매관리비를 구하시오.

물음 2

내년 총판매관리비 현금지출액이 ₩2,450,000일 경우 예상 판매량을 구하시오.

해 답

※ 자료정리

고저점법을 이용하여 단위당 변동판매관리비와 총고정판매관리비를 구할 수 있다.

(1) 단위당 변동판매관리비 : (₩3,500,000 − ₩2,500,000) ÷ (50,000단위 − 30,000단위) = ₩50

(2) 총고정판매관리비 : ₩2,500,000 − ₩50 × 30,000단위 = ₩1,000,000(감가상각비 ₩300,000포함)

물음 1 제품단위당 총판매관리비

(1) 총판매관리비

₩50 × 40,000단위 + ₩1,000,000

= ₩3,000,000

(2) 단위당 판매관리비

₩3,000,000 ÷ 40,000단위

= ₩75

물음 2 예상판매량

예상판매량을 Q라 하면,

₩50Q + (₩1,000,000 − ₩300,000) = ₩2,450,000

그러므로, Q는 35,000단위이다.

문제 3 재고자산 추정

(주)한국은 단일 제품을 생산·판매하는 회사이다. 회사는 당해연도에 영업을 개시하였으며 관련 재무자료는 다음과 같다.

〈자료 1〉 제품을 생산하는 데 투입된 총제조원가

	1,000단위 생산
직접재료원가	₩120,000
직접노무원가	80,000
변동제조간접원가	100,000
고정제조간접원가	200,000
	₩500,000

〈자료 2〉 재고현황

	기초	기말
원재료	–	150kg
재공품	–	0단위
제품	–	100단위

〈자료 3〉 기타

제품 1단위를 생산하는 데 5kg의 재료가 소요된다.

물음 1

기말 원재료 재고가액을 구하시오.

물음 2

기말 제품 가액을 구하시오.

해 답

물음 1 기말원재료가액

(1) kg당 단가 : ₩120,000 ÷ (1,000단위 × 5kg) = ₩24/kg

(2) 기말 원재료 가액 : ₩24/kg × 150kg = ₩3,600

물음 2 기말제품가액

(1) 제품 단위당 단가 : ₩500,000 ÷ 1,000단위 = ₩500/단위

(2) 기말 제품 가액 : ₩500/단위 × 100단위 = ₩50,000

문제 4 종합예산

㈜한국은 두 가지 제품 X와 Y를 생산 · 판매하고 있다. 당해연도 12월 중에 ㈜한국은 차기의 예산을 편성하기 위해 다음과 같은 자료를 수집하였다.

(1) 차기예상매출

제품	단위당 예상판매가격	예상판매량
X	₩120	50,000개
Y	90	60,000

(2) 차기 기초재고 및 기말재고목표량

제품	기초재고량	기말목표재고량
X	10,000개	15,000개
Y	12,000	8,000

(3) 제품 X와 Y를 각각 1단위씩 생산하기 위해서는 다음의 원재료가 필요하다.

원재료	X	Y
A	3kg	4kg
B	1	3
C	2	3

(4) 원재료에 관한 차기의 예상자료는 다음과 같다.

원재료	kg당 예상구입가격	기초재고량	기말목표재고량
A	₩10	8,000kg	10,000kg
B	8	15,000	20,000
C	12	25,000	18,000

(5) 차기에 제품 X와 Y를 각각 1단위씩 생산하는 데 필요한 예상직접노동시간과 임률은 다음과 같다.

제품	단위당 노동시간	시간당 임률
X	3시간	₩5
Y	2	8

(6) 제조간접원가는 직접노동시간당 ₩5의 비율로 배부된다.

위의 자료를 이용하여 차기의 다음 각 예산을 작성하시오.

물음 1

판매예산

물음 2

생산량예산

물음 3

원재료구입예산수량

물음 4

원재료구입예산금액

물음 5

직접노무원가예산금액

물음 6

기말제품재고예산금액

해 답

물음 1 판매예산

제품	예상판매량	단위당 예상판매가격	총액
X	50,000개	₩120	₩6,000,000
Y	60,000	90	5,400,000
합계			₩11,400,000

물음 2 생산량예산

X

기 초	10,000	판 매	50,000
생 산	55,000	기 말	15,000
	65,000		65,000

Y

기 초	12,000	판 매	60,000
생 산	56,000	기 말	8,000
	68,000		68,000

물음 3 원재료구입예산수량

(1) 제품별 목표생산량

- X제품 : 55,000개
- Y제품 : 56,000개

(2) 원재료구입수량

A

기 초	8,000kg	사 용	389,000kg	(= 55,000개 × 3kg + 56,000개 × 4kg)
구 입	391,000	기 말	10,000	
	399,000kg		399,000kg	

B

기 초	15,000kg	사 용	223,000kg	(= 55,000개 × 1kg + 56,000개 × 3kg)
구 입	228,000	기 말	20,000	
	243,000kg		243,000kg	

C

기 초	25,000kg	사 용	278,000kg	(= 55,000개 × 2kg + 56,000개 × 3kg)
구 입	271,000	기 말	18,000	
	296,000kg		296,000kg	

물음 4 원재료구입예산금액

- A : 391,000kg × ₩10 = ₩3,910,000
- B : 228,000kg × ₩8 = 1,824,000
- C : 271,000kg × ₩12 = 3,252,000

₩8,986,000

물음 5 직접노무원가예산금액

(1) 제품별 목표생산량

- X제품 : 55,000개
- Y제품 : 56,000개

(2) 직접노무원가계산

- X : 55,000개 × 3시간 × ₩5 = 825,000
- Y : 56,000개 × 2시간 × ₩8 = 896,000

₩1,721,000

물음 6 기말제품재고예산금액

		X제품		Y제품
원재료				
A	3kg × ₩10 =	₩30	4kg × ₩10 =	₩40
B	1kg × ₩8 =	8	3kg × ₩8 =	24
C	2kg × ₩12 =	24	3kg × ₩12 =	36
직접노무원가	3시간 × ₩5 =	15	2시간 × ₩8 =	16
제조간접원가	3시간 × ₩5 =	15	2시간 × ₩5 =	10
단위당 제조원가		₩92		₩126
기말재고수량	(×)	15,000	(×)	8,000
기말재고금액		₩1,380,000		₩1,008,000

제 15 장

책임회계제도

전문가 칼럼

■ 보너스! 양날의 검

모제약회사의 마케팅부서에 근무하는 김부장은 최근 두둑한 인센티브를 받았다. 작년에 신제품 런칭이 성공적으로 이루어져 기대보다 많은 매출이 발생하였기 때문이다. 이에 최고경영자는 전직원에 그간의 노력에 대상 보상과 격려차원에서 이익의 일정부분을 근속연수와 직급을 고려하여 배분하였다. 물론, 김부장도 상당한 보너스를 받았지만 왠지 서운한 마음도 동시에 가지고 있었다. 그 이유는 매출증가의 원인은 신제품의 성공적인 런칭이 있었기 때문이며 신제품 런칭과정에서 몇 달동안 겪었던 고생을 생각하면 다른 부서보다는 좀 더 높은 평가를 받아야 한다고 느꼈기 때문이다. 그러나 회사 전체적으로 보면 단지 마케팅부서만의 노력에 의해서가 아니고 훌륭한 런칭이 이루어지기까지는 제품개발부서, 생산부서, 지원부서들이 기업전체의 목표를 위해 서로 노력한 결과이기 때문에 어느 한 부서의 성과로만 단정지을 수도 없다.

대부분의 기업이 조직내 동기부여와 사기를 진작시키기 위해서 나름대로의 성과보상체계를 가지고 있다. 이때 합리적인 기준에 따른 보상제도는 조직의 사기를 진작시키는 좋은 도구임에 틀림없지만 공정하지 않다면 오히려 종업원의 사기를 저하시킬 수도 있다. 그렇다면 조직내 부문들의 성과는 어떠한 기준을 적용하고 어떤 방법으로 평가하여야 적절한 것인가? 이러한 질문을 관리회계의 책임회계(responsibility accounting)제도에서 살펴보고자 한다.

기업조직은 그 역할에 따라 여러 가지 부문으로 분류할 수 있다. 예를 들어 직접 제품생산에 관여하는 제조부문, 판매를 담당하는 판매부문 그리고 본사 관리부문으로 구분할 수 있다. 만약 올해 기대이상의 판매증가를 통해서 이익이 발생하여 조직 구성원들에게 이익의 일부를 배분하고자 한다면 어떠한 기준으로 배분하여야 할 것인가? 가장 손쉬운 방법 중의 하나는 전직원이 모두 힘을 합하여 달성한 성과이기 때문에 총 이익을 전 구성원에게 균등하게 배분하는 것이 될 것이다. 이러한 방법이 과연 합리적인 방법일까? 보는 관점에 따라 달리 생각해 볼 수 있다. 왜냐하면 전직원이 모두 회사전체의 이익을 위해서 노력하였기 때문에 모든 성과를 균등하게 배분하는 것이 옳은 방법일 수 있지만 기업이라는 조직은 서로 다른 역할들이 유기적으로 연결되어 있기 때문에 그 역할에 따른 성과를 별도로 집계할 수 있다면 보다 합리적이고 타당한 성과평가가 이루어 질 수 있기 때문이다.

■ 책임회계제도

1. 의 의

책임회계(responsibility accounting)란 기업조직 내에 여러 가지 종류의 책임중심점을 설정하고, 계획과 실적에 관련된 회계수치를 책임중심점별로 집계·분석 및 보고함으로써 해당 책임중심점의 관리자에 대한 성과평가를 행하려는 회계제도이다. 즉, 책임회계는 책임중심점의 관리자에 대한 성과평가를 통하여 각 부문의 성과를 향상시키는 것을 목적을 하는 회계라고 할 수 있다.

2. 책임중심점의 종류

책임회계제도하에서 성과평가는 해당 책임자가 직접적인 권한이나 통제를 행사할 수 있는 책임중심점별로 이루어진다. 책임중심점은 그 책임내용에 따라 원가중심점, 수익중심점, 이익중심점, 투자중심점으로 구분하는 것이 일반적이다.

1) 원가중심점(cost center)

원가의 발생에 대하여 책임을 지는 중심점으로 제품생산활동을 하는 제조부문과 생산활동을 지원하는 보조부문 및 본사의 스탭부문 등이 이에 해당된다. 이 중 가장 대표적인 원가중심점은 제조부문(production department)이라고 할 수 있다.

2) 수익중심점(revenue center)

수익(매출)의 획득에 대하여 책임을 지는 중심점으로서 제품의 판매활동을 하는 판매부문(marketing department)이 이에 해당된다.

3) 이익중심점(profit center)

원가와 수익 모두에 대해서 책임을 지는 중심점이다. 하나의 기업자체 또는 분권화된 조직에서의 각 사업부 등과 같이 책임영역이 큰 단위가 이익중심점이 될 수도 있다.

4) 투자중심점(investment center)

원가와 수익뿐만 아니라 투자의사결정에 대해서도 책임을 지는 중심점이다. 기업은 규모의 확대와 다양화에 적응하기 위해서 가능한 경영도 분권화하게 된다. 분권화는 조직을 몇 개의 준독립적인 사업부(divisions)로 재조직함으로써 이루어지는데, 이 경우에 각각의 사업부는 독립적인 경영을 위해 필요한 생산·판매·관리 등의 모든 기능을 가질 수 있다. 투자중심점은 이와 같이 분권화된 각 사업부에 투자된 자산과 이익 사이의 상호관계에 대한 책임을 지는 책임중심점이다.

사 례

(주)한국은 전화주문을 통하여 판매하고 있으며 고객의 수익성을 파악하고자 한다. 고객별 자료는 다음과 같다.

	갑	을	병
총매출	₩6,000	₩8,000	₩9,000
반품 – 수량	4개	4개	2개
반품 – 금액	₩2,000	₩3,000	₩2,000
연간 총배달건수	4건	5건	2건
연간 총전화주문시간	0시간	1시간	2시간

매출원가는 판매가의 60%이며, 판매활동 및 활동원가의 원가동인율이 다음과 같을 때 각 고객의 연간 이익을 계산하시오.

활동	활동원가동인율
배달활동	₩50 / 배달건수
전화주문활동	800 / 전화시간
반품처리	100 / 반품수량
고객유지	500 / 고객

요구사항

위의 책임중심점에서 가장 기초가 되는 제조부문인 원가중심점과 판매부문인 수익중심점에 대해서만 살펴보기로 한다.

(주)한국의 예산자료와 실제자료는 다음과 같다.

(1) 예산자료

예산판매량	총 5,000단위
단위당 예산판매가격	₩100
단위당 예산(표준)원가	(80)
단위당 예산이익	₩20

(2) 실제자료

실제판매량	총 6,000단위
단위당 예산판매가격	₩120
단위당 예산(표준)원가	(90)
단위당 예산이익	₩30

(3) 예산과 실제성과 비교(성과보고서)

	실제성과		예산	
매출액	6,000 × 120 =	₩720,000	5,000 × 100 =	₩500,000
원가	6,000 × 90 =	(540,000)	5,000 × 80 =	(400,000)
이익		₩180,000		₩100,000

₩80,000이익

위 성과보고서에 의하면 총 ₩80,000의 이익이 발생하였다. 만약, 이익을 분배한다면 어떻게 하여야 하는가? 먼저 부문별로 각각 성과평가가 이루어져야 한다.

해답

① 판매부문 : 판매부문의 책임내용은 예산판매량 5,000단위와 예산판매가격 단위당 ₩100이다.

실제	예산
6,000단위 × (120 − 80) = ₩240,000	5,000단위 × (100 − 80) = ₩100,000

₩140,000이익

판매부문 입장에서 원가는 통제불가능요소이기 때문에 판매가격에서 예산원가를 차감하여 비교한다. 결과를 보면 판매부서가 이익에 기여한 금액은 ₩140,000이다.

② 제조부문 : 제조부문의 책임내용은 예산(표준)원가 단위당 ₩80이다.

실제	표준
6,000단위 × ₩90 = ₩540,000	6,000단위 × ₩80 = ₩480,000

₩(60,000)손실

제조부문 입장에서 단위당 표준원가는 ₩80이므로 6,000단위 생산시 ₩480,000이 투입되어야 하지만 실제 ₩540,000이 발생하였으므로 이익에 기여한 금액은 ₩(60,000)이다.
즉, 회사전체이익은 ₩80,000증가하였지만 판매부문이 기여한 금액은 ₩140,000이고 제조부문은 오히려 ₩60,000만큼 손실을 유발시켰다.
물론, 위의 결과 이외의 다른 요인도 고려하여야 한다. 왜냐하면 생산부서에서 예상치 못한 많은 원가가 발생하였지만 그 이유는 좀 더 고품질의 원재료와 숙련된 노동력으로 인하여 고품질의 제품을 생산하였기 때문이며, 그 결과 좀 더 많은 판매량이 가능할 수도 있기 때문이다. 따라서 재무적인 측정치 이외의 질적인 요소도 고려하여야 함은 당연하다.

1. 서론

의의

예산편성의 주목적은 각 부문에 대한 성과평가의 기준을 제공하는 것이다. 따라서, 사후에 집계된 실적과 의미 있는 비교를 위해서는 공정하고 객관적인 예산이 수립되어야 한다.

책임회계제도는 조직의 각 부문별로 해당 부문의 특성에 맞는 기준을 설정하고 향후 집계된 실적과 비교하여 해당부문의 관리자를 평가하려는 제도를 말한다.

2 책임중심점의 의의 및 종류

1. 의의

책임회계제도는 각 부문을 책임중심점으로 하여 해당 부문의 관리자를 평가하고 미래성과를 향상시키는 데 그 목적이 있다.

2. 유형

책임중심점은 각 부문의 관리자의 책임내용에 따라 원가중심점, 수익중심점, 이익중심점, 투자중심점으로 구분할 수 있다.

종류	책임대상	관련부서	평가방법
원가중심점 (cost center)	표준원가(= SQ × SP)	제조부문	원가차이분석
수익중심점 (revenue center)	예산매출(= BQ × BP)	판매부문	매출차이분석
이익중심점 (profit center)	이익(수익 및 원가)	판매부문*1 또는 사업부	원가 및 매출차이분석
투자중심점 (investment center)	이익 및 투자효율성	독립적인 사업부	ROI, RI, EVA

*1 판매부문이 이익중심점으로 운영된다면 통제가능원가는 해당 판매부문의 판매관리비이다.

단, SQ(Standard Quantity) : 표준수량
SP(Standard Price) : 표준단가
BQ(Budget Quantity) : 예산판매량
BP(Budget Price) : 예산판매가격

1) 원가중심점(Cost center)

원가의 발생에 대해서 책임을 지는 중심점으로서 제품의 생산활동을 담당하는 제조부문과 제조부문의 생산활동을 지원하는 보조부문 및 본사의 스탭부문 등이 이에 해당한다. 이 중 가장 대표적인 원가중심점은 투입과 산출관계가 명확한 제조부문(production department)이라 할 수 있다.

2) 수익중심점(Revenue center)

수익의 획득에 대하여 책임을 지는 중심점으로서 제품의 판매활동을 하는 판매부문(marketing department)이 이에 해당된다. 수익중심점은 예산판매량에 예산판매가격을 곱한 예산매출액이 평가대상이다.

3) 이익중심점(Profit center)

원가와 수익 모두에 대해서 책임을 지는 중심점으로서 하나의 기업자체 또는 분권화된 조직에서의 각 사업부 등과 같이 책임영역이 큰 단위가 이익중심점이 될 수도 있지만, 그 하부 조직인 판매부문에 이익중심점을 도입함으로서 더 유용한 관리수단으로 활용하기도 한다.

4) 투자중심점(Investment center)

원가와 수익뿐만 아니라 투자의사결정에 대해서도 책임을 지는 중심점으로서 분권화된 각 사업부의 이익뿐만 아니라 투자된 자산의 효율적인 운영상황에 대해서도 책임을 지는 중심점이다.

투자중심점은 수익 및 원가뿐만 아니라 투자된 자산에 대해서도 책임을 지기 때문에 가장 포괄적이고 광범위한 책임중심점이다.

3. 조직구조(Organization structure)

조직내의 하부조직 및 구성원 사이의 권한과 책임의 공식적인 관계를 조직구조라 한다.

[그림 15-1] 기업의 조직도

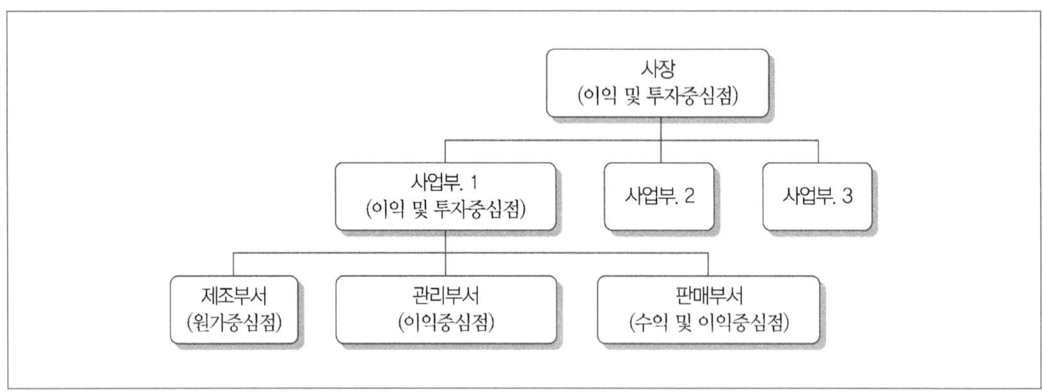

3 고정예산과 변동예산

예산은 고정예산과 변동예산이 있으며 고정예산은 연초에 계획한 수량을 기초로 작성되어 변하지 않지만 변동예산은 실제 실적과의 좀 더 의미있는 비교를 위해서 사후에 실제 산출량을 기초로 다시 작성된 예산을 말한다.

1. 예산(budget)의 의의

예산이란 기업의 공식적인 행동계획을 화폐단위로 표시한 것을 말한다.

2. 고정예산(fixed budget)

고정예산이란 기초에 계획된 특정의 조업도를 전제로 편성된 단일예산으로서 한 번 수립하면 바뀌지 않는다.

3. 변동예산(variable budget)

변동예산이란 사후적으로 실제조업도의 변동에 따라 조정되는 예산을 말한다. 변동예산은 예산과 실적간의 좀 더 의미있는 비교를 위하여 실제조업도에 근거한 예산편성을 말한다.

4 성과평가

예산과 실제 실적과의 비교는 성과보고서를 통하여 이루어진다.

1. 성과보고서

예산과 실적을 비교하여 작성한 표로써 실제발생, 변동예산 및 고정예산의 상호비교형식으로 작성된다.

2. 성과평가시 추가로 고려하여야 할 사항

성과평가를 위해서는 재무적수치뿐만 아니라 다음과 같은 비재무적인 상황도 포함해서 평가해야 한다.

① 목표일치성
② 적시성
③ 성과측정의 오류와 측정비용의 최소화

예제 1 성과보고서

(주)한국은 20×1년에 영업을 개시하였으며 단일제품을 대량생산하고 있다. 제품에 대한 표준원가 및 예산자료는 다음과 같다.

	표준수량(SQ)	표준가격(SP)	표준원가
직접재료비	2kg	₩25/kg	₩50/단위
직접노무비	3h	5/h	15
변동제조간접비	3h	3/h	9
고정제조간접비	3h	2/h	6
제품 단위당 표준원가			₩80/단위

단위당 예산판매가격	₩100
단위당 예산변동판매관리비	3
고정제조간접비	9,000
고정판매관리비	1,000

요구사항 1

연간 생산·판매량을 1,500단위로 예상할 경우 고정예산를 작성하시오.

해답

고정예산

매출액	1,500단위 × ₩100 =		₩150,000
변동비			
직접재료비	1,500단위 × ₩50 =	₩75,000	
직접노무비	1,500단위 × ₩15 =	22,500	
제조간접비	1,500단위 × ₩9 =	13,500	
판매관리비	1,500단위 × ₩3 =	4,500	(115,500)
공헌이익			₩34,500
고정비			
제조간접비		₩9,000	
판매관리비		1,000	(10,000)
영업이익			₩24,500

요구사항 2

(주)한국의 실제 영업성과는 다음과 같다. 성과보고서를 작성하시오.

실제

매출액	1,000단위 × ₩120 =		₩120,000
변동비			
직접재료비	2,300kg × ₩26 =	₩59,800	
직접노무비	2,800h × ₩6 =	16,800	
제조간접비		8,000	
판매관리비	1,000단위 × ₩4 =	4,000	(88,600)
공헌이익			₩31,400
고정비			
제조간접비		₩7,000	
판매관리비		1,000	(8,000)
영업이익			₩23,400

해답

(1) 변동예산

변동예산			
매출액	1,000단위 × ₩100 =		₩100,000
변동비			
직접재료비	1,000단위 × ₩50 =	₩50,000	
직접노무비	1,000단위 × ₩15 =	15,000	
제조간접비	1,000단위 × ₩9 =	9,000	
판매관리비	1,000단위 × ₩3 =	3,000	(77,000)
공헌이익			₩23,000
고정비			
제조간접비		₩9,000	
판매관리비		1,000	(10,000)
영업이익			₩13,000

(2) 성과보고서

성과보고서

	실제	변동예산차이	변동예산	매출조업도차이	고정예산
생산 및 판매량	1,000단위		1,000단위		1,500단위
매출액	₩120,000	₩20,000 F	₩100,000		₩150,000
변동비					
직접재료비	59,800	9,800 U	50,000		75,000
직접노무비	16,800	1,800 U	15,000		22,500
제조간접비	8,000	1,000 F	9,000		13,500
판매관리비	4,000	1,000 U	3,000		4,500
공헌이익	31,400	8,400 F	23,000	11,500 U	34,500
고정비					
제조간접비	7,000		9,000		9,000
판매관리비	1,000	-	1,000		1,000
영업이익	₩23,400		₩13,000	11,500 U	₩24,500

요구사항 3

매출총차이를 매출가격차이와 매출조업도차이로 구분하시오.

해답

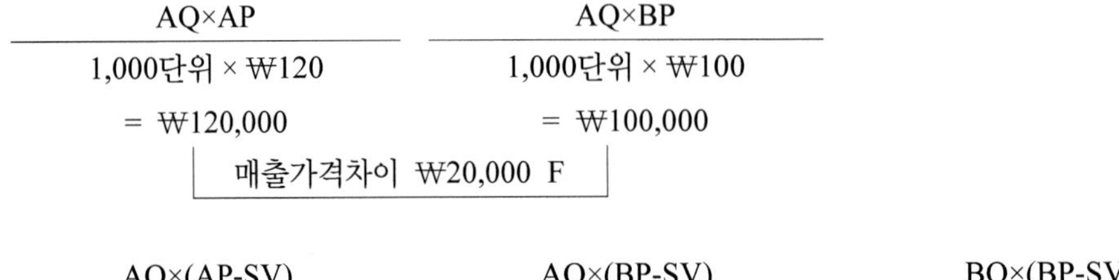

AQ×(AP-SV)	AQ×(BP-SV)	BQ×(BP-SV)
1,000단위 × (₩120 − ₩77)	1,000단위 × (₩100 − ₩77)	1,500단위 × (₩100 − ₩77)
= ₩43,000	= ₩23,000	= ₩34,500

매출가격차이 ₩20,000 F　　매출조업도차이 ₩11,500 U

2. 원가중심점의 성과평가

의의

원가중심점은 수익은 통제하지 못하고 원가를 통제할 수 있는 조직단위로서 원가중심점의 책임자는 조직내에서 발생하는 원가에 대해서 책임을 진다. 원가중심점은 표준원가중심점과 재량원가중심점으로 구분할 수 있지만, 재량원가중심점은 평가에 주관적인 판단이 개입되기 때문에 표준원가중심점을 중점으로 살펴보기로 한다.

구 분	내 용	관련부문	통제방법
표준원가중심점 (standard cost center)	노력과 성과간의 관계가 명확하게 정의될 수 있는 원가중심점	제조부문	표준원가 제도
재량원가중심점 (discretionary cost center)	노력과 성과간의 관계가 명확하게 정의되기가 어려운 원가중심점	연구개발부서, 광고부서 및 일반관리부서	주관적인 판단

2 평가방법(원가차이 분석)

원가중심점의 평가방법은 실제발생액과 실제산출량에 허용된 표준원가와의 차이를 규명하는 것을 말한다.

[그림 15-2] 원가중심점의 차이분석

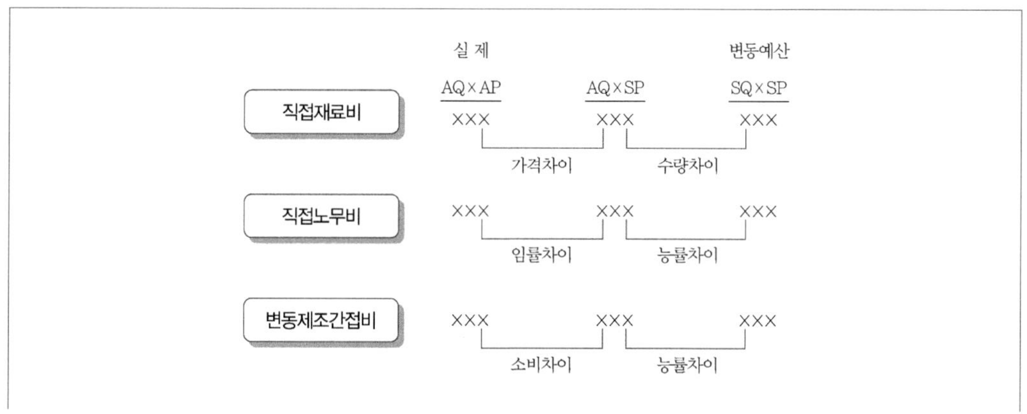

[그림 15-2] 원가중심점의 차이분석(계속)

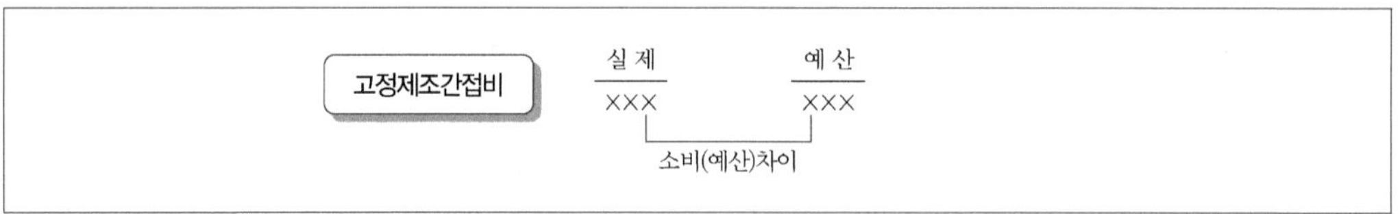

※ 고정제조간접비 조업도차이는 존재하지 않는다. 그 이유는 고정제조간접비 조업도차이는 전부원가계산제도하에서 고정제조간접비를 제품원가에 배부하기 때문에 발생하는 것이므로, 성과평가를 위한 성과보고서에는 별도로 표시되지 않는다.

3 복수생산요소의 원가차이 분석

일반적으로 화학공업, 철강산업 및 식품가공업은 서로 대체가능한 여러 종류의 원재료나 노동력을 투입하여 동일한 제품을 계속적으로 생산한다. 이러한 기업은 통상적으로 기술적인 시험을 통하여 투입요소간의 표준배합비율이나 표준수율을 정해 둔다. 이와 같은 경우에 원가차이분석 결과 나타난 수량(능률)차이는 배합차이와 수율차이로 구분할 수 있다. 즉, 여러 종류의 원재료나 노동력을 투입하여 제품을 생산하는 경우 직접재료비의 수량차이와 직접노무비의 능률차이는 다시 배합차이와 수율차이로 구분할 수 있다.

1. 기본개념

표준원가 설정시 생산요소가 복수일 경우 생산요소간 표준배합비율과 표준수율을 미리 설정할 수 있다.

① 배합비율 : 생산요소의 상대적 투입비율
② 수율 : 생산요소 투입량에 대한 산출량비율

2. 배합차이 발생원인

복수의 생산요소간 서로 대체가능하기 때문에 발생한다.

3. 복수생산요소의 원가차이

① 배합차이(mix variance) : 실제배합비율과 표준배합비율의 차이
② 수율차이(yield variance) : 실제수율과 표준수율의 차이

[그림 15-3] 배합차이와 수율차이

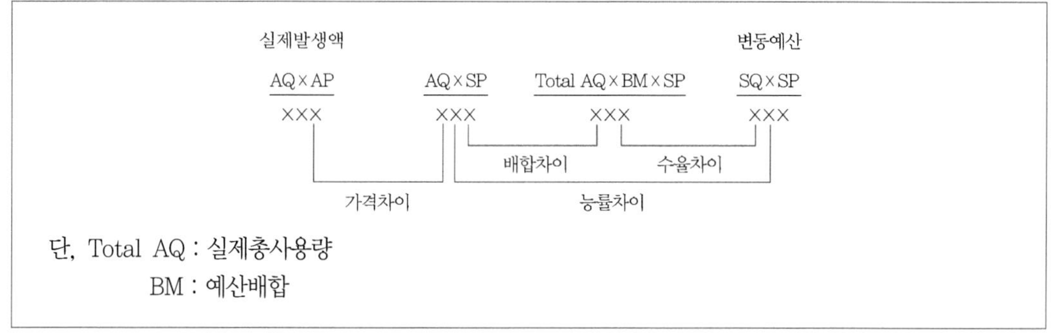

예제 2 복수원재료 배합차이와 수율차이

(주)서울은 세 종류의 원재료 A, B, C를 사용하여 단일제품 X를 생산하고 있다. X 8kg을 제조하는데 소요되는 원재료별 표준투입량(SQ)과 표준구입단가(SP)는 다음과 같다.

원재료	SQ	SP
A	4kg	₩100
B	3	90
C	3	80

당월 제품 X의 생산량은 180kg이며, 원재료별 실제투입량(AQ)과 실제구입단가(AP)는 다음과 같다.

원재료	AQ	AP
A	60kg	₩120
B	40	80
C	80	60

요구사항 1

당월 원재료배합차이(material mix variance)를 구하시오.

해답

	AQ×SP		Total AQ×BM×SP	
A	60kg × ₩100 =	₩6,000	180kg × 0.4 × ₩100 =	₩7,200
B	40kg × ₩90 =	3,600	180kg × 0.3 × ₩90 =	4,860
C	80kg × ₩80 =	6,400	180kg × 0.3 × ₩80 =	4,320
	180kg	₩16,000	180kg	₩16,380

₩380 유리

요구사항 2

당월 원재료수율차이(material yield variance)를 구하시오.

해답

	Total AQ×BM×SP		SQ×SP	
A	180kg × 0.4 × ₩100 =	₩7,200	225kg × 0.4 × ₩100 =	₩9,000
B	180kg × 0.3 × ₩90 =	4,860	225kg × 0.3 × ₩90 =	6,075
C	180kg × 0.3 × ₩80 =	4,320	225kg × 0.3 × ₩80 =	5,400
	180kg	₩16,380	225kg[*1]	₩20,475
		₩4,095 유리		

*1 표준수율이 80%(= 8kg ÷ 10kg)이므로, 생산량 180kg에 대한 표준투입량은 180kg ÷ 0.8 = 225kg이다.

예제 3 복수노무비 원가차이분석, 수율차이

(주)경기는 인터넷서비스업을 제공함에 있어서 전문가와 비전문 주부사원을 동시에 채용하고 있다. 이들에 대한 1분당 표준임금과 그에 따른 서비스 1회의 표준원가는 다음과 같다.

	표준시간	표준임률	표준원가
표준임금			
전문가	3분	1분당 ₩300	₩900
비전문가	7	1분당 ₩100	700
서비스 단위당 표준원가			₩1,600

이 회사는 지난 1주일간 500회의 서비스를 제공하였으며, 이에 따라 실제로 발생된 임금은 다음과 같았다.

	실제시간	실제임률	실제원가
실제임금			
전문가	1,200분	1분당 ₩400	₩480,000
비전문가	4,000	1분당 ₩130	520,000
실제원가 총액			₩1,000,000

요구사항

회사가 설정한 표준원가를 기초로 변동예산과 실제원가의 차이를 임률차이와 능률차이로 분해하고, 능률차이를 다시 배합차이와 수율차이로 분해할 때, 정확한 수율차이(yield variance)를 구하시오.

해답

	Total AQ×BM×SP		SQ×SP	
전문가	5,200분 × 0.3 × ₩300 =	₩468,000	500회 × 3분 × ₩300 =	₩450,000
비전문가	5,200분 × 0.7 × ₩100 =	364,000	500회 × 7분 × ₩100 =	350,000
		₩832,000		₩800,000

₩32,000 불리

3. 수익 및 이익중심점의 성과평가

1 의의

수익중심점(revenue center)은 일정기간 동안 획득한 수익에 대하여 책임을 지는 중심점으로서 대표적으로 제품의 판매를 담당하는 판매부문이 이에 해당하며, 이익중심점(profit center)은 수익뿐만 아니라 원가(제조원가, 판매관리비)까지도 책임을 지는 중심점으로서 일반적으로 분권화된 조직의 사업부가 이에 해당한다.

• 고정예산상의 매출 < 실제매출 : 유리한 차이(F)
• 고정예산상의 매출 > 실제매출 : 불리한 차이(U)

단, 평가대상이 수익이기 때문에 분석결과인 유 · 불리는 원가차이분석과는 반대로 해석된다..

※ 표준원가계산에서 배운 원가차이와 같은 방법으로 매출차이를 분석하되, 실제매출이 예산매출보다 크다면 유리한 차이(F)이고, 실제매출이 예산매출보다 작다면 불리한 차이(U)임을 주의해야 한다.

2 평가방법(매출차이분석)

1. 매출차이분석

판매부문의 성과평가는 고정예산을 기준으로 하여 실제성과, 변동예산 및 고정예산을 비교함으로서 이루어진다. 또한, 판매부문의 총차이는 매출가격차이와 매출조업도차이로 구분할 수 있다.

[그림 15-4] 매출차이분석

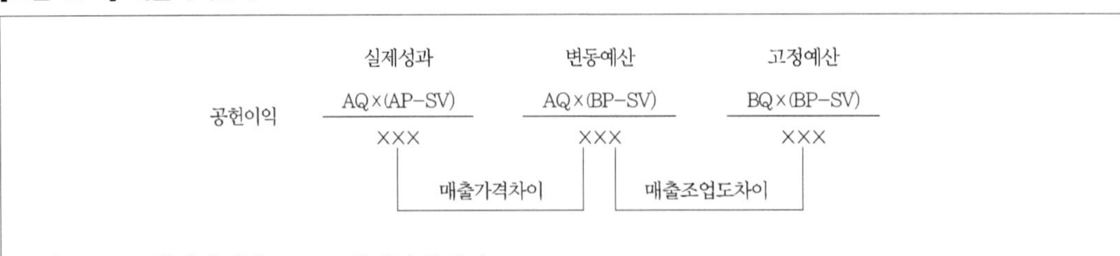

단, AQ : 실제판매량, AP : 실제판매가격
BQ : 예산판매량, BP − SV : 예산공헌이익

1) 매출가격차이(selling price variance)

실제매출액과 변동예산상의 매출액 차이를 의미한다. 즉, 연초 예상한 예상 판매가격과 실제판매가격과의 차이를 말한다.

cf. 매출가격차이는 다음과 같이 두 가지 방법으로 구할 수 있다.

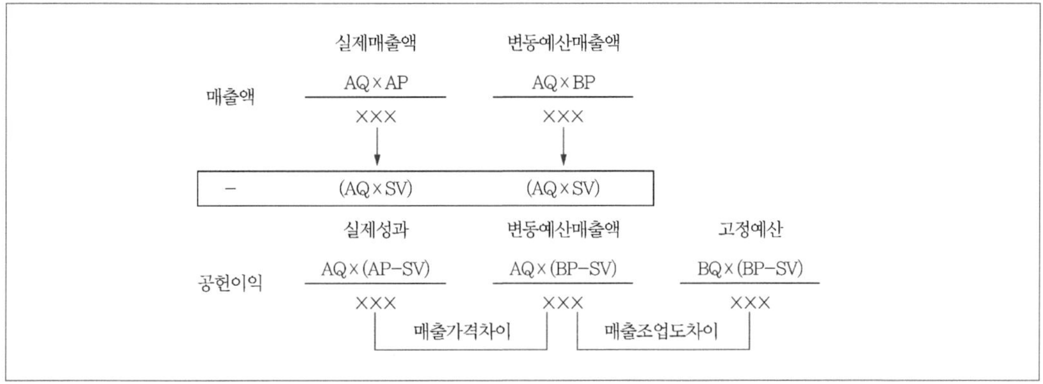

2) 매출조업도차이(sales volume varinace)

변동예산과 고정예산상의 공헌이익 또는 영업이익의 차이를 의미한다. 즉, 연초 예산상의 목표판매량과 실제판매량의 차이가 공헌이익에 미치는 영향을 말한다.

2. 복수제품의 경우 매출조업도차이

만약, 여러 종류의 상호 대체적인 제품을 판매한다면 예산 설정시 각 제품의 예상판매량뿐만 아니라, 각 제품의 상대적인 판매비율도 설정할 수 있다. 만약, 실제 판매비율이 예산과 다르다면 매출조업도 차이를 다시 매출배합차이와 매출수량차이로 구분할 수 있다.

[그림 15-5] 복수제품의 경우 매출조업도 차이

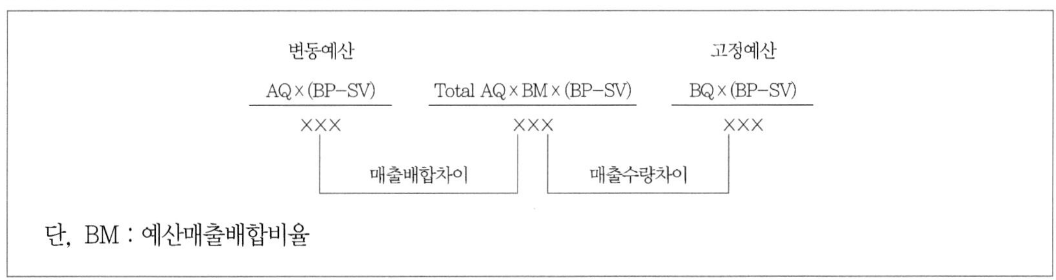

1) 매출배합차이(sales mix variance)

실제 총판매량을 기준으로 실제매출배합과 예산매출배합의 차이가 공헌이익에 미치는 영향을 나타낸다.

2) 매출수량차이(pure sale volume variance)

예산매출배합이 유지된 상태에서 실제판매수량과 예산판매수량의 차이가 공헌이익에 미치는 영향을 나타낸다.

3. 매출수량차이의 통제가능성에 따른 분류

통상적으로 매출수량에 대한 차이는 그 기업의 시장점유율과 그 기업이 속한 산업의 시장규모에 따라 영향을 받는다. 기업입장에서 볼 때 시장점유율은 통제가능요소이지만 시장 전체의 규모는 통제불가능한 요소라고 볼 수 있다. 이러한 관점에서 매출수량차이를 시장점유율차이와 시장규모차이로 구분 할 수 있다.

[그림 15-6] 매출수량차이의 통제가능성에 따른 분류

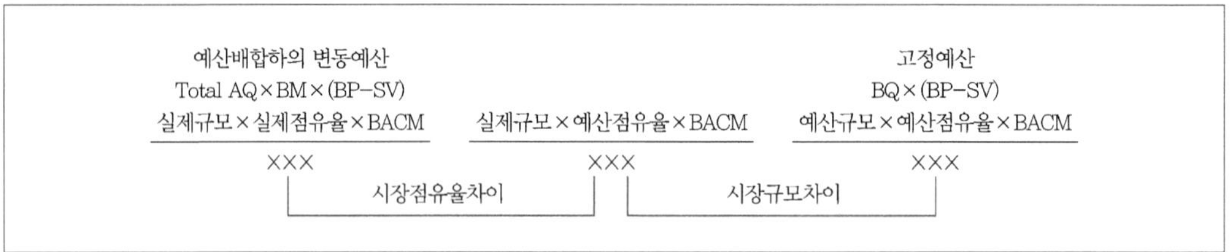

단, BACM(예산평균공헌이익)이란 제품의 상대적 판매비율이 유지된 상태에서 단위당 평균공헌이익을 의미한다.

1) 시장점유율차이(market share variance)

실제시장규모하에서 실제 달성한 점유율과 예산점유율과의 차이가 공헌이익에 미치는 영향을 나타낸다.

2) 시장규모차이(market size variance)

예산점유율이 유지된 상태에서 실제시장규모와 예산시장규모의 차이가 공헌이익에 미치는 영향을 나타낸다

예제 4 복수제품의 매출차이분석

(주)한국은 20×1년에 영업을 개시하였으며 제품 A와 제품 B를 생산하고 있다. 당해연도의 예산과 실적자료는 다음과 같다.

예산자료

제품	단위당판매가격	단위당 변동비	단위당 공헌이익	판매량
A	₩60	₩45	₩15	300단위
B	110	85	25	1,200
합계				1,500단위

실제자료

제품	단위당판매가격	단위당 변동비	단위당 공헌이익	판매량
A	₩60	₩50	₩10	600단위
B	150	115	35	1,200
합계				1,800단위

20×1년 예상고정비는 ₩10,000이며 실제고정비는 ₩9,000이었다. 또한, 회사는 연초에 시장조사기관이 예측한 전체 시장규모 15,000개와 판매부문이 추정한 10%의 예산시장점유율을 기준으로 예산을 설정하였으나, 실제시장규모는 20,000단위였다.

요구사항

매출총차이를 분석하시오.

해답

(1) 매출가격차이, 매출조업도차이

	AQ×(AP−SV)	AQ×(BP−SV)	BQ×(BP−SV)
A	600 × ₩15 = ₩9,000	600 × ₩15 = ₩9,000	300 × ₩15 = ₩4,500
B	1,200 × ₩65 = 78,000	1,200 × ₩25 = 30,000	1,200 × ₩25 = 30,000
	1,800 ₩87,000	1,800 ₩39,000	1,500 ₩34,500
	₩48,000 F		₩4,500 F

(2) 매출배합차이, 매출수량차이

	AQ×(BP-SV)	Total AQ×BM×(BP-SV)	BQ×(BP-SV)
A	600 × ₩15 = ₩9,000	1,800 × 0.2[*1] × ₩15 = ₩5,400	300 × ₩15 = ₩4,500
B	1,200 × ₩25 = 30,000	1,800 × 0.8 × ₩25 = 36,000	1,200 × ₩25 = 30,000
	1,800 ₩39,000	1,800 ₩41,400	1,500 ₩34,500
	₩2,400 U		₩6,900 F

(3) 시장점유율차이, 시장규모차이

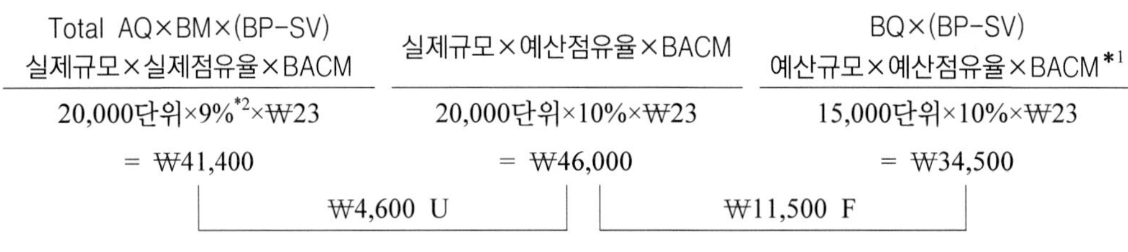

Total AQ×BM×(BP-SV) 실제규모×실제점유율×BACM	실제규모×예산점유율×BACM	BQ×(BP-SV) 예산규모×예산점유율×BACM*[1]
20,000단위×9%[*2]×₩23 = ₩41,400	20,000단위×10%×₩23 = ₩46,000	15,000단위×10%×₩23 = ₩34,500
₩4,600 U		₩11,500 F

*1 예산평균공헌이익(BACM)
= ₩15×0.2 + ₩25×0.8
= ₩23

*2 1,800단위 ÷ 20,000단위 = 9%

4. 이익중심점 성과평가

이익중심점(profit center)은 수익뿐만 아니라 제조원가나 판매관리비 등 수익창출활동을 위해 발생한 원가까지 책임을 지는 중심점으로 일반적으로 분권화된 조직의 사업부가 이에 해당한다. 만약, 판매부서가 이익중심점으로 설정된 경우에 판매부서가 통제가능한 원가는 판매비이다.

4. 투자중심점의 성과평가

1 의의

투자중심점은 수익 및 원가뿐만 아니라 투자의사결정에 대한 권한과 책임을 부여받은 책임중심점으로서, 가장 포괄적이고 광범위한 책임중심점이다. 투자중심점의 평가방법으로는 투자수익률(ROI), 잔여이익(RI) 및 경제적 부가가치(EVA) 등이 있다.

2 평가방법(ROI, RI, EVA)

투자중심점의 평가방법에는 ROI(투자수익률), RI(잔여이익), EVA(경제적부가가치)가 있으며, 관련내용은 다음과 같다.

1. 투자수익률

투자수익률(return on investment : ROI)은 투자액에 대한 이익의 비율을 나타내는 수익성 지표로서 단지 획득된 이익만을 고려하지 않고 사용된 투자액도 함께 고려하여 평가하는 방법이다.

$$\begin{aligned}\text{투자수익률} &= \frac{\text{영업이익}}{\text{영업자산}}\\ &= \frac{\text{영업이익}}{\text{매출액}} \times \frac{\text{매출액}}{\text{영업자산}}\\ &= \text{매출액이익률} \times \text{자산회전율}\end{aligned}$$

(1) 의사결정

- 기존투자수익률 < 새로운 투자안의 투자수익률 ➲ 투자안 채택
- 기존투자수익률 > 새로운 투자안의 투자수익률 ➲ 투자안 기각

(2) 장·단점

투자수익률의 가장 큰 단점은 준최적화현상이며 이를 극복할 수 있는 평가방법은 후술하는 잔여이익이다.

① 장점

- 투자수익률이라는 비율로 평가하는 방법으로 투자규모가 다를 경우 또는 동일 산업내 다른 기업과의 비교가 가능하다.
- 계산이 간편하고 이익뿐만 아니라 투자자산의 효율성에 대한 성과평가도 가능하다.

② 단점

- 회계적이익을 사용하므로 장기투자의사결정에 사용되는 현금흐름과 일치하지 않는다.
- 각 투자중심점들의 투자안에 대한 위험을 고려하지 않는다.
- 회사 전체적으로는 유리한 투자안이라도 해당 사업부의 투자수익률을 낮추는 투자안에 대해서는 부당하게 기각할 우려가 있다.

2. 잔여이익

잔여이익(residual income : RI)은 영업이익에서 투자된 자산으로부터 획득하여야 하는 최소한의 이익을 차감한 금액을 기준으로 투자안을 평가하는 방법이다.

> 잔여이익 = 영업이익 − 투자액(영업자산) × 최저필수수익률*1(암묵적이자율)
>
> *1 해당 투자중심점에 대한 위험을 고려하여 결정한다.

(1) 의사결정

> • 새로운 투자안의 잔여이익 > 0 ➲ 투자안 채택
> • 새로운 투자안의 잔여이익 < 0 ➲ 투자안 기각

(2) 장·단점

잔여이익의 가장 큰 단점은 투자규모가 클수록 잔여이익은 높게 나타날 수 있어 투자규모가 다를 경우 적절한 평가가 어렵다. 반면에, 투자수익률의 평가대상은 금액이 아닌 비율이므로 잔여이익이 지닌 단점을 극복할 수 있다.

① 장점

- 투자수익률을 이용하여 성과평가할 경우 발생할 수 있는 준최적화현상을 방지할 수 있다
- 각 투자중심점의 투자안에 대한 위험을 최저필수수익률에 반영할 수 있다.

② 단점

- 회계적이익을 사용하므로 장기투자의사결정에 사용되는 현금흐름과 일치하지 않는다.
- 잔여이익의 결과가 금액으로 나타나기 때문에 투자규모가 다를 경우 성과비교에 한계가 있다.

3. 경제적부가가치

경제적부가가치(economic value added : EVA)는 세후영업이익에서 투하자본에 대한 자본비용을 차감한 잔액을 말한다.

경제적부가가치 = 영업이익 × (1 − 세율) − 투하자본*1 × 가중평균자본비용*2
= 세후영업이익 − 투하자본에 대한 자본비용
= (ROIC*3 − 가중평균자본비용) × 투하자본

*1 자본비용을 발생시키는 항목을 의미하며, 장부상금액을 기준으로 계산된다.
투하자본 = 비유동부채 + 자기자본
= 총자산 − 유동부채
= 순운전자본(유동자산 − 유동부채) + 비유동자산

*2 기업이 조달한 자금에 대해서 지급되는 비용으로 자기자본비용과 타인자본비용을 자기자본과 타인자본의 시장가치기준으로 가중평균한비용을 의미한다.

$$가중평균자본비용 = 자기자본비용 \times \frac{자기자본}{자기자본 + 타인자본} + 타인자본비용 \times (1 - 세율) \times \frac{타인자본}{자기자본 + 타인자본}$$

*3 ROIC(투하자본에 대한 세후영업이익률) = 세후영업이익 ÷ 투하자본

(1) 의사결정

- 새로운 투자안의 경제적부가가치 > 0 ➲ 투자안 채택
- 새로운 투자안의 경제적부가가치 < 0 ➲ 투자안 기각

(2) 장·단점

① 장점

- 성과평가시 당기순이익이 아닌 영업이익을 중시한다.
- 타인자본비용뿐만 아니라 자기자본비용도 명시적으로 고려하는 방법이다.
- 경제적 부가가치의 증가는 곧 주주부의 증가를 의미하므로 궁극적으로 경영자로 하여금 주주와 같은 입장에서 의사결정하게 된다.

② 단점

- 세후영업이익과 투하자본의 계산을 위해서는 많은 수정사항들이 있으며 명확하지 않다.
- 가중평균비용의 산정이 어렵다.
- 경제적부가가치의 결과가 금액으로 나타나기 때문에 투자규모가 다를 경우 성과비교에 한계가 있다.

[표 10-7] 투자수익률 성과평가방법의 요약

	ROI(투자수익률)	RI(잔여이익)	EVA(경제적부가가치)
계산식	$\frac{\text{영업이익}}{\text{투자액(영업자산)}} = \frac{\text{영업이익}}{\text{매출액}}$ (매출액이익률) 수익성지표 $\times \frac{\text{매출액}}{\text{투자액}}$ (자산회전율) 활동성지표	영업이익 − 투자액(영업자산) × 최저필수수익율	세후순영업이익 − 투하자본 × 가중평균자본비용
의사결정	새로운 투자안의 ROI≥기존 ROI ➲ 투자안 채택	새로운 투자안의 RI≥0 ➲ 투자안 채택	새로운 투자안의 EVA≥0 ➲ 투자안 채택
장점	① 투자규모가 성과평가에 미치는 영향을 적절히 고려하는 방법 ② 투자규모가 다른 투자중심점간의 상호비교과 용이	① 준최적화 현상 극복 ② 투자중심점별 위험을 최저필수수익율에 반영	① 타인자본비용뿐만아니라 자기자본비용도 명시적 고려 ② 경제적부가가치는 주주의 부를 의미하므로 경영자와 주주의 목표일치성
단점	① 회계적이익을 사용하므로 의사결정과 일관성이 결여 ② 투자중심점별 위험을 반영하지 못함 ③ 회사전체적으로 유리한 투자안을 부당하게 기각할 가능성 ➲ 준최적화 현상	① 투자규모가 다를 경우 성과비교에 한계 ② 회계적이익을 사용	① 자기자본비용의 계산이 어려움 ② 투자규모의 다를 경우 성과비교에 한계 ③ 회계적이익을 사용

※경제적 부가가치의 기타고려사항

① 세후순영업이익(net operating profit less adjusted tax : NOPLAT) : 순수한 영업으로부터 창출한 이익에서 법인세를 차감한 순 이익으로서 재무제표상 영업이익 개념에서 일부를 조정하여야 한다.

㉠ 영업활동 이외의 수익 및 비용항목, 일부 비현금지출 항목 및 법인세의 조정

② 투하자본(invested capital : IC) : 자본비용을 발생시키는 항목을 말하며, 장부가액으로 계산한다.

- 비유동부채 + 자기자본
- 총자산 − 유동부채
- 순운전자본(유동자산 − 유동부채) + 비유동자산

③ 가중평균자본비용(weighted average cost of capital : WACC) : 자기자본과 타인자본은 시장가치 기준으로 산정하며, 타인자본비용에는 법인세 감세효과를 고려하여야 한다.

WACC = S/(S + B) × 자기자본비용 + B/(S + B) × 타인자본비용 × (1 − 세율)

단, S : 자기자본 시장가치

B : 타인자본 시장가치

예제 5 투자수익률과 잔여이익의 비교

(주)서울에는 A와 B의 두 개의 사업부가 있는데 다음은 성과평가와 관련된 자료이다.

구분	A부문	B부문
투자액	2,000억원	4,000억원
순이익	400억원	720억원

요구사항

(주)서울의 자본비용은 10%이다. 각 사업부의 투자수익률, 잔여이익을 구하시오.

해답

	ROI	RI
A부문	400 ÷ 2,000 = 20%	400 − 2,000 × 0.1 = 200
B부문	720 ÷ 4,000 = 18%	720 − 4,000 × 0.1 = 320

그러므로, ROI는 A부문이, RI는 B부문이 각각 더 우수하다.

예제 6 경제적부가가치

다음은 (주)서울의 남부사업부와 중부사업부의 자료의 일부이다.

(1) 재무상태표와 손익계산서

	남부사업부	중부사업부
총자산	₩2,000,000	₩10,000,000
유동부채	500,000	3,000,000
세전영업이익	250,000	2,000,000

(2) 투하자본과 자본비용

장기부채 : 시장가치 ₩7,000,000, 이자율 10%

자기자본 : 시장가치 ₩7,000,000, 자본비용 14%

요구사항

법인세율은 40%이다. 남부사업부과 중부사업부의 경제적 부가가치(EVA)를 구하시오.

단, 각 사업부에는 동일한 가중평균자본비용을 적용한다.

해답

(1) 가중평균자본비용

₩7,000,000 ÷ (₩7,000,000 + 7,000,000) × 0.14 + ₩7,000,000 ÷ (₩7,000,000 + 7,000,000) × 0.1 × (1 − 0.4) = 0.1

(2) 경제적부가가치=세후영업이익 − 투하자본 × 가중평균자본비용

① 남부사업부 : ₩250,000 × (1 − 0.4) − (₩2,000,000 − ₩500,000) × 0.1 = ₩0

② 중부사업부 : ₩2,000,000 × (1 − 0.4) − (₩10,000,000 − ₩3,000,000) × 0.1 = ₩500,000

객관식 문제

1. 분권화와 책임회계, 성과평가와 관련하여 다음의 설명 중에서 가장 적절한 것은? 2002 세무사

① 분권화(decentralization)로부터 얻을 수 있는 효익으로 내부이전가격의 신속한 결정을 들 수 있다.

② 원가중심점은 특정 원가의 발생에만 통제책임을 지는 책임중심점으로 판매부문이 한 예가 될 수 있다.

③ 하부경영자가 자신의 성과측정치를 극대화할 때 기업의 목표도 동시에 극대화될 수 있도록 하부경영자의 성과측정치를 설정해야 하는데, 이를 목표일치성(goal congruence)이라고 한다.

④ 잔여이익(residual income)이 갖고 있는 준최적화(sup - optimization)의 문제점을 극복하기 위하여 투자수익률이라는 개념이 출현하였다.

⑤ 투자수익률법은 투자규모가 다른 투자중심점을 상호 비교하기가 어렵다는 문제점이 있는 반면에 잔여이익법에는 이런 문제점이 없다.

2. 다음 중 분권화된 조직에서의 책임회계제도, 대체가격, 투자중심점, 성과평가 등과 관련된 설명으로 옳지 않은 것은? 2005 세무사

① 책임회계제도는 조직의 자원이 어느 기능을 위하여 사용되었는가 보다는 누가 사용하였는가에 관심을 둔다.

② 이익중심점이란 수익과 비용 모두에 대하여 책임이 부여된 조직의 하위단위 또는 부문을 말한다.

③ 잔여이익(residual income)이란 투자중심점이 사용하는 영업자산으로부터 당해 투자중심점이 획득하여야 하는 최소한의 이익을 초과하는 영업이익을 말한다.

④ 조직의 하위부문 사이에 재화를 주고받을 경우 각 하위부문에 대한 공정한 성과평가를 하려면 공급부문의 변동원가에 근거하여 대체가격을 설정하는 것이 바람직하다.

⑤ 투자수익률(return on investment)이란 수익성지표의 일종으로서 이는 투하된 자본금액에 대한 이익의 비율로 나타낸다.

※ 다음은 문.3 ~ 문.4에 관련된 자료이다.

(주)한국의 원재료에 대한 당해연도 예산과 실제자료는 다음과 같다.

(1) 예산자료

종류	표준투입량	톤당 원가	총원가
A	0.2톤	₩160,000	₩32,000
B	0.4톤	100,000	40,000
C	0.4톤	120,000	48,000
			₩120,000

(2) 실제자료(단, 당기 실제산출량은 100톤이다.)

종류	실제투입량	톤당 원가	총원가
A	10톤	₩200,000	₩2,000,000
B	50톤	120,000	6,000,000
C	50톤	100,000	5,000,000
			₩13,000,000

3. 당해연도 원재료수량차이를 구하시오.

① ₩600,000 불리　② ₩600,000 유리　③ ₩480,000 불리
④ ₩480,000 유리　⑤ ₩320,000 불리

4. 당해연도 원재료배합차이를 구하시오.

① ₩600,000 불리　② ₩600,000 유리　③ ₩480,000 불리
④ ₩480,000 유리　⑤ ₩320,000 불리

5. (주)한국은 보통과 고급의 두 가지 우산을 판매한다. (주)한국의 20×1년 2월의 매출에 대한 자료는 다음과 같다. 두 가지 우산의 매출수량차이는 얼마인가?

고정예산 총공헌이익	₩2,800,000
2월에 판매될 예산 우산수량	2,000단위
보통우산의 단위당 예산공헌이익	₩1,000
고급우산의 단위당 예산공헌이익	3,000
총매출수량차이	700,000(불리)
보통우산의 실제 매출배합비율	60%

모든 차이는 공헌이익을 기준으로 한다. 2004 회계사

① 보통 ₩400,000(불리), 고급 ₩300,000(불리)

② 보통 ₩300,000(불리), 고급 ₩400,000(불리)

③ 보통 ₩100,000(유리), 고급 ₩800,000(불리)

④ 보통 ₩800,000(불리), 고급 ₩100,000(유리)

⑤ 보통 ₩500,000(불리), 고급 ₩200,000(불리)

6. (주)서울의 3월 예산 대비 실적자료는 다음과 같다. 동 자료를 토대로 당초 예상보다 영업이익이 ₩200만큼 줄어든 원인을 분석하고자 한다. 다음의 자료를 이용하여 매출조업도차이를 구하시오. 단, 유리한 차이는 (F)로 불리한 차이는 (U)로 표시한다. 2003 회계사

	3월 실적(actual)	3월 예산(budget)
판매수량	400개	300개
매출액	₩7,200	₩6,000
변동비	4,800	3,000
고정비	1,400	1,800
영업이익	1,000	1,200

① ₩1,800(F) ② ₩600(F) ③ ₩1,000(U)

④ ₩1,800(U) ⑤ ₩1,000(F)

7. 투자중심점(investment center)의 투자성과 평가지표에 관한 다음의 설명 중 가장 타당하지 않은 것은? 2009 회계사

① 투자수익률(return on investment : ROI)은 투하자본에 대한 투자이익의 비율을 나타내는 수익성 지표이며, 매출이익률에 자산회전율을 곱하여 계산할 수 있다.

② 투자수익률은 기업의 여러 투자중심점의 성과를 비교하는데 유용할 수 있지만, 투자수익률의 수준이 투자중심점 경영자의 성과평가기준으로 사용될 경우에는 목표불일치 문제를 야기할 수 있다.

③ 잔여이익에 의한 투자중심점 성과평가는 투자수익률에 의한 준최적화 문제를 해결할 수 있으며, 각기 다른 투자규모의 투자중심점들의 성과를 잔여이익에 의하여 직접적으로 비교평가 할 수 있는 장점이 있다.

④ 경제적부가가치(economic value added : EVA)는 세후영업이익에서 투하자본에 대한 자본비용을 차감하여 계산할 수 있다.

⑤ 경제적부가가치의 관점에서는 영업이익이 당기순이익보다 기업의 경영성과를 평가하는데 유용한 지표라고 본다.

8. (주)서울의 A부문의 회계자료는 다음과 같다.

매출	₩1,000,000
변동비	600,000
고정비(추적가능원가)	100,000
평균투자자본	200,000
부가이자율(최저필수수익률)	6%

위의 자료를 이용하여 잔여이익을 구하면 얼마인가? 2001 세무사

① ₩168,000 ② ₩202,000 ③ ₩288,000

④ ₩312,000 ⑤ ₩420,000

9. (주)한국은 A, B 두 개의 사업부만 두고 있다. 투자수익률과 잔여이익을 이용하여 사업부를 평가할 때 관련 설명으로 옳은 것은? (단, 최저필수수익률은 6%라고 가정한다.)

구분	A부문	B부문
투 자 금 액	₩250,000,000	₩300,000,000
감가상각비	25,000,000	28,000,000
영 업 이 익	20,000,000	22,500,000

① A사업부와 B사업부의 성과는 동일하다.

② A사업부가 투자수익률로 평가하든 잔여이익으로 평가하든 더 우수하다.

③ B사업부가 투자수익률로 평가하든 잔여이익으로 평가하든 더 우수하다.

④ 투자수익률로 평가하는 경우 B사업부, 잔여이익으로 평가하는 경우 A사업부가 각각 더 우수하다.

⑤ 투자수익률로 평가하는 경우 A사업부, 잔여이익으로 평가하는 경우 B사업부가 각각 더 우수하다.

정답 및 해설

1. 정답 ③

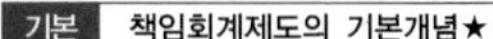

① 분권화(decentralization)에서 자율성을 강조하게 되면 내부이전가격결정 의사결정이 지연될 수 있다.

② 원가중심점은 제조부문이 그 예가 될 수 있으며, 판매부분은 수익중심점으로 설정될 수 있다.

④ 준최적화(sup - optimization)현상은 투자수익률이 가지고 있는 문제점으로써 해결방안으로는 잔여이익(residual income)과 경제적부가가치(economic value added)가 있다.

⑤ 투자수익률법은 평가대상의 수익률에 의하여 평가하기 때문에 투자규모가 다른 투자중심점을 적절하게 평가할 수 있다.

2. 정답 ④ 기본 책임회계제도의 기본개념

• 공급부문의 변동원가를 기준으로 대체가격을 설정하면 대체로 이한 이익을 모두 구매부문으로 이전된다.

3. 정답 ① 기본 기본 복수원재료 수량차이

	AQ×SP		SQ×SP	
A	10톤 × ₩160,000 =	₩1,600,000	100톤 × 0.2 × ₩160,000 =	₩3,200,000
B	50톤 × ₩100,000 =	5,000,000	100톤 × 0.4 × ₩100,000 =	4,000,000
C	50톤 × ₩120,000 =	6,000,000	100톤 × 0.4 × ₩120,000 =	4,800,000
		₩12,600,000		₩12,000,000
		₩600,000 불리		

4. 정답 ② 기본 기본 복수원재료 수율차이

	AQ×SP		Total AQ×BM×SP	
A	10톤 × ₩160,000 =	₩1,600,000	110톤 × 0.2 × ₩160,000 =	₩3,520,000
B	50톤 × ₩100,000 =	5,000,000	110톤 × 0.4 × ₩100,000 =	4,400,000
C	50톤 × ₩120,000 =	6,000,000	110톤 × 0.4 × ₩120,000 =	5,280,000
		₩12,600,000		13,200,000
		₩600,000 유리		

5. 정답 ①

기본 복수제품 매출차이분석, 예산평균공헌이익 적용★

※ 자료정리

	Total BQ×BM×(BP−SV)			BQ×(BP−SV)		
보통우산	1,500	×0.8×₩1,000 =	₩1,200,000	2,000	×0.8[*2]× ₩1,000 =	₩1,600,000
고급우산	1,500	×0.2×₩3,000 =	900,000	2,000	×0.2 × ₩3,000 =	1,200,000
	1,500	×₩1,400 =	₩2,100,000	2,000	×₩1,400[*1] =	₩2,800,000
			₩700,000 불리			

*1 예산평균공헌이익(BACM) : ₩2,800,000÷2,000단위=₩1,400
*2 보통우산 매출비율을 x라 하면,
₩1,400 = ₩1,000x + ₩3,000×(1−x). 그러므로 x는 0.8이다.

(1) 보통우산 매출수량차이
₩1,600,000 − ₩1,200,000 = ₩400,000 불리

(2) 고급우산 매출수량차이
₩1,200,000 − ₩900,000 = ₩300,000 불리

6. 정답 ⑤

기본 매출차이분석, 매출조업도차이

※ 자료정리

BQ		300개
AQ		400
BP	₩6,000÷300개 =	₩20
SV	₩3,000÷300개 =	₩10

AQ×(BP−SV)		BQ×(BP−SV)	
400×(₩20 − ₩10) =	₩4,000	300×(₩20 − ₩10) =	₩3,000
	₩1,000 유리		

7. 정답 ③

기본 투자중심점 성과평가기법의 기본개념★

- 잔여이익의 장점은 준최적화현상을 방지할 수 있지만, 투자규모가 다를 경우 일반적으로 투자규모가 상대적으로 큰 투자안의 잔여이익이 더 크게 나타나므로 적절한 평가가 이루어지지 않을 수 있다.

8. 정답 ③

기본 잔여이익의 계산

잔여이익 = 영업이익 − 투자액 × 최저필수수익률
= (₩1,000,000 − 600,000 − 100,000) − ₩200,000×6%
= ₩288,000

9. 정답 ②

기본 | 기본 투자수익률과 잔여이익의 비교★

	제품 A	제품 B
투자수익률	₩20,000 ÷ ₩250,000 = 8.0%	₩22,500 ÷ ₩300,000 = 7.5%
잔여이익	₩20,000,000 − ₩250,000,000 × 6% =₩5,000,000	₩22,500,000 − ₩300,000,000 × 6% =₩4,500,000

주관식 문제

문제 1 투자수익률과 잔여이익

다음을 읽고 물음에 답하시오.

(주)한국은 두 개의 주요 사업부인 신문사업부와 TV사업부를 갖고 있다. 20×1년과 20×2년의 요약 재무자료는 다음과 같다.

	영업이익		매 출 액		총 자 산	
	20×1	20×2	20×1	20×2	20×1	20×2
신문사업부	₩1,890	₩2,310	₩9,450	₩9,660	₩9,240	₩10,290
TV사업부	273	336	12,600	13,440	5,670	6,300

각 사업부의 경영자에 대한 연간 보너스는 사업부별 투자수익률(영업이익을 자산총액으로 나눈 것)에 따라 결정된다. 만일 전년도보다 투자수익률이 증가한 것으로 보고하는 사업부의 경영자는 자동적으로 상여금을 받을 자격이 있다. 그러나 투자수익률이 감소된 것으로 보고하는 사업부의 경영자는 (주)한국의 이사회에 감소된 원인을 설명해야만 하며, 상여금을 받을 가능성이 거의 없다.

신문사업부의 경영자인 김대표는 컬러 프린터로 고속 인쇄능력을 가진 기계에 대한 ₩400의 투자안을 고려하고 있다. 새로운 기계의 컬러로 인한 효과와 뉴스를 신속하게 처리할 수 있는 능력으로 20×3년도 영업이익은 ₩60만큼 증가할 것이다. (주)한국의 각 사업부의 투자에 대한 최저필수수익률은 12%이다.

물음 1

수익성분석을 위한 매출액이익률 및 자산회전율을 이용하여 계산한 투자수익률을 사용하여 20×2년 두 사업부의 투자수익률의 차이를 설명하시오. 20×2년도 자산총액을 투자액으로 사용하라.

물음 2

김대표는 고속 컬러 프린터가 효과가 있음에도 불구하고 이에 대한 투자를 부정적으로 생각하는지 설명하시오.

물음 3

(주)한국의 CEO는 각 사업부의 상급경영자 유인보상액을 사업부의 잔여이익을 토대로 하는 방안을 고려하고 있다.

(1) 20×2년 각 사업부의 잔여이익을 계산하시오.

(2) 잔여이익을 성과측정치로 채택하면 김대표의 고속 컬러 프린터에 대한 거부감이 감소되겠는가?

해 답

물음 1 ROI(투자수익률)

	매출이익률		자산회전율		투자수익률
신문 사업부	$\frac{₩2,310}{₩9,660}$	×	$\frac{₩9,600}{₩10,290}$	=	22.4%
TV사업부	$\frac{₩336}{₩13,440}$	×	$\frac{₩13,440}{₩6,300}$	=	5.3%

물음 2 컬러프린터 투자 의사결정

(1) 컬러프린터 투자수익률

$$\frac{60}{400} \times 100 = 15.0\%$$

(2) 컬러프린터 투자후 20×2년 예산투자수익률

$$\frac{2,310 + 60}{10,290 + 400} = 22.2\%$$

이는 20×2년 투자수익률 22.4%보다 떨어지므로 회사의 성과평가 정책에 따라 부정적으로 생각할 수 있다.

물음 3 RI(잔여이익)

(1) 20×2년 잔여이익

	영업이익	최저필수수익	잔여이익
신문사업부	₩2,310	₩10,290 × 12% = ₩1,235	₩1,075
TV사업부	336	₩6,300 × 12% = 756	(420)

(2) 투자안 잔여이익

영업이익	최저필수수익	잔여이익
₩60	₩400 × 12% = ₩48	₩12

투자안은 신문사업부의 잔여이익을 증가시키므로 김대표의 거부감이 감소될 것이다.

문제 2 복수원재료 차이분석

㈜한국은 화학제품을 생산하고 있다. 그런데 제품생산공정이 복잡하여 투입원재료의 적정한 배합을 유지하고 원재료의 손실을 막기 위해서는 엄격한 통제가 요구된다. 만일 효과적인 통제가 안되면 산출물과 능률측면에서 손실이 발생하게 된다. ㈜한국의 화학제품 X는 1회에 420kg씩 생산되며, 420kg을 생산하는 데 관련된 표준원재료배합 및 표준원가에 대한 자료는 다음과 같다.

원재료	표준투입량	kg당 표준원가	총원가
A	100kg	₩0,3	₩30
B	225	0.2	45
C	50	0.4	20
D	125	0.6	75
	500kg		₩170

화학제품 X를 생산하는 과정에서 증발로 인해 80kg의 감손이 발생한다. ㈜한국은 당기에 총 120회 생산을 실시하여 이를 완성하였으며, 이를 위해 당기에 구입되어 사용된 원재료에 관련된 자료는 다음과 같다.

원재료	구입량	총구입가격	사용량
A	21,750kg	₩4,350	10,000kg
B	36,800	11,040	28,300
C	8,000	2,400	6,800
D	16,000	8,000	14,200
	82,550kg	₩25,790	59,300kg

각 물음은 서로 독립적이다.

물음 1

각 원재료별 원재료가격차이를 계산하시오. (단, 원재료가격차이는 사용량을 기준으로 분석하시오.)

물음 2

각 원재료별 원재료수량차이를 계산하고, 이를 배합차이와 수율차이로 구분하시오.

해 답

※ 자료정리

원재료별 단위당 구입가격

원재료		단위당 구입가격
A	₩4,350 ÷ 21,750 =	₩0.2kg
B	11,040 ÷ 36,800 =	0.3
C	2,400 ÷ 8,000 =	0.3
D	8,000 ÷ 16,000 =	0.5

물음 1 가격차이

		AQ × AP		AQ × SP
A	(10,000kg × ₩0.2 =)	₩2,000	(10,000kg × ₩0.3 =)	₩3,000
B	(28,300kg × ₩0.3 =)	8,490	(28,300kg × ₩0.2 =)	5,660
C	(6,800kg × ₩0.3 =)	2,040	(6,800kg × ₩0.4 =)	2,720
D	(14,200kg × ₩0.5 =)	7,100	(14,200kg × ₩0.6 =)	8,520
		₩19,630		₩19,900

₩270 유리

물음 2 배합차이 및 수율차이

	AQ × SP		Total AQ × BM × SP		SQ × SP	
A	10,000kg × 0.3 =	₩3,000	59,300 × 100/500 × 0.3 =	₩3,558	120 × 100 × 0.3 =	₩3,600
B	28,300kg × 0.2 =	5,660	59,300 × 225/500 × 0.2 =	5,337	120 × 225 × 0.2 =	5,400
C	6,800kg × 0.4 =	2,720	59,300 × 50/500 × 0.4 =	2,372	120 × 50 × 0.4 =	2,400
D	14,200kg × 0.6 =	8,520	59,300 × 125/500 × 0.6 =	8,895	120 × 125 × 0.6 =	9,000
		₩19,900		₩20,162		₩20,400

배합차이 ₩262 유리 　 수율차이 ₩238 유리

문제 3 수익중심점 성과평가

(주)한국은 노트북를 생산하고 있다. 회사는 세 가지 다른 A, B, C모델의 시장을 갖고 있다. 최고경영자는 총공헌이익이 예산보다 낮아 실제 결과가 예산보다 다른 이유를 분석하려고 한다. 기업의 20×1년 3사분기 예산 및 실제 운영자료는 다음과 같다.

〈자료 1〉 20×1년 3사분기 예산자료

	판매가격	단위당 변동원가	단위당 공헌이익	판매량
A	₩379	₩182	₩197	12,500
B	269	98	171	37,500
C	149	65	84	50,000
				100,000

〈자료 2〉 20×1년 3사분기 실제자료

	판매가격	단위당 변동원가	단위당 공헌이익	판매량
A	₩349	₩178	₩171	11,000
B	285	92	193	44,000
C	102	73	29	55,000
				110,000

물음 1

실제 및 예산 공헌이익을 계산하라.

물음 2

세 종류의 제품에 대하여 실제 및 예산 매출배합을 계산하라.

물음 3

20×1년 3사분기 동안의 매출조업도차이, 매출배합차이, 매출수량차이를 계산하라.

해 답

물음 1 실제 및 예산 공헌이익

(1) 실제공헌이익

제품	공헌이익
A	₩1,881,000
B	8,492,000
C	1,595,000
	11,968,000

(2) 예산공헌이익

제품	공헌이익
A	₩2,462,500
B	6,412,500
C	4,200,000
	13,075,000

물음 2 실제 및 예산 매출배합

(1) 실제매출배합

제품	실제판매량	실제매출배합
A	11,000	10.0%(11,000 ÷ 110,000)
B	44,000	40.0%(44,000 ÷ 110,000)
C	55,000	50.0%(55,000 ÷ 110,000)
	110,000	100.0%

(2) 예산배합비율

제품	예산판매량	예산매출배합
A	12,500	12.5%(12,500 ÷ 100,000)
B	37,500	37.5%(37,500 ÷ 100,000)
C	50,000	50.0%(50,000 ÷ 100,000)
	100,000	100.0%

물음 3 매출조업도차이, 매출배합차이 및 매출수량차이

	실제판매량×실제매출배합×예산단위당공헌이익		실제판매량×예산매출배합×예산단위당공헌이익		예산판매량×예산매출배합×예산단위당공헌이익	
A	110,000 × 0.1 × 197 =	2,167,000	110,000 × 0.125 × 197 =	2,708,750	100,000 × 0.125 × 197 =	2,462,500
B	110,000 × 0.4 × 171 =	7,524,000	110,000 × 0.375 × 171 =	7,053,750	100,000 × 0.375 × 171 =	6,412,500
C	110,000 × 0.5 × 84 =	4,620,000	110,000 × 0.5 × 84 =	4,620,000	100,000 × 0.5 × 84 =	4,200,000
		₩14,311,000		₩14,382,500		₩13,075,000

(1) 매출조업도차이 : 1,236,000 F(유리)

(2) 매출배합차이 : 71,500 U(불리)

(3) 매출수량차이 : 1,307,500 F(유리)

문 제 4 투자중심점 성과평가

다음을 읽고 물음에 답하시오.

(주)한국의 사업부 중 하나인 제1사업부는 정수기를 생산 · 판매하고 있다. (주)한국의 정수기는 전국적으로 수요가 꾸준히 증가하며, 이 정수기에 대한 가격의 변화는 시장수요에 그다지 영향을 미치지 않는 것으로 판단된다. (주)한국의 제1사업부는 투자중심점으로 설계되어 있으며, 이 회사의 최근 투자수익률(ROI)은 평균 20%이다. 다음 1년 동안 제1사업부와 정수기에 관한 예상자료는 다음과 같다.

제1사업부의 연간 총고정비	:	₩1,000,000
정수기 한대당 변동비	:	₩300
정수기의 연간 판매대수	:	10,000대
제1사업부의 평균 총자산	:	₩1,600,000

물음 1

(주)한국은 투자중심점 경영자의 성과평가를 투자수익률(ROI)에 근거하여 평가한다면, 제1사업부의 사업부장이 불리한 평가를 받지 않기 위해 부과해야 하는 정수기 단위당 최소판매가격은 얼마인가?

물음 2

투자수익률(ROI)만을 이용하여 투자중심점 경영자의 성과평가를 하는 경우 발생할 수 있는 문제점을 2줄 이내로 설명하시오.

위의 [물음 1]~[물음 2]와 별도로 다음 [물음 3]에 답하시오.

최근들어 투자중심점의 성과평가를 위한 재무측정치로서 경제적 부가가치(EVA)가 자주 사용되고 있다. 경제적 부가가치는 다음과 같이 정의된다.

경제적 부가가치 = 세후순영업이익 − (가중평균자본비용 × 투하자본)

물음 3

(주)한국의 20×1년초 총자산은 3,000억 원인데, 이는 부채 2,000억 원과 자본 1,000억 원으로 구성되어 있다. 모든 부채는 이자발생부채이다. (주)한국의 부채에 대한 연이자율은 10%이고, 법인세율은 25%이며, 자기자본비용은 15%이다. (주)한국의 20×1년 영업이익은 440억 원이다. (주)한국의 20×1년 EVA를 계산하시오.

해 답

물음 1 최소판매가격

$$\frac{10,000 \times (P - 300) - 1,000,000}{1,600,000} = 20\%$$

그러므로, P = ₩432

물음 2 투자수익률의 단점

자기사업부의 성과평가를 위해서 회사전체적으로 이익이 되는 투자안을 기각할 우려가 있다. 즉 준최적화 현상이 발생할 가능성이 있다.

물음 3 경제적부가가치

(1) 투하자본 = 2,000억 원 + 1,000억 원
= 3,000억 원

(2) 가중평균자본비용 = 1,000/3,000 × 0.15 + 2,000/3,000 × 0.1 × (1 − 0.25)
= 0.1

그러므로, EVA = 440억 원 × (1 − 0.25) − 3,000억 원 × 0.1
= 30억 원

경영자보상

2003. KICPA

다음을 읽고 물음에 답하시오.

(주)한국전자는 핸드폰을 생산 · 판매하고 있다. (주)한국전자는 신제품개발담당 경영자인 김이사의 주도하에 디지털카메라의 기능이 부가된 카메라폰에 새로운 통역기능이 추가된 A제품의 개발을 고려하고 있다. 김이사는 20×1년도에 연구개발을 시작하여 20×5년도에 시장에서 쇠퇴하는 A제품의 수명주기예산자료를 다음과 같이 작성하였다.

A제품의 수명주기예산자료

	20×1년	20×2년	20×3년	20×4년	20×5년
생산판매량		5,000단위	15,000단위	25,000단위	10,000단위
단위당 판매가격		₩100	₩80	₩60	₩50
연구개발설계원가	₩170,000				
단위당 제조원가		40	30	20	16
단위당 마케팅고객 서비스원가		45	41	34	29

모든 현금유입과 유출은 연중 계속하여 발생하지만 계산의 편의를 위해 매년 기말시점에 발생하는 것으로 가정한다. 또한 위의 모든 수익과 비용은 현금수익과 현금비용이며, 화폐의 시간가치, 세금 및 인플레이션효과는 무시한다.

물음 1

(주)한국전자의 A제품에 대한 20×5년까지 년도별 예산누적현금흐름을 보이시오.

물음 2

신제품 개발팀에서는 A제품 이외에 또다른 방안으로 B제품의 개발도 함께 고려하고 있다. B제품의 요약된 수명주기예산자료가 다음과 같다고 하자.

B제품의 수명주기예산자료

	20×1년	20×2년	20×3년	20×4년	20×5년
현금수입		₩773,000	₩1,570,000	₩947,000	₩570,000
현금비용	₩187,000	703,000	1,450,000	730,000	490,000

(1) 한편 (주)한국전자와 김이사의 고용계약만기는 20×3년 말이며, 20×0년말 현재로서는 계약연장계획이 없다. 김이사의 성과보상은 매년 순현금흐름(= 현금수입 - 현금비용)의 일정비율에 의해 결정된다고

하자. 이러한 상황하에서 자신의 성과보상을 극대화하려는 김 이사는 두 가지 대안 중에서 어떤 제품을 개발해야한다고 주장하겠는가? 간략하게 서술하시오.

(2) 20×0년도에 CPA자격증을 취득하고 입사한 정회계사는 회사입장에서 보다 유리한 투자안을 선택하려고 한다. 정회계사의 선택이 김 이사의 선택과 일치하는지의 여부를 보이시오.

(3) 만일 두 사람의 의견이 일치한다면 그 원인은 무엇이며, 서로 의견이 다르다면 그 원인에 대해서 논하시오.

해 답

물음 1 A제품의 연도별 예산누적 현금흐름

	20×1년	20×2년	20×3년	20×4년	20×5년
현금유입	-	₩500,000	₩1,200,000	₩1,500,000	₩500,000
현금유출	₩170,000	425,000	1,065,000	1,350,000	450,000
연간 순현금흐름	₩(170,000)	₩75,000	₩135,000	₩150,000	₩50,000
누적 순현금흐름	₩(170,000)	₩(95,000)	₩40,000	₩190,000	₩240,000

물음 2 경영자보상분석

(1) 김이사의 주장

① B제품의 예산누적 현금흐름

	20×1년	20×2년	20×3년	20×4년	20×5년
현금수입	-	₩773,000	₩1,570,000	₩947,000	₩570,000
현금비용	₩187,000	703,000	1,450,000	730,000	490,000
순현금흐름	₩(187,000)	₩70,000	₩120,000	₩217,000	₩80,000
누적 순현금흐름	₩(187,000)	₩(117,000)	₩3,000	₩220,000	₩300,000

② 김이사의 선택

김이사는 자신의 성과보상을 극대화하기 위해서는 두 가지 대안 중에서 20×3년까지의 예산누적 순현금흐름이 큰 제품이 유리하기 때문에 20×3년까지의 누적 현금흐름이 ₩3,000인 B제품보다는 누적현금흐름이 ₩40,000인 A제품을 개발해야 된다고 주장할 것이다.

(2) 회사의 입장에서 유리한 투자안은 투자기간 전체의 누적순현금흐름이 큰 투자안이 유리하기때문에 정회계사는 20×5년까지의 누적현금흐름이 ₩300,000인 B제품을 선택할 것이다. 그렇기 때문에 정회계사의 선택과 김이사의 선택은 일치하지 않는다.

(3) 두 사람의 의견은 서로 다르다. 그 원인은 김이사에 대한 성과보상체계가 투자안의 전체의 성과에 대한 보상이 되지 않기 때문에 투자기간중인 20×3년까지의 투자성과만으로 보상되므로 김이사의 목표(성과보상 극대화)의 회사 전체의 목표(투자성과 극대화)가 일치하지 않기 때문에 김이사는 전체 최적화에 반대하는 의사결정으로 자신의 목표극대화를 추구하게 된다.

수익중심점 평가 및 변동원가계산

2001. KICPA

다음을 읽고 물음에 답하시오.

당사는 전자계산기를 제조하는 회사로서 제품 D와 T를 생산하고 있다. 올해 시장규모는 D제품 200,000개, T제품 300,000개, 총 500,000개로 예상하고 있다. 두 제품에 대한 당기 예산자료는 다음과 같다.

	D	T
기초재고	1,500개	1,000개
단위당 판매가격	₩38	₩35
단위당 직접재료비	10	12
단위당 변동가공비	5	6
단위당 변동판매비	3	4
판매량	18,000개	27,000개
기말재고	1,000개	2,500개

그러나 당기의 실제 시장규모는 D제품이 180,000개, T제품이 270,000개로 전체시장규모가 총 450,000개에 그쳤다. 실제 판매자료는 다음과 같다.

	D	T
기초재고	1,500개	1,000개
단위당 판매가격	₩36	₩40
단위당 직접재료비	9	10
단위당 변동가공비	5	6
단위당 변동판매비	3	4
판매량	15,300개	22,950개
기말재고	1,000개	2,500개

고정가공비와 고정판매비 발생액은 ₩300,000이고, 전기 및 당기의 단위당 원가는 동일하다.

물음 1

매출조업도 차이 계산시 회사의 실제공헌이익이 아닌 예산공헌이익을 사용하는 이유를 2줄이내로 쓰시오.

물음 2

매출수량 차이를 구하고 이를 시장점유율 차이와 시장규모 차이로 세분하시오. 이중에서 영업담당 부장이 통제가능한 차이가 무엇인지 설명하시오.

물음 3

회사가 시장규모에 미치는 영향이 미미하다고 할 때 시장규모 차이에 대한 책임은 누가 져야 하는가?

물음 4

throughput contribution에 의하면 직접재료비만이 재고가능원가에 포함되며, 나머지는 모두 당기비용으로 처리된다. 제품 T의 기초재고가 1,000개인 경우와 3,000개인 경우 각각에 대하여 제품 T의 실제 영업이익을 구하시오. 그리고 이러한 차이가 나는 이유가 무엇인지 설명하시오. 단, 판매량 및 기말재고는 두 가지 경우 모두 22,950개와 2,500개라고 가정한다.

물음 5

throughput contribution에 의한 영업이익과 변동원가계산에 의한 영업이익이 차이 나는 이유를 설명하시오(변동원가계산에 의한 영업이익을 구할 필요는 없음).

해 답

물음 1 매출조업도 차이 계산시 예산공헌이익을 사용하는 이유

매출조업도차이란 변동예산과 고정예산의 차이로 이는 실제 판매수량과 예산상 판매량의 차이를 말하므로, 판매부문의 성과평가인 매출조업도차이 분석시 가격효과를 배제하기 위해 예산공헌이익을 사용한다.

물음 2 매출수량차이분석

※ 자료정리

	D	T	합 계
BP - SV(예산공헌이익)	₩38 - ₩18 = ₩20	₩35 - ₩22 = ₩13	
BQ(예산판매량)	18,000개	27,000개	45,000개
AQ(실제판매량)	15,300개	22,950개	38,250개

변동예산	변동예산(예산점유율화)	고정예산
450,000 × 8.5%[*2] × 15.8	450,000개 × 9%[*1] × @15.8	45,000개 × @15.8[*3]
= ₩604,350	= ₩639,900	= ₩711,000

시장점유율차이 ₩(35,550)U　　시장규모차이 ₩(71,100)U

매출수량차이 ₩(106,650)U

*1 예산점유율 = $\frac{45{,}000개}{500{,}000개}$ = 9%

*2 실제점유율 = $\frac{38{,}250개}{450{,}000개}$ = 8.5%

*3 BACM(예산평균공헌이익) = $\frac{18 \times @20 + 27 \times @13}{18 + 27}$ = @15.8

영업담당부장 입장에서 시장규모차이는 통제불능요소이기 때문에 통제가능한 차이는 시장점유율 차이이다.

물음 3 시장규모차이

회사가 시장선도자가 아니라면 시장규모 차이에 대해서는 책임지는 부서는 없다.

물음 4 초변동원가계산에서의 영업이익

(1) 기초재고가 1,000개인 경우

매 출	₩918,000	(= 22,950개 × ₩40)
직접재료비	229,500	(= 22,950개 × ₩10)
공헌이익	₩688,500	
변동가공비*	146,700	(= 24,450개 × ₩6)
변동판매비	91,800	(= 22,950개 × ₩4)
고정비	300,000	
영업이익	₩150,000	

* 직접노무비 + 변동제조간접비

(2) 기초재고가 3,000개인 경우

매 출	₩918,000	(= 22,950개 × ₩40)
직접재료비	229,500	(= 22,950개 × ₩10)
공헌이익	₩688,500	
변동가공비	134,700	(= 22,450개 × ₩6)
변동판매비	91,800	(= 22,950개 × ₩4)
고정비	300,000	
영업이익	₩162,000	

초변동원가계산에서는 직접재료비만이 제품원가가 되고 변동가공비 발생액은 전액 당기 비용처리되므로 위의 차이는 생산량차이에 따른 변동가공비의 차이이다.

물음 5 초변동원가계산과 변동원가계산에서의 영업이익차이

초변동원가계산에서는 변동원가계산의 차이는 재고자산에 대한 변동가공비의 자산화여부에 있다.

제 16 장

불확실성하의 의사결정

전문가 칼럼

■ 대박을 꿈꾸며~오~필승 코리아...

기업의 경영활동의 목적 중에서 가장 중요한 것은 이익을 창출하는데 있다. 따라서 경영자는 미래의 환경 변화에 대해서 유연하게 대처해야 하며 합리적인 분석을 통해서 이익을 극대화할 수 있는 최적 대안을 선택하여야 한다. 만약 미래의 경영상황을 모두 정확하게 예측할 수 있다면 그러한 예상을 바탕으로 최적의 의사결정이 이루어질 수 있지만, 대부분의 미래상황은 현 시점에서 정확하게 예측할 수가 없다. 그 결과 부정확한 예측을 통한 의사결정이 이루어 질 경우 예기치 못한 손실을 볼 수도 있다. 그렇다면, 이러한 불확실한 상황에서 이익을 추구하는 경영자는 어떠한 방법을 통하여 최적행동대안을 선택할 수 있을까? 만약 미래상황이 확실하지는 않지만 그러한 불확실한 상황에 대한 발생확률을 알 수 있다면 확실한 이익은 아니지만, 확률을 통한 기대이익을 통하여 나름대로 합리적인 대안을 선택할 수 있다. 불확실성하의 의사결정이란 불확실한 상황과 그에 대한 확률을 통하여 계산된 성과를 기초로 최적행동대안을 선택하는 과정으로 말한다.

※ 불확실성하의 의사결정

의사결정이란 여러 가지 행동대안 중에서 하나의 대안을 선택하는 과정을 말하며, 불확실성하의 의사결정이란 미래 상황변수에 확률이 주어질 경우 성과와 확률을 고려하여 기대이익 극대화(또는 기대비용극소화)를 추구하는 과정을 말한다. 불확실성하의 의사결정은 일반적으로 다음과 같은 과정을 통하여 이루어진다.

[제1단계 : 의사결정의 목적설정]

의사결정의 목적은 여러 가지 형태가 존재하지만, 일반적으로 이익의 극대화 또는 비용의 극소화로 나타날 수 있다.

[제2단계 : 선택 가능한 행동대안의 설정]

의사결정자가 선택 가능한 행동대안(alternatives)을 설정하며, 이러한 행동대안은 상호배타적이어야 한다. 상호배타적이라 함은 어떤 한 행동대안을 채택하고 나면 다른 행동대안은 자동적으로 기각되는 것을 말한다.

[제3단계 : 발생가능한 모든 상황의 설정]

미래 발생가능한 모든 상황(state of nature)을 설정하며, 이러한 상황은 상호배타적이어야 한다. 또한, 미래의 발생 가능한 모든 상황에는 확률이 부여된다.

[제4단계 : 성과표(payoff table) 작성]

선택 가능한 행동대안과 발생 가능한 모든 상황의 결합에 의하여 나타날 수 있는 성과를 계산한다.

[제5단계 : 최적행동대안의 선택]

각 행동대안별로 미래의 상황에 따른 성과와 확률을 고려하여 최적행동대안을 선택한다. 최적행동대안의 선택기준은 기대가치기준과 기대효용기준이 있다.

다음 사례를 통하여 살펴보도록 한다.

사 례

김씨는 이번 월드컵 기간에 야광불을 판매하고자 한다. 야광불의 개당 구매원가는 ₩100이며 판매가격은 ₩300이다. 월드컵 기간중에 판매되지 않은 야광불은 반품이 불가능하다. 따라서 폐기처분 또는 근처 어린이집에 기증하기로 하였다.
김모씨는 야광불이 판매될 경우 개당 이익은 판매가격 ₩300에서 구매원가 ₩100을 차감한 ₩200이지만 무작정 많은 수량을 구매할 수가 없다. 왜냐하면, 우리나라 대표선수가 계속 승리하면 할수록 경기가 계속 진행이 되어 판매수량은 점점 더 많아지겠지만, 중도 탈락할 경우 월드컵에 대한 열기가 줄어들어 판매량이 줄어들어 판매하지 못한 재고는 반품할 수가 없어 모두 폐기처분하여야 하기 때문이다. 김씨 입장에서는 좀 더 많은 경기가 이루어지길 바라지만 승리 여부는 아무도 장담하지 못한다. 단지 과거 경험과 전문가의 예측에 따라서 대표선수의 성적과 성적에 대한 예상판매량을 예측할 수가 있는데 김씨가 예상하는 성적은 다음과 같다.

	성 적			
	16강	8강	4강	결승
확 률	30%	40%	20%	10%
예상판매량	100	200	300	400

요구사항

예상에 따르면 성적이 좋을수록 더 많은 판매량이 예상된다.

만약, 성적에 따른 판매량이 위와 같이 예상된다면 김씨는 몇 개의 수량을 주문하여야 하는가? 단, 김씨는 100개 단위로 주문할 수 있다.

해답

(1) 성과표 작성

김씨는 100개, 200개, 300개, 400개를 선택해서 주문할 수 있으며 주문량에 대한 미래판매 상황에 따른 성과를 계산하면 다음과 같다.

		상황				
		100 (0.3)	200 (0.4)	300 (0.2)	400 (0.1)	기대값[*4]
	100	₩20,000[*1]	₩20,000	₩20,000	₩20,000	₩20,000
대안	200	10,000[*2]	40,000[*3]	40,000	40,000	31,000
(구입량)	300	0	30,000	60,000	60,000	30,000
	400	(10,000)	20,000	50,000	80,000	23,000

*1 (₩300-₩100)×100 = ₩20,000
*2 (₩300-₩100)×100 - ₩100×100 = ₩10,000
*3 (₩300-₩100)×200 = ₩40,000
*4 상황별 성과×확률

(2) 최적구입단위 결정

각 구입량에 따른 기대영업이익을 보면 200단위를 구입하였을 경우 기대이익이 ₩31,000으로 가장 크므로 200단위를 구입하는 것이 최적구입량이다.

1. 서론

1 의의

지금까지 우리는 장래에 발생하는 모든 변수를 확실하게 예측할 수 있다는 가정하에 여러 원가계산방법과 관리회계기법들을 익혀왔으나, 사실 미래에 발생하는 모든 변수를 정확히 예측할 수는 없다. 불확실성하의 의사결정은 이러한 미래 불확실한 상황에서의 합리적인 의사결정과정을 말한다. 확실성하에서의 의사결정대상은 정확하게 예측할 수 있는 특정이익이지만 불확실성하의 의사결정은 미래 이익을 정확하게 예측할 수 없으므로 사전에 예측한 이익에 확률을 고려한 기대이익(또는 기대효용)이 의사결정 대상이다.

- 확실성하의 의사결정 : (P − @VC) × Q − FC = I(이익)
- 불확실성하의 의사결정 : (P − @VC)×Q[*1]-FC = I[*2](기대이익 또는 기대효용)

*1 확률부여
*2 기대이익(= 성과 × 확률)

2 불확실성하의 의사결정절차

불확실성하의 의사결정은 일반적으로 다음과 같은 절차를 통하여 이루어진다.

1. 의사결정의 목적설정

의사결정의 목적은 대안의 성격에 따라 기대이익의 극대화(또는 기대비용의 극소화)와 기대효용의 극대화로 구분할 수 있다. 기대효용극대화는 특정행동대안의 기댓값뿐만 아니라 위험요소도 동시에 고려하는 의사결정기준으로 투자자의 성향에 따라 위험회피형, 위험선호형, 위험중립형으로 구분할 수 있다.

① 기대가치극대화(또는 기대비용의 극소화)
② 기대효용극대화

2. 성과표작성

불확실성하의 의사결정의 기초는 성과표작성으로 이루어지며, 선택가능한 행동대안의 집합과 발생가능한 상황의 집합으로 구성되어 있다. 또한, 발생가능한 상황에는 확률이 부여되어 있으며 모든 상황들의 확률의 합은 1이다.

① 선택가능한 행동대안의 집합
② 발생가능한 모든 상황의 집합 : 확률부여

※성과표

		상황		기대이익(비용) 또는 기대효용
		$S_1(P)$	$S_2(1-P)$	
대안	A1			
	A2			

단, S(state of nature) : 미래발생가능한 상황
A(alternatives) : 선택가능한 대안
P(probability) : 확률

[예제.1~예제.6 공통자료]

(주)한국은 신제품을 생산·판매하기 위해서 새로운 설비를 도입하고자 한다. 새로운 설비는 A, B 두 가지 모델이 있으며 각 모델이 창출할 수 있는 이익은 다음과 같다.

	A	B
단위당 판매가격	₩100	₩160
단위당 변동비	70	120
단위당 공헌이익	₩30	₩40
총고정비	₩20,000	₩35,000

신제품의 예상판매량과 확률은 다음과 같다.

수요량	확률
1,000단위	0.4
2,000단위	0.6

3. 최적행동대안 선택

선택가능한 대안들의 미래 상황에 대한 성과들의 기댓값을 기초로 최적행동대안을 선택할 수 있으며, 위험요소까지 고려한 선택방법이 기대효용기준이다.

① 기대가치기준

② 기대효용기준

※ 기대효용기준

- 위험회피형 : 효용이 부의 증가에 따라 체감적 증가
- 위험선호형 : 효용이 부의 증가에 따라 체증적 증가
- 위험중립형 : 효용이 부와 정비례함(기대가치기준에 의한 의사결정과 동일함)

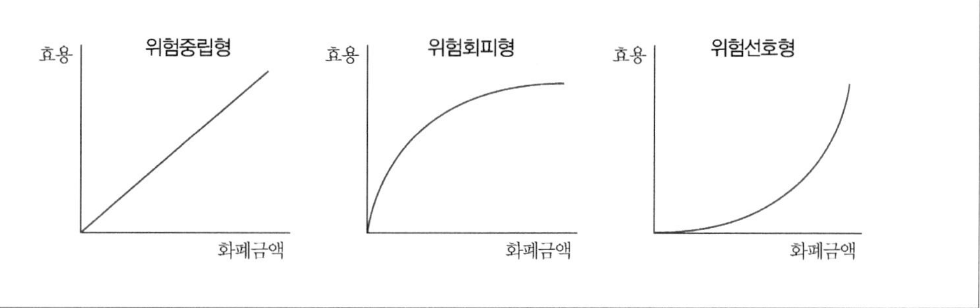

예제 1 기대가치기준

요구사항

위의 자료를 이용하여 성과표를 작성하고 기대가치기준에 의하여 최적행동대안을 선택하시오.

해답

※ 각 모델별 이익함수

예상판매량을 Q라 하면,

A : ₩30·Q − ₩20,000

B : ₩40·Q − ₩35,000

행동대안	상황(판매량) S1(1,000단위) P(x1) : 0.4	상황(판매량) S2(2,000단위) P(x2) : 0.6
A 모델	₩10,000*1	₩40,000
B 모델	5,000*2	45,000

*1 ₩30×1,000단위 - ₩20,000 = ₩10,000
*2 ₩40×1,000단위 - ₩35,000 = ₩5,000

기대가치(A) : ₩10,000 × 0.4 + ₩40,000 × 0.6 = ₩28,000
기대가치(B) : ₩5,000 × 0.4 + ₩45,000 × 0.6 = 29,000*

그러므로, B 모델을 선택한다.

예제 2 기대효용기준

요구사항

회사의 이익에 대한 효용함수가 다음과 같을 때, 기대효용기준에 의한 최적행동대안을 선택하시오.

U(I) = $\sqrt{I}$ (단, I는 이익)

해답

행동대안	상황(판매량) S1(1,000단위) P(x1) : 0.4	상황(판매량) S2(2,000단위) P(x2) : 0.6
A 모델	100.00*1	200.00
B 모델	70.71*2	212.13

*1 $\sqrt{₩10,000}$
*2 $\sqrt{₩5,000}$

기대효용(A) : 100.00 × 0.4 + 200.00 × 0.6 = 160*
기대효용(B) : 70.71 × 0.4 + 212.13 × 0.6 = 155

그러므로, A 모델을 선택한다.

3 예측오차의 원가

실제 변수값과 예측된 변수값과의 차이를 예측오차(prediction error)라고 하며, 이로 인하여 입게 되는 손실액을 예측오차의 원가(cost of prediction error) 또는 조건부손실(conditional loss)이라고 한다.

- 예측오차의 원가 = 정확한 예측하의 성과 − 실제의사결정에 따른 결과
- 예측오차의 원가의 기대가치 = 예측오차의 원가 × 확률

예제 3 예측오차의 원가

요구사항

위 예제를 이용하여 각 행동대안에 대한 예측오차의 원가를 구하시오.

해답

(1) A 모델 선택

	상황			
	1,000단위		2,000단위	
최적행동대안의 결과	A 모델	₩10,000	B 모델	₩45,000
실제행동대안의 결과	A 모델	10,000	A 모델	40,000
예측오차의 원가		–		₩5,000

(2) B 모델 선택

	상황			
	1,000단위		2,000단위	
최적행동대안의 결과	A 모델	₩10,000	B 모델	₩45,000
실제행동대안의 결과	B 모델	5,000	B 모델	45,000
예측오차의 원가		₩5,000		–

예제 4 기회손실표

요구사항

기회손실표를 작성하고 기대기회손실을 이용하여 최적행동대안을 선택하시오.

해답

행동대안	상황(판매량)	
	S1(1,000단위) P(x1) : 0.4	S2(2,000단위) P(x2) : 0.6
A 모델	−*1	₩5,000
B 모델	₩5,000	−

*1 각 행동대안에 대한 예측오차의 원가

기대기회손실(A) : ₩0 × 0.4 + ₩5,000 × 0.6 = ₩3,000
기대기회손실(B) : ₩5,000 × 0.4 + ₩0 × 0.6 = 2,000*

그러므로, B 모델을 선택한다.

4 정보의 가치

불확실한 상황에서 미래의 불확실성을 감소시킬 수 있는 정보가 존재한다면 의사결정자는 정보의 활용을 통한 좀 더 바람직한 의사결정을 할 수 있다

1. 정보의 종류

의사결정자가 이용할 수 있는 정보는 미래 불확실한 상황을 모두 없앨 수 있거나 일부만 없앨 수 있는 두 가지의 정보가 있다.

① 완전정보(perfect information) : 미래의 불확실성을 모두 없앨 수 있는 정보
② 불완전정보(imperfect information) : 미래의 불확실성을 일정부분 감소시킬수 있는 정보

2. 완전정보의 가치(expected value of perfect information : EVPI)

완전정보란 미래의 불확실성을 모두 없앨 수 있는 정보로서 경영자는 완전정보를 갖게 되면 최선의 선택이 가능하다. 하지만, 해당 정보를 이용하기 위해서는 대가를 지불해야 하며, 이 대가는 정보로 인한 기대가치의 증가분이다. 이를 완전정보의 가치라 한다.

완전정보의 가치 = 완전정보하의 기대가치 - 기존정보하의 기대가치

※ 예측오차의 원가의 기대가치와 완전정보의 기대가치는 같다.

3. 불완전정보의 가치(expected value of Imperfect or sample information : EVSI)

불완전정보란 미래의 불확실성을 일부 없앨 수 있는 정보로서 불완전한 정보를 이용한 경우의 최적 대안과 그렇지 않은 경우의 최적 대안과의 차이를 불완전정보의 가치라고 한다. 또한, 불완전정보의 가치는 정보 이용에 대한 최대지불가능금액이다.

불완전정보의 가치 = 불완전정보하의 기대가치 - 기존정보하의 기대가치

예제 5 완전정보의 기대가치

요구사항

완전정보의 기대가치를 구하시오. 또한, 외부연구기관으로부터 완전정보를 ₩1,000에 공급하겠다는 제의를 받았다면 이를 수락할지 여부에 대해서 결정하시오.

해답

(1) 완전정보의 기대가치(EVPI)

	완전정보하의 기대가치	: ₩10,000 × 0.4 + ₩45,000 × 0.6 =	₩31,000
(−)	기존정보하의 기대가치	:	29,000
	완전정보의 기대가치		₩2,000

(2) 완전정보의 기대가치가 정보제공에 대한 최대지불가능금액이다. 그런데 완전정보를 ₩1,000에 제공받을 수 있으므로 제안에 수락한다.

예제 6 불완전정보의 기대가치

요구사항

회사는 미래판매량에 대한 정보를 얻기 위하여 관련전문가에게 의뢰하려고 한다. 전문가의 예측이 판매량 1,000단위의 경우 70%, 판매량 2,000단위의 경우 80%의 정확도로 예측한다고 할 때, 전문가에 대한 최대지불가능금액을 구하시오.

해답

[단계 1] 결합확률표 작성

전문가예측	상황(판매량)	
	S1(1,000단위) P(x1) : 0.4	S2(2,000단위) P(x2) : 0.6
I1(1,000단위)	0.7 × 0.4 = 0.28*1	0.2 × 0.6 = 0.12
I2(2,000단위)	0.3 × 0.4 = 0.12*2	0.8 × 0.6 = 0.48

*1 P(I1 I x1) · P(x1)
*2 P(I2 I x1) · P(x1)

[단계 2] 정보별 보고서를 받을 확률계산

I1 : 0.28 + 0.12 = 0.4

I2 : 0.12 + 0.48 = 0.6

[단계 3] 사전확률(prior probability)을 사후확률(posterior probability)로 변환

전문가예측	상황(판매량)	
	S1(1,000단위)	S2(2,000단위)
I1(1,000단위)	0.28 ÷ 0.4 = 0.7	0.12 ÷ 0.4 = 0.3
I2(2,000단위)	0.12 ÷ 0.6 = 0.2	0.48 ÷ 0.6 = 0.8

[단계 4] 각 정보별 기대가치계산

(1) I1(1,000단위)

행동대안	상황(판매량)		기대가치	
	S1(1,000단위) P(x1) : 0.7	S2(2,000단위) P(x2) : 0.3		
A 모델	₩10,000	₩40,000	₩19,000*1	(*)
B 모델	5,000	45,000	17,000*2	

*1 ₩10,000×0.7+₩40,000×0.3 = ₩19,000
*2 ₩5,000×0.7+₩45,000×0.3 = ₩17,000

그러므로, I1(1,000단위)일 경우 A 모델이 최적이다.

(2) I2(2,000단위)

행동대안	상황(판매량) S1(1,000단위) P(x1) : 0.2	S2(2,000단위) P(x2) : 0.8	기대가치	
A 모델	₩10,000	₩40,000	₩34,000[*1]	
B 모델	5,000	45,000	37,000[*2]	(*)

*1 ₩10,000×0.2+₩40,000×0.8=₩34,000
*2 ₩5,000×0.2+₩45,000×0.8=₩37,000

그러므로, I2(2,000단위)일 경우 B 모델이 최적이다.

[단계 5] 불완전정보하의 기대가치계산

불완전정보하의 기대가치 : ₩19,000[*1] × 0.4[*2] + ₩37,000 × 0.6 = ₩29,800

*1 I1(1,000단위)에서 A 모델의 기대가치
*2 I1(1,000단위)의 확률

그러므로, 최대지불가능금액(불완전정보의 기대가치)는 다음과 같다.

	불완전정보하의 기대가치	₩29,800
(−)	기존정보하의 기대가치	29,000
	불완전정보의 기대가치	₩800

예제 7 재고폐기와 불확실성하의 의사결정

(주)한국은 축구응원용 티셔츠를 판매하고 있다. 회사는 티셔츠를 장당 ₩100에 구매하여 ₩300에 판매하고 있다. 티셔츠의 구매는 1,000장을 단위로 주문하며 판매되지 않은 재고는 폐기처분된다. 예상 판매량과 판매량에 대한 확률이 다음과 같다.

판매량	확률
1,000단위	0.3
2,000단위	0.4
3,000단위	0.2
4,000단위	0.1

요구사항 1

기대가치기준에 의한 최적구매수량을 구하시오.

해답

※자료정리

단위당 판매가격	₩300
단위당 구매가격	100
단위당 이익	₩200

즉, 판매시 단위당 ₩200이익이 발생하며 미판매분에 대해서는 구입가격인 단위당 ₩100의 손실이 발생한다.

(1) 성과표 작성

구매수량	상황(판매량)			
	S1(1,000단위) P(x1) : 0.3	S2(2,000단위) P(x2) : 0.4	S3(3,000단위) P(x3) : 0.2	S4(4,000단위) P(x4) : 0.1
1,000	₩200,000*1	₩200,000	₩200,000	₩200,000
2,000	100,000*2	400,000	400,000	400,000
3,000	–*3	300,000	600,000	600,000
4,000	(100,000)*4	200,000	500,000	800,000

*1 ₩200×1,000단위(판매량)
*2 ₩200×1,000단위(판매량)–₩100×1,000단위(미판매량)
*3 ₩200×1,000단위(판매량)–₩100×2,000단위(미판매량)
*4 ₩200×1,000단위(판매량)–₩100×3,000단위(미판매량)

(2) 최적구매수량 결정

기대가치(1,000) : ₩200,000 × 0.3 + ₩200,000 × 0.4 + ₩200,000 × 0.2 + ₩200,000 × 0.1 = ₩200,000
기대가치(2,000) : ₩100,000 × 0.3 + ₩400,000 × 0.4 + ₩400,000 × 0.2 + ₩400,000 × 0.1 = ₩310,000(*)
기대가치(3,000) : ₩0 × 0.3 + ₩300,000 × 0.4 + ₩600,000 × 0.2 + ₩600,000 × 0.1 = ₩300,000
기대가치(4,000) : ₩(100,000) × 0.3 + ₩200,000 × 0.4 + ₩500,000 × 0.2 + ₩800,000 × 0.1 = ₩230,000

그러므로, 2,000단위를 구입한다.

요구사항 2

완전정보의 기대가치를 구하시오.

해답

완전정보하의 기대가치	: ₩200,000 × 0.3 + ₩400,000 × 0.4 + ₩600,000 × 0.2 + ₩800,000 × 0.1 =	₩420,000
(−) 기존정보하의 기대가치	:	310,000
완전정보의 기대가치		₩110,000

5 차이조사결정

경영자는 불량률이나 수율 등 공정이 정상적으로 운영되는지 항상 주의를 기울여야 한다. 만약, 확인 결과 불량률이나 수율이 예상과 다르다면 해당공정의 정상여부에 의문을 가질 수 있다. 차이조사결정은 이러한 공정상태를 확인한 결과 공정이 비효율적으로 운영되는 것으로 예측되어 공정의 정상여부를 조사하고자 할 때, 조사에 수반되는 비용을 고려하여 최적행동대안 선택하는 과정을 말한다. 왜냐하면, 공정이 정상일 경우에도 비효율성이 발생할 수 있으며 이러한 경우에 조사를 한다면 조사에 수반되는 비용만 지출되기 때문이다. 공정이 정상일 경우와 비정상일 경우의 확률을 예상할 수 있는 경우 조사여부를 결정하기 위한 성과표는 다음과 같다.

<table>
<tr><th colspan="2" rowspan="2"></th><th colspan="2">상황</th></tr>
<tr><th>정상상태
(P)</th><th>비정상상태
(1-P)</th></tr>
<tr><td rowspan="3">대안</td><td rowspan="2">조사한다</td><td colspan="2">조사원가</td></tr>
<tr><td>-</td><td>개선원가</td></tr>
<tr><td>조사안한다</td><td>-</td><td>비정상손실</td></tr>
</table>

※ 차이조사결정의 최적행동대안은 기대비용극소화이다.

예제 8 차이조사결정

(주)한국은 지난 달 공정가치분석을 통하여 불리한 재료수량차이가 ₩12,000발생되었다. 따라서, 공장의 책임자는 공정의 이상여부를 조사하려고 한다. 관련정보를 분석한 결과 다음과 같은 정보를 수집하였다.

공정조사비용	₩2,000
공정이상시 수정비용	7,000
공정이상시 수정하지 않음으로써 발생할 미래손실의 현재가치	15,000
공정이 정상일 사전확률	0.6

요구사항 1

조사여부를 결정하시오.

해답

(1) 성과표 작성

행동대안	상황(공정정상상태) S1(정상) P(x1) : 0.6	S2(비정상) P(x2) : 0.4
조사(O)	₩2,000 *1	₩9,000*2
조사(×)	–	15,000*3

*1 조사비용
*2 조사비용+수정비용
*3 비정상공정 손실

(2) 최적대안선택

기대비용(조사 ○) : ₩2,000 × 0.6 + ₩9,000 × 0.4 = ₩4,800 (*)

기대비용(조사 ×) : ₩0 × 0.6 + ₩15,000 × 0.4 = 6,000

기대비용최소화이므로, 조사한다.

요구사항 2

회사가 두 가지 대안에 대한 무차별한 결과를 가져오게 될 공정이 정상상태일 확률(임계확률)을 구하시오.

해답

공정이 정상상태일 확률을 P라 하면,

행동대안	상황(공정정상상태) S1(정상) P(x1) : P	S2(비정상) P(x2) : 1-P	기대비용
조사(○)	₩2,000	₩9,000	₩2,000P + ₩9,000(1-P)
조사(×)	–	15,000	₩15,000(1-P)

₩2,000 × P + ₩9,000 × (1 − ₩15,000 × (1 − P)이 동일한 P(확률)을 구해야 하므로,

₩2,000 × P + ₩9,000 × (1 − P) = ₩15,000 × (1 − P)

P = 0.75

요구사항 3

외부연구기관에서 공정의 정상상태여부에 대한 완전정보를 제공해 준다면 지불할 수 있는 최대지불가능금액을 구하시오.

해답

(1) 완전정보의 기대가치(EVPI)

	완전정보하의 기대비용 : ₩0 × 0.6 + ₩9,000 × 0.4 =	₩3,600
(−)	기존정보하의 기대비용 :	4,800
	완전정보의 기대가치	₩1,200

(2) 완전정보의 기대가치가 정보제공에 대한 최대지불가능금액이므로 지불할 수 있는 금액은 ₩1,200이다.

2. 불확실성하의 CVP분석

1 의의

CVP분석은 대표적인 단기의사결정모형으로 총수익에서 총비용을 차감한 잔액은 이익이라는 기본등식으로 표현할 수 있다.

$$(P - @VC) \times Q - FC = I$$

단, P : 단위당 판매가격
@VC : 단위당 변동비
Q : 판매량
FC : 고정비

이전까지의 CVP분석에서는 위 요소들(P, @VC, Q, FC 등)이 확실하다는 가정하에서 여러 가지 분석이 이루어졌으나 현실적으로 위 모든 변수를 정확하게 예측할 수는 없다. 이러한 불확실한 상황에서 상호배타적인 대안 중 하나를 선택하는 문제에 직면한다면 각 대안간 확정된 이익이 아닌 예상할 수 있는 기대이익이 높은 대안을 선택하여야 하며 동일한 기대이익을 얻을 것으로 예측된다면 위험을 최소화하는 대안을 선택하는 것이 합리적이다. 이러한 불확실한 상황을 분석하는 방법으로는 통계적 분석, 확률수를 이용한 분석 및 시뮬레이션 등이 있다.

2 통계적분석

어떠한 하나의 독립변수가 미래의 불확실성을 가지고 있으며 각각의 상황에 대한 확률이 주어진다면 그러한 불확실성이 종속변수에 미치는 영향을 통계적 절차를 이용하여 분석할 수 있다.

1. 기본개념

미래의 불확실한 독립변수를 판매량이라고 가정 할 경우 관련 개념은 다음과 같다.

1) 영업이익(I)

판매량이 확실한 경우 영업이익은 다음과 같다.

$$I = @CM \times Q - FC$$

단, @CM : 단위당 공헌이익
Q : 판매량
FC : 고정비

2) 기대영업이익

미래 판매량이 불확실한 경우 기대영업이익은 불확실한 독립변수인 판매량의 미래의 기대판매량[Σ(각 상황별 판매량 × 각 상황별 확률)]을 구한 후 다음과 같이 계산할 수 있다.

$$E(I) = E(@CM \times Q - FC)$$

@CM와 FC는 상수이므로,

$E(I) = @CM \times E(Q) - FC$이다.

3) 영업이익의 표준편차

표준편차는 관찰치의 흩어진 정도를 말하며 영업이익의 표준편차는 다음과 같이 단위당공헌이익에 판매량의 표준편차를 곱하여 계산할 수 있다.

$$\sigma(I) = \sigma(@CM \times Q - FC)$$

@CM와 FC는 상수이므로,

$\sigma(I) = @CM \times \sigma(Q)$이다.

2. 확률분포의 종류

확률분포는 확률변수의 행태에 따라 이산확률분포와 연속확률분포로 구분할 수 있으며, 연속확률분포는 확률변수의 확률값에 따라 다시 정규분포과 균일분포로 나눌 수 있다.

<table>
<tr><th colspan="2">종 류</th><th>내 용</th></tr>
<tr><td colspan="2">이산확률분포</td><td>확률변수가 특정값으로 존재한다.</td></tr>
<tr><td rowspan="2">연속확률분포</td><td>정규분포</td><td>확률변수가 연속성을 띄며 그 모양은 확률변수의 기댓값을 중심으로 좌우대칭의 종형을 갖는다.
※ 표준정규분포(Z-분포)
$Z = \frac{x-E(x)}{\sigma}$
단, E(x) : 기댓(평균)값
σ : 표준편차
정규분포를 기댓값은 0으로, 표준편차는 1이 되도록 표준화한 것으로서 Z-분포라 하며 Z값은 특정확률변수가 기댓값으로부터 표준편차의 몇 배정도 떨어져 있는지를 나타낸다.</td></tr>
<tr><td>균일분포</td><td>확률변수가 연속성을 띄며 특정구간에서만 존재하며 확률변수가 가지는 확률값은 모두 동일한다.</td></tr>
</table>

예제 9 이산확률분포

(주)한국은 단일제품은 생산·판매하는 회사이다. 단위당 공헌이익은 ₩100이며, 연간 고정비는 ₩60,000이다. 당해연도 예상판매량은 다음과 같다.

판매량 :	500단위	800단위	1,000단위
확률 :	30%	50%	20%

요구사항 1

기대영업이익을 구하시오.

해답

(1) 성과표

	500단위 (30%)	800단위 (50%)	1,000단위 (20%)
₩100Q − ₩60,000	₩100×500 − ₩60,000 = ₩(10,000)	₩100×800 − ₩60,000 = ₩20,000	₩100×1,000 − ₩60,000 = ₩40,000

(2) 기대영업이익

₩(10,000) × 0.3 + ₩20,000 × 0.5 + ₩40,000×0.2

= ₩15,000

요구사항 2

기대판매량을 이용하여 기대영업이익을 구하시오.

해답

(1) 기대판매량

500 × 0.3 + 800 × 0.5 + 1,000 × 0.2

= 750단위

(2) 기대영업이익

= 단위당 공헌이익 × 기대판매량 − 고정비

= ₩100 × 750 − ₩60,000

= ₩15,000

요구사항 3

판매량의 표준편차가 100단위일 경우 영업이익의 표준편차를 구하시오.

해답

영업이익의 표준편차

= 단위당 공헌이익 × 판매량의 표준편차

= ₩100 × 100단위

= ₩10,000

예제 10 정규분포

(주)한국은 단일제품은 생산·판매하는 회사이다. 단위당 공헌이익은 ₩100이며, 연간 고정비는 ₩60,000이다. 당해연도 예상판매량은 정규분포를 따르며 평균판매량은 750단위, 판매량의 표준편차는 100단위이다. 다음은 표준정규분포표의 일부이다. 요구사항에 답하시오.

z	P(0≤Z≤z)
1.0	0.3413
1.5	0.4332
2.0	0.4772

요구사항 1

손익분기점 판매량을 구하시오.

해답

$$\text{손익분기점 판매량(Q)} = \frac{\text{고정비}}{\text{단위당 공헌이익}} = \frac{₩60{,}000}{₩100} = 600\text{단위}$$

요구사항 2

영업이익이 발생할 확률을 구하시오.

해답

영업이익이 발생할 확률은 손익분기점을 초과할 확률을 구하면 된다.

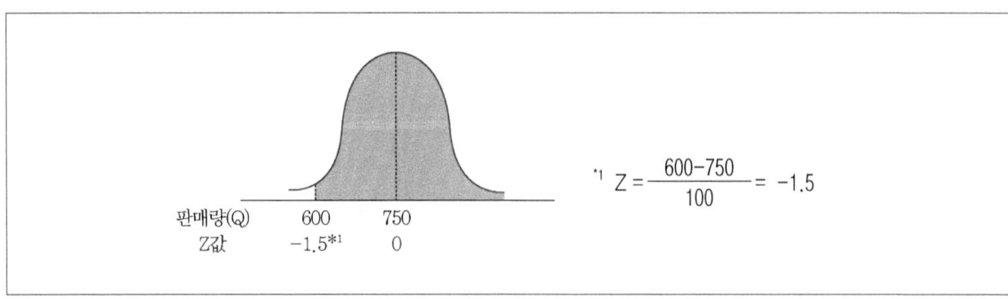

그러므로, 손익분기점을 초과하는 확률은 다음과 같다.

$$P(Z > -1.5) = 0.5 + P(0 \le Z \le 1.5)$$
$$= 0.5 + 0.4332 = 0.9332$$

즉, 93.32%이다.

요구사항 3

영업이익이 ₩25,000 ~ ₩35,000일 확률을 구하시오.

해답

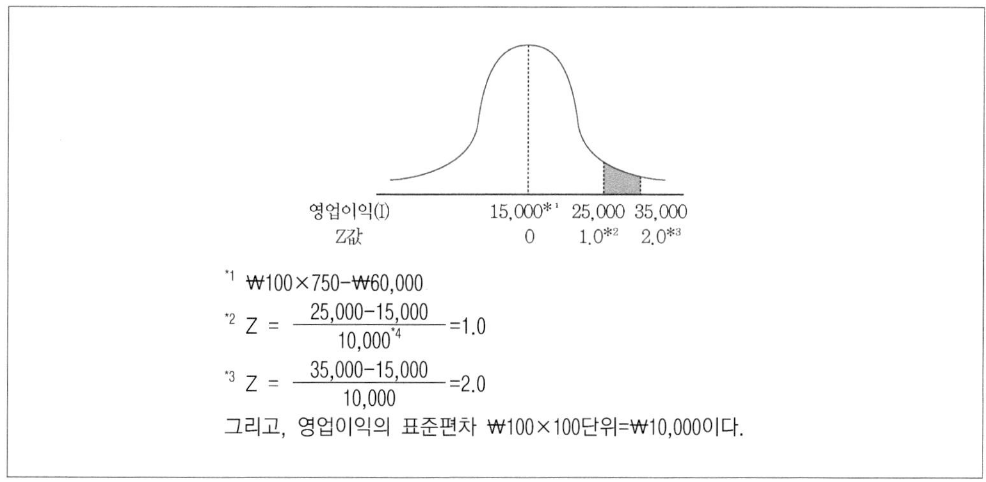

$$P(₩25,000 \le I \le ₩35,000) = P(0 \le Z \le 2.0) - P(0 \le Z \le 1.0) = 0.4772 - 0.3413 = 0.1359$$

즉, 13.59%이다.

예제 11 균일분포

(주)한국은 단일제품은 생산·판매하는 회사이다. 단위당 공헌이익은 ₩100이며, 연간 고정비는 ₩60,000이다. 당해연도 예상판매량은 350단위~1,150단위의 구간에서 균일분포를 이루고 있다. 요구사항에 답하시오.

요구사항 1

영업이익이 발생할 확률을 구하시오.

해답

영업이익이 발생할 확률은 손익분기점을 초과할 확률을 구하면 된다.

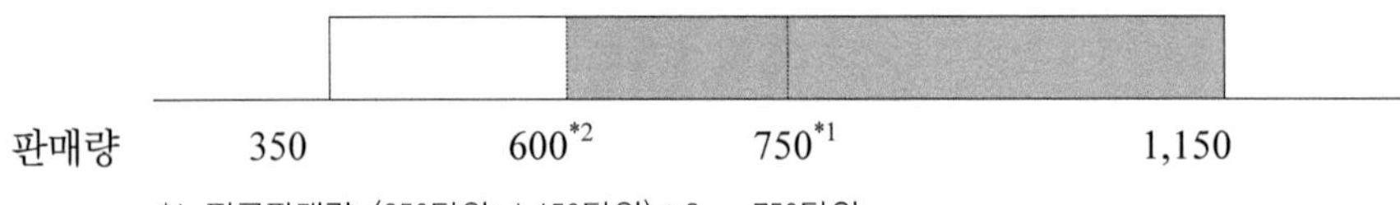

*1 평균판매량 (350단위+1,150단위)÷2 = 750단위
*2 손익분기점 판매량 ₩60,000÷₩100 = 600단위

그러므로,

$$\frac{1{,}150\text{단위} - 600\text{단위}}{1{,}150\text{단위} - 350\text{단위}} = 0.6875$$

요구사항 2

영업이익이 ₩20,000 ~ ₩30,000일 확률을 구하시오.

해답

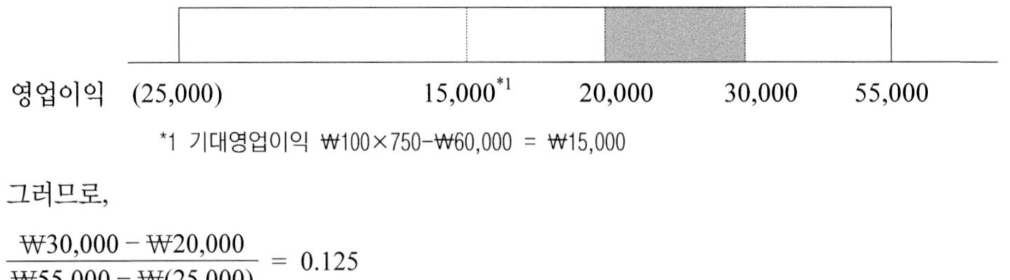

*1 기대영업이익 ₩100×750-₩60,000 = ₩15,000

그러므로,

$$\frac{₩30{,}000 - ₩20{,}000}{₩55{,}000 - ₩(25{,}000)} = 0.125$$

3. 확률수를 이용한 분석

불확실한 독립변수가 둘 이상이고 그 변수가 가질 수 있는 경우의 수가 제한적인 경우 각 독립변수에 대한 경우의 수를 모두 하나의 표에 나타내는 것을 말한다.

예제 12 확률수를 이용한 분석

(주)한국은 단일제품을 생산·판매하는 회사이다. 연간 고정비는 ₩60,000이며, 판매량과 공헌이익에 대한 예상자료는 다음과 같다.

판매량		공헌이익	
수량	확률	금액	확률
500단위	0.4	₩100	0.3
600	0.6	200	0.7

요구사항 1

확률수를 이용하여 기대영업이익을 구하시오.

해답

판매량	단위당 공헌이익	공헌이익	고정비	영업이익	확률	기대영업이익
500단위(0.4)	₩100(0.3)	₩50,000	₩60,000	₩(10,000)	0.12	₩(1,200)
	200(0.7)	100,000	60,000	40,000	0.28	11,200
600단위(0.6)	100(0.3)	60,000	60,000	0	0.18	0
	200(0.7)	120,000	60,000	60,000	0.42	25,200
					1.00	₩35,200

그러므로, 기대영업이익은 ₩35,200이다.

요구사항 2

이익이 발생할 확률을 구하시오.

해답

기대영업이익이 0보다 클 확률은, 0.28 + 0.42 = 0.7이다.

3. 재고관리

① 의의

재고와 관련된 비용을 최소화하면서 적절한 재고수준을 유지하고자 하는 재고관리기법을 말한다.

② 재고관리비용

재고관련비용은 일반적으로 다음과 같이 세 가지로 구분한다.

1. 재고유지비용(holding costs)

재고를 보유하는 데 소요되는 비용을 의미한다. 대표적으로 재고를 보유함에 따른 자금의 기회비용, 재고를 보관하기 위한 보관비용, 재고손실이 예상되는 경우 보험료 등이 있으며 "평균재고액 × 단위당 유지비용"으로 측정된다.

2. 재고주문비용(ordering costs)

재고를 주문한 후 입고에 이를 때까지 소요되는 비용을 의미한다. 대표적으로 운송비, 통관비용, 검수비용 등이 있으며 "주문횟수×1회 주문비용"으로 측정된다.

3. 재고부족비용(out-of stock costs)

재고부족으로 발생할 수 있는 비용을 의미하며, 미래 판매기회의 상실과 고객들의 불신, 생산계획의 차질 등을 그 예로 들 수 있다.

※기타 : 안전재고, 조달기간

3 재고관리모형

1. 경제적주문량(EOQ)

재고 관련비용 중 재고유지비용과 재고주문비용을 최소화할 수 있는 1회 최적주문량을 의미한다.

$$EOQ = \sqrt{\frac{2DO}{H}}$$

D : 총재고 수요량　　　Q : 1회 주문량
O : 1회 주문비용　　　H : 단위당 재고유지비용

※ 기본가정

① 재고의 사용률이 일정하다.
② 재주문은 재고가 0일 때 이루어지며 조달기간은 0이다.
③ 1회주문비용, 재고유지비용 및 단위당 구입가격은 일정하다.
④ 재고부족비용은 발생하지 않는다.

예제 13 경제적주문량

(주)한국은 연간 10,000부품이 필요하다. 1회 주문비용은 ₩1,000이며, 부품 단위당 재고유지비용은 ₩2,000이다.

요구사항

경제적 1회 주문량을 구하시오.

해답

$$EOQ = \sqrt{\frac{2 \times 10,000\text{단위} \times 1,000}{2,000}}$$

$= 100\text{단위}$

주문비용 (10,000개 / 100개) × ₩1,000 = ₩100,000
유지비용 (100개 / 2개) × ₩2,000 = ₩100,000

2. 재주문점(ROP)

재고를 주문한 후 입고되기까지 조달기간이 소요되므로 조달기간동안 사용할 재고수준을 예측해야 한다. 재주문점은 재고를 주문해야 할 현재 재고수준을 의미한다. 즉, 조달기간동안의 사용량에 안전재고를 합하여 계산한다.

$$R = \underbrace{L \times \frac{D}{n}}_{\text{조달기간동안 사용량}} + \underbrace{S}_{\text{안전재고}}$$

L : 조달기간　　　　n : 재고사용일

D : 총재고수요량　　S : 안전재고

예제 14 재주문점

(주)한국은 연간 10,000단위의 부품을 사용한다. 연간 작업일수는 250일 이며 정상조달기간은 10일이다. 회사는 안전재고수준을 100단위로 유지하고자 한다.

요구사항

재주문점(ROP)을 구하시오.

해답

(1) 1일 사용량

10,000단위 ÷ 250일 = 40단위/일

(2) 재주문점

10일 × 40단위 + 100단위 = 500단위

---

3. ABC관리법

ABC관리법(ABC control method)이란 재고의 중요도나 특성에 따라 구분관리하는 것을 말한다.

A 그룹 : 금액은 크지만 사용량이 적은 품목으로 높은 수준의 관리가 필요

B 그룹 : 금액이나 사용량이 중간에 속하는 품목으로 중간 수준의 관리가 필요

C 그룹 : 금액은 작지만 사용량이 많은 품목으로 낮은 수준의 관리가 필요

객관식 문제

1. 불확실성하의 의사결정에 대한 설명 중 옳지 않은 것은?

① 완전정보는 정보취득원가와 상관없이 항상 취득할 가치가 있다.

② 불확실성은 발생가능한 상황에 대한 확률로 나타낸다.

③ 완전정보의 기대가치는 불완전정보의 기대가치보다 항상 크거나 같다.

④ 완전정보를 가지고 최적의 의사결정을 하면 예측오류의 오차는 발생하지 않는다.

⑤ 불완전정보는 미래상황에 대한 불확실성을 완전히 없애지 못하는 정보이다.

2. (주)서울은 낙후된 기계장치를 처분하고 첨단기계장치를 새로 구입하려고 한다. 이에 따른 예상수요가 연간 4,000단위가 될 확률은 30%이며, 연간 8,000단위가 될 확률은 70%이다. 각 상황에 따른 새로운 기계구입시의 기대수익은 다음과 같다.

수요가 4,000단위일 경우	甲기계 구입시 : ₩30,000
	乙기계 구입시 : ₩20,000
수요가 8,000단위일 경우	甲기계 구입시 : ₩50,000
	乙기계 구입시 : ₩80,000

위의 자료를 기초로 수요상황을 정확하게 알 수 있는 정보가 있다면 이 정보를 얻기 위하여 지출할 수 있는 최대금액은 얼마인가? 1992 세무사

① ₩62,000 ② ₩44,000 ③ ₩65,000

④ ₩64,000 ⑤ ₩3,000

※ 다음은 문.3 ~ 문.4에 관련된 자료이다.

	A(0.3)	B(0.2)	C(0.4)	D(0.1)
a1	₩20,000	₩15,000	₩5,000	₩0
a2	30,000	20,000	10,000	(10,000)
a3	40,000	30,000	5,000	0
a4	60,000	20,000	0	(30,000)

3. 완전정보하의 기댓값은 얼마인가?

① ₩11,000 ② ₩16,000 ③ ₩19,000
④ ₩24,000 ⑤ ₩28,000

4. 완전정보의 기댓값(EVPI)은 얼마인가?

① ₩8,000 ② ₩11,000 ③ ₩12,000
④ ₩16,000 ⑤ ₩17,000

5. (주)서울의 생산공정의 상태는 정상상태와 비정상상태로 구분할 수 있으며, 각 상태에서의 평균생산원가의 확률분포는 다음과 같다.

공정이 정상일 때		공정이 비정상일때	
평균생산원가	확률	평균생산원가	확률
₩7,000	0.1	₩9,500	0.1
6,000	0.2	8,000	0.3
5,000	0.4	7,000	0.3
4,000	0.3	6,000	0.2
3,000	0.1	5,000	0.1

제조공정이 정상적으로 가동될 사전적 확률은 0.7이다. (주)서울의 제조공정의 평균생산원가가 ₩7,000이라면 제조공정이 정상일 확률은 얼마인가?

① 0.4295 ② 0.3562 ③ 0.4375
④ 0.5863 ⑤ 0.7543

※ 다음 자료를 이용하여 문.6 ~ 문.7에 답하시오.

(주)한국은 최근 개발에 성공한 신제품을 생산하기 위해서, 제조기계 甲과 乙 두 기계 중 하나를 구입하려고 한다. 甲과 乙 기계는 그 성능에 있어 약간이 차이가 있기 때문에 이익에 기여하는 정도도 다소 차이가 있다. 아래의 자료는 甲과 乙기계의 구입시에 수요량(생산량)의 변동에 따른 예상이익의 성과표이다.

	수요량	
	1,000단위 (40%)	2,000단위 (60%)
甲기계	₩9,000	₩20,000
乙기계	8,000	22,000

6. 만일 (주)한국이 제품의 수요량 변동을 정확히 예측할 수 있도록 하는 완전정보를 얻을 수 있다면, 이 정보의 대가로서 지급할 수 있는 최대한의 금액은 얼마인가?

① ₩400 ② ₩600 ③ ₩800
④ ₩1,200 ⑤ ₩1,600

7. (주)한국이 제품의 수요량 변동을 정확히 예측할 수 없고 외부전문가로부터 정보를 얻고자 한다. 수요량에 대한 정보의 신뢰도가 1,000단위일 경우 90%, 2,000단위일 경우 80%라면, 외부전문가로부터 정보획득에 따른 최대지불가능금액을 구하시오. 단, 소수점 이하 반올림하시오.

① ₩90 ② ₩70 ③ ₩150
④ ₩230 ⑤ ₩120

8. (주)한국은 원가차이에 대한 조사여부를 결정하기 위해 다음과 같은 정보를 갖고 있다.

원가차이를 조사하는데 소요되는 추정원가	?
생산공정에 이상이 있을 경우 수정하는 비용	₩1,500,000
생산공정에 이상이 있음에도 수정하지 않음으로써 발생하는 미래손실추정액의 현재가치	6,000,000
정상상태일 확률	70%

만약, 회사가 조사를 하고자 한다면, 조사비용으로 지출할 수 있는 최대금액을 구하시오.

① ₩1,000,000 ② ₩2,000,000 ③ ₩1,350,000
④ ₩2,500,000 ⑤ ₩3,000,000

9. 다음은 (주)대한의 매출관련 예상 자료이다.

매출액	₩240,000
총변동비	₩135,000
총고정비	₩40,000
판매량	3,000단위

추가판촉행사에 ₩10,000을 투입한다면, 예상 판매량이 400단위 증가할 확률이 60%, 200단위 증가할 확률이 40%이다. 이 판촉행사를 실시하면 영업이익의 기대치가 어떻게 변하는가? 2009 세무사

① ₩1,000 감소 ② ₩1,200 감소 ③ ₩1,500 감소
④ ₩1,200 증가 ⑤ ₩1,500 증가

10. 서울산업은 갑과 을, 두 제품 중 하나를 생산하려 한다. 각 제품의 관련자료는 다음과 같다.

	갑	을
단위당 예상 판매가격 범위	₩50~₩150	₩50~₩100
단위당 변동비	₩20	₩30
총고정비	16,000	24,000
예상판매량(= 생산량)	200단위	400단위

판매가격이 예상범위 내에서 균일분포(uniform distribution)로 발생한다면 어느 제품이 이익을 발생시킬 확률이 얼마나 더 큰가? 2005 세무사

① 갑이 30% 더 크다. ② 갑이 20% 더 크다. ③ 갑이 10% 더 크다.
④ 을이 10% 더 크다. ⑤ 을이 30% 더 크다.

정답 및 해설

1. 정답 ①

기본 불확실성하에서의 의사결정의 기본개념★

• 완전정보를 취득하기 위하여 지출되는 비용보다 완전정보로 인하여 증가되는 기대이익이 더 커야 한다.

2. 정답 ⑤

기본 완전정보의 기대가치

※ 성과표 작성

	수요	
	4,000단위(30%)	8,000단위(70%)
甲기계	₩30,000	₩50,000
乙기계	20,000	80,000

(1) 기대이익

甲기계 : ₩30,000 × 0.3 + ₩50,000 × 0.7 = ₩44,000

乙기계 : ₩20,000 × 0.3 + ₩80,000 × 0.7 = 62,000(선택)

(2) 완전정보의 기대가치

완전정보하의 기대가치	₩65,000	(= ₩30,000 × 0.3 + ₩80,000 × 0.7)
(−)기존정보하의 기대가치	(62,000)	
	₩3,000	

3. 정답 ⑤

기본 완전정보하에서의 기대가치와 완전정보의 기대가치★

₩60,000 × 0.3 + ₩30,000 × 0.2 + ₩10,000 × 0.4 + ₩0 × 0.1 = ₩28,000

4. 정답 ①

기본 완전정보하에서의 기대가치와 완전정보의 기대가치★

(1) 완전정보하의 기대가치 : ₩28,000

(2) 기존정보하의 기대가치

	A(0.3)	B(0.2)	C(0.4)	D(0.1)	기댓값	
a1	₩20,000	₩15,000	₩5,000	₩0	₩11,000	
a2	30,000	20,000	10,000	(10,000)	16,000	
a3	40,000	30,000	5,000	0	20,000	(선택)
a4	60,000	20,000	0	(30,000)	19,000	

그러므로, 완전정보의 기대가치는 ₩28,000 − 20,000=₩8,000이다.

5. 정답 ③

기본 | 불완전정보에 의한 결합확률계산★

상황	사전확률	조건부확률	결합확률	사후확률
정상	0.7	0.1	0.07	0.4375
비정상	0.3	0.3	0.09	0.5625
	1.0		0.16	1.000

※ 사후확률

$$\frac{0.7 \times 0.1}{0.16} = 0.4375$$

$$\frac{0.3 \times 0.3}{0.16} = 0.5625$$

6. 정답 ①

중급 | 완전정보의 기대가치

(1) 완전정보하의 기대가치

₩9,000 × 0.4 + ₩22,000 × 0.6 = ₩16,800

(2) 기존정보하의 기대가치

	1,000단위 (40%)	2,000단위 (60%)	기대값	
甲기계	₩9,000	₩20,000	₩15,600	
乙기계	8,000	22,000	16,400	(선택)

그러므로, 완전정보의 기대가치는 ₩16,800－₩16,400 = ₩400이다.

7. 정답 ⑤

중급 | 불완전정보의 기대가치

(1) 불완전정보하의 기대가치

① 결합확률표

	수요량		
	1,000단위 (40%)	2,000단위 (60%)	확률
1,000단위(90%)	0.9 × 0.4 = 0.36	0.2 × 0.6 = 0.12	0.48
2,000단위(80%)	0.1 × 0.4 = 0.04	0.8 × 0.6 = 0.48	0.52

② 정보별 기대가치

- 1,000단위(48%)

	수요량			
	1,000단위 (0.36/0.48)	2,000단위 (0.12/0.48)	기대값	
甲기계	₩9,000	₩20,000	₩11,750	(선택)
乙기계	8,000	22,000	11,500	

- 2,000단위(52%)

	수요량		
	1,000단위 (0.04/0.52)	2,000단위 (0.48/0.52)	기대값
甲기계	₩9,000	₩20,000	₩19,154
乙기계	8,000	22,000	20,923 (선택)

그러므로, 불완전정보하의 기대가치는 ₩11,750 × 0.48 + ₩20,923 × 0.52 = ₩16,520

(2) 기존정보하의 기대가치 : ₩16,400
그러므로, 불완전정보의 기대가치는 ₩16,520 − ₩16,400 = ₩120이다.

8. 정답 ③

중급 | 차이조사결정, 조사비용 추정

조사비용을 X라 하면,

	공정상태		기대비용
	정상(0.7)	비정상(0.3)	
조사 O	X	X + ₩1,500,000	0.7X + (X + ₩1,500,000) × 0.3
조사 ×	−	6,000,000	6,000,000 × 0.3

0.7X + (X + ₩1,500,000) × 0.3 ≦ 6,000,000 × 0.3 이므로,
X는 ₩1,350,000이다.

9. 정답 ④

기본 | 불확실성하의 CVP분석

※ 자료정리

p	₩80	(= ₩240,000 ÷ 3,000단위)
vc	45	(= ₩135,000 ÷ 3,000단위)
cm	₩35	
FC	₩40,000	

판촉전 영업이익	3,000단위 × ₩35 − ₩40,000 = ₩65,000
판촉후 기대영업이익	3,320단위*1 × ₩35 − (₩40,000 + ₩10,000) = ₩66,200

*1 판촉후 기대판매량
(3,000단위 + 400단위) × 0.6 + (3,000단위 + 200단위) × 0.4 = 3,320단위
그러므로, 기대영업이익은 ₩66,200 − ₩65,000 = ₩1,200만큼 증가한다.

10. 정답 ①

기본 | 불확실성하의 CVP분석, 균일분포

(1) 손익분기점 달성을 위한 판매가격
갑 : (P − ₩20) × 200단위 − ₩16,000 = 0, 그러므로, P는 ₩100
을 : (P − ₩30) × 400단위 − ₩24,000 = 0, 그러므로, P는 ₩90

(2) 이익을 발생할 확률

갑 : (₩150－₩100) ÷ (₩150－₩50) = 50%
을 : (₩100－₩90) ÷ (₩100－₩50) = 20%

그러므로, 갑이 30% 더 크다.

주관식 문제

문제 1 완전정보와 불완전정보의 가치

다음을 읽고 물음에 답하시오.

(주)한국은 제품을 생산하는데 반자동기계(A기계)와 완전자동기계(B기계)를 사용할 수 있다.

	A기계	B기계
단위당 변동제조원가	₩150	₩50
단위당 변동판관리	50	50
고정제조간접비	100,000	350,000
고정판관비	50,000	50,000

이 회사는 판매량을 추정하고 있는데 호경기일 확률은 70%이고 이때는 3,000단위가 팔릴 것이다. 불경기일확률은 30%이고 이때는 1,000단위가 팔릴 것이다. 단위당 판매가는 두 제품 다 ₩500으로 가정한다.

물음 1

미래의 상황이 위의 자료와 같을 경우 기대가치기준 최적 대안을 선택하시오.

물음 2

어딘가에서 확실한 정보를 제공한다고 하면 지불할 수 있는 최대수수료를 구하시오.

물음 3

어딘가에서 다음과 같은 정보를 제공할 경우 지불할 수 있는 최대수수료를 구하시오. 단, 호경기일 때는 정확도가 90%이고 불경기일 때는 정확도가 80%이다(확률계산시 소수점 아래 둘째 자리까지 계산하라).

해 답

물음 1 최적대안선택

상황별 영업이익을 계산하면,

대 안	상 황		기대가치
	x_1 : 수요량이 3,000개 P(x_1) = 0.7	x_1 : 수요량이 1,000개 P(x_2) = 0.3	
a1 : A기계구입	₩750,000	₩150,000	₩570,000
a2 : B기계구입	800,000	0	560,000

따라서, A기계 구입시 기대가치가 더 크므로 A기계를 구입한다.

물음 2 완전정보의 기대가치(EVPI)

완전정보하의 기대가치 :	₩800,000 × 0.7 + ₩150,000 × 0.3 =	₩605,000
기존정보하의 기대가치		570,000
완전정보의 기대가치(EVPI)		₩35,000

따라서, 완전정보를 구입하는데 지불할 수 있는 최대금액은 ₩35,000이다.

물음 3 불완전정보의 기대가치(EVSI)

(1) 결합확률

정 보	x_1 P(x_1) = 0.7		x_2 P(x_2) = 0.3		합 계
b1(호경기예측)	(0.9)	0.63	(0.2)	0.06	0.69
b2(불경기예측)	(0.1)	0.07	(0.8)	0.24	0.31

(2) 사후확률

정 보	x_1 P(x_1) = 0.7	x_2 P(x_2) = 0.3
b1(호경기예측)	63/69 = 0.91	6/69 = 0.09
b2(불경기예측)	7/31 = 0.23	24/31 = 0.77

(3) 정보별 최적대안

b1	a1	₩750,000 × 0.91 +	₩150,000 × 0.09	=	₩696,000
	a2	₩800,000 × 0.91 +	₩0 × 0.09	=	728,000(*)
b2	a1	₩750,000 × 0.23 +	₩150,000 × 0.77	=	288,000(*)
	a2	₩800,000 × 0.23 +	₩0 × 0.77	=	184,000

(4) 불완전정보의 가치

EVSI = ₩728,000 × 0.69 + ₩288,000 × 0.31 − ₩570,000

= ₩21,600

재고폐기 의사결정

㈜한국은 커피 홀더를 생산 · 판매하고 있다. ㈜한국이 추정한 올해의 수요량은 다음과 같다.

수요량	확 률
10,000개	0.1
20,000	0.4
30,000	0.3
40,000	0.2

커피 홀더의 단위당 판매가격은 ₩30이며, 각 생산량에 대한 제조 및 판매비는 다음과 같다.

	생산량			
	10,000개	20,000개	30,000개	40,000개
변동원가	₩140,000	₩280,000	₩420,000	₩560,000
고정원가	80,000	100,000	120,000	140,000
합 계	₩220,000	₩380,000	₩540,000	₩700,000

커피 홀더의 주문단위는 10,000개씩이며 ㈜한국은 생산량이 수요량을 초과하는 경우 그 초과수량은 무상으로 처분해야 한다. 반면에, 생산량이 수요량에 미달하는 경우에는 판매기회를 상실하게 된다.

각 물음은 서로 독립적이다.

물음 1

㈜한국이 생산해야 할 최적수량을 계산하시오.

물음 2

미래수요량에 대한 100% 신뢰할 수 있는 정보를 얻을 수 있는 경우 정보에 대해서 지불할 수 있는 최대 금액을 계산하시오.

해 답

※ 자료정리

(1) 수요량에 대한 매출액

		10,000개	20,000개	30,000개	40,000개
매출액	(10,000개 × ₩30 =)	₩300,000	₩600,000	₩900,000	₩1,200,000

(2) 성과표

		10,000개 (0.1)	20,000개 (0.4)	30,000개 (0.3)	40,000개 (0.2)
10,000개	매출액	₩300,000	₩300,000	₩300,000	₩300,000
	총원가	(220,000)	(220,000)	(220,000)	(220,000)
	이익	₩80,000	₩80,000	₩80,000	₩80,000
20,000개	매출액	₩300,000	₩600,000	₩600,000	₩600,000
	총원가	(380,000)	(380,000)	(380,000)	(380,000)
	이익	₩(80,000)	₩220,000	₩220,000	₩220,000
30,000개	매출액	₩300,000	₩600,000	₩900,000	₩900,000
	총원가	(540,000)	(540,000)	(540,000)	(540,000)
	이익	₩(240,000)	₩60,000	₩360,000	₩360,000
40,000개	매출액	₩300,000	₩600,000	₩900,000	₩1,200,000
	총원가	(700,000)	(700,000)	(700,000)	(700,000)
	이익	₩(400,000)	₩(100,000)	₩200,000	₩500,000

물음 1 최적생산량

10,000개	₩80,000 × 0.1 + ₩80,000 × 0.4 + ₩80,000 × 0.3 + ₩80,000 × 0.2	=	₩80,000
20,000개	₩(80,000) × 0.1 + ₩220,000 × 0.4 + ₩220,000 × 0.3 + ₩220,000 × 0.2	=	190,000
30,000개	₩(240,000) × 0.1 + ₩60,000 × 0.4 + ₩360,000 × 0.3 + ₩360,000 × 0.2	=	180,000
40,000개	₩(400,000) × 0.1 + ₩(100,000) × 0.4 + ₩200,000 × 0.3 + ₩500,000 × 0.2	=	80,000

그러므로, 최적생산량은 20,000개이다.

물음 2 완전정보의 가치

(1) 완전정보하의 기대가치

₩80,000 × 0.1 + ₩220,000 × 0.4 + ₩360,000 × 0.3 + ₩500,000 × 0.2 = ₩304,000

(2) 완전정보의 기대가치

완전정보하의 기대가치 − 기존정보하의 기대가치(정보가 없는 경우 기대가치)

= ₩304,000 − ₩190,000

= ₩114,000

문제 3 CVP분석과 의사결정

다음을 읽고 물음에 답하시오.

다음 (주)한국의 단위당 판매가격 및 원가자료는 다음과 같다.

판매가격	₩100
변동제조원가	50
변동판매비	10
총고정제조간접비	10,000
총고정판매비	5,000
법인세율	40%

물음 1

다음을 계산하시오.

(1) 세후 목표순이익 ₩1,200을 달성하기 위한 판매량

(2) 세후 순이익 ₩1,200에서의 영업레버리지도

물음 2

변동제조원가가 20% 상승할 확률이 40%이고 50% 상승할 확률이 60%일 때, 세후 목표순이익 ₩12,000을 달성하기 위한 기대판매량을 구하시오.

물음 3

(주)한국의 전문 경영자는 TV광고시 판매량이 증가할 것으로 기대하고 있다. TV광고를 하지 않을 경우 판매량은 300단위와 400단위 사이에서 균등확률분포(uniform distribution)를 이루고 TV광고를 하는 경우에는 판매량이 370단위와 610단위 사이에서 균등확률분포를 이룬다. 이때 각각의 영업이익(손실)을 구하고 광고에 대한 의사결정을 하시오. 단, TV광고비는 ₩7,000이다.

해 답

물음 1 세후 목표순이익 달성을 위한 판매량과 영업레버리지도

(1) 세후 목표순이익 ₩1,200을 달성하기 위한 판매량(Qti)

$$QTI : \frac{15,000 + 1,200/(1-0.4)}{100-60}$$

= 425단위

(2) 세후 순이익 ₩1,200에서의 영업레버리지도(DOL)

$$DOL : \frac{1,200/(1-0.4) + 15,000}{1,200/(1-0.4)}$$

= 8.5

물음 2 세후 목표순이익 ₩12,000을 달성하기 위한 판매량(Qti)

(1) 기대변동제조원가

₩50 × 1.2 × 0.4 + ₩50 × 1.5 × 0.6 = ₩69

(2) 새로운 변동비

₩69 + ₩10 = ₩79

$$QTI : \frac{15,000 + 12,000/(1-0.4)}{100-79}$$

= 1,667단위

물음 3 판매량이 균등확률분포일 경우 광고여부 의사결정

(1) TV광고를 하지 않을 경우

$$₩40 \times \frac{300단위 + 400단위}{2} - ₩15,000$$

= ₩(1,000)

(2) TV광고를 할 경우

$$₩40 \times \frac{370단위 + 610단위}{2} - (₩15,000 + ₩7,000)$$

= ₩(2,400)

그러므로, TV광고를 하지 않는 것이 ₩1,400만큼 유리하다.

문제 4 제약자원하의 불확실성하 의사결정

2006. KICPA

다음을 읽고 물음에 답하시오.

(주)한국은 A와 B제품을 생산 · 판매하고 있다. 원가부서와 판매부서에서 제시한 A와 B제품 생산 및 판매와 관련된 원가자료는 다음과 같다.

구 분	A	B
단위당 직접재료비	₩1,500	₩2,000
단위당 직접노무비	1,000	3,000
단위당 변동제조간접비	600	1,000
연간 고정제조간접비	12,000,000	20,000,000
단위당 변동판매비	1,500	2,000
연간 고정판매비	16,000,000	23,000,000
단위당 판매가격	8,500	14,000

(주)한국의 생산설비의 연간 생산능력은 70,000 기계시간이다. A제품 1단위 생산에 소요되는 기계시간은 1시간이며, B제품 1단위 생산시 소요되는 기계시간은 1.5시간이다. A제품의 연간 수요량은 21,500단위이며 B제품에 대한 연간 수요량은 36,500단위이다. A와 B제품 각각의 최대 생산량은 연간 수요량을 초과하지 않는다.

물음

최근에 (주)한국이 생산설비를 확장하여 기계시간을 20,000시간 늘렸다. 생산설비 확장으로 인해 고정제조간접비가 ₩10,000,000 증가하였으나 제품별 단위당 변동제조간접비는 변화가 없었다. 생산설비 확장 이후 (주)서울에서 (주)한국이 생산하는 B제품을 단위당 ₩10,000에 구입하겠다는 의사를 표시하여 왔다. 그러나 구입수량은 정해지지 않았으며 상당히 유동적이다. (주)서울의 특별주문에 따른 구입수량은 다음과 같은 확률분포를 갖는 것으로 추정된다.

구입수량	10,000개	20,000개	30,000개
구입수량별 확률	0.3	0.5	0.2

(주)한국의 특별주문에 의해 B제품을 판매하는 경우 특별주문에 따른 판매로 인해 고정판매비가 ₩1,000,000 추가로 발생될 것이다. 특별주문에 대한 수락여부를 분석하고 가부를 설명하시오.

해 답

물음

(1) 생산여력

① 최대조업도 70,000시간 + 20,000시간 = 90,000시간

② 현재조업도

A	21,500시간	(= 21,500단위 × 1시간)
B	54,750시간	(= 36,500단위 × 1.5시간)
합계	76,250시간	

따라서, 생산여력(유휴설비) : 90,000시간 − 76,250시간 = 13,750시간

(2) 생산우선순위 결정

	A	B	
	(21,500단위)	정규(36,500단위)	특별주문(Q)
단위당 판매가격	₩8,500	₩14,000	₩10,000
단위당 변동비	4,600*1	8,000*2	8,000*2
단위당 공헌이익	₩3,900	₩6,000	₩2,000
기계시간	÷ 1시간	÷ 1.5시간	
기계시간당 공헌이익	₩3,900/시간	₩4,000/시간	
생산우선순위	2순위	1순위	

*1 ₩1,500 + ₩1,000 + ₩600 + ₩1,500 = ₩4,600

*2 ₩2,000 + ₩3,000 + ₩1,000 + ₩2,000 = ₩8,000

(3) 의사결정

제품 B 특별주문수량		10,000개	20,000개	30,000개
필요기계시간		15,000시간	30,000시간	45,000시간
생산여력		13,750시간	13,750시간	13,750시간
부족한 기계시간		1,250시간	16,250시간	31,250시간
포기한 정규판매	제품 A	1,250단위	16,250단위	21,500단위
	제품 B	0	0	6,500단위
특별주문수락시				
증분수익				
공헌이익 증가(@2,000)		₩20,000,000	₩40,000,000	₩60,000,000
증분비용				
기회원가*	제품 A(@3,900)	4,875,000	63,375,000	83,850,000
	제품 B(@6,000)	0	0	39,000,000
고정판매비		1,000,000	1,000,000	1,000,000
증분이익(손실)		₩14,125,000	(24,375,000)	₩(63,850,000)
확 률		× 0.3	× 0.5	× 0.2
기대증분이익(손실)		₩4,237,500	₩(12,187,500)	₩(12,770,000)

* 정규판매 포기수량 × 단위당 공헌이익

∴ 기대증분이익(손실)이 ₩(20,720,000) < 0이므로 기각한다.

제 17 장

전략적원가관리

전문가 칼럼

■ **가격은 당신이 결정하는 것이 아니고 소비자가 결정한다!**

일반적으로 가격은 어떻게 결정될까? 그 동안 많은 사업주들과의 대화를 통해서 경험했던 것들 중 하나는 실제 사업주들이 생각하고 있는 가격결정과정이다. 꽤 많은 사업주들은 여전히 가격은 본인이 예상한 원가에 예상이익을 가산하여 산출된다고 생각하고 있다. 하지만 이러한 가격결정공식은 더 이상 시장에서 받아드려지지 않는다. 대량생산과 품질의 규격화로 인하여, 가격은 더 이상 생산자가 결정하는 것이 아니라 최종 수요자가 기꺼이 지불할 수 있는 금액에 의해서 결정된다는 것이다. 즉, 가격 결정은 소비자의 손으로 넘어 온지 꽤 오래되어 버린 것이다. 예들 들어, 김밥 한줄의 가격이 시장에서 ₩3,000정도에 형성되어 있는 상황에서 금가루를 첨가한 김밥을 ₩10,000에 판매한다면 소비자들의 반응은 어떨까? 김밥이라는 상품은 간편하게 한끼 식사를 대용할 수 있는 간편식인데 원재료 가격이 높다고 해서 소비자가 높은 가격을 주고 선뜻 구입하기는 쉽지 않을 것이다. 즉, 김밥집을 창업을 하려면 현재 시장에서 판매되고 있는 김밥들의 가격대를 미리 파악하고 해당 가격대에서 크게 벗어나지 않는 범위내에서 결정해야 그나마 안전하다는 것이다. 설상가상으로 소비자들은 점점 더 상품이나 가격에 대한 정보를 더욱 더 손쉽게 획득할 수 있어 더 나은 품질에 더 저렴한 가격을 끊임없이 요구하고 있다. 소비자들이 상품에 대해서 선택하는 최우선 조건이 바로 "가성비"인 것이다. 이러한 상황에서 사업주가 가격을 결정할 때 고려해야 하는 것은 사전에 충분한 시장조사와 원가절감이다.

사업주는 특정 재화를 공급하기 이전에 해당 상품에 대한 시장 평균가격과 해당 가격에 부합하는 품질수준을 갖추고 있는지에 대해 충분히 조사하여야 한다. 또한, 시장에 처음 진입하려고 하는 사업주는 다음의 상황을 반드시 인지하여야 한다.

간혹, 초보사업주가 범하는 오류 중 하나는 시장에서 특정 상품이 인기가 있다고 하면 충분한 준비 없이 그 시장에 진입한다는 것이다. 현재 시장에서 특정상품이 인기가 많다고 해서 바로 진입해서는 안된다. 그 이유는 현재 시장에서 잘 팔리는 상품은 과거에 충분한 시행착오를 경험한 상당한 수준의 효율적인 생산환경에서 생산된 상품이라는 것을 반드시 인지해야 한다. 따라서, 시장에 진입하기전에 본인의 경험과 주어진 생산환경에서 생산될 상품이 이미 시장에서 확고한 자리매김을 한 기존 상품과 비교할 때 품질이나 가격면에서 충분한 경쟁력이 있는지 여부를 꼼꼼히 따져봐야 한다.

또한, 필연적으로 과거에 비하여 경쟁상황은 더욱 더 치열해지고 있기 때문에 동일한 가격이라면 품질이 우수해야 하고 동일한 품질이라면 최종 판매가격은 낮아야 경쟁력을 확보할 수 있다. 따라서, 획기적인 원가절감은 필수적이다. 이러한 원가절감 노력은 제품과 상품의 성격에 따라 약간 달라진다. 공산품의 경우 대부분의 원가 절감은 경영 효율화와 자동화를 통하여 이루어지고 있지만 일상 식료품은 그렇지 않다. 왜냐하면 일상 식료품의 경우 총 투입되는 원가 중 에서 원재료가 대부분을 차지하고 있기 때문에 원가절감의 대부분은 경영 효율화보다는 원재료 절감에서 이루어지고 있기 때문이다. 특히, 단순 가공의 식료품의 경우는 더욱 그러하다. 원재료의 물가는 지속적으로 상승하지만 소비자들이 지불하고자 하는 심리적 가격대(pricezone)가 존재하기 때문에 원자재 가격이 오른다고 해서 판매가격이 그만큼 높일수는 없다. 그렇다면 이러한 문제를 해결하기 위해서 필요한 방법은 무엇인가? 이러한 문제를 해결하기 위해서는 먼저 사업주가 제공하려는 상품이 가격, 품질 및 원가측면에서 기존에 시장에서 팔리고 있는 상품과 충분한 경쟁력 가지고 있는지를 살펴봐야 한다. 이와 더불어 원자재나 인건비는 필연적으로 오르게 되어 있어 상품의 가격도 장기적으로는 상승할 수밖에 없다. 따라서, 가격상승에 대한 소비자의 저항을 최소화하려면 사업주와 소비자의 신뢰형성이 중요하다. 해당상품의 가격이나 품질에 대한 소비자의 의견을 지속적으로 경청하고 소통하면서 양질의 원재료를 이용하여 적절한 가격의 상품을 소비자에게 공급하고 있다는 의지를 소비자에게 보여주는 노력을 해야 한다.

최근 일부 먹거리의 원가를 낮추기 위해서 사용되는 불량 식자재 문제가 지속적으로 발생하고 있다. 최종 소비자 입장에서는 매우 유감스럽고 불쾌한 일이 아닐 수 없다. 즉, 사업주 입장에서는 값싼 품질의 식자재를 사용하거나 양을 줄여서 단기적으로는 가격경쟁력이 확보되겠지만 한번 훼손된 신뢰는 좀처럼 회복하기가 어렵다는 것을 반드시 알아야 한다.

1. 서론

의의

경영환경의 급격한 변화로 인하여 다양해지는 고객의 요구와 치열한 경쟁상황에서 경쟁우위를 확보하기 위한 목적으로 전략적 관리에 유용한 정보를 제공할 수 있는 관리회계기법을 전략적 원가관리(strategic cost management)라 한다. 전략적 원가관리의 기본적인 토대는 제품수명주기이며 주요 내용은 다음과 같다.

[그림 17-1] 전략적 원가관리(제품수명주기)

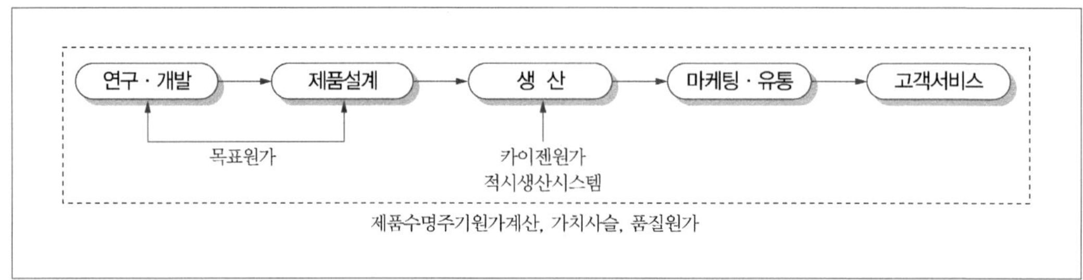

2 목표원가(target costing)

1. 의 의

목표원가는 가격 결정의 주체가 생산자가 아닌 소비자로 보아 소비자가 지불할 의향이 있는 목표가격에서 목표이익을 차감한 목표원가를 산출하는 것에 그 목적이 있다. 또한, 목표원가를 달성하기 위해서는 획기적인 원가절감이 필요하며 이를 위해서 연구 및 개발단계에서 전사적으로 원가절감을 모색하는 기법을 원가기획이라 한다.

1) 가격결정과정의 변화

- 과거 : 원가 + 이익 = 가격
- 현재 : 목표가격 − 목표이익 = 목표원가

2) 가격결정주체의 변화

생산자(과거) → 소비자(현재)

목표원가 = 목표가격 - 목표이익

2. 원가기획

목표원가를 달성하기 위하여 전사적으로 연구 및 개발단계에서부터 원가를 조정하고 관리하는 활동을 말한다.

※ 제품원가의 80%~90% 정도는 연구 및 개발단계에서 이미 결정(고착원가, locked-in cost) (p.817 [그림 17-2] 참조)

3. 목표원가의 달성방법과 한계점

1) 목표원가 달성방법

① 가치공학(value engineering) : 제품수명주기의 모든 기능을 분석하여 동일기능에서 원가최소화, 주어진 원가에서 기능 최대화

② 동시설계(concurrent engineering) : 모든 관련부서는 개발단계부터 협력하여 전사적으로 개발

③ 게스트엔지니어링(guest engineering) : 설계단계부터 협력업체 참여를 통한 원가절감 모색

2) 목표원가의 한계점

① 관련부서간의 갈등 초래

② 담당자들의 심한 스트레스

③ 개발시간 증가로 제품 출현시기 지연

예제 1 목표원가계산

(주)한국은 신제품 개발에 성공한 후에 시장조사 결과 단위당 판매가격이 ₩1,000일 경우 총 1,000단위 제품이 판매될 것으로 예측하고 있다. 회사의 목표이익률은 20%이며, 연구 · 개발비로 현재까지 총 ₩350,000이 지출되었다.

요구사항

연구 · 개발비를 제외한 제품 단위당 목표원가를 구하시오.

해답

(1) 총목표원가

매출액(₩1,000 × 1,000단위) − 목표이익(₩1,000,000 × 0.2) = ₩800,000

(2) 연구 · 개발비를 제외한 제품단위당 목표원가

(₩800,000 − ₩350,000) ÷ 1,000단위 = ₩450

---

3 카이젠원가(kaizen cost)

1. 의의

제품수명주기 중 생산단계에서의 지속적이고 점진적인 공정개선을 통한 원가절감을 위하여 개발된 원가절감기법을 의미한다.

2. 목표원가와 카이젠원가의 비교

목표원가는 연구, 개발 및 설계단계에서의 획기적인 원가절감을 모색하지만 카이젠원가는 생산단계에서 점진적인 원가절감을 모색한다.

3. 표준원가와 카이젠원가의 비교

표준원가는 사전에 표준원가를 설정하고 향후 실제 발생원가와 비교하여 표준원가의 달성여부를 판단하지만, 카이젠원가는 원가절감목표를 설정한 후 향후 실제성과와 비교하여 원가절감여부를 판단하는 것을 말한다.

구 분	표준원가	카이젠원가
① 기능	원가통제시스템	원가절감시스템
② 담당자	관리자와 엔지니어가 표준원가설정	현장작업자들의 지속적인 원가절감
③ 목적	표준원가의 달성	원가절감목표액의 달성
④ 분석	표준원가와 실제발생원가와의 비교	목표원가절감액과 실제원가절감액의 비교

4. 카이젠원가계산의 한계점

최근 공장자동화로 인하여 생산단계에서의 원가절감은 쉽지 않으며, 이로 인하여 원가절감목표는 생산작업자에 부담으로 작용할 수 있다.

① 생산단계에서의 원가절감의 한계
② 담당자들의 심한 스트레스

예제 2 카이젠원가계산

(주)한국은 카이젠원가시스템을 도입하기로 하고, 매월 원가절감목표액을 다음과 같이 설정하였다.

구분	원가절감목표
직접재료비	전월발생액의 5%절감
직접노무비	전월발생액의 10%절감

요구사항

다음은 지난 1월과 2월의 실제발생원가자료이다. 다음의 자료를 이용하여 2월의 원가절감달성여부를 나타내시오.

	1월	2월
직접재료비	₩1,000	₩930
직접노무비	800	750

해답

	2월		
	목표	실제	차이
직접재료비	₩1,000 × (1 − 0.05) = ₩950	₩930	₩20(유리)
직접노무비	800 × (1 − 0.1) = 720	750	30(불리)

4 적시생산시스템(just-in-time production system)

1. 의의 및 관련개념

적시생산시스템은 재고가 원가상승의 주 요인으로 보아 재고를 최소화하는 것과 제조공정의 효율성을 위해서 최종 제품에 필요한 부품 및 중간제품을 필요한 수량만큼 원하는 시점에서 공급할 수 있는 생산시스템을 말한다. 적시생산시스템의 주요 내용은 다음과 같다.

① 수요견인시스템(demand-pull system)
② 도요타생산방식

③ 간판방식
④ 무재고(zero inventory)생산시스템
⑤ 셀생산방식(공정의 표준화, 다기능작업자 육성)
⑥ 제조기간 단축
⑦ 불량최소화

2. 목적

적시생산시스템의 궁극적인 목적은 품질관리를 통한 재고최소화이다.

① 과잉재고, 과다인력 방지
② 품질보증, 인적자원 효율적 관리 : 후속공정에 양질의 제품만 공급

3. JIT가 원가 · 관리회계에 미친영향

적시생산시스템은 재고최소화를 위해서 기존 생산방식과는 다른 절차를 통해서 공정이 운영되므로 기존의 원가시스템에 미치는 영향은 다음과 같다.

① 원가흐름의 가정이 필요없다
② 공급업체와의 장기계약으로 구입단가 감소
③ 셀생산방식으로 인하여 원가의 추적가능성이 향상
④ 원가계산방법이 개별원가계산에서 종합원가계산으로 변화
⑤ 회계처리 단순화 (역류원가계산)

4. JIT의 효익

적시생산시스템의 기본적인 목적은 원가절감으로 이를 위해서는 공정뿐만 아니라 기타 여러 관리활동도 효율적으로 운영되어야 한다.

① 불량률 감소로 인한 공손원가 감소
② 셀 생산으로 인하여 종업원의 참여의식 고취
③ 외부시장변화에 대한 탄력적인 대응
④ 생산성 향상

5. JIT의 주요 낭비요소

JIT는 원가절감 및 생산성 향상에 초점을 맞추어 지속적인 개선을 통해서 낭비를 제거하는 데에 그 목적이 있다. JIT에서 보는 주요 낭비요소는 다음과 같다.

① 불량

② 재고
③ 운반
④ 불필요한 동작 및 작업방법
⑤ 대기
⑥ 과잉생산
⑦ 비합적인 가공 프로세스

예제 3 JIT 도입의사결정

(주)한국은 (주)경기로부터 고급펜을 납품받아 판매하고 있다. 현재의 재고관리시스템하에서 고급펜의 연간 수요량은 10,000개이며 주문 1회당 주문비용 ₩80원이다. 단위당 구입단가는 ₩400이며 재고유지비용은 구입단가의 10%이다. 현재, 주문횟수는 10회이다.

요구사항 1

현재의 재고관리시스템하에서의 재고관련원가 절감가능액을 구하시오.(단, 재고사용량은 일정하며 재고는 주문과 동시에 입고된다)

해답

(1) EOQ(경제적 1회 주문량)

$$\text{EOQ} = \sqrt{\frac{2 \times 10{,}000\text{개} \times 80}{40}}$$

$$= 200\text{단위}$$

(2) 절감가능액

	현재	변경
재고주문비용	10 × ₩80 = ₩800	10,000 ÷ 200 × ₩80 = ₩4,000
재고유지비용	1,000 ÷ 2 × ₩40 = ₩20,000	200 ÷ 2 × ₩40 = ₩4,000
합계	₩20,800	₩8,000

그러므로, 1회 구입량을 200단위로 할 경우 ₩12,800을 절감할 수 있다.

요구사항 2

회사는 현재(개선 후) 재고관리시스템을 JIT시스템으로 변경하고자 한다. JIT도입으로 인한 효과는 다음과 같다.

주문횟수 100회 증가
유지비용 10%감소
재고부족비용 ₩200 증가

JIT도입여부에 대한 의사결정을 하시오.

해답

	현재(개선 후)	JIT
주문비용	50 × ₩80 = ₩4,000	100 × ₩80 = ₩8,000
재고유지비용	200 ÷ 2 × ₩40 = ₩4,000	100 ÷ 2 × ₩36 = ₩1,800
재고부족비용	₩0	₩200
합계	₩8,000	₩10,000

그러므로, JIT시스템을 도입하지 않는다.

5 제약이론(theory of constraints)

1. 의의

기업은 효과적인 경영성과를 달성하기 위해서 생산요소의 구입부터 최종적으로 고객에게 전달되는 전 과정이 유기적으로 연결되어야 한다. 특히, 생산과정에서 공정이 중단되거나 지연되는 경우 원가상승 등 여러 가지 부작용이 발생하므로 끊임없이 이러한 문제를 야기시키는 제약요인을 식별하고 제거하여야 한다. 제약이론은 이러한 기업 운영상 제약요인의 관리 및 개선을 통하여 기업의 목표를 달성하기 위한 이론이다.

① 경영활동의 제약요인을 식별하고 이를 집중적으로 관리함으로서 한정된 자원을 효율적으로 배분할 수 있다.

② 최종 산출물 증대와 더불어 공정 전과정상 유기적인 연결을 강조한다.

2. 제약이론의 실제적 적용

제약이론은 초변동원가계산에 기초하여 병목공정 또는 제약요인이 존재하는 상황에서 생산성을 극대화시키는 방법을 모색하는 절차로써 효율성보다는 효과성을 더 중시한다.

1) 기초개념

① 쓰루풋 공헌이익(재료처리량 공헌이익) : 매출액에서 직접재료비를 차감한 잔액
② 재고자산 등 투자액 : 내부에 투자되어 있는 총투자액(수익을 얻기 위하여 투자한 자금)
③ 운영비용 : 재료처리량 공헌이익을 얻기 위해서 발생한 직접재료비를 제외한 모든 원가

2) 적용단계

- 1단계 : 제약요인 파악
- 2단계 : 개선방안 고려
- 3단계 : 기업 내의 모든요소를 제약요인에 종속
- 4단계 : 제약요인 완화
- 5단계 : 제약 해소후 1단계로 돌아가서 반복

예제 4 제약이론

(주)한국은 염색부문과 인쇄부문 등 2개의 부문에서 여성복 옷감을 만들고 있다. 회사의 유일한 변동원가는 직접재료비이다. 회사는 생산된 모든 제품을 단위당 ₩1,300의 가격으로 옷감 도매상에 판매하고 있다.

	염색부문	인쇄부문
월간 생산능력	10,000단위	12,000단위
월간 생산량	9,000단위	8,280단위
각 부문별 단위당 직접재료원가	₩400	₩150
고정운영원가	₩1,500,000	₩850,000

염색부문에서 착수된 10,000단위 중에서 1,000단위(10%)는 작업폐물이 된다. 또한, 염색부문에서 완성된 중간제품은 인쇄부문에 대체되며 인쇄부문에서 착수한 9,000단위 중에서 720단위(8%)는 작업폐물이 되어 폐기된다.

요구사항 1

인쇄부문은 외부업체로부터 단위당 ₩900의 가격으로 2,000단위의 중간제품을 구입하고자한다. 구입한 제품의 8%는 작업폐물이 될 것으로 예상하고 있다. 인쇄부문의 중간제품의 구입의사결정을 하시오.

해답

증분수익			
매출증가	2,000단위 × 0.92 × ₩1,300 =		₩2,392,000
증분비용			
구입비용	2,000단위 × ₩900 =	₩1,800,000	
인쇄부문 변동비	2,000단위 × ₩150 =	300,000	(2,100,000)
증분이익			₩292,000 ≥ 0

그러므로, 중간제품을 구입한다.

요구사항 2

회사는 인쇄공정에서의 작업폐물비율을 50%만큼 줄일 수 있는 기술을 개발하였다. 새로운 기술을 도입할 경우 ₩400,000의 추가비용이 소요된다. 신기술 도입여부에 대한 의사결정을 하시오.

해답

증분수익			
매출증가	720단위 × 0.5 × ₩1,300 =		₩468,000
증분비용			
도입비용			(400,000)
증분이익			₩68,000 ≥ 0

즉, 신기술을 도입한다.

요구사항 3

회사는 염색부문의 작업폐물을 50%만큼 줄일 수 있는 기술을 개발하였다. 새로운 기술을 도입할 경우 ₩500,000의 추가비용이 소요된다. 신기술 도입여부에 대한 의사결정을 하시오.

해답

증분수익			
매출증가	1,000단위 × 0.5 × 0.92 × ₩1,300 =		₩598,000
증분비용			
인쇄부문 변동비	1,000단위 × 0.5 × ₩150 =	₩75,000	
도입비용		500,000	(575,000)
증분이익			₩23,000 ≥ 0

즉, 신기술을 도입한다.

6 제품수명주기원가계산(product life-cycle costing)

1. 의의

제품의 연구단계부터 폐기되는 시점까지의 제품수명주기상 모든 발생원가를 집계 · 분석하여 제품수명주기 단계별 원가 발생과 그 상호관계를 분석하는 기법을 말한다.

2. 유용성

제조원가뿐만 아니라 제조이전단계와 제조이후단계에서 발생한 원가 및 그 상호관계를 통해서 제품원가계산뿐만 아니라 여러 가지 경영관리에 활용할 수 있다.

① 제품수명주기단계의 단계별 모든 원가 파악

② 매출원가 이외의 원가도 파악할 수 있어 총원가를 기준으로 한 수익성분석이 가능

③ 제품수명주기단계의 원가들간의 상호관련성 파악(예를 들어, 연구개발비 증가는 고객만족으로 이어져 결과적으로 고객서비스 비용 감소를 가져옴)

④ 연구개발단계에서의 원가절감(예를 들어, 수명주기 초기단계의 원가가 높을 경우 가능한 빨리 제품개발여부 결정하여 불필요한 원가발생방지)

3. 시사점

연구 · 개발 및 설계단계에서 제품수명주기동안에 발생하는 총원가 중 대부분(80% ~ 90%)이 결정된다. 따라서 연구, 개발 및 설계단계에서부터 전사적인 원가분석을 통한 원가 절감모색이 중요하다.

[그림 17-2] 제품수명주기상 누적원가

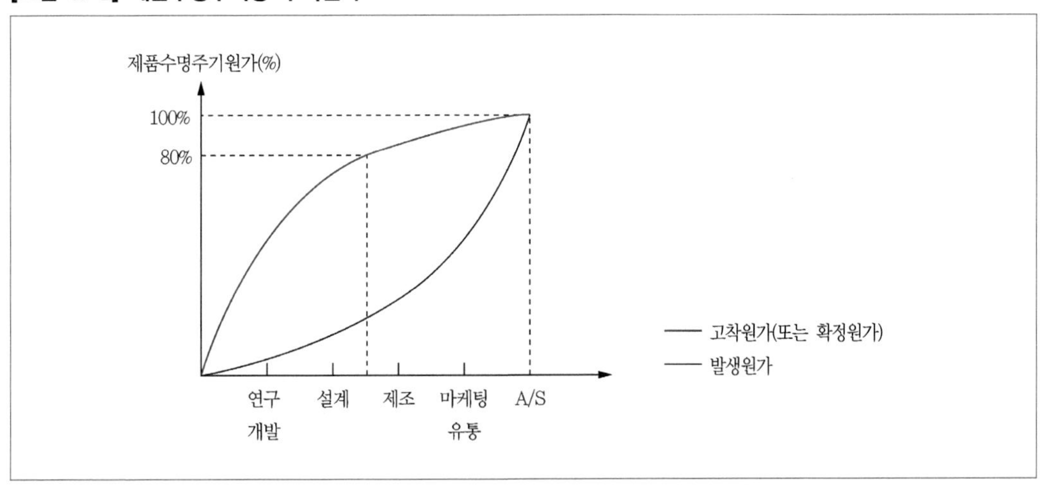

7 가치사슬(value chain)

1. 의 의

기업이 생산하는 제품 및 서비스의 가치를 높이기 위해서는 제품수명주기상 모든 기능은 상호 유기적인 사슬을 형성해야 한다. 가치사슬은 이러한 모든 기능의 활동과 원가를 분석하여 최종적으로 생산되는 제품 및 서비스의 가치를 증진시키는 데 있다.

cf. 과거 : 기업내 모든 조직을 기능별로 구분

2. 가치사슬의 분류와 유용성

제품수명주기 단계의 모든 원가를 제조원가를 기준으로 제조이전단계에서 발생한 원가와 제조이후단계에서 발생한 원가로 구분할 수 있다.

1) 분류

- 상류원가(upstream cost) : 제조이전에 발생된 원가
- 하류원가(downstream cost) : 제조이후에 발생된 원가

2) 유용성

- 가치사슬간의 상호관련성 예측
  (예를 들어, 인건비절감을 위한 해외공장이전은 교육훈련비와 운송비 증가로 나타남)

8 품질원가(cost of quality)

1. 의의

품질원가는 제품의 품질과 관련하여 발생하는 원가를 말하며 품질에는 설계품질과 제조품질이 있다. 최근에는 다양하고 복잡한 소비자의 성격과 요구로 인하여 설계품질의 중요성은 점차 커지고 있다.

1) 설계품질(quality of design)

설계단계에서 소비자의 욕구(다양한 기능)에 부합하는지 여부

2) 제조품질(quality of conformance)

생산단계에서 설계된 기능과 일치하는지 여부

2. 품질원가의 분류

생산단계에서의 제조품질원가는 불량을 방지하기 위한 원가와 불량으로 인하여 발생하는 손실로 구분할 수 있다.

① 통제원가 : 불량 방지원가 (예방원가, 평가원가)

② 실패원가 : 불량으로 인한 손실 (내부실패원가, 외부실패원가)

[표 17-1] 품질원가의 분류표

구 분		해당원가의 예
통제원가	예방원가	제품설계비용, 공급업자선정, 작업자 교육비용, 생산설비 유지 · 보수비용
	평가원가	원재료 검사비용, 재공품 및 제품 검사비용, 생산공정의 검사비용
실패원가	내부실패원가	불량품 재작업원가, 불량품 폐기원가, 공손원가, 불량으로 인한 공정중단비용
	외부실패원가	보증수리비용, 고객서비스센터 운영비용, 불량품 교환비용, 손해배상비용, 기업이미지 훼손에 의한 기회비용

3. 품질원가의 관리

위에서 살펴 본 통제원가와 실패원가는 상호간의 상충관계(trade-off relationship)로 인하여 총품질원가를 최소화하는 관점에서 접근하여야 한다.

[그림 17-3] 품질원가에 대한 관점

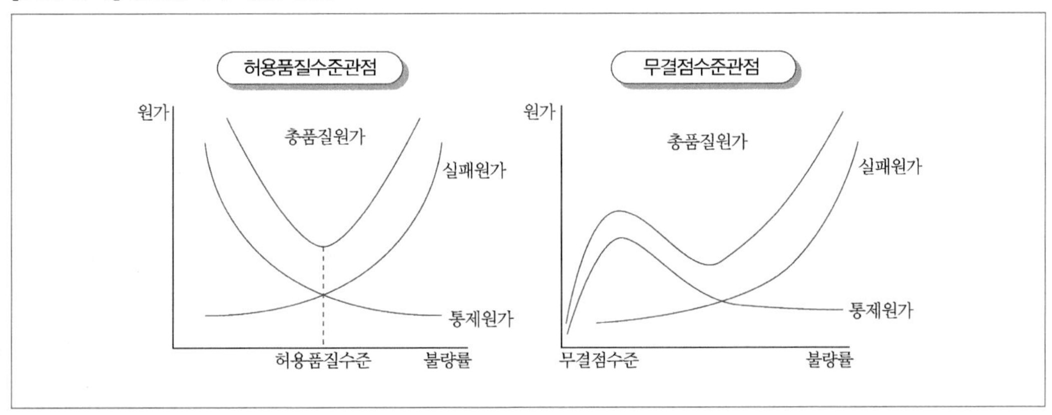

4. 유용성과 한계점

품질원가관리는 다음과 같은 유용성과 한계점을 가지고 있다.

1) 유용성

① 품질에 대한 재무적인 평가는 품질향상에 대한 동기부여를 가능하게 한다.
② 품질에 대한 재무적인 수치가 좀 더 의미있는 자료가 될 수 있다.
③ 품질에 대한 통제를 좀 더 효과적으로 할 수 있다.

2) 한계점

① 생산자관점에서의 품질원가는 기회비용개념이 고려되어 있지 않다.
② 품질원가를 단기적 목표로 사용할 경우 오히려 장기적으로 품질의 저하를 가져올 수 있다.
③ 품질에 대한 관리는 많은 시간과 비용이 소비된다는 사실을 인식하여야 한다.

예제 5 품질원가

(주)한국은 치과용 기자재를 생산·판매하는 회사이다. 회사는 제품의 품질경쟁력을 확보하기 위하여 전사적인 품질관리시스템 도입하였으며, 제품별 품질원가는 다음과 같다.

구분	A형	B형
생산 및 판매수량	10,000단위	5,000단위
단위당 판매가격	₩200,000	₩150,000
단위당 변동원가	120,000	80,000
설계개선에 소요된 시간	6,000시간	1,000시간
단위당 품질검사시간	1시간	0.5시간
재작업수량비율	4%	10%
제품당 재작업원가	₩50,000	₩40,000
고객의 요청에 따른 수선비율	3%	8%
단위당 수선비용	₩40,000	₩50,000
불량으로 인하여 상실될 추정매출수량	–	300단위
손해배상추정액	₩10,000,000	₩5,000,000

품질관리와 관련하여 설계개선에 참여한 직원과 품질검사원의 임률은 다음과 같다.

설계개선에 참여한 직원 : 시간당 ₩7,500
품질검사원 : 시간당 ₩4,000

요구사항

품질원가를 네 가지 범주로 구분하고 제품별 품질원가와 매출액 대비 품질원가비율을 나타내시오.

해답

구 분	A형	B형
매출액	10,000단위×₩200,000=₩2,000,000,000	5,000단위×₩150,000=₩750,000,000
1. 예방원가	2.25%	1.00%
설계개선비용	6,000시간×₩7,500=45,000,000	1,000시간×₩7,500=7,500,000
2. 평가원가	2.00%	1.33%
품질검사비용	10,000단위×1시간×₩4,000=40,000,000	5,000단위×0.5시간×₩4,000=₩10,000,000
3. 내부실패원가	1.00%	2.67%
재작업원가	10,000단위×4%×₩50,000=20,000,000	5,000단위×10%×₩40,000=₩20,000,000
4. 외부실패원가	1.10%	6.13%
수선비용	10,000단위×3%×₩40,000=12,000,000	5,000단위×8%×₩50,000=₩20,000,000
상실된 공헌이익	–	300단위×(₩150,000-₩80,000)=21,000,000
손해배상추정액	10,000,000	5,000,000

9 대리이론(agency theory)

1. 의 의

주식회사와 같은 소유와 경영이 분리되어 있는 기업에서는 주주를 주인 또는 위임인(principle)이라 하고 경영자를 대리인(agency)이라 하며 이 양자간의 관계를 대리관계(agency relationship)라고 한다. 대리이론은 다음과 같은 가정을 전제로 한다.

① 주인과 대리인은 자신의 효용을 극대화하려고 한다.
② 대리인의 행동을 감시하는 데에는 비용이 발생한다.
③ 주인과 대리인은 합리적이며 위험에 대한 태도는 위험중립형 또는 위험회피형이다.

2. 대리문제와 대리비용

대리인은 조직과는 무관하게 자신의 효용을 극대화하기 위하여 불필요한 비용을 지출할 수 있는데 이를 대리문제라 하며, 지출되는 비용을 대리비용이라 한다.

3. 대리이론과 관리회계의 관계

이러한 대리이론은 부문책임자가 의사결정을 하는 데 있어 조직의 전체적 이익을 극대화하는 방향으로 의사결정을 하지 않는 준최적화현상이 발생하는 이유를 설명해준다. 예를 들어, 부문책임자가 비용을 과다하게 지출할 경우 수익성이 낮아짐에도 불구하고, 그 이상으로 자기의 효용을 증가시킬 수 있다면 기꺼이 불필요한 비용을 지출할 수 있다.

2. 기타 전략적원가관리

균형성과표(BSC, balanced score card)

기업의 전략적 목표와 종업원들의 성과측정지표를 일치시킬 수 있는 종합적인 틀로서 Norton박사와 Kaplan교수가 공동으로 개발한 성과평가시스템이다. 기존의 단기적 성과에만 치중한 재무적인 관점에서 벗어나 기업의 장기적 성장을 위하여 재무적관점, 고객관점. 내부프로세스관점, 학습과 성장관점의 네 가지 관점으로 나누어 각 성과측정치간의 관계와 성과측정치와 기업의 장기적인 전략과의 연계를 모색하고자 하는 최신관리회계기법이다.

1. 균형성과표 개발배경

단기적인 성과에 치중하던 전통적인 성과평가제도의 문제점을 해결하기 위하여 도입된 성과평가기법이다.

2. 전통적 성과평가제도의 문제점

재무적인 관점과 단기적인 평가방법은 다음과 같은 문제점을 지니고 있다.

① 과거지향적이며 단기업적에 치중하여 준최적화현상을 초래할 가능성
② 고객의 중요성을 간과하고 무형자산 또는 지식자산의 가치를 고려하지 못함
③ 회사의 전략과 종업원의 성과측정치와의 관계가 부족
④ 문제에 대한 근본적인 처방을 제시하지 못함

3. 균형성과표의 네 가지 관점

균형성과표는 재무적인 관점 이외에도 다음과 같은 여러 관점을 균형 있게 고려한 성과평가기법이다.

① 재무적 관점(financial perspective) : 기업활동을 통한 수익성을 측정
② 고객 관점(customer perspective) : 재무적 성과는 고객으로부터 출발한다는 관점에서 고객과의 관련성을 측정
③ 내부프로세스 관점(internal business perspective) : 내부프로세스 개선 성과 측정
- 혁신프로세스(innovation process) : 미래 고객의 욕구에 충족하기 위하여 신제품과

서비스의 개발 프로세스

- 운영프로세스(operation process) : 제품과 서비스를 효율적으로 고객에게 전달하기 위한 프로세스
- 판매후 프로세스(postsales process) : 판매후 고객에 대한 서비스를 지원하는 프로세스

④ 학습과 성장관점(learning and growth perspective) : 인적자원과 정보시스템 및 조직의 절차 등의 개선 성과 측정

[표 17-2] 균형성과표의 네 가지 관점과 성과측정지표

구분		성과측정지표
재무적관점		영업이익, 투자수익률, 잔여이익, 경제적 부가가치
고객관점		고객만족도, 시장점유율(기존고객유지율, 신규고객확보율), 고객수익성
내부 프로세스 관점	혁신	신제품의 수, 신제품 수익률, 신제품 개발기간
	운영	① 시간 : 고객대응시간, 정시납품성과, 제조주기효율성*1 ② 품질 : 불량률, 수율, 반품률 ③ 원가 : 활동기준원가계산을 이용하여 계산
	판매후서비스	현장도달시간, 수선요청건수, 불량건수, 하자보증원가
학습과 성장관점		① 인적자원 : 종업원의 교육수준, 만족도, 이직률 ② 정보시스템 : 정보시스템 활용도, 종업원당 PC 수 ③ 조직의 절차 : 종업원당 제안채택률, 보상정도

*1 제조주기효율성(manufacturing cycle efficiency : MCE) = 부가가치시간(공정시간)÷제조주기

4. 균형성과표의 유용성 및 제반 고려사항

균형성과표의 유용성과 균형성과표를 운영하는 데에 고려할 사항은 다음과 같다.

1) 유용성

① 현재의 운영성과와 미래성과의 동인을 동시에 구축

② 사업전략을 구체화하고, 의사소통하며, 공동의 목표를 달성하도록 개인과 부서 그리고 조직의 노력을 일원화할 수 있음

③ 조직 구성원의 합의와 팀웍을 유도하며, 다양한 성과영역의 동시적 접근이 가능

2) 구축시 고려사항

① 성과영역은 앞에서 제시한 네 가지 영역에만 국한될 필요는 없음

② 조직의 비전과 전략적 목표는 개인 및 부서의 목표와 일치되어 일관된 행동을 이끌

어 내어야 함

③ 비재무적인 성과가 재무적인 성과로 나타나기까지는 많은 시간이 소요되므로 전 조직 구성원이 의지를 가지고 동참하고자 하는 의식개혁이 필요함

5. 바람직한 BSC가 되기 위한 조건

균형성과표의 목표를 달성하기 위한 전제조건은 다음과 같다.

① 명확한 전략적 목표 설정과 네 가지 관점의 성과측정치간 서로 유기적인 인과관계

② 성과측정치는 조직구성원들이 쉽게 이해하고 달성할 수 있어야 함

③ 각 부문의 목표와 기업전체의 목표가 일치하여야 함

④ 너무 많은 성과측정치보다는 부문 담당자가 집중할 수 있는 핵심적인 사항 위주로 설정되어야 함

6. 전략의 성공여부 평가

전략의 성공여부를 이익으로 평가하는 경우 원가우위전략(cost leadership strategy)과 제품차별화전략(product different strategy)으로 구분할 수 있다. 또한, 예산과 실적과의 이익차이를 다음과 같이 세분화하여 분석할 수 있다.

① 성장요소(growth component) : 비교대상기간의 판매량의 차이에 의한 영업이익을 측정

② 가격보상요소(price-recovery component) : 비교대상기간의 생산성은 동일하다는 가정하에 판매가격과 원가차이에 의한 영업이익을 측정

③ 생산성요소(productivity component) : 비교대상기간의 투입량 대비 산출량(생산성)차이에 의한 영업이익을 측정

예제 6 균형성과표

(주)한국은 택배전문회사이다. 이 회사의 서비스 품질은 (1)운송시간, (2)정시운송, (3)운송중 파손물량의 수로 측정된다. 회사는 고객에 대한 서비스의 품질을 향상시키기 위해서 새로운 운송시스템을 도입하고자 한다. 새로운 시스템을 도입하면 다음과 같은 효과가 있을 것으로 예측된다.

(1) 정시운송률 10%증가

(2) 운송중 파손물량 1,000단위 감소(파손물량 1단위당 ₩50의 비용발생)

회사는 정시운송율이 1% 증가할 때마다 연간 공헌이익이 ₩10,000만큼 증가하며, 새로운 시스템을 도입할 경우 연간 ₩120,000의 추가비용이 예상된다.

요구사항

새로운 시스템에 대한 도입여부를 결정하시오.

해답

증분수익			
정시운송성과	10% × ₩10,000 =	₩100,000	
파손물량감소	1,000단위 × ₩50 =	50,000	₩150,000
증분비용			
도입비용			(120,000)
증분이익			₩30,000 ≥ 0

즉, 회사는 새로운 시스템을 도입한다.

2 활동기준경영(ABM, activity based management)

1. 의의

활동기준원가계산(ABC)이 제공하는 원가정보를 전략적 의사결정 및 경영성과개선에 활용하는 경영관리기법을 말한다. 활동기준원가계산과 활동기준경영과의 관계는 다음과 같다.

① 활동기준원가계산 : 정확한 제품원가산정과 그로 인한 적절한 가격결정과 수익성 분석을 위한 원가정보공급시스템이다.

② 활동기준경영 : ABC가 제공하는 원가정보를 통하여 성과평가, 전략분석 및 경영성과 개선을 위한 경영관리시스템이다.

[그림 17-4] ABC와 ABM의 비교

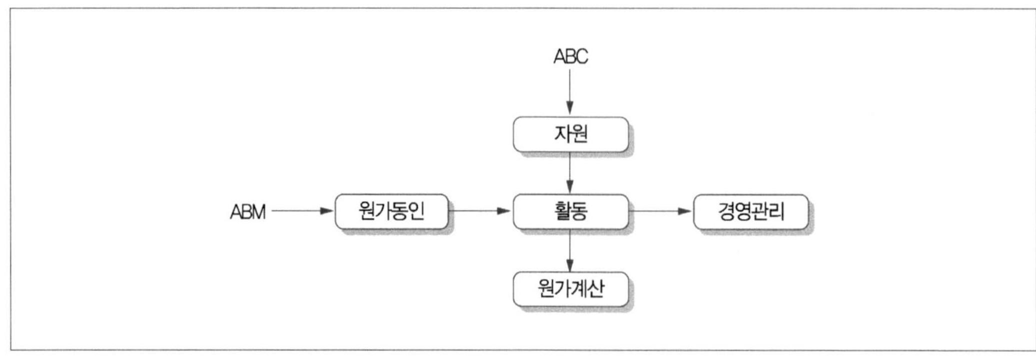

2. 활동기준경영의 수행단계

활동기준경영은 활동분석을 통해 활동별 원가동인을 식별한 후 성과평가 등 관리활동에 적용하는 것을 말한다.

- 제1단계 : 활동분석
- 제2단계 : 원가유발요인(원가동인)의 식별
- 제3단계 : 성과측정

3. 활동기준경영의 실행수단

활동기준경영의 주요 실행수단은 다음과 같다.

1) 전략분석(strategic analysis)

① 가격분석 : 가격결정시 원가정보 활용
② 고객수익성 분석 : 매출규모뿐만 아니라 기타 판매관리비까지 고려한 고객가치분석
③ 공급자 선정 : 공급단가뿐만 아니라 기타 부대비용까지 고려한 공급업체 선정

2) 가치분석(value analysis)

활동분석을 통해서 확인된 비부가가치활동을 제거함으로서 원가절감을 통한 고객가치 증가

3) 원가분석(cost analysis)

원가절감과 여유자원의 대체적인 활용을 통한 실질적인 원가절감 모색

4) 활동기준예산(activity based budgeting)

활동기준원가계산의 정보를 활용하여 각 활동별 활동유발요인(원가동인)소비량의 추정을 통한 예산설정

3. 부가치치원가와 비부가가치원가

활동분석을 통해서 부가가치활동과 비부가가치활동을 구분할 수 있으며, 각 활동별 효율적인 진행상황을 고려하여 부가가치원가와 비부가가치원가를 계산할 수 있다.

1) 부가가치원가(value-added costs)

부가가치 활동을 효율적으로 수행할 경우 발생하는 원가를 의미한다.

부가가치원가 = 부가가치표준수량(SQ) × 단위당 표준가격(SP)

2) 비부가가치원가(non-value-added costs)

비부가가치활동에서 발생되는 원가와 부가가치활동이 비효율적으로 수행됨에 따라 불필요하게 발생되는 원가를 의미한다.

> 비부가가치원가 = [실제사용량(AQ) - 부가가치표준수량(SQ)]
> × 단위당 표준가격(SP) + 비부가가치활동의 원가

4. 미사용활동원가

사전에 획득한 활동능력 중에서 사용되지 아니한 부분을 의미한다.

> 미사용활동원가 = [획득된 활동능력 - 실제사용된 활동수량(AQ)] × 단위당 표준가격(SP)

예제 7 부가가치원가, 비부가가치원가 및 미사용활동원가

(주)한국은 고객불만처리 서비스부서를 운영하고 있다. 고객불만처리활동에 필요한 총 종업원의 수는 10명이며, 1인당 예산 연간 급여수준은 ₩100,000이다. 또한, 고객불만처리활동에 대한 예산 변동비는 불만처리건수당 ₩5,000이 지출된다. 1인당 연간 불만처리건수는 100건이며, 실제 발생한 불만처리는 총 900건 이었다. 회사의 분석에 따르면 고객불만처리활동의 부가가치표준수량은 750건 이었다.

요구사항 1

고객불만처리활동의 부가가치원가와 비부가가치원가를 변동비와 고정비로 구분하시오.

해답

	실제활동수	부가가치활동수	비부가가치활동수	표준원가	비부가가치원가
변동비	900건	750건	150건	₩5,000	₩750,000
고정비	1,000건*1	750건	250건	1,000*2	250,000
합계					₩1,000,000

*1 10명×100건=1,000건

*2 (10명×₩100,000)÷1,000건=₩1,000

요구사항 2

고정비의 미사용활동원가를 구하시오.

해답

1,000건 × ₩1,000 − 900건 × ₩1,000 = ₩100,000

요구사항 3

회사가 비부가가치원가를 제거할 수 있다면 절감가능원가를 구하시오.

해답

(1) 변동비 : ₩750,000

(2) 고정비 : 2명[*1] × ₩100,000 = ₩200,000

*1 부가가치표준수량이 750건 이므로 총 8명의 인력이 필요하다. 따라서, 감축할 수 있는 인원은 2명이다.

객관식 문제

1. 다음의 전략적 원가관리기법에 관한 설명 중 타당한 것은? 2008 회계사

   ① 적시생산시스템(JIT)은 짧아진 제품수명 및 제품의 다양성에 따라 증가하는 재고관리비용 등을 감소시키는 방안으로 유용하며, 초변동원가계산법(throughput costing)을 사용하여 제품원가를 계산하여야 한다.

   ② 전사적 품질관리(TQM)의 도입 후 내부실패원가와 외부실패원가의 상충관계(trade－off)에 입각하여 품질원가를 분석하고, 적정한 불량률은 허용해야 하는 것으로 인식이 변화하였다.

   ③ 제약이론(theory of constraint)은 병목공정(bottleneck)에 의하여 전체 공정의 처리량이 제한되는 현상에 주목한 이론으로, 비효율적 재고 및 대기시간의 절감을 위하여 모든 공정을 병목공정의 처리량에 맞추어 진행할 것을 장기적인 개선책으로 제안한다.

   ④ 제품수명주기원가(product life－cycle cost)는 제품의 기획 및 개발・설계에서 고객서비스와 제품폐기까지의 모든 단계에서 발생하는 원가를 의미하며, 제품수명주기원가의 상당 부분은 제품의 기획에서 설계까지 이르는 과정에서 확정된다.

   ⑤ 목표원가(target cost)는 시장상황의 검토를 통하여 예상되는 제품의 목표가격을 확인한 후 기업이 필요로 하는 목표이익을 차감하여 결정되며, 기존 생산공정을 유지하며 발생하는 제조원가를 고려하여 생산개시 후 결정된다.

2. 다음은 전략적 관리회계 토픽들과 관련된 문장들이다. 2003 회계사

   a. 균형성과표(BSC : balanced scorecard)는 일반적으로 기업들이 수립된 전략의 커뮤니케이션과 실행보다는 전략의 질에 문제가 있음을 강조한다.
   b. BSC의 균형(balance)이란 단기와 장기, 내부와 외부, 재무와 비재무적 관점 그리고 선행 및 후행지표를 동시에 활용할 것을 강조하는 개념이다.
   c. 활동기준원가계산(ABC)에서는 전통적인 고정원가, 변동원가의 2분류체계에 비해 단위기준, 배치기준, 제품기준, 시설기준 4원가분류체계를 이용하는 것이 일반적이다.
   d. 타겟코스팅(target costing)은 제조(양산)단계에서의 지속적이고 증분적인 소규모 개선활동을 의미한다.
   e. 병목자원의 관리를 중요시 하는 TOC(제약이론)는 효율성보다는 효과성을 강조한다.

   위의 문장들 중 올바르거나 타당한 문장들만을 모은 것은?

① a, b, c ② a, b, c, d ③ b, e
④ b, c, e ⑤ c, d, e

3. 균형성과표(balanced scorecard : BSC)에 관한 다음의 설명 중 가장 타당하지 않은 것은?

2009 회계사

① 균형성과표는 재무적인 성과지표를 중심으로 하는 전통적인 성과측정제도의 문제점을 보완할 수 있는 성과측정시스템으로 인식되고 있다.
② 균형성과표는 조직의 비전과 전략을 성과지표로 구체화함으로써 조직의 전략수행을 지원한다.
③ 균형성과표의 다양한 성과지표 간의 인과관계를 통하여 조직의 전략목표 달성과정을 제시하는 성과지표의 체계를 전략지도(strategy map)라고 한다.
④ 균형성과표는 일반적으로 재무관점, 고객관점, 내부프로세스관점, 학습과 성장관점의 다양한 성과지표에 의하여 조직의 성과를 측정하고자 한다.
⑤ 균형성과표는 조직의 수익성을 최종적인 목표로 설정하기 때문에 4가지 관점의 성과지표 중에서 학습과 성장관점의 성과지표를 가장 중시한다.

4. (주)경기는 품질원가의 측정을 위해 품질관리 활동원가를 계산하고 있다. 다음에 나열된 품질관련 활동원가 중 예방원가(prevention cost of quality)에 포함되어야 할 금액은?

2001 회계사

활동	활동원가 (또는 비용)	활동	활동원가 (또는 비용)
품질방침기획 및 선포활동	₩10	제품품질검사 및 시험활동	₩60
선적 전에 발견된 부적합물 재작업활동	20	원부자재 공급사 평가활동	70
반품 재작업활동	30	반품 재검사활동	80
예방적 설비보수 및 유지활동	40	품질교육 및 훈련활동	90
미래 판매기회 상실에 따른 기회비용	50		

① ₩50 ② ₩80 ③ ₩140
④ ₩160 ⑤ ₩210

5. 대규모 가구제조업을 영위하는 서울회사는 적시생산시스템(JIT 시스템)을 채택하고자 한다. 높은 재고수준을 요하는 업종이 특성으로 이 회사의 평균재고액은 ₩75,000,000이다. 서울회사가 JIT시스템을 채택하면 현재 사용중인 가구보관창고 2개가 더 이상 필요없게 되며, 이 가구보관창고를 다른 회사에 임대할 경우 한 개당 연간 ₩4,000,000의 임대료를 받을 것으로 예상한다. 추가적인 원가절감요인으로 창고운영비와 재고자산손해보험료 등 연간 ₩500,000을 절감할 수 있으며, 재고수준감소에 따라 재고자산파손비와 기업의 자금비용으로 각각 평균재고액의 1%, 5%의 원가를 절감할 수 있다. 그러나 JIT시스템은 가구의 주문횟수를 증가시켜 주문원가가 ₩5,000,000이 추가적으로 발생한다. 또한 수요가 일시적으로 증가할 경우 수요에 감당하지 못하여 연간 200단위의 재고부족원가가 예상된다. 재고자산의 단위당 공헌이익은 ₩20,000이다. 서울회사가 JIT시스템을 채택할 경우 절감할 수 있는 원가를 구하시오. **2003 세무사**

① ₩4,000,000　　② ₩5,000,000　　③ ₩6,000,000
④ ₩7,000,000　　⑤ ₩8,000,000

6. 제약이론(theory of constraints)에 대한 다음의 설명 중 가장 타당하지 않은 것은? **2009 회계사**

① 제약이론에서는 기업의 생산활동과 관련된 내부적 제약요인을 집중적으로 관리하고 개선하여 생산활동을 최적화하고자 한다.
② 제약이론의 생산최적화 과정은 제약요인을 찾아 개선한 후에 또 다른 제약요인을 찾아 지속적으로 개선하는 과정을 밟는다.
③ 제약이론을 원가관리에 적용한 재료처리량공헌이익(throughput contribution)은 매출액에서 직접재료비와 직접노무비를 차감하여 계산한다.
④ 제약이론은 재료처리량공헌이익을 증가시키고, 투자 및 운영원가를 감소시키는 것을 목적으로 한다.
⑤ 제약이론에서는 운영원가를 단기적으로 변화시킬 수 없는 고정비로 본다.

※ 다음은 문.7 ~ 문.8에 관련된 자료이다. **2004 회계사**

(주)대한은 기계공정과 마무리공정에서 사무용 의자를 만들고 있다. 이에 관련된 자료는 다음과 같다.

	기계공정	마무리공정
연간 처리능력	1,000단위	800단위
연간 생산수량	800단위	800단위
고정운영원가(직접재료원가 제외)	₩8,000,000	₩4,800,000
단위당 고정운영원가	10,000	6,000

의자는 단위당 ₩90,000에 판매되고 기계공정 초기에 ₩40,000의 직접재료비가 투입된다. (주)대한은 이 외에 다른 변동비가 없다. 또한 생산된 완제품은 모두 판매할 수 있다.

7. (주)대한은 마무리공정의 처리능력을 100단위 증가시킬 수 있는 최신설비를 마무리공정에 설치할 것을 고려하고 있다. 이 최신설비의 연간원가는 ₩4,000,000이다. (주)대한이 이 설비를 설치한다면 얼마의 순이익이 추가로 발생하는가?

① ₩0　② ₩1,000,000　③ ₩(4,000,000)
④ ₩4,000,000　⑤ ₩8,000,000

8. (주)대한은 현재 마무리공정에서 200단위의 불량품을 생산했다. 이 불량품으로 인해 발생하는 총손실은 얼마인가?

① ₩0　② ₩4,800,000　③ ₩8,000,000
④ ₩10,000,000　⑤ ₩18,000,000

9. (주)민국카드의 고객센터에는 50명의 직원들이 신규고객유치와 불만처리 업무를 수행하고 있다. 통상적으로 신규고객 유치는 건당 6분, 불만처리 업무에는 건당 15분이 소요된다. 직원들의 정규근무시간은 1주일에 5일, 주당 40시간이며, 총근무시간은 업무수요에 따라 조절이 가능하다. 주당 정규급여는 1인당 ₩320,000이고 초과근무수당은 시간당 ₩12,000이다. 향후 1주일 동안 예상되는 1일 평균 업무수요가 다음과 같을 경우, 노무비를 최소화하기 위해 신규로 채용해야 할 직원은 몇 명인가? 2009 회계사

구 분	1일 평균 업무수요
신규고객유치	1,450건
불만처리	1,200건

① 3명 ② 4명 ③ 5명
④ 6명 ⑤ 7명

정답 및 해설

1. 정답 ④

기본 최신관리회계기법의 기본개념★

① 적시생산시스템은 생산의 전과정에서 불필요한 재고의 보유를 제거하여 낭비를 줄이는 것을 목적으로 하고 있으며, 제약이론에서 초변동원가계산법을 사용한다.
② 통제원가와 실패원가의 상충관계에 입각하여 품질원가를 분석하며 적정불량률을 허용하는 관점에서 불량률을 0로 하는 관점으로 전환하고 있다.
③ 제약이론은 초단기적인 접근방법이며 직접재료비 이외의 모든 제조원가는 운영비용으로 처리한다.
⑤ 목표원가는 제품의 연구 · 개발 및 설계에 착수하기 전에 목표원가를 설정하여 그 범위내에서 제품설계가 이루어지도록 하는 기법이다.

2. 정답 ④

기본 최신관리회계기법의 기본개념★

a. 균형성과표는 전략의 구체화와 조직원들의 의사소통을 강조한다.
d. 제조단계에서의 지속적이고 증분적인 개선활동은 카이젠원가시스템에 관한 설명이다.

3. 정답 ⑤

기본 균형성과표의 기본개념★

• 균형성과표는 조직의 장기적인 성장을 위하여 4가지 관점의 균형을 중시한다.

4. 정답 ⑤

기본 품질원가의 기본개념★

• 예방활동은 품질방침기획 및 선포활동, 예방적 설비보수 및 유지활동, 원부자재 공급사 평가활동, 품질교육 및 훈련활동 등이 있다.

5. 정답 ①

기본 생산시스템 변경 의사결정★

증분수익		
임대료수익	₩4,000,000 × 2 =	₩8,000,000
증분비용		
창고운영비 절감		(500,000)
자본비용 절감	₩75,000,000 × 6% =	(4,500,000)
재고주문원가		5,000,000
재고부족원가	200단위 × ₩20,000 =	4,000,000
증분이익		₩4,000,000

6. 정답 ③

기본 | 제약이론의 기본개념★

• 재료처리량공헌이익은 매출액에서 직접재료비를 차감하여 계산한다.

7. 정답 ②

중급 | 제약공정하에서의 의사결정★

※ 물량흐름도

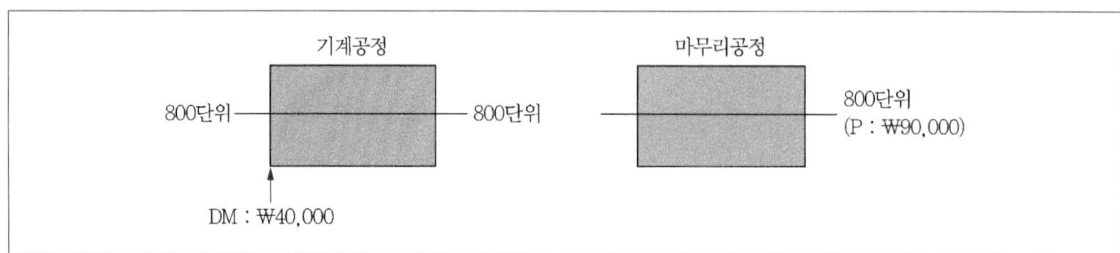

증분수익		
매출증가	100단위 × ₩90,000 =	₩9,000,000
증분비용		
변동비 증가	100단위 × ₩40,000 =	4,000,000
설비설치비용		4,000,000
증분이익		₩1,000,000

8. 정답 ⑤

중급 | 제약공정하에서의 의사결정★

• 불량으로 인한 손실은 변동비와 매출감소로 인한 공헌이익 감소이므로, 200단위×₩90,000=₩18,000,000 이다.

9. 정답 ③

중급 | 인력운용계획★

(1) 추가인원(추가시간)

총필요시간	1,450건 × 6분 + 1,200건 × 15분 =	26,700분
(−) 현재가용시간	50명 × 8시간 × 60분 =	24,000분
추가필요시간		2,700분

그러므로, 1일 추가필요시간은 2,700분 ÷ 60분 = 45시간이다.

(2) 인력운영방법

5명(5명 × 8시간 = 40시간) 충원시 5시간이 부족하므로, 추가1명을 고용하는 방안과 기존인력을 활용하여 초과근무하는 방안이 있다.

① 인력충원 : 1명 × 8시간 × ₩8,000 = ₩64,000

② 초과근무 : 5시간 × ₩12,000 = ₩60,000

기존인력을 활용하여 초과근무하는 방안이 ₩4,000만큼 적으므로 신규 채용인원은 5명이다.

주관식 문제

문제 1 활동기준원가계산하에서의 원가차이분석

다음을 읽고 물음에 답하시오.

(주)한국은 원재료가공, 구매주문, 품질검사의 3가지 활동에 대하여 부가가치표준을 설정하였으며 올해의 관련자료는 다음과 같다.

활 동	원가동인	부가가치표준수량	표준가격
원재료가공	원재료가공량	24,000미터	₩10/미터
구매주문	구매주문횟수	800회	50/회
품질검사	검사시간	0시간	12/시간

원재료가공 및 구매주문원가는 전액 변동활동원가이며, 품질검사원가는 검사직원의 고정급여이다. 회사는 1명당 연간 2,000시간을 검사할 수 있는 검사직원 2명을 고용하고 있다. 따라서, 품질검사의 획득된 활동능력(activity capacity acquired)은 연간 4,000시간이다. 품질검사직원에 대한 연간 총예산급여는 ₩48,000이다.

올해의 실제생산활동결과는 다음과 같다.

(1) 실제원재료가공	30,000m
(2) 실제구매주문	1,000회
(3) 실제검사시간	2,800시간
(4) 실제제조간접비	
원재료가공	₩300,000
구매주문	50,000
품질검사	48,000
합 계	₩398,000

물음 1

각 활동원가의 차이분석을 하시오. 활동조업도차이(activity volume variance)는 무엇을 의미하는가?

물음 2

품질검사활동의 미사용활동차이(unused capacity variance)를 계산하시오. 미사용 활동차이는 무엇을 의미하는가?

물음 3

각 활동에 대하여 부가가치원가와 비부가가치원가를 계산하시오.

물음 4

내년에는 비부가가치원가의 30%를 감소시키려 한다면 내년의 카이젠표준(kaizen standards)은 얼마인가? 이러한 카이젠표준이 달성될 경우 올해에 비하여 절감되는 원가를 구하시오. 단, 내년의 생산량은 올해와 동일하다고 가정한다.

해 답

물음 1 활동원가의 차이분석

(1) 차이분석

① 원재료가공

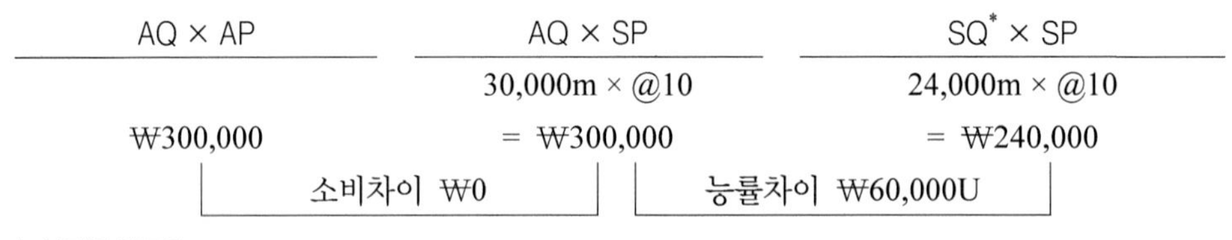

* 부가가치표준

② 구매주문

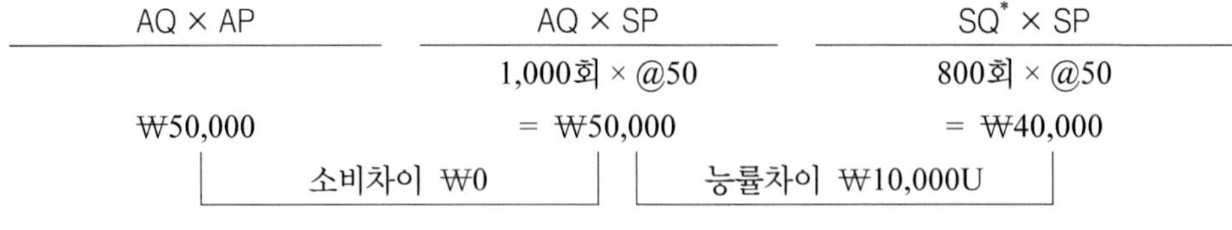

* 부가가치표준

③ 품질검사

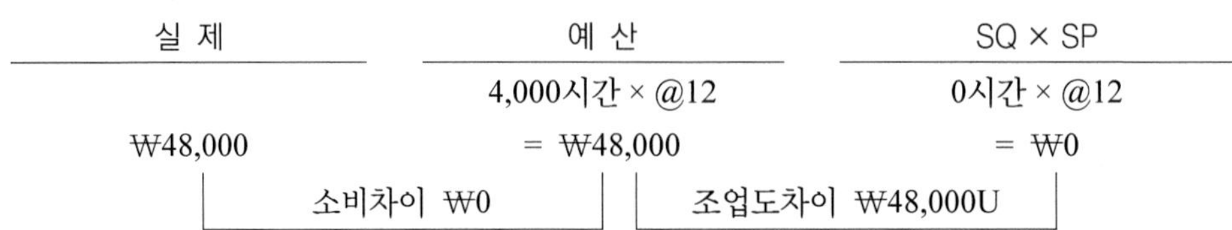

(2) 활동조업도차이

품질검사활동의 비부가가치원가를 의미한다.

물음 2 미사용활동차이

(1) 미사용활동차이

= (획득된 활동능력 – AQ) × SP*1

= (4,000시간 – 2,800시간) × @12

= ₩14,400

*1 SP = $\frac{48,000}{4,000시간}$ = @12

(2) 미사용활동차이

미사용활동능력의 원가를 의미하며, 이는 품질검사활동의 비부가가치원가(활동조업도차이)를 감소시키려는 노력이 어느 정도 진척되었는지를 나타낸다. 즉, 올해의 미사용활동차이가 ₩14,400 유리하다는 것은 비부가가치원가를 감소시키려는 노력이 상당히 진척되었음을 보여준다. 만약 활동의 실제사용량이 800시간만큼 추가로 감소된다면 검사직원을 1명만 고용하여 연간 ₩24,000의 품질검사원가를 실제로 절감할 수 있을 것이다.

물음 3 부가가치원가와 비부가가치원가

	총원가(A)	부가가치원가(B)	비부가가치원가(A – B)
원재료가공	₩300,000	₩240,000	₩60,000
구매주문	50,000	40,000	10,000
품질검사	48,000	0	48,000
합 계	₩398,000	₩280,000	₩118,000

물음 4 카이젠표준원가

(1) 카이젠표준

원재료가공	₩300,000 – ₩60,000 × 30% =	₩282,000
구매주문	₩50,000 – ₩10,000 × 30% =	47,000
품질검사	₩48,000 – ₩48,000 × 30% =	33,600
합 계		₩362,600

(2) 원가절감액

원재료가공	₩60,000 × 30% =	₩18,000
구매주문	₩10,000 × 30% =	3,000
품질검사		–*
합　계		₩21,000

* 카이젠표준이 달성되어도 여전히 2명의 검사직원을 계속 고용하여야 하므로 이들의 고정급여는 절감되지 않는다.

문제 2 제약이론

다음을 읽고 물음에 답하시오.

(주)한국은 절단공정에서 원재료를 절단하고 압축공정에서 가공하여 제품 A를 생산한다. 20×1년 1월 중 (주)한국의 각 공정과 관련된 자료는 다음과 같다.

구 분	절단공정	압축공정
공정별 월 생산능력	2,000개	1,500개
공정별 월 생산수량	1,500개	1,500개
월간 고정운영비용	₩30,000	₩45,000

제품 A는 단위당 판매가격이 ₩100이고 생산된 제품은 모두 판매된다. 재료는 절단공정의 초기에 전량 투입되고 제품단위당 직접재료원가는 ₩20이며 이외의 다른 변동원가는 없다.

아래 각 물음은 독립적이다.

물음 1

(주)한국이 ₩10,000을 지출하여 압축공정을 개선한다면 압축공정의 월 생산능력이 100개 증가할 것으로 예상된다. 이 경우 예상되는 이익의 증가 혹은 감소액을 밝히시오.

물음 2

(주)서울은 개당 ₩45에 제품 A 200개를 압축 가공할 수 있다는 제안을 해왔다. 단, 절단공정 완성품은 (주)한국이 (주)서울에게 공급한다. 이 제안을 수락할 경우 예상되는 이익의 증가 혹은 감소액을 밝히시오.

물음 3

압축공정에서 100개의 불량품이 발생한다고 가정한다. 불량품 제거를 위해 필요한 공정개선비로 얼마까지 지출할 수 있는가?

해 답

물음 1 압축공정 개선의사결정

증분수익	매출증가	100 × ₩100 =	₩10,000
증분비용	변동원가증가	100 × ₩20 =	2,000
	개선비용		10,000
증분이익			₩(2,000) ≤0

그러므로, 개선하지 않는다.

물음 2 외부구입의사결정

증분수익	매출증가	200 × ₩100 =	₩20,000
증분비용	변동원가증가	200 × ₩20 =	4,000
	외주비증가	200 × ₩45 =	9,000
증분이익			₩7,000 ≥0

그러므로, 외주가공 의뢰한다.

물음 3 지출가능한 공정개선비

증분수익	매출증가	100 × ₩100 =	₩10,000
증분비용	개선비증가		X
증분이익			₩10,000 − X ≥0

그러므로, X ≥ ₩10,000이다.

전략적 원가관리

2005. KICPA

다음을 읽고 물음에 답하시오.

하남전자(주)는 100개의 부품을 조립하여 에어컨 OAC를 생산하여 단위당 판매가격 ₩530으로 매월 5,000단위씩 중국 바이어에게 수출하고 있다. OAC(old air conditioner)의 단위당 제조원가는 ₩485이며 매월 제조원가는 ₩2,425,000이고, 이에 대한 자료는 다음과 같다.

직접재료원가	₩1,500,000
직접노무원가	300,000
기계가공원가	250,000
검사원가	100,000
재작업원가	15,000
엔지니어링원가	260,000
총제조원가	₩2,425,000

하남전자(주)의 경영진이 확인한 결과 활동원가집합, 각 활동별 원가동인 및 각 간접원가 집합별 원가동인 단위당 원가는 다음과 같다.

제조활동 원가집합	내 용	원가동인	원가동인의 단위원가	
기계가공원가	부품기계조립	기계시간	기계시간당	₩50
검사원가	부품과 제품검사	검사시간	검사시간당	10
재작업원가	불합격품의 수리	QAC의 재작업량	단위당	30
엔지니어링원가	제품과 공정의 설계 · 관리	엔지니어링시간	엔지니어링 시간당	400

위에서 설명한 바와 같이 각 활동원가는 해당 원가동인에 따라 변화한다. 또한 OAC의 설계에 관한 추가정보는 아래와 같다.

(1) 단위당 검사시간은 2시간, 단위당 기계가공시간은 1시간이다. 이때 부품과 제품검사는 모든 단위에 대한 전수검사가 실시된다.

(2) 기존 제조공정 하에서는 OAC 생산량의 10%가 재작업대상이다.

최근 중국산 경쟁제품이 저가격 파상공세로 대량 출하되면서 가격경쟁이 치열해지고 있다, 경영진은 이에 대한 대응방안을 모색한 결과 가격경쟁력을 유지하기 위해서는 단위당 판매가격을 ₩480 수준으로 인하할 필요가 있다고 판단하였다. 그러나 가격인하조치에도 불구하고 판매증가는 없을 것이며, 만일 현행가격을 그대로 유지한다면 엄청난 수출 감소의 충격이 발생할 것으로 예상된다. 이러한 위기상황에서 경영진은 원가관리회계팀장에게 단위당 제조원가를 ₩50 만큼 절감할 수 있는 구체적인 방안을 강구하라고 요구하였다. 원가회계팀장이 판단하기에는 충분하지 않지만 제조공정의 혁신이나 표준원가방식에 의해 기존 제조공정의 효율성을 개선한다면 단위당 ₩30 정도를 절감할 수 있을 것으로예상된다. 이와 달리 엔지니어링팀장은 가치공학과 목표원가방식을 도입하여 기존 OAC의 부품을 10% 수준으로 줄여 검사를 단순화시켜줄 설계변경을 제안하였다. 즉 설계변경을 통하여 기존 OAC를 대체할 신형 NAC(new air conditioner)를 내놓는 일이다. 설계변경에 따른 NAC의 구체적인 원가절감의 기대효과는 아래와 같다.

① NAC의 직접재료원가 절감액 : 단위당 ₩30

② NAC의 직접노무원가 절감액 : 단위당 ₩10

③ NAC 기계가공시간은 10% 감소되며, 미사용 기계가공 생산능력(capacity)은 선풍기의 제조용으로 활용된다.

④ NAC의 검사 소요시간 감소 : 10%

⑤ NAC의 재작업 감소 : 10% 수준에서 5% 수준으로 대폭 감소

⑥ 엔지니어링 생산능력은 설계변경전과 동일한 수준으로 유지

OAC의 원가동인 단위당 원가는 그대로 NAC에도 적용되는 것으로 가정한다.

물음 1

NAC의 단위당 제조원가를 계산하시오.

물음 2

설계변경에 따른 NAC에 대해 책정된 단위당 원가절감목표의 달성 여부를 설명하시오(계산과정을 제시할 것).

물음 3

위의 상황에서는 원가절감을 위한 전략으로 ① 기존 제조공정의 효율성을 개선하는 방안과 ② 설계변경에 따른 대체품 NAC를 개발하는 방안이 제안되고 있다. ①과 ②중에서 원가절감의 효과가 보다 큰 전략은 어느 것인가? 그 이유에 대해서 설명하시오(5줄 내외).

물음 4

최근 디지털기기 등 첨단제품의 가격이 급락하고, 제품 · 제조기술을 혁신하여 시장경쟁력을 획기적으로 높이는 기업들이 다수 출현하고, 장기불황 하에서 제조기술을 개발하고 제조공정을 혁신해 온 일본기업들

이 경쟁력을 회복하면서 이들 선진기업과의 기술격차가 국내 기업들에게 큰 위협요인으로 작용하고 있다. 결과적으로 이러한 경영환경의 변화 하에 실무계와 학계로부터 표준원가 중심의 전통적인 원가절감 사고에 대한 한계가 지적되었고, 그 대안으로 부상되고 있는 원가기획, 즉 가치공학과 목표원가 중심의 새로운 원가절감 사고에 대한 관심이 커지고 있다.

과연 전통적 원가절감사고와 새로운 원가절감사고에는 어떤 차이가 있는가? 수명주기원가의 관점에서 보면, 원가기획에서는 원가절감에 대한 발상의 대전환이 필요하다는 점을 알 수 있는데, 이러한 원가기획의 구체적인 시각은 무엇인가에 대해서 간략하게 설명하시오(5줄 내외).

물음 5

원가기획은 저원가와 고품질을 양립시킬 수 있는 탁월한 전략적 원가관리이지만, 이 우수한 특질로 인하여 필연적으로 수반되는 역기능은 ① 부품공급회사의 경영악화 우려, ② 다품종소량생산에 따른 설계업무 내용의 다양화와 설계업무량의 과다 및 이를 충족시켜야 할 설계기술의 지속적인 갱신요구 등으로 인한 담당엔지니어의 심리적 중압감 가중, ③ 확정된 목표원가의 준수에 따른 가격결정능력의 상실 등 다양하게 존재한다. 특히 조직간 원가관리 분야에 있어서 위의 ①에 해당하는 완제품조립회사와 부품공급회사 간의 구체적인 역기능의 예와 그에 대한 해소방안을 간략하게 제시하시오(5줄 내외).

물음 6

기업의 실무현장에서 어떤 원가시스템을 도입하느냐에 따라 원가절감에 대한 견해, 실행방안 및 그 효과가 크게 달라진다. 특히 채택된 원가시스템에 따라 누가 원가절감에 가장 적합한 지식을 가지고 있느냐? 에 대한 시각차이 때문에 원가절감의 임무를 주도하는 신분이 달라진다. 왜 그런지 전통적인 원가관리기법에 해당하는 표준원가와 카이젠원가를 비교하여 간략하게 설명하시오(3줄 내외).

해 답

물음 1 NAC의 단위당 제조원가

	QAC	원가절감액		NAC
직접재료비	₩1,500,000	5,000개 × ₩30 =	₩150,000	₩1,350,000
직접노무비	300,000	5,000개 × ₩10 =	50,000	250,000
기계가공원가	250,000		-	250,000
검사원가	100,000	5,000개 × 2시간 × 0.1 × ₩10/시간 =	10,000	90,000
재작업원가	15,000	5,000개 × 0.05 × ₩30 =	7,500	7,500
엔지니어링원가	260,000		-	260,000
총제조원가	₩2,425,000			₩2,207,500

따라서, NAC의 단위당 원가 : ₩2,207,500/5,000개 = @441.5

물음 2 원가절감달성여부

NAC의 원가절감액 = @485 − @441.5 = @43.5 경영진의 요구처럼 @50의 원가절감을 달성할 수 없다.

물음 3 원가절감전략분석

전문가들에 의하면 제품원가의 90%이상이 연구개발과 설계 등 제조이전단계에서 결정되기 때문에 ② 설계변경에 따른 대체품 NAC를 개발하는 방안이 원가절감의 효과가 보다 큰 전략이된다.

물음 4 표준원가계산과 새로운원가절감기법과의 비교

표준원가계산	새로운원가절감기법
• 원가통제시스템 • 관리자와 엔지니어가 표준을 설정하면 작업자는 표준에 따라 기존공정하에서 작업수행 • 표준원가의 달성목적 • 표준의 미달성시 차이조사를 실시	• 원가절감시스템 • 시장의 상황이나 고객의 욕구 등을 고려하여 목표가격에서 목표이익을 뺀 목표원가를 미리 결정 • 목표원가의 달성목적 • 목표원가절감액 미달성시 차이조사를 실시

물음 5 부품공급업자와의 역기능 해소방안

완제품 조립회사는 원가절감을 위해서 부품공급회사에게 납품일정준수와 납품단가를 낮추도록 요청할 수 있다. 이로 인하여 부품공급회사는 경영악화로 완제품조립회사와의 관계가 악화될 수 있다. 이에 대한 해소방안으로는 원가기획시 부품공급업자 참여를 통하여 공동 목표를 설정하고 장기계약을 통하여 관계 개선을 도모할 수 있다.

물음 6 표준원가계산과 카이젠원가계산과의 비교

표준원가계산시스템에서는 생산공정을 설계하고 관리하는 경영자나 공학자가 원가절감에 대한 지식을 보유하고 있다고 가정하나 카이젠원가시스템에서는 생산공정에 가까이 있는 현장작업자들이 원가지식을 보유하고 있다고 가정한다.

적시재고시스템(JIT)도입여부 의사결정

CMA 수정

다음을 읽고 물음에 답하시오.

(주)한국의 제주사업부에서는 부품 X를 생산 · 판매하고 있다. 이 부품의 연간 수요량은 60,000개이며, 단위당 변동제조원가는 ₩50이다. 이 부품을 생산하기 위해서는 작업준비가 필요하며, 작업준비 1회당 소요되는 작업준비비용은 ₩900이다. 연간 재고유지비용은 단위당 ₩12인데, 이는 연간 재고투자에 대한 요구수익률 14%에 해당하는 ₩7(=₩50×14%)과 보험료, 보관료 등 ₩5을 합한 것이다. 제주사업부의 관리자인 김씨는 최근 재고비용을 줄이기 위하여 적시재고시스템(JIT)의 도입을 고려하고 있다. 이 회사는 분권화된 사업부제로 운영되기 때문에 적시재고시스템의 도입에 관한 의사결정은 김씨에 의해 이루어진다.

제주사업부에서 적시재고시스템(JIT)을 도입할 경우의 효과는 다음과 같이 파악되었다.

(1) JIT를 도입할 경우 이와 관련된 조정업무를 담당할 직원을 고용해야 하므로 이 직원의 연간급여 ₩55,000이 지출되지만 작업준비 및 작업준비비용은 발생하지 않게 된다.

(2) 1회 생산규모는 JIT도입 이전 생산규모의 1/5로 축소되고 생산횟수는 이전의 5배로 증가될 것이다.

(3) JIT로 인하여 품질이 향상되면 부품 X의 단위당 판매가격을 ₩0.5만큼 높일 수 있다. 사업부의 성과평가는 영업이익에 기초하여 이루어지며 사업부 영업이익을 계산할 때에는 사업부 투자액에 대한 자본비용이 고려되지 않는다.

물음 1

적시재고시스템(JIT)도입 이전의 EPQ를 계산하고, 그 때의 연간 작업준비비용과 재고유지비용을 구하시오.

물음 2

적시재고시스템(JIT)의 도입여부를 결정하시오.

물음 3

제주사업부의 관리자인 김씨의 적시재고시스템(JIT)의 도입여부를 결정하시오.

물음 4

회사의 최고경영자는 각 사업부의 성과평가와 관련하여 개선할 점을 제시하시오.

해 답

물음 1 경제적 1회생산량(EPQ)

(1) 재고관련비용(TC)

Q를 1회 생산규모(EPQ)라고 하고 경제적 1회 생산량에서의 작업준비비용과 재고유지비용은 동일하다.

작업준비횟수 × 1회작업준비비용 = 평균재고량 × 단위당 유지비용

$$\frac{A}{Q} \times P = \frac{Q}{2} \times H$$

$$\frac{60{,}000\text{개}}{Q} \times @900 = \frac{Q}{2} \times @12$$

$$\frac{54{,}000{,}000}{Q} = 6Q$$

그러므로 경제적 1회 생산량은 3,000개이다.

(2) 재고유지비용

$$\text{재고유지비용} = \frac{Q}{2} \times H$$

$$= \frac{3{,}000\text{개}}{2} \times @12$$

$$= ₩18{,}000$$

그러므로, 작업준비비용과 재고유지비용은 각각 ₩18,000이다.

별 해

(1) $\text{EPQ} = \sqrt{\frac{2 \times 60{,}000\text{개} \times ₩900}{₩12}} = 3{,}000\text{개}$

(2) 작업준비비용 : $\frac{60{,}000\text{개}}{3{,}000} \times ₩900 = ₩18{,}000$

(3) 재고유지비용 : $\frac{3{,}000\text{개}}{2} \times ₩12 = ₩18{,}000$

물음 2 회사입장에서의 적시생산시스템 도입여부결정

<회사전체의 관점>

증분수익		$60{,}000개 \times @0.5 =$		₩30,000
증분비용				
증 감	조정직원급여		₩55,000	
감 소	작업준비비		(18,000)	
	재고유지비용	$\frac{3{,}000개}{2} \times ₩12 \times 80\% =$	(14,400)	22,600
증분이익				₩7,400 > 0

따라서, (주)한국은 적시재고시스템을 도입해야 한다.

물음 3 제주사업부입장에서의 적시생산시스템 도입여부결정

<제주사업부의 관점>

증분수익		$60{,}000개 \times @0.5 =$		₩30,000
증분비용				
증 감	조정직원급여		₩55,000	
감 소	작업준비비		(18,000)	
	재고유지비용	$\frac{3{,}000개}{2} \times ₩5^{*} \times 80\% =$	(6,000)	31,000
증분이익				₩(1,000) < 0

* 사업부의 성과평가는 영업이익에 기초하여 행해지므로 제주사업부의 관리자인 김씨는 재고투자에 대한 자본비용 ₩7(= ₩50 × 14%)을 무시하고 단위당 연간 재고유지비용을 ₩12 - ₩7 = ₩5으로 간주할 것이다.

따라서, 제주사업부의 관리자인 김씨는 적시재고시스템을 도입하지 않을 것이다.

물음 4 성과평가개선방안

준최적화(sub-optimization)현상을 방지하고 각 사업부의 의사결정이 회사전체의 관점에서 최적의사결정이 되도록 하기 위해서는 재고투자에 대한 자본비용을 성과평가에 포함시켜야 한다.

저 / 자 / 소 / 개

엄 윤

공인회계사/세무사
홍익대학교 경영대학원 석사
서울벤쳐대학원대학교 경영학 박사수료

(현) 해커스경영아카데미 전임교수

(전) 안세회계법인
나무회계사무소 대표
웅지세무대학 조교수
한국사이버대학 겸임교수
목원대학교 겸임교수
하나금융경영연구소
삼일인포마인 칼럼위원
조세일보 칼럼위원
웅지경영아카데미 전임교수
아이파경영아카데미 전임교수

주요저서

원가관리회계	(도서출판 탐진)
객관식 원가관리회계	(도서출판 탐진)
允원가관리회계	(해커스)
允원가관리회계 1차 기출문제집	(해커스)
중소기업회계기준해설	(삼일인포마인)

임 장 환

단국대학교 재무회계 박사 재학중
단국대학교 경영학(세무) 석사
단국대학교 회계학과 학사

(현) 바른세무회계사무소 대표세무사
웅지세무대학교 겸임교수
한국생산성본부 교수
아이파 경영아카데미 교수

(전) 중부지방국세청 국세심사위원

문 창 진

고려대학교 경영대학원 석사(회계학 전공)
동국대학교 일반대학원 경영학 박사(관리회계학 전공)
경영지도사, 원가분석사, 기업 · 기술가치평가사, 중소기업금융상담사(SME-FA)

(현) 한국씨티은행 개인금융상품부 부장
웅지세무대학교 겸임교수
동국대학교 대우교수

논문 및 저서
"대리인문제와 외부감시주체가 여성의 이사회 참여에 미치는 영향
(경영학연구 2021)외 다수",
은행회계해설
(금융감독원 · 전국은행연합회, 공동집필, 2007)

원가관리회계(제3판)

지 은 이 | 엄윤 · 임장환 · 문창진

펴 낸 이 | 최재범

펴 낸 곳 | 도서출판 탐진

등록 1-996호(倫). 1990. 1. 12.
서울시 마포구 신수로 27-1
Tel. 02) 715-1092 ~ 3
Fax. 02) 701-6391
E-mail. tamjin1990@hanmail.net
Homepage. www.tamjin.co.kr

저자와의 협의하에 인지 생략

2019. 2. 21. 초 판 발행 (원가관리회계 기본서)
2022. 6. 7. 제3판 발행

ISBN 978-89-5540-693-1 93320

정가 36,000원

✓ 잘못된 책은 바꿔드립니다.
✓ 본서를 무단으로 복제 · 전재할 경우 저작권법에 저촉됩니다.